Anleitung Zur Erlernung Der Portugiesischen Sprache

J Philipp Anstett

Dr. J. Ph. Anstett's

Portugiesische Grammatik.

Druck von Rud. Bechtold & Comp., Wiesbaden.

Anleitung

zur

Erlernung

der

Portugiesischen Sprache.

Für den

Schul- und Privatunterricht

von

Dr. J. Philipp Anstett

Professor am Lyceum zu Lyon.

Dritte, durch ein alphabetisches Sachregister vermehrte Auflage.

Frankfurt a. M.

Carl Jügel's Verlag.

(Moritz Abendroth.)

1885.

Vorrede zur dritten Auflage.

———

Abermals nach zehn Jahren ist eine Auflage meiner portugiesischen Sprachlehre notwendig geworden. Von so vielen Seiten sind mir brieflich Zeichen der Anerkennung des für Haus und Schule praktischen Wertes meines Buches zugekommen, daß ich es nicht für nötig erachtet habe, viel daran zu ändern. Einige Winke über Aussprache und Accentuierung, sowie ein alphabetisches Sachregister, das für die Reichhaltigkeit der Grammatik zeugen mag, sind der wesentliche Zuwachs, den das Werk in seiner dritten Gestalt erhalten hat. Den deutschen Text hat der Herr Verleger im Gewande der neuen Orthographie erscheinen lassen, wofür ihm diejenigen, die für diese Rechtschreibung schwärmen, dankbar sein werden.

Meinen Zöglingen nördlich und südlich vom Äquator, in Portugal und Brasilien, in Loanda und Mossamedes, zu Goa und zu Macau, deutscher und portugiesischer Zunge, die mich seit zwanzig Jahren zu ihrem Lehrer erwählt und mir ihr Vertrauen geschenkt haben, und ebenso allen meinen Gönnern in Lissabon und Rio de Janeiro schicke ich hiermit herzlichen Dank und Gruß mit der Bitte, den jüngern Geschlechtern die Blätter, aus denen sie die Kenntnis der Sprache des Camoens geschöpft, auf Grund eigener Erfahrung zu empfehlen.

Lyon, im Sommer 1885.

Dr. J. Ph. Anstett
professeur au lycée et à la faculté des lettres.

Inhalt.*)

———

———

*) Das Inhaltsverzeichnis zur theoretischen Sprachlehre (Anhang) findet sich am Schlusse dieser Grammatik.

Der kluge Star.

Ein Star war sehr durstig; da fand er eine Flasche voll Wasser und wollte sogleich trinken; allein die Flüssigkeit reichte kaum an den Hals des Gefäßes und der Schnabel des Vogels konnte sie nicht erreichen.

Er fing sogleich an, an der Flasche zu picken, um ein Loch in das Glas zu bohren; allein dieses war sehr dick und seine Bemühungen blieben ohne Erfolg.

Da wollte er die Flasche umwerfen, um das Wasser heraus zu bekommen, aber es gelang ihm nicht, denn sie war sehr schwer.

Schließlich fiel ihm ein glücklicher Gedanke ein, der ihn zum Ziel führte; er warf so viele Steinchen in die Flasche, daß das Wasser nach und nach bis zur Höhe stieg, die sein Schnabel erreichen konnte. Und nun stillte er seinen Durst.

Wenn die Kraft gebricht, muß man Kunstgriffe anwenden; Geduld und Überlegung machen vieles sehr leicht, was auf den ersten Blick unmöglich erscheint.

O estorninho sagaz.

Estava com muita sêde um estorninho, quando encontrou uma garrafa cheia d'agua; procurou immediatamente beber, porem o liquido apenas chegava ao collo do vaso e o bico do passaro não podia alcança-lo.

Poz-se logo a espicaçar a garrafa para furar o vidro; porem este era muito grosso e os esforços da passarinho ficaram baldados.

Então quiz dar com ella no chão para derramar a agua; porem não póde fazê-lo, porque era muito pesada.

Finalmente teve uma lembrança feliz, a qual realisou o seu proposito; deitou na garrafa tantas pedrinhas, que a agua subiu gradualmente ao nivel, que o seu bico podia alcançar e logo matou a sêde.

Quando faltão as forças, convem valer-se da arte; a paciencia e a reflexão tornão facillimas muitas cousas, que pareciam impossiveis á primeira vista.

Einleitung. — Introducçao.

Die Buchstaben und ihre Aussprache. — As lettras e a sua pronunciaçao.

1. Die Portugiesen haben dieselben Buchstaben wie die Deutschen, aber in runder Form. Von denselben werden b, d, f, l, m, n, p und t wie im Deutschen ausgesprochen, die andern verschieden.

Selbstlaute. — Vogaes.

2. **Aa** hat drei Laute:

1) das betonte a lautet wie das deutsche a, z. B. cá hier, lá dort, já schon, spr. ka, la, scha.

2) das halbbetonte a vor l lautet etwas dumpfer, fast wie das österreichische a; die mit al anfangenden Wörter aus dem Arabischen haben gewöhnlich diesen Laut; z. B. Alcantara [die Brücke] ein Ortsname, spr. Alkantara.

3) das tonlose a lautet zwischen a und e [ă], z. B. casa Haus, ama liebt, ella sie, spr. kasă, amă, ellă.

3. **Ee** hat drei Laute:

1) das betonte e lautet wie eh; alle ê haben diesen Laut, z. B. saber wissen, varrer kehren, uma vez einmal, vê er sieht, lê er liest, spr. sabehr, warrehr, uma wehsch, weh, leh.

2) ein anderes betontes e lautet wie e in Kern; alle é haben diesen Laut, z. B. cerca nahe, verga Rute, pé Fuß, é ist, spr. serka, werga, pe, e.

3) das tonlose e klingt flüchtiger noch als das stumme französische e. Der Deutsche spricht es am besten kurz mit einem leisen Anflug von i zu Anfang oder am Ende eines Wortes aus, wenn noch ein Mitlaut folgt. Fängt aber das folgende Wort mit einem Selbstlaut an, so wird dieses e gar nicht ausgesprochen, z. B. está ist, estive ich war, menina Kind, de uma einer, spr. 'schta, 'schtiw' m'nihnă, d'umă.

4. **Ii** hat zwei Laute:
   1) das betonte i lautet wie ih oder ie, z. B. mania Sucht, sabia wußte, dizia sagte, spr. mani[e]ă, sabi[e]ă, dihsi[e]ă.
   2) das tonlose i lautet wie das deutsche kurze i in in, im, z. B. interno innerlich, inventar erfinden, informar benachrichtigen, spr. internu, inwentar, infurmar.

5. **Oo** hat drei Laute:
   1) o in tonloser Stellung lautet wie u, z. B. panno Tuch, governo Regierung, nervo Nerv, spr. pannu, guwernu, nerwu.
   2) das betonte o lautet wie o (in ohne), z. B. móço jung, póço Brunnen, nósso unser, spr. mossu, possu, nossu.
   3) das betonte lange o klingt tiefer als oh, fast wie das französische au, z. B. formoso schön, damnoso schädlich, delicioso köstlich, spr. formohsu, damnohsu, delisiohsu.

6. Das **Uu** lautet ganz wie das deutsche u, z. B. fumo Rauch, curar heilen, durar währen, spr. fumu, kurar, durar.

Doppellaute. — Diphtongos.

NB. áe, ái, áo, áu; éi, éo, éu; ío, íu; óe, ói, óu; úe, úi; sind entweder durch Ausfall eines Mitlautes oder durch Attraktion entstanden und der erste Selbstlaut herrscht vor. In eá, eó, iá, oá, uá ist der zweite Selbstlaut vorherrschend.

7. **Ae** und **ai** lauten wie a i in Laib, z. B. metaes Metalle, pai Vater, spr. metaisch, pai.

   Anmerkung. ae klingt nie wie das deutsche ä oder ae.

8. **Ao** und **au** klingen wie a u in auch, z. B. pao Holz, audaz kühn, spr. pau, audasch.

9. **Ei** lautet nicht wie das deutsche ei in ein, sondern wie e h i mit lautlosem h [e'i], z. B. lei Gesetz, rei König, spr. le'i, re'i.

10. **Eu,** in älteren Schriften auch e o geschrieben, lautet nicht wie eu in euer, sondern wie e h u mit lautlosem h (e'u), z. B. meu mein, seu sein, spr. me'u, se'u.

11. **Oa** und **ua** lauten wie u a in Qual, z. B. egoa Stute, guarda Wache, spr. eguă, guardă.

12. **Ou** lautet bald o h i mit lautlosem h (o'i), bald o, z. B. cousa Sache, couva Höhle, Grube, spr. ko'isă, kowă.

a) Ist o u die portugiesische Form des lateinischen au, so wird es o'i ausgesprochen, z. B. ouro (aurum), spr. oiro.

b) Ist o u eine Attraktion aus dem lateinischen a-u mit Nachsetzung des zwischen a und u liegenden Mitlautes, besonders in Perfektformen, so wird es wie ein langes o ausgesprochen; z. B. houve (lateinisch habui), spr. hov.

c) Ist o u aus dem lateinischen u-i, o-i durch Attraktion entstanden, so wird es o'i ausgesprochen; z. B. couro (lateinisch corium), Leder, spr. coiro; Douro (lateinisch Durius), Flußname, spr. Doiro.

d) Ist o u aus der Auflösung eines Mitlautes entsprungen, so wird es wie ein langes o ausgesprochen; z. B. doutor (lateinisch doctor), Doktor, outro (lat. alterum) ander, spr. dotor, otru.

e) Ist o u eine bloße Erweiterung des o oder des u im lateinischen Worte, so wird es wie ein langes o aus= gesprochen; z. B. dou (lat. do) ich gebe, poupa (upupam), die Holle eines Vogels, spr. do, popa.

13. **Ue** und **ui** lauten nie wie ü, sondern immer 'wie u i in hui!, z. B. fui ich war, tafues Spieler, spr. fui, tafuisch.

14. **Au, ai, ei, ea, eo, eu, oa, oe, oi, ua** sind doppelsilbig, also keine Doppellaute, wenn der Ton oder Accent auf dem ersten oder zweiten Selbstlaut ruht, z. B. saúde Gesundheit, rainha Königin, reintegrar wiederherstellen, lactea milchichte, chapéo Hut, reunir vereinigen, toalha Tischtuch, coelho Ka= ninchen, moido gemahlen, lua Mond, ruido Lärm, spr. saūd', rǎ-īnjǎ, rě-integrar, lakte-a, schapä-u, re[h]-unihr, tu-aljǎ, ku-elju, mo-ihdu, lu-ǎ, ru-idu.

15. **Ia, ie, io, iu** sind meistens getrennt, z. B. dizia sagte, fiel treu, biographia Lebensbeschreibung, riu er lachte, spr. disi-ä, fi-el, ri-u.

Nasenlaute. — Sons nasaes.

16. Diese der portugiesischen Sprache eigentümlichen Laute kön= nen im Deutschen nur höchst unvollkommen durch Schrift= zeichen versinnlicht werden. Die französischen und beson= ders die schwäbischen Nasenlaute kommen den portugiesischen

am nächsten, obgleich der Unterschied ziemlich groß bleibt. Folgende Nasenlaute sind durch ˜ [das Til] bezeichnet:

ãe lautet wie ain in gain, z. B. capitães, [spr. kapi-tainsch] Hauptleute.

ão lautet wie aon in paon, z. B. capitão, [spr. kapi-taun] Hauptmann.

ã lautet wie an in pantalon, z. B. maça, [spr. massän] Apfel.

õe lautet wie oin in loin, z. B. botões, [spr. butoinsch] Knöpfe.

17. Ferner bilden **m** und **n**, wenn sie den Selbstlauten ange-hängt werden, folgende zehn Nasenlaute: am, em, im, om, um, an, en, in, on, un, aber ohne das Wesen des Selbstlautes zu ändern, also nicht wie im Französischen. Am ist gleichlautend mit ão und wird auch so geschrieben; um wird manchmal ũ geschrieben, was nicht nachzuahmen ist; an wird auch ã geschrieben.

Mitlaute. — Consoantes.

18. **Cc** lautet:

1) vor a, o, u, l, r, wie k, z. B. cama Bett, corvo Rabe, curto kurz, clamor Geschrei, cravo Nelke, spr. kamä, korwü, kürtü, klamor, krawü.

2) vor e und i wie ß, z. B. cego blind, cinco fünf, spr. ßägü, ßinkü. Mundartlich, aber nicht nachzuahmen: tschägü, tschinkü.

3) ç (mit cedilha ˛) lautet wie ss, z. B. çapato Schuh, spr. ssapatü.

4) ch lautet wie sch, z. B. chamar rufen, spr. schamar. Mundartlich im Norden Portugals: tschamar. In Wör-tern griechischen Ursprungs lautet es k, z. B. machina Maschine, spr. makina.

19. **Gg** lautet:

1) vor a, o, u und den Mitlauten wie das deutsche g in Gift, z. B. gallo Hahn, gozar genießen, agua Wasser, agradecer danken, gloria Ruhm, spr. gallu, gosar, agua, agradesser, glorja.

2) vor e und i wie das französische j, z. B. gemer seufzen, gibão Wamms, spr. schemer, schibaun.

3) in gue und gui ist u nicht hörbar, wenige Wörter ausgenommen.

4) in gn ist g hörbar, z. B. digno würdig, spr. big-nu.

20. **Hh** wird nie ausgesprochen, z. B. hora Stunde, spr. orǎ.

21. **Jj** lautet wie das französische j oder g vor e und i, z. B. jogar spielen, spr. schugar.

22. **Lh** wird ausgesprochen wie lj, z. B. filho Sohn, malho Schlägel, spr. filju, malju.

23. **Nh** wird ausgesprochen wie nj, z. B. rainha Königin, Hespanha Spanien, spr. rainjǎ, Espanjǎ.

24. **Qu** [ohne u wird es nicht gebraucht] lautet:
1) wie qu in Qual vor a [ausgenommen in quatorze vier= zehn, spr. kators'], z. B. quando wenn, quantia Geld= summe, spr. quandu, quantiǎ.

2) wie k vor e, i und o, z. B. quebrar brechen, quinta Land= gut, quotidiano täglich, spr. k'brar, kintǎ, kotidianu.

3) wie qu ausnahmsweise vor e und i, z. B. consequencia Folgerung, tranquillamente ruhig, spr. konsequensiǎ, tranquillament'.

25. **Rr** lautet:
1) hart schnarrend wie einige r hinter einander, nach l, m, n, s, r, am Anfang eines Wortes und hinter den Silben ab, de, pre, pro, sub, z. B. abalroada Entern, lembrar erinnern, tenro zart, desregrado ausschweifend, arrendar mieten, ramo Zweig, abrogar abschaffen, derramar ver= schütten, prerogativa Vorrecht, prorogar verlängern, subrogado Stellvertreter, spr. abalrroadǎ, lembrrar, tenrru, d'srregradu, arrendar, rramu, abrrogar, derra= mar, prerrogatiwǎ, prorrogar, subrrogadu.

2) in allen andern Fällen wird es wie das deutsche r gespro= chen, z. B. amargo bitter, caro teuer, spr. amargu, karu.

26. **Ss** lautet:
1) fast wie sch am Ende einer Silbe vor Mitlauten und am Ende der Wörter, z. B. mulheres Weiber, rasgar zerreißen, casca Schale, spr. muljersch, rraschgar, kaschka.

2) wie ſ zwiſchen zwei Selbſtlauten oder am Ende der Wörter, wenn das nächſtfolgende mit einem Selbſtlaut anfängt, z. B. as armas die Waffen, casa Haus, ſpr. as arrmaſch, kaſá.

NB. Os, as die (männl. und weibl. Mehrh.), lauten us, as, wenn das folgende Wort mit r anfängt, z. B. Os ricos die Reichen, ſpr. us rrikuſch, as Romanas die Römerinnen, ſpr. as Rromanäſch.

27. **V v** lautet wie w, z. B. viuva Wittwe, ſpr. wiuwä. Mund= artlich zwiſchen Douro und Minho wie b. Binho für vinho Wein. Nicht nachzuahmen.

28. **X x** lautet:
1) wie ſch, z. B. caixa Kaſſe, ſpr. kaiſchä [i kaum hörbar].
2) wie x in Wörtern lateiniſchen Urſprungs, z. B. sexo Geſchlecht, ſpr. ſekſu oder ſexu.
3) wie ſſ in maximo ſehr groß, flexivel biegſam u. a., ſpr. maſſimu, fleſſiwel.
4) am Ende der Wörter wie s oder z, z. B. calix Kelch, ſpr. kalis.

29. **Z z** lautet nie wie z, ſondern:
1) wie ſ zwiſchen zwei Selbſtlauten, z. B. luzir leuchten, ſpr. luſir.
2) wie ſch am Ende der Wörter, wenn kein Selbſtlaut folgt, denn dann lautet es wie ſ, z. B. luz Licht, per= diz Rebhuhn, a luz é forte das Licht iſt ſtark, ſpr. luſch, p'rdiſch, ä luſ ä fort'.

Betonung. — Accento.

1. Wörter, welche auf einen Mitlaut oder Naſenlaut endigen, haben den Ton auf der letzten Silbe, z. B. fatál ver= hängnißvoll, mataborrão Löſchpapier, desdêm Verachtung, armazêm Magazin.

Ausnahmen von dieſer Regel machen folgende Wörter, welche den Ton auf der vorletzten Silbe haben:
1) einige Eigennamen, wie César, Annſbal, dann cónsul, mártyr etc.
2) alle auf vel und il endigenden Beiwörter, z. B. possível möglich, incrível unglaublich, ágil behende, fácil leicht.

3) viele auf em endigenden Wörter, worunter besonders die Personen der Zeitwörter auf em, z. B. imágem Bild, corágem Mut, témem sie fürchten, dízem sie sagen.

4) die Namen, welche Abkömmlinge von Familien bezeichnen, z. B. Domínguez, Fernández.

5) alle Personen der Zeitwörter, deren Endsilbe as ist, und deren vorletzte Silbe lang ist [nur die zweite Person der zukünftigen · Zeit und die zweite der gegenwärtigen Zeit des Indikativs von dar und estar haben ein langes as als Endsilbe, z. B. amarás du wirst lieben, dás du giebst, estás du bist], z. B. ámas du liebst.

6) alle Personen der Zeitwörter auf es, z. B. dízes du sagst.

7) alle Personen der Zeitwörter auf eis, z. B. amáveis ihr liebtet [ausgenommen die zweite Person der Mehrheit der gegenwärtigen Zeit des Indikativs und der zukünftigen Zeit, die die betonte Endsilbe eis haben, z. B. amareis ihr werdet lieben, temeis ihr fürchtet].

8) alle Personen der Zeitwörter, die auf — mos endigen, z. B. amámos wir lieben, temémos wir fürchten [ausgenommen einige Zeitformen, das Imperfekt, und der Konditionalis, welche den Ton auf der vorvorletzten Silbe haben, z. B. amávamos wir liebten, amaríamos wir würden lieben].

9) alle Personen der Zeitwörter, die auf ão endigen, z. B. ámão sie lieben [ausgenommen die dritte Person der Mehrheit der zukünftigen Zeit und dieselbe Person der gegenwärtigen Zeit des Indikativs von dar und estar, deren Endsilbe ão betont ist, z. B. amarão sie werden lieben, dão sie geben, estão sie sind].

2. Alle Wörter, welche auf einen Selbstlaut endigen, haben den Ton auf der vorletzten Silbe, z. B. rósa die Rose, cousa die Sache, cravo die Nelke.

Ausnahmen von dieser Regel machen:

1) viele Wörter auf i, deren letzte Silbe lang ist, z. B. ali hier; auf a, z. B. acolá dort; auf e, z. B. pontapé Fußtritt; auf o, z. B. enchô Hobel; auf u, z. B. bahú Koffer.

2) die Wörter, die ihren Superlativ auf — imo oder — issimo bilden, haben den Ton auf der vorvorletzten Silbe, z. B. óptimo sehr gut, caríssimo sehr lieb.

3) die Wörter griechischen Ursprungs, die den Ton auf der vorletzten Silbe haben, als z. B. geómetra Feldmesser, und aus dem Lateinischen: número Zahl.

4) eine Masse Wörter, wie árvore Baum, améndoa Mandel u. s. w., die den Ton auf der vorvorletzten Silbe haben.

3. Die Endungen — ia, — ie, — io, — ua, — ue, — uo, sind bald Doppellaute, bald zweisilbig. Im ersten Fall liegt der Ton auf der dem Doppellaut vorhergehenden Silbe, im zweiten auf dem ersten Selbstlaut, z. B. concórdia Eintracht, sánie Eiter, sócio Gefährte, água Wasser, tánque Teich; und cobardía Feigheit, río Fluß, falúa ein Flußboot, charrúa Pflug.

. NB. 1. In den Zeitformen, welche — ia statt des ursprünglichen iba haben [z. B. tenia hatte, teria hätte], ist — ia zweisilbig mit dem Ton auf dem i.

NB. 2. Die Endungen — ais, — eis der zweiten Person der Mehrheit werden einsilbig gesprochen, aber doch als zweisilbig gerechnet.

4. In den Endsilben wird das zur Bezeichnung der Mehrheit gebrauchte — s als nicht vorhanden betrachtet.

5. Wo eine den obigen Regeln zuwiderlaufende Betonung eintritt, wird sie durch das Accento agudo (´) oder durch das Accento circumflexo (^) angedeutet, z. B. café Kaffee, pé Fuß, vê er sieht. Auch wird das Accento agudo angewendet, um ähnlich geschriebene, aber verschieden betonte Wörter von verschiedener Bedeutung zu unterscheiden, z. B. esta diese, está ist, deste dieses, déste du gabst. Doch wird es auch nicht immer beachtet und es bleibt dem Leser überlassen, ob seria eine ernste.., oder würde, sabia eine weise .. oder mußte heißen muß.

6. Die Ausstattung des Innern der Wörter mit überflüssigen Accenten ist ein Mißbrauch, den sich keine anständige Druckerei in Portugal und Brasilien erlaubt. Die imprensa nacional in Lissabon ist in orthographischer Hinsicht und für die Accentuation des Textes mustergültig.

Leseübung.

Anmerkung. Wir setzen in die erste Zeile die portugiesischen Worte, in die zweite die Aussprache derselben, in die dritte die wörtliche Übersetzung und in die vierte die wirklich deutsche Übersetzung. Die Aussprache ist so gut angegeben, als es sich mit Hilfe deutscher Zeichen thun läßt; sie leisten aber das Unmögliche einer genauen Versinnlichung der Aussprache durchaus nicht.

Dialogo	entre	dous	tafues.
Dialogu	ehntr'	doisch	tafuisch.
Zwiegespräch	zwischen	zwei	Gecken.
Gespräch	zwischen	zwei	Zierbengeln.

Encontrarão-se	dous	amigos	em	um	passeio,
Enkontraraun=s'	dois	amigus	eim	um	passeiu,
Begegneten sich	zwei	Freunde	in	einem	Spazierplatz
Zwei Freunde trafen	sich	in	einem	öffentlichen	Garten

e	tiverão	a	seguinte	conversa.	Tu	já	sabes
i	tiwehraun	a	f'gint'	konwersa:	Tu	scha	sab'sch
und	hatten.	das	folgende	Gespräch:	Du	schon	weißt
und es entspann	sich	folgendes	Gespräch:	Weißt	du	schon,	

que	casei	ha	mais	de	um	anno?	— Sim,
ke	kasei	a	maisch	de	um	annu?	— Sim
daß ich	heiratete	es ist	mehr	als	ein	Jahr?	— Ja,
daß ich	etwas	über	ein	Jahr	verheiratet	bin?	— Ja,

sube	isso,	e	que	tiveste	grande	satisfacção.	—
sube	issu	i	ke	tiwescht'	grand'	satischfassaun.	—
ich erfuhr	dies,	und	daß	du hattest	große	Befriedigung.	—
ich weiß es,	und	weiß,	daß	du	sehr	zufrieden warst.	—

Não	foi	completa,	meu	caro;	porque	me	liguei
Naun	foi	kompläta,	meu	karu;	purkeh	m'	lige'i
Nicht	sie war	vollständig,	mein	Teurer;	denn	mich	ich band
So ganz	doch	nicht,	mein	Lieber;	denn	ich	verband mich

a   uma mulher muito   altiva,   soberba e   incapaz
a   uma muljer muitu   altiwa,   suberba i   incapasch
an ein Weib   sehr   hochmütig, stolz und   unfähig
mit einem sehr hochmütigen, stolzen Weibe, von ganz

de se   aturar. — Então fizeste um   casamento
d' s'   aturar. — Entaun fisescht' um   kasamehntu
zu sich ertragen. — Dann du thatest eine   Heirat
unerträglichem Charakter. — Dann war deine   Heirat

muito infeliz. — Não   foi   tanto como pensas;
muitu infehlisch. — Naun foi   tantu komu pehnsasch;
sehr unglücklich. — Nicht es war so stark wie du denkst;
sehr unglücklich? — So unglücklich doch nicht, wie du denkst;

porque ella trouxe quatro mil cruzados de   dote. —
purkeh ella troff' quatru mil krusadusch d'   doht'. —
denn   sie brachte viertausend Crusaden von Heiratsgut. —
denn meine Frau brachte viertausend Thaler Heiratsgut mit. —

Está   bom! Isso sempre consola. — Pouca   consolação
'Schta bom! Issu sempr' konsola. — Poka   konsolassaun
Ist   gut! Das immer tröstet. — Wenig   Trost
Gut! Das ist immerhin ein Trost. — Mich tröstete es nur

me deu; porque   empreguei o   dinheiro em
m' deu; purkeh   empregei   u   dinjeiro ein
mir gab; denn   ich verwendete das Geld   in
wenig, denn ich kaufte Schafe für das Geld,

carneiros, e   todos   morrerão de   morrinha. —
karnehrusch, i   tobusch   murrehraun d'   murrinja. —
Schafen   und   alle   starben   an   Schafpocken. —
         und   alle   starben an den Schafpocken. —

Oh isso é   uma perda muito sensivel! Podia ser
Oh issu ä   uma perda muitu sensiwel! Pudia sehr
Oh das ist ein Verlust sehr fühlbar! Könnte sein
Der Verlust war freilich empfindlich; — Nun, so schlimm

peior; porque a lã e pelle me deu ainda
p'ior; purkeh a lan i pell' m de[h]u ainda
ſchlimmer; denn die Wolle und Fell mir gab noch
wars noch nicht; denn aus der Wolle und den Fellen zog ich noch

algum dinheiro. — Bom, bom, amigo não ficaste
algum dinjehru. — Bom, bom, amigu naun fikaſcht
einiges Geld. — Gut, gut, Freund nicht bliebſt
ein ſchönes Stück Geld. — So, ſo, Freundchen, du verdarbſt

de todo mal. — O peior foi arder a caſa
d' todu mal. — U p'ior foi ardehr a kaſa
gänzlich ſchlecht. — Das ſchlimmſte war abbrennen das Haus
nicht ganz. — Nein, aber es begegnete mir Schlimmeres: das Haus,

em que tinha o dinheiro guardado; e foi-se. —
ein ke tinja u dinjehru guardabu; i foi=s'. —
in dem ich hatte das Geld aufbewahrt; und es ging. —
in dem ich das Geld aufbewahrte, brannte ab, und weg war es. —

Oh! eis-aqui uma grande desgraça! — Não
Oh! eis=aki uma grand' dehſchgraſſa! — Naun
Oh! das iſt hier ein großes Unglück! — Nicht
Ja, das iſt allerdings ein großes Unglück! — Doch nicht

foi tanta, como podia ser, porque não menos
foi tanta, komu pudia ſehr, purkeh naun menuſch
war ſo groß, als es konnte ſein, denn nicht weniger
ſo groß, wie es hätte ſein können, denn

morreu tambem alli queimada minha mulher
murre[h]u taunbem alli keimada minja muljer
ſtarb auch hier verbrannt meine Frau
meine Frau verbrannte auch mit,

e fiquei livre della. — Então seja-te muito
i fikei liwr' della. — Entaun ſeſcha=t' muitu
und ich blieb frei von ihr. — Dann ſei dir ſehr viel
und ſo wurde ich ſie los. — Dann wünſche ich dir

parabem,	procura	agora	outra	de	melhor	con-
paraben,	prokura	agora	otra	d'	m'ljor	kon=
Glückwunſch,	ſuche	jetzt	andere	von	beſſerer	Be=
Glück,	ſuche	dir	jetzt	eine	beſſere. —	

dição. —	Tudo	regula	pelo	mesmo;	o
diſſaun. —	Tudu	rr'gula	pehlu	mehſchmu;	u
ſchaffenheit. —	Alles	richtet ſich	nach	demſelben;	das
	Alles	geht	denſelben	Gang;	denn

mais	difficultoso	é	não	ter	casa	minha	em
maiſch	diffikultohſu	ä	naun	tehr	kaſa	minja	ein
meiſt	ſchwierige	iſt	nicht	haben	Haus	mein	in
jetzt	habe	ich	kein	eignes	Haus	mehr,	das

que	possa	haver	outro	incendio.
ke	poſſa	awehr	otru	inſendiu.
dem	es könne	geben	andere	Feuersbrunſt.
neuem	abbrennen könnte.			

O	sermão	sem	fim.
U	ſ'rmaun	ſein	fin.
Die	Predigt	ohne	Ende.
Die	Predigt	ohne	Ende.

Pregando	um	sermão	de	tarde,	na	Quaresma,
Prehgandu	un	ſ'rmaun	d'	tard',	na	Quareſchma
Predigend	eine	Predigt	von	Abend, in der	Faſtenzeit,	
Ein Prediger	hielt eine	Abendpredigt	während der	Faſtenzeit,		

certo	pregador,	o	dividiu	em	trinta	e	dous
ſertu	prehgahdor	u	diwidiu	ein	trinta	i	doiſch
[ein] gewiſſer	Prediger	ſie	teilte	in	dreißig	und	zwei
		und	teilte	ſie	in	zwei und	dreißig

periodos	em	memoria	da	idade	de	nosso
p'riohdusch	ein	m'moria	da	ibad'	d'	noſſu
Abteilungen	zur	Erinnerung	des	Alters	des	unſern
Teile	zur	Erinnerung	an	das	Alter	unſers

Salvador. Foi o sermão tão extenso, que os
Salvador. Foi u f'rmaun taun eschtensu, ke us
Heilandes. Es war die Predigt so ausgedehnt, daß die
Heilandes. Die Predigt dehnte sich so sehr in die Länge, daß die

ouvintes, como era já muito noite, se forão
ouwint'sch, komu ära scha muitu noit', f' foraun
Hörenden, wie es war schon sehr Nacht, sich gingen
Zuhörer, da es schon anfing dunkel zu werden, sich

retirando pouco a pouco. O pregador que
r'tirandu poku a poku. U prehgador ke
zurückziehend nach und nach. Der Prediger, welcher
nach und nach zurückzogen. Der Prediger

era de vista curta, não reparou, e foi continuando,
ära d' wischta kurta, naun, rr'paro, i foi kontinuandu,
war von Gesicht kurz, nicht merkte, und war fortfahrend,
hatte ein kurzes Gesicht, merkte daher nichts und fuhr fort,

até que um rapaz sacristão chegou a elle
ateh k' um rrapasch sakrischtaun sch'go a ell'
bis daß ein Junge Siegrist kam zu ihm
bis ein Junge, der Kirchendienerdienste versah, sich ihm

e lhe disse: Aqui estão as chaves da igreja;
i ljeh diff': Aki 'schtaun asch schaw'sch da igrescha;
und ihm sagte: Hier sind die Schlüssel der Kirche;
näherte und ihm sagte: Hier sind die Kirchenschlüssel;

quando acabar, fará favor de fechar. —
quandu akabar, fara fawor d' f'schar. —
wenn er wird endigen, er wird thun Gefallen zu schließen. —
wenn Sie fertig sind, schließen Sie gefälligst. —

E a gente? — A gente já se foi embora. —
J a schehnt'? — A schehnt' scha f' foi embora. —
Und die Leute? — Die Leute schon gingen fort. —
Und die Leute? — Die Leute sind schon lange fort. —

E   tambem   as   mulheres? — Essas   forão   as
I   taunbem   asch   muljer'sch? — Essasch   foraun   asch
Und   auch   die   Weiber?   — Diese   gingen   die
Die Weiber auch? — Die waren die ersten, die gingen. —

primeiras.   —   Irião   fazer   a   ceia?
prime'rasch. —   Iriaun   fasehr   a   seia?
ersten.   —   Sie werden gegangen sein zu bereiten das Nachtessen.
          Das Nachtessen wird sie nach Haus getrieben haben.

E   o   Prior? — Esse   já   está   na   cama. —
I   u   Prior? — Ess'   scha   'schta   na   kama. —
Und   der   Prior? — Dieser   schon   ist   im   Bett. —
Und   der   Prior? — Der   liegt   schon   im   Bett. —

Quantas   horas   são?   —   Já   dérão   onze. —
Quantasch   orasch   saun?   —   Scha   dehraun   ons'. —
Wie viele Stunden sind es? — Schon   schlugen   elf.
Wie viel Uhr ist es denn? — Es hat bereits elf geschlagen. —

Pois   eu   tambem   me vou   para ella   e   noutro
Pois   e[h]u taunbem   m' wo   para ella   i   notru
Dann   ich   auch   gehe   in es   und an einem andern
Dann   gehe   ich auch   zu Bett   und   werde nächstens

dia   acabarei   a   minha   pratica.
dia   akabarei   a   minja   pratika.
Tag   ich werde enden   die   meine   Predigt.
meine Predigt beschließen.

V. Ex.ᵃ   D. Laura.

Erster Abschnitt. — Lição primeira.

Sie.	Eure Gnade.	Vossa Mercê. **V. M. vmᶜᵉ·**	
Sie.	Eure Gnaden.	Vossas Mercês. **vmᶜᵉˢ·**	

A. Wenn die Portugiesen Einen anreden, so bedienen sie sich gewöhnlich, wenn sie nicht Du brauchen, der dritten Person der Einheit oder Mehrheit, je nachdem sie zu Einem oder Mehreren sprechen. Sie sagen also: Hat? oder haben? wo man im Deutschen Haben Sie? oder Haben Sie? (Mehrheit) sagt. Statt des Fürworts braucht man dabei: Eure Gnade, in der Mehrheit: Eure Gnaden. Eure heißt Vossa, Gnade Mercê. In der Mehrheit wird beiden Wörtern ein s angehängt. Vossa Mercê wird V. M. oder vmᶜᵉ· geschrieben, in der Mehrheit Vmᶜᵉˢ· In der Aussprache klingt V. M. wie vossmcê, mit stummem r, und vmᶜᵉˢ wie vossmcês. Familiär abgekürzt heißt es auch Você, in der Mehrheit Vocês. Gewöhnlich wird es nur einmal ausgedrückt zu Anfang der Anrede:

Er **hat**, sie **haben.**	**Tem.**
Haben Sie? (wird ausgedrückt: Hat Eure Gnade?)	Tem V. M.? oder V. M. tem?
Haben Sie? d. h. Haben Eure Gnaden?	Vmᶜᵉˢ tem? oder tem vmᶜᵉˢ?
Der Hut, den Hut.	O chapéo.
Der Ring, den Ring.	O annel.
Haben Sie den Hut?	Vmᶜᵉ tem o chapéo?
Haben Sie den Ring?	Tem vmᶜᵉ o annel?
Ja.	**Sim.**
Nein.	**Não.**
Ich habe.	**Tenho.**

B. Eu ich, wird vor dem Zeitwort nur ausgedrückt, wenn ein Gegenſatz oder ſonſt ein Umſtand es hervorhebt.

Ja, ich habe den Ring.	Sim, tenho o annel.
Herr,	Senhor.
Nein, Herr, ich habe den Hut.	Não, senhor, tenho o chapéo.

C. Man muß ſich in der Anrede nach dem Stande der Perſon richten, zu welcher man ſpricht. Der Herr heißt o senhor, die Dame, die Frau, das Fräulein a senhora. Hat der Herr? Hat die Dame? iſt viel höflicher als: Hat Eure Gnade? — Eure Herrſchaft heißt Vossa Senhoria, in der Mehrheit Vossas Senhorias; Eure Excellenz heißt Vossa Excellencia, in der Mehrheit Vossas Excellencias. Vossa Senhoria und Vossa Excellencia müſſen bei Vornehmen ſtatt Vmcê. gebraucht werden und ſind beſonders zu empfehlen, wenn man mit Damen ſpricht.

Der, den.	O, weiblich a.
Die Seife.	O sabão.
~~Das Federmeſſer.~~	O canivete.
Das Papier.	O papel.
Hat der Herr die Seife?	O senhor tem o sabão?
Hat die Dame das Papier?	A senhora tem o papel?

D. Der männliche Artikel iſt o, der weibliche a. Einen ſächlichen giebt es nicht im Portugieſiſchen, weil die Hauptwörter nur männlich oder weiblich ſind. Das Geſchlecht der portugieſiſchen Hauptwörter entſpricht dem der deutſchen, da wo ſie männliche oder weibliche Weſen bezeichnen. Sonſt iſt die Übereinſtimmung nur zufällig, z. B. o homem, der Mann, a mulher, die Frau, o annel, der Ring, o sabão, die Seife, o canivete, das Federmeſſer.

Haben Sie das Papier?	Tem vmcê. o papel?
Ja, Herr, ich habe das Papier.	Sim, senhor, tenho o papel.
Mein, (meinen) **meine.**	**Meu, minha.**
Sein, (ſeinen) **ſeine, ihr, ihre** (ihren).	Seu, Sua.

Haben Sie meinen Hut?	Tem vm^{cê.} o meu chapéo?
Ja, ich habe Ihren Hut.	Sim, tenho o seu chapéo.

Der Spazierstock. — A bengala.

Haben Sie Ihren Stock?	Tem a sua bengala?
Ich habe meinen Stock.	Tenho a minha bengala.
Haben Sie meine Seife?	Tem o meu sabão?
Ich habe Ihre Seife.	Tenho o seu sabão.

E. Der Portugiese sagt nicht: Ich habe meinen Hut, Ihre Seife, sondern ich habe den meinen Hut, die Ihre Seife.

Von. Aus. — **De.**

Ein Stück. — Um pedaço.

Haben Sie Ihre Seife?	Vm^{cê.} tem o seu sabão?
Nein, ich habe ein Stück von Ihnen.	Não, tenho um pedaço de vm^{cê.}

Welcher? (welchen? welche? welches? was für?) — **Que?**

Das Brot. — O pão.
Der Zucker. — O açucar.

Welcher Hut ist der Ihrige? — Que chapéo é o seu?

Ist. — **É.**

Welchen Hut haben Sie?	Que chapéo tem vm^{cê.}?
Welche Seife haben Sie?	Que sabão tem vm^{cê.}?
Welches Brot haben Sie?	Que pão tem vm^{cê.}?
Was für Zucker hat der Herr?	Que açucar tem o senhor?

Aufgabe.
1.

Haben Sie den Hut? — Ja, ich habe den Hut. — Haben Sie Ihren Hut? — Ja, Herr, ich habe meinen Hut. — Haben Sie meinen Hut? — Nein, Herr, ich habe meinen Hut. — Welchen Hut haben Sie? — Ich habe Ihren Hut. — Haben Sie das Brot? — Ich habe das Brot. — Haben Sie mein Brot? — Nein, Herr, ich habe mein Brot. — Haben Sie Ihr Brot? — Nein, Herr, ich habe Ihr Brot. — Welches Brot haben Sie? — Ich habe mein Brot. — Welchen Stock haben Sie? — Ich habe meinen Stock. — Haben Sie Ihren Stock?

— Ja, Herr, ich habe meinen Stock. — Haben Sie den Zucker? — Ja, ich habe den Zucker. — Sie haben meinen Zucker? — Nein, ich habe meinen Zucker. — Haben Sie mein Papier? — Ja, ich habe Ihr Papier. — Hat der Herr mein Brot? — Ja, Herr, ich habe Ihr Brot. — Welche Seife haben Sie? — Ihre Seife. — Haben Sie Ihr Federmesser? — Ja, ich habe mein Federmesser. — Welches Federmesser haben Sie? — Ich habe mein Federmesser. — Welchen Ring haben Sie? — Ich habe meinen Ring.

Zweiter Abschnitt. — Lição segunda.

Das Tuch.	O panno.
Der (den) Schuh.	O çapato.
Ihn (sie, es).	**O.** weiblich **a.**
Haben Sie den Schuh?	Vmcê. tem o çapato?
Haben Sie ihn?	Vmcê. tem o?
Sie haben ihn?	Vmcê. o tem?

A. Gewöhnlich werden die persönlichen Fürwörter ihn, sie, es, ihm, ihr, ihnen, welche im deutschen unabhängigen Satz hinter dem Zeitwort stehen, im Portugiesischen davor gesetzt, wenn das Zeitwort in der ersten, zweiten oder dritten Person einer andern Form, als der Befehlweise steht. Doch werden auch in den einfachen Zeiten die Fürwörter bald vor=, bald nachgesetzt, je nachdem es der Wohllaut erfordert.

Er will.	**Elle quer.**
Wollen Sie das Tuch?	Quer vmcê. o panno?
Wollen Sie es?	Vmcê. quer-o?
Ich habe es.	Tenho-o.
Wollen Sie meinen Hut?	Quer vmcê. o meu chapéo?
Nein, Herr, ich habe ihn.	Não, senhor, eu o tenho.
Der Hund.	O cão.
Das Pferd.	O cavallo.
Das Leder.	O couro (spr. coiro).
Gut, (weibl.) gute.	Bom-boa.
Schlecht, weibl. schlechte.	Máo-má.

Wollen Sie mein gutes Tuch? | Quer vmcê. o meu bom panno?
Nein, Herr, ich will es nicht. | Não, senhor, não o quero.

Ich will. | **Eu quero.**
Nicht. | **Não** (steht vor dem Zeitwort).

Hübsch. | Bonito. weibl. a.
Schön. | Lindo. „ a.
Häßlich. | Feio. „ a.
Alt, bejahrt. | Velho. „ a.

Haben Sie meinen alten Hut? | Tem o meu velho chapéo?
Ich habe Ihren alten Hut nicht. | Eu não tenho o seu velho chapéo.

B. Die persönlichen Fürwörter: ich, du, er, wir, ihr, sie, sind schon durch die Endungen des Zeitwortes ausgedrückt. Sie werden nur angewendet, wenn sie mit Nachdruck betont sind, oder wenn man eine Zweideutigkeit vermeiden will, sonst aber ausgelassen.

Welches schöne Federmesser haben Sie? | Que bonito canivete tem vmcê?
Ich habe mein Federmesser. | Tenho o meu canivete.
Wollen Sie meine gute Seife? | Quer o meu bom sabão?
Ich will sie. | Quero-o.

C. Es ist durchaus nicht notwendig, immer vmcê zu setzen, wo der Deutsche Sie sagt. Man gewöhne sich daran: Hat er? hat sie? haben sie? statt: Haben Sie? u. s. w. zu denken.

Wollen Sie (will er) den seidenen Hut? | Quer o chapéo de seda?

Die Seide. | A seda.

Haben Sie das seidene Tuch? | Tem o panno de seda?
Ja, Herr, ich habe das seidene Tuch. | Sim, senhor, tenho o panno de seda.

D. Das Verhältniswort de bezeichnet den Stoff, aus welchem etwas besteht: man bedient sich dafür im Deutschen eines Eigenschaftswortes. — Das seidene Tuch, wird übersetzt: das Tuch von Seide.

Der lederne Schuh. | O çapato de couro.
Der hübsche lederne Schuh. | O bonito çapato de couro.
Der alte lederne Schuh. | O velho çapato de couro.

2*

E. De bezeichnet einen Besitz oder ein Eigentum und drückt den Genitib aus.

Ihr schönes Pferd.	O lindo cavallo de vm.^{cê}
Die Flinte.	A espingarda.
Das Eisen.	O ferro.
Die Baumwolle.	O algodão.
Das Hemd.	A camisa.
Die eiserne Flinte.	A espingarda de ferro.
Das baumwollene Hemd.	A camisa de algodão.
Ich will die alte eiserne Flinte.	Quero a velha espingarda de ferro.

Aufgabe.
2.

Haben Sie mein schönes Pferd? — Nein, Herr, ich habe es nicht. — Wollen Sie Ihren alten Schuh? — Ja, Herr, ich will meinen alten Schuh. — Haben Sie Ihren hübschen ledernen Schuh? — Ich habe ihn. — Welches Pferd haben Sie? — Ich habe mein gutes Pferd. — Welchen Schuh wollen Sie? — Ich will Ihren alten ledernen Schuh. — Haben Sie Ihr Hemd? — Ich habe es nicht. — Haben Sie Ihr hübsches Hemd? — Ja, ich habe es. — Haben Sie mein baumwollenes Hemd? — Nein, Herr, ich habe es nicht. — Welches Hemd wollen Sie? — Ich will mein Hemd. — Haben Sie das gute Tuch? — Nein, ich habe das häßliche Tuch. — Haben Sie mein schönes Tuch? — Nein, Herr, ich habe es nicht. — Welches Tuch haben Sie? — Ich habe Ihr altes Tuch. — Haben Sie Ihre alte Seife? — Ich habe sie nicht. — Haben Sie meine gute Seife? — Nein, Herr, ich habe Ihre Seife nicht. — Welches alte Federmesser wollen Sie? — Ich will Ihr Federmesser nicht. — Haben Sie Ihre gute Flinte? — Ich habe meine alte Flinte. — Haben Sie Ihre hübsche Flinte? — Ja, Herr, ich habe die hübsche Flinte. — Hat der Herr mein Hemd? — Ja, Herr, ich habe Ihr hübsches baumwollenes Hemd. — Wollen Sie meinen hübschen ledernen Schuh? — Nein, ich will ihn nicht. — Welchen eisernen Ring haben Sie? — Ich habe Ihren eisernen Ring. — Wollen Sie meinen schönen Ring? — Nein, Herr, ich will ihn nicht. — Hat der Herr mein hübsches seidenes

Hemd? — Nein, Herr, ich habe Ihr altes Hemd. — Welchen Hund wollen Sie? — Ich will den Hund meines Freundes. — Wollen Sie mein hübsches Pferd? — Ja, Herr, ich will Ihr gutes Pferd.

Dritter Abschnitt. — Lição terceira.

Der Kaffee.	O café.
Der Thee.	O chá.
Der Käse.	O queijo.
Die Sache.	A cousa (spr. coisa).
Einiger, e, es. (Etwas.)	**Algum** weibl. **alguma.**
Etwas. (Irgend eine Sache.)	**Alguma cousa.**
Ich habe etwas (einiges) Geld.	Tenho algum dinheiro.
Wollen Sie Etwas? (eine Sache.)	Quer alguma cousa?
Haben Sie etwas Schönes?	Tem alguma cousa linda?

A. Etwas ist unbestimmtes Zahlwort oder Hauptwort: im ersten Fall wird es durch algum, alguma, im zweiten durch alguma cousa übersetzt. Ein sächliches Beiwort hinter Etwas wird durch die weibliche Form dieses Beiworts übersetzt.

Wollen Sie etwas Gutes?	Quer alguma cousa boa?
Nein, ich will nichts.	Não, não quero nada.
Nichts.	**Nada.**

B. Não entspricht sowohl dem deutschen nicht, als nein. Es steht immer vor dem Zeitwort. Kommt in einem Satze nada oder ein anderes verneinendes Umstandswort vor, so muß es hinter dem Zeitwort stehen und não davor, denn zwei Verneinungen heben sich im Portugiesischen nicht auf. Läßt man eine davon weg, so muß die andere an die Spitze des Satzes treten.

Der Herr hat nichts.	O senhor não tem nada, oder O senhor nada tem.
Nie.	**Nunca.**
Sie wollen nie.	Não quer nunca oder nunca quer.

Der Wein.	O vinho
Das Geld.	O dinheiro.
Kein, keine, keines.	**Nenhum, Nenhuma.**

C. Kein nach einem Zeitwort oder vor einem Hauptwort wird einfach durch não übersetzt. Will man es betonen, so setzt man nenhum hinter das Zeitwort, oft auch hinter das Hauptwort.

Der Herr hat kein Geld.	O senhor não tem dinheiro.
Er hat gar kein Geld.	Não tem dinheiro nenhum.
Wollen Sie kein Brot?	Não quer pão?
Ich will gar kein Brot.	Não quero pão nenhum.
Das Gold.	O ouro (spr. oiro).
Das Silber.	A prata.
Der Knopf.	O botão.
Der silberne Knopf.	O botão de prata.
Der Nachbar.	O visinho.
Der Leuchter.	O candieiro.
Der silberne Leuchter der Frau.	O candieiro de prata da senhora.
Der eiserne Knopf des Nachbarn.	O botão de ferro do visinho.

D. Das portugiesische Hauptwort wird nicht dekliniert. Der Genitiv wird durch de ausgedrückt, welches sich mit dem Artikel o und a zu do und da zusammenzieht.

Wollen Sie das Geld des Herrn?	Quer o dinheiro do senhor?
Nein, ich will den Wein der Frau.	Não, quero o vinho da senhora.
Ich habe den Hut des Nachbarn.	Tenho o chapéo do visinho.

E. Die Beiwörter, welche sich auf o endigen, bilden ihre weibliche Form, indem sie das o in a verwandeln. Sie nehmen das Geschlecht und die Zahl der Hauptwörter an, welche sie begleiten, ob sie vor oder hinter denselben stehen.

Die schöne Sache.	A linda cousa.
Wollen Sie etwas Schönes?	Quer alguma cousa linda?
Nein; ich will etwas Gutes.	Não; quero alguma cousa boa.
Der Hunger.	A fome.
Der Durst.	A sêde.
Haben Sie Hunger? Hungert Sie?	Tem fome?
Haben Sie Durst? Dürstet Sie?	Tem sêde?
Ich habe keinen Hunger.	Não tenho fome.

Die Scham. Die Schande.	A vergonha.
Der Schlaf.	O somno.
Sind Sie schläfrig?	Tem somno? *somno*
Ich habe Schlaf.	Tenho somno.
Ich schäme mich nicht.	Não tenho vergonha.
Ich schäme mich gar nicht.	Não tenho vergonha nenhuma.
Was?	**Que?** (spr. keh).
Was wollen Sie?	Que quer vm.ce?
Was haben Sie?	Que tem?
Ich habe etwas Hübsches.	Tenho alguma cousa bonita.

Aufgabe.
3.

Wollen Sie den guten Kaffee? — Nein, Herr, ich will Thee. — Haben Sie Käse? — Ja, Herr, ich habe Käse. — Wollen Sie mein Geld? — Ich will Ihr Geld nicht. — Haben Sie etwas Schönes? — Ja, Herr, ich habe den silbernen Leuchter des Nachbarn. — Haben Sie das schöne Pferd? — Ich habe das schöne Pferd nicht. — Wollen Sie es? — Ich will es nicht; ich will den eisernen Spazierstock. — Sind Sie schläfrig? — Ich bin gar nicht schläfrig. — Welchen Leuchter wollen Sie? — Ich will den silbernen. — Wollen Sie den eisernen Ring? — Nein, ich will den silbernen. — Was haben Sie? — Ich habe nichts. — Schämen Sie sich nicht? — Nein, Herr, ich schäme mich nicht. — Haben Sie das seidene Tuch? — Ich habe kein seidenes Tuch. — Wollen Sie den silbernen Ring? — Ich will keinen silbernen Ring. — Sind Sie hungrig? — Nein, ich bin durstig. — Sind Sie schläfrig? — Ich bin nicht schläfrig. — Was haben Sie? — Ich habe den goldenen Knopf. — Was wollen Sie? — Ich will den Spazierstock des Nachbarn. — Wollen Sie Geld? — Ich will kein Geld. — Wollen Sie Wein? — Ich will gar nichts von Ihnen. — Was haben Sie? — Ich habe den Hund des Nachbarn. — Wollen Sie Brot? — Ich will kein Brot; ich habe gutes Brot. — Wollen Sie meinen Hund? — Ich will Ihren Hund nicht; ich will den Hund Ihres Nachbarn. — Was hat der Nachbar? — Der Nachbar hat den hübschen, seidenen Schuh der Dame. — Die schöne Dame schämt sich nicht. Sie ist hungrig. — Ihren Stock will ich nicht. Ich will Ihren goldenen Leuchter.

Vierter Abschnitt. — Lição quarta:

Der Mann. Der Mensch.	O homem.
Der Bäcker.	O padeiro.
Der Schneider.	O alfaiate.
Das Haus.	A casa.
Die Strafe.	A correcção.
Das Zuchthaus.	A casa de correcção.
~~Das Bäckerbrot.~~	~~O pão do padeiro.~~
~~Das Hausbrot.~~	~~O pão caseiro.~~

A. Hauptwörter, die aus zweien zusammengesetzt sind, werden beim Übersetzen getrennt, das letzte vor das erste gesetzt und mit demselben durch de verbunden.

Dieser, diese, dieses. (Nomin. und Accusat.)	**Este, esta, isto.**
Genitiv. Dieses, dieser, dieses.	Deste, desta, disto auch de este etc.
Dieser Bäcker will sein Brot.	Este padeiro quer o seu pão.
Diese Frau hat kein Geld.	Esta senhora não tem dinheiro.
Wollen Sie den Hut dieses Mannes?	Quer o chapéo deste homem?
Nein, ich will das Tuch dieser Frau.	Não, quero o panno desta senhora.
Ich habe dieses nicht.	Não, tenho isto.
Jener, jene, jenes. (Nomin. und Accusat.)	**Esse, essa, isso** oder **aquelle, aquella, aquillo.**
Genitiv: Jenes, jener, jenes.	Desse, dessa, disso oder daquelle, daquella, daquillo, auch de esse und de aquillo.
Will jener Mann kein Brot?	Aquelle homem não quer pão?
Will jene Frau kein Geld?	Aquelle senhora não quer dinheiro?
Wollen Sie Jenes?	Quer aquillo?
Jenes, ja.	Isso, sim.
Das Tuch jenes Schneiders ist nicht gut.	O panno daquelle alfaiate não é bom.
Wollen Sie den guten Wein aus jenem Hause?	Quer o bom vinho daquella casa?
Von diesem Manne will ich nichts.	Desse homem não quero nada.
Ich gebe.	[Eu] dou (spr. do).
Er giebt.	[Elle] dá.
Der Schneider giebt dem Manne das Tuch.	O alfaiate dá o panno ao homem.
Der Herr giebt der Frau den Wein.	O senhor dá o vinho á mulher.
Dem, weibl. der.	**Ao, á.**

B. Der Dativ des Artikels wird gebildet durch das Verhältniswort a, welches sich mit o und a, zu ao und á verbindet. Man merke sich den Unterschied zwischen a (die) und á (der). Ebenso wird der Dativ von este, esse, aquelle gebildet; nur findet da keine Zusammenziehung statt.

Die Frau giebt dem Manne die Seife.	A senhora dá o sabão ao homem.
Sie giebt sie jenem Herrn.	Ella o dá a aquelle senhor.

C. Der Accusativ steht im Portugiesischen vor dem Dativ.

Dieser Schneider hat jenen hübschen Schuh nicht.	Este alfaiate não tem aquelle bonito çapato.
Haben Sie das Tuch jenes Schneiders?	Tem o panno daquelle alfaiate?
Das des Schneiders?	O do alfaiate?
Das meines Schneiders?	O do meu alfaiate?
Das Buch.	O livro.
Oder.	**Ou** (spr. o-u).
Haben Sie mein Brot oder das des Bäckers?	Tem o meu pão ou o do padeiro?
Ich habe das Ihres Nachbarn.	Tenho o do seu visinho.
Der Meinige.	**O meu,** weibl. **a minha.**
Der Ihrige.	**O seu,** weibl. **a sua.**
Haben Sie Ihr schönes Pferd?	Tem o seu lindo cavallo?
Ich habe das meinige.	Tenho o meu.
Haben Sie mein Hemd oder das Ihrige?	Tem a minha camisa ou a sua?
Ich habe das Ihrige.	Tenho a sua.

D. Der Portugiese sagt: Hat er das seinige? und nicht: Haben Sie das Ihrige?

Die Wärme. Die Hitze.	O calor.
Die Kälte.	O frio.
Ist es Ihnen warm? (Haben Sie Wärme?)	Tem calor?
Es ist mir warm.	Tenho calor.
Frieren Sie? (Haben Sie Kälte?)	Tem frio?
Es friert mich nicht.	Não tenho frio.
Die Furcht. Die Angst.	O medo.
Fürchten Sie die Kälte?	Tem medo do frio?
Ich fürchte nichts.	Não tenho medo de nada.
Die Kohle. Die Kohlen.	O carvão.

Kohlen, als Brennstoff, ist immer zu übersetzen: Kohle, in der Einheit.

Der Freund.	O amigo.
Der Schuhmacher. Der Schuster.	O zapateiro.
Haben Sie jene Kohlen?	Tem aquelle carvão?
Mein Freund hat sie.	O meu amigo o tem.

Aufgaben.

4.

Wollen Sie jenes Pferd? — Nein, ich will dieses Pferd. — Haben Sie das Buch meines Nachbarn? — Ich habe es nicht. — Fürchten Sie die Hitze? — Nein, ich fürchte die Kälte. — Ist Ihnen warm? — Nein, mir ist nicht warm. — Friert Sie? — Ja, mich friert. — Fürchten Sie meinen Freund? — Ich fürchte ihn [delle] nicht. — Haben Sie Kohlen? — Nein, mein Herr. — Wollen Sie mein Pferd? — Nein, mein Herr, ich will Ihr Pferd nicht. — Wollen Sie Bäckerbrot? — Nein, mein Herr, ich bin nicht hungrig. — Wollen Sie mein seidenes Kleid oder mein baumwollenes? — Ich habe Ihr baumwollenes, will aber auch [tambem] Ihr seidenes. — Wollen Sie Hausbrot oder Bäckerbrot? — Ich will Hausbrot. — Wollen Sie Kohlen? — Nein, mein Herr, ich habe noch [ainda] Kohlen. — Wollen Sie alten Wein und gutes Hausbrot? — Ich will weder Wein noch Brot, denn [porque] ich bin weder hungrig noch durstig. — Wollen Sie Thee oder Kaffee, Brot oder Käse? — Ich will nichts, mein Herr. Ich bin weder hungrig, noch durstig. — Haben Sie mein seidenes Kleid? — Nein, mein Herr, ich habe es nicht. — Wollen Sie das Pferd meines Freundes oder das Ihrige? — Ich will das meinige. — Fürchten Sie das Pferd des Nachbarn? — Nein, mein Herr, ich fürchte das Pferd des Nachbarn nicht. — Fürchten Sie den Hund des Bäckers? — Nein, mein Herr, ich fürchte den Hund des Bäckers nicht, aber ich fürchte den des Nachbarn. — Wollen Sie den hübschen goldenen Knopf der Frau des Bäckers? — Ich habe ihn nicht; ich will ihn.

5.

Haben Sie meinen eisernen Ring oder wollen Sie Ihren seidenen Hut? — Ich habe keinen Hut. Ich will den Hut des Herrn nicht. — Wollen Sie mein Federmesser oder das Ihrige?

— Ich habe das Ihrige, ich will das meinige. — Haben Sie die Seife Ihrer Frau? — Ich habe sie nicht. — Welche Seife haben Sie? — Ich habe die hübsche Seife meines Nachbarn. — Wollen Sie meinen Hund? — Nein, Herr, ich will Ihren alten Hund nicht. — Haben Sie mein seidenes Hemd oder das meines Nachbarn? — Ich habe das Ihrige; ich will das des Nachbarn nicht. — Sie haben Angst. Wollen Sie meine alte eiserne Flinte? — Ich habe keine Angst; ich will Ihre Flinte nicht. — Schämen Sie sich nicht? — Nein, Herr, ich schäme mich nicht. — Haben Sie Ihren Stock? — Ja, Herr, den eisernen. — Wollen Sie etwas Schönes? — Ich will das seidene Tuch oder den silbernen Knopf. — Haben Sie etwas Gutes? — Ja, Herr, ich habe etwas Gutes. — Was haben Sie Gutes? — Ich habe den hübschen Stock meines Freundes. — Was wollen Sie? — Ich will Geld. — Wollen Sie dieses Buch oder jenes? — Ich will jenes Buch. — Fürchten Sie jenen Mann? — Nein, Herr, ich fürchte jenen Mann nicht. — Haben Sie die Kohlen des Bäckers? — Ja, Herr, ich habe sie. — Wollen Sie mein Pferd? — Nein, ich will es nicht. Ich habe das Pferd Ihres Freundes. — Wollen Sie Wein? — Nein, ich bin nicht durstig. — Wollen Sie Brot? — Ja, ich bin hungrig. — Haben Sie mein Pferd oder Ihr Pferd? — Ich habe mein Pferd. — Was will dieser Mensch? — Er will Brot und Wein, er ist hungrig und durstig.

Fünfter Abschnitt. — Lição quinta.

Der Kaufmann.	O commerciante. O negociante.
Der Knabe.	O menino.
Der Junge.	O rapaz.
Des Schusters.	Do çapateiro.
Der Bleistift.	O lapis.
Die Schokolade.	O chocolate.
Ich will keinen Thee und keine Schokolade.	Não quero ~~café~~ nem chocolate.
Und.	E. (unterscheidet sich von é, ist, dadurch, daß es ohne Accent geschrieben wird.)

A. Nem steht statt e, um zwei verneinende Sätze oder Satzglieder zu verbinden.

Weder — noch.	**Nem — nem.**
Haben Sie den Bleistift des Kaufmanns oder den Ihrigen?	Tem o lapis do commerciante ou o seu?
Ich habe weder den Stift des Kaufmanns, noch den meinigen.	Não tenho nem o lapis do commerciante, nem o meu.

B. Für nem-nem gilt die Regel: Dritter Abschnitt B. Daher kann man auch sagen:

Ich habe weder Brot, noch Käse.	Nem pão, nem queijo tenho.
Haben Sie Hunger oder Durst?	Tem fome ou sêde?
Ich habe weder Hunger noch Durst.	Não tenho nem fome, nem sêde.
Der Hammer.	O martello.
Der Zimmermann.	O carpinteiro.
Der Esel.	O burro.
Der Regenschirm.	O chapéo de chuva.
Haben Sie den eisernen oder den goldenen Knopf?	Tem o botão de ferro ou o de ouro?
Ich habe weder den eisernen noch den goldenen.	Não tenho nem o de ferro, nem o de ouro.
Wollen Sie meinen Regenschirm oder den Ihrigen?	Quer o meu chapéo de chuva ou o seu?
Ich will weder den meinigen, noch den Ihrigen.	Não quero nem o meu, nem o seu.
Ich liebe [ich esse, trinke gern].	**Eu gosto de . . .**
Er liebt [er ißt, trinkt gern].	**Elle gosta de . . .**
Trinken Sie gern von diesem Wein?	Gosta deste vinho?
Nein, ich trinke lieber von jenem.	Não, gosto mais daquelle.
Der Spanier, spanisch.	O Hespanhol, hespanhol, weibl. a.
Der Portugiese, portugiesisch.	O Portuguez, portuguez, weibl. a.
Der Deutsche, deutsch.	O Allemão, allemão, weibl. emã.
Die Sprache.	A lingua.
Sprechen Sie gern portugiesisch?	Gosta da lingua portugueza?
Der Franzose, französisch.	O Francez, francez, w. eza.

C. Ob das Eigenschaftswort vor oder nach dem Hauptworte steht, hängt vom Wohlklang und vom Nachdruck ab. Drückt es eine dem Hauptwort wesentliche Eigenschaft aus, so wird es gewöhnlich vor, drückt es eine zufällige aus, so wird es gewöhnlich nach gesetzt, besonders wenn ein Nachdruck darauf liegt.

Haben Sie guten Wein oder schlechten?	Tem bom ou máo vinho?
Ich habe weder guten noch schlechten Wein.	Não tenho nem bom, nem máo vinho.
Haben Sie etwas Gutes, oder etwas Schlechtes?	Tem alguma cousa boa ou má?
Ich habe weder etwas Gutes, noch etwas Schlechtes, d. h. habe nichts Gutes und nichts Schlechtes.	Não tenho nada de bom, nem de máo.

Aufgaben.
6.

Welchen Wein trinken Sie gerne, den meinigen, oder den des Nachbarn? — Ich trinke weder den des Nachbarn, noch den Ihrigen gerne. — Geben Sie dem Kaufmann Gold oder Silber? — Ich habe weder Gold, noch Silber. — Haben Sie den Bleistift Ihres Freundes, oder den Ihres Nachbarn? — Ich habe weder den des Freundes, noch den des Nachbarn. — Wollen Sie den Hut oder den Stock? — Ich will weder den Hut, noch den Stock. — Der Zimmermann will seinen Hammer. Haben Sie ihn? — Ich habe ihn nicht. — Haben Sie den Hammer oder den Bleistift des Zimmermanns? — Ich habe weder den Hammer, noch den Bleistift des Zimmermanns. — Welche Sprache sprechen Sie lieber, die deutsche oder die portugiesische? — Ich spreche weder die deutsche, noch die portugiesische gerne. — Wollen Sie meinen Regenschirm, oder den meiner Frau? — Ich will weder Ihren Regenschirm, noch den Ihrer Frau. — Wollen Sie portugiesischen Wein? — Nein, ich trinke den portugiesischen Wein nicht gerne. — Wollen Sie den Esel oder das Pferd meines Onkels? — Ich will weder den Esel, noch das Pferd Ihres Onkels. — Wollen Sie meinen eisernen Hammer? — Nein, ich will den eisernen Hammer Ihres Vaters. — Wollen Sie meinen seidenen oder meinen baumwollenen

Regenschirm? — Ich will weder Ihren seidenen, noch Ihren baumwollenen Regenschirm. — Ziehen Sie die Kälte vor, oder die Wärme? — Ich liebe weder den Frost, noch die Hitze.

7.

Wollen Sie meinen Ring oder den Ihrigen? — Ich will den Ihrigen. — Welchen Ring wollen Sie? — Ich will den goldenen Ring. — Wollen Sie Thee und Kaffee? — Ja, ich will Thee und Kaffee. — Wollen Sie Wein und Brot? — Ich will weder Wein, noch Brot. — Wollen Sie das deutsche oder das französische Buch? — Ich will weder das deutsche, noch das französische Buch. — Wollen Sie das spanische Buch? — Ja, ich will das spanische Buch. — Hat der Kaufmann das hübsche Pferd des Franzosen, oder hat er das des Engländers? — Er hat das des Franzosen. — Haben Sie den hübschen Esel des Nachbarn? — Nein, ich habe meinen Esel. — Fürchten Ihre Jungen die meinen? — Nein, sie fürchten sie nicht. — Hat diese Dame Geld? — Nein, sie hat kein Geld.

Sechster Abschnitt. — Lição sexta.

Der Fuß.	O pé.
Der Ochse.	O boi.
Der Vorderfuß des Ochsen.	A mão do boi.
Die Hand.	A mão.
Die Vernunft. Das Recht.	A razão.
Die Schuld. Das Unrecht.	A culpa.
Habe ich recht oder nicht?	Tenho eu razão ou não?
Sie haben unrecht, mein Herr.	Não tem razão, meu senhor.
Sie haben die Schuld, meine Dame.	Tem a culpa, minha senhora.

A. Die besitzanzeigenden Wörter stehen ohne Artikel vor Hauptwörtern, welche eine Würde oder einen Verwandtschafts=grad bezeichnen. Auch sagt man ohne Artikel: Dies ist mein, isto é meu.

Der Junge fürchtet sich vor Ihnen.	O rapaz tem medo de vm^{ce}.
Es ist seine Schuld.	É a sua culpa.

Das Messer.	A faca.
Das Taschenmesser. Das Rasiermesser.	A navalha.
Der Vater.	O pai.
Der Onkel.	O tio.
Habe ich mein Messer?	Tenho eu a minha faca?
Nein, mein Onkel, Sie haben es nicht.	Não, meu tio, não a tem.
Mein Vater liebt diesen Jungen nicht.	Meu pai não gosta deste rapaz.
Meines Onkels Nachbar will sein Geld.	O visinho de meu tio quer o seu dinheiro.

B. Der Genitiv darf im Portugiesischen nie voran stehen.

Das Fleisch.	A carne.
Der Schinken.	O presunto.
Das Schaf. Das Hammelfleisch.	O carneiro.
Wollen Sie mein Taschenmesser oder das Ihrige?	Quer a minha navalha ou a sua?
Welches Taschenmesser ist das Ihrige?	Que navalha é a sua?
Welches ist das Ihrige?	Qual é a sua?

C. Welcher? Was für ein? in allen Geschlechtern heißt entweder que oder qual; que wenn es vor einem Hauptwort steht, qual wenn es nicht davor steht, entweder vor dem Zeitwort oder vor de. — Que alleinstehend heißt Was?

Welches ist das Haus des Nachbarn?	Qual é a casa do visinho?
Welches Haus ist das des Nachbarn?	Que casa é a do visinho?
Welchen Wein wollen Sie?	Que vinho quer?
Welcher Wein ist der gute?	Que vinho é o bom?
Der Hauptmann.	O capitão.
Das Huhn. Die Henne.	A gallinha.

Aufgaben.
8.

Trinken Sie gerne Wein? — Nein, ich trinke lieber Bier [cerveja]. — Wollen Sie Wein? — Nein, ich will keinen Wein. — Wollen Sie Hammelfleisch oder Huhn? — Nein, ich will weder Hammelfleisch noch Huhn. — Haben Sie Ihren Hut, Herr Hauptmann? — Ja, Herr, ich habe meinen Hut. — Wollen Sie von [de] meinem Weine, oder von dem Weine meines Nachbarn? — Ich will weder von dem Ihrigen, noch von dem Weine Ihres Nachbarn. — Wollen Sie Thee? — Nein, ich will Kaffee. — Fürchtet Sie der Junge des Hauptmanns? — Er fürchtet mich [de mim] nicht. — Hat der Hauptmann mein

Taschenmesser? — Er hat Ihr Taschenmesser. — Wollen Sie
Hammelfleisch oder Schinken? — Ich will weder Hammelfleisch
noch Schinken. — Wollen Sie mein Messer, oder das meiner
Frau? — Ich will weder das Ihrer Frau, noch das Ihre. —
Wollen Sie den goldenen Ring des Vaters oder des Onkels?
— Ich will weder den meines Vaters, noch den meines Onkels,
ich will den meinigen. — Welcher ist der Ihrige? — Der
meinige ist weder von Gold, noch von Silber, er ist von Eisen.
— Haben Sie Geld? — Nein, mein Herr, ich habe kein Geld.
— Fürchten Sie sich oder schämen Sie sich? — Ich fürchte
mich nicht und schäme mich nicht. — Habe ich recht oder un=
recht? — Sie haben unrecht; ich habe recht.

9.

Ist es meine Schuld oder die Ihrige? — Es ist nicht meine
Schuld, es ist Ihre Schuld. — Hat Ihr Onkel ein (uma)
hübsches Haus? — Er hat ein hübsches Haus. — Hat Ihr
Vater einen [um] hübschen Garten? — Ja, mein Vater hat einen
hübschen Garten. — Haben Sie ein hübsches Taschenmesser? —
Ja, mein Herr, ich habe ein hübsches Taschenmesser. — Fürchtet
Sie mein Freund? — Nein, er fürchtet mich [de mim] nicht. —
Fürchten Sie Ihren Onkel? — Nein, ich fürchte ihn [delle]
nicht. — Wollen Sie ein Messer? — Nein, ich will kein Messer.
— Hat der Hauptmann Geld? — Ja, er hat Geld. — Wollen
Sie einen Bleistift? — Nein, ich will keinen Bleistift. — Wollen
Sie Hammelfleisch oder Schinken, Fleisch oder Huhn? — Ich will
weder Hammelfleisch, noch Schinken, noch Fleisch, noch Huhn.
— Hat jener Kapitän recht oder nicht? — Er hat unrecht. —
Trinken Sie gerne Wein? — Ich trinke gerne französischen Wein.
— Essen Sie gerne Hammelfleisch? — Nein, ich esse gerne
Schinken. — Wollen Sie von diesem Huhn? — Nein, ich will
von jenem Schinken. — Wollen Sie von diesem Wein? —
Nein, mein Herr. — Ist dieser Kapitän Ihr Freund oder jener?
— Dieser Kapitän ist mein Freund nicht. — Haben Sie recht
oder nicht? — Ich habe unrecht. — Haben Sie mein Taschen=
messer oder das meines Freundes? — Ich habe weder das
Ihres Freundes, noch das Ihre.

———

Siebenter Abschnitt. — Lição septima.

Der Sack.	O sacco.
Ein Sack voll.	Um costal.
Der Koffer.	A mala. O bahú.
Das Schiff.	O navio.
Das Meer.	O mar.
Wer? — Er, sie, sie.	**Quem? — Elle, ella, elles, ellas.**
Wer hat den Bleistift?	Quem tem o lapis?
Wer hat ihn?	Quem o tem?
Hat ihn der Knabe?	O menino o tem?
Hat er ihn nicht?	Não o tem elle?

A. Bei unbelebten Dingen wird que? bei belebten aber quem? oder qual? gebraucht.

Einer, eine, einen, eines.	**Um, uma. Mehrh. uns, umas.**
Ich will einen Hut.	Quero um chapéo.
Wollen Sie ein Hemd?	Quer uma camisa?
Ich habe ein Hemd.	Tenho uma camisa.
Wollen Sie eine Flinte?	Quer uma espingarda?
Ich will keine Flinte.	Não quero espingarda.
Ich will nicht eine Flinte (sondern zwei).	Não quero uma espingarda (mas duas).
Ich will jene Flinte nicht.	Não quero aquella espingarda.
Wollen Sie den Hund meines Nachbarn, des Spaniers?	Quer o cão do meu visinho, o Hespanhol?

B. Ein bei einem Hauptworte stehender Erklärungssatz steht im Nominativ, auch wenn das zu erklärende Wort in einem anderen Falle steht. Man sagt also nicht: do meu visinho, do Hespanhol, sondern o Hespanhol.

Wer hat mein Kleid?	Quem tem o meu vestido?
Das Kleid, der Rock (der Weiber).	O vestido.
Der Frack.	A casaca.
Der Reit-, Über-, Reiserock. Der Rock (der Männer).	A sobrecasaca.
Die Kleidungsstücke, die Kleider.	O fato (ohne Mehrheit).
Welcher (— e — en — es).	**Que.**
Wer [ist es welcher] hat meinen Rock?	Quem é que tem a minha casaca?

Anstett, Portugiesische Grammatik.

3

C. Sehr oft braucht der Portugiese statt des einfachen quem die Umschreibung quem é que (tem), wer ist es welcher (hat) — des volleren Lautes wegen.

Der Diener.	O criado.
Die Magd.	A criada.
Wer hat meinen hübschen Schuh?	Quem é que tem o meu bonito çapato?
Der Diener hat ihn.	O criado o tem.
(Es ist) der Diener (welcher) ihn hat.	É o criado que o tem.
Der Reis.	O arroz.
Der Landmann.	O camponez.
Der Bauer (aus der Umgegend Lissabons, aus dem Dorfe Sale, maurischer Abkunft).	O saloio.
Will die Magd des Bäckers Geld?	Quer dinheiro, a criada do padeiro?

D. Wenn der Nominativ in kurzen Sätzen eine lange Form hat, so steht er im Portugiesischen des Wohlklangs wegen oft am Ende.

Ist der Bauer hungrig?	Tem fome, o saloio?
Ist der Magd des Nachbarn warm?	Tem calor, a criada do visinho?
Es ist ihr warm.	Tem calor.
Der Schuster ist Ihr Freund; haben Sie seinen Rock?	O çapateiro é o seu amigo; tem a casaca delle?

E. Man übersetzt nicht: a sua casaca. Statt seu, sua braucht man delle, della, deste, desta, daquelle, daquella, de vm^{cê} u. s. w., um eine Zweideutigkeit zu vermeiden.

Der Vogel.	O passaro.
Das Auge.	O olho.
Wer hat meinen ledernen Koffer?	Quem é que tem a minha mala de couro?
Der Freund hat Ihren Koffer nicht.	O amigo não tem a mala de vm^{cê}.
Hat er den meinigen oder den seinigen?	Tem a minha ou a sua?
Er hat weder den seinigen, noch den meinigen.	Não tem nem a sua, nem a minha.
Hat er mein oder sein Geld?	Tem o meu dinheiro ou o seu?

F. Die Portugiesen wenden selten vor einem gemeinsamen Hauptwort verschiedene durch und oder oder verbundene Besitzwörter an. Sie stellen hinter das erste Besitzwort das

Hauptwort und lassen dann das Bindewort und das zweite Besitzwort mit dem Artikel folgen.

Habe ich mein oder sein Brot? d. h. habe ich mein Brot oder das seinige?	Tenho eu o meu pão ou o seu? selten: o meu ou o seu pão?
Meines oder seines Freundes Magd hat meinen Koffer.	A criada do meu amigo ou do seu tem o meu bahú.
Jemand. Einer. **Niemand. Keiner.**	**Alguem.** **Ninguem.**
Niemand hat das Messer.	Ninguem tem a faca.
Hat jemand meinen Vogel?	Alguem tem o meu passaro?
Es hat ihn einer (jemand).	Alguem o tem.
Keiner hat ihn.	Ninguem o tem.

Aufgaben.

10.

Wer trinkt gerne französischen Wein? — Der Engländer trinkt gerne französischen Wein. — Wer hat meinen ledernen Koffer? — Des Nachbarn Magd hat ihn. — Wer will meines alten Freundes, des französischen Hauptmanns hübsche Flinte? — Des Landmanns Diener will sie. — Habe ich Ihren Vogel oder den des Kaufmanns? — Der Vogel ist mein. Wollen Sie ihn? — Ich will ihn nicht. Niemand will ihn. — Dieser Mensch ist häßlich. Niemand liebt diesen Menschen. — Essen Sie gerne Reis? — Ja, mein Herr, ich esse gerne Reis. — Haben Sie einen Diener? — Ja. — Wer ist Ihr Diener? — Mein Diener ist der Sohn eines spanischen Landmanns. — Was will des Schneiders hübscher Junge? — Er will ein altes seidenes Frauenkleid und einen Frack. — Friert Sie, mein Herr? Wollen Sie meinen Rock? — Mich friert nicht, mein Herr. — Will jemand meines Dieners Flinte? — Niemand will sie. — Hat jemand englische Baumwolle oder französische Seide? — Niemand hat französische Seide. Der Kaufmann, mein Nach=bar, hat englische Baumwolle. — Herr Hauptmann, welches ist Ihr Pferd, dieses oder jenes? — Dieses Pferd ist mein, jenes ist das meines Nachbarn.

11.

Will jemand Käse und Brot? — Niemand will weder Brot noch Käse. — Will jemand Wein? — Niemand will Wein. —

Hat jemand mein Taschenmesser? — Niemand hat Ihr Taschen=
messer. — Hat jemand meinen Koffer? — Niemand hat Ihren
Koffer. — Was wollen Sie, mein Herr? — Ich will Ihr
seidenes Kleid nicht, ich will Ihr baumwollenes Kleid. — Sie
haben unrecht, mein Herr. Ein seidenes Kleid ist etwas Schönes.
— Wer hat meinen goldenen Ring? — Dieser Bauer hier hat
ihn. Er ist der Sohn des Dieners meines Nachbarn. — Wer
will meinen Vogel? — Mein Freund will ihn. — Was hat
der Freund meines Nachbarn? — Er hat einen alten Frack. —
Wer hat mein seidenes Kleid? — Die Magd Ihres Vaters
hat es. Wollen Sie Ihr Kleid? — Nein, ich will das baum=
wollene. — Hat die Frau des englischen Schneiders das seidene
Tuch oder das baumwollene? — Sie hat das seidene. — Wollen
Sie englische Kohle oder französische? — Ich will weder eng=
lische noch französische. — Mein und meines Freundes Geld
hat der spanische Kaufmann. — Wollen Sie meinen oder seinen
Koffer? — Ich will weder den Ihrigen noch den seinen. Ich
will meinen ledernen Koffer. — Was hat der Diener meines
Freundes? — Er hat ein Pferd und einen Esel. — Hat jemand
meinen Hut? — Niemand hat Ihren Hut.

12.

Wer hat meinen goldenen Hemdknopf? — Niemand hat ihn.
— Welches Pferd will der Herr Hauptmann, das spanische oder
das englische? — Ich will das englische. — Welches Buch wollen
Sie, das meinige oder das meiner Frau? — Ich will das
Ihrige. — Wollen Sie meinen Koffer oder den meiner Frau?
— Ich will den Ihrer Frau. — Wollen Sie von diesem Wein
oder von jenem? — Ich will von diesem. Jener ist nicht gut.
— Sie haben recht, mein Herr, jener ist schlecht. — Hat Ihr
Koch gutes Hammelfleisch? — Nein, Herr, das Fleisch, welches
er hat, ist schlecht. — Hat jemand meines Koches Taschenmesser?
— Herr, ich habe es nicht. — Wollen Sie es? — Nein, Herr,
ich will es nicht. — Niemand liebt meinen alten Freund. Lieben
Sie ihn? — Nein, Herr, ich liebe ihn nicht. — Der Schneider
will mein und Ihr seidenes Kleid. Haben Sie es? — Nein,
des Schneiders Frau hat es. — Ist der Bauer durstig? — Ja,
Herr, er ist durstig. — Hat er Geld? — Er hat weder Geld

noch Wein. — Wollen Sie mein Haus oder das meines On=
kels? — Ich will weder das Ihres Onkels, noch das Ihrige.
— Haben Sie meinen Hammer? — Nein, ich habe meinen
Hammer.

Achter Abschnitt. — Lição octava.

Der Garten.	O jardim.
Der Baum.	A arvore (spr. árvore).
Der Hain.	O bosque.
Der Wald.	O mato. A mata.
Der dichte Wald.	A floresta.
Dieser Baum hier.	**Esta** arvore.
Der Baum **da**.	**Essa** arvore.
Jener Garten **dort**.	**Aquelle** jardim.

A. Este, esta, isto (dieser = letztere) bezeichnet einen dem
Sprechenden ganz nahe liegenden Gegenstand, esse, essa, isso
einen dem Sprechenden ferner liegenden als dem Angeredeten,
aquelle, aquella, aquillo (jener = erstere) einen von beiden
entfernten. Ohne Gegensatz, besonders im Neutrum, braucht man
oft das hinzeigende esse und aquelle, manchmal auch este.

Das Heu.	O feno.
Das Getreide.	O trigo.
Die Gerste.	A cevada.
Wollen Sie diese Gerste hier oder jene dort?	Quer esta cevada ou aquella?
Nein, ich will diese da.	Não, quero essa.
Gefällt Ihnen jener Garten dort?	Gosta daquelle jardim?
Die Vorratskammer, der Speicher.	O celleiro.
Der Ort.	O logar.

B. Der celleiro ist zu ebener Erde. Für den Speicher
(Bühne, Boden) giebt es kein portugiesisches Wort. Man sagt
palheiro, wenn Stroh darin aufbewahrt wird. Tercenas sind
öffentliche Vorratskammern für Getreide.

Wollen Sie das Pferd des Kapitäns oder das meinige?	Quer o cavallo do capitão ou o meu?
Ich will jenes, nicht dieses.	Quero aquelle, não este.
Wollen Sie diesen Hut oder jenen?	Quer este chapéo ou aquelle?
Ich habe weder diesen noch jenen.	Não tenho nem este, nem aquelle.

Aber. Sondern.	**Mas.**
Aber. Jedoch.	**Porem.**

Wollen Sie dieses Messer oder jenes? — Quer esta faca ou aquella?
Ich will nicht dieses, sondern jenes. — Não quero esta, mas aquella.
Ich will Ihren Hund nicht, aber ich will Ihre Flinte. — Não quero o seu cão, mas quero a sua espingarda.

C. Mas (aber, sondern) steht immer zu Anfang des Satzes, porem (aber, jedoch) kann einem Worte vor- oder nachstehen.

Das Billet. — O bilhete.
Der Spiegel. — O espelho.
Die Matratze. — O colchão.

Wollen Sie dieses Billet oder jenes? — Quer este bilhete ou aquelle?
Ich habe nicht dieses, will aber jenes. — Não tenho este, mas quero aquelle.
Ich habe dieses, will jedoch jenes. — Tenho este, porem quero aquelle.
Hat der Nachbar diesen Spiegel oder jenen? — O visinho tem este espelho ou aquelle?
Er hat diesen, will aber jenen. — Tem este, mas quer aquelle.

Welcher (—e, —es, —en) oder **der, die, das.** — **O** weibl. **a. O qual** weibl. **a qual.**

Habe **gehabt.** — Tenho **tido.**
Hat **gehabt.** — Tem **tido.**

Haben Sie das Billet, welches mein Freund gehabt hat? — Tem o bilhete, que o meu amigo tem tido?
Ich habe das Billet, das Ihr Freund gehabt hat, nicht. — Não tenho o bilhete, que o seu amigo tem tido.
Wollen Sie den Esel, welchen ich gehabt habe? — Quer o burro, que eu tenho tido?
Welchen Esel haben Sie gehabt? — Que burro tem tido?
Den meines Schusters. — O do meu çapateiro.

D. Que wird von Personen und Sachen gebraucht. Es ist nicht wesentlich von o qual verschieden. Nur braucht man letzteres in dem gewöhnlichen Gespräche fast nie. Mit o qual, welcher, darf man das fragende qual, welcher? ohne Artikel, nicht verwechseln.

Ich habe diesen Hut. Wollen Sie ihn? — Tenho este chapéo. Quer-o?
Sie haben denjenigen nicht, welchen ich will. — Não tem este, que eu quero.
Ich habe jenen Hut. Wollen Sie ihn? — Tenho aquelle chapéo. Quer-o?
Sie haben denjenigen nicht, welchen ich will. — Não tem aquelle, que eu quero.

Wollen Sie diesen Ring, welchen ich habe, oder jenen?	Quer este annel, que eu tenho, ou aquelle?
Ich will denjenigen nicht, welchen Sie haben, sondern jenen.	Não quero este, que vm^{cê}. tem, mas aquelle.

E. Derjenige, diejenige, dasjenige wird durch este, aquelle, esse, sehr oft auch durch das einfache o übersetzt, je nachdem man bestimmt von diesem, jenem oder von einem überhaupt spricht.

Ich will das (jenige) nicht, was Sie haben.	Não quero o que vm^{cê}. tem.
Der Matrose.	O marujo.
Der Fremde.	O estrangeiro.
Die Gattung.	O genero.
Die Ware.	A fazenda.
Die Waren.	Os generos (nur im Plural in dieser Bedeutung).

Aufgaben.
13.

Welches Heu will der Hauptmann? — Er will das des Bauern. — Hat der Fremde meinen Spiegel? — Er hat keinen Spiegel. — Wer will Geld? — Ich will Geld. — Wer will das englische Pferd, welches mein Freund, der Hauptmann, gehabt hat? — Ich will es nicht, aber der Vater meines Freundes will es. — Wollen Sie den ledernen Koffer, welchen der Matrose gehabt hat? — Nein, mein Herr, ich will ihn nicht. — Liebt der Engländer den Franzosen? — Nein, der Engländer liebt den Franzosen nicht und der Franzose liebt den Engländer nicht. — Wollen Sie meine Flinte oder die meines Freundes? — Ich will die Ihres Freundes. — Wollen Sie meinen Spiegel oder den meiner Frau? — Ich will weder den Ihrigen noch den Ihrer Frau, sondern den meinigen. — Will der Fremde von dieser Ware oder von jener? — Er will weder von dieser Ware noch von jener. — Wer will meinen Rock? — Der Schneider will ihn. — Welches Pferd haben Sie gehabt? — Ich habe ein englisches Pferd gehabt. — Welchen Esel wollen Sie, den meinigen oder den meines Onkels? — Ich will den Ihrigen. — Was wollen Sie, mein Herr? — Mein Herr, ich will Tuch. — Wollen Sie englisches oder französisches Tuch? — Ich will weder englisches

Tuch noch französisches Tuch, sondern ich will portugiesisches
Tuch. — Ist der Baum hübsch? — Ja, er ist nicht häßlich. —
Hat dieser Esel Heu? — Nein, Herr, er hat Gerste, das Heu ist
schlecht. — Wollen Sie Heu oder Gerste? — Mein Pferd hat
Brot und will weder Heu noch Gerste. — Dieser Garten ist
der meines Nachbarn, jener der meines Freundes. Welchen
Garten wollen Sie? — Ich will weder diesen noch jenen. Ich
habe den Garten, welchen der Kaufmann gehabt hat. — Von
wem haben Sie dieses seidene Tuch hier? — Ich habe es von
einem spanischen Kaufmanne. Wollen Sie es? — Nein, Herr,
ich will Ihr seidenes Tuch nicht. — Haben Sie das Heu aus
diesem Garten oder aus jenem? — Weder aus diesem noch aus
jenem, mein Herr. Ich habe mein Heu aus dem Wäldchen meines
Nachbarn. — Ist der Matrose durstig? — Der englische Matrose
ist durstig, der französische hungrig, der deutsche schläfrig. —
Wollen Sie meinen Ochsen oder meinen Esel? — Diesen, mein
Herr, habe ich, jenen aber will ich.

14.

Will Ihr Diener diesen Sack oder jenen? — Er will diesen
Sack nicht, sondern jenen. — Wer will mein Haus? — Ich will
entweder jenes oder dieses. Welches ist das Ihrige? — Jenes
hübsche Haus ist das meinige. — Wer hat recht und wer (hat)
nicht (recht)? — Des Engländers Diener hat recht. Mein Diener
hat unrecht. — Wollen Sie diesen seidenen Schuh oder jenen
ledernen? — Ich will weder Ihren seidenen Schuh noch Ihren
ledernen Schuh. — Haben Sie einen Freund? — Ja, mein Herr,
Ihr Onkel ist mein Freund. — Haben Sie noch [ainda] andere
[outros] Freunde? — Nein, ich habe keine anderen. — Der Kauf=
mann hat kostbare (rico) Waren. Wollen Sie sie? — Nein,
mein Herr, ich will keine Ware von diesem Kaufmann. — Was
wollen Sie? — Ich will Geld. — Wollen Sie spanisches Geld
mein Herr oder englisches? — Ich mag weder das englische
Gold noch das spanische Gold. — Wer will das englische Billet,
Ihr Vater oder Ihr Onkel? — Weder mein Vater will es
noch mein Onkel. — Wollen Sie das Getreide meines Nach=
barn oder das meines Vaters? — Ich will weder das Ihres
Vaters noch das Ihres Nachbarn.

15.

Welchen Leuchter will die Frau Ihres Nachbarn? — Sie will den silbernen Leuchter. — Wollen Sie von meiner Gerste? — Nein, ich will von der Gerste Ihres Vaters. — Welches Schiff hat der Kapitän, das welches ich gehabt habe oder das welches Sie gehabt haben? — Er hat weder dasjenige, welches ich gehabt habe, noch dasjenige, welches Sie gehabt haben. — Herr, Sie haben meinen ledernen Koffer? — Wer? Ich? Schämen Sie sich nicht, mein Herr? Der Koffer, welchen ich habe, ist mein. — Nein, mein Herr, er ist nicht Ihnen (d. h. Ihrig), sondern er ist mein. Es ist der, welchen ich gehabt habe. — Haben Sie Reis und Huhn gehabt? — Ja, meine Dame, ich habe Reis und Huhn gehabt. — Wollen Sie Thee und Hammelfleisch, mein Herr? — Nein, meine Dame, ich will kein Hammelfleisch; aber ich will Thee. Ich bin durstig. — Will jemand Schokolade? — Niemand will Schokolade, jemand will Kaffee, Käse und Brod. — Wer ist Ihr Vater? — Es ist Ihr Nachbar, der englische Kaufmann. — Welcher Junge ist Ihr Freund, der des Franzosen, oder der des Deutschen? — Ich habe keinen Freund. — Wer will meinen Regenschirm? — Ich will Ihren Regenschirm. — Welchen Regenschirm wollen Sie, den seidenen oder den baumwollenen? — Ich will weder den seidenen noch den baumwollenen. — Hat der Knabe den Vogel? — Nein, Herr, er hat ihn nicht.

Neunter Abschnitt. — Lição nona.

Die Rose. Die Rosen.	A rosa. As rosas.
Der Wagen. Die Wagen (zweirädrige Chaise).	A sege. As seges.
Das Wildschwein. Die Wildschweine.	O javalí. Os javalís.
Der Koch. Die Köche.	O cuzinheiro. Os cuzinheiros.
Der Truthahn. Die Truthähne.	O perú. Os perús.

A. Die auf einen Selbstlaut endigenden Hauptwörter bilden ihre Mehrheit dadurch, daß sie der Einheit ein s anhängen.

Wollen Sie die Rosen meines Gartens?	Quer as rosas do meu jardim?
Wollen Sie die Truthähne des Nachbarn?	Quer os perús do visinho?

Das Kreuz. Die Kreuze.	A cruz. As cruzes.
Der Löffel. Die Löffel.	A colher. As colheres.
Die Frau. Die Frauen.	A mulher. As mulheres.

B. Die auf r und z endigenden Hauptwörter bilden ihre Mehrheit dadurch, daß sie der Einheit es anhängen. Die auf s endigenden bleiben unverändert.

Der Goldschmied. Die Gold-schmiede.	O ourives. Os ourives (spr. oi).
Die Untertasse. Die Untertassen.	O pires. Os pires.
Wollen Sie die goldenen Kreuze?	Quer as cruzes de ouro?
Wollen Sie die silbernen Löffel?	Quer as colheres de prata?
Sie **haben.** (Mehrheit.)	Elles **tem.**
Sie **wollen.** (Mehrheit.)	Elles **querem.**
Wollen die Goldschmiede die silber-nen Löffel?	Os ourives querem as colheres de prata?
Haben die Köche die Truthähne?	Os cuzinheiros tem os perús?

C. Die Fälle werden durch die Verhältniswörter a und de ausgedrückt:

Nom. Wer?	O visinho.	Os visinhos.	A rosa.	As rosas.
Gen. Wessen?	Do visinho.	Dos visinhos.	Da rosa.	Das rosas.
Dat. Wem?	Ao visinho.	Aos visinhos.	A (á) rosa.	As (ás) rosas.
Accus. Wen?	O oder ao vi-sinho.	Os oder aos visinhos.	A oder á rosa.	As oder ás rosas.

Abweichend vom Deutschen ist zu bemerken, daß das Ver-hältniswort a sehr oft den Accusativ bezeichnet. — Über do, da, á, ao siehe 3ter Abschn. **D.** und 4ter Abschn. **B.** Dos ist zusammengezogen aus de os, das aus de as, aos aus a os, ás aus a as, á aus a a.

Dick, fett.	Gordo, gorda.
Begütert.	Abastado, abastada.
Reich, kostbar.	Rico, rica.
Klein.	Pequeno, pequena.
Köstlich.	Delicioso, deliciosa.
Teuer.	Caro, cara.
Hoch.	Alto, alta.
Niedrig.	Baixo, baixa.
Ein großer Mann.	Um homem alto.
Eine kleine Frau.	Uma mulher baixa.
Groß.	Grande, grande.
Vortrefflich.	Excellente, excellente.

D. Die Eigenſchaftswörter, welche auf o endigen, bilden das weibliche Geſchlecht dadurch, daß ſie das o in a verwandeln. Die auf e bleiben unverändert. Die Mehrheit der Eigenſchafts= wörter männlichen und weiblichen Geſchlechts wird ganz auf dieſelbe Weiſe gebildet, wie die Hauptwörter.

Wollen Sie einen fetten Truthahn?	Quer um perú gordo?
Sehr.	**Muito.**
Iſt dieſe dicke Frau die Ihres Nach= barn?	É esta mulher gorda a do seu visinho?
Der Kaufmann hat eine ſehr reiche Frau.	O commerciante tem uma mulher muito rica.
Iſt Ihres Freundes Frau begütert?	É a mulher do seu amigo abastada?
Haben Sie ein kleines Haus oder ein großes Haus?	Tem uma casa pequena ou grande?

E. Die Eigenſchaftswörter müſſen ſich im Geſchlechte, in der Zahl und im Falle nach ihrem Hauptworte richten, ob ſie vor oder nach demſelben, oder durch eine Form des Zeitworts ſein von ihm getrennt ſtehen.

Mein, meinige.	**Meu**	weiblich	**minha.**
Dein, deinige.	**Teu**	„	**tua.**
Sein, ſeinige, ihr, ihrige.	**Seu**	„	**sua.**
Unſer, unſrige.	**Nosso**	„	**nossa.**
Euer, eurige.	**Vosso**	„	**vossa.**
Meine, meinigen.	**Meus**	weiblich	**minhas.**
Deine, deinigen.	**Teus**	„	**tuas.**
Seine, ſeinigen, ihre, ihrigen.	**Seus**	„	**suas.**
Unſere, unſrigen.	**Nossos**	„	**nossas.**
Euere, eurigen.	**Vossos**	„	**vossas.**

F. Bei dem Beſitzwort der dritten Perſon macht der Por= tugieſe keinen Unterſchied, ob der Beſitzer männlich oder weiblich iſt, ob nur ein Beſitzer iſt oder ob mehrere ſind.

Hat Ihre Frau ihre engliſchen Bücher?	A sua senhora tem os seus livros inglezes?
Haben die Bauern ihre Pferde?	Os saloios tem os seus cavallos?
Hat der Bauer ſein Pferd?	O saloio tem o seu cavallo?
Haben die Damen ihre Hüte?	As senhoras tem os seus chapéos?
Wollen Sie meine Häuſer?	Quer as minhas casas?

Dieſe.	(Mehrheit.)	**Estes** weibl. **estas.**
Jene.	„	**Esses** weibl. **essas.**
Jene.	„	**Aquelles** weibl. **aquellas.**

Wollen Sie diese Bücher oder jene?	Quer estes livros ou aquelles?
Welche Häuser wollen Sie, diese oder jene?	Que casas quer, estas ou aquellas?
Die Damen da wollen Kaffee.	Essas senhoras querem café.

G. Die weiblichen Formen von este, esse, aquelle bilden sich ganz regelmäßig, sowie auch die Mehrheit. De kann mit allen Formen von este, esse und aquelle zusammengezogen werden. A wird nur mit aquelle in áquelle, —a, —es, —as zusammengezogen. Man schreibt aber auch de aquelle, d'aquelle, und a aquelle.

Der Wert.	O valor.
Der Preis.	O preço.
Die Arbeit.	O trabalho.
Der Handschuh.	A luva.

Wollen Sie die Handschuhe von jener Frau oder von dieser?	Quer as luvas daquella senhora ou desta?
Ich will sie weder von dieser noch von jener. Aber ich will gute Handschuhe.	Não as quero nem desta nem daquella. Mas quero boas luvas.
Ist das Leder dieser Handschuhe gut?	A pelle destas luvas é boa?
Nein, mein Herr, es ist schlecht.	Não, senhor, é má.
Wie teuer ist dieser Wein?	Qual é o preço deste vinho?
Sind Ihre Häuser teuer?	O preço das suas casas é alto?
Meine Häuser sind ebenso teuer, wie Ihre Häuser.	O preço das minhas casas é o mesmo como o das suas.
Wollen Sie von den schönen Rosen aus meinem Garten?	Quer das lindas rosas do meu jardim?
Diese Möbel sind von großem Wert und werden billig (für niedrigen Preis) verkauft.	Essas alfaias são de grande valor e vendem-se por baixo preço.
Der Wert der Dinge hängt nicht vom Kaufpreis ab.	O valor das cousas não depende do preço da compra.

Aufgaben.
16.

Welches ist Ihr Koch? — Jener dicke Mann ist mein Koch. — Haben die Goldschmiede Ihre silbernen Kreuze? — Nein, mein Herr, sie haben die goldenen. — Haben Sie Wildschweine? — Nein, mein Herr, wir haben keine. — Welchen Wagen wollen Sie? — Ich will den Wagen des Kapitäns. — Haben Sie die kleinen silbernen Löffel oder die großen? — Ich habe die kleinen, will aber die großen. — Sie haben einige hübsche Sachen. Geben Sie den Knaben des Nachbarn diese hübschen Sachen? — Nein, meine Dame, ich gebe den Knaben nichts. — Welcher von diesen Kaufleuten ist der begüterte Engländer? — Jener dort ist begütert, aber dieser hier ist reich. — Ist dieser große Mann (ein) Deutscher? — Nein, mein Herr. — Wie teuer ist dieser Wein? — Der Preis dieses Weines ist sehr hoch. — Wollen Sie diese silbernen Löffel? — Nein, ich will jene goldnen Löffel. — Was wollen die Frauen? — Sie wollen meine Rosen. — Wollen Sie seidene Hüte? — Ja, mein Herr. Haben Sie seidene Hüte? — Nein, ich habe keine. — Wollen Sie von diesen Weinen oder von jenen Weinen? — Ich will keine Weine. — Wollen Sie die Esel oder die Pferde? — Ich will keine Esel und keine Pferde. — Wollen Sie meinen Wagen oder den meines Vaters? — Ich ziehe [liebe mehr] den Wagen Ihres Vaters vor. — Haben Sie Pferde? — Nein. — Wollen Sie meine Pferde oder die meines Onkels? — Ich ziehe die Pferde Ihres Onkels vor. — Was haben die Goldschmiede? — Sie haben hübsche silberne und goldene Kreuze. — Was haben der Kaufmann und sein Nachbar? — Des Kaufmanns Nachbar hat Handschuhe. Der Kaufmann hat Reis, Kaffee, Thee und Schokolade. — Wollen Sie die Bauernhäuser? — Nein, Herr, ich will keine Bauernhäuser. — Wollen Sie seidene Handschuhe oder lederne? — Ich will weder seidene noch lederne. — Haben Sie baumwollene Handschuhe? — Ja, Herr, ich habe diese hier. — Wer will die Bäume aus dem Garten Ihres Nachbarn? — Der Engländer will sie nicht, aber der Franzose will einige von diesen Bäumen. — Was hat der Kapitän? — Er hat schöne Schiffe.

17.

Was hat Ihr Knabe? — Er hat hübsche Vögel. — Haben die Weiber seidene Tücher? — Nein, mein Herr, sie wollen keine. — Hat Ihr Onkel die Weine, welche ich gehabt habe, oder die, welche Sie gehabt haben? — Er hat nicht diese, er hat jene. — Welche Matratze hat der portugiesische Matrose? — Er hat eine baumwollene Matratze. — Wollen Sie einige hübsche Sachen? — Ja, mein Herr, was haben Sie? — Ich habe seidene Tücher, silberne Leuchter, goldene Ringe. — Ihre Waren, mein Herr,

will ich nicht. Ich habe kein Geld. — Wer hat meinen Regen=
schirm? — Die Frau des Franzosen hat ihn. — Hat der Fremde
unsere guten Flinten? — Er hat sie nicht, aber er hat unsere
Kleider. — Haben Sie Ihre Schuhe? — Der Schuhmacher hat sie
nicht, der Schneider hat sie. — Mein Herr, der Schinken, welchen
Sie haben, ist köstlich. Wollen Sie Hammelfleisch? — Nein,
mein Herr, ich will Schinken. — Wer will hübsche Schuhe? —
Ich, mein Herr. — Wollen Sie diese Schuhe oder jene? — Ich
will jene. Mein Diener will diese. — Ist die portugiesische Sprache
hübsch? — Ja, mein Herr. Die portugiesische Sprache ist sehr
hübsch und sehr reich. — Haben die Pferde ihre Gerste? — Sie
haben Heu gehabt, mein Herr. — Will der Zimmermann meine
eisernen Hämmer? — Nein, er will sie nicht, er hat sie. — Gefallen
Ihnen die schönen Rosen meines Gartens? — Ja, mein Herr.
— Hat Ihr Vater einen Esel oder ein Pferd? — Er hat weder
Esel noch Pferde. Er hat einen hübschen Wagen.

Zehnter Abschnitt. — Lição decima.

Das Magazin. Die Magazine.	O armazem. Os armazens.
Der Garten. Die Gärten.	O jardim. Os jardins.
Der Ton. Die Töne.	O som. Os sons.
Die Geige.	A rebeca.
Der Thunfisch. Die Thunfische.	O atum. Os atuns.
Die guten Thunfische.	Os bons atuns.
Wollen Sie einige gute Thunfische?	Quer alguns bons atuns?

A. Die Hauptwörter und Beiwörter, die auf m endigen, ver=
wandeln in der Mehrheit dieses m in n und hängen ein s an.

Sie sind.	Elles são.
Sind die Magazine dieses Kauf- manns hübsch?	Os armazens deste commerciante são bonitos?
Mein Herr, meine Magazine sind hübsch.	Meu senhor, os meus armazens são bonitos.
Hat dieser Mensch hübsche Gärten?	Este homem tem bonitos jardins?
Seine Gärten sind hübsch.	Os seus jardins são bonitos.

Gefallen Ihnen die Töne der Geige?	Gosta dos sons da rebeca?
Ich mag die Töne dieser Geige nicht.	Não gosto dos sons desta rebeca.
Hat der Kaufmann Thunfische?	O commerciante tem atuns?
Er hat keine Thunfische.	Não tem atuns.
Wollen Sie meine goldnen Ringe?	Quer os meus anneis de ouro?
Ich will Ihre silbernen Ringe.	Quero os seus anneis de prata.
Die Pastete. Die Pasteten.	O pastel. Os pasteis.
Der Dolch. Die Dolche.	O punhal. Os punhaes.
Der Trichter. Die Trichter.	O funil. Os funis.
Das Betttuch. Die Betttücher.	O lençol. Os lençoes.
Blau.	Azul. Mehrh. Azues.

B. Die Hauptwörter, welche auf el endigen, verwandeln in der Mehrheit el in eis, die auf al, ol, ul verwandeln das l in es, die auf ein scharfes il verwandeln das l in s.

Haben Sie meine blauen Kleider?	Tem os meus vestidos azues?
Ich habe Ihre blauen Kleider.	Tenho os seus vestidos azues.
Wollen Sie meine eisernen Trichter?	Quer os meus funis de ferro?
Ja, ich will Ihre eisernen Trichter.	Sim, quero os seus funis de ferro.
Haben Sie die Betttücher des Nach-barn?	Tem os lençoes do visinho?
Ich habe des Schneiders Betttücher.	Tenho os lençoes do alfaiate.
Sind die Dolche von Eisen?	Os punhaes são de ferro?
Die Dolche sind von Eisen.	São de ferro os punhaes.
Hat der Bäcker gute Pasteten?	O padeiro tem bons pasteis?
Er hat Fleischpasteten.	Tem pasteis de carne.
Die Knöpfe.	Os botões.
Die Kapitäne.	Os capitães.
Die Hunde.	Os cães.
Der Bruder. Die Brüder.	O irmão. Os irmãos.
Die Schwester. Die Schwestern.	A irmã. As irmãs.

C. Die auf ão endigenden Hauptwörter und Beiwörter zerfallen in drei Klassen in Bezug auf die Bildung der Mehr-heit. Die größte Anzahl derselben verwandelt ão in ões: einige verwandeln ão in ãos, und einige in ães.

Haben Sie meine goldnen Knöpfe?	Tem os meus botões de ouro?
Ich habe Ihre silbernen Knöpfe.	Tenho os seus botões de prata.
Haben Sie hübsche Hunde?	Tem bonitos cães?
Ich habe keine Hunde.	Não tenho cães.
Haben Ihre Brüder Geld?	Os seus irmãos tem dinheiro?
Ich habe keine Brüder. Meine Schwestern haben Geld.	Não tenho irmãos. As minhas irmãs tem dinheiro.

Beweglich, geschickt, flink.	Agil, Mehrh. ageis.
Schwächlich.	Debil, Mehrh. debeis.
Ungelehrig.	Indocil, Mehrh. indoceis.
Gelehrig, gehorsam.	Docil, Mehrh. doceis.
Niedrig, gemein.	Vil, Mehrh. vis.

D. Die Beiwörter mit kurzer Endung il verwandeln il in eis, einige wenige mit langer Endung il verwandeln l in s in der Mehrheit. Sonst bilden die Beiwörter ihre Mehrheit wie das Hauptwort.

Diese Soldaten sind sehr flink.	Estes soldados são muito ageis.
Des Schneiders Kinder sind schwächlich.	Os meninos do alfaiate são debeis.
Haben Sie ungelehrige Knaben?	Tem meninos indoceis?
Meine Knaben sind sehr gehorsam.	Meus meninos são muito doceis.
Diese Handlungsweisen sind gemein.	Estas acções são vis.
Der Amerikaner, amerikanisch.	O Americano, americano.
Der Russe, russisch.	O Russo, russo.
Der Sohn. Das Söhnchen.	O filho. O filhinho.
Die Tochter. Das Töchterchen.	A filha. A filhinha.
Klein. **Sehr klein.**	Pequeno. Pequenino.
Die Blume. Das Blümchen.	A flôr. A flôrinha ou a flôrzinha.
Das Pastetchen.	O pastelinho.

Aufgaben.

18.

Haben Sie die Waren aus meinen Magazinen? — Nein, meine Dame, ich habe sie aus den Magazinen des Amerikaners. — Lieben Sie die Töne meiner Geige? — Ja, mein Herr, die Töne Ihrer Geige sind sehr hoch. — Hat der Goldschmied Ihre silbernen Ringe oder meine goldnen? — Er hat Ihre goldnen, mein Herr. — Welche Pasteten essen Sie gerne, die Fleischpasteten oder die des Bäckers? — Ich esse weder diese noch jene gern. — Haben Ihre Brüder die Geigen? — Ja, mein Herr, sie haben ihre Geigen. — Sind die Knöpfe meiner Hemden hübsch? — Sie sind von Gold, wollen Sie silberne? — Nein, mein Herr, nur goldne Knöpfe gefallen mir. — Haben die Hunde Fleisch und Brot? — Sie haben Brot gehabt. — Gefallen Ihnen [lieben Sie] blaue Kleider? — Mein Bruder kleidet sich sehr gern blau. Des Bruders

blauer Rock gefällt mir nicht. — Hat der Spanier die Dolche
des Amerikaners oder die des Russen? — Er hat die des Russen.
Die des Amerikaners sind von Eisen. — Haben Ihre Schwestern
meine Betttücher? — Sie haben sie. — Hat Ihr Töchterchen blaue,
seidene Kleider? (Kleider von blauer Seide.) — Ja, mein Herr.
— Sind Ihre Söhnchen gelehrig? — Sie sind nicht ungelehrig.
— Ist Ihr Töchterchen groß? — Nein, mein Herr, es ist
sehr klein. — Hat der Bäcker sehr große Pasteten? — Nein,
er hat sehr kleine Pastetchen.

19.

Sind die Preise Ihrer Waren sehr hoch, mein Herr? —
Nein, mein Herr, sie sind sehr niedrig. — Haben Ihre Nachbarn
Thunfische? — Ja, mein Herr, sie haben welche. — Haben Sie
hübsche Blümchen? — Ich habe schöne Rosen. — Haben Ihre
Freunde lederne Handschuhe und lederne Schuhe? — Sie haben
seidene Handschuhe und Schuhe von Tuch. — Haben die Kapitäne
gute portugiesische Weine? — Sie haben französische Weine.
Die Matrosen haben portugiesische Weine. — Hat Ihr Schneider
englische Waren? — Er hat französisches Tuch. Mein Nachbar
hat englische Tücher. — Wollen Sie die Flinten der Matrosen?
— Nein, ich will ihre Dolche. — Sind die englischen Matrosen
flink (geschickt)? — Ja, mein Herr, sie sind sehr flink. — Wollen Sie
dieses blaue Blümchen, mein Herr? — Ich will es. — Haben
Sie meines Schneiders Waren? — Die Waren, welche ich habe,
gefallen mir nicht. Ihr Schneider hat keine schönen Stoffe
(Tücher). — Wollen Sie eiserne Taschenmesser? — Nein, mein
Herr, ich will Dolche. — Wer will Pastetchen? — Ich, mein Herr.
— Haben die Weiber Brot und Käse? — Nein, sie haben Thunfische. — Wollen Sie meine eisernen Trichter? — Ja, ich will sie.
—Haben Sie englische oder französische Bücher?—Meine Freunde
haben portugiesische Bücher, ich habe einige englische. — Wer sind
Ihre Freunde? — Die Söhne des französischen Kapitäns sind
meine Freunde. — Wollen Sie seidene Regenschirme? — Ich will
baumwollene Regenschirme. — Haben Ihre Freunde französische
oder englische Flinten? — Sie haben französische Flinten. —
Haben Sie silberne Löffel oder goldne? — Ich habe goldne.

Der Goldschmied hat die silbernen. — Wollen Sie diese Blumen
oder jene Rosen? — Ich will jene Rosen. — Hat der Kauf=
mann Magazine oder nicht? — Er hat keine.

———

Elfter Abschnitt. — Lição undecima.

Die Aussicht.	A vista.
Die That.	A acção.
Angenehm.	Agradavel, weibl. agradavel.
Günstig.	Favoravel, weibl. favoravel.
Unangenehm.	**Des**agradavel, weibl. -avel.
Ungünstig.	**Des**favoravel, weibl. -avel.
Die blaue Blume.	A flôr azul.
Die angenehme Aussicht.	A vista agradavel.
Die spanische Flinte.	A espingarda hespan**hola**.
Artig.	Cort**ez**, weibl. cortez.
Eine artige Dame.	Uma senhora cortez.
Fähig.	Capaz, weibl. capaz.
Unfähig.	Incapaz, weibl. **-az**.
Seine Frau ist dieser That fähig.	Sua mulher é capaz desta acção.
Sie ist dieser That unfähig.	Ella é incapaz desta acção.
Die französische Dame.	A senhora franc**eza**.

A. Die Eigenschaftswörter auf l und z haben nur eine
Form für beide Geschlechter. Die von Ländernamen abgeleiteten
Eigenschaftswörter auf ol und auf ez hängen diesen Endungen
in der weiblichen Form ein a an.

Lieben Sie diese angenehme Aussicht?	Gosta desta vista agradavel?
Ich liebe die Aussicht aufs Meer (die Sicht des Meeres).	Gosto da vista do mar (auch sobre o mar).
Wollen Sie ein blaues Hemd?	Quer uma camisa azul?
Nein, ich will einen blauen Rock.	Não, quero uma casaca azul.
Ist der Regen den Bäumen günstig?	A chuva é favoravel ás arvores?
Er ist den Bäumen ungünstig.	É desfavoravel ás arvores.
Ist die Frau des Spaniers eine artige Dame?	A senhora do Hespanhol é uma senhora cortez?
Sie ist sehr artig.	É muito cortez.
Roh.	Crú, weibl. crúa.
Nackt.	Nú, weibl. núa.

Die nackte Hand.	A mão núa.
Eine schöne Hand.	Uma mão linda, uma linda mão.
Wollen Sie etwas Hübsches?	Quer alguma cousa bonita?
Gemein. Gewöhnlich.	Commum, weibl. commum.
(Es) ist eine sehr gewöhnliche Sache.	É uma cousa muito commum.
Verräterisch.	Traidor, weibl. -ora.
Betrügerisch.	Enganador, weibl. -ora.
Bezaubernd.	Encantador, weibl. -ora.
Eine bezaubernde Aussicht.	Uma vista encantadora.
Ein betrügerisches Weib.	Uma mulher enganadora.
Eine verräterische Handlung.	Uma acção traidora,
Die rohe Seide.	A seda crúa.

B. Die Eigenschaftswörter auf u, r und m bilden das weibliche Geschlecht durch die Endung a. Bom, weibl. boa, und commum, am richtigsten mit einer Form für beide Geschlechter, machen eine Ausnahme.

Die Wahrheit.	A verdade.
Hören Sie die nackte und rohe Wahrheit gern?	Gosta da verdade núa e crúa?
Ich höre die nackte Wahrheit nicht gern. Ich ziehe die bezaubernde Wahrheit vor.	Não gosto da verdade núa. Gosto mais da verdade encantadora.
Wollen Sie diese gute französische Seide?	Quer esta boa seda franceza?
Ich will etwas Gutes.	Quero alguma cousa boa.
Ist dieses Weib bezaubernd oder betrügerisch?	E encantadora ou enganadora, esta mulher?
Sie ist keiner verräterischen Handlung fähig.	Não é capaz duma acção traidora.
Haben Sie gute Seide?	Tem boa seda?
Nein, Herr, meine Seide ist sehr gewöhnlich.	Não, senhor, a minha seda é muito commum ou ordinaria.
Die Welt.	O mundo.
Eitel, nichtig.	Vão, weibl. vã, vãa oder van.
Sind die Sachen dieser Welt nicht bezaubernd?	Não são encantadoras, as cousas deste mundo?
Die Sachen dieser Welt sind eitel.	As cousas deste mundo são vãas, vãs oder vans.
Hat der Kaufmann eine deutsche Frau?	O commerciante tem uma mulher allemã?

4*

C. Die wenigen Beiwörter auf ão haben in der weiblichen Form die Endung ã, ãa oder an. Allemão hat als weib= liche Form allemã.

Die Schönheit.	A belleza.
Ist die Schönheit dieser Frau nicht bezaubernd?	A belleza desta mulher não é encantadora?
Die Schönheit ist nichtig.	A belleza é vã.
Sind die deutschen Frauen schön?	São lindas as mulheres allemãs?
Sie sind bezaubernd.	São encantadoras.
Haben Sie hübsche Tücher?	Tem bonitos pannos?
Ja, ich habe (et)**welche.**	**Tenho.**

D. In kurzen Antworten wird oft etwelch, ein, einige nicht übersetzt. Der Portugiese bejaht und verneint gern mit der einfachen Wiederholung des Zeitworts ohne não oder mit demselben.

Haben Sie etwas Geld?	Tem algum dinheiro?
Ich habe etwelches. (Ja.)	Tenho.
Wollen Sie etwas Geld?	Quer algum dinheiro?
Ich will keines. (Nein.)	Não quero.

Viel, viele, vieles.	**Muito,** a, os, as.
Wenig, wenige, weniges.	**Pouco,** a, os, as.

Haben Sie viel Geld?	Tem muito dinheiro?
Ich habe wenig Geld.	Tenho pouco dinheiro.
Giebt es viele Leute, welche kein Geld wollen?	São muitos os homens, que **não** querem dinheiro?
Wenige Leute wollen kein Geld.	Poucos homens não querem din- heiro.

Der Lärm.	A bulha.
Wenig Lärm! (Still!)	Pouca bulha!
(Er hat wenig Scham.) Er schämt sich nicht.	Tem pouca vergonha.
[Es ist eine kleine Schande.] Es ist eine Schmach!	É uma pouca vergonha!
Haben Sie viele Sachen?	Tem muitas cousas?
Haben Sie wenig Geld?	Tem pouco dinheiro?
Haben Sie ein wenig Geld?	Tem algum dinheiro?
Wollen Sie ein wenig Brot?	Quer um pouco de pão?
Ein wenig.	**Um pouco (de).**

E. Wenig heißt pouco (spr. poku) und richtet sich wie muito in Zahl und Geschlecht nach seinem Hauptwort. Ein wenig heißt um pouco. Steht es vor einem Hauptwort, so muß es durch de mit demselben verbunden werden. Wenn etwas mit ein wenig gleichbedeutend ist, so muß es sehr oft durch um pouco übersetzt werden.

Wollen Sie etwas (ein wenig) Brot?	Quer um pouco de pão?
Wollen Sie ein Brot, einen Laib Brot?	Quer um pão, uma micha de pão?
Ich will etwas Käse.	Quero um pouco de queijo.
Haben Sie Brot oder nicht?	Tem pão ou não?
[Es ist Wahrheit.] Es ist wahr, ich habe keines.	É verdade, não tenho.

Aufgaben.
20.

Hat Ihr Bruder viel Geld? — Nein, er hat nicht viel Geld. — Gefällt Ihnen die Aussicht von diesem Garten aus? — Nein, sie gefällt mir nicht sehr. — Wollen Sie ein blauseidenes Kleid? — Nein, ich ziehe ein baumwollenes Kleid vor. — Gefällt Ihnen mein Wagen? — Nein, mein Herr. — Gefallen Ihnen die Töchter des deutschen Kaufmanns? — Es ist wahr, sie sind sehr artig, aber sie sind schwächlich. — Der Amerikaner hat wenig Geld. Ist er einer schlechten Handlung fähig? — Er ist keiner schlechten Handlung fähig. — Welcher Lärm! Haben die Knaben kein Brot? — Nein, mein Herr, sie wollen welches. Sie sind hungrig. — Wollen Sie die blauen Blümchen aus dem Garten des Nachbarn? — Nein, mein Herr, Sie sind sehr artig. — Haben Sie die amerikanischen Blumen? — Nein, mein Herr, ich habe französische Blumen. — Will der Schneider Ihre blauen Kleider oder die Ihrer Frau? — Er will die Ihrer Frau. — Sind die Bauern dieser Thaten fähig? — Sie sind verräterischer Thaten fähig. — Ist die Aussicht von Ihrem Hause (aus) hübsch? — Ich habe eine sehr begrenzte (limitado) Aussicht, die auf die (der) Gärten meiner Nachbarn. — Wollen Sie ein amerikanisches Messer oder einen spanischen Dolch? — Ich will spanische Dolche. — Ihr Söhnchen hat ein blaues Kleid. Ist es wahr? — Nein, mein Herr, mein Töchterchen hat ein blaues Kleid. —

Sind Ihre Schwestern hübsch? — Sie sind sehr hübsch. — Was haben die Deutschen? — Sie haben artige Frauen. — Was haben die Spanier? — Sie haben gute Weine. — Was haben die Franzosen? — Sie haben schöne seidene Stoffe (fazenda). — Was haben die Russen? — Sie haben gute Seife. — Was haben die Amerikaner? — Sie haben Schiffe und Matrosen. — Was wollen die Portugiesen? — Sie wollen englische Schiffe.

21.

Welche Handlungen sind unangenehm? — Die sehr schlechten Handlungen sind nicht angenehm. — Wollen Sie meine Handschuhe oder die meiner Frau? — Ich will Ihre Handschuhe. — Wollen Sie Hammelfleisch oder rohen Schinken? — Ich will Hammelfleisch und Thee. — Sind die englischen Kohlen gut? — Ich habe keine englischen Kohlen, sondern ich habe französische Kohlen. — Welche Hunde sind die Ihrigen? — Dieser große Hund (canzarrão) gehört mir, jene Hündchen (cãozinho) Ihnen. — Hat der Deutsche hübsche Regenschirme? — Nein. — Ist diese Wahrheit den Menschen angenehm? — Nein, mein Herr, sie ist Vielen unangenehm. — Wollen Sie ein wenig von dieser Pastete? — Ja, mein Herr, ich will ein Pastetchen. — Ihr Sohn hat einen hübschen Hund. Ist es wahr? — Ja, mein Herr, es ist wahr. — Sind Sie hungrig? — Ich bin nicht hungrig. — Wollen Sie rohes Fleisch? — Nein, mein Herr, ich will kein rohes Fleisch. — Hat Ihr Söhnchen Geld oder hat es blaue Kleider? — Es hat weder Geld noch blaue Kleider. — Wer ist Ihr Nachbar? — Der Russe ist mein Nachbar. — Wer hat ein spanisches Messer? — Ich habe es, mein Herr.

22.

Sind die englischen Pferde gut? — Sie sind sehr gelehrig, mein Herr. — Sind die spanischen Pferde gut? — Einige sind sehr schwach, einige sehr ungelehrig. — Hat der Zimmermann seinen Sack oder den seines Bruders? — Er hat den Sack seines Bruders. — Wollen Sie etwas spanischen Wein? — Ich will (irgend) einen spanischen Wein. — Hat Ihre Schwester mein blaues Buch? — Nein, Herr, meine Tochter hat es. — Ist Ihr Sohn groß? — Nein, er ist sehr klein. — Was wollen Sie, seidene Stoffe oder baumwollenes Tuch? Hier sind englische Tücher, dort sind französische. — Ich will englisches Tuch. Jene französischen Tücher gefallen mir nicht. — Sprechen Sie gern russisch? — Nein, mein Herr, ich ziehe die deutsche Sprache vor. — Wollen Sie meines Bruders schöne Blumen? — Nein, ich will die hübschen Blumen Ihrer Schwester.

Zwölfter Abschnitt. — Lição duodecima.

Der Kamm.	O pente.
Das Glas.	O copo.
Das Gläschen.	O copinho.
Ich schicke.	**Mando.**
Schicken.	**Mandar.**
Ich habe geschickt.	**Tenho mandado.**
Der Maler.	O pintor.
Das Gemälde.	O quadro (spr. kuadru).
Für, um zu, auf, gegen.	**Para.**
Frankreich.	A França.
England.	A Inglaterra.
Portugal.	Portugal.
Kastilien.	Castella.
Wollen Sie dieses Gemälde nach Frankreich schicken?	Quer mandar este quadro para a França?
Nein, ich will das Gemälde nach England schicken.	Não, quero mandar o quadro para a Inglaterra.
Haben Sie diese Blumen nach Portugal geschickt?	Tem mandado estas flôres para Portugal?
Ich will die Blumen nach Kastilien schicken.	Quero mandar as flôres para Castella.

A. Vor alle Namen der Weltteile, Länder, Provinzen und Himmelsgegenden setzt man den Artikel. Vor Inglaterra und França läßt man ihn manchmal weg, vor Portugal und Castella setzt man ihn nie.

Der Norden.	O Norte.
Der Süden.	O Sul.
Hat der Kaufmann die Schiffe nach Norden geschickt?	O negociante tem mandado os navios para o Norte?
Nein, er will ein Schiff nach Süden schicken.	Não, quer mandar um navio para o Sul.

Zwei.
Drei.

Dous (spr. doisch), weibl. **Duas.**
Tres.

Wollen Sie zwei Gläser nach England schicken?

Quer mandar dous copos para Inglaterra?

Ich habe drei nach Portugal geschickt.

Tenho mandado tres para Portugal.

Haben Sie einige Gemälde?

Tem alguns quadros?

Ich habe eins.

Tenho um.

Haben Sie ein Gläschen?

Tem um copinho?

Ich habe eins.

Tenho um.

Wollen Sie ein englisches Pferd?

Quer um cavallo inglez?

Ich habe ein englisches Pferd.

Tenho um cavallo inglez.

Wollen Sie englische Pferde?

Quer cavallos inglezes?

Ich habe zwei englische und drei französische.

Tenho dous inglezes e tres francezes.

Haben Sie zwei gute Pferde?

Tem dous bons cavallos?

Ich habe **deren** zwei.

Tenho dous oder Tenho dous **delles** oder Tenho dous **bons.**

B. Deren vor einem Zahlwort kann verschieden übersetzt werden. Hat es keine bestimmte Bedeutung, so wird es nicht übersetzt. Vertritt es das vorhergehende Hauptwort, so wird es mit delles, -as, destes, -as, daquelles, -as, desses, -as übersetzt. Steht es statt des vorhergehenden Beiwortes, so wird es durch Wiederholung des Beiwortes übersetzt.

Haben Sie schöne Gemälde?

Tem lindos quadros?

Ich habe (deren) zwei.

Tenho dous.

Ich habe deren zwei (Gemälde).

Tenho dous delles.

Ich habe (deren) zwei schöne und ein altes.

Tenho dous lindos e um velho.

Vier.
Fünf.
Sechs.
Sieben.

Quatro (spr. kuatru).
Cinco.
Seis.
Sette.

Haben Sie fünf Gläser oder sieben?

Tem cinco copos ou sette?

Ich habe deren vier.

Tenho quatro.

Wollen Sie diese zwei Flinten?

Quer estas duas espingardas?

Ich will eine derselben.

Quero uma dellas.

Haben Sie viele Esel?

Tem muitos burros?

Ich habe sechs Esel und ein Pferd.

Tenho seis burros e um cavallo.

Der Hutmacher.
Der Italiener.
Der Türke.

O chapeleiro.
O Italiano.
O Turco.

Hat der Hutmacher neue oder alte Hüte?	O chapeleiro tem chapéos novos ou velhos?
Er hat hübsche und häßliche Hüte.	Tem chapéos bonitos e feios.
Er hat weder englische noch französische Hüte.	Não tem nem chapéos francezes, nem inglezes.
Haben Sie hübsche blaue Kleider?	Tem bonitos vestidos azues?

C. Wird ein Hauptwort von mehreren Beiwörtern begleitet, welche durch und, oder, noch verbunden sind, so werden dieselben gewöhnlich nachgesetzt.

Er hat häßliche und hübsche Schuhe.	Tem çapatos feios e bonitos.
Seine Frau hat große und kleine Knaben.	Sua mulher tem meninos altos e baixos.
Der Maler hat reiche und hübsche Gemälde.	O pintor tem quadros ricos e bonitos.
Wollen Sie spanischen oder französischen Wein?	Quer vinho hespanhol ou francez?
Der spanische Wein ist köstlich.	O vinho hespanhol é delicioso.

Aufgaben.

23.

Wollen Sie diese Hüte nach Frankreich schicken? — Ich schicke sie weder nach Frankreich noch nach England, sondern nach Portugal. — Haben Sie meinen Koffer nach Norden oder Süden geschickt? — Ich habe Ihren Koffer nach Kastilien geschickt. — Haben Sie die Blumen nach England geschickt? — Nein, ich habe keine Blumen nach England geschickt. — Wer ist Ihr Bruder? — Jener große Herr ist mein Bruder. — Haben Sie einen Kamm? — Ich habe deren drei. — Haben Sie meine Gemälde? — Ich habe deren fünf. — Haben Sie große oder kleine Gemälde? — Ich habe deren fünf große und sieben kleine. — Sind Ihre Kleider hübsch oder häßlich? — Sie sind nicht hübsch und nicht häßlich. — Haben Sie die blauen Tücher dem Türken oder dem Italiener geschickt? — Ich will dem Italiener seidene Stoffe schicken und dem Türken baumwollene Tücher. — Haben Sie einen Bleistift? — Ich habe einen. — Hat Ihr Knabe ein gutes Buch? — Er hat ein gutes Buch. — Hat der Deutsche ein gutes Schiff? — Er hat keins. — Hat der Kaufmann viele Schiffe? — Er hat deren drei große und vier kleine. — Sind Ihre Hüte aus dem Laden des amerikanischen Kaufmanns oder des französischen? — Sie sind aus dem Laden des Engländers. — Schmeckt Ihnen dieser Wein? — Ja. Er ist köstlich.

24.

Wollen Sie Ihren Schwestern diese seidenen Regenschirme schicken? — Nein. Meine Schwestern wollen keine Regenschirme. — Wollen Sie dem Matrosen ein wenig Wein schicken? — Nein. Er hat kein Geld. — Wollen Sie Ihre Schiffe nach Norden oder nach Süden, nach England oder nach Portugal schicken? — Ich schicke die kleinen nach England, die großen nach Portugal. — Wollen Sie zwei Flinten und einen Dolch? — Ich will keine Flinte und keinen Dolch, sondern ich will sechs englische Messer. — Wollen Sie ein Gläschen Wein? — Ich will deren zwei oder drei. — Haben Sie meine zwei ledernen Koffer? — Ich habe einen, mein Herr, und Ihr Diener hat einen. — Wollen Sie die Knaben nach meinem Garten oder nach Ihrem schicken? — Ich schicke meine Knaben nach Ihrem Garten, und Ihre Knaben nach meinem. — Gefällt Ihnen (lieben Sie) diese köst= liche Aussicht auf das Meer? — Ich liebe die Aussicht auf die Gärten. — Sind Ihre Knaben gelehrig und Ihre Mädchen artig? — Diese sind es nicht, jene sind es. — Wer ist Ihres Vaters Bruder? — Jener große Herr ist mein Onkel. — Haben Sie viele Brüder und Schwestern? — Ich habe vier Brüder und drei Schwestern. — Wollen Sie meinem Knaben ein Pastetchen schicken? — Ich habe keine.

25.

Wollen Sie mein hübsches Messer? — Ja, mein Herr, ich will es. — Wollen Sie einige von den Gemälden des Malers? — Ich will drei davon. — Was hat mein Nachbar, der Hut= macher? — Er hat alte Hüte und neue Hüte. — Welchen Wein trinken Sie gern? — Ich trinke gern Wein aus dem Süden Frankreichs. — Was will der Italiener? — Er will seine Waren. — Was will der Bauer? — Er will sein Geld. — Hat der Bauer viele Ochsen? — Nein, er hat nicht viele, aber er hat viele Pferde. — Wollen Sie Ihren Knaben nach England schicken oder nach Frankreich? — Ich schicke ihn nach Portugal. — Hat

Ihr Vater viele Gärten? — Er hat viele Häuser, aber er hat wenig Gärten. — Wollen Sie Thee und Wein? — Ich will wenig Thee und keinen Wein. — Wer ist Ihr Freund? — Mein Nachbar. — Wer ist Ihr Schuhmacher? — Ich habe keinen Schuster. — Sind Sie hungrig und durstig? — Nein, ich bin schläfrig. — Wollen Sie dieses Gemälde? — Nein, ich will es nicht. — Wer hat meinen Kamm? — Ich habe ihn. — Hat Ihr Bruder einen Wagen? — Ja, er hat einen Wagen und sechs Pferde. — Haben Sie einen hübschen Garten? — Ich habe deren zwei. — Wollen Sie von diesem Schinken? — Nein, ich will keinen Schinken. — Wollen Sie von diesen hübschen Waren nach Portugal schicken? — Nein, Herr, ich schicke sie nach Frankreich. — Wollen Sie diesen oder jenen ledernen Koffer? — Ich will weder diesen noch jenen. — Wer hat mein Betttuch? — Ihre Frau hat es. — Haben Sie viele Betttücher? — Ich habe sieben Betttücher. — Welches ist das Schiff, welches Sie nach England schicken wollen? — Jenes große dort. Ich schicke dieses kleine hier nach dem Süden.

Dreizehnter Abschnitt. — Lição decima terceira.

Wie viel —e —es?	**Quanto, a, os, as?**
Wie viel Geld wollen Sie?	Quanto dinheiro quer?
Wie viele Löffel haben Sie?	Quantas colheres tem?
Einziger —e —es.	**Unico** —a, —os, —as. Só—sós.

A. Só ist unveränderlich im Geschlecht, aber nicht in der Zahl. Es wird als Umstandswort gebraucht unter der Form só vor dem Zeitwort und somente nach demselben, doch auch umgekehrt.

Nur, bloß.	**Só. Somente.**
Nur. (Nicht . . . außer.)	Não . . . senão.
Mehr als . . .	Mais que . . . mais do que.
Weniger als . . .	Menos que . . . menos do que.
Ebensoviel wie.	Tanto . . . como . . .
Ich habe nur einen Freund.	Só tenho um amigo.
Ich habe nur ein Pferd.	Tenho um cavallo somente.
Ich habe einen einzigen Freund.	Tenho um só amigo.
Dieser Vater hat einen einzigen Sohn.	Este pai tem um unico filho.

Haben Sie viele gute Flinten?	Tem muitas boas espingardas?
Ich habe nur diese einzige.	Não tenho senão esta unica.
Wie viele Pferde hat er?	Quantos cavallos tem?
Er hat nur diese zwei.	Não tem senão estes dous.
Hat der Engländer viel Geld?	O Inglez tem muito dinheiro?
Er hat mehr als ich.	Tem mais que eu oder do que eu.
Er hat weniger als ich.	Tem menos que eu oder do que eu.
Er hat ebensoviel Geld wie ich.	Tem tanto dinheiro como eu.
Wie viele Flinten haben Sie?	Quantas espingardas tem?
Ich habe deren ebensoviele wie Sie.	Tenho tantas como vm.ᶜᵉ

B. Der von einem Komparativ abhängige Satz muß durch do que, als, verbunden werden, wenn er ein besonderes Zeitwort hat. Ist das Zeitwort gemeinschaftlich, so genügt que, wiewohl der Portugiese auch in diesem Falle nicht ungern do que setzt.

Ihr Hut ist hübscher als der meine.	O seu chapéo é **mais** bonito do que o meu.
Sie haben hübschere Pferde als der Amerikaner hat.	Tem cavallos **mais** bonitos que o Americano tem.
Wollen Sie köstlicheren Wein als diesen?	Quer vinho **mais** delicioso que este?
Nein, dieser ist sehr gut.	Não, este é muito bom.
Wollen Sie Geld?	Quer dinheiro?
Nein, ich habe viel mehr Geld als Sie je haben werden.	Não, tenho muito mais dinheiro do que vm.ᶜᵉ terá jamais.

C. Mit mais bildet man die Steigerung mit Vergleich, welche im Deutschen durch die dem Beiwort angehängte Endung —er ausgedrückt wird.

Allzu, (überflüssig.) **Zu. Zuviel.**	**Demasiadamente. Demais. Muito.**
Genug. Ziemlich viel, —e.	**Bastante, —es. Bastantemente.**
Wie viele Zimmer wollen Sie?	Quantos quartos quer?
Ich habe zu viele Zimmer gehabt.	Tenho tido quartos demais.
Dieses Zimmer ist allzu groß.	Este quarto é demasiadamente grande.
Haben Sie Ihr Geld?	Tem o seu dinheiro?
Ich habe etwas Geld zuviel.	Tenho algum dinheiro demais.
Wie viele Töchter hat diese Frau?	Quantas filhas tem esta mulher?
Sie hat ziemlich viele Töchter.	Tem bastantes filhas.
Wollen Sie etwas Geld?	Quer algum dinheiro?
Ich habe genug Geld.	Tenho bastante dinheiro.

Wir.	Nós.
Wir haben.	Temos.
Wir wollen.	Queremos.

Wir wollen unsere fünf Zimmer, welche wir gehabt haben.	Queremos os nossos cinco quartos, que temos tido.

Acht. Neun. Zehn.	Oito. Nove. Dez.
Elf. Zwölf. Dreizehn. Vierzehn.	Onze. Doze. Treze. Quatorze.
Fünfzehn. Sechzehn. Siebzehn. Achtzehn. Neunzehn. Zwanzig.	Quinze. Dezaseis. Dezasete. Dezoito. Dezanove. Vinte.
Einundzwanzig.	Vinte e um.
Zweiundzwanzig.	Vinte dous.
Dreißig. Vierzig. Fünfzig.	Trinta. Quarenta. Cincoenta.
Sechzig. Siebzig. Achtzig.	Sessenta. Setenta. Oitenta.
Neunzig. Hundert.	Noventa. Cento oder cem.

D. Cento steht vor den Namen der Zahlen, cem vor Hauptwörtern. Um cento heißt ein Hundert.

Der Real (kleinste portug. Münze, welche einzeln nicht existiert).	O real. Mehrh. reis.
Eine Münze im Werte von 20 Realen.	O vintem.
Das doppelte dieser Münze.	O pataco.
480 Reale.	O pinto. O cruzado.

Zweihundert. Dreihundert. Vierhundert. Fünfhundert. Sechshundert. Siebenhundert. Achthundert. Neunhundert. Tausend.	Duzentos. Trezentos. Quatrozentos. Quinhentos. Seiscentos. Setecentos. Oitocentos. Novecentos. Mil.

Wie viele Reale hat der Pinto?	Quantos reis tem o pinto?
Er hat vierhundert und achtzig Reale.	Tem quatrozentos e oitenta reis.
Wie viele Vintens hat der Pinto?	Quantos vintens tem o pinto?
Er hat vierundzwanzig Vintens.	Tem vinte e quatro vintens.

Die Münze.	A moeda.
Das Pfund. (Sterling.)	A libra. O soberano.

Wie viele Reale hat das Pfund?	Quantos reis tem a libra?
Es hat viertausend fünfhundert Reale.	Tem quatro mil e quinhentos reis.
Wie viele Reale hat eine Münze?	Quantos reis tem uma moeda?
Eine Münze hat viertausend achthundert Reale.	Uma moeda tem quatro mil e oitocentos reis.

E. Um und Dous haben, sowie die Hunderte, zwei Formen für das Geschlecht. Die übrigen Zahlen sind unveränderlich. Man verbindet nur die beiden letzten Zahlen einer Zahlenreihe durch e.

Das Jahr.	O anno.
Das Jahr unsers Herrn 1860.	O anno de nosso Senhor mil oitocentos e sessenta.
[Wie viele Jahre haben Sie?] Wie alt sind Sie?	Quantos annos tem?
Ich bin vierundzwanzig Jahre alt.	Tenho vinte quatro annos.
Wie alt ist Ihr Junge?	Quantos annos tem seu rapaz?
Mein Junge ist sieben Jahre alt, mein Mädchen zehn.	Meu rapaz tem sette annos, minha filha dez.
Der Tag.	O dia.
Die Stunde.	A hora.
Die Minute.	O minuto.
Wie viele Tage hat das Jahr?	Quantos dias tem o anno?
Es hat 365 Tage.	Tem trezentos sessenta e cinco dias.
Wie viele Stunden hat der Tag?	Quantas horas tem o dia?
Er hat vierundzwanzig Stunden.	Tem vinte quatro horas.
Wie viele Minuten hat die Stunde?	Quantos minutos tem a hora?
Sie hat sechzig Minuten.	Tem sessenta minutos.

Aufgaben.
26.

Wie viele Messer haben Sie? — Ich habe zwei gute Messer. — Haben Sie einen guten Koffer? — Ich habe drei gute Koffer. — Wie viele Schiffe hat der Kaufmann? — Er hat deren zehn. — Wie alt ist dieses Pferd? — Es ist sechs Jahre alt. — Wie alt ist Ihr Junge? — Er ist fünf Jahre alt. — Wie alt ist Ihre Frau? — Sie ist vierzig Jahre alt. — Wie viele Töchter hat Ihr Freund? — Er hat vier Töchter. — Wie viele Zimmer haben Sie? — Ich habe zwölf hübsche Zimmer. — Wie viele Minuten hat der Tag? — Zwei Tage haben zweitausend achthundert und achtzig Minuten. — Wie viele Gärten hat dieser Kaufmann? — Er hat viele Gärten; aber er hat deren nur drei schöne. — Wollen Sie etwas Geld? — Ja, Herr, ich will zehntausend Reale. — Haben Sie viel Geld? — Nein, ich habe nur einige Pfund. — Wie viele Töchter und wie viele Söhne haben Sie? — Ich habe sieben Söhne und drei Töchter. — Wie viele Onkel haben Sie? — Ich habe drei Onkel. — Wollen Sie Gold oder Silber? — Ich will zehn Pfund und zweiunddreißig Pintos. — Wer will Geld? — Der Schuhmacher will vier Kruzaden, der Schneider will drei Pfund, der Bauer will zehn Pfund, und der Diener sieben Pfund. — Wie viele Pferde wollen Sie? — Ich will zehn oder zwölf Pferde und acht oder neun Esel.

27.

Wie viele Nachbarn haben Sie? — Ich habe nur einen Nachbar. — Wollen Sie viel oder wenig Brot? — Ich will viel Schinken und wenig Brot. — Wer ist durstiger, der Bauer oder sein Sohn? — Der Bauer ist durstiger als sein Sohn. — Wer ist hungriger, Sie oder Ihr Freund? — Mein Freund ist hungriger als ich. — Sind Sie nicht hungrig? — Nein, mein Herr. — Wollen Sie viel oder wenig Thee? — Ich will ein wenig Thee und viel Brot. — Ist der Hut Ihrer Frau schöner als der der meinigen? — Der Hut meiner Frau ist ebenso schön als der Ihrer Frau. — Welchen Wein ziehen Sie vor, den spanischen oder den französischen? — Ich trinke lieber spanischen Wein. — Wie teuer ist dieses Kleid? — Es ist nicht teuer. — Wie teuer ist dieser seidene Hut? — Er ist sehr teuer. — Wie teuer ist dieser Ring? — Dieser Ring ist teuer. — Welches Kleid ist hübscher, das Ihres Nachbarn oder das Ihres Onkels? — Keines derselben ist hübsch. — Haben die Türken hübschere Baumwollwaren als die Italiener? — Ja, aber die Arbeiten der Türken sind teuer. — Wie teuer sind diese goldenen Knöpfe? — Sie sind sehr teuer. — Welche Aussicht ist schöner, die auf Ihren Garten oder die auf das Meer? — Die auf das Meer ist schöner als die auf den Garten.

28.

Hat der Junge einige hübsche Vögel? — Er hat deren fünfzehn. — Wie viele Hühner hat der Koch? — Er hat deren zwölf, mein Herr. — Das ist nicht genug. Wie viele haben Sie? — Ich habe deren sechs. — Ich will die Ihrigen dem Koche schicken; er hat nicht genug Hühner. — Welches ist der Preis dieser Matratze? — Ein Pfund, mein Herr. — Diese Matratze ist zu teuer (carissimo). Ich will sie nicht. — Welche Matratze wollen

Sie? — Ich will diese nicht, ich will jene. — Haben wir Geld genug? — Nein, wir haben nicht genug. — Wollen Sie die Matratzen, welche ich gehabt habe, nach England schicken? — Nein, mein Herr, ich schicke nur Reis nach England. — Hat der Koch genug Zucker? — Ja, aber er will Schokolade, Thee und Reis. — Welches ist der Preis dieser ledernen Handschuhe? — Diese Handschuhe sind nicht teuer. — Wie alt ist Ihr Vater? — Er ist fünfundvierzig Jahre alt. — Wie alt ist Ihre Mutter? — Meine Mutter ist sechsunddreißig Jahre alt. — Wie alt ist Ihr Bruder? — Mein Bruder ist fünfzehn Jahre alt.

Vierzehnter Abschnitt. — Lição decima quarta.

Etliche. Ein paar.	**Uns, umas. Alguns, -umas.**
Einige wenige. Etwelche.	**Uns poucos** (spr. potusch). **Alguns.**
Wollen Sie etliche Bücher?	Quer uns livros?
Ich will einige wenige Bücher.	Tenho uns poucos livros.
Ich will deren einige.	Tenho alguns.

A. Um, uma hat eine Mehrheitsform, welche angewendet wird, wenn die Bestimmung der Zahl so wenig als möglich berücksichtigt werden soll. Dadurch unterscheidet es sich von alguns.

Haben Sie viele Freunde?	Tem muitos amigos?
Ich habe etliche Freunde, die ich sehr liebe.	Tenho uns amigos, de que gosto muito.
Ich habe einige Freunde.	Tenho alguns amigos.
Wollen Sie einige Pfund?	Quer algumas libras?
Ich habe einige wenige Pfund.	Tenho umas poucas libras.

B. Die Unterdrückung der Kasuspartikel de nach pouco darf nur stattfinden, wenn pouco keinen partitiven Sinn hat.

Anderer, e, es.	**Outro, a, os, as.** (spr. otru.)
Ein anderer Wein, andere Weine.	Outro vinho, outros vinhos.
Eine andere Frau, andere Frauen.	Outra mulher, outras mulheres.
Einige Weine sind gut, andere sind schlecht.	Uns vinhos são bons, outros máos.

C. Vor outro darf nie, wie im Deutschen, der unbestimmte Artikel stehen, vor um nie der bestimmte Artikel.

Der eine und der andere.	Um e outro.
Die einen und die anderen.	Uns e outros.
Weder der eine, noch der andere.	Nem um, nem outro.

Beide, es, e. — Ambos, as.

Haben Sie meinen und Ihren Rock?	Tem a minha sobrecasaca e a sua?
Ich habe weder den einen, noch den andern.	Não tenho nem uma, nem outra.
Ich will beide.	Quero ambas.
Wollen Sie mein oder Ihr Pferd?	Quer o meu cavallo ou o seu?
Ich will beide.	Quero ambos.
Das eine ist mein, das andere Ihnen.	Um é meu, o outro é seu.
Haben die Engländer mehr Schiffe als die Franzosen?	Os Inglezes tem mais navios que os Francezes?
Die einen und die andern haben viele Schiffe.	Uns e outros tem muitos navios.
Haben Sie viele Häuser?	Tem muitas casas?
Ich habe kein anderes, als (nur) dieses.	Não tenho outra, senão esta.
Wie viele Esel haben Sie?	Quantos burros tem?
Ich habe nur diese. Ich habe sonst keine anderen.	Só tenho estes. Não tenho outros.

Kein anderer, sonst kein, weiter kein.	Não .... outro mit Zeitwort.
Sonst kein Geld, kein Geld weiter habe ich.	Não tenho outro dinheiro.
Wie viele sonst?	Quantos outros?
Wie viele Bücher wollen Sie noch?	Quantos outros libros quer?

Noch eines. — Mais um.

Ich will noch eines.	Quero mais um.

Der erste.	Der elfte.	O primeiro.	O undecimo ou onzeno.
„ zweite.	„ zwölfte.	„ segundo.	„ duodecimo.
„ dritte.	„ dreizehnte.	„ terceiro.	„ decimo terceiro.
„ vierte.	„ vierzehnte.	„ quarto.	„ decimo quarto.
„ fünfte.	„ fünfzehnte.	„ quinto.	„ decimo quinto.
„ sechste.	„ sechzehnte.	„ sexto.	„ decimo sexto.
„ siebente.	„ siebzehnte.	„ setimo. septimo.	„ decimo septimo.
„ achte.	„ achtzehnte.	„ oitavo.	„ decimo oitavo.
„ neunte.	„ neunzehnte.	„ nono.	„ decimo nono.
„ zehnte.	„ zwanzigste.	„ decimo.	„ vigesimo.

Der einundzwanzigste.	O vigesimo primeiro.
„ dreißigste.	„ trigesimo.
„ vierzigste.	„ quadragesimo.

Der fünfzigste.	O quinquagesimo.
„ sechzigste.	„ sexagesimo.
„ siebzigste.	„ septuagesimo.
„ achtzigste.	„ octogesimo.
„ neunzigste.	„ nonagesimo.
„ hundertste.	„ centesimo.
„ tausendste.	„ millesimo.

Bei den Zahlwörtern auf —imo ist die vorvorletzte Silbe betont; decimo, spr. décimo.

Der Teil.	A parte.
Die Hälfte. Halb, e, es.	A metade. Meio, a, os, as.
Das Drittel.	O terço. A terça parte.
Das Viertel.	O quarto. A quarta parte.
Das Fünftel.	O quinto. A quinta parte.
Ein Achtel.	Um oitavo. Uma oitava.
Drei Achtel.	Tres oitavos.
Ein Neuntel.	Uma novena (parte).
Anderthalb. Drittehalb.	Um e meio. Dous e meio.
Wie viel Uhr ist es? (Welche Stunden sind?)	**Que horas são?**
Ungefähr.	**Pouco mais ou menos.**
Es ist ungefähr drei Uhr.	**São** tres horas pouco mais ou menos.
Es ist halb vier. (Es sind drei Stunden und halbe.)	**São** tres e meia.
Es ist drei Viertel auf neun. (Es sind neun Stunden weniger ein Viertel.)	São nove horas menos um quarto.
Es ist ein Viertel nach zwei.	São duas e um quarto.
Mittag (wie zwölf Uhr). **Mitternacht.**	**Meio dia. Meia noite.**

D. Man fragt immer, welche Stunden sind es? Die Antwort erfordert são wenn horas folgt, é wenn uma hora, meio dia, meia noite mit oder ohne Angabe der Viertel= oder Halbstunden folgt. Das Wort hora wird oft ausgelassen, besonders wenn noch eine Viertel oder eine halbe Stunde folgt.

Der **Monat.**	O mez.
Heute.	**Hoje.**
Den wievielsten haben wir heute? (An den wievielsten Tagen des Monats stehen wir heute?)	A quantos estamos hoje?
Wir haben den ersten ... Wir stehen am ...	Estamos a primeiro de ...
Wir haben den zehnten ...	Estamos a dez de ...

März.	Março.
Juli.	Julho.
Wir haben den ersten Juli.	Estamos a primeiro de Julho.
Wir haben den vierten März.	Estamos a quatro de Março.

E. Die Monatstage werden durch Grundzahlen bezeichnet. Der erste nur wird durch die Ordnungszahl bezeichnet.

Welcher Tag ist heute?	Que dia é hoje? A quantos estamos?
Der erste März.	O primeiro de Março.
Der siebente Juli.	O sette de Julho.
Der fünfte des Monats März.	O cinco do mez de Março.
Um (die Zeit bezeichnend).	**A.**
Um vier Uhr.	Ás quatro horas.
Ich schicke Ihnen dieses Buch um halb sechs.	Mando este livro a vm.ᶜᵉ ás cinco e meia.
Wollen Sie es um ein Uhr?	Quer-o a uma hora?
In. In dem, in der, in den.	**Em.** No, na, nos, nas.
Den ersten Juli.	No primeiro de Julho. A primeiro de Julho.
Den zwanzigsten März.	Em vinte de Março, oder 20 de Março, oder aos vinte de Março, oder a vinte de Março.

F. Das deutsche den in der Angabe des Monatstages wird mit em oder a übersetzt, bald mit darauf folgendem Artikel vor der Zahl, meistens aber ohne denselben. Steht der Artikel, so denkt sich der Portugiese dia oder dias dazu.

Im Jahre 1860.	No anno de mil oitocentos e sessenta.
Im Jahre 1850.	Em mil oitocentos e cincoenta.

G. Werden Jahreszahlen allein, ohne Monatstag angegeben, so übersetzt man im Jahre durch em oder durch no anno de. Geht der Monatstag der Jahreszahl voran, so sagt man entweder do anno de oder einfach de.

Den sechzehnten März 1840.	A dezaseis de Março de 1840.
Den fünfzehnten Juli 1820.	A quinze de Julho do anno de mil oitocentos e vinte.
Der Band.	O tomo.
Welchen Band wollen Sie?	Que tomo quer?
Ich will den sechsten Band dieses Buches.	Quero o sexto tomo deste livro.

Welche Bände haben Sie?	Que tomos tem?
Ich habe die zwei ersten.	Tenho os dous primeiros.
Ich bin geboren.	Nasci.
Er ist geboren.	Nasceu.

Aufgaben.

29.

Wie viele Bücher haben Sie? — Ich habe einige wenige. — Wollen Sie einige spanische Bücher? — Ich habe deren etliche. — Ist Ihr Spiegel teuer? — Er ist nicht sehr teuer. — Hat Ihr Diener viele Ringe? — Er hat einige von Gold, andere von Silber und viele von Eisen. — Hat der Schneider viele Knöpfe? — Er hat viele, einige von Silber, andere von Gold. — Wer hat recht und wer nicht? — Wir haben recht, unsere Freunde haben unrecht. — Wer hat meinen Wagen und meine Pferde? — Mein Vater hat Ihren Wagen. — Wer hat die Schuld, Sie oder Ihr Bruder? — Beide haben (wir) die Schuld, mein Herr. — Wollen Sie Ihrem Vater oder Ihrem Onkel Geld schicken? — Ich will meinem Vater zehn Pfund schicken und meinem Onkel zehn. — Wie teuer ist dieser Ochse? — Vierzigtausend Reale, portugiesische Münze, mein Herr. — Welches ist der Preis dieses Weines? — Vier Pfund, mein Herr, oder achtzehntausend Reale. — Welches ist der Wert eines englischen Pfundes? — Viertausend fünfhundert Reale, mein Herr.

30.

Der neunte Teil einer portugiesischen Münze ist ungefähr fünfhundert Reale. Wie viele Reale hat die Münze? — Sie hat viertausend achthundert Reale. — Welcher Tag des Monats ist heute? — Heute ist der einunddreißigste März. — Wollen Sie Ihre Schiffe nach Norden schicken? — Ich will meine Schiffe nach Madeira schicken. — Haben Sie gute Matrosen? — Nein, aber ich habe einen guten Kapitän. — Was wollen Sie? — Ich will ein Achtel Thee und drei Achtel Kaffee. — Haben Sie Brot und Schinken gehabt? — Ich habe Brot und Hammelfleisch gehabt. — Wie viel Uhr ist es? — Es ist Mittag. — Den wievielsten haben wir? — Heute ist der sechsundzwanzigste März. — Wie viele Brüder haben Sie? — Ich habe zwei Brüder und zwei Schwestern. —

Haben die Schuhmacher viele andere Schuhe? — Nein, Herr, aber wollen Sie diese nicht? — Nein, ich will lederne Schuhe. — Wer hat den ledernen Koffer, welchen ich nach England schicken will? — Mein Bruder hat ihn. — Wie viel Geld wollen Sie Ihrem Bruder schicken? — Vierzigtausend Reale.

81.

Der wievielste Monat des Jahres ist der Monat Juni? — Der Monat Juni ist der sechste Monat des Jahres, der Monat Juli der siebente und der Monat März der dritte. — Welchen Band will die Frau des Schneiders? — Sie will den siebenten Band des spanischen Buches. — Welchen Band haben Sie? — Ich habe den ersten Band des französischen Buches, den dritten des englischen und den fünften des deutschen. — Welchen Tag des Monats haben wir heute? — Wir haben heute (es ist der...) den ersten März. — Wollen Sie diesen Ring, mein Herr? — Nein, ich will einen andern. — Welcher von diesen beiden Leuchtern ist von Silber? — Der eine ist von Silber, der andere von Gold. — Mein Herr, wie viele Knöpfe will Ihr Schneider? — Er will deren zwölf oder fünfzehn. — Wollen Sie nicht etwas Anderes (eine andere Sache)? — Nein, ich will nur silberne und goldne Knöpfe. — Haben Sie Getreide? — Ja, ich habe viel Getreide. — Wie alt ist Ihr Onkel? — Er ist sechzig Jahre alt. Er ist viel älter als Ihr Bruder. — Wie alt ist Ihre Schwester? — Sie ist zwanzig Jahre alt.

Fünfzehnter Abschnitt. — Lição decima quinta.

Geschätzt.	Estimado.
Spaßhaft, belustigend.	Divertido.
Lustig.	Alegre, folgazão, -ã.
Rot.	Encarnado.
Hochrot.	Vermelho.
Roter Wein.	Vinho tinto.
Erröten.	Fazer-se vermelho. Córar.
Grün.	Verde.
Rund.	Redondo.
Dreieckig.	Triangular.

Kalt.	Frio.
Warm.	Quente.
Der Tisch.	A mesa.
Das Wasser.	A agua.
Die Suppe.	A sopa.
Der Mantel.	O capote.
Die Table d'Hôte.	A mesa redonda.

Wollen Sie diesen grünen Mantel?	Quer este capote verde?
Nein, ich will jenen roten Mantel.	Não, quero aquelle capote [vermelho] encarnado.
Haben Sie einen runden Tisch?	Tem uma mesa redonda?
Nein, ich habe einen dreieckigen Tisch.	Não, tenho uma mesa triangular.
Wollen Sie kaltes oder warmes Wasser?	Quer agua fria ou quente?
Ich will kaltes Wasser und warme Suppe.	Quero agua fria e sopa quente.
Was für Wein wollen Sie?	Que vinho quer?
Ich will spanischen Wein oder französischen.	Quero vinho hespanhol ou francez.

A. Die verbalen Eigenschaftswörter und die Mittelwörter, die, welche einen Nationsnamen, eine Farbe, eine Figur, oder physische und natürliche Eigenschaften ausdrücken, stehen gewöhnlich nach dem Hauptwort.

Wollen Sie diese beiden Pferde?	Quer estes dous cavallos?
Ich will sie beide.	Quero ambos.
Wollen Sie diese beiden Flinten?	Quer estas duas espingardas?
Ja, ich will beide nach England schicken.	Sim, quero mandar ambas para Inglaterra.

B. Steht vor beide ein hinweisendes Fürwort, wie der, dieser, jener u. s. w., so übersetzt man am besten durch dous und duas.

Noch. Noch mehr.	**Ainda. Ainda mais.**
Haben Sie noch Wein?	Ainda tem vinho?
Haben Sie noch Brot?	Ainda tem pão?
Ich habe noch welches.	Ainda tenho.
Habe ich noch Bücher?	Ainda tenho livros?
Sie haben noch welche.	Ainda tem alguns.
Wollen Sie noch Geld nach Portugal schicken?	Ainda quer mandar dinheiro para Portugal?
Wollen Sie noch mehr Geld nach Portugal schicken?	Ainda quer mandar mais dinheiro para Portugal?
Ich will noch mehr Geld schicken.	Quero mandar mais dinheiro.

Nicht mehr. Kein … mehr.

Wollen Sie noch Wein?
Ich will keinen Wein mehr.

Haben Sie noch Pferde?
Ich habe keine Pferde mehr.

Wollen Sie Ihrem Bruder noch Geld schicken?
Ich schicke meinem Bruder kein Geld mehr.

Nicht mehr viel.

Wollen Sie noch viele Schiffe schicken?
Ich will nicht mehr viele schicken.
Wollen Sie noch Thee?
Ich will nicht mehr viel Thee.
Haben Sie noch viele Weine?
Ich habe deren nicht mehr viele.

Nicht viel mehr als.

Hat Ihr Bruder viele Kleider?
Er hat deren nicht viel mehr als ich.
Hat der Kaufmann viele Diener?

Er hat deren nicht viel mehr als sein Nachbar.

Não … mais. Já … não.

Ainda quer vinho?
Não quero mais vinho. Já não quero vinho.

Ainda tem cavallos?
Não tenho mais cavallos. Já não tenho cavallos.

Ainda quer mandar dinheiro a seu irmão?
Não mando mais dinheiro a meu irmão.

Já não … muito.

Ainda quer mandar muitos navios?
Já não quero mandar muitos.
Ainda quer chá?
Já não quero muito chá.
Ainda tem muitos vinhos?
Já não tenho muitos.

Não muito mais que.

Seu irmão tem muito fato?
Não tem muito mais do que eu.
O commerciante tem muitos criados?

Não tem muito mais do que o seu visinho.

C. Já und ainda stehen meist vor dem Zeitwort, mais nach demselben.

Haben Sie schon Suppe?
Ich habe noch keine.
Haben Sie schon Thee gehabt?
Ich habe noch keinen gehabt.
Wollen Sie warmes Wasser?
Ich will es **schon jetzt — gleich.**

Já tem sopa?
Ainda não tenho.
Já tem tido chá?
Ainda não tenho tido.
Quer agua quente?
Quero-a **já.**

D. Steht já zu Ende des Satzes, so heißt es gleich, im Augenblick.

Was … weiter (mehr).
Nichts … weiter (mehr).

Was wollen Sie weiter? (noch, mehr.)
Ich will nichts weiter.
Was schicken Sie weiter nach England?

Que … mais.
Nada … mais. Mais nada.

Que quer mais?
Não quero mais nada.
Que manda mais para Inglaterra?

Ich schicke nichts mehr.	Não mando mais nada.
Haben Sie noch zehn oder zwölf Pfund?	Ainda tem dez ou doze libras?
Das Pfund (Gewicht).	O arratel.
Drei Pfund.	Tres arrateis.
Ich habe nichts mehr.	Não tenho mais nada.
Haben Sie noch viele Waren?	Ainda tem muitos generos?
Ich habe nicht mehr Waren als Sie.	Não tenho mais generos do que vm.ce
Der Schotte, schottisch. Schottland.	O Escocez, escocez, a. A Escocia (spr. Escócia).
Der Irländer, irisch. Irland.	O Irlandez, irlandez, a. A Irlanda.
Der Holländer, holländisch. Holland.	O Hollandez, hollandez, a. A Hollanda.
Die Eisenwaren.	As ferragens.
Der Tanz.	A dança.
Lieben Sie diesen schottischen Tanz?	Gosta desta dança escoceza?
Haben Sie noch viele holländische Waren?	Ainda tem muitas fazendas hollandezas?
Wir haben noch einige schottische Tücher und viele holländische Käse.	Ainda temos alguns pannos escocezes e muitos queijos de Hollanda.

Aufgaben.
32.

Wollen Sie warmen oder kalten Thee? — Ich will kalten Thee und warmes Wasser. — Will Ihr Söhnchen kaltes oder warmes Wasser? — Es will warmes. Es fürchtet das kalte Wasser. — Habe ich runde Knöpfe? — Ja, Sie haben welche. — Wer hat meinen grünen Mantel? — Ich habe ihn nicht, der Schneider hat ihn. — Wollen Sie diesen runden Tisch oder jenen dreieckigen? — Ich will weder den einen noch den andern. — Was für Wein wollen Sie? — Ich will roten Wein. — Wollen Sie noch roten Wein? — Ich will keinen mehr. — Wie viele Koffer wollen Sie Ihrem Onkel schicken? — Zehn ungefähr, aber nicht weniger. — Wie viele Tage hat dieser Monat noch? — Er hat deren noch sieben. — Nicht mehr? — Nein, er hat deren nicht mehr. — Wollen Sie noch etwas? — Nein, ich will nichts mehr. — Wollen Sie noch einige gute Gemälde? — Nein, ich will weiter keine. Die Gemälde dieses Malers gefallen mir nicht sehr. Die seines Bruders sind viel hübscher. — Wer hat mehr Schiffe, der englische oder der holländische Kaufmann? — Dieser hat deren nicht viel mehr, als jener.

33.

Haben wir sonst noch viele Spiegel?— Nein, wir haben weiter keine, als diese wenigen. — Haben unsere Nachbarn sonst noch einen Garten? — Sie haben nur diesen, sonst haben sie keinen. — Hat der Schneider noch einige Knöpfe mehr? — Er hat deren nur noch fünf oder sechs. — Hat unser Koch noch viel mehr Schinken?— Er hat nicht mehr viel.— Hat er noch Hammelfleisch?— Er hat noch einen ganzen (inteiro) Hammel.— Hat der Bauer noch viel Heu?— Er hat nicht mehr viel Wein, aber er hat noch viel Heu und noch viel mehr Getreide. Dieser Bauer ist sehr reich und begütert. — Wie viele Matrosen hat dieser holländische Kapitän noch?— Er hat deren noch mehr als zwanzig, aber sie wollen ihr Geld, und er hat es nicht.— Wie viele Knaben haben Sie?— Ich habe deren nur einen, aber mein Bruder hat deren mehr als ich; er hat deren fünf.— Haben wir noch Heu? Unsere fünf Pferde sind noch hungrig und durstig. — Wir haben kein Heu mehr. Aber wir haben noch ein wenig Gerste und viel Wasser.— Hat ihr Freund noch Zucker und Kaffee? — Er hat noch welchen, aber er hat kein Brot mehr.— Hat der Bauer noch etliche Ochsen? — Er hat deren noch sieben oder acht. Aber sein Bruder hat deren viel mehr, hundert und fünfzig ungefähr.

34.

Hat der Zimmermann Nägel genug? — Er hat deren mehr als zweitausend. — Wie viele Handschuhe wollen Sie noch?— Ich will deren weiter keine.— Der wievielste ist heute?— Der siebente Juli. — Wie viel Uhr ist es? — Es ist drei Viertel auf sechs ungefähr. — Haben Sie noch einige Bücher des amerikanischen Kaufmanns? — Nein, ich habe andere.— Wollen Sie diese silbernen Löffel und diese goldenen Knöpfe? — Die Löffel gefallen mir nicht, aber die Knöpfe gefallen mir sehr. — Sie haben recht, aber die Löffel sind viel mehr wert als die Knöpfe. — Welche Aussicht haben Sie von Ihrem Garten aus? — Ich habe die Aussicht auf das Meer und auf die Schiffe. — Wollen Sie diese beiden Pferde? — Welches ist der Preis derselben? — Vierhundert

Pfund! — Wollen Sie Ihren Diener nach Holland schicken? —
Ja, heute noch, ich will nichts mehr von ihm. — Haben wir nicht
noch andere gute Diener? — Ja, wir haben deren noch viele.
Ich schicke (mando) Ihnen heute noch zehn oder zwölf.

Sechzehnter Abschnitt. — Lição decima sexta.

Auch.	**Tambem.**
Auch nicht.	**Nem.** Nem tão pouco. Nem' tampouco.
Wollen Sie Brot?	Quer pão?
Ja, mein Herr. Ich will auch Wasser.	Sim, senhor. Quero tambem agua.
Gefallen Ihnen die Bäume dieses Gartens?	Gostá das arvores deste jardim?
Ja, und auch die Rosen.	Sim, e tambem das rosas.
Haben Sie viele Pferde?	Tem muitos cavallos?
Ja, und auch viele Esel.	Sim, e tambem muitos burros.
Wollen Sie dem Schneider das Tuch schicken?	Quer mandar o panno ao alfaiate?
Nein, und die Knöpfe auch nicht.	Não, nem os botões.
Haben Sie Ihren goldenen Ring?	Tem o seu annel de ouro?
Ich habe ihn nicht.	Eu não o tenho.
Ich auch nicht.	Nem eu.
Wollen Sie Geld nach England schicken?	Quer mandar dinheiro para Inglaterra?
Nein, auch keine Waren.	Não mando, nem tão pouco mando fazendas.
Nicht nur ... sondern auch.	**Não só ... mas tambem.**
Ich habe nicht nur keinen Rock, sondern auch keinen Hut.	Não só, não tenho casaca, mas tambem não tenho chapéo.
Wollen Sie einen Hut?	Quer um chapéo?
Ich will nicht nur einen Hut, sondern auch einen Mantel.	Quero não só um chapéo, mas tambem um capote.
Haben Sie meine Bücher?	Tem os meus livros?
Ich habe nicht nur die Ihrigen, sondern auch die meinigen.	Tenho não só os seus, mas tambem os meus.
Verschiedene.	**Varios** (spr. vários). **Differentes. Diversos.**
Mehrere.	**Muitos.**
Ich habe verschiedene Seidenwaren.	Tenho diversas fazendas de seda.
Ich habe verschiedene Tücher, französische und englische.	Tenho diversos pannos, francezes e inglezes.

Ich schicke Ihnen mehrere Waren aus Schottland.

Mando a vm^{cê} muitas fazendas da Escocia.

Ebenso hübsch wie ...

Tão bonito **como** ...

Ebenso wenig (nicht mehr) wie ...

Tão pouco como. **Não mais que.** Não mais do que.

　　Gerade.

　　Exactamente.

Die Tücher des Schotten sind ebenso hübsch wie die meinen.

Os pannos do Escocez são tão bonitos, como os meus.

Die Kinder des Nachbarn sind ebenso groß wie die Ihrigen.

Os meninos do visinho são tão altos, como os de vm^{cê}.

Das Schiff des irischen Kaufmanns ist ebenso klein wie das meinige.

O navio do commerciante irlandez é tão pequeno, como o meu.

Die dreieckigen Tische sind ebenso wenig schön wie die runden.

As mesas triangulares não são mais bonitas do que as redondas.

A. Tão und tanto sind wohl auseinander zu halten. Tão bedeutet ebenso und ist Umstandswort, tanto ebensoviel und ist Beiwort.

Nicht zu viel und nicht zu wenig (nicht so viel und nicht so wenig).

Nem tanto, nem tão pouco.

Wollen Sie englisches Tuch oder holländisches?

Quer panno inglez ou hollandez?

Ich will mehr holländisches, als englisches.

Quero mais do hollandez do que do inglez.

Schickt der Kaufmann spanische oder portugiesische Waren nach dem Norden?

O commerciante manda fazendas hespanholas ou portuguezas para o Norte?

Er schickt weniger spanische als portugiesische.

Manda menos das hespanholas do que das portuguezas.

B. Wenn hinter soviel, mehr, weniger ein Beiwort mit hinzugedachtem Dingwort steht, so muß übersetzt werden soviel von dem, mehr von dem, weniger von dem u. s. w. Auf mais und menos folgt que oder do que, auf tanto und tão folgt como.

Der Feind, feindlich.

O inimigo, inimigo, a.

Der Finger.

O dedo.

Der Stiefel.

A bota.

Das Paar.

O par.

Der Zug Pferde.

A parelha de cavallos (eguas).

Das Joch Ochsen.

A junta de bois.

Haben Sie mehr Feinde als ich?

Tem mais inimigos do que eu?

Ich habe ebensoviele Feinde, wie Sie.

Tenho tantos, como vm^{cê}.

Ich habe mehr von Ihrem Zucker, als von dem meinigen.	Tenho mais	do açucar de vm^{cê.} do que do meu. açucar do de vm^{cê.} do que do meu.
Ich habe mehr von meinen Büchern, als von denen meines Bruders.	Tenho mais	dos livros meus do que dos de meu irmão. livros dos meus do que dos de meu irmão.
Ich habe ebensoviel von dem Gelde des Kaufmanns, wie von dem des Amerikaners.	Tenho tanto	do dinheiro do commerciante, como daquelle do Americano. dinheiro do do commerciante, como daquelle do Americano.

C. Die zweiten Wendungen sind besser als die ersteren. Nach soviel von, mehr von, weniger von steht am besten erst der besessene Gegenstand und dann die verschiedenen Besitzer: „mehr Wein von dem Ihrigen, als von dem meinigen." — Doch wendet man erstere auch häufig an.

Er hat einen Ring an dem Finger.	Tem um annel no dedo.
Er hat hübsche Kleider im Koffer.	Tem bonito fato na mala.
Der Kuchen, das Milchbrötchen.	O bolo.
Der Zahn.	O dente.
Höchstens.	**Ao mais. Quando muito** (spr. kuandu).
Ich habe höchstens noch drei hübsche Bücher.	Tenho ainda, quando muito, tres livros.
Ich will höchstens noch drei Schiffe schicken.	Quero mandar, quando muito, tres navios ainda.
Der Bauer hat höchstens noch sieben Pferde.	O camponez tem ainda, quando muito, sette cavallos.

Aufgaben.

35.

Haben Sie ein Kleid? — Ich habe deren mehrere. — Hat er einen Spiegel? — Er hat deren mehrere. — Was für Spiegel haben Sie? — Ich habe hübsche Spiegel. — Wollen Sie von diesem Kuchen? — Nein, ich esse nicht gern Kuchen. — Hat Ihr Bruder Kinder? — Er hat deren fünf. — Haben Sie Käse? — Ich habe

keinen. — Wollen Sie viel Thee? — Ich will weder zu viel, noch
zu wenig. — Haben Sie noch Ihre beiden Gespanne? — Ich habe
nur noch eine Stute. — Wie viele Joch Ochsen hat dieser Bauer?
— Er hat höchstens noch drei Joch. — Wie viel Geld haben Sie
in Ihrem Koffer? — Gerade so viel, wie Sie in dem Ihrigen.
Höchstens fünf Reale. — Das ist nicht viel! — Es ist nicht mehr
und nicht weniger, als Sie haben. — Haben Sie meine zehn
Pfund, oder nicht? — Ich habe Ihr Geld nicht und will es auch
nicht.

36.

Ist Ihr Haus ebenso schön, wie das meinige? — Nein, es ist
viel schöner. — Ist der Garten Ihres Onkels hübscher, als der
Ihres Vaters? — Dieser ist ebenso hübsch, wie jener. — Haben
Sie hübsche Töchter oder häßliche? — Ich habe nur hübsche
Töchter. — Wollen Sie Baumwolle oder Seide? — Ich will nicht
nur Baumwolle, sondern auch Seide. — Wer will heißes Wasser?
— Ich will kein heißes Wasser; ich will kaltes Wasser. — Wollen
Sie dem Schneider Ihren Mantel schicken? — Ja, heute noch
will ich ihn wegschicken. — Wir haben viele Freunde, aber noch
mehr Feinde. Wer hat deren wohl mehr als wir? — Niemand
hat so viele Freunde wie Sie, aber auch Niemand hat so viele
Feinde. — Wer ist Ihr Freund? — Ein sehr lustiger Mann. Seine
Frau ist noch viel lustiger als er. — Wollen Sie viel oder wenig
Wein? — Ich will höchstens ein Gläschen roten Weines. —
Wollen Sie einige Gläser nach dem Garten schicken? — Ja, meine
Dame, so viele wie Sie wollen (quizer).

37.

Wie viele Hunde hat Ihr Nachbar, der schottische Kaufmann? —
Er hat deren drei große und fünf kleine. — Sind die Hündchen
(cãozinho) viel kleiner, als die meinigen? — Sie sind ungefähr
ebenso groß, wie die Ihrigen. — Hat der französische Kapitän
hübsche Pferde? — Ja, er hat ein Paar Pferde, welche sehr hübsch
sind. — Wie viel Uhr ist es? — Es ist halb drei Uhr ungefähr.
— Wie viele Paar Stiefel haben Sie? — Ich habe drei Paar
Stiefel und vier Paar Schuhe. — Was kostet (custa) ein Paar

Stiefel? — Das Paar kostet anderthalb Pfund. — Wie viele Hemden haben Sie in diesem Koffer? — Ich habe mehr als sechs= unddreißig Hemden. — Wie viele Diener haben Sie in Ihrem Laden? — Ich habe deren nur fünf und zwei Jungen. — Wer geht (vai) nach England? — Mein ältester Diener.

38.

Haben Sie viele Eisenwaren aus Holland? — Ich habe keine aus Holland, aber viele aus Schottland. — Wie viele Kinder hat der Bauer noch? — Er hat deren noch vier. — Sind Ihre Stiefel ebenso hübsch wie die meinen? — Die Ihrigen sind nicht so hübsch wie die meinen. — Ist der Bruder des Kaufmanns Ihr Feind? — Nein, er ist mein Freund. — Wie viel Uhr ist es? — (Es ist) höchstens halb sieben. — Sie haben einen köstlichen Kuchen. Wollen Sie die Hälfte meiner Frau schicken? — Ich will Ihrer Frau ein Drittel schicken. — Was wollen Sie? — Ich will drei Achtel Zucker und zwei Achtel Kaffee. — Ist Ihr Pferd so hübsch wie das des Italieners? — Es ist viel hübscher. — Wer will Ihr Zimmer? — Niemand will es. — Wollen Sie Ihren Kaffee gleich? — Nein, ich will keinen Kaffee, ich will Wein, Brot und Schin= ken. — Haben Sie noch etwas Geld? — Ja, ich habe noch etwa zwanzig Pfund? — Welchen Band haben Sie? — Ich habe den siebenten Band des ersten Teils und will noch den achten und den neunten. — Ich habe diese Bände nicht.

Siebzehnter Abschnitt. — Lição decima septima.

Infinitiv des Zeitworts. — Infinitivo do verbo.

A. Die portugiesische Sprache hat drei Abwandlungen, welche sich durch die Endungen des Infinitivs unterscheiden.

1) Die Zeitwörter der ersten Abwandlung endigen auf **ar**.

Sprechen mit, zu jemand.	Fallar com, a alguem.
Kaufen.	Comprar.
Schneiden.	Cortar.

2) Die Zeitwörter der zweiten Abwandlung endigen auf **er**.

Trinken.	Beb**er**.
Essen.	Com**er**.
Verkaufen.	Vend**er**.

3) Die Zeitwörter der dritten Abwandlung endigen auf **ir**.

Teilen, ein... verteilen.	Divid**ir**. Part**ir**.
Öffnen.	Abr**ir**.
Beifall klatschen.	Applaud**ir**.

Wir werden in der Folge neben jedes Zeitwort die Ziffer der Abwandlung setzen.

Zu (zwischen einem Hauptwort und dem Infinitiv).	**De.**
Sich schämen zu...	Ter vergonha de...
Furcht haben zu... Sich fürchten zu...	Ter medo de...
Sich fürchten vor...	Ter medo de...
Zeit zu...	Tempo de...

Für... Um zu... Zu...	**Para.**
Grund zu...	Razão para...
Lust zu...	Vontade de... Desejo de...
Große Lust haben zu...	Ter muita vontade de...
Haben Sie Lust zu sprechen?	Tem vontade de fallar?
Ich schäme mich nicht zu sprechen.	Não tenho vergonha de fallar.
Hat er Lust Bäume zu fällen?	Tem vontade de cortar arvores?
Ihn abhauen. **Es** abhauen.	Corta-**lo**. Corta-**la**.
Sie abhauen.	Corta-**los**. Corta-**las**.

B. Der Dativ und der Accusativ der persönlichen Fürwörter werden dem Zeitwort in der Dingform angehängt. Die Accusative o, os, a, as nehmen dann ihre alte Form an lo, los, la, las und der Infinitiv verliert sein r. Alle anderen Wörter und Satzteile, welche vom Infinitiv abhängen, werden einfach hinter denselben gesetzt, nicht wie im Deutschen davor.

Noch einige kaufen.	Comprar alguns outros.
Einen kaufen.	Comprar um.
Zwei kaufen.	Comprar dous.
Noch einen kaufen.	Comprar mais um.
Noch zwei kaufen.	Comprar mais dous.

Haben Sie noch Luft mehr Schinken zu essen?

Ainda tem vontade de comer mais presunto?

Haben Sie Zeit das Brot zu schneiden?

Tem tempo de cortar o pão?

Suchen. Holen.

Buscar. 1.

Flicken.
Ausbessern.
Herrichten.

Remendar. 1.
Compôr (unregelmäßig).
Concertar. 1.

Kommen lassen.

Mandar vir.

Ausbessern lassen.

Mandar concertar.

Haben Sie noch Luft einen Schuh zu flicken?

Ainda tem vontade de remendar um çapato?

Ich habe noch Luft.

Ainda tenho vontade.

Haben Sie Luft noch ein Kleid auszubessern?

Tem vontade de compôr mais um vestido?

Ich habe keine große Luft noch eins auszubessern.

Não tenho muita vontade de concertar mais outro.

Zerbrechen.

Romper 2. Quebrar 1.

Thun, machen.

Fazer 2. (unregelmäßig).

Vom Boden aufheben.

Levantar do chão.

Es (unbestimmtes Fürw.).

O.

Haben Sie Zeit es zu thun?

Tem tempo de fazê-lo?

Arbeiten.

Trabalhar.

Hat er Zeit zu arbeiten?

Tem tempo de trabalhar?

Er hat Zeit, aber er hat keine Luft (dazu).

Tem tempo, mas não tem vontade de fazê-lo.

Aufgaben.
39.

Haben Sie große Luft zu essen und zu trinken? — Ich habe gar keine Luft. — Welche Gründe haben Sie um zu arbeiten? — Ich will arbeiten um etwas zu thun. — Welche Gründe haben Sie, drei Schiffe nach England zu schicken und zwei nach Spanien? — Ich will aus England Baumwolle und aus Spanien Seidenwaren kommen lassen. — Sprechen Sie lieber spanisch als portugiesisch? — Ich spreche lieber portugiesisch als spanisch. — Haben Sie Zeit Knöpfe für Ihr Kleid zu kaufen? — Nein, ich habe keine Zeit es zu thun. — Wollen Sie Zeug zu Hemden kaufen? — Nein, ich habe keine Zeit Zeug zu kaufen. — Haben Sie Luft Wein zu trinken? — Ich habe mehr Luft etwas zu essen. — Haben Sie Zeit dem Schuster das Leder zu verkaufen?

— Ich habe wenig Zeit. — Wollen Sie diesen Kuchen in zwei Teile teilen? Die eine Hälfte ist für Ihren Sohn, die andere für Ihr Töchterchen. — Wollen Sie Ihr Schiff ausbessern lassen? — Ich will es verzimmern lassen.

40.

Schämen Sie sich zu arbeiten? — Nein, ich schäme mich nicht alte Schuhe zu flicken. — Wollen Sie diesen Hammer kaufen? — Ich habe gar keine Lust ihn zu kaufen. — Haben Sie Zeit dieses Leder zu schneiden? — Nein, ich habe weder Zeit noch Lust. — Wollen Sie einige Pferde kaufen? — Nein, ich habe Lust Esel zu kaufen. — Wollen Sie dem Matrosen Wein holen? — Ich habe keine Zeit heute. — Wollen Sie diesen Monat noch Ihre Pferde und Ihre Esel verkaufen? — Nein, ich will sie nicht mehr verkaufen. — Was wollen Sie mit Ihren alten Schuhen machen? — Ich will sie zum Schuster schicken. — Hat er Zeit sie zu flicken? — Er hat Zeit (dazu), allein er hat keine große Lust. — Wollen Sie dieses Schiff heute noch nach Portugal schicken? — Ich habe Lust es zu thun; aber mein Bruder will nicht. — Wollen Sie Ihre alten Kleider zum Schneider schicken. — Ja. Will er sie ausbessern? — Er will es, er hat heute keine andere Arbeit.

41.

Wer hat Lust meinen Wein zu trinken? — Der englische Matrose will ihn trinken. — Wer will meinen Schuh vom Boden aufheben? — Mein Diener will es thun. — Will jemand ein Gespann englischer Pferde kaufen? — Nein, niemand will Pferde kaufen. — Wer will mein Geld holen? — Ich will es thun. — Welche Gründe haben Sie Ihren Sohn nach Portugal zu schicken? — Ich schicke ihn nicht nach Portugal, sondern nach Spanien. — Hat der Engländer hübsche Waren? — Er hat noch keine, aber er will Seidenwaren kaufen. — Haben Sie noch viele Pferde? — Nein. — Wie viele wollen Sie noch nach Frankreich schicken? — Ungefähr sechsundzwanzig. — Wollen Sie Ihrer Frau noch ein Kleid kaufen? — Nein, ich will Ihrer Schwester eins kaufen.

42.

Wer hat Lust meinen schönen schottischen Hund zu kaufen? — Niemand hat Lust ihn zu kaufen. — Wer hat Lust von meinem Hammelfleisch zu essen und von meinem roten Wein zu trinken? — Viele Matrosen haben Lust dazu. — Habe ich recht oder nicht, die Bäume meines Gartens umzuhauen? — Sie haben unrecht. — Wie viele Hemden wollen Sie kaufen? — Sechsundzwanzig. — Hat der Bauer Lust sein Joch Ochsen zu verkaufen? — Ja, er will es verkaufen. — Haben Sie Lust die Bilder des Malers zu kaufen? — Ja, um sie zu verkaufen. — Hat der Koch keine Lust Hammelfleisch zu kaufen? — Nein, er liebt dieses Fleisch nicht. — Haben Sie Zeit meinem Sohn ein Federmesser zu kaufen. — Nein, ich habe keine Zeit heute. — Wollen Sie sprechen? — Nein, ich habe gar keine Lust.

Achtzehnter Abschnitt. — Lição decima octava.

Das Vergnügen haben.	Ter o gosto.
Wünschen.	Desejar 1.
Er wünscht.	**Deseja.**
Du wünschest.	**Tu desejas.**
Habe ich das Vergnügen?	Tenho eu o gosto?
Du hast das Vergnügen.	**Tu tens** o gosto.
Hat er einen Grund es zu thun?	Tem uma razão para fazê-lo?
Wir haben Gründe es nicht zu holen.	Temos razões para não busca-lo.
Habt Ihr Zeit Geld zu holen?	Tem tempo de buscar dinheiro?
Sie haben keine Zeit (dazu).	Não tem tempo.
Anzünden.	Accender 2.
Das Feuer.	O fogo. O lume.
Wärmen.	Aquecer 2.
Die Fleischbrühe.	O caldo.
Verbrennen.	Queimar 1.
Zerreißen.	Rasgar 1.
Wollen Sie Feuer anlegen?	Quer accender lume?
Ich will Feuer anlegen.	Vou accender lume. (spr. wo.)
In dem und dem Hause ist der Herd immer kalt.	Em tal casa nunca se accende lume.
Wollen Sie die Fleischbrühe wärmen?	Quer aquecer o caldo?

Die Wimpern verbrennen (fleißig studieren).	Queimar as pestanas.
Die Schrift reißen (mit groben Strichen schreiben).	Rasgar a letra.
Komplimente schneiden.	Rasgar cortezias.
Sein.	**Ser.**
Sein. Sich befinden. Stehen.	**Estar.**

A. Das deutsche sein wird durch ser übersetzt, wenn innere, wesentliche, dauernde Eigenschaften — durch estar, wenn äußere, zufällige, vorübergehende, ungehörige Eigenschaften einer Person oder Sache beigelegt werden. Ser wird als Hülfszeitwort gebraucht, um die leidende Form zu bilden, wie das deutsche werden. Mit estar wird oft sich befinden, in einem Zustand sein, beschäftigt sein, eine Zeit lang (etwas thun) übersetzt.

Krank.	**Doente.**
Er steht. Er ist.	**Está.**
Er ist (zufällig) krank.	Está doente.
Er ist (von Natur) krank.	É doente.
Wie befinden Sie sich?	Como está? Como passa [passou]?
Ich befinde mich wohl.	**Estou** (spr. stô) **bom,** oder **Passo bem.**
Ich befinde mich nicht wohl.	Não estou bom, não passo bem.
Ich befinde mich ziemlich wohl (weniger schlecht).	Estou menos mal.
Dieser Mann ist (befindet sich) wohl.	Este homem está bom, oder passa bem.
Jene Frau ist groß.	Aquella mulher é alta.
Diese Uhr ist von Gold.	Este relogio é de ouro.
Seine Uhr ist im Koffer.	O seu relogio está na mala.
Geliebt.	**Amado.**
Dieser Mann wird geliebt von seiner Frau.	Este homem é amado de sua mulher.
Gebrochen.	**Quebrado.**
Seine Uhr ist zerbrochen.	O seu relogio está quebrado.
Haben. — Haben. Halten.	**Ter. — Haver.**

B. Haver und ter sind nicht so sehr verschieden als ser und estar, denn sie wechseln oft miteinander ab, nur um die Wiederholung zu vermeiden. Mit ter werden die zusammengesetzten Zeiten aller übrigen Zeitwörter, und die von ter

6*

selbst gebildet. Haver wird im allgemeinen weniger ange=
wendet als ter. Haver de mit einem Infinitib drückt eine
gewiffe Notwendigkeit aus.

Ich habe. Du haft. Er hat. Sie haben.	**Eu hei. Tu has. Ha. Elles hão.**
Sehen.	Vêr.
Du haft zu sehen, d. h. Du wirst gewiß sehen.	Tu has de ver.
Ich muß den Artigen spielen.	Hei de fazer o cortez.
Von wem? Wessen?	De quem?
(Wo?) **In. Zu.**	**Em.**

C. Em giebt den Ort an, an welchem sich etwas befindet
und die Zeit, in der sich etwas ereignet, und wird in demselben
Sinne bildlich auf innere und äußere Zustände angewendet.

Der Friede.	A paz.
Der Krieg.	A guerra.
Im Frieden sein.	Estar em paz.
Im Krieg sein.	Estar em guerra.
Mit.	**Com.**
Lassen. Laß er!	Deixar 1. Deixe!
Laß er die Pferde in Frieden!	Deixe os cavallos em paz!
Laß (er, lassen Sie) sein!	Deixe estar!
Sind Sie im Krieg mit Ihrem Nachbar?	Está em guerra com o seu vi-sinho?
Zu Hause, daheim. Nach Hause.	**Em casa. A casa** und **para casa.**
(Wo?) **Bei ... zu Hause** (zu, im Hause von ...).	**Em casa de ...**
(Wohin?) **Zu ... nach Hause** (nach [dem] Hause von ...).	**A casa de ...** und **para casa de ...**
Gehen. Ich gehe.	**Ir. Eu vou.** (spr. wo.)
Ich gehe nach Hause.	Vou á casa.
Ich gehe nach Hause, um daheim zu bleiben.	Vou para casa, parar ficar em casa.
Bleiben. Ich bleibe.	**Ficar 1. Fico.**
Ich bleibe zu Hause.	Fico em casa.
Ich bleibe bei meinem Vater (zu Hause).	Fico em casa de meu pai.
Ich gehe zu meinem Vater (nach Hause).	Vou á casa de meu pai.

Ich gehe zu meinem Bruder nach Hause und bleibe.	Vou para casa de meu irmão e fico.
Zu wem wollen Sie gehen?	Á casa de quem quer ir?
Bei wem ist Ihre Frau?	Em casa de quem está sua senhora?

D. Zu Hause, daheim heißt em casa, nach Hause á casa und para casa, letzteres um daheim zu bleiben. — Bei... zu Hause heißt em casa de, zu... nach Hause á casa de... oder para casa de... Die drei letzten Wendungen lassen den Artikel vor casa zu, wenn ein Gegensatz ausgedrückt werden soll.

Bei mir im Hause, bei Dir.	Na minha casa, na tua casa.
Bei ihm, bei Ihnen, bei uns.	Na sua casa, na casa de vm^cê, na nossa casa.
Bei euch.	Na vossa casa.
Er ist nicht daheim, er ist bei seinem Freunde.	Não está em casa, está na casa do seu amigo.
Er bleibt bei dem Vater.	Fica na casa do pai.
Er geht zum Vater.	Vai á casa de seu pai.
Ich will nicht nach Hause gehen, sondern zu meinem Freunde.	Não quero ir á minha casa, quero ir á casa do meu amigo.
Ich will nicht zu meinem Freunde gehen, sondern nach Hause will ich gehen.	Não quero ir á casa do meu amigo, mas quero ir para casa.

E. Die Antwort auf Wo? Wohin? wird im Portugiesischen hinter den Infinitiv gesetzt oder hinter den darauf folgenden Dativ, Accusativ oder sonstigen Fall.

Wohin?	**Onde? Aonde? Para onde?**
Wo?	**Onde? Aonde?**
Woher?	**Donde?**
Wo ist Ihr Bruder?	Onde está seu irmão?
Er ist bei uns zu Hause.	Está na nossa casa.
Wohin wollen Sie gehen?	Aonde quer ir?
Ich will zu Ihrem Nachbarn gehen.	Vou á casa do seu visinho.
Mit. Bei.	**Com** statt em casa de.
Bei wem ist Ihr Vater?	Com quem está seu pai?
Er ist bei meinem Onkel.	Está com meu tio.
Ist der Bauer allein?	O saloio está só?
Nein, er ist bei (mit) jemand.	Não, está com alguem.
Er ist bei niemand.	Não, está com ninguem.
Nein, jemand ist bei ihm.	Não, alguem esta com elle.
Ja, niemand ist bei ihm.	Sim, ninguem está com elle.

F. Bei wem, bei jemand, bei einem ... kann ebenso gut durch com quem, com alguem, com um ... ausgedrückt werden, als durch em casa de ...

| **Wem?** | **A quem?** |
Einem.	**A alguem.**
Wem wollen Sie dieses Messer geben?	A quem quer dar esta navalha?
Ich will es niemanden geben.	Não quero dá-la a ninguem.
Wem wollen Sie Ihren Diener schicken?	A quem quer mandar o seu criado?
Ich will ihn zu dem Maler schicken.	Quero manda-lo á casa do pintor.
Ich will dem Maler Geld schicken.	Quero mandar dinheiro ao pintor.
Ich will den Diener mit Geld zum Maler schicken.	Quero mandar o criado com dinheiro á casa do pintor.
Müde.	Cansado.
Satt.	Farto.
Spielen.	Jogar.
Ich bin müde, hungrig und durstig.	Estou cansado, tenho fome e sêde oder estou com fome e com sêde.
Ich habe Lust zu spielen (ich bin mit Lust zu spielen).	Tenho vontade de jogar oder Estou com vontade de jogar.
Ich behalte das Messer (ich bleibe mit dem Messer).	Fico com a navalha.
Etwas behalten.　Bewahren.	Ficar com alguma cousa Guardar 1.
Ich will diesen Hut für meinen Freund behalten.	Quero guardar este chapéo para o meu amigo.
Wollen Sie dieses Pferd behalten?	Quer guardar este cavallo?
Ich will es nicht behalten.	Não quero ficar com elle.
Sich fürchten [mit Furcht sein].	Estar com medo.
Er fürchtet Geld zu verlieren.	Está com medo de perder dinheiro.
Wollen Sie noch spielen?	Ainda quer jogar?
Ich will nicht mehr spielen (ich bin satt zu spielen).	Estou farto de jogar. Já não quero jogar. Não quero jogar mais.
Ich habe keine Lust mehr zu spielen.	Já não estou com vontade de jogar.

Aufgaben.
43.

Wollen Sie spielen? — Ich will spielen, aber nicht lange. — Wem wollen Sie meinen Dolch geben? — Dem Bruder Ihres Onkels. — Wem wollen Sie diese achtzehn Flinten schicken? —

Dem Kapitän, welcher sie will. — Spielen Sie gern? — Nein, ich arbeite viel lieber. — Habe ich das Vergnügen mit dem Freunde des Vaters meiner Frau zu sprechen? — Ja, ich bin der Freund des Vaters Ihrer Frau. — Wie befinden Sie sich? — Sehr wohl. Und der Herr? — Ziemlich wohl. Wie befindet sich Ihre Frau? — Sehr wohl und meine Kinder auch. — Ist Ihre Frau krank? — Ja, mein Herr, sehr krank. — Wollen Sie Ihrer Frau nicht von dieser guten Hühnerbrühe (Brühe von Huhn) schicken? — Ich will ihr auch etwas Wein schicken. — Was hat sie? — Schon einige Tage ist sie krank. — Wollen Sie mein Kleid noch mehr zerreißen? — Nein, ich will Ihr altes Kleid nicht noch mehr zerreißen.

44.

Haben Sie Lust meinen Hut zu behalten? — Ich habe ziemlich Lust ihn zu behalten. — Habe ich recht Ihr Geld zu bewahren? Ich habe es zu Hause. — Sie haben recht, mein Herr. — Wollen Sie meinen Wagen? — Nein, ich will nur Ihre Pferde. — Wollen Sie Ihre Kleider beim Schneider unserer Freunde ausbessern lassen? — Nein, er hat keine Zeit. — Was will er den 7. April mit Ihrem Schiffe oder mit dem Ihres Bruders nach England schicken? — Er will Geld damit schicken, um Kleidungsstücke zu kaufen. — Hat der Schreiner meines Bruders eine hübsche Arbeit? — Ja, er hat zwei runde Tische, welche nicht häßlich sind. — Will der Schuster die Schuhe meiner Frau ausbessern? — Nein, er hat keine Zeit dazu. — Wo ist mein neuer Rock? — Er ist im Koffer nebst Ihren Schuhen und Stiefeln. — Wollen Sie Ihren Sohn nach Frankreich schicken? — Mit dem Schiffe des holländischen Kapitäns. Er muß lernen Komplimente schneiden.

45.

Wollen Sie etwas kaufen? — Ja, ich will etwas kaufen. — Was wollen Sie kaufen? — Einen Hut für meine Tochter, einen Rock für meinen Sohn und ein Paar Stiefel. — Ist der Russe im Zimmer? — Er muß (hat noch zu stehen) noch im Zimmer sein. — Von wem wollen Sie die Uhr kaufen? — Von meinem Nachbarn. — Welchen Tisch wollen Sie kaufen, diesen oder jenen?

— Ich will weder diesen noch jenen kaufen. Der runde Tisch
ist sehr hoch, der dreieckige ist sehr niedrig. — Wie befindet sich
Ihr Sohn? — Er ist ziemlich wohl. — Was wollen Sie thun?
— Ich will den Kaffee aufwärmen. — Wollen Sie Ihren Thee
warm oder kalt? — Er ist kalt, ich will ihn warm. In diesem
Hause ist der Herd immer kalt. — Ist Portugal im Krieg mit
Spanien? — Nein, Portugal ist im Frieden mit seinen Nach=
barn. — Wo ist Ihr Bruder? — Er ist nicht zu Hause, aber
er ist bei seiner Schwester. — Wohin wollen Sie gehen? —
Ich gehe heute noch nach Hause.

46.

Wollen Sie Feuer anlegen? — Ich habe keine Zeit. — Habe
ich das Vergnügen mit Ihnen zu spielen? — Nein, Herr, ich
bin sehr müde, und mag nicht mehr spielen. — Wo blabt Ihr
Bruder? — Heute bleibt er zu Hause. — Woher kommt Ihr
Bruder? — Er kommt vom Hause. — Wohin schicke Se Ihren
Bedienten? — Ich will ihn zu meinem Vater schicken, um meine
Schwester zu holen. — Welches Haus will Ihr Freund kaufen?
— Er will das Haus Ihres Bruders kaufen. — Will Ihr Vater
diese Ochsen kaufen oder diese Hämmel. — Er will weder die
einen noch die andern kaufen. — Wollen Sie meinen Regenschirm
oder meinen Hut kaufen? — Ich will den einen und den andern
kaufen. — Will Ihr Sohn arbeiten? — Nein, er hat wenig
[pouca] Lust zu arbeiten. — Wollen Sie Bücher kaufen? —
Ja, ich will welche kaufen.

47.

Wie viele Ochsen wollen Sie kaufen? — Ich will deren fünf=
zig kaufen. — Haben Sie Lust zu essen oder zu trinen? — Nein,
ich habe keine Lust mehr zu essen. — Will der Fremde viele
Waren von dem Spanier kaufen? — Er hat Lut viele Waren
zu kaufen. — Haben Sie Lust mit meinem Brudr zu sprechen?
— Ich habe schon das Vergnügen gehabt mit im zu sprechen,
und will mit Ihnen sprechen. Wollen Sie? — Nit vielem Ver=
gnügen, mein Herr. — Ist Ihr Sohn krank? — Nein, er ist wohl.
— Habe ich das Vergnügen mit der Schwester Ihres Freundes
nach Hause zu gehen? — Nein, sie will zu Haue bleiben. — Ist

jemand bei Ihnen zu Hause? — Nein, heute ist niemand zu Hause. — Bleiben Sie heute zu Hause? — Nein, wir haben Lust nach dem Garten zu gehen. — Sind Sie heute sehr müde? — Ja, ich bin müde. Ich habe fleißig studiert. Ich will nicht mehr arbeiten. — Wo ist der Spanier? — Er ist nicht zu Hause. Doch sein Bruder ist zu Hause. Wollen Sie mit ihm sprechen? — Nein, ich will nur mit dem Spanier sprechen.

Neunzehnter Abschnitt. — Lição decima nona.

Die Sprachlehre.	A grammatica (spr. grammática).
Dort, dorthin. Von dort.	**Alli. Acolá. Dalli.**
Dorthin gehen.	Ir alli.
Wollen Sie dorthin gehen?	Quer ir alli?
Ja, ich will hingehen.	Sim, quero ir.

A. In Antworten braucht da, hin nicht übersetzt zu werden, wenn kein örtlicher Gegenstand oder keine sonstige in der Frage enthaltene Ortsbestimmung auszudrücken ist.

Der Ort. (Der Teil.)	A parte.
Nach einem Orte. Wohin.	A alguma parte. Para alguma parte.
Nirgends hin.	Não... a parte alguma.
Wohin wollen Sie gehen?	Para que parte querem ir?
Wir wollen nirgendwohin gehen.	Não queremos ir a parte alguma.
Irgendwo.	Alguma parte (mit... em).
Nirgends.	Não... Parte alguma (mit... em).
Mitnehmen. (Hin)bringen. (Fort)tragen.	Levar 1.

B. Das Hauptwort im Accusativ steht vor dem im Dativ, ausgenommen wenn letzteres als Frage an der Spitze steht, oder wenn ersteres durch einen nachfolgenden Satz, der mit einem beziehenden Fürwort anfängt, näher bestimmt wird.

Das Wörterbuch.	O diccionario (spr. diccionário).
Wem wollen Sie das Wörterbuch schicken?	A quem quer mandar o diccionario?

Wollen Sie dem Franzosen das Wörterbuch schicken?	Quer mandar o diccionario ao Francez?
Zu wem wollen Sie die Sprachlehre bringen?	A quem quer levar a grammatica?
Ich will dem Russen die Sprachlehre bringen.	Quero levar a grammatica ao Russo.
Wollen Sie von Ihrem Bruder das Buch, welches er gehabt hat?	Quer de seu irmão o livro, que elle tem tido?
Ja, ich will das Buch von Ihrem Bruder, welcher es gehabt hat.	Sim, quero o livro de seu irmão, que o tem tido.
(Hin)führen. Bringen.	Conduzir 3. Levar 1.
Wollen Sie meinen Bruder führen?	Quer conduzir meu irmão?
Wollen Sie meinen Bruder zum Vater nach Hause führen?	Quer levar meu irmão á casa do pai, ou conduzir meu irmão á casa do pai?
Ich will ihn nach Hause bringen.	Quero leva-lo á casa.
Wollen Sie ihn dorthin schicken?	Quer manda-lo para alli?
Nein, ich will ihn dorthin führen.	Não, quero conduzi-lo para acolá.
Wollen Sie einen Diener zu meiner Schwester schicken?	Quer mandar um criado á casa de minha irmã?
Nein, ich will ihn dorthin schicken.	Não, quero manda-lo para alli.
Wollen Sie nach Hause gehen?	Quer ir á casa?
Ja, ich will gehen.	Sim, quero ir.
Der Arzt.	O medico (spr. médico).
Zurückkehren.	Voltar.
Kommen.	Vir.

C. Die Bewegung zu dem Redenden oder mit ihm ist mit vir zu bezeichnen, die Bewegung zu oder mit einem Andern mit ir. Ohne Bezeichnung des Ortes, wohin die Bewegung sich richtet, heißt kommen stets vir.

Will er zum Vater gehen?	Quer ir á casa do pai?
Er will nicht zum Vater gehen.	Não quer ir á casa do pai.
Will er mit Ihnen nach Hause gehen?	Quer ir comvosco á casa?
Er will mit Ihnen nach Hause gehen.	Elle quer ir comvosco á casa.
Mit uns. Mit euch.	**Comnosco. Comvosco.**
Will er mit uns gehen?	Quer vir comnosco?
Er will nicht mit euch gehen.	Não quer ir comvosco.
Will er zu uns kommen?	Quer vir para nossa casa?
Er will nicht zu uns kommen.	Não quer vir á nossa casa.
Wann?	**Quando?**
Morgen (nach heute).	**Amanhã.**
Übermorgen.	**Depois de amanhã.**

Wann will er kommen?	Quando quer vir?
Er will morgen kommen?	Quer vir amanhã.
Will er nicht heute kommen?	Não quer vir hoje?
Nein, er will übermorgen kommen.	Não, quer vir depois de amanhã.

D. Genaue Zeitbestimmungen wie hoje, amanhã kommen gewöhnlich nach dem Zeitwort. Doch können sie, außer in Fragesätzen, auch zu Anfang des Satzes stehen.

Heute will ich zu Ihrem Vater gehen.	Hoje vou á casa de seu pai.
Morgen will ich dem Vater das Buch schicken.	Amanhã vou mandar o livro ao pai.
Ich will dem Vater das Buch morgen schicken.	Vou mandar o livro ao pai amanhã.
Schreiben.	Escrever 2.
Der Brief.	A carta.
Zu welcher Stunde? Um wieviel Uhr?	A que horas?
Um ein Uhr.	A uma hora.
Um drei Uhr.	Ás tres horas.
Heute um sechs Uhr will ich einen Brief schreiben.	Hoje ás tres horas vou escrever uma carta.

E. Vor die Viertelstunde setzt der Portugiese den Artikel um, vor die halbe Stunde nicht.

Um wie viel Uhr kommen Sie?	A que horas vem?
Um ein Viertel nach sechs.	Ás seis horas e um quarto.
Um halb sieben.	Ás seis e meia.
Der Abend. Nachmittag.	A tarde.
Ich komme heute (um) Abend.	Venho hoje á tarde.
Wollen Sie morgen (um) Abend kommen?	Quer vir amanhã á tarde?
Ich will heute Abend um halb sieben kommen.	Quero vir hoje á tarde ás seis e meia (ás seis e meia da tarde).
Heute Abend, diesen Abend.	Hoje pela tarde, esta tarde.
Durch. Während.	**Por.**

F. Por bezeichnet den Zeitraum, innerhalb dessen sich etwas ereignet, und überhaupt den Raum, durch welchen sich etwas bewegt. Mit dem Artikel zusammengezogen heißt es pelo, pela, pelos, pelas.

Heute während der Nacht.	Hoje pela noite.
Heute während des Abends.	Hoje pela tarde.
Heute während des Tags.	Hoje pelo dia.
Bei Nacht. Nachts.	De noite.
Bei Tage. Des Tages.	De dia.
Des Abends.	De tarde. De noite.
Heute um vier Uhr des Abends will ich kommen.	Quero vir hoje ás quatro horas da tarde.
Morgen um halb sieben Uhr des Abends.	Amanhã ás seis e meia da tarde.
Zwanzig Minuten vor vier Uhr.	Quatro horas menos vinte minutos.
Heute Nachmittag.	Hoje pela tarde.

Aufgaben.

48.

Wo wollen Sie hingehen? — Ich will nach Hause gehen. — Wo will Ihr Vater hingehen? — Er will zu Ihnen gehen. — Wo wollen Sie diesen Brief hintragen? — Ich will ihn zu meinem Nachbar tragen. — Wo will der Schuster meine Stiefel hintragen? — Er will sie zu Ihnen tragen. — Will er sie nach Hause tragen? — Er will sie nach Hause tragen. — Wollen Sie meinem Bruder Zucker schicken? — Ich habe keinen. — Will der Bäcker gutes Brot nach Hause schicken? — Er will welches schicken. — Wollen Sie zu mir kommen? — Ich will. — Wo will Ihr Vater hingehen? — Er will zu meinem älteren Bruder gehen. — Wollen die Kinder unseres Nachbarn nicht zu uns kommen? — Einige wollen kommen, andere nicht. — Wollen Sie Ihren Sohn zu mir schicken? — Nein, ich will meine Tochter zu Ihnen schicken. — Wollen Sie meinem Sohne Ihr französisch=portugiesisches Wörterbuch schicken? — Ich habe nur ein deutsch=portugiesisches Wörterbuch. — Ich will es ihm heute noch nach Hause schicken.

49.

Wem wollen Sie mein Taschenmesser geben? — Ich will es Ihrem Bruder geben. — Wollen Sie es mir geben? — Nein, ich gebe es Ihnen nicht. — Wem wollen Sie diesen Rock bringen? — Ich will diesen Rock dem Schneider bringen, welcher ihn flicken will. — Wie viele Bücher wollen Sie Ihrem Freunde bringen? — Ich will die sechs französischen, welche mein Freund will, seinem Vater bringen. — Wollen Sie meine Kinder zu dem Arzte bringen? — Ja, ich will mit ihnen zum Arzt gehen um halb sieben. — Wollen Sie Ihren Diener heute noch zum Arzte schicken? — Ja. Mein Diener ist sehr krank. — Will der Arzt morgen zu Ihnen kommen? — Nein, heute noch. Meine Frau ist krank. — Wohin wollen Sie heute Ihren Bruder führen? — Ich will ihn zu meiner Schwester führen. — Und morgen? — Morgen will ich ihn zu Hause lassen.

50.

Wann wollen Sie meinen Sohn zum Maler bringen, heute oder morgen? — Weder heute noch morgen. Aber übermorgen. — Will der Bauer diese Vögel nicht mitnehmen? — Er will sie mitnehmen. — Wann wollen Sie Ihren Brief schreiben? — Ich will ihn heute noch schreiben. — Mit welchem Schiff wollen Sie ihn nach England schicken, mit dem französischen oder mit dem holländischen? — Mit diesem, nicht mit jenem. — Wollen Sie morgen zu uns kommen? — Ich will heute Abend schon kommen. — Wann wollen Sie kommen? — Heute Abend um halb acht Uhr. — Wollen Sie ein französisches Billet schreiben? — Nein, ich will Ihrem Freunde einen englischen Brief schicken. — Haben Sie Lust viele Briefe und Billete zu schreiben? — Nein, ich werde nur einige schreiben. — Wer wird sie forttragen? — Der Diener wird sie forttragen, er ist [schon] nicht mehr krank.

51.

Wohin will der Kaufmann gehen? — Er will nach England gehen. — Will er noch diesen Monat zurückkehren? — Nein, er will im Monat Juli zurückkehren. — Wohin wollen Sie morgen gehen? — Ich will morgen nirgends hingehen. Aber ich will zu Ihnen nach Hause kommen. Wollen Sie? — Mit vielem Vergnügen. Ich habe Lust mit Ihnen und nicht mit meinem Onkel zu spielen. — Wollen Sie heute zu mir kommen? — Ja, heute wollen mein Bruder und ich zu Ihnen kommen. — Um wieviel Uhr wollen

Sie nach Hause zurückkehren? — Ich will um elf Uhr des Nachts nach Hause zurückkehren, aber mein Bruder wird bei Ihnen bleiben. — Wo ist der Arzt? Der Kranke läßt ihn holen. — Er ist nicht zu Hause heute, aber morgen um drei Uhr kehrt er wieder.

Zwanzigster Abschnitt. — Lição vigesima.

Um . . . zu. (Bindewort).	**Para.**
Sehen (auch besuchen nach ir und vir.)	Vêr.
Ich will zu meinem Bruder gehen um ihn zu besuchen.	Quero ir á casa de meu irmão para vê-lo.
Wollen Sie zu mir kommen um meinen Vater zu besuchen?	Quer vir á minha casa para vêr meu pai?
Ich will ihn besuchen. (Ich will gehen um ihn zu besuchen.)	Quero ir vê-lo.
Ich habe kein Geld um Brot zu kaufen.	Não tenho dinheiro para comprar pão.
Hat Ihr Bruder ein Messer um das Brot zu schneiden?	Seu irmão tem uma faca para cortar o pão?
Er hat eins um es zu schneiden.	Tem uma para corta-lo.
Kehren.	Varrer 2.
Der Besen.	A vassoura (spr. vassoira.)
Töten.	Matar 1.
Salzen. Das Salz.	Salgar 1. O sal.
Ich kann. Du kannst. Er kann.	**Posso.** Pódes. Póde.
Wir können. Sie können.	Podemos. Podem.
Ihr könnt.	Podeis.
Können Sie diesen Brief schreiben?	Póde escrever esta carta?
Ich kann ihn schreiben.	Posso escrevê-la.
Er kann arbeiten.	Póde trabalhar.
Du kannst den Ochsen töten.	Tu pódes matar o boi.
Mir, mich.	**Me, a mim.**
Dir, dich.	**Te, a ti.**
Ihm, ihn.	**O. Lhe, a elle.**
Uns.	**Nós, a nós.**
Euch.	**Vós, a vós.**
Ihnen, sie.	**Os. Lhes, a elles.**
Mich töten. Uns töten.	Matar-me. Matar-nos.
Dich sehen. Euch sehen.	Vêr-te. Vêr-vos.
Ihn holen. Sie holen.	Busca-lo. Busca-los.

Persönliche Fürwörter.

	Einheit.	Erste Person.	Mehrheit.	
Nom.	Ich.	Eu.	Wir.	Nós.
Gen.	Meiner.	De mim.	Unser.	De nós.
Dat.	Mir.	A mim oder me.	Uns.	A nós oder nos.
Accuf.	Mich.	Me oder a mim.	Uns.	Nos oder a nós.

		Zweite Person.		
Nom.	Du.	Tu.	Ihr.	Vós.
Gen.	Deiner.	De ti.	Euer.	De vós.
Dat.	Dir.	A ti oder te.	Euch.	A vós oder vos.
Accuf.	Dich.	Te oder a ti.	Euch.	Vos oder a vós.

		Dritte Person männlich.		
Nom.	Er.	Elle.	Sie.	Elles.
Gen.	Seiner.	Delle.	Ihrer.	Delles.
Dat.	Ihm.	A elle oder lhe.	Ihnen.	A elles oder lhes.
Accuf.	Ihn. Es.	O oder (a) elle.	Sie.	Os oder (a) elles.

		Dritte Person weiblich.		
Nom.	Sie.	Ella.	Sie.	Ellas.
Gen.	Ihrer.	Della.	Ihrer.	Dellas.
Dat.	Ihr.	A ella oder lhe.	Ihnen.	A ellas oder lhes.
Accuf.	Sie.	A oder (a) ella.	Sie.	As oder (a) ellas.

	Sich. Seiner. Sich.		Se. De si. A si, se.
	Es.		O. Isso.

A. Steht vor den persönlichen Fürwörtern mim, ti, si, nós, vós das Verhältniswort com, so zieht man folgender= maßen zusammen:

Mit mir.	Com mim = commigo.
Mit dir.	Com ti = comtigo.
Mit ihm. Mit ihr.	Com si = comsigo.
Mit uns.	Com nós = comnosco.
Mit euch.	Com vós = comvosco.

Wollen Sie mit mir gehen?	Quer ir commigo?
Ich kann nicht mit Dir gehen.	Não posso ir comtigo.
Können Sie mit uns kommen?	Póde vir comnosco?
Wir können nicht mit euch kommen.	Não podemos vir comvosco.
Was kann er bei sich (mit sich) sagen?	Que póde elle dizer comsigo?

B. Der Dativ und der Accusativ der persönlichen Für=
wörter haben zwei Formen, eine kurze ohne das Verhältnis=
wort a, und eine längere mit diesem Verhältnisworte. Die erstere
wird angewendet, wenn das persönliche Fürwort ohne Nachdruck
steht, die zweite wird der ersten beigefügt, um den Nachdruck zu
erhöhen. In Verbindung mit Zeitwörtern wird die erste Form
gebraucht, während die zweite allein steht.

In den angehängten Fürwörtern nos und vos ist das o tonlos
und wird u ausgesprochen. Sind nós und vós selbständig, so wird
das o betont und lautet oh, ebenso wie in comvosco und comnosco.

Will er mir das Buch geben?	Quer dar-me o livro?
Mir will er das Buch geben?	Quer dar-me o livro a mim?
Will er dir den Diener schicken oder deinem Bruder?	Quer mandar-te o criado a ti ou a teu irmão?
Ich will ihm schreiben, nicht seinem Bruder.	Quero escrever-lhe a elle, não a seu irmão.
Wollen Sie uns oder dem Nachbarn den Wagen schicken?	Quer mandar-nos a sege a nós ou ao visinho?
Weder Ihnen, noch dem Nachbarn.	Nem a vós, nem ao visinho.
Ihnen, nur Ihnen will ich Geld geben.	A elles, só a elles quero dar dinheiro.
Was will er mir sagen?	Que quer dizer-me? oder Que quer me dizer a mim?

C. Das inklinierende Personalpronomen (me, te, se, ·lhe,
lhes, o, os, a, as) steht ziemlich willkürlich vor oder nach
dem Infinitiv, Indikativ und Konjunktiv. Zum abhängigen In=
finitiv inkliniert es, oder tritt vor das regierende Zeitwort.

Ich kann ihm Geld schicken.	{ Posso mandar-lhe dinheiro. Posso lhe mandar dinheiro. Lhe posso mandar dinheiro.
Ich will ihnen Pferde geben.	{ Quero dar-lhes cavallos. Quero lhes dar cavallos. Lhes quero dar cavallos.

D. Wenn bei einem Zeitwort zwei Fürwörter stehen, von
welchen das eine im Dativ, das andere im Accasativ ist, so
wird ersteres vor das letztere gesetzt.

Ich will es ihm (ihm es) sagen.	Quero lho (lhe o) dizer.
Willst Du diese Bücher?	Queres-tu estes livros?
Ja, kannst Du mir sie schicken?	Sim, pódes-tu mandar-mos? (me os.)

E. Dabei kommen folgende zusammengezogene Formen vor:

Mir es, mir sie, mir sie, mir sie u. s. w.	Mo (me o), ma (me a), mos (me os), mas (me as).
Dir es, dir sie, dir sie, dir sie u. s. w.	To (te o), ta (te a), tos (te os), tas (te as).
Uns es, uns sie, uns sie, uns sie u. s. w.	No-lo (nos o), no-la (nos a), no-los (nos os), no-las (nos as).
Euch es, euch sie, euch sie, euch sie u. s. w.	Vo-lo (vos o), vo-la (vos a), vo-los (vos os), vo-las (vos as).
Sich es, sich sie, sich sie, sich sie, u. s. w.	Se-lo (se o), se-la (se a), se-los (se os), se-las (se as).
Ihm es, ihm sie, ihr sie, ihr sie u. s. w.	Lho (lhe o), lha (lhe a), lhos (lhe os), lhas (lhe as).
Er will mir das Buch schicken.	Quer mandar-me o livro.
Er will mich schicken.	Quer mandar-me.
Er will Dir das Buch schicken.	Quer mandar-te o livro.
Er will Dich schicken.	Quer mandar-te.
Er kann ihm das Buch schicken.	Póde mandar-lhe o livro.
Er kann ihn schicken.	Póde manda-lo.
Wer kann uns Geld schicken?	Quem póde mandar-nos dinheiro?
Wer kann uns schicken?	Quem póde mandar-nos?
Wer will ihr ein Kleid schicken?	Quem quer mandar-lhe um vestido?
Wer will sie (die Frau) schicken?	Quem quer manda-la?
Du willst ihnen eine Arbeit schicken?	Tu queres mandar-lhes um trabalho?
Du willst sie (Männer) schicken.	Tu queres manda-los.
Du kannst sie (Weiber) schicken.	Tu pódes manda-las.
Willst Du mir es schicken?	Queres tu mandar-mo?
Kannst Du mir sie (die Bücher) schicken.	Pódes tu mandar-mos.
Ich will ihm sie (die Flinten) schicken.	Quero mandar-lhas. Quero lhas mandar.
Ich kann ihr (der Frau) sie (die Bücher) geben.	Posso lhos dar. Posso dar-lhos.
Er will es uns forttragen.	Quer nolo levar.
Er kann ihn (den Ochsen) Dir töten.	Póde to matar. Póde matar-to.
Ich will es ihr (der Frau) sagen.	Quero lho dizer. Quero dizer-lho.

Übergeben.	Entregar.
Will er es uns übergeben?	Quer entregar-no-lo? Quer no-lo entregar?
Will er ihn euch übergeben?	Quer entregar-vo-lo? Quer vo-lo entregar?

Kann er mir ihn übergeben?	Póde entregar-mo? Póde mo entregar?
Will er ihn Dir übergeben?	Quer entregar to? Quer to entregar?
Er will sie uns übergeben.	Quer entregar-no-los. Quer no-lo entregar.
Er will sie euch übergeben.	Quer entregar-vo-los. Quer vo-los entregar.
Er will mich Dir übergeben.	Quer entregar-me a ti.
Er will uns euch übergeben.	Quer entregar-nos a vós.
Will er euch uns übergeben?	Quer entregar-vos a nós.
Kann er sich mir übergeben?	Póde entregar-se a mim?
Er will sich Dir übergeben.	Quer entregar-se a ti.
Kann er sich uns übergeben?	Póde entregar-se a nós?
Er will sich euch übergeben.	Quer entregar-se a vós.
Er will es sich sagen lassen.	Elle quer se-lo mandar dizer.
Sie will es sich sagen lassen.	Ella quer se-lo mandar dizer.
Er will sie (die Bücher) sich schicken lassen.	Elle quer se-los mandar vir.
Sie will sie (die Briefe) sich schicken lassen.	Ella quer se-las mandar vir.

F. Die wenig eleganten Formen no-lo, vo-lo, se-lo sind zu vermeiden. Der Anfänger suche dem Satz eine andere Wendung zu geben.

Infinitiv ... lassen.	Mandar ... Infinitivo.
Schicken (kommen) lassen.	Mandar vir.
Der Korb.	O cesto.
Die Katze.	O gato.
Der Teppich.	O tapete.
Zu ... haben (veranlaßt sein.)	Ter que ...
Leihen.	Emprestar 1.
Haben Sie viel zu thun?	Tem muito que fazer?
Ich habe nichts zu thun.	Não tenho nada que fazer.
Das Geschäft. Die Beschäftigung.	O negocio (spr. negócio).
Haben Sie (viel zu thun) viele Geschäfte?	Tem muitos negocios?
Ich habe nicht (viel zu thun) viele Geschäfte.	Não tenho muitos negocios.
Ich habe zu thun. Ich habe meine Geschäfte.	Tenho os meus negocios.
Er hat zu thun. Er hat seine Geschäfte.	Tem os seus negocios.

Aufgaben.

52.

Hat der Zimmermann Geld um einen Hammer zu kaufen?
— Er hat welches um einen zu kaufen. — Hat der Kapitän Geld
um ein Schiff zu kaufen? — Er hat welches um eins zu kaufen.
— Hat Ihr Sohn Papier um einen Brief zu schreiben? — Er
hat welches um einen Brief zu schreiben. — Haben Sie Zeit meinen
Vater zu besuchen? — Ich habe keine Zeit. — Will Ihr Vater mich
besuchen? — Er will Sie heute noch besuchen. — Hat der Diener
einen Besen um den Boden zu kehren? — Er hat einen um ihn zu
kehren. — Will er ihn kehren? — Er will es thun. — Habe ich Salz
genug um das Fleisch zu salzen? — Sie haben nicht genug um es
zu salzen. — Will Ihr Freund mich besuchen? — Er hat keine Zeit
Ihnen einen Besuch zu machen. — Hat Ihr Nachbar Lust sein
Pferd zu töten? — Er hat keine Lust es zu töten. — Wollen Sie
Ihre Freunde töten? — Ich will nur meine Feinde töten. —
Hat der Koch Geld um Hühner zu kaufen? — Er hat welches
um einige zu kaufen.

53.

Können Sie für mich Brot schneiden? — Ich kann das Brot
nicht schneiden; ich habe kein Messer. — Wollen Sie ein Messer
um welches zu schneiden? — Ja, ich will eins. — Wollen Sie meine
Handschuhe zerreißen? — Ich kann es thun. Aber ich habe keine
Lust es zu thun. — Kann der Schneider mir ein Kleid machen? —
Er kann's Ihnen machen. — Wollen Sie mit dem Arzte sprechen?
— Ich will mit ihm sprechen. — Wer will unsere Katze töten?
— Ich will es thun. — Will Ihr Sohn zu mir kommen um
mich zu besuchen? — Er will zu Ihnen kommen um sie zu
besuchen. — Wie viel Geld können Sie mir schicken? — Ich
kann Ihnen zwanzigtausend Reale schicken. — Um wieviel Uhr
können Sie sie mir schicken? — Heute Abend um halb sieben. —
Können Sie mir einen Teppich leihen? — Mit vielem Ver=
gnügen. Kann ich ihn Ihnen schicken? — Ja, mein Herr. Ich
bin heute zu Hause. — Wollen Sie mir diesen Korb geben? —
Nein, er ist nicht mein.

54.

Wollen Sie ein Glas um Ihren Wein zu trinken? — Ich habe eins. Aber ich habe keinen Wein, ich habe nur Wasser. — Wollen Sie mir einen Besen leihen? — Nein, Herr, ich will ihn Ihnen nicht leihen, sondern schenken. — Wo ist Ihr Sohn? Können Sie ihm diese Arbeit übergeben? — Ich will sie ihm übergeben. — Ist Ihr Schuhmacher zu Hause? Kann ich ihm meine Stiefel schicken? — Sie können sie ihm schicken, er ist heute zu Hause. — Wollen Sie meine Katze sehen? — Nein, ich will sie nicht sehen. — Haben Sie meinen Brief? Wollen Sie mir ihn schicken? — Ja, mein Herr, heute noch. — Wollen Sie dem Schneider etwas schicken? — Ich will ihm meine alten Kleider schicken. — Können Ihre Kinder Briefe schreiben? — Mein Sohn kann welche schreiben, meine Tochter kann es noch nicht. — Kannst Du einen Teppich aus England kommen lassen? — Diesen Monat nicht; aber in diesem Jahre noch kann ich es thun.

55.

Wollen Sie mit den Kindern des Holländers sprechen? — Ich will mit dem Vater derselben sprechen. — Was wollen Sie ihnen geben? — Ich will ihnen Kuchen geben. — Wollen Sie ihnen Geld leihen? — Ja, ich will, aber ich kann nicht; ich habe keins. — Haben Sie heute viele Geschäfte? — Nein, ich will heute nichts thun. — Lieben Sie Ihren Bruder? — Er hat seine Geschäfte, ich habe die meinigen. Er hat keine Lust mich zu besuchen, und ich habe keine Lust ihn zu besuchen. Er ist jedoch mein und ich bin sein Freund. — Wollen Sie mit mir nach England reisen? — Nein, ich will in Portugal bleiben. — Können Sie mit uns kommen? — Heute nicht, morgen.

56.

Bei wem ist Ihr Bruder? — Er ist bei meinem Vater. — Haben Sie etwas zu sagen? — Ich habe nichts zu sagen. — Haben Sie mir etwas zu übergeben? — Ich habe Ihnen nichts zu übergeben. — Willst Du mit uns nach Hause zurückkehren? — Ich will nicht mit Euch zurückkehren. — Kann ich mit Dir nach England reisen? — Nein, mein Bruder will mit mir reisen. — Wer ist heute Abend bei Ihnen? — Niemand. Wir wollen allein sein. — Wollen Sie mir Ihren Spiegel leihen? — Ich will ihn Ihnen schicken. — Was haben Sie heute noch zu thun? — Ich habe heute keine Geschäfte mehr. — Wer will meinen Korb nach Hause tragen? — Ich will ihn Ihnen nach Hause tragen. — Wollen Sie Ihrem Nachbarn Ihre Matratze leihen? — Ich will sie ihm nicht leihen. — Kannst Du mir es schreiben? — Ich kann es Dir schreiben, aber ich will nicht.

Einundzwanzigster Abschnitt. — Lição vigesima primeira.

Fragende Fürwörter.

Nom.	**Wer?**	**Quem?**	**Was?**	**Que?** (spr. keh)
Gen.	Wessen?	De quem?	Wessen?	De que?
Dat.	Wem?	A quem?	An was? Woran? Worauf? Wozu?	A que?
Accus.	Wen?	[A] Quem?	Was?	Que. A que.

A. Quem hat keine Mehrheitsform und bezieht sich nur auf Personen ohne Geschlechtsunterschied, wie das deutsche Wer? — Que hat keine Mehrheitsform und bezieht sich als fragendes Fürwort, wenn es allein steht, auf etwas allgemeines. Es steht bei Ausrufungen da, wo im Deutschen welch ein, was für ein steht.

Wer will Brot essen?	Quem quer comer pão?
Wessen Haus können Sie sehen?	A casa de quem póde vm^ce. vêr?
Wem schicken Sie dieses Buch?	A quem manda este livro?
Wen wollen Sie nach Hause schicken?	[A] Quem quer vm^ce. mandar á casa?
Was wollen Sie?	Que quer vm^ce.?
Was [ist es was Sie sagen] wollen Sie sagen?	Que quer dizer? Que é o que quer dizer?
Welch ein Mensch!	Que homem!
Was für eine Flinte wollen Sie?	Que espingarda quer?

Nom.	**Welcher, —e, —es?**	**Qual?** (spr. kual.)	
Gen.	**Welches, —er, —es?**	**Cujo, cuja?**	
Dat.	Welchem, —er, —em?	A qual?	
Accus.	Welchen, —e, —es?	Qual?	

Nom.	Welche?	Quaes?
Gen.	Welcher?	Cujos, cujas?
Dat.	Welchen?	A quaes?
Accus.	Welche?	Quaes?

B. Qual wird bei belebten und unbelebten Dingen gebraucht und hat eine Form für die Einheit und eine andere für die Mehrheit. Der Genitiv cujo, a, os, as wird als fragendes Fürwort nur selten angewendet.

Welche Sache wollen Sie?	Qualé a cousa, que vm^{ce.} quer?
Welche dieser Damen ist Ihre Gemahlin?	Qual destas senhoras é sua esposa?
Welches dieser Mädchen ist Ihre Tochter?	Qual destas meninas é sua filha?
Wessen ist dieses Kleid? Wessen Kleid ist dies?	Cujo é este vestido? Cujo vestido é este?
Wessen (Welcher Frau) ist dieser Hut? Wessen Hut ist dies?	Cujo é este chapéo? Cujo chapéo é este?
Welchem dieser Herren wollen Sie Geld schicken?	A qual destes senhores quer mandar dinheiro?
Welchen dieser Hüte wollen Sie mir schicken?	Qual destes chapéos é que me quer mandar?
Welche Sachen wollen Sie?	Quaes são as cousas, que quer?
Welchen dieser Damen wollen Sie Kleider schicken?	A quaes destas senhoras quer mandar vestidos?
Welche dieser Hüte wollen Sie?	Quaes destes chapéos quer?

Antworten.	Responder 2.
Der Dame antworten.	Responder á senhora.
Den Herren antworten.	Responder aos senhores.
Auf einen Brief antworten, oder einen Brief beantworten.	Responder a uma carta.

Darauf.	A.
Darauf antworten oder ihn beantworten.	Responder a . . .
Auf welches Billet wollen Sie antworten?	A que bilhete quer responder?
Worauf wollen Sie antworten?	A que quer responder?
Auf das meines Bruders.	Ao de meu irmão.

Wollen Sie auf meinen Brief antworten?	Quer responder á minha carta?
Ich will Ihnen antworten.	Quero responder a vm.cê
Das Theater.	O theatro.
Das Concert.	O concerto.
Der Ball.	O baile.
In das Theater. — In dem Theater.	Ao theatro. — No theatro.
Auf den Ball. — Auf dem Ball.	Ao baile. — No baile.
In den Garten. — In dem Garten.	Ao jardim. — No jardim.
Die Schreibstube.	O escriptorio (spr. escriptório).
Der Markt.	A praça.
Wollen Sie ins Theater gehen?	Quer ir ao theatro?
Ja, ich will.	Quero ir, sim.
Ist Ihr Bruder im Theater?	Seu irmão está no theatro?
Er ist (darin).	Está.

C. Antwortet in auf die Frage wohin? so wird es mit a übersetzt; antwortet es auf die Frage wo? so wird es mit em übersetzt. Doch werden auch einige Zeitwörter, welche eine Bewegung ausdrücken, mit em konstruiert. A bezeichnet die Annäherung, em mehr das Sein innerhalb.

Was haben Sie zu thun?	Que tem que fazer?
Ich habe nichts zu thun.	Não tenho nada que fazer.
Haben Sie etwas zu thun?	Tem que fazer? Tem negocios?
Ich habe ein Billet zu beantworten.	Tenho que responder a um bilhete.
Welches Billet haben Sie zu beantworten?	A que bilhete tem que responder?
Das meines Bruders.	Ao de meu irmão.
Ich habe mit Ihrem Bruder zu sprechen.	Tenho que fallar a seu irmão.

D. Ter und haver sind Hilfszeitwörter für das Aktiv, allein ter hat haver fast ganz aus seinem Rechte verdrängt und dient sogar zur Umschreibung desselben.

Du wirst es mit mir zu thun haben (ich werde Dir auf den Pelz rücken).	Commigo te has de haver.
Er weiß sich nicht zu benehmen.	Não sabe como se haver.
Für gut erachten.	Haver por bem.
Im Leben steigt und fällt man.	Ha seus altos e baixos na vida.

Aufgaben.

57.

Wollen Sie mir ſchreiben oder meinem Bruder? — Jch will Jhnen ſchreiben. — Wollen Sie Jhrem Freunde antworten? — Jch will ihm antworten. — Aber wem wollen Sie antworten? — Meiner Frau und meinen Kindern. — Wollen Sie nicht Jhren guten Freunden antworten? — Jch will ihnen antworten. — Wer will mir ſagen, wo meine Frau iſt? — Der Kaufmann kann es Jhnen ſagen. — Wer kann mir ſagen, wer meinen Koffer hat? — Niemand kann es Jhnen ſagen. — Will mir des Nachbars Bruder einige Briefe ſchreiben? — Er will Jhnen gerne einige ſchreiben. — Wiſſen Sie, ob (se) mir der Kaufmann heute noch antworten kann? — Er kann heute nicht mehr ſchreiben. Aber morgen Abend will er Jhnen die Briefe ſchreiben, welche Sie haben wollen. — Was hat der Engländer zu thun? — Er hat viel zu thun. Heute hat er einige zehn Briefe zu ſchreiben. — Das iſt ſehr viel. Jch kann nicht ſo viele Briefe ſchreiben wie er.

58.

Was haben Sie zu thun? — Jch habe zu ſchreiben. — Was haben Sie zu ſchreiben? — Ein Billet. — An wen? — An den Zimmermann. Jch werde ihm auf den Pelz rücken. Er ſchickt das geliehene Geld nicht. — Was hat der Schuhmacher zu thun? — Er hat meine Schuhe zu flicken. Er hat meine Schuhe um ſie zu flicken. — Mit wem haben Sie zu ſprechen? — Jch habe mit dem Kapitän zu ſprechen. — Um wieviel Uhr wollen Sie mit ihm ſprechen? — Heute, um ſieben Uhr. — Wo wollen Sie mit ihm ſprechen? — Bei ſeinem Vater. — Auf welches Billet hat Jhr Bruder zu antworten? — Auf das Jhres Sohnes. — Will der Kaufmann dieſen engliſchen oder jenen ſpaniſchen Brief beantworten? — Er will weder dieſen noch jenen beantworten. — Aber welche Briefe will er denn beantworten? — Er will nur die ſeiner guten Freunde beantworten. — Kannſt Du mir morgen ſchreiben? — Jch kann Dir morgen nicht ſchreiben; aber übermorgen mit vielem Vergnügen.

59.

Will Ihr Vater irgendwo hingehen? — Er will nirgends hingehen. — Wo ist Ihr Bruder? — Er ist im Garten. — Wollen Sie mit mir in's Theater gehen? — Heute nicht. Ich habe keine Zeit. — Aber morgen will ich mit Ihnen ins Theater gehen. — Haben Sie Lust auf den Ball zu gehen? — Ich habe wenig Lust. — Wann wollen Sie gehen? — Heute. — Um wieviel Uhr? — Um ein Viertel vor neun. — Wo ist Ihr Sohn? — Er ist im Theater. — Wann kann er zurückkommen? — Um halb elf Uhr ungefähr. — Wann wollen Sie auf den Ball Ihrer Schwester gehen? — Um neun Uhr. — Kann ich mit Ihnen gehen? — Ja. — Wollen Sie zu mir nach Hause kommen? — Ja, ich will zu Ihnen kommen. — Wollen Sie mit mir auf den Markt gehen? — Ja, was wollen Sie kaufen? — Reis und Salz. — Das können Sie beim Nachbarn, dem Kaufmann, kaufen. — Ja, aber ich will nicht.

60.

Wollen Sie zu mir kommen um mit mir in den Garten zu gehen? — Ich habe gar keine Lust in den Garten zu gehen, ich bleibe viel lieber zu Hause. — In welches Theater wollen Sie heute mit mir gehen, ins italienische oder ins französische? — Ich habe ziemlich Lust mit Ihnen in das italienische Theater zu gehen; aber ich ziehe das französische Theater vor. Können wir nicht in beide gehen? — Wir können es thun. — Wollen Sie in meinen Garten gehen oder in den des Holländers? — Ich will weder in Ihren Garten gehen, noch in den des Holländers. — Wohin wollen Sie diesen Sack tragen? — Ich will ihn in den Laden des Kaufmanns tragen. — Wann wollen Sie ihn hintragen? — Heute noch. — Kann ich Ihnen etwas holen? — Nein, Sie können zu Hause bleiben. — Haben Sie viel Heu? — Nein, ich habe nur wenig; aber ich habe viel Getreide an Bord (a bordo) meines Schiffes. — Wollen Sie mir einige Säcke schicken? — Mit vielem Vergnügen.

61.

Wie viele Teppiche wollen Sie kaufen? — Ich will zwei kaufen, einen für das große Zimmer, den andern für das kleine.

— Wer will sie holen? — Mein Diener. Ich will ihn heute
noch schicken. — Wer will heute den Fußboden kehren, der Junge
oder der Diener? — Der Junge hat keine Zeit, der Diener hat
keine Lust, ich will ihn heute kehren. — Wie viele Flinten haben
Sie in Ihren Magazinen? — Zweitausend fünfhundert ungefähr.
— Wollen Sie etwas kaufen? — Ich will etwas kaufen. —
Was wollen Sie kaufen? — Einen Spiegel, einen Korb und
einen Besen. — Bei wem wollen Sie diese drei Sachen kaufen?
— Den Spiegel bei dem Kaufmann, den Korb und den Besen
auf dem Markt. — Wo wollen Sie Ihren Koffer kaufen? — Ich
will keinen Koffer kaufen, sondern einen Korb. Ich habe schon
einen Koffer. — Sind Sie mit Ihrem Diener zufrieden? —
Nein, er weiß sich nicht zu benehmen.

62.

Wollen die Damen Brot oder Kuchen? — Einige Kuchen,
mein Herr, und ein Gläschen Wein, wenn (se) Sie es für gut
erachten (houver). — Wollen Sie diesem Manne etwas Geld
geben? — Ich will ihm kein Geld geben, er trinkt sehr gerne.
— Was wollen Sie mir morgen schicken, das französische Buch
oder das englische? — Ich will Ihnen beide schicken. Sie können
sie holen lassen. — Ist Ihr Bruder reich heute? — Er ist nicht
mehr reich. Man steigt und fällt im Leben. Er hat kein Geld
mehr. — Wem wollen Sie dieses seidene Kleid leihen? — Der
Frau meines Nachbarn. — Ich will es ihr um halb sechs
schicken. — Wohin will der Knabe gehen? — Er will mit mir
ins Theater gehen. Nicht wahr Junge? — Ja, Sie wollen
mich ins Theater führen und ich habe große Lust mit Ihnen
zu gehen. — Von wem haben Sie diesen schönen Hut? — Von
einem meiner Freunde.

Zweiundzwanzigster Abschnitt. — Lição vigesima segunda.

Das Loch.	O buraco.
Die Höhle.	A cova.
Die Ecke.	O canto. A esquina.
Der Winkel.	A esquina. O angulo (spr. ángulo).
Der Grund (unterste Teil).	O fundo.
Ein Schiff in den Grund bohren.	Metter no fundo um navio.
Das Schiff kann untergehen.	O navio póde ir ao fundo.
Das Pflaster treten (brotlos sein).	Quebrar as esquinas.
Bei Seite gesetzt oder gelassen worden sein.	Estar ao canto. Estar posto ao canto.
Ins Loch. Im Loche. In die (der) Höhle.	No buraco. Na cova.
Auf den Grund. Auf dem Grunde.	Ao fundo. No fundo.
Unten im Sacke ist das Geld.	No fundo do sacco está o dinheiro.
Ich mische mich in nichts.	Não me metto em nada.

A. **A** ist entweder Kasuszeichen für Dativ und Accusativ oder Verhältniswort. Den Verhältniswörtern **a** und **para** liegt hauptsächlich der Begriff der Bewegung im Raume unter, der Präposition **em** der Begriff der Ruhe oder zur Ruhe.

Der Weg.	O caminho.
Das Ende.	O cabo. O fim.
Das eine und das andere Ende.	Um e outro cabo.
Ans Ende des Wegs.	Ao cabo do caminho. Ao fim do caminho.
Am Ende. Endlich. An dem Ende des Weges.	**Em fim. Por fim.** No fim do caminho.
Am Ende des Liedes, der Rechnung u. s. w.	Em fim de contas. Por fim de contas.
Fallen.	Cahir 3.
Lassen, nicht hindern.	Deixar 1.
Ich lasse. Er läßt.	Eu deixo. Elle deixa.
Wir lassen. Sie lassen.	Nos deixamos. Elles deixão.
Du lässest.	Tu deixas.
Lassen (befehlen, wollen daß, schicken …).	Mandar 1.
Ich lasse (schicke) holen.	Mando buscar.
Du lässest holen.	Mandas buscar.
Du lässest ihn reden (hinderst ihn nicht).	Tu o deixas fallar.

Er läßt mich gehen.	Elle deixa-me ir.
Wir lassen uns Kleider machen.	Nós nos mandamos fazer vestidos.
Wir lassen ihn zu Hause.	Nós o deixamos em casa.
Lassen Sie den Besen im Winkel stehen?	Deixe estar a vassoura no canto?
Wollen Sie den Besen in den Winkel stellen?	Quer pôr a vassoura no canto?
Stellen, legen in... auf... Stecken in...	Pôr em... Metter em...
Wollen Sie den Schinken in den Sack legen?	Quer metter o presunto no sacco?
Er ist schon im Sack.	Já está no sacco.
Lassen Sie dieses Wasser im Glase?	Deixe esta agua no copo?
Wollen Sie Wasser aus diesem Glase?	Quer agua deste copo?
Er läßt den Zucker in das Glas fallen.	Deixa cahir o açucar no copo.
Gehen nach... Holen. Abholen.	Ir buscar.
Herbeibringen. Herbeiholen. Mitbringen.	Trazer 2.
Das Wort.	A palavra.
Willst Du gehen Papier holen?	Queres-tu ir buscar papel?
Willst Du Wein holen lassen?	Queres-tu mandar buscar vinho?
Jetzt.	**Agora.**
Der Morgen.	A manhã.

B. Die Portugiesen haben keinen eigentlichen Ausdruck für Abend, denn a tarde heißt eigentlich der Nachmittag bis zum Sonnenuntergang. Darauf folgt a noite. Man braucht manchmal a noitinha um den Anfang der Nacht, den Abend zu bezeichnen.

Heute Nachmittag. Diesen Nachmittag.	Esta tarde. Hoje á tarde.
Heute Morgen. Diesen Morgen.	Esta manhã.
Heute Abend. Heute Nacht.	Hoje á noite. Esta noite.
Brechen. Anbrechen.	Romper 2.
Bei Tagesanbruch. Beim Anbrechen des Tages.	Ao romper do dia.
Die Sonne.	O sol.
Der Sonnenaufgang.	O nascer do sol.
Der Sonnenuntergang.	O pôr do sol.
Morgen in der Frühe. Vormittags.	Amanhã pela manhã.
Sehr frühe irgendwo hingehen.	Ir a alguma parte pela manhã muito cedo.

Früh.
Spät.

Wollen Sie heute Früh (in der Frühe) zu mir kommen?

Wollen Sie heute früh (nicht spät) kommen?

Ich will heute früher kommen als gestern.

Ich [liebe es spät zu kommen] komme gern spät.

Gestern.
Vorgestern.

Es ist Zeit zu . . .
Frühstücken. Das Frühstück.
Zu Mittag speisen. Das Mittagessen.
Zu Abend speisen. Das Abendessen.

Von Tag zu Tag.
Von Stunde zu Stunde.
Zur schlechten Stunde, ungelegen.

Gelegen. Gelegener.

Ich gehe. Wir gehen.
Du gehst. Ihr geht.
Wer geht? Er geht. Sie gehen.

Nach.

Nach Tisch.
Nach dem Abendessen.
Nachmittag.

Lissabon.
Porto.
Der Hafen.

Wann gehst Du nach Lissabon, mein Sohn?

Geliebt.

Wann willst Du zurückkehren, mein lieber Sohn?

Cedo. A boas horas.
Tarde.

Quer vir á minha casa hoje pela manhã cedo?

Quer vir cedo hoje?

Quero vir hoje mais cedo do que hontem.

Gosto de vir tarde.

Hontem.
Ante hontem. Antes de hontem.

São horas de . . .
Almoçar 1. O almoço.
Jantar 1. O jantar.

Ceiar 1. A ceia.

De dia em dia.
De hora em hora.
A má hora. Fóra de tempo.

A proposito. Mais a proposito (spr. propósito).
Vou. Vamos.
Vais. Ides.
Quem vai? Elle vai. Elles vão.

Depois de . . .

Depois de jantar.
Depois de ceiar.
Depois do meio-dia. Á tarde.

Lisboa.
O Porto.
O porto.

Quando vais a Lisboa, meu filho? oder filho?

Querido.

Quando queres-tu voltar, meu querido filho? oder querido filho meu?

C. Das besitzanzeigende Wort, wenn es in der Anrede hinter das Hauptwort gestellt wird, giebt der Wendung einen schmeichelnden Ton.

Lieber Freund.   Amigo meu.   Querido amigo.
Mein lieber Freund.   Meu querido amigo.   Querido
                                             amigo meu.

Aufgaben.

63.

Wollen Sie Zucker holen laſſen? — Ja, ich will welchen holen laſſen. — Wohin kann ich dieſen Sack ſtellen? — Sie können ihn auf den Boden legen. — Was iſt unten in dieſem Sacke? — Unten im Sacke iſt Reis, Zucker und Kaffee. — Wo iſt Ihr Freund? — Er iſt brotlos in Paris. Der Arme (coitadinho)! Er iſt bei Seite geſetzt worden und hat kein Geld. — Können Sie jene Höhle ſehen? — Ja. — Iſt nicht meine Katze in dieſer Höhle? — Ich kann es Ihnen nicht ſagen. Wir können es nicht ſehen. — Wo iſt der Hund des Matroſen? — Er iſt in einem Winkel des Schiffes. — Wo iſt der Matroſe? — Er ſteht an der Ecke des Hauſes. Wollen Sie mit mir kommen? — Wir wollen an die Ecke des Hauſes gehen und dem Matroſen etwas ſagen. — Nein, ich kann nicht mit Ihnen gehen, ich bin ſehr müde. — Sie haben ein Loch in Ihrem Rocke. Wollen Sie ihn nicht zum Schneider ſchicken? — Mein Rock iſt ſehr alt. Ich will ihn nicht mehr flicken laſſen.

64.

Ich habe keine Luſt dieſen Spiegel meinem Diener zu über= geben. — Sie können ihn meinem Diener geben. Er läßt ihn nicht fallen. — Wollen Sie mir Ihre Pferde geben? — Meine Pferde wollen Sie? Nein, mein Herr, ich will Ihnen meine Pferde nicht geben. — Wollen Sie ſchon gehen? — Ja, es iſt Zeit zu gehen. — Ich will heute früher kommen als geſtern. — Wollen Sie heute bei einem Freunde zu Mittag ſpeiſen? — Nein, ich will heute bei meinem Vater zu Mittag ſpeiſen. — Willſt Du mir dieſes Pferd laſſen? — Ich laſſe Dir dieſes Pferd. — Läßt Du heute Deinen Mantel zu Hauſe? — Ja, ich laſſe ihn zu Hauſe. Mein Bruder läßt den ſeinigen auch. — Wollen Sie mit dieſem Herrn ſprechen? — Nein. — Wo willſt Du Deinen Jungen hinſchicken? — Ich laſſe ihn nach dem Garten gehen. — Haben Sie ſchon Nachricht von Ihrem Schiffe? — Noch nicht. —

Ist es nicht untergegangen? — Es kann untergehen, aber es ist noch nicht untergegangen. — Wo ist mein Glas? — Es ist zerbrochen. Der Diener läßt die Gläser auf den Boden fallen. — Wohin willst Du gehen? — Ich will nach Lissabon gehen um Kleider zu kaufen.

65.

Gehst Du heute nach Lissabon? — Ja, mein Herr. — Willst Du mir diese Schuhe mitnehmen und mir die Stiefel vom Schuster zurückbringen? — Ja, ich will es thun. — Hast Du Geld oder willst Du welches um die Stiefel zu kaufen? — Nein, Herr, ich habe keins. — Wo ist der Laden Ihres Schuhmachers? — An der Ecke des Marktes, das erste Haus. — Wann wollen Sie kommen? — Morgen vor Tagesanbruch. — Wann wollen Sie wiederkehren? — Heute Nacht um zehn Uhr. — Wann kann der Arzt kommen? — Heute vor Sonnenaufgang. — Wann schicken Sie Ihren Diener nach Porto? — Morgen vor Sonnenuntergang. — Wollen Sie heute mit mir zu Mittag speisen? — Ich kann nicht. Ich will nach Tisch kommen und mit Ihnen zu Abend essen. — Wollen Sie mich morgen früh besuchen? Ich habe ein gutes Frühstück. — Um wieviel Uhr wollen Sie frühstücken? — Um halb sechs Uhr des Morgens. — Das ist sehr früh. Können Sie nicht später frühstücken? — Nein, später wäre (seria) es mir sehr ungelegen. — Können Sie mir diesen Brief geben, aber gleich auf der Stelle? — Nein, es ist jetzt noch zu früh.

Dreiundzwanzigster Abschnitt. — Lição trigesima terceira.

Lesen.	Lêr 2.
Ausgehen.	Sahir 3.
Eintreten.	Entrar em 1.
Ich will lesen. Ich bin entschlossen zu lesen.	Quero lêr.
Ich will lesen. Ich bin im Begriff zu lesen.	Vou lêr.

Du willſt ausgehen. Du biſt entſchloſſen auszugehen.	Queres sahir.
Du willſt ausgehen. Du biſt im Begriff auszugehen.	Vais sahir.
Er will eintreten. Er iſt geneigt einzutreten.	Quer entrar.
Er will ins Haus eintreten. Er will ſoeben ins Haus.	Vai entrar na casa.
Ich will gehen. Ich bin entſchloſſen zu gehen.	Quero ir.
Ich will gehen. Ich bin im Begriff zu gehen.	Vou.

A. Heißt wollen: entſchloſſen ſein, geneigt ſein, ſo wird es mit querer überſetzt. Heißt es werden, im Begriff ſein zu ..., ſo wird es mit ir überſetzt. Ich bin im Begriff zu gehen heißt einfach vou, nicht vou ir.

Eben jetzt. Gerade jetzt.	Agora mesmo.
Hier.	**Aqui** (ſpr. aquí). **Cá.**
Von hier.	**Daqui.**
In einer Viertelſtunde. Von hier in einer ...	Daqui a um quarto de hora.
Binnen fünf Minuten. In fünf Minuten.	Daqui a cinco minutos.
In drei Tagen.	Daqui a tres dias.
Ich will eben jetzt zu meinem Vater gehen.	Vou agora mesmo á casa de meu pai.
Wann können Sie kommen?	Quando póde vir?
In drei Viertelſtunden.	Daqui a tres quartos de hora.
Wo bleibt Ihr Hund?	Onde fica o seu cão?
Er bleibt hier.	Fica aqui. Fica cá.
Wer iſt hier?	Quem está cá? Quem está aqui?
Hier iſt niemand.	Cá não está ninguem. Aqui não está ninguem.
Von hier wollen Sie nach Liſſabon gehen?	Quer ir daqui a Lisboa?
Noch mehr; ich bin im Begriff von hier nach Porto zu gehen.	Ainda mais; vou daqui ao Porto.

B. Wenn vor a das Umſtandswort daqui ſteht und darauf eine Zeitbeſtimmung folgt, ſo bezeichnet dieſe Wendung den Zeitraum, nach welchem etwas geſchehen ſoll.

Binnen drei Tagen (nach drei Tagen) können ſechs Schiffe von England nach Portugal gehen.	Daqui a tres dias seis navios pódem ir da Inglaterra para Portugal.

Die Gunst. Die Gefälligkeit.	O favor. O obsequio (spr. obséquio).
Einen Gefallen thun. Eine Gefälligkeit erweisen.	Fazer um favor. Fazer um obsequio.
Vergnügen machen.	Fazer gosto.
Willst Du mir diese Gefälligkeit erweisen, liebster Freund?	Queres me fazer este favor, meu querido amigo?
Kann ich das Vergnügen haben mit Ihnen zu speisen?	Posso ter o gosto de jantar com vmᶜᵉ.?
Wollen Sie mir gefälligst ein Huhn geben?	Quer me fazer o obsequio de me dar uma gallinha?

C. Fazer o favor, o obsequio ist eine der häufigsten und beliebtesten Wendungen, um höflich zu bitten, sowie auch ter o gosto.

Ich bin im Begriff.	Estou para ...
Ich bin im Begriff zu kaufen.	Estou para comprar.
Dieses Haus wird nächstens fallen.	Esta casa está para cahir.
Ich bin im Begriff zu sagen.	Estou para dizer.
Ich bin auf dem Punkte auszugehen.	Vou sahir. Estou para sahir.
Wo wollen Sie hingehen?	Para onde quer ir?
Ich bin der Meinung zu Hause zu bleiben.	Estou para ficar em casa.

D. Wenn mit estar ein Infinitiv mittelst para verbunden wird, so heißt estar para bereit sein, auf dem Punkte sein, der Meinung sein, das zu thun, was der Infinitiv ausdrückt.

Ganz. Jeder. All.	**Todo, a, os, as.**
Der ganze, die ganze; aller, -e.	**Todo o, toda a.**
Alle. (Mehrh. vor Hauptwört.)	**Todos os, todas as.**
Alle. (Mehrh. ohne Hauptwort.)	**Todos, todas.**
Alles.	**Tudo.**
Alle Tage. Jeden Tag.	Todos os dias (nicht todos dias).
Aller Wein.	Todo o vinho.
Alles Fleisch.	Toda a carne.
Den ganzen Tag.	Todo o dia.
Jeden Nachmittag. Alle Nachmittage.	Todas as tardes.
Jeden Abend. Alle Abende.	Todas as noites.
Die ganze Nacht.	A noite toda.
Jede Nacht. Alle Nächte.	Todas as noites.
Jedes Jahr. Alle Jahre.	Todos os annos.
Das ganze Jahr.	Todo o anno.

Wie viele Häuſer hat Ihr Nachbar?

Quantas casas tem o seu visinho?

Alle Häuſer, welche Sie von hier ſehen können, ſind ſein.

Todas as casas, que vm^{cs.} póde vêr daqui, são suas.

Wollen Sie die Hälfte dieſes Geldes oder den dritten Teil?

Quer a metade deste dinheiro ou a terceira parte?

Ich will weder die Hälfte, noch den dritten Teil. Ich will alles.

Não quero nem a metade, nem a terceira parte. Quero tudo.

Nötig haben. Brauchen.

Precisar de. Ter precisão de.

Brauchen. Ausgeben.

Gastar 1.

Ich brauche. Er braucht.

Preciso. Precisa.

Ich gebe aus. Er giebt aus.

Gasto. Gasta.

Brauchen Sie viel Geld? Haben Sie viel Geld nötig?

Precisa de muito dinheiro? Tem precisão de muito dinheiro?

Brauchen Sie viel Geld? Geben Sie viel aus?

Gasta muito dinheiro? Gasta muito?

Ich gebe alles aus, was ich habe.

Gasto tudo o que tenho.

Ich gebe alles Geld aus, was ich habe.

Gasto todo o dinheiro, que tenho.

Wie viel geben Sie jeden Tag aus?

Quanto gasta todos os dias?

Möglich.

Possivel (ſpr. possível).

Unmöglich.

Impossivel.

Leicht.

Facil (ſpr. fácil).

Notwendig.

Necessario (ſpr. necessário). Mister. Preciso.

Es iſt möglich es zu thun.

É possivel fazê-lo.

Es iſt.

É.

Wir müſſen [es iſt notwendig] heute noch nach Hauſe [zu gehen].

É preciso ir á casa ainda hoje.

Es iſt nicht leicht eine fremde Sprache zu ſprechen.

Não é facil fallar uma lingua estrangeira.

Für mich iſt es leicht, für andere nicht.

Para mim é facil, para outros não.

Es iſt nicht leicht alles zu thun, was Sie wollen.

Não é fazil fazer tudo o que vm^{cs.} quer.

Alles was. Alles das was.

Tudo o que.

[Es iſt notwendig ein Buch zu kaufen.] Ein Buch muß gekauft werden.

É mister comprar um livro.

Es muß aus dem Hauſe gegangen werden. Das Haus muß geräumt werden. Es iſt notwendig aus dem Hauſe zu gehen.

É preciso sahir da casa.

E. Nach ser mit possivel, impossivel, facil, necessario, mister, preciso ſteht der Infinitiv ohne Verhältniswort. Das deutſche zu bleibt unüberſetzt.

Kennen. Kennen lernen.	Conhecer 2.
Die Übung. Die Aufgabe.	O exercicio (spr. exerscio).
Einen Mann kennen lernen.	Conhecer [a] um homem.
Vom Sehen.	De vista. De vêr.
Kann er mich vom Sehen kennen?	Póde elle conhecer-me de vista, de vêr-me?
Er will seinen Freund nicht kennen.	Não quer conhecer ao [o] seu amigo.
Ist es nötig diese Übung zu lesen und zu schreiben?	É mister lêr e escrever este exercicio?

Aufgaben.

66.

Wollen Sie das Buch meines Freundes lesen? — Ich bin im Begriff es zu lesen. — Wollen Sie in mein Zimmer eintreten? — Nein, ich will im Garten bleiben. — Haben Sie schon ein Schiff? — Nein, ich bin auf dem Punkte eins zu kaufen. — Wollen Sie mir einen Gefallen thun? — Mit Vergnügen. Brauchen Sie etwas? — Sie können mir Ihren Diener schicken. — Um wieviel Uhr wollen Sie heute zu Abend speisen? — Ich habe das Vergnügen heute mit Ihnen zu Abend zu speisen. — Wie viele Matrosen können heute beim Kapitän speisen? — Zwanzig oder dreißig. — Wollen Sie sie sehen? — Nein, ich bleibe heute zu Hause. Ich kann nicht kommen. — Wollen Sie mir den Gefallen thun, mir meine Kleider ausbessern zu lassen? — Diese Arbeit können Sie Ihrem Schneider übergeben. — Wirst Du heute ausgehen oder zu Hause bleiben? — Heute Morgen bleibe ich zu Hause, des Abends aber will ich ausgehen. — Wohin willst Du mit ihm gehen? — Nach dem Garten. — Welche Aussicht hast Du? — Die Aussicht von hier ist sehr hübsch. Ich kann das Meer und einen Teil des Hafens sehen; heute können viele Schiffe kommen aus England, aus Frankreich, aus Holland und aus Italien.

67.

Wer ist hier? — Hier ist mein Bruder. Wollen Sie mit ihm sprechen? — Ja, ich will mit ihm sprechen. — Sie können jetzt mit ihm sprechen oder später. — Haben Sie heute ein gutes

Mittageffen? — Ja, mein Herr. Wollen Sie mit mir speisen?
— Mit vielem Vergnügen. Es ist schon spät und ich kann
nicht mehr nach Hause zurückkehren, um zu Hause zu speisen.
— Wer will heute mit mir speisen, Sie oder Ihr Freund? —
Heute will mein Freund mit Ihnen zu mittag speisen. — Wann
kommt Ihr Sohn von Lissabon zurück? — Er kann alle Tage
kommen. — Haben Sie hübsche Pferde? — Ja, ich habe sehr
hübsche Pferde. — Bist Du bereit mit mir nach dem Hafen zu
gehen? — Ja, heute noch. — Wo bleibt Ihre Frau? — Sie bleibt
hier. — Wann wollen Sie mit mir nach dem Garten gehen? —
In zwanzig Minuten kann ich ausgehen, aber nicht früher. Der
Kapitän ist heute nicht zu Hause. — Wo ist er? — Er kehrt
in einer Viertelstunde zurück. — Willst Du heute ins Theater
gehen? — Nein, ich kann nicht alle Tage ins Theater gehen.
Ich habe nicht Geld genug. — In welches Theater wollen Sie
heute gehen, ins französische oder ins italienische? — Heute
wollen meine Schwester und ich zu Hause bleiben.

68.

Willst Du mir Deine Flinte und Dein Pferd leihen? —
Nein, ich kann Dir weder meine Flinte, noch mein Pferd leihen.
— Wann willst Du nach der Schreibstube gehen? Hast Du
früh Geschäfte? — Ja. Morgen können drei Schiffe kommen mit
Waren. — Wann gehst Du nach Hause? — Morgens und abends.
— Willst Du mir Deinen seidenen Hut leihen? — Ja. Ich schicke
meinen Diener nach Hause; er wird meine beiden Hüte holen.
— Hast Du alle Säcke? — Ich habe sieben Säcke. Aber ich
brauche dreizehn. — Hier sind noch sechs andere. — Wie viele
Schiffe haben Sie? — Alle Schiffe, welche Sie von hier sehen
können, sind mein. — Haben Sie gute Seidenwaren? — Ja,
Herr. Wollen Sie viel Geld ausgeben? — Sechs Pfund unge-
fähr. — Willst Du zum Schneider gehen und ihm etwas sagen?
— Ja, ich will ihm meinen Rock bringen. — Wollen Sie meinem
Schuster einen Zettel schreiben? — Es ist nicht notwendig. Er
[saber] kann nicht lesen. — Willst Du heute noch Deine portugiesischen Aufgaben machen? — Ja, heute Abend noch. Ich habe
noch Zeit. — Willst Du ein wenig lesen und schreiben? —
Nein. Es ist schon sehr spät. Morgen will ich es thun.

69.

Iſt es möglich, jetzt noch einen Brief zu ſchreiben? — Es iſt nicht nur möglich, ſondern auch notwendig. — Iſt es leicht Briefe zu ſchreiben? — Für die einen iſt es leicht, für die andern nicht. — Iſt es leicht portugieſiſch zu ſprechen? — Den einen wird es leicht, den andern nicht. — Iſt es leicht portugieſiſch zu ſchreiben? — Man muß ſechs Stunden jeden Tag arbeiten, dann (então) iſt es leicht, jede fremde Sprache in (em) kurzer (pouco) Zeit zu leſen und zu ſchreiben. — Aber iſt es möglich jeden Tag ſechs Stunden zu arbeiten? — Nichts iſt unmöglich. — Für wen iſt dieſer Ring? — Für meinen Vater. — Wollen Sie den Zimmermann kommen laſſen? Ihr Haus iſt auf dem Punkte umzufallen. — Ja. Heute noch will ich ihn holen laſſen. Das Haus muß geräumt werden. — Mein Herr, wollen Sie Ihre Stiefel dem Schuhmacher ſchicken? — Nein, es iſt nicht mehr möglich, ſie auszubeſſern. Sie ſind ſchon alt. — Wie viel Geld kannſt Du jeden Tag brauchen? — Tauſend Reale unge= fähr. — Ich gebe nicht ſo viel Geld aus wie Du. — Das iſt nicht unmöglich. Du kannſt den ganzen Tag zu Hauſe bleiben, ich kann es nicht. — Du kannſt, aber Du willſt nicht.

Vierundzwanzigſter Abſchnitt. — Lição vigesima quarta.

Indikativ. Gegenwärtige Zeit. — Indicativo Presente ou Presente do Indicativo.

Alle Zeiten, Perſonen und ſonſtigen Formen der por= tugieſiſchen Zeitwörter werden entweder vom Infinitiv oder vom Presente do Indicativo gebildet, durch Verwandlung der Endbuchſtaben —ar, —er, —ir in andere Endungen. Dieſe Endungen ſind für die gegenwärtige Zeit des Indikativs, Presente do Indicativo:

			Erste Abwandl.	Zweite Abwandl.	Dritte Abwandl.
1. Person Einh.		Eu.	—o.	—o.	—o.
2.	„	„	Tu.	—as.	—es.	—es.
3.	„	„	Elle, ella, vm^{cê}.	—a.	—e.	—e.
1. Person Mehrh.		Nós.	—amos.	—emos.	—imos.
2.	„	„	Vós.	—ais.	—eis.	—is.
3.	„	„	Elles, ellas, vm^{cês}.	—ão.	—em.	—em.

Muster des Presente do Indicativo nebst Infinitivo.

Erste Abwandlung.

Infinitivo: **Fallar** ſprechen.

Indicativo: Presente. Eu fáll**o** ich ſpreche, tu fáll**as** du ſprichſt, elle fáll**a** er ſpricht, ella fáll**a** ſie ſpricht, vm^{cê} fálla Sie ſprechen.

Nós fall**ámos** wir ſprechen, vós fall**áis** ihr ſprecht, elles fáll**ão** ſie ſprechen, ellas fáll**ão** ſie ſprechen, vm^{cês} fállão Sie ſprechen.

Zweite Abwandlung.

Infinitivo: **Vender** verkaufen.

Indicativo: Presente. Eu vênd**o** ich verkaufe, tu vênd**es** du verkaufſt, elle vênd**e** er verkauft, ella vênd**e** ſie verkauft, vm^{cê} vênd**e** Sie verkaufen.

Nós vend**êmos** wir verkaufen, vós vend**êis** ihr verkauft, elles vênd**em** ſie verkaufen, ellas vênd**em** ſie verkaufen, vm^{cês} vênd**em** Sie verkaufen.

Dritte Abwandlung.

Infinitivo: **Applaudir** Beifall geben.

Indicativo: Presente. Eu applaud**o** ich gebe Beifall, tu applaud**es** du giebſt Beifall, elle applaud**e** er giebt Beifall, ella applaud**e** ſie giebt Beifall, vm^{cê} applaude Sie geben Beifall.

Nós applaud**imos** wir geben Beifall, vós applaud**is** ihr gebt Beifall, elles applaud**em** ſie geben Beifall, ellas applaudem ſie geben Beifall, vm^{cês} applaudem Sie geben Beifall.

NB. Die Endungen —**amos**, —**emos**, —**imos**, —**ais**, —**eis**, —**is** haben den Ton auf ihren Anfangslauten. In allen übrigen Perſonen liegt der Ton auf der vorhergehenden Stammſilbe.

Die oben angegebene Accentuation wird nie gedruckt.

Der Wortstamm bleibt unverändert in den angeführten Bei=
spielen. Erleidet er bei der Abwandlung eine Veränderung,
oder wird etwas an den Endungen geändert, so ist das Zeit=
wort unregelmäßig.

Dadurch, daß g und c vor a und o einen andern Laut
haben, als vor e, i und u, entsteht eine Veränderung dieser
Buchstaben vor a und o in j und ç. Diese Unregelmäßigkeit
in der Orthographie, nebst einigen andern Abweichungen, führt
zu folgenden Bemerkungen über die Bildung und Abwandlung
des Presente do Indicativo.

Erste Abwandlung.

A. Einige Zeitwörter, deren Wortstamm auf e oder auf i
endigt, verwandeln dieses e oder i in den drei Personen der
Einheit und der dritten Person der Mehrheit in ei.

1. Agencear.	Verwalten.	1. Sentenciar.	Verurteilen.
Agenceio.	Ich verwalte.	Eu sentenceio.	Ich verurteile.
Agenceias.	Du verwaltest.	Tu sentenceias.	Du verurteilst.
Agenceia.	Er verwaltet.	Elle sentenceia.	Er verurteilt.
Agenceámos.	Wir verwalten.	Nos sentenciámos.	Wir verurteilen.
Agenceáis.	Ihr verwaltet.	Vos sentenciáis.	Ihr verurteilt.
Agenceião.	Sie verwalten.	Elles sentenceião.	Sie verurteilen.

Zweite Abwandlung.

B. Die Zeitwörter, deren Wortstamm auf g oder auf c
endigt, verwandeln vor a und o, g in j und c in ç. Für
das Presente do Indicativo findet diese Veränderung nur in
der ersten Person der Einheit statt.

2. Eleger.	Erwählen.	2. Conhecer.	Erkennen.
Elejo.	Ich erwähle.	Conheço.	Ich erkenne.
Proteger.	Beschützen.	Parecer.	Scheinen.
Protejo.	Ich beschütze.	Pareço.	Ich scheine.
Reger.	Regieren.	Obedecer.	Gehorchen.
Rejo.	Ich regiere.	Obedeço.	Ich gehorche.

Dritte Abwandlung.

C. Einige Zeitwörter, deren Wortstamm auf g endigt, verwandeln g vor o und a in j.

3. Corrigir.	Verbessern.	Tu corriges.	Du verbesserst.
Corrijo.	Ich verbessere.	Elle corrige.	Er verbessert.
Dirigir.	Leiten.	Dirigimos.	Wir leiten.
Dirijo.	Ich leite.	Dirigis.	Ihr leitet.
Fingir.	Bilden.	Elles fingem.	Sie bilden.
Finjo.	Ich bilde.	Finges.	Du bildest.

D. Die Zeitwörter, deren Wortstamm auf uz endigt, lassen das e, welches die Endung der dritten Person der Einheit bildet, ganz weg.

3. Produzir. Hervorbringen.	Conducir (früher -uzir). Führen.
A terra produz. Die Erde bringt hervor.	Elle conduz. Er führt.
Luzir. Leuchten.	Inducir (früher -uzir). Anleiten.
O sol luz. Die Sonne leuchtet.	Elle induz. Er leitet an.

E. Die Zeitwörter, deren Wortstamm auf gu endigt, verlieren u vor o und a.

3. Distinguir.	Unterscheiden.	Distingues.	Du unterscheidest.
Distingo.	Ich unterscheide.	Distingue.	Er unterscheidet.
Extinguir.	Auslöschen.	Distinguimos.	Wir unterscheiden.
Extingo.	Ich lösche aus.	Distinguem.	Sie unterscheiden.

F. Medir, Ouvir, Pedir verwandeln das d in ç in der ersten Person der Einheit des Presente do Indicativo.

3. Medir.	Messen.	Medes.	Du missest.
Meço.	Ich messe.	Mede.	Er mißt.
Ouvir.	Hören.	Ouvimos.	Wir hören.
Ouço.	Ich höre.	Ouvis.	Ihr hört.
Pedir.	Begehren. Bitten.	Pedem.	Sie bitten.
Peço.	Ich bitte.	Pedes-tu?	Begehrst Du?

G. Viele Zeitwörter, deren Stammlaut e ist, verwandeln dieses e in i in der ersten Person der Einheit des Presente do Indicativo.

3. Sentir.	Fühlen.	Tu sentes.	Du fühlst.
Eu sinto.	Ich fühle.	Elle sente.	Er fühlt.
Advertir.	Benachrichtigen.	Advertimos.	Wir benachrichtigen.

Eu advirto.	Ich benachrichtige.	Advertis.	Ihr benachrichtigt.
Repetir.	Wiederholen.	Repetem.	Sie wiederholen.
Repito.	Ich wiederhole.	Vmcê. repete.	Sie wiederholen.

H. Viele Zeitwörter, deren Stammlaut auf u lautet, verwandeln dieses u in o in der zweiten und dritten Person der Einheit, und in der dritten Person der Mehrheit des Presente do Indicativo.

3. Acudir.	Helfen.	Tussir.	Husten.
Acudo.	Ich helfe.	Tusso.	Ich huste.
Acodes.	Du hilfst.	Tosses.	Du hustest.
Acode.	Er hilft.	Tosse.	Er hustet.
Acudimos.	Wir helfen.	Tussimos.	Wir husten.
Acudis.	Ihr helft.	Tussis.	Ihr hustet.
Acodem.	Sie helfen.	Tossem.	Sie husten.

J. Dormir verwandelt den Stammlaut o in u in der ersten Person der Einheit des Presente do Indicativo. Sortir verwandelt den Stammlaut o in u, sobald die Endungssilbe a oder e enthält. Parir verwandelt den Stammlaut a in ai in der ersten Person des Presente do Indicativo.

Dormir.	Schlafen.	Sortir.	Verteilen.
Durmo.	Ich schlafe.	Sorto.	Ich verteile.
Dormes.	Du schläfst.	Surtes.	Du verteilst.
Dorme.	Er schläft.	Surte.	Er verteilt.
Dormimos.	Wir schlafen.	Surtimos.	Wir verteilen.
Dormis.	Ihr schlafet.	Sortis.	Ihr verteilet.
Dormem.	Sie schlafen.	Surtem.	Sie verteilen.

Parir.	Gebären.
Eu pairo.	Ich gebäre.
Pares.	Du gebierest.
Pare.	Er gebieret.
Parimos.	Wir gebären.
Paris.	Ihr gebäret.
Parem.	Sie gebären.

K. Die Zeitwörter, deren Wortstamm auf h endigt, verlieren dieses h vor o und a, also im Presente do Indicativo nur in der ersten Person.

Sahir.	Ausgehen.	Cahir.	Fallen.	Recahir.	Wieder fallen.
Saio.	Ich gehe aus.	Caio.	Ich falle.	Recaio.	Ich falle wieder.
Sahes.	Du gehst aus.	Cahes.	Du fällst.	Recahes.	Du fällst wieder.

L. Völlig regellos sind Haver, ter, ser, estar, trazer, fazer, dizer, vêr, dar, poder, ir, vir und andere, die noch nicht vorgekommen sind.

1. Hei.	Tenho.	Sou.	Estou.
2. Has.	Tens.	Es.	Estás.
3. Ha.	Tem.	É.	Está.
1. Havemos.	Temos.	Somos.	Estamos.
2. Haveis.	Tendes.	Sois.	Estais.
3. Hão.	Tem.	São.	Estão.
1. Trago.	Faço.	Digo.	Vejo.
2. Trazes.	Fazes.	Dizes.	Vês.
3. Traz.	Faz.	Diz.	Vê.
1. Trazemos.	Fazemos.	Dizemos.	Vemos.
2. Trazeis.	Fazeis.	Dizeis.	Vedes.
3. Trazem.	Fazem.	Dizem.	Vêm.
1. Dou.	Posso.	Vou.	Venho.
2. Dás.	Pódes.	Vais.	Vens.
3. Dá.	Póde.	Vai.	Vem.
1. Damos.	Podemos.	Vamos.	Vimos.
2. Dais.	Podeis.	Ides.	Vindes.
3. Dão.	Podem.	Vão.	Vem.

Wir werden von nun an die unregelmäßigen Zeitwörter mit einem Kreuz † bezeichnen.

Vollenden. Fertig machen.	Acabar.
Die Liebe.	O amor.
Lieben.	Amar.
Gut schlafen. Schlecht schlafen.	Dormir bem. Dormir mal.
Er schläft gut.	Dorme bem.
Wir schlafen gut.	Dormimos bem.
Er macht gute Schuhe.	Elle faz bons çapatos.
Er macht die Schuhe gut.	Elle faz bem os çapatos.

M. Das Umstandswort (Adverb) steht im Portugiesischen hinter allen Formen des Zeitworts. Es darf nicht von demselben durch eine Ergänzung in irgend einem Falle getrennt werden.

Wohl daran thun zu... (daß).	Fazer bem de...
Recht haben zu... oder daß.	Ter razão de...
Du hast recht, daß Du es sagst.	Tens razão de dizê-lo.
Thue ich wohl daran, es zu sagen?	Faço-eu bem de dizê-lo?
daß ich es sage?	
Du thust schlecht daran es zu sagen.	Fazes mal de dizê-lo.

Ich liebe. Ich habe gern.	Gosto de . . .
Ich esse gern. Ich liebe zu essen.	Gosto de comer.
Ich habe Freude an dem Jungen.	Gosto do rapaz.
Gefällt Ihnen mein Sohn?	Gosta de meu filho?
Ihre Kinder gefallen mir sehr.	Gosto muito de seus filhos.
Der Soldat.	O soldado.
Studieren.	Estudar.
Das Studieren. Das Studium.	O estudo.
Gefällt Ihnen dieser Soldat?	Gosta deste soldado?
Die portugiesischen Soldaten gefallen mir.	Gosto dos soldados portuguezes.
Studieren Sie gerne?	Gosta de estudar?
Ja, ich liebe das Studium der Sprachen.	Sim, gosto do estudo das linguas.
Ich liebe meinen Vater.	Amo a meu pai.
Hast Du Freude am Studium?	Gostas-tu do estudo?
Ja, ich studiere gern.	Sim, gosto de estudar.
Macht der Soldat seine Übungen?	O soldado faz os seus exercicios?
Er macht sie ziemlich gut (weniger schlecht).	Elle os faz menos mal.
Schmeckt Ihnen dieser Kaffee?	Gosta deste café?
Er schmeckt mir sehr gut.	Gosto muito delle.
Schmeckt der Wein den Matrosen?	Os marujos gostão do vinho?
Den Matrosen schmeckt alles.	Os marujos gostão de tudo.

Aufgaben.

70.

Sprechen Sie mit mir oder mit meinem Bruder? — Ich spreche mit Ihnen. — Können Sie mir sagen, wieviel Uhr es ist? — Es ist halb fünf Uhr. — Was verkaufst Du? — Ich verkaufe mein Pferd und meinen Esel. — Was können wir heute thun? — Wir können ausgehen oder zu Hause bleiben. — Bleibst Du gern zu Hause? — Ich? Nein. Ich gehe viel lieber aus. — Was macht der Schneider? — Er macht mir einen Rock. — Was machst Du? — Ich klatsche Beifall. — Was sagst Du? — Ich sage nichts. — Was macht der Soldat? — Er kehrt das Zimmer. — Willst Du ihm sagen, daß er es nicht kehre? — Ja, ich werde es ihm sagen. — Hörst Du etwas? — Ich höre nichts. — Siehst Du etwas? — Noch nicht. Aber jetzt sehe ich etwas. — Was ist es? — Es ist der Sohn meines Freundes, welcher gerade jetzt ausgeht. — Was begehrst Du? — Sechs Pfund für den Schuster. — Kannst Du ihm das Geld bringen? — Heute noch. — Wiederholst Du Deine Aufgabe? — Ich will sie heute Abend wiederholen. — Gehorchen Ihnen Ihre Söhne? — Die einen ja, die andern nicht. — Wer hustet? — Mein Mädchen. — Ist es krank? — Nein, es ist nicht krank. — Gehst Du mit mir aus? — Nein, heute gehe ich nicht aus. — Was bringt mir der Schneider? — Er bringt Ihnen den Mantel. — Gut. Es ist heute sehr kalt. — Was essen Sie gern? — Schinken. — Schläfst Du gern? — Nein, ich esse und trinke gern. — Wo gehst Du heute hin? — Nach dem Hafen. Will Dein Bruder mit mir kommen? — Nein, er studiert gerade jetzt. — Was sprechen Ihre Brüder? — Sie sagen nichts.

71.

Zerbrichst Du nicht mein Glas? — Nein, ich zerbreche es nicht. — Zerbrechen die Kinder des Nachbarn nicht meine Gläser? — Nein, sie zerbrechen sie nicht. — Kommt Ihr Bruder? — Heute kann er nicht kommen. Er geht zu meinem Vater. — Kaufst Du etwas? — Ja, ich kaufe sieben Schafe. — Was willst Du mit so vielen Schafen thun? — Ich habe viele Knechte; die essen und trinken gern gut. — Liebst Du Deine Brüder mehr als Deine Schwestern? — Das kann ich nicht sagen. Ich liebe die einen und die andern. — Wer giebt mir fünfzehntausend Reale? — Ich gebe sie Ihnen. — Was essen Sie gern? — Ich esse gern Suppe mit Reis. — Was trinken Sie gern? — Ich trinke gern Wein mit Wasser. — Was sollen wir nicht sehen? — Wir sollen die Fehler Anderer nicht sehen, die unsern aber genau sehen. — Sehen Sie unser großes Schiff? — Ich kann es nicht sehen, aber Sie sehen es. — Haben Sie eine hübsche Aussicht? — Ja, wir sehen den Hafen. — Wie viele Schiffe sind heute im Hafen? — Ich kann es Ihnen nicht genau sagen. — Giebt Ihnen Ihr Vater viel Geld? — Zwanzigtausend Reale jeden Monat. — Das ist nicht viel. — Siehst Du viele Matrosen? — Ich sehe mehr Soldaten als Matrosen. — Haben die Kaufleute viele Magazine? — Die einen haben viele, die andern haben wenige. — Giebst Du mir soviel Wasser, wie Wein? — Ich gebe Dir mehr Wasser als Wein.

72.

Wieviel giebst Du jeden Monat aus? — Ungefähr zehn Pfund. — Wer giebt mehr aus, Dein Bruder oder Du? — Wir geben zwei Pfund jeden Tag aus. — Geben Ihre Diener auch soviel Geld aus wie die unsrigen? — Ja, sie geben sehr viel aus. — Wohin gehen unsere Freunde heute? — Die einen gehen nach dem Hafen, andere nach dem Garten, andere kommen zu uns nach Hause. — Was kann Ihnen Vergnügen machen? — Mir macht das Studieren Vergnügen. — Wie viele Pferde kaufen Sie? — Ich kaufe deren so viele, wie der Kaufmann mir verkaufen will. — Wohin trägt der Diener meinen Koffer? — Er trägt ihn nach Hause oder nach dem Warenlager. — Was bringst Du mir? — Ich bringe Ihnen Ihr Frühstück, Thee, Kaffee und Schinken. — Bringst Du mir auch Brot? — Ja, englisches Brot. — Gut. Kannst Du jetzt nicht zum Nachbar gehen, um ihm seinen Hut zu bringen? — Nein, Herr, jetzt habe ich nicht Zeit. Es ist schon spät und ich will noch Ihre Zimmer kehren. — Was schlachtet Ihr Koch? — Er schlachtet Hühner. — Um wieviel Uhr speisen wir heute? — Um halb drei Uhr.

73.

Wohin führen Sie meinen Knaben? — Ich führe ihn zum Maler. — Wann ist der Maler zu Hause? — Er speist um vier Uhr. — Wieviel Uhr ist es jetzt? — Es ist noch nicht sechs Uhr. — Gehen Sie nachmittags aus? — Ich? Nein. Mein Vater will mit mir ausgehen. — Fürchten Sie sich nachts auszugehen? — Ich fürchte mich nicht nachts auszugehen, allein ich habe keine Zeit. — Wer arbeitet mehr, Ihr Sohn oder Sie? — Ich arbeite nicht viel, aber meine Söhne und meine Töchter arbeiten den ganzen Tag. — Was machen Ihre Kinder? — Sie lesen und schreiben. — Kaufen Sie viele Handschuhe? — Ja. Ich bringe meiner Frau drei Paar, meiner Tochter zwei Paar und kaufe zwei Paar für mich. — Wer bricht dieses Messer? — Niemand kann es brechen. — Schickst Du mir heute noch ein Buch? — Ja, ich schicke Dir heute noch das deutsche Buch. — Um wieviel Uhr gehst Du ins Theater? — Wir gehen um halb acht Uhr. — Wie lange bleibst Du im Theater? — Es endigt um elf Uhr. Ich komme um Mitternacht nach Hause zurück. — Was willst Du

essen, Schinken oder Hammelfleisch? — Ich esse gern Hammel=
fleisch, aber ich esse lieber Schinken. Hast Du auch ein Glas
Wein? — Ja. Solch ein Mittagessen, wie das Ihrige, findet
man in (em) der ganzen Stadt nicht. — Wann kommst Du zu
mir? — Morgen früh. Des Morgens. — Ich will mit Dir
frühstücken. — Gut. Ich bleibe zu Hause. — Wie viele Hemden
haben wir noch? — Wir haben noch viele.

Fünfundzwanzigster Abschnitt. — Lição vigesima quinta.

Mittelwort der Gegenwart. — Presente do Participio.

A. Das Presente do Participio wird von dem Presente do Indicativo gebildet, indem man dem Wortstamm
folgende Endungen anhängt:

Fall-o.		Vend-o.		Applaud-o.	
— —**ando.**		— —**endo.**		— —**indo.**	
1. Fall**ando.**	Sprechend.	2. Vend**endo.**	Verkaufend.		
1. Busc**ando.**	Suchend.	2. Com**endo.**	Essend.		
1. Compr**ando.**	Kaufend.	2. Beb**endo.**	Trinkend.		
		3. Applaud**indo.**	Beklatschend.		
		3. Corrig**indo.**	Verbessernd.		
		3. Dirig**indo.**	Leitend.		

B. Die Mittelwörter der bis jetzt vorgekommenen unregel=
mäßigen Zeitwörter sind fast alle regelmäßig gebildet:

Havendo.	Habend.	**Sendo.**	Seiend.
Tendo.	Habend.	**Estando.**	Seiend.
Dando.	Gebend.	**Podendo.**	Könnend.
Trazendo.	Herbringend.	**Dizendo.**	Sagend.
Fazendo.	Machend.	**Vendo.**	Sehend.
Indo.	Gehend.	**Vindo.**	Kommend.

C. Das Participium wird häufig mit estar verbunden, um
das deutsche da, eben, oder beschäftigt sein zu... oder
eine Dauer auszudrücken.

Was liesest Du da?

Que estás-tu lendo?

Ich lese eben nicht, ich bin damit beschäftigt meinen Rock zu flicken.

Não estou lendo, estou concertando a minha sobrecasaca.

Was machen Sie da?

Que está fazendo?

Ich bin beschäftigt das Zimmer zu kehren.

Estou varrendo o quarto.

Was holst Du eben?

Que estás-tu buscando?

Ich hole nichts. Ich [bin beschäftigt mit Ihrem Bruder zu sprechen] spreche eben mit ihm.

Não busco nada. Estou fallando a seu irmão.

Was trinkt er eben?

Que está bebendo?

Er trinkt eben Wein.

Está bebendo vinho.

Suchen.

Buscar. Procurar.

Finden.

Achar.

Was, das was.

O que.

Finden Sie, was Sie suchen?

Acha o que procura?

Finden Sie, was Sie eben suchen?

Acha o que está procurando?

Ich finde, was ich suche.

Acho o que procuro.

Ich finde, was ich eben suche.

Acho o que estou procurando.

Er findet nicht, was er eben sucht.

Não acha o que está procurando.

Wir finden, was wir eben suchen.

Achamos o que estamos procurando.

Was sagst Du eben?

Que estás dizendo?

Ich will es Dir sagen, aber nicht heute.

Eu vou to dizer, mas não hoje.

Ich sehe eben ein Schiff, welches ausläuft.

Estou vendo um navio, que sahe.

Wann gehen Sie aus?

Quando sahe vmcê.?

Ich bin im Begriff soeben auszugehen.

Estou sahindo, vou sahir agora mesmo.

Anstatt zu...

Em vez de...

An der Stelle.

Em logar de.

An meiner Stelle, an seiner Stelle.

Em logar de mim, em logar delle. No meu logar, no seu logar.

Anstatt meiner, anstatt seiner.

Em vez de mim, em vez delle.

Spielen Sie anstatt meiner?

Joga vmcê. em loger de mim?

Ich will anstatt Ihrer spielen.

Vou jogar em vez de vmcê.

Anhören. Zuhören.

Escutar. Ouvir.

Anstatt zuzuhören.

Em vez de escutar, de ouvir.

Anstatt zu spielen.

Em vez de jogar.

Spielen Sie anstatt zu studieren?

Joga vmcê. em vez de estudar?

Ich studiere anstatt zu spielen.

Estudo em vez de jogar.

Dieser Mensch spricht anstatt zuzuhören.

Este homem falla em vez de escutar.

Der Schmerz. Das Weh.	A dôr.
Der Kopf.	A cabeça.
Die Kopfschmerzen.	As dôres de cabeça.
Schmerzen. Wehthun.	Doer.
Ich habe Kopfschmerzen.	Tenho dôres de cabeça.
Der Fuß schmerzt mich.	Doe-me o pé.
Der Finger.	O dedo.
Der Finger thut mir weh.	Doe-me o dedo.
Das Auge.	O olho.
Ich habe Augenweh. Die Augen thun mir weh.	Doem-me os olhos.
Ich bin krank an den Augen.	Estou doente dos olhos.
Der Ellenbogen.	O cotovelo.
Der Fingerhut.	O dedal.
Das Knie.	O joelho.
Das Kinn. Der Bart.	A barba.
Der Bart. Die Barthaare.	As barbas.

D. Die Hauptwörter auf — o sind männlich und können die Artikel o oder um vor sich haben, ausgenommen a náo das Schiff und einige andere. Die Hauptwörter auf — a sind weiblich und können die Artikel a oder uma haben; von den Ausnahmen sind zu merken o dia der Tag, o chá der Thee, o clima das Klima u. a.

Lernen.	Aprender a..
Anfangen.	Começar a... Principiar a...
Lehren.	Ensinar a...

E. Wenn ein Infinitiv die Frage Was? beantwortet, so wird gewöhnlich kein Verhältniswort vor die Ergänzung gesetzt. Eine Ausnahme findet jedoch hinter vielen Zeitwörtern statt, unter andern hinter Aprender, Começar, Ensinar, Dar u. s. w., hinter welchen a steht.

Ich lerne lesen.	Aprendo a ler.
Fängt das Kind an zu sprechen?	O menino principia a fallar?
Es spricht noch nicht.	Ainda não falla.
Lehren Sie lesen?	Vmcê. ensina a ler?
Ich lehre die portugiesische Sprachlehre.	Eu ensino a grammatica portugueza.
Geben Sie dem Matrosen zu essen?	Dá de comer ao marujo?
Nein, ich gebe ihm zu trinken.	Não, dou-lhe de beber.
Lernt Ihr Junge schreiben?	Seu rapaz aprende a escrever?
Nein, er lernt es nicht.	Não, não o aprende.
Er fängt an es zu lernen.	Começa a aprendê-lo.

F. Nach parecer scheinen, bastar genügen, doer schmerzen steht der Infinitiv ohne Verhältniswort, besonders wenn diese Zeitwörter in der dritten Person der Einheit mit es stehen.

Was thut Ihr Diener?	Que faz o seu criado?
Er scheint zu schlafen.	Parece dormir.
Was wollen Sie noch?	Que quer ainda?
Es genügt mir, Sie hier zu sehen.	Basta-me vê-lo aqui.
Was thut Ihnen weh?	Que lhe doe?
Es schmerzt mich, ihn nicht hier zu sehen.	Doe-me não o vêr aqui.
Es schmerzt mich, keine Kinder zu haben.	Doe-me não ter filhos.

Aufgaben.
74.

Habe ich ein Recht (direito) zu sprechen oder nicht? — Sie haben das Recht zu sprechen, aber Sie haben unrecht. — Was suchen Sie? — Ich suche nichts. — Sie suchen doch etwas? — Ja, ich suche mein Federmesser, aber ich finde es nicht. — Was machst Du da? — Ich schreibe einen Brief. — An wen schreibst Du diesen Brief? — Ich kann und will es auch nicht sagen. — Wohin schickst Du ihn? — Ich schicke ihn nach Lissabon. — Jetzt kann ich Dir sagen, an wen dieser Brief ist. — An wen? — An Deinen Vater. Ist es nicht wahr? — Du sagst die Wahrheit. — Wer sagt die Wahrheit? — Die Kinder sagen die Wahrheit. — Ja, aber sie sagen sie nicht immer. — Was willst Du noch trinken? — Nichts mehr. Ich trinke eben Wein mit Wasser. — Was thust Du eben? — Ich lese meine portugiesischen Briefe durch und schreibe andere. — Was thut Ihr Vater eben? — Er frühstückt eben. — Was thut Ihre Schwester eben? — Sie ist beschäftigt zu Mittag zu speisen. — Wann speisen Sie zu Abend? — Ein Viertel vor neun Uhr. — Was bringt mir mein Freund? — Einen Brief von Ihrem Vater. — Willst Du mir den Gefallen thun nach Hause zu gehen? — Mit vielem Vergnügen. Wer ist zu Hause? Mein Onkel und seine beiden Söhne. Sie wollen spielen und niemand kann mit ihnen spielen. — Können Sie nicht einen Abend zu Hause bleiben? — Nein, ich habe [meine Geschäfte] zu thun.

75.

Schreiben Sie Ihre Übungen heute noch? — Nein, ich schreibe sie morgen in der Frühe. — Willst Du mir schreiben? — Nein, ich will Ihnen nicht schreiben? — Was hat Ihre Frau? — Sie hat Kopfschmerzen. — Was haben Sie? — Der Fuß [thut mir sehr weh] schmerzt mich sehr. — Kann ich den Arzt holen lassen? — Nein, lieber will ich krank sein. — Was schreiben Sie Ihrem Onkel? — Ich schreibe ihm nichts. Meine Kinder schreiben ihm einen Brief. — Haben Sie viele Söhne? — Ich habe drei. Der eine ist in England, der andere in Frankreich, der dritte in Holland. — Schreiben Ihnen Ihre Söhne viele Briefe? — Ja, aber ich habe nicht viel Zeit, um ihnen zu antworten. — Was hat der Soldat? — Er hat Augenschmerzen. — Haben Sie Kopfschmerzen? — Nein, ich bin nicht krank. — Thut Ihnen der Ellenbogen weh? — Heute nicht. Aber das Knie schmerzt mich sehr [thut mir sehr weh]. — Schmerzt Sie das Kinn? — Ja, ich habe jedoch nicht viele Schmerzen auszustehen. — Wer ist jener Mann mit dem hübschen Bart? — Es ist mein Bruder, der deutsche Kaufmann.

76.

Was will Ihr Freund? — Er will uns nach dem Hafen schicken, um die neuen Schiffe zu sehen. — Was thut der Arzt? — Er will seine Kranken sehen. — Wann kommt er wieder? — In zwei Stunden. — Ich bleibe nicht so lange hier. Ich will nach Hause gehen und dann in drei Stunden wiederkehren. — Wo ist des Schneiders Fingerhut? — Er ist im Koffer. — Welchen Fingerhut will er? — Er will den silbernen Fingerhut. — Ich kann ihn ihm nicht geben. Der, den ich habe, ist von Eisen. — Was für ein Kriegsschiff kommt heute? — Heute kommen zwei englische Kriegsschiffe, drei französische und ein holländisches. — Was thut Ihr Sohn? — Er schreibt Briefe. — In welcher Sprache? — Er schreibt deutsche Briefe. — Was thun Sie eben? — Ich schneide eben Brot. — Wem thun die Augen weh? — Dem Matrosen. Die Augen thun ihm sehr weh. — Welcher Weg führt nach Lissabon, dieser oder jener? — Dieser geht nach Lissabon, jener geht nach Porto. — Wollen Sie dieses Buch lesen? — Ja, aber nicht heute. Die Augen thun mir sehr weh. — Was verkauft der Kaufmann? — Er verkauft Bücher. — In welchem Laden kaufen Sie Ihre

Bücher? — In dem Laden an der Ecke des Marktes. — Wer geht heute mit mir auf den Markt? — Ich kann heute nicht ausgehen. Der Fuß thut mir weh. — Suchen Sie jemand? — Ja, ich suche meinen Bruder. — Er ist nicht hier, er ist bei seinem Vater. — Wen sucht der Diener? — Er sucht meinen Freund, aber er kann ihn nicht finden. — Das ist nicht möglich. Ihr Freund ist hier, ich will Ihren Diener zu ihm führen.

77.

Studiert er oder studiert er nicht? — Er spielt anstatt zu studieren. — Ich will nicht mehr spielen. Wollen Sie an meiner Stelle spielen? — Ja, ich werde es thun. — Wer sucht meinen Freund? — Ihr Vater sucht ihn. — Wo sucht er ihn? — Im Garten. — Er ist nicht im Garten, er ist im Hause. — Findet der Kapitän was er sucht? — Er findet was er sucht; aber die Matrosen finden nicht was sie suchen. — Wohin willst Du mit mir gehen? — Ich will Dich ins Theater führen. — Wohin führen Sie mich heute? — Auf den Markt. — Suchen Sie Ihren Regenschirm? Ich habe ihn. — Nein, ich suche meinen Regenschirm nicht. — Findet der Schneider seinen Fingerhut? — Er findet ihn nicht. — Finden die Kaufleute das Tuch, welches sie eben suchen? — Sie finden es. — Was wollen Sie, mein Herr? — Ich will mein Geld und das Geld meines Bruders. — Was will Ihr Koch? — Er will die Hühner, die Sie mir geschickt haben. — Was thut er? — Er thut was Sie thun. — Was thut er in seinem Zimmer? — Er liest eben. — Welches Buch liest er eben? — Er liest das Buch, welches ich ihm gegeben habe. — Wen sucht der Engländer? — Er sucht eben seinen Freund, um ihn mit in den Garten zu nehmen. — Was thut der Deutsche eben in seinem Zimmer? — Er lernt lesen. — Lernt er nicht schreiben? — Er lernt es nicht. — Lehrt Ihr Sohn die deutsche Sprachlehre? — Er lehrt die deutsche Sprachlehre und lernt die englische.

78.

Spricht der Deutsche, anstatt zuzuhören? — Er spricht, anstatt zuzuhören. — Gehen Sie aus, anstatt zu Haus zu bleiben? — Ich bleibe zu Haus, anstatt auszugehen. — Spielt Ihr Sohn, anstatt zu studieren? — Er studiert, anstatt zu spielen. — Um

9*

wieviel Uhr studiert er? — Er studiert alle Tage des Morgens und des Abends. — Was geben Sie Ihren Dienern zu trinken? — Ich gebe ihnen Wein zu trinken. — Was fängt der Junge an zu lernen? — Er fängt an zu lesen und zu sprechen. — Was thut der Maler? — Er scheint zu schlafen. — Was thut Ihr Sohn? — Er scheint zu schreiben, aber er schreibt nicht. — Was sagt der Kaufmann? — Er scheint zu sprechen, aber er sagt nichts. — Hörst Du jemand sprechen? — Nein. — Wollen Sie noch mehr Geld? — Nein, das Geld, welches ich habe, genügt mir. — Wollen Sie mir noch etwas sagen? — Nein, ich spreche nicht mehr ein Wort mit Ihnen. Das genügt. — Suchen Sie noch etwas? — Es genügt mir das zu haben, was ich jetzt nicht mehr suche. — Von wem ist dieser Brief? — Von Ihrem Bruder. — Wollen Sie ihn heute noch beantworten? — Nein, ich habe kein Papier mehr im Hause.

Sechsundzwanzigster Abschnitt. — Lição vigesima sexta.

Der Pole, polnisch.	O Polaco, polaco.
Der Grieche, griechisch.	O Grego, grego.
Lateinisch. Die lateinische Sprache.	Latim. O latim; a lingua latina.

A. Mit wenigen Ausnahmen, wie o latim, o arabico, lauten die Namen der Sprachen, wie die der betreffenden Völker.

Lernen Sie französisch? (— das Französische?)	Aprende o francez?
Sprechen (können) Sie französisch?	Falla o francez?
Sprechen Sie französisch? d. h. bedienen Sie sich der französischen Sprache?	Falla (ohne o) francez?
Er spricht gut englisch, deutsch, italienisch und spanisch.	Falla bem o inglez, o allemão, o italiano e o hespanhol.
Er liest und schreibt gut lateinisch und französisch.	Elle lê e escreve bem o latim e o francez.
Er liest und schreibt lateinisch.	Elle lê e falla o latim.
Der Araber, arabisch.	O Arabe, arabico (spr. arábico).
Der Chinese, chinesisch.	O Chim, o Chinez, chim, chinez.

Der Kastilier, hochspanisch. (Das Hochspanische im Gegensatz zum Katalonischen u. s. w.)

Auf. In ...er Sprache.

Ich will es auf deutsch sagen.

(Im gegebenen Fall) französisch, deutsch, russisch sprechen.

Sprechen Sie spanisch?

Oft. Viele Male.

Sprechen Sie oft spanisch?

Ich spreche es nicht oft.

O Castelhano, castelhano.

Em.

Vou dizê-lo em allemão,

{ Fallar em francez, em allemão, em russo.

Fallar francez, allemão, russo.

Falla vm^{ce.} o castelhano?

Muitas vezes.

Falla muitas vezes castelhano?

Não o fallo muitas vezes.

B. Das „ein" vor einem Hauptwort, welches eine Eigenschaft ausdrückt, die zufällig, außerwesentlich ist, wird nicht übersetzt, wenn das Hauptwort als Prädikat vor ser oder estar steht. Vor einem Beiwort, mit hinzugedachtem Mensch, kann im ähnlichen Falle ein übersetzt werden oder nicht. Der unbestimmte Artikel ein muß übersetzt werden vor Hauptwörtern, welche ein wesentliches Merkmal des Subjekts ausdrücken.

Sind Sie ein Engländer?

Nein, Herr, ich bin ein Deutscher.

Er ist ein Franzose.

Ist er ein Schneider?

Nein, er ist ein Schuster.

    Der Dummkopf.

    Der Gimpel.

    Albern, einfältig.

Ist er ein Dummkopf? Ist er dumm?

Er ist ein alberner Mensch.

Sie ist dumm, einfältig.

    Schwarz.

    Weiß.

    Gelb.

Vm^{ce.} é inglez?

Não, senhor, sou allemão.

É francez.

Elle é alfaiate?

Não, é çapateiro.

O pateta.

O tonto.

Tolo.

É pateta?

É tolo. É um tolo.

Ella é tola.

Preto. Negro.

Branco. Alvo.

Amarello.

C. Wird dem von dem Zeitwort ter abhängigen Objekt, sofern es einen dem Subjekt wesentlich zukommenden Besitz anzeigt, eine Eigenschaft beigelegt, so nimmt es den bestimmten Artikel an und das Adjektib tritt in prädikative Stellung.

    Die Stirne.

    Die Lippe.

A testa.

O beiço.

Diese Frau hat eine weiße Stirne.	Esta mulher tem a testa alva.
Dieses Mädchen hat weiße Zähne.	Esta menina tem os dentes brancos.
Dieser Knabe hat rote Lippen.	Este menino tem os beiços vermelhos.
Ist dieser Mann krank? er hat eine gelbe Haut.	Está doente este homem? tem a pelle amarella.
Sie haben einen hübschen Fuß.	Tem um bonito pé.

D. Dasselbe geschieht auch nach andern dem Begriffe von ter verwandten Zeitwörtern, als trazer, levar, vir com, &c.

Er hatte (trug) einen langen weißen Bart.	Trazia a barba alvissima e longa. (spr. alvíssima).
Er nahm müde Hunde mit.	Os cães levava cansados.
Er kam mit offenen Armen.	Veiu com os brazos abertos.

E. In der bildlichen Bedeutung vor einem mit einem Konsonanten beginnenden Hauptwort stehend, verkürzt sich grande in grão oder gran ohne Mehrheit, da es ganz mit dem Substantiv verwächst. Grandes ist stets die Mehrheit von grande.

Der Großprior.	O Gran-prior.
Der Großmeister, Ordensherr.	O Gran-mestre.
Die Inhaber eines Großkreuzes.	Os Gran-cruzes.
Der Großherzog.	O Gran-duque.
Großbritannien.	Gran-Bretanha.
Ein vornehmer Herr.	Um gran-senhor. Um Grande. Um Senhor. Um Fidalgo.
Die vornehmen Herren.	Os Grandes. Os Senhores. Os Fidalgos.
Eine vornehme Frau.	Uma dona. Uma senhora. Uma Fidalga.
Ein großes Thor. Eine Thüre.	Um portão. Uma porta.
Ein großer (großgewachsener) Mann.	Um homem grande, alto.
Ein großer Mann. Ein bedeutender Mann.	Um grande homem.
Lesen Sie ein deutsches Buch?	Lê um livro allemão?
Ich lese ein italienisches.	Leio um livro italiano.
Ohne.	**Sem.**
Er geht, ohne ein Wort zu sagen.	Elle vai, sem dizer palavra.
Sich viel daraus machen.	Fazer caso de.
Schätzen.	
Der Fall.	O caso.
Ich mache mir nichts aus diesem Menschen.	Não faço caso deste homem.
Ich mache mir viel aus meinem Freunde. Ich schätze ihn.	Faço grande caso do meu amigo.

Ich mache mir nichts daraus.	Não faço caso disso.
Das ist mein Fall. Ich bin in dieser Lage.	Isto é o meu caso.
Ich bin im Fall zu...	Estou no caso de...
Ich bin im Fall etwas zu Ihren Gunsten thun zu können.	Estou no caso de poder fazer alguma cousa em seu favor [no seu favor].
Die Aufgabe.	O thema.
Verbessern.	Emendar.
Der Fehler (in einer Aufgabe).	O erro.
Willst Du die Fehler Deiner Aufgabe verbessern?	Queres-tu emendar os erros do teu thema?
Ich will sie verbessern.	Vou emenda-los.
Nehmen, zu sich nehmen.	Tomar.
Nehmen, wegnehmen. Ausziehen. Abziehen.	Tirar.
Nehmen Sie den Hut ab?	Tira o seu chapéo?
Ich nehme ihn ab.	Tiro-o.
Ich ziehe meine Handschuhe aus.	Tiro as minhas luvas.
Ziehen Sie Ihre Handschuhe aus?	Tira as suas luvas?
Ich ziehe sie aus.	Tiro-as.
Kaffee, Thee, Schokolade trinken.	Tomar café, chá, chocolate.
Trinken Sie Thee?	Toma chá?
Ja, Herr, ich trinke Thee.	Sim, senhor, tomo chá.
Trinken Sie alle Tage (Ihren) Thee?	Toma o seu chá todos os dias?
Eine Tasse.	Uma chicara. Uma chavena (spr. chícara, chávena).
Der Branntwein.	A agua-ardente.
Ich nehme jeden Tag eine Tasse Thee.	Tomo todos os dias uma chicara de chá.
Wollen Sie Branntwein?	Quer agua-ardente?
Ich nehme ein Gläschen Branntwein.	Tomo um copo de agua-ardente.
Er will einen Löffel Branntwein.	Quer uma colher de agua-ardente.
Mein Vater trinkt Kaffee.	Meu pai toma café.
Er nimmt seinen Kaffee jeden Morgen.	Toma o seu café todas as manhãs.
Der Tropfen.	A pinga.
Der Gärtner.	O jardineiro.
Das Bett.	A cama.
Aufstehen.	Levantar-se.
Sich niederlegen.	Deitar-se.
Er steht früh auf.	Levanta-se cedo.
Er legt sich spät nieder.	Deita-se tarde.
Er ist bettlägerig.	Está de cama.
Er liegt im Bett.	Está na cama.
Der Kranke ist bettlägerig.	O doente está de cama.
Um acht Uhr liegt er noch im Bett.	As oito horas ainda está na cama.

Guten Morgen. Guten Tag.	Bons dias.
Einem guten Tag sagen, wünschen.	Dizer bons dias a alguem.
Was macht der Diener?	Que faz o criado?
Er macht eben Ihr Bett.	Está fazendo a cama de vm^{cê}.
Er wird es gleich machen.	Vai fazê-la.

Aufgaben.
79.

Wie viele Sprachen spricht Ihr Freund? — Er spricht vier Sprachen: deutsch, französisch, englisch und portugiesisch. — Was sprechen Sie lieber, deutsch oder französisch? — Ich spreche viel lieber französisch. — Welche Sprache sprechen Ihre Kinder? — Sie sprechen deutsch mit der Mutter und französisch mit dem Vater. — Was für einen Brief schreibt Ihr Bruder? — Er schreibt einen englischen Brief. — Lernt Ihr Sohn schon Latein? — Ja, schon seit zwei Jahren lernt er es. Dieses Jahr wird (will) er das Griechische anfangen. — Welche Sprache ist hübscher, die griechische oder die arabische? — Mir gefällt die arabische besser. — Welche Sprache spricht Ihr Diener? — Er spricht deutsch, aber er spricht auch französisch. — Was sagt der Kaufmann? — Er sagt nichts, er schreibt einen französischen Brief und einen (outra) englischen. — Was studiert Ihr Sohn? — Er liest ein französisches Buch und schreibt ein lateinisches Thema. — Spricht er auch lateinisch? — Nein. Er schreibt es nur. — Wie viele Sprachen sprechen die Spanier? — Die einen sprechen spanisch, die andern hochspanisch, andere portugiesisch.

80.

Sprechen Sie oft französisch? — Jeden Tag. Meine Frau spricht keine andere Sprache. — Sprechen Sie es gerne? — Das nicht. Ich spreche lieber deutsch. Aber mit wem kann ich deutsch sprechen? — Mit wem? Mit mir. Ich spreche diese Sprache sehr gern. — Wie oft kommt er zu Ihnen? — Dreimal jeden Tag. Ich sehe ihn sehr gern bei mir zu Hause. — Sie haben recht, er spricht viele Sprachen. Die Kinder lieben ihn sehr. — Meine Kinder auch. Er bringt ihnen oft Kuchen und Zucker, und das ist es, was die Kinder gern haben. — Was wollen Sie von Ihrem

Freunde leihen? — Ein lateinisch=deutsches Wörterbuch. — Was
wollen Sie Ihrem Freunde leihen? — Ein griechisch=deutsches
Wörterbuch. — Spricht Ihr Freund deutsch, griechisch und Latein?
— Das nicht; allein er studiert eben diese Sprachen. — Wie kam
(veiu) er, traurig oder lustig? — Er kam mit offenen Armen. — Er=
kannten (conheceu) Sie ihn gleich? — Nein, er trug (trazia) einen
weißen langen Bart und ich erkannte ihn nicht gleich. — Das war
auch mit mir der Fall. — Wie viele Sprachen lernen Ihre Söhne
und Ihre Töchter? — Meine Söhne lernen vier Sprachen und
meine Töchter nur eine. — Haben Sie Lust das Studium der
portugiesischen Sprache mit mir anzufangen? — Ja, heute noch.
— Haben Sie Lust jeden Tag spanisch zu sprechen? — Ja. Mit
wem? — Mit dem Bruder des spanischen Kaufmanns. Er spricht
diese Sprache sehr gut. — Ist er ein Kastilianer? — Nein, aber
seine Schwester ist eine Kastilianerin und er spricht sehr gerne
mit ihr. — Wann fangen Sie an, Ihren portugiesischen Brief
zu schreiben? — Ich will heute nachmittag anfangen.

81.

Lernt der Sohn des Malers englisch? — Er lernt nicht eng=
lisch. Statt diese Sprache zu studieren, schreibt er Briefe und
liest Bücher. — Sind Sie ein Russe? — Nein, ich bin kein Russe,
ich bin ein Irländer. — Was ist Ihr Bruder? — Er ist Kauf=
mann. — Hat Ihr Diener meine Gläser? — Nein, er hat sie
nicht. — Was will Ihr Diener von mir? — Er will Ihren
Rock und Ihre Stiefel. — Wie viele Zimmerleute sind in Ihrem
Hause? — An die zwanzig. — Was will Ihr Diener beim Bäcker
holen? — Er will Brot holen. — Ist Ihr Vater Kaufmann? —
Nein, er ist Professor. — Was ist dieser Mann hier? — Er ist
Arzt. — Was sagen Sie? — Ich sage Ihnen guten Tag. — Hat
der Deutsche schwarze Augen? — Nein, er hat blaue Augen. —
Hat er einen schwarzen Bart? — Nein, mein Herr. — Hat diese
Dame einen hübschen Fuß? — Ihr Fuß ist sehr klein und sehr
hübsch. — Hat Ihr Knabe hübsche Zähne? — Ja, er hat hübsche
Zähne. — Wer ist dieser Mann? Er hat eine sehr hohe Stirne.
— Er ist ein Kaufmann. Sein Vater ist sehr reich und schickt
ihm jeden Monat viel Geld. — Ist es heute kalt? — Heute ist es
sehr kalt. Die Lippen schmerzen mich. — Sind Sie krank? Ihre

Haut (têz) scheint mir so gelb. — Das scheint Ihnen nur so, ich bin wohl. — Wer kommt da? — Es ist der Großherzog, der jetzt eben aus Großbritannien kommt. — Es ist ein großer Mann, aber ein bedeutender Mann das ist er nicht. Er ißt und trinkt viel lieber als er arbeitet.

82.

Essen Sie gern Schinken? — Ich mache mir nicht viel aus dem Fleisch. Ich bin krank. — Wollen Sie heute Ihre griechische Aufgabe schreiben? — Um halb zwei Uhr des Nachmittags will ich sie schreiben. — Wollen Sie meine lateinische Aufgabe sehen? — Ja, und ich will auch die vielen Fehler verbessern. — Nehmen Sie Ihren Hut ab? — Nein, ich fürchte die Kälte. — Trinken Sie Thee? — Ja, gnädige Frau, ich trinke eine Tasse Thee mit einem Tropfen Branntwein. — Wann frühstücken Sie? — Um acht Uhr nehme ich meinen Kaffee, und um zehn Uhr eine Tasse Schokolade mit Kuchen. Um elf Uhr trinke ich ein Glas Wein und um Mittag speise ich. — Können Sie um Mittag noch speisen? — Ja. Ich habe einen guten Appetit (Lust zu essen). — Um wieviel Uhr stehen Sie auf? — Um sechs Uhr des Morgens. — Um wieviel Uhr legen Sie sich nieder? — Um Mitternacht. — Wie viele Stunden schlafen Sie? — Ich schlafe sechs Stunden. Das genügt. — Das genügt Ihnen? Mir nicht. — Um wieviel Uhr stehen Ihre Kinder auf? — Um acht Uhr des Morgens. — Um wieviel Uhr legen sie sich nieder? — Um sechs Uhr abends. — Schlafen Sie auch ein Stündchen um Mittag? — Nein, der Arzt will es nicht. — Wie befindet sich Ihre Frau heute? — Sie ist krank. — Ist sie bettlägerig? — Das nicht, aber sie kann nicht ausgehen. — Kann ich sie besuchen [gehen]? — Ja, sie ist zu Hause. Sie schläft nicht. — Herr Doktor, wie geht es dem Kranken? — Ziemlich gut. Aber er ist noch bettlägerig. — Darf er ein wenig Wein trinken? — Ja, einen Tropfen. — Darf er auch aufstehen? — Ja, ein Viertelstündchen. Der Diener kann ihm das Bett machen. — Was darf er frühstücken? — Er darf eine Tasse Thee trinken. — Was darf er zu Mittag speisen? — Huhn und Reis. — Was darf er zu Abend speisen? — Nur eine Hühnerbrühe. — Wie befindet sich Ihr Gärtner? — Ziemlich wohl; er ist heute nicht so krank wie gestern. — Darf er schon ausgehen?

—Ja, er darf in den Garten gehen, aber erst um Mittag.—Was hat Ihr Diener? — Er hat ein Glas Wachholderbranntwein (genebra). Wollen Sie einen Tropfen? — Nein, ich trinke keinen Branntwein, ich trinke nur Wein. — Wo sind Ihre Handschuhe?— Sie sind im Koffer. Wollen Sie sie?—Ja, mich friert heute sehr.

Siebenundzwanzigster Abschnitt. — Lição vigesima septima.

Zeigen.	Mostrar.
Den Weg zeigen, weisen.	Ensinar o caminho.
Spielen.	Brincar.
Ich zeige Ihnen meine Ringe.	Mostro-lhe os meus anneis.
Können Sie mir den Weg weisen?	Póde me ensinar o caminho?
Zeigen Sie mir Ihre Flinte?	Vm^{cê}. me mostra a sua espingarda?
Nein, ich zeige sie Ihnen nicht.	Não, não lha mostro.
Das Kind spielt mit dem Ringe.	O menino brinca com o annel.
Lassen Sie mich den Ring sehen?	Vm^{cê}. me deixa ver o annel?
Eine Prise.	Uma pitada.
Schnupftabak.	Rapé.
Rauchtabak.	Tabaco para cachimbar.
Rauchen.	Fumar.
Aus der Pfeife rauchen.	Cachimbar. Fumar um cachimbo.
Eine Cigarre.	Um charuto.
Eine Papiercigarre.	Um cigarro.
Schnupfen.	Tomar rapé.
Raucht er aus der Pfeife?	Cachimba?
Was raucht er?	Que fuma?
Er raucht Cigarren und Papiercigarren.	Fuma charutos e cigarros.
Denken an...	Pensar em...
Rechnen. Zählen.	Contar.
Beabsichtigen. Vorhaben.	Ter tenção.
An was denken Sie?	Em que pensa vm^{cê}.?
Ich denke an meine Geschäfte.	Penso nos meus negocios.
Was gedenken Sie zu thun? Was wollen Sie thun?	Que conta fazer?
Ich beabsichtige ins Theater zu gehen.	Faço (tenho) tenção de ir ao theatro.

Der Kaufmann. Der Krämer.	O tendeiro.
Der Krämerladen.	A tenda. A loja.
Schwimmen.	Nadar.
Das Brüderchen.	O irmãosinho.

A. Können = vermögen, im stande sein — heißt poder; können = auswendig wissen, die Fertigkeit haben zu —, (es) verstehen (zu) — saber.

Wissen Sie?	Sabe vm^cê.?
Ich kann mein Zeitwort.	Eu sei o meu verbo.
Können Sie schwimmen?	Sabe nadar?
Ist er ein Dummkopf?	Elle é pateta?
Er ist es.	É.

B. Jedes „es" oder „einer", welches auf eine vorhergenannte Eigenschaft hindeutet, heißt o, wenn es übersetzt wird.

Ist er ein Russe?	É Russo?
Er ist einer.	Elle o é.
Er ist keiner.	Elle não o é.
Löschen. Auslöschen.	Apagar.
Löschen Sie die Lampe aus?	Apaga o candieiro?
Ich lösche sie nicht aus.	Não o apago.
Manchmal, zuweilen.	As vezes. Algumas vezes.
Öfter.	Mais vezes.
Von Zeit zu Zeit.	De vez em quando.
Gehen Sie oft auf den Ball?	Vai ao baile muitas vezes?
Ich gehe manchmal auf den Ball, manchmal ins Theater.	Ás vezes vou ao baile, ás vezes ao theatro.
Wollen Sie öfter zu uns kommen?	Quer vir mais vezes á nossa casa?
Ich will von Zeit zu Zeit zu Hause bleiben.	Quero ficar em casa de vez em quando.

C. Im Portugiesischen trennt man die Vergleichungswörter nicht.

Gehen Sie so oft (so viele Male) auf den Markt wie ich?	Vai á praça tantas vezes como eu?
Gehen Sie öfter zu ihm als ich?	Vai vê-lo mais vezes do que eu?
Ich spreche öfter wie Sie.	Fallo mais vezes do que vm^cê.
Ich spreche nicht so oft wie Sie.	Não fallo tantas vezes como vm^cê.
Ich weiß. — Wir wissen.	Eu sei. — Nos sabemos.
Du weißt. — Ihr wisset.	Tu sabes. — Vos sabeis.
Er weiß. — Sie wissen.	Sabe. — Sabem.

Aufgaben.

83.

Was will Ihr Vater? — Er will Tabak. — Wollen Sie ein wenig holen? — Ja, Herr. — Was für Tabak will er, Schnupf=tabak oder Rauchtabak? — Er will Cigarren. — Wollen Sie Rauchtabak? — Ich will keinen, ich rauche nicht. — Was zeigt Ihnen Ihr Vater? — Er zeigt uns Vögel aus fremden Ländern. — Läßt er sie uns sehen? — Es scheint mir, ja. — Raucht Ihr Koch? — Nein. Ein guter Koch raucht nicht. — Aber ich weiß (kenne) viele Köche, welche rauchen. — Das iſt neu für mich. — Wie [viele Jahre] lange rauchen Sie ſchon? — Schon mehr als zehn Jahre. — Was rauchen Sie lieber, Rauchtabak oder Cigarren? — Zum Kaffee rauche ich gerne eine gute Cigarre, im Garten rauche ich eine Pfeife. — Darf (kann) der Kranke ſchon rauchen? — Nein, er hat auch noch keine Luſt. Er iſt noch ſehr krank. — Wer iſt jener Knabe, welcher im Garten raucht? — Es iſt mein Brüderchen. — Wie? Ihr Brüderchen raucht ſchon? — Mein Herr, wir ſind Holländer, und die fangen ſehr frühe an zu rauchen. — Schnupft Ihr Bruder auch? — Das nicht, auch raucht er nicht viel (oft). — Schnupft Ihre Mutter? — Nein, ſie ſchnupft nie. — Wollen Sie einige von dieſen Cigarren? Sie ſind ſehr gut. — Nein, ich rauche nie. — Wer giebt mir eine Priſe? — Ich, mein Herr, mit vielem Vergnügen.

84.

Haben Sie vor, ins Theater zu gehen? — Ja, ich habe vor, heute Abend (ins Theater) zu gehen. — An was denken Sie? — Ich zähle mein Geld und denke an meine Geſchäfte. — Was haben Sie heute nachmittag vor (zu thun)? — Ich habe vor auszugehen. — Wohin haben Sie vor zu gehen? — Ich weiß es noch nicht. — Wiſſen Sie wieviel Uhr es iſt? — Es iſt drei Viertel auf drei Uhr. — Wiſſen Sie, wie viele Kinder Ihr Nachbar hat? — Ich kann es nicht wiſſen, ich beſuche ihn nicht oft. — Kannſt Du Schuhe flicken? — Ich kann es nicht, ich bin kein Schuſter. — Willſt Du meinen Rock ausbeſſern? — Ich kann es nicht und will es nicht. — Was willſt Du dem Knaben geben? — Ich will ihm einen Hut geben. — Kannſt Du leſen und ſchreiben? — Ich kann beides. — Willſt Du mir meine Stiefel holen? — Ich kann es, aber ich will nicht.

— Kannst Du rechnen? — Nein, ich kann es nicht. — Kannst Du morgen zu mir kommen? — Nein, ich weiß den Weg nicht. — Es ist nicht schwer ihn zu finden. Ich will (werde) Dir ihn zeigen. — Kannst Du mir im Krämerladen Tabak holen? — Der Krämer hat keinen Tabak. Wissen Sie das nicht? — Nein. Ein Fremder kann das nicht wissen. — Haben Sie vor portugiesisch zu lernen? — Ja, ich habe Lust diese Sprache zu lernen.

85.

Wie oft darf der Kranke Thee trinken? — Sechsmal des Tags. — Haben Sie meinen Theelöffel? — Nein, ich habe den meinigen. — Schreiben Sie oft nach England? — Ich schicke Briefe nach England mit allen Schiffen, welche von hier nach Großbritannien gehen. — Trinken Sie diesen Thee gern? — Ja, ich trinke diesen Thee gern. — Können Sie mit mir nach Hause kommen? — Heute nicht. — Sie kommen nicht oft zu mir nach Hause. — Ich habe keine Zeit. — Kannst Du mir von Zeit zu Zeit ein Glas Wasser bringen? — Ja, Herr, mit vielem Vergnügen. — Was will Dein Brüderchen? — Es will Ihnen etwas zeigen. — Was willst Du? — Kann ich Ihre hübschen Bücher sehen? — Ja, ich will (werde) sie Dir zeigen. — Wann? — Heute Abend. — Wie oft kommt Ihr Diener noch ins Zimmer? Der Dummkopf kommt und geht, und kommt wieder. — An was denkt er? — Er denkt an nichts. Ich kann ihm etwas zehnmal sagen und er weiß es nicht.

86.

Löschen Sie das Feuer aus? — Ich lösche es nicht aus. — Wer löscht Ihnen das Feuer aus? — Mein Diener löscht das Feuer aus und zündet es an. — Wie oft gehen Sie in Ihren Garten? — Jeden Tag. Morgens gehe ich in den Garten um eine Cigarre zu rauchen. Meine Frau liebt die Cigarre nicht. Abends rauche ich eine Pfeife im Garten. — Schicken Sie Ihren Koch oft auf den Markt? — Nein, er weiß den Weg noch nicht. — Wie oft kommt das Schiff? — Dreimal jeden Tag. — Kannst Du das Geld zählen, welches ich Dir schicke? — Ja, ich kann es zählen. — Wann stehen Sie auf? — Einige Male früh, andere Male spät. Ich bleibe oft keine zwei Stunden im Bett. — Wie oft fällst Du noch auf den Boden? — Nicht so oft wie

Du. — An was kann der Junge denken? — Er denkt an nichts. — Fängt Ihr Kind schon an zu sprechen? — Ja, es kann schon sagen: Wasser, Wein, Brot, Thee, Kaffee. — Auch sagt es gern: ich will, wie alle Kinder thun.

Achtundzwanzigster Abschnitt. — Lição vigesima oitava.

Der Vorzug.	A preferencia (spr. preferéncia).
Das Bier.	A cerveja.
Die Güte.	A bondade.
Bevor. Ehe. Vor (zeitlich).	**Antes de ...**
Sprechen Sie, ehe Sie hören?	Falla, antes de ouvir?
Ich höre, bevor ich spreche.	Ouço, antes de fallar.
Gehen Sie auf den Markt, ehe Sie frühstücken?	Vai á praça, antes de almoçar?
Bevor Du kommst, kannst Du zum Vater gehen.	Antes de vir, pódes ir á casa do pai.
Ehe er geht, will er noch trinken.	Antes de ir, quer beber ainda.
Bevor wir gehen, lassen wir ihn holen.	Antes de ir, mandamos busca-lo.
Bevor Ihr schreibt, könnt Ihr mir den Brief zeigen.	Antes de escrever, podeis mostrar-me a carta.
Bevor sie essen, wollen sie trinken.	Antes de comer, querem beber.

A. Als Bindewort muß nach antes de... der Infinitiv stehen, mithin werden ich, du, er, wir, ihr, sie u. s. w. nicht übersetzt. Antes de darf nur dann angewendet werden, wenn das Zeitwort in beiden Sätzen in derselben Person und derselben Zahl steht, d. h. wenn die beiden Subjekte dieselben sind.

Vor. In Gegenwart.	**Ante.**
Vor. Vom Orte.	Diante de.
Vor dem Fürsten.	Ante o principe (spr. príncipe). Diante do principe.
Vorgestern.	**Ante hontem. Antes de hontem.**
Vor (der) Zeit sterben.	Morrer ante tempo.
Vor allen Dingen.	Ante todas as cousas.
Vor dem Essen, bevor Du issest.	Antes de jantar.
Wer steht vor mir?	Quem está ante mim? diante de mim?
Niemand steht vor Ihnen.	Ninguem está ante vmcê, diante de vmcê.

Weggehen, abreisen.

Wann gehen Sie weg?

Ich gehe heute noch.

Ir-se. Partir.

Quando vai-se?

Vou-me ainda hoje.

Fort.

Ich gehe fort.

Gehst Du fort?

Wir gehen fort.

Er geht fort.

Die Damen gehen fort.

Wohin gehen Sie?

Ich gehe weg, nach Hause.

Embora.

Vou-me embora.

Vais-te embora?

Nós nos vamos embora.

Vai-se embora.

As senhoras vão-se embora.

Para onde vai?

Vou-me embora, para casa.

Davon. Dazu. Damit.

Dafür. Deshalb. Deswegen.

Ich habe Brot und esse davon.

Er liebt seinen Bruder und macht (damit) mit ihm was er will.

Der Koch nimmt das Messer und tötet das Schwein damit.

Sind Sie damit zufrieden?

Ich bin nicht damit zufrieden.

Arbeitet er viel?

Ja, und sein Vater liebt ihn dafür.

Sind Sie dafür?

Ich bin nicht dafür.

Delle, de elle, disso, com elle, com isso ...

Por isso.

Tenho pão e como delle.

Gosta de seu irmão e faz com elle o que quer.

O cuzinheiro toma a navalha e mata o porco com ella.

Está contente com isso?

Não estou contente com isso.

Trabalha muito?

Sim, e por isso seu pai gosta delle.

Está por isso?

Não estou por isso.

Gerade darum, deshalb, deswegen.

Das Alter.

Die Meile.

Madrid.

Por isso **mesmo.**

A idade.

A legua (spr. légua).

Madrid.

Wie alt sind Sie? Welches Alter haben Sie?

Wie weit? Wie viele Meilen?

Wie weit ist es von Lissabon nach Madrid?

Que idade tem?

Quantas leguas?

Quantas leguas ha de Lisboa a Madrid?

B. Haver wird oft unpersönlich gebraucht, wo der Deutsche sagt: Es ist, es sind, es giebt.

Wie lange habe ich Ihr Pferd?

Es sind schon über vierzehn Tage.

Was giebt es hier zu sehen?

Hier giebt es nichts zu sehen.

Quanto tempo tenho eu o seu cavallo?

Já ha mais de quinze dias.

Que se vê cá?

Cá não ha nada que vêr. Cá não se vê nada.

Was giebt es Neues?	Que ha de novo?
Ich weiß nichts Neues.	Não sei nada de novo.
Ist es heiß oder kalt heute?	Está calor hoje ou frio?
Es ist weder heiß noch kalt.	Não está calor nem frio.

C. Beim Gegensatz einzelner Wörter genügt não (statt nem…nem) zur Übersetzung von weder.

Er trinkt weder Wein noch Bier.	Não bebe vinho, nem cerveja.
Er kann weder lesen noch schreiben.	Não sabe (nem) ler, nem escrever.
Er nimmt weder Kaffee noch Schokolade.	Não toma café, nem chocolate.
Er kann weder essen noch trinken.	Não póde comer, nem beber.

D. Der Zeitraum von einer Woche wird durch oito dias, der von zwei Wochen durch quinze dias ausgedrückt.

Wie lange sind Sie hier?	Quanto tempo está cá?
Es sind schon mehr als zwei Wochen.	Já ha mais de quinze dias.
Wie alt ist Ihr Mädchen?	Que idade tem sua menina?
Es ist sechs Jahre alt.	Tem seis annos.

Aufgaben.

87.

Wem geben Sie den Vorzug, mir oder meinem Bruder? — Ich gebe Ihrem Bruder den Vorzug. — Wollen Sie die Güte haben mir zu sagen, wieviel Uhr es ist? — Es ist halb sieben. — Kommen Sie noch zu uns, bevor Sie nach England gehen? — Ja. Ich komme noch zu Ihnen, bevor ich weggehe. — Wollen Sie trinken, bevor Sie zu Mittag speisen? — Nein, ich trinke nicht vor dem Mittagessen. — Gehen Sie nach dem Garten, bevor Sie zu Abend speisen? — Nein, ich speise zu Abend, bevor ich in den Garten gehe. — Schickst Du heute noch den Arzt (zu) holen? — Nein. Bevor ich den Diener nach dem Hause des Arztes schicke, schicke ich ihn zu Dir. — Was wollen die Kinder? — Bevor sie nach Hause zurückkehren, wollen sie noch trinken. — Wollen Sie nicht den Onkel besuchen, bevor Sie zu uns kommen? — Nein, wir wollen Sie besuchen, bevor wir zum Onkel gehen. — An was denkt dieser Mensch? — Er spricht nicht viel. Bevor er spricht, denkt er über das nach, was er sagen will. — Wie lange ist Ihr Bruder schon in Frankreich? — Er ist schon zehn Jahre in Frankreich. — Wie alt ist er nun? — Er ist vierzig Jahre alt. — Wie lange ist Ihre Schwester schon in England? — Sie ist schon über drei Jahre in England. — Sie spricht wohl sehr gut englisch? — Ja. Sie hat Zeit gehabt die Sprache zu lernen.

88.

Wo ist Ihr Freund? — Er ist im Garten. — Will er nicht zu Mittag speisen? — Nein, ihn hungert nicht. — Ist er krank? — Das nicht, aber die Hitze läßt ihn nicht essen. — Wie befindet sich Ihre Gemahlin? — Ziemlich gut. Sie ist nicht mehr krank. — Was hat Ihr Junge? — Er ist krank, ich will den Arzt holen. — Wer steht vor Ihnen? — Mein Bruder steht vor mir. — Wollen Sie Wein oder Bier? — Ich will vor allen Dingen ein Glas Wasser; ich bin sehr durstig. — Wann geht der Kaufmann fort, heute oder morgen? — Er geht heute noch fort. — Gefällt Dir diese Aussicht? — Nein, sie gefällt mir nicht. Ich gehe fort. — Wo gehen diese Herren hin? — Sie gehen nach Hause. — Speisen Sie heute mit uns? — Nein, ich kann nicht hier bleiben, ich gehe fort. — Bleiben die Soldaten noch, oder gehen sie? — Sie bleiben nicht mehr, morgen gehen sie fort. — Was thust Du, bleibst Du hier oder gehst Du fort? — Ich weiß nicht, was ich thun will (werde). — Kommt dieser Herr oft zu Ihnen ins Haus? — Ja, oft bleibt er sehr lange, manch= mal geht er weg und kehrt wieder, andere Male kommt er nicht. — Haben Sie Zeit mich zu besuchen? — Heute nicht, doch morgen mit vielem Vergnügen. — Willst Du mir gefälligst meinen Hut geben? — Welches ist Ihr Hut, dieser oder jener? — Dies ist der meinige. — Um wieviel Uhr kommst Du heute? — Um neun Uhr, oder um halb zehn Uhr.

89.

Mit welchem Schiffe reist Ihr Freund ab? — Mit dem Schiffe meines Onkels, des Kaufmanns. — Haben Sie schon Ihre Pferde? — Ja, und ich werde sie Ihnen zeigen. — Sind Sie mit dem Jungen des Nachbarn zufrieden? — Ja, ich bin mit ihm zufrieden. — Haben Sie Wein? — Ja, ich habe welchen und trinke davon. — Wollen Sie ein wenig von diesem Kuchen? — Ja, ich will davon. — Wann will er abreisen? — Ich weiß es nicht. Alle sprechen davon und niemand kann mir sagen, wann er fortgeht.

—Was hat der Junge in der Hand? — Er hat ein Messer in
der Hand und will damit das Huhn töten. — Was hat der
Soldat? — Er hat eine Flinte, womit er seine Feinde töten
will. — Wann wird Ihr Sohn abreisen?— Er gedenkt morgen
abzureisen. — Wann kommt er zurück? — Das kann niemand
wissen. — Ist das Ihr Wein? Was machen Sie damit? — Ich
schicke ihn dem kranken Soldaten. — Sie haben recht, er ist sehr
krank. — Was kann der Diener? — Er kann vieles, die Zimmer
kehren, lesen, schreiben, rechnen und noch vieles andere. — Ist
Dein Vater zu Hause? — Wie kann ich es wissen? Oft geht er
aus, oft bleibt er zu Hause und niemand weiß es. Wollen
Sie in einer Stunde wieder kommen? — Nein, ich gehe und
komme nicht wieder. — Was willst Du jetzt noch anfangen?—
Es ist schon spät, ich fange nichts mehr an.

90.

Wie alt ist Ihr Vater? — Er ist schon sechzig Jahre alt.—
Wie alt ist Ihre Mutter? — Sie ist noch nicht fünfunddreißig
Jahre alt. — Was giebt es Neues in Ihrem Hause?— Nichts.—
Wie weit ist es von hier nach Ihrem Garten? — Zwei kleine
Stunden.—Wollen Sie mit mir kommen?— Nein, ich kann nicht.
—Was giebt es zu essen heute? — Heute giebt es Hammelfleisch,
Schinken und Suppe. — Und was giebt es zu trinken? — Bier
und Wein. — Wollen Sie die Güte haben mir Suppe, Schinken
und ein Glas Wein zu bringen? — Ja, mein Herr.— Haben Sie
einen andern Diener? — Der, den ich gestern hatte, ist wegge-
laufen (fugiu). Der neue Diener kann lesen, schreiben, rechnen
und spricht zwei Sprachen. — Willst Du Seide oder Wolle?—
Ich will weder Seide noch Wolle. — Welche Sprache sprichst
Du lieber, die russische oder die türkische?— Ich spreche weder
die eine noch die andere gern. — Wie alt bist Du?—Ich bin
noch nicht sechsundzwanzig Jahre alt.—Was macht Dein Bruder
im Garten?— Er raucht und liest die Briefe, welche heute angekommen sind (chegarão). — Von welchem Tabak raucht er, von
dem meinigen oder von dem seinigen?—Weder von dem Ihrigen,
noch von dem seinigen. Er raucht meine Cigarren.

Neununbzwanzigster Abschnitt. — Lição vigesima nona.

Habe ich soviel wie Du?	Tenho eu tanto, como tu?
Ich habe soviel wie ich brauche.	Tenho (tanto) quanto (que, quão) preciso.
Hast Du soviel Geld wie ich?	Tens tu tanto dinheiro, como eu?
Ich habe soviel Geld wie ich brauche.	Tenho tanto dinheiro, quanto (que, quão) preciso.

A. Das gewöhnliche Bezugswort zu tanto — soviel, ist como — wie. Folgt aber auf wie ein Zeitwort, so ist wie quanto und sehr oft auch que zu übersetzen. Früher sagte man auch quão. Quanto genügt um alles was, soviel wie auszudrücken.

Außerordentlich.	Extraordinario (spr. extraordinário).
Sonderbar.	Exquisito.
Unerträglich.	Intoleravel (spr. intolerável).
Die Feuchtigkeit.	A humidade.
Die Hitze ist unerträglich, die Kälte ist unerträglicher, der Frost ist am unerträglichsten.	O calor é intoleravel, o frio é mais intoleravel, o gelo é o mais intoleravel [de todos].
Was ich höre ist außerordentlich, was Du sagst ist außerordentlicher, was der Vater sagt ist am außerordentlichsten.	O que ouço (spr. oiço) é extraordinario, o que tu dizes é mais extraordinario, o mais extraordinario é o que diz o pai.
Dieses Buch ist hübsch, jenes ist hübscher, das meinige ist das hübscheste von allen.	Este livro é bonito, aquelle é mais bonito, o meu é o mais bonito de todos.

B. Der Superlativ (höchste Stufe), der im Deutschen durch die Endung —st —est ausgedrückt wird, lautet im Portugiesischen wie der Komparativ, um ihn zu bilden, setzt man mais oder menos vor das Wort, das gesteigert werden soll. Der Portugiese braucht keine besondere Form für den Superlativ, weil er entweder hinzudenkt: als die andern, oder ausdrücklich sagt: von allen.

Meine Flinte ist hübsch, Deine ist hübscher, die seine ist die schönste von allen.	A minha espingarda é bonita, a tua é mais bonita, a sua é a mais linda de todas.
Wer ist der reichste Kaufmann Lissabons?	Quem é o negociante mais rico de Lisboa?

Der Kaufmann, welcher heute mit mir zu Mittag speist, ist der reichste von allen.

O commerciante, que janta hoje commigo, é o mais rico de todos.

Ich schreibe wenig, mein Bruder schreibt weniger, der Onkel aber schreibt am wenigsten, d. h. ist derjenige, welcher am wenigsten schreibt.

Eu escrevo pouco, meu irmão escreve menos, o tio é aquelle que escreve menos.

Derjenige, welcher ...
Derjenige, welchem ...
Derjenige, von welchem ...

O, que ... Aquelle, que ...
O, a quem ... Aquelle, a quem.
O, de quem ... de que ...
Aquelle, de quem ...

C. Der im Französischen unentbehrliche Artikel beim Superlativ bleibt oft weg im Portugiesischen. — Wenn der Satz, welcher den Superlativ enthält, einem andern entgegengesetzt ist, der einen Komparativ enthält, so schiebt man gern die Wendung: ist derjenige, welcher, von welchem, welchen u. s. w. zwischen das Subjekt und das Zeitwort, wenn dieses nicht schon ser ist. — Eine Wiederholung des Artikels, um den Komparativ vom Superlativ zu unterscheiden, darf nicht, wie im Französischen, stattfinden.

Ich liebe meinen Vater, ich liebe meine Schwester mehr, ich liebe meine Mutter am meisten, d. h. meine Mutter ist diejenige, welche ich am ...

Gosto de meu pai, gosto mais de minha irmã, minha mãe é a de quem gosto mais.

Der Nachbar hat ein hübsches Haus, der Kaufmann hat ein hübscheres, Ihr Bruder (ist derjenige, welcher) hat das hübscheste.

O visinho tem uma bonita casa, o negociante tem uma casa mais bonita, o irmão de vm^cê. é o que tem a mais bonita de todas.

Ich gebe ihm gerne Geld, ich gebe es Ihnen lieber, aber meiner Mutter (meine Mutter ist diejenige, welcher) gebe ich es am liebsten.

Gosto de lhe dar dinheiro, gosto mais de da-lo a vm^cê., mas minha mãe é aquella a quem gosto mais de da-lo.

Besser. Bester, e, es, am besten.
Schlechter. Schlechtester, e, es, am schlechtesten.
Der (die) **bessere** (beste).
Der (die) **schlechtere** (schlechteste).
Die besseren (besten).
Die schlechteren (schlechtesten).
Dieser Wein ist gut, der eurige ist noch besser, der unsrige ist der beste.

Melhor.
Pelor, peor.
O (a) melhor.
O (a) pelor.
Os (as) melhores.
Os (as) peiores.
Este vinho é bom, o vosso é melhor ainda, o nosso é o melhor de todos.

Er schreibt gut, Du schreibst besser, er schreibt am besten.

Elle escreve bem, tu escreves melhor, elle é o que escreve melhor.

Wer hat schönere Hüte, als wir haben..., d. h. wer hat schönere Hüte, als die unsrigen (sind)?

Quem tem chapéos mais bonitos do que os nossos?

Ich habe ein besseres Pferd als mein Bruder, d. h. als das meines Bruders.

Tenho um cavallo melhor do que o de meu irmão.

D. Wo sich der Deutsche hinter als aus dem Satzanfang haben ergänzt, denkt der Portugiese ist, sind u. dgl. hinein und setzt den Artikel mit dem Genitiv oder ein Besitzfürwort statt des deutschen Nominativs. Hinter einem bloßen mais oder menos geht das nicht an.

Accus. **Den meisten. Die (das) meiste.**	**Mais.**	
Am meisten.		Im Accusativ ohne Artikel.
Accus. **Den wenigsten. Die (das) wenigste.**	**Menos.**	
Am wenigsten.		

Wer hat das meiste Geld?

Quem é que tem mais dinheiro?

Wer hat mehr Geld als ich?

Quem é que tem mais dinheiro do que eu?

Ich habe mehr Geld als Du, aber der Franzose hat das meiste.

Tenho mais dinheiro do que tu, mas o Francez é aquelle que tem mais.

Ich habe viele Ringe, Du hast weniger, der Russe hat am (die) wenigsten.

Tenho muitos anneis, tu tens menos, o Russo é o que tem menos.

Je — desto.

Quanto — tanto (tanto kann ausfallen).

Je mehr — desto mehr.
Je mehr — desto weniger.

Quanto mais — (tanto) mais.
Quanto mais — menos, tanto menos.

Je weniger — desto mehr.

Quanto menos — (tanto) mais.

Je mehr er studiert, desto mehr lernt er.

Quanto mais estuda, (tanto) mais aprende.

Je später er kommt, desto weniger lernt er.

Quanto mais tarde vem, menos aprende.

Je weniger ich trinke, desto weniger Durst habe ich.

Quanto menos bebo, tanto menos estou com sêde.

Gehören (Wem?).

Ser de...

Wem gehört dieser Hut?
Wessen Hut ist dieser?
Er gehört meinem Bruder.

De quem é este chapéo?
Cujo chapéo é este?
É de meu irmão.

E. Der Deutsche fragt: Welcher Mann ist das? Welche Frau ist das? Welche Kinder sind das? Ist das der Mann? Der Portugiese fragt: Welcher Mann ist dieser? Welche Frau ist diese? Welche Kinder sind diese? Ist dieser Mann?

Wem gehört dieser Besen?	De quem é esta vassoura? (spr. vassoira).
Er gehört mir (d. h. er ist mein).	É minha.
Welches Pferd ist das?	Que cavallo é este?
Es ist das meines Nachbarn.	É o do meu visinho.
Ist das die Gefälligkeit, welche Sie mir erweisen wollen?	É este o favor, que me quer fazer?
Ich will Ihnen gar keine Gefälligkeit erweisen.	Não quero fazer-lhe favor nenhum.

Aufgaben.

91.

Wem gehört dieses Buch? — Es gehört mir. — Wem gehört dieser Hut? — Er gehört meinem Bruder. — Sind Sie größer (höher) als ich? — Ich bin größer als Sie. — Wer ist der größte von den beiden Brüdern? — Einer ist so groß wie der andere. — Ist Dein Hut so hübsch, wie der meines Vaters? — Nein, er ist viel hübscher. Aber der meines Bruders ist der hübscheste. — Sind die Kleider der Italiener so schön, wie die der Spanier? — Nein. Die der Spanier sind viel schöner. Aber die schönsten sind die der Altspanier. — Haben die Engländer schöne Pferde? — Ja, doch die der Portugiesen sind ebenso schön, wie die der Engländer. Die der Araber jedoch sind die schönsten von allen. — Ist der griechische Kaufmann dieses Jahr glücklich in seinen Geschäften? — Ja, er ist glücklich. Aber der deutsche Kaufmann ist glücklicher und der Engländer ist der glücklichste (afortunado) von allen. Jeden Tag laufen seine Schiffe aus und ein (entrar e sahir). Es ist eine Freude sie zu sehen. — Wer hat das schönste Haus? — Mein Vater hat ein hübsches Haus, ich habe ein schöneres, allein meine Schwester hat das schönste von allen.

92.

Haben Sie so viele Pferde wie ich? — Ich habe so viele wie Sie. — Hast Du viele Diener? — Ich habe so viele

Diener wie ich will. Die Diener meines Vaters sind auch die meinigen. — Was ziehen Sie vor, die Hitze oder die Kälte? — Die Hitze ist für mich unerträglich, aber die Kälte noch viel unerträglicher. — Wer hat mein Messer und meinen Kamm? — Sie sind unerträglich. Niemand hat sie. — Ist Ihr Onkel nicht ein sonderbarer Mensch? — Doch, aber meines Onkels Vater ist noch viel sonderbarer. Der sonderbarste von allen ist der russische Kaufmann. — Wer liest mehr Bücher, Sie oder Ihre Schwester? — Ich lese viele Bücher, meine Schwester liest deren mehr, aber mein Vater ist derjenige, welcher deren am meisten liest. — Wer hat den schönsten Garten, Du oder unser Arzt? — Ich habe einen schöneren Garten als er. — Was machen die Zimmerleute? — Die einen arbeiten nicht, die andern trinken Wein; es ist eine Schande. — Wer hat den besten Thee? — Der Engländer hat guten Thee, der Holländer hat besseren, doch der Spanier hat den besten. — Haben Sie guten Zucker? — Ja. Der Kaufmann hat guten Zucker, aber er ist doch nicht so gut wie der meinige.

93.

Sind Ihre Kinder krank? — Ja. Mein Töchterchen ist krank, mein Knabe ist kränker und die Mutter ist auch sehr unwohl. — Wer hat mehr Bücher, wir oder die Franzosen? — Die Franzosen haben deren mehr als wir. — Haben Sie eine neue Flinte? — Ja, aber sie ist nicht so gut wie die alte. — Wer hat die besten Flinten? — Des Hauptmanns Flinten, die unsrigen, und die meines Onkels sind gewiß die besten. — Wissen Sie, mein Herr, wieviel Uhr es ist? — Nein, mein Herr, ich weiß es nicht. — Kehrt Ihr Diener die Zimmer so oft wie der meinige? — Er kehrt sie zweimal jeden Tag. — Das ist viel. Mein Diener kehrt sie nicht so oft. — Wie kann ich die portugiesische Sprache gut lernen? — Das ist leicht. Sie müssen viel studieren. Je mehr Sie studieren, desto mehr lernen Sie, je weniger Sie studieren, desto unerträglicher ist das Studium dieser Sprache. — Ist dieser Mann reich? — Ja, aber je mehr Geld er hat, desto mehr Geld will er. — Was heißt [will sagen] das Sprichwort (adagio): Das Wasser giebt es, das Wasser trägt es fort? — Das heißt: Das Glück (fortuna) ist unbeständig [inconstante]. — Ist Ihre Frau krank? — Nein. Sie ist zu Hause. Je weniger sie ausgeht, desto mehr arbeitet sie. Sie läßt die Kinder nicht gern allein. — Sie hat recht.

Dreißigster Abschnitt. — Lição trigesima.

In der Absicht zu... Auf daß...
    Stellen, legen, setzen.
    Stecken, thun.

Afim de...
Pôr. Metter.
Metter. (Wohin? em.)

Ich setze, du setzest, er setzt, wir setzen, ihr setzet, sie setzen.

Ponho, pões, põe, pomos, pondes, poem.

Wo thust Du dieses Papier hin?

Onde mettes-tu este papel?

Ich lege es auf den Boden.

Ponho-o no chão.

Die Schuhe anziehen; die Stiefel anziehen.

Calçar os çapatos; calçar as botas.

Die Handschuhe anziehen.

Calçar as luvas.

Das Hemd anziehen.

Pôr a camisa.

Den Rock anziehen.

Pôr a sobrecasaca. Vestir a sobrecasaca.

Sich anziehen, sich kleiden, sich ankleiden.

Vestir-se.

Setzen Sie Ihren Hut auf?

Põe o seu chapéo?

Ich setze ihn nicht auf.

Não o ponho.

Ziehen Sie Ihre Handschuhe an?

Calça os seus çapatos?

Wir ziehen sie an.

Nós os calçamos.

Was machen Ihre Brüder?

Que fazem seus irmãos?

Sie ziehen sich an, in der Absicht, auszugehen.

Vestem-se com o fim de sahir.

Wollen Sie die Güte haben Ihren Rock anzuziehen?

Quer ter a bondade de vestir a sua sobrecasaca?

Ich will ihn anziehen, in der Absicht, zu sehen, wie er mich kleidet.

Vou pô-la para vêr como ella me veste.

A. Für die Handschuhe, die Fußbekleidung anlegen, sagt man immer calçar, für die übrigen Kleidungsstücke pôr und vestir.

Die Tasche.
Die Brieftasche.

A algibeira (spr. algibéira).
A carteira (spr. cartéira).
A pasta.

Die Strümpfe.
Warten.

As meias (spr. méias).
Esperar.

Den Durst löschen (töten).	Matar a sêde.
Den Hunger stillen (töten).	Matar a fome.
Das Almosen.	A esmola.
Betteln.	Pedir esmola.
Wollen Sie noch lange warten?	Ainda quer esperar muito tempo?
Nein, ich bin des Wartens müde.	Não, estou farto de esperar.
Zu.	**Muito** (abgekürzt **mui**), **demasiadamente, demais.**
Zu früh.	Muito cedo. Demasiadamente cedo. Cedo demais.
Zu spät.	Muito tarde. Demasiadamente tarde. Tarde demais.
Zu groß.	Muito grande. Demasiadamente grande. Grande demais.
Zu klein.	Muito pequeno. Demasiadamente pequeno. Pequeno demais.
Nicht zu viel.	**Não muito.**
Zu wenig.	**Muito pouco, mui pouco.**
Ich gehe frühe ins Konzert.	Vou cedo ao concerto.
Ich gehe früher ins Konzert als Sie.	Vou mais cedo ao concerto, do que vm.cê

B. Im deutschen Satze stehen die Umstandswörter der Zeit gewöhnlich vor dem Satzglied, welches den Ort ausdrückt. Im Portugiesischen ist es bei bestimmten Zeitangaben (hoje, amanhã) umgekehrt, bei unbestimmten (cedo, tarde) kann eine Ortsbestimmung, besonders in Fragen, nachstehen (selten jedoch alli und aqui). Nur trennt man die Vergleichungswörter nicht gerne.

Sie sprechen zu viel.	Falla muito. Falla demais.
Ich spreche nicht zu viel.	Não fallo muito. Não fallo demais.
Ich gehe später aus als Sie.	Saio mais tarde, do que vm.cê
Geht Ihr Vater früher dahin als ich?	Seu pai vai alli mais cedo do que eu?
Er geht zu frühe hin.	Vai alli muito cedo.
Lieber.	**Antes.**
Lieber will ich sterben als mein Geld verschenken.	Antes quero morrer do que dar o meu dinheiro.
Lieber will ich allein leben als in Ihrem Hause.	Antes quero viver só do que na sua casa.
Das Sprichwort.	O adagio (spr. adágio).
Der Bettler.	O mendigo.

Die Kunst.	A arte.
Der Betrug. Betrügen.	O engano. Enganar.
Irren.	Enganar-se.
Was sagt das Sprichwort?	Que diz o adagio?
Es sagt: Mit Kunst und mit Betrug lebt man ein halbes Jahr; mit Betrug und mit Kunst lebt man den andern Teil [des Jahres].	Diz: Com arte e com engano se vive meio anno; com engano e com arte se vive a outra parte.

C. Das deutsche „man" wird im Portugiesischen sehr oft durch eine Wendung mit dem Fürwort „se" ausgedrückt.

Was ist ein Almosen?	Que é uma esmola?
Es ist das, was man den Bettlern giebt.	É o que se dá aos mendigos.
Können Sie mir einige Sprichwörter sagen?	Póde me dizer alguns adagios?
Ja. Von der Hand zum Mund verliert man die Suppe.	Sim. Da mão á bocca se perde a sopa.
Es giebt keinen bessern Spiegel als der alte Freund.	Não ha melhor espelho, que o amigo velho.
Wer, wenn er kann, nicht will, wenn er will, kann er nicht.	Quem, quando póde, não quer, quando quer, não póde.
Man sagt von ihm nichts Gutes.	Não se falla, não fallão bem delle.

D. Das deutsche man wird auch noch durch die dritte Person der Mehrheit des Zeitworts ausgedrückt.

Bringt man mir mein Geld heute?	Me trazem o meu dinheiro hoje?
Man bringt es eben jetzt.	Trazem-no agora mesmo.
Was sagt man von meinem Freunde?	Que se-diz, que dizem do meu amigo?
Man spricht nicht von ihm.	Não se falla, não fallão delle.
Was sagt man von meinem Hause?	Que se diz, que dizem da minha casa?
Wer ein Haus am Markt hat, hat mehr Feinde als Freunde.	Quem tem casa na praça, tem mais inimigos do que amigos.

Aufgaben.

94.

Ziehen Sie einen andern Rock an, um ins Theater zu gehen? — Ja, ich ziehe einen andern an. — Ziehen Sie Ihre Handschuhe an, ehe Sie Ihre Schuhe anziehen? — Ich ziehe meine Schuhe an, ehe ich meine Handschuhe anziehe. — Setzt Ihr Bruder seinen Hut auf, bevor er seinen Rock anzieht? — Er zieht seinen Rock

an, ehe er seinen Hut aufsetzt. — Was ziehen unsere Kinder an,
um zu ihren Freunden zu gehen? — Sie ziehen ihre neuen
Kleider an und setzen ihre Hüte auf. — Was ziehen unsere
Kinder an? — Sie ziehen ihre Röcke und ihre Handschuhe an.
— Sprechen Sie schon spanisch? — Ich spreche es nicht, aber
ich fange an es zu lernen. — Reist Ihr Vater schon ab? —
Er reist noch nicht ab. — Um wieviel Uhr reist er ab? — Er
reist um zehn Uhr ab. — Frühstückt er, ehe er abreist? — Er
frühstückt und schreibt seine Briefe, ehe er ausgeht. — Geht er
früher aus als Sie? — Ich gehe früher aus als er. — Gehen
Sie so oft ins Theater wie ich? — Ich gehe so oft hin wie
Sie. — Fangen Sie an diesen Mann kennen zu lernen? — Ich
fange an ihn kennen zu lernen. — Frühstücken Sie zeitig? —
Wir frühstücken nicht spät. — Geht der Engländer früher ins
Konzert als Sie? — Er geht später hin als ich. — Um wieviel
Uhr geht er hin? — Er geht um halb elf hin.

95.

Gehen Sie nicht zu früh ins Theater? — Ich gehe noch
nicht fort. — Schreibe ich zu viel? — Sie schreiben nicht zu
viel, aber Sie sprechen zu viel. — Spreche ich mehr als Sie?
— Sie sprechen mehr als ich und mein Bruder. — Wollen Sie
meinen Wagen oder den meines Freundes? — Ich ziehe Ihren
Wagen vor, denn er ist besser als der Ihres Freundes. —
Kaufen Ihre Freunde nicht zu viel Weizen? — Sie kaufen
nur wenig. — Haben Sie Brot genug? — Ich habe nur wenig,
aber genug. — Ist es schon spät? — Es ist noch nicht spät. —
Welche Zeit ist es? — Es ist ein Uhr. — Ist es zu spät um zu
Ihrem Vater zu gehen? — Es ist nicht zu spät um zu ihm zu
gehen. — Wollen Sie mit mir zu ihm gehen? — Ich gehe mit
Ihnen. — Wo ist Ihr Vater? — In seiner Schreibstube. — Kauft
der Spanier ein Pferd? — Er kann keins kaufen. — Ist er nicht
reich? — Er ist reicher als Sie. — Wie viele Sprachen spricht
Ihr Bruder? — Er spricht deren sechs oder sieben.

96.

Was sagt man von meinem neuen Schiffe? — Man spricht
nicht davon. — Gehen Sie heute zu Ihrem Onkel? — Nein, man

liebt (sie lieben) mich nicht in jenem Hause. — Gehen Sie heute ins französische Theater? — Nein, man spricht (sie sprechen) diese Sprache so schlecht im Theater, daß ich sie nicht hören will. — Was giebt man (giebt sich) dem Diener? — Man giebt ihm (sie geben ihm) oft nicht mehr als ein Pfund jeden Monat. — Was trinkt man (sich) um den Durst zu löschen? — Man trinkt Wein mit Wasser. — Was ißt man um den Hunger zu stillen? — Man ißt Fleisch, Schinken, Brot und alles was den Hunger stillen kann. — Was bringt mir der Schneider? — Er bringt Ihnen die seidenen Strümpfe. — Was giebt man dem Bettler? — Ein Almo= sen. — Was thun die Bauern? — Sie betteln. — Was machen sie mit dem Geld? — Sie stecken es in die Tasche. — Wollen Sie die Güte haben, mir mein Geld heute noch zu schicken? — Das ist nicht möglich. Ich habe nur einen Diener, und dieser ist heute nicht zu Hause. Ich kann Ihnen Ihr Geld heute nicht schicken. Aber morgen früh um sechs Uhr kommt mein Diener zurück. Ist es nicht zu früh? Sind Sie um diese Stunde[n] nicht noch im Bette? — Nein. Ich stehe um sechs Uhr auf. — Gut. Ich schicke Ihnen Ihr Geld um sieben.

Einunddreißigster Abschnitt. — Lição trigesima primeira.

Mittelwort der Vergangenheit. — Participio perfeito oder passivo.

A. Das Participio perfeito wird vom Presente do Indicativo gebildet, indem man der Wurzel folgende Endungen anhängt: für I. —**ado**, für II. —**ido**, für III. —**ido**.

1. Ich liebe.	Geliebt.	Amo.	Amado.
Ich spreche.	Gesprochen.	Fallo.	Fallado.
Ich kaufe.	Gekauft.	Compro.	Comprado.
2. Ich verkaufe.	Verkauft.	Vendo.	Vendido.
Ich esse.	Gegessen.	Como.	Comido.
Ich trinke.	Getrunken.	Bebo.	Bebido.
3. Ich reise ab.	Abgereist.	Parto.	Partido.
Ich klatsche Beifall.	Beifall geklatscht.	Applaudo.	Applaudido.
Ich teile.	Geteilt.	Divido.	Dividido.

Hilfswörter.

| Ich habe. | Gehabt. | Tenho. | **Tido.** |
| Ich bin. | Gewesen. | Sou. | **Sido.** |

B. Durch Verbindung des Hilfswortes ter mit dem Participio perfeito wird die vollendete Gegenwart oder das Perfektum gebildet; es wird Preterito perfeito composto genannt.

Ich habe geliebt. Du hast gesprochen.	Tenho amado. Tens fallado.
Er hat verkauft. Sie hat verkauft.	Tem vendido. Ella tem vendido.
Wir haben gegessen. Ihr habt getrunken.	Temos comido. Tendes bebido.
Sie haben empfangen.	Tem recebido.
Sie (Herr) haben geteilt.	Vmcê. tem dividido.
Er ist ausgegangen.	Tem sahido.
Wir sind ausgegangen.	Temos sahido.

C. An dem letzten Beispiel ist zu sehen, wie der Portugiese selbst bei ziellosen Zeitwörtern (Neutra, Intransitiva), bei welchen im Deutschen sein steht, doch ter gebraucht, und nicht ser, zur Bildung des Preterito perfeito composto.

Gewesen sein.	Ter sido.
Ich bin gewesen.	Tenho sido.
Ich bin geliebt worden.	Tenho sido amado.
Wir sind empfangen worden.	Temos sido recebidos.

D. Mit einem Mittelwort der Vergangenheit, Participio perfeito, verbunden, bedeutet tenho sido das deutsche bin... worden als vollendete Gegenwart der Leideform oder des Passivums: Preterito perfeito composto do Passivo.

Das von ter abhängige Mittelwort ist unveränderlich, wenn es zur Bildung der zusammengesetzten Zeiten zielender und zielloser Zeitwörter gebraucht-wird; die alte Sprache weicht in dieser Hinsicht von der neueren ab. Das von ser abhängige Mittelwort richtet sich nach dem Subjekt (Nominativ) des Satzes.

Sie sind getötet worden.	Tem sido matados.
Gehabt haben.	Ter tido.
Ich habe gehabt.	Eu tenho tido.
Sein (sich befinden). Gewesen.	Estar. Estado.

Gehen. Ich gehe. **Gegangen.**	Ir. Vou. **Ido.**
Du bist gewesen (hast dich befunden).	Tu tens estado.
Wir sind gegangen.	Nós temos ido.
Ich bin mit Schreiben beschäftigt gewesen.	Tenho estado escrevendo.
Ich bin mit Schreiben lange Zeit beschäftigt gewesen.	Tenho estado escrevendo muito tempo.

E. Der Dativ und der Accusativ der persönlichen Für=wörter treten in den zusammengesetzten Zeiten entweder vor das Zeitwort oder zwischen das Hilfswort und das Mittelwort. Am häufigsten stehen sie vor dem Zeitwort.

Wer hat meinen Vater gerufen?	Quem tem chamado a meu pai?
Niemand hat ihn gerufen.	Ninguem o tem chamado.
Man hat mir gesagt.	Tem-me dito.
Ich rufe. Gerufen.	Eu chamo. Chamado.
Ich sage. Gesagt.	Eu digo. **Dito.**
Man hat gerufen.	Tem chamado.
Man hat gesagt.	Tem dito.
(Je.) **Einmal.**	**Uma vez.**
Je. Jemals.	**Jamais.**
Nie. Niemals. Noch nie.	Nunca. Não … **jamais.**

F. Nunca verneint an sich, jamais verlangt não, wenn es verneinen soll. Bisweilen vereinigt man nunca jamais zu einem kräftig verneinenden Ausdruck.

Nein! niemals. In meinem Leben nicht.	Nunca jamais.
Sind Sie einmal auf einem Ball gewesen?	Tem estado uma vez num baile?
Sind Sie je auf einen Ball ge=gangen?	Tem ido uma vez a um baile?
Ich bin noch nie dort gewesen.	Nunca tenho estado alli.
Ich bin noch nie hingegangen.	Nunca tenho ido alli.
Ich habe es nie gesagt.	Nunca o tenho dito. Não o tenho dito jamais.
Dieser Mensch hat mich nie geliebt.	Este homem nunca me tem amado.
Ich will Dich gar nie lieben.	Não quero nunca amar-te.
Sind Sie schon im Theater gewesen?	Já tem estado no theatro?
Ich bin schon im Theater gewesen.	Já tenho estado no theatro.
Ich bin noch nicht im Theater ge=wesen.	Ainda não tenho estado no theatro.
Ich bin noch nie im Theater gewesen.	Nunca tenho estado no theatro.
Ich bin einmal im Theater gewesen.	Tenho estado uma vez no theatro.

Ich bin einmal ins Theater gegangen.	Tenho ido uma vez ao theatro.
Ich bin nur einmal im Theater gewesen.	Tenho estado só uma vez no theatro.
Wo sind Sie diesen Morgen gewesen?	Onde tem estado esta manhã?
Ich bin im Garten gewesen.	Tenho estado no jardim.
Wo bist Du gewesen?	Onde tens-tu estado?
Ich bin bei meinem Bruder gewesen.	Tenho estado em casa de meu irmão.
Er ist im Magazin gewesen.	Tem estado no armazem.
Ist er so früh nach Hause gegangen wie ich?	Tem ido á casa tão cedo, como eu?
Er ist früher nach Hause gegangen als Sie.	Tem ido á casa mais cedo, do que vm^{ce}.
Gehen Sie irgendwo hin?	Vai a alguma parte?
Jetzt gehe ich nirgends hin. Ich bleibe zu Hause.	Não vou a parte alguma. Fico em casa.

Aufgaben.

97.

Was hast Du getrunken? — Ich habe ein Glas Bier getrunken. — In wessen Hause hast Du gespeist? — Im Hause meines Freundes habe ich gespeist. — Wo bist Du gewesen? — Ich bin auf dem Markte gewesen. — Was hast Du dort gekauft? — Ich habe nichts gekauft. — Ist Ihr Bruder nach dem Hafen gegangen? — Nein, er ist nach dem Markte gegangen. — Was haben Sie gesagt? — Alles, was wir gesagt haben, haben wir schon einmal Ihrem Bruder gesagt. — Schämen Sie sich nicht, es gesagt zu haben? — Wir schämen uns nicht, es gesagt zu haben. — Haben Sie recht gehabt oder nicht? — Ich habe recht gehabt. Aber man liebt den nicht, welcher recht hat. — Sind Sie in meinen Zimmern gewesen? — Ich bin nicht in Ihren Zimmern gewesen, sondern in dem Zimmer Ihres Bruders. — Was haben Sie meinem Bruder gesagt? — Ich habe nicht mit Ihrem Bruder gesprochen, sondern mit Ihrer Schwester. — Ist mein Bruder nicht zu Hause gewesen? — Ich kann es nicht sagen, aber ich habe nicht mit ihm gesprochen. — Haben Sie ein Pferd gekauft? — Ich habe Lust gehabt zwei Pferde zu kaufen. Allein die Bauern haben nicht ein einziges gutes Pferd gehabt. — Wem haben Sie Ihr Haus verkauft? — Ich habe es nicht verkauft. Wollen Sie es kaufen? — Ich? Kann ich ein Haus kaufen? Ich habe nicht Geld genug, um ein Haus zu kaufen. — Bist Du im Theater gewesen? — Ja. — Hast Du Beifall geklatscht? — Nein. — Bist Du im Garten gewesen? — Ja. Nach dem Essen habe ich eine Cigarre geraucht und meinen Kaffee getrunken.

98.

Sind Sie heute zu Hause? — Nein, ich gehe aus. — Bin ich in Ihrem Zimmer gewesen oder in dem Ihres Freundes? — Ich weiß es nicht. — Haben Sie meinen Brief empfangen? — Ich habe ihn nicht empfangen. Haben Sie mir einen Brief geschickt? — Ja, ich habe Ihnen drei Briefe geschickt, aber Sie haben mir nie geantwortet. — Wo sind Sie gewesen? — Ich bin im Konzert gewesen. — Haben die Bauern ihr Getreide verkauft? — Sie haben noch nicht alles verkauft. Wollen Sie einige Säcke kaufen? — Nein, ich habe schon sechs Säcke gekauft. — Wie haben Sie geschlafen? — Ich habe ziemlich gut geschlafen, und Sie? — Ich kann nur in meinem Bette gut schlafen. — Wo haben Sie heute zu Mittag gegessen? — Ich habe heute mit meinem Bruder zu Mittag gegessen. Gestern habe ich mit meinem Vater zu Abend gegessen. — Wollen Sie mit mir frühstücken? — Nein, ich habe schon gefrühstückt. — Wo ist Ihr Vater hingegangen? — Er ist nach dem Warenlager gegangen. — Ist der Arzt, welchen ich habe rufen lassen, schon zurückgekehrt? — Nein. Er kehrt erst in einer Stunde zurück. — Wo sind Sie gewesen, in meinem Garten oder in dem meines Vaters? — In dem Ihrigen. — Wo ist Ihr Bruder hingegangen? — Er ist ins italienische Theater gegangen. Wollen Sie auch hingehen? — Ich kann nicht, ich habe keine Zeit.

99.

Willst Du nie Deine Aufgaben lernen? Willst Du nie, wie andere Knaben, eine Sprache gut sprechen lernen? Willst Du nie einen Brief schreiben lernen? — Ja, ich will das alles. Aber wie kann ichs thun? Mein Vater giebt mir kein Geld, um Bücher zu kaufen. — Bist Du schon zu Deinem Bruder gegangen? — Noch nicht. Aber in einer Viertelstunde gehe ich. — Haben Sie schon Ihren Thee genommen? — Noch nicht, es ist noch sehr früh. — Nein, es ist nicht mehr früh. Wissen Sie wieviel Uhr es ist? — Es kann etwa zehn Uhr sein. — Nein, es ist viel

später. Es ist halb elf Uhr. — Ist der Diener schon zurückge=
kommen? — Ja. Er ist schon über eine Stunde zu Hause. —
Was hat er auf dem Markte gekauft? — Er hat vieles gekauft,
Hühner, Brot, Wein, Bier, Thee und Zucker. — Wie oft habe
ich Dir schon gesagt, nicht so viele Worte zu machen? — Ich
spreche sehr wenig. Aber Sie scheinen krank zu sein. Haben
Sie Kopfschmerzen? — Ich habe keine Kopfschmerzen, aber Du
sprichst zu viel. Hörst Du? — Ich will (werde) weniger sprechen.
—Bist Du je in meinem Garten gewesen? — Ich war nie darin.
—Hast Du je mit meiner Schwester gesprochen? — Ich habe nie
mit ihr gesprochen. — Hat der Kaufmann je die Wahrheit ge=
sagt?—Es ist wahr, er hat sie nie gesagt.— Wer ruft?—Der
Diener hat gerufen.— Bist Du heute früh oder spät nach Hause
zurückgekehrt? — Ich bin sehr früh zurückgekehrt. Ich bin ge=
rufen worden. — Wollen Sie mir Ihr Pferd verkaufen? — Es
ist nicht mehr möglich. Es ist vorgestern getötet worden. —
Kann ich Ihre hübsche Flinte sehen? — Ich habe sie nicht
mehr. Sie ist gestern verkauft worden.

Zweiunddreißigster Abschnitt. — ·Lição trigesima segunda.

Vorhanden sein, stattfinden.	Haver.
Es findet statt, es ist, es sind, es giebt.	Ha. (Französ. il y a.)
Es hat gegeben, stattgefunden.	Tem havido.

A. Das Mittelwort havido wird mit dem Hilfszeitwort
ter verbunden, um die zusammengesetzten Zeiten zu bilden.
Ich habe gehabt heißt tenho havido oder tenho tido,
nie aber hei havido.

(Die) Leute. (Denke: das Volk.)	A gente.
Feiern, (ein Fest) halten.	Celebrar.
Ein Fest feiern.	Fazer uma festa. Celebrar uma festa.
Der Geburtstag.	O dia de annos.
Gute Leute.	Boa gente.
Heute ist sein Geburtstag.	Hoje faz annos.
Wie alt sind Sie heute (am Ge= burtstag)?	Quantos annos faz hoje?

Leute. — Drei Leute. Die Person.
　Es giebt Leute.
　Es giebt Menschen.
Es giebt Leute, die nie ihren Ge-
　burtstag feiern.
Es giebt Menschen, die alle Ge-
　burtstage feiern.
Es ist Ball. Es findet ein Ball statt.
Es hat ein Ball stattgefunden.
Einen Ball geben.
Es wird heute kein Geld gegeben.

Gente.—Tres pessoas. A pessoa.
Ha gente.
Ha pessoas. Ha homens.
Ha pessoas, que nunca celebrão
　o seu dia de annos.
Ha homens, que celebrão todos
　os dias de annos.
Ha baile.
Tem havido baile.
Dar um baile.
Não se dá dinheiro hoje.

B. Die leidende Form oder das Passiv wird häufig durch die thätige Form, das Aktiv, mit dem zurückbezieh=lichen se ausgedrückt, auch da, wo man das deutsche man nicht in Anwendung bringen kann.

Das Geld wird empfangen, d. h.
　das Geld empfängt sich. Man
　empfängt das Geld.
Die Messer werden verkauft, d. h.
　die Messer verkaufen sich. Man
　verkauft die Messer.
Wird heute Dein Geburtstag gefeiert?
Ist (hat es) heute Nacht Ball?
Es ist schon gestern gesagt worden.
Heute findet der Ball nicht statt.
Wann ist Ihr Geburtstag gefeiert
　worden?
Heute. Wir machen ein Fest.
Das Fest ist zu Ende.
　Kürzlich.
　Vor einiger Zeit; neulich.
　In kurzer Zeit.
Das Fest ist gestern gefeiert worden.
Es ist kürzlich gefeiert worden.
Man hat es neulich gefeiert.
Man will (wird) es in kurzer Zeit
　feiern.

Se recebe o dinheiro ober O
　dinheiro se recebe.

As navalhas vendem-se ober
　Vendem-se as navalhas.

Celebra-se o teu dia de annos hoje?
Ha baile esta noite?
Isto já hontem se tem dito.
Hoje não ha baile.
Quando se tem celebrado o seu
　dia de annos?
Hoje. Fazemos uma festa.
A festa se tem acabado.
Ha pouco. Ha pouco tempo.
O outro dia.
Daqui a pouco.
A festa se tem celebrado hontem.
Ella se tem celebrado ha pouco.
Se tem celebrado o outro dia.
Vai celebrar-se daqui a pouco.

C. Die Wiederholungszahlen werden im Portugiesischen im=mer durch vez ausgedrückt.

Einmal. Zweimal.
**Das erste Mal. Zum ersten
Mal.**
　Das vierte Mal.

Uma vez. Duas vezes.
**A primeira vez. Pela primeira
vez.**
　A quarta vez.

Im Tag, täglich.   No dia. Por dia.

Im Jahr, jährlich.   No anno. Por anno.

Im Monat, monatlich.   No mez. Por mez.

Alljährlich.   Todos os annos.

Wie viele Male täglich?   Quantas vezes no dia? por dia?

Wie viele Male monatlich?   Quantas vezes no mez? por mez?

Wie oft im Jahre?   Quantas vezes no anno? por anno?

Zuweilen. Manchmal.   Muitas vezes. As vezes.

Dann und wann.   De vez em quando.

Zuvor.   Antes.

Früher (hin).   Antes (de agora).

Ehemals. Vormals. Einmal.   Antigamente. Noutro tempo. Outrora.

Gehen Sie manchmal auf den Ball?   Vai ás vezes ao baile?

Ich gehe manchmal auf den Ball.   Vou ás vezes.

Heute gehe ich zum ersten Male ins Theater.   Hoje vou ao theatro pela primeira vez.

Haben Sie vormals keine Pferde gehabt?   Não tem tido cavallos antigamente?

Ich habe zuvor nie Pferde gehabt.   Antes nunca tenho tido cavallos.

Gehen Sie oft aus?   Sahe muitas vezes?

Ich gehe dann und wann aus.   Saio de vez em quando.

Die Wunde.   A ferida.

Schließen.   Fechar.

Die Wunden schließen sich nach und nach [oder die Wunden gehen sich schließend].   As feridas fechão-se pouco a pouco ou as feridas vão-se fechando.

Nach und nach.   Pouco a pouco.

Ich lerne meine Aufgabe nach und nach.   Aprendo a minha lição pouco a pouco, vou aprendendo a minha lição.

Aufgaben.

100.

Was hast Du in der Hand gehabt? — Meinen Bleistift. — Haben Sie meine Brieftasche gehabt? — Ich habe sie nicht gehabt. — Hast Du meinen Regenschirm gehabt? — Ich habe ihn nicht gehabt. — Habe ich Ihre Flinte gehabt, oder die Ihres Bruders? — Sie haben meine Flinte gehabt. — Kann es etwas Schöneres geben, als das, was Sie hier sehen? — Was ich hier sehe, ist in der That sehr schön. Allein es giebt Dinge, die noch viel schöner sind. — Was giebt es Neues in Ihrem Hause? —

Meiner Frau geht es besser und meinen Kindern auch. — Sind sie krank gewesen? — Ja; der Arzt hat mir gesagt, ich möchte keine Angst haben. Aber ich war doch ängstlich. — Welchen Arzt haben Sie gehabt? — Den meines Bruders. — Ist es ein guter Arzt? — Ja. — Ich habe Lust ihn auch rufen zu lassen; meine Schwester ist nicht wohl. — Hat Dein Bruder meinen eisernen Hammer gehabt? — Nein, er hat den des Nachbarn gehabt. — Wer hat meinen neuen Rock gehabt? — Der Diener hat ihn zum Schneider getragen. — Hat der Schuster meine Stiefel schon ausgebessert? — Noch nicht. Ich weiß nicht, ob (se) er sie noch ausbessern kann. Sie sind schon sehr alt. — Haben Sie dieses französische Buch schon einmal gehabt? — Ich habe es nie gehabt. — Haben Sie schon einmal eine Matratze von Baumwolle gehabt? — Nein. Aber ich habe heute eine Matratze gekauft. — Wollen Sie mir sie zeigen? — Mit vielem Vergnügen. Wollen Sie mit mir kommen? — Ja, ich will mit Ihnen gehen.

101.

Was hat der Maler gehabt? — Er hat schöne Gemälde gehabt. — Hat er sie nicht mehr? — Er hat sie verkauft. — Wer hat sie gekauft? — Der englische Kaufmann. — Kann ich sie in seinem Hause sehen? — Nein. Sie sind schon mit dem Schiffe nach England geschickt worden. — Wer hat es Ihnen gesagt? — Der Kaufmann. Ich habe gestern auf dem Markte mit ihm gesprochen. — Hat der Kaufmann schon Rauchtabak und Cigarren geschickt? — Nein. Ich will den Diener in den Kaufladen des Kaufmanns schicken, um Tabak zu holen. — Haben Sie noch Schnupftabak? — Nein. Der Diener hat ihn auf den Boden fallen lassen. — Wer hat mehr Geld gehabt, Sie oder Ihr Onkel? — Mein Onkel hat mehr Geld gehabt als ich. Aber ich habe ebensoviel Geld gehabt wie Ihr Bruder. — Was hat dieser Matrose getrunken? — Er hat Wein, Bier und Branntwein getrunken. — Haben Sie von dem Brot gehabt, welches ich meinem Gärtner geschickt habe? — Ja, er hat es mir geschickt. — Wollen Sie noch mehr? — Nein, ich esse es nicht sehr gern. Meiner Frau schmeckte es sehr gut. — Hast Du dem Maler schon den Tabak geschickt? — Nein. Er raucht nicht. — Willst Du mir von Deinem türkischen Tabak schicken? — Mit vielem Vergnügen. —

Was hat Ihnen der Arzt gesagt? — Er hat mir nichts Neues gesagt. — Hat der Kaufmann ehemals einen schönen Garten gehabt? — Vormals, ja. Aber heute ist er nicht mehr reich. Er hat zu viel getrunken und hat zu viel Geld dafür ausgegeben.

102.

Sind viele Leute im Theater? — Ich kann es nicht sagen, ich bin heute zum ersten Male im Theater gewesen. — Wie viele Leute sind in Ihrem Garten? — Höchstens zehn oder zwölf Personen. — Wie viele Personen haben bei Ihrem Vater zu Mittag gespeist? — Fünfundzwanzig. — Wie viele Personen speisen heute mit Ihnen zu Abend? — Mein Vater, mein Bruder, seine Frau, seine drei Kinder, meine Frau und ich; es sind im ganzen acht Personen. — Den wievielsten haben wir? — Wir haben den siebenten März. — Ist Ihr Bruder noch im Theater? — Nein, er ist nicht mehr im Theater. — Wann kommt Ihr Sohn aus England zurück? — In kurzer Zeit kommt er zurück. — Wann ist Ihr Geburtstag gefeiert worden? — Er ist neulich gefeiert worden. — Wie vielmal kommt das Schiff jährlich? — Es kommt zweimal jeden Monat. — Wie vielmal speist Ihr Vater zu Mittag mit Ihnen? — Dann und wann, aber nie mehr als drei- oder viermal monatlich. — Wann schreiben Sie Ihren Brief? — Heute nicht, der Finger schmerzt mich. — Haben Sie schon den Arzt holen lassen? — Nein, ich will ihn nicht holen lassen. — Haben Sie viele Pferde gekauft? — Nein, ich habe nur drei gekauft. Die andern sind noch nicht verkauft. Wollen Sie sie kaufen? — Nein, ich habe gestern fünfzehn gekauft; ich will nicht mehr kaufen.

103.

Wer ist zu Haus gewesen, Ihr Bruder oder meine Schwester? — Beide sind zu Haus gewesen. — Wie oft ist mein Rock schon ausgebessert worden? — Es ist eine Schande, er ist schon sechsundzwanzigmal ausgebessert worden. — Was sagen Sie? Es ist eine Schande? Und Ihre Schuhe? Sie sind so oft ausgebessert worden wie mein Rock. Der Schuster will sie nicht mehr ausbessern. — Wie viele Hühner sind heute geschlachtet worden? — Der Koch hat deren zehn geschlachtet und hat vor, deren noch fünf andere zu schlachten. — Was sagt man von dem schönen

Pferde, welches ich gekauft habe?—Man findet es sehr schön.—
Wer giebt am meisten Geld aus, Sie oder Ihr Bruder?—Ich
weiß nicht, wieviel Geld mein Bruder ausgiebt. — Was haben
Sie mir gestern gesagt? — Gestern habe ich kein Wort gesagt.
— Was sagt man von dem Balle, welchen meine Schwester
giebt? — Ist heute Ball? — Ja, Sie kommen auch? — Nein, ich
bin nicht wohl, ich bleibe zu Hause. — Haben Sie dem Arzt ein
Billet geschickt? — Ich schicke meinem Arzte nie ein Billet. —
Wer hat meinen goldenen Leuchter gehabt? — Niemand hat ihn
gehabt. — Wem haben Sie Ihre goldnen Knöpfe geschickt? —
Ich habe sie meinem Bruder geschickt. Er geht auf den Ball
heute Abend.— Gehen Sie mit ihm? — Nein, ich habe zu thun.
—Hat Sie zuweilen gehungert?—Es hungert mich nie, aber oft
dürstet mich. — Bin ich so früh wie Sie auf den Ball gegangen?
— Nein, ich bin früher gegangen als Sie.

Dreiunddreißigster Abschnitt.—Lição trigesima terceira.

Unregelmäßige Mittelwörter. — Participios irregulares.

Ich schreibe. Geschrieben.	Escrevo. **Escripto** oder escrito selten escrevido.
Ich thue. Gethan, gemacht.	Faço. **Feito.**
Ich setze. Gesetzt, gelegt.	Ponho. **Posto.**
Ich sehe. Gesehen.	Vejo. **Visto.**
Was haben Sie gethan?	Que tem feito?
Ich habe nichts gethan.	Não tenho feito nada.
Die Hosen.	As calças.
Ich bessere aus. Ausgebessert.	Componho. **Composto.**
Hat der Schneider die Hosen gemacht?	O alfaiate tem feito as calças?
Er hat sie gemacht.	Elle as tem feito.
Er hat sie fertig.	Elle as tem acabado.
Sie sind nicht fertig.	Não estão acabadas.
Er hat sie nicht gemacht.	Não as tem feito.
Hat der Schuster die Schuhe ausgebessert?	O çapateiro tem concertado os çapatos?
Sie sind ausgebessert.	Estão compostos, concertados.

A. Das „ist" ohne „worden" vor einem Mittelwort heißt
está. Nur wo es dasselbe bedeutet wie „wird", übersetzt man
es mit é oder besser noch durch eine aktive Wendung.

Er iſt geliebt. Er wird geliebt.	É amado beſſer amão-no.
Es iſt gethan. Es wird gethan.	É feito beſſer fazem-no ob. faz-se.
Er iſt geliebt worden.	Tem sido amado.
Es iſt gethan worden.	Tem sido feito.
Es iſt gethan. Es iſt fertig.	Está feito.
Haben Sie ihm das Geld gegeben?	Vm^{ce.} lhe tem dado o dinheiro?
Ich habe es ihm gegeben.	Eu lho tenho dado.

B. Die aktiven Wendungen (32. Abſchn. B.) ſind überhaupt den paſſiven vorzuziehen; der Portugieſe bedient ſich der leidenden Form viel ſeltener als der Deutſche.

Er iſt geſtraft worden.	Castigarão-no.
Es iſt im Theater San-Carlos ge-ſungen und getanzt worden.	Cantou-se e dançou-se no thea-tro San-Carlos.

C. Auch die einfache Form des Perfekts (cantou-se) iſt der zuſammengeſetzten (tem-se cantado), beſonders im erzählenden Stil, vorzuziehen. Die feinern Unterſchiede zwiſchen beiden Formen werden weiter unten erörtert.

Das (da). (Nicht ein vorhergehen-des Hauptwort bedeu-tend.) **Jenes.** **Dies.**	**Isso.** **Aquillo.** **Isto.**
Haben Sie mir das Sprichwort ge-ſagt?	Vm^{ce.} me tem dito o adagio?
Ich habe es Ihnen geſagt.	Eu lho tenho dito.
Hat er Ihnen das geſagt?	Elle lhe tem dito isso?
Er hat mir es geſagt.	Elle mo tem dito.
Hat er euch dieſes oder jenes geſagt?	Elle vos tem dito isto ou aquillo?
Er hat uns weder das eine, noch das andere geſagt.	Elle não nos tem dito nem uma, nem outra cousa.
Ich leſe. Geleſen.	Leio. Lido.
Ich trinke. Getrunken.	Bebo. Bebido.
Ich kenne. Gekannt.	Conheço. Conhecido.
Ein Bekannter. Eine bekannte Perſon.	Uma pessoa conhecida.
Welche Perſonen haben Sie geſehen?	Que pessoas tem visto?
Ich habe jene geſehen.	Tenho visto aquellas.
Haben Sie dieſe Leute gekannt?	Tem conhecido esta gente?
Ich habe ſie nie gekannt.	Nunca a tenho conhecido.
Haben Sie einige Matroſen geſehen?	Tem visto alguns marujos?
Ich habe keine Matroſen geſehen.	Não tenho visto marujos.
Ich habe nie einen Matroſen geſehen.	Nunca tenho visto um marujo.
Ich habe gar nie einen Matroſen geſehen.	Nunca jamais tenho visto um marujo.

Werfen. Wegwerfen.	Deitar.
Hinauswerfen.	Deitar fóra.
Beglückwünschen zu…	Dar os parabens de…
Der Glückwunsch.	Os parabens.
Die Ankunft.	A chegada.
Der Stein.	A pedra.
Besten Dank!	Muito obrigado.
Steine werfen. Mit Steinen werfen nach …	Deitar pedras. Atirar pedras. Atirar com pedras a…
Viele Glückwünsche zu Ihrer Ankunft.	Muitos parabens da sua chegada.
Ich beglückwünsche Sie zum heutigen Tage.	Dou lhe os parabens do dia de hoje.
Haben Sie das Buch zur Thüre hinausgeworfen?	Tem deitado o livro pela porta (fora)?

Ich bezahle.	**Bezahlt.**	Pago.	Pagado.	**Pago.**
Ich überliefere.	**Überliefert.**	Entrego.	Entregado.	**Entregue.**
Ich rette.	**Gerettet.**	Salvo.	Salvado.	**Salvo.**
Ich sättige.	**Gesättigt.**	Farto.	Fartado.	**Farto.**

D. Es giebt viele Zeitwörter, die ein regelmäßiges und ein unregelmäßiges Mittelwort haben. Als allgemeine Regel kann man feststellen, daß das regelmäßige Mittelwort mit ter, das unregelmäßige mit ser, estar, ficar, andar gebraucht wird. Doch erleidet diese Regel Ausnahmen. Der Bedeutung nach ist das unregelmäßige Partizip ein vollständiges Adjektiv geworden: fartado, gesättigt und farto, satt.

Ich habe zweihundert Pfund bezahlt.	Tenho pagado duzentas libras.
Ist dieses Buch schon bezahlt?	Já está pago este livro?
Es ist schon bezahlt.	Já está pago.
Haben Sie das Tuch abgeliefert?	Tem entregado o panno?
Es ist abgeliefert worden.	Fica entregue. Tem sido entregue.
Es ist (bleibt) abgeliefert.	Fica entregue.
Wer hat den Matrosen gerettet?	Quem tem salvado o marujo?
Der Matrose ist gerettet.	O marujo está salvo.
Er ist es satt zu essen, d. h. will nicht mehr essen.	Está farto de comer.
Zerstreuen. Zerstreut.	Distrahir. Distrahido.
Gehen. Gegangen.	Andar. Andado.
Er ist sehr oft zerstreut, wörtlich: er geht sehr oft zerstreut.	Anda muitas vezes distrahido.
Erklären. Erklärt.	Declarar. Declarado.
Es wird erklärt, wörtl.: es geht erklärt.	Vai declarado.

E. Um der leidenden Form mehr Nachdruck zu geben, braucht man manchmal, statt des Hilfszeitwortes ser, entweder ir oder andar.

Was giebt es Neues?	Que ha oder Que vai de novo?
Es wird Tag, wörtl.: es geht sich machend Tag.	Vai-se fazendo dia.
Es wird spät.	Vai-se fazendo tarde.
Es wird Nacht, wörtl.: es geht kommend die Nacht.	Vai-se chegando a noite.
Meine Arbeit geht zu Ende.	Vai-se acabando o meu trabalho.
Der Kranke nimmt ab.	Vai-se o doente.

Aufgaben.
104.

Was hat Ihnen Ihr Vater gesagt? — Er hat mit mir von meinem Bruder gesprochen. — Wer hat mit Ihnen von mir gesprochen? — Die Frau Ihres Bruders. Ich bin bei ihr zu Hause gewesen. — Was giebt es Neues? — Es giebt nichts Neues. — Haben Sie schon Ihre Briefe geschrieben? — Nein. Ich will sie eben jetzt schreiben. — Was haben Sie den ganzen Tag gethan? — Ich habe Briefe geschrieben. — Hat der Schneider meinen Rock schon gemacht? — Nein, er hat ihn noch nicht gemacht. — Hat der Schuster schon meine Schuhe ausgebessert? — Die Schuhe hat er schon ausgebessert, aber die Stiefel nicht. — Haben Sie Ihre Hosen schon angezogen? — Nein, noch habe ich nicht Zeit gehabt. — Haben Sie Ihre Handschuhe ausgezogen? — Ja, ich will sie nicht mehr. — Wer hat fertige (gemachte) Kleidungsstücke? — Der Schneider hat fertige Kleidungsstücke. — Hat Ihr Vater seinen Rock angezogen? — Er hat ihn angezogen. — Hat der Diener die Flinten in den Garten getragen? — Nein. Ich habe sie in den Garten getragen. Der Diener ist nicht zu Hause. — Ist der Brief schon geschrieben, welchen Sie nach dem Hause des irländischen Kaufmanns schicken wollen? — Nein, er ist noch nicht geschrieben. Ich habe keine Zeit gehabt. — Haben Sie meine Schwester schon gesehen? — Heute nicht. Gestern habe ich mit ihr gesprochen. — Ist Ihr Bruder schon hier? — Ja, hier kommt er. — Guten Tag, mein Herr, wie geht es Ihnen? Schon lange habe ich Sie nicht gesehen. Viele Glückwünsche zu Ihrer Ankunft!

105.

Mein Herr, hier ist Ihr Geld. Sind Sie zufrieden? — Ja, mein Herr, jetzt bin ich bezahlt und wir sind quitt (bezahlt). — Wer ist dieser Herr? — Es ist einer meiner Bekannten (Person meine Bekannte). — Was ist aus Deinem Geld geworden (gemacht)? Sind alle Deine Schulden bezahlt? — Der Schneider ist noch nicht bezahlt. Ich kann ihm kein Geld geben, denn ich habe nicht (einen) Bintem. — Mein Freund, habe ich Dir nicht vorgestern zwanzig Pfund gegeben? — Es ist wahr. Sie haben mir zwanzig Pfund gegeben. Aber wie kann ich mit diesem Geld alles bezahlen? Ich habe dem Kaufmann sechs Pfund gegeben, dem Schuster acht Pfund, dem Bäcker drei Pfund und dem Koch zehn Pfund. — Du sagst die Wahrheit nicht. Ich habe Dir nur zwanzig Pfund gegeben, und Du hast siebenundzwanzig ausgegeben? — Ja. Aber ich habe sieben Pfund von meinem Geld gegeben. — Woher hast Du sieben Pfund? — Mein Bruder hat sie mir gegeben. Er hat gestern einen Ochsen verkauft. — Sind Sie der Bruder dieses Knaben? — Ja, Herr. — Ist heute Theater? — Nein, heute ist Ball. — Sind Sie nicht sehr müde? — Nein, ich bin nicht viel gegangen heute. — Nicht? Sind Sie nicht zweimal nach dem Garten gegangen? — Ja, und ich bin auch zweimal nach Haus zurückgekehrt, aber das ist nicht viel. — An Ihrer Stelle, mein Herr, ist heute mein Vater nach der Schreibstube gegangen. — An meiner Stelle? Ich habe ihm nicht gesagt zu gehen. — Ist er noch in der Schreibstube? — Nein, er ist schon zurückgekehrt.

106.

Viele Glückwünsche zum Geburtstag Ihrer Gemahlin! Wie geht es ihr heute? — Besten Dank, ziemlich gut. — Wo ist der Brief? — In der Mappe. — Und wo ist die Mappe? — In der Schreibstube. Ich will Ihnen den Brief holen, wenn Sie wollen. — Nein, ich brauche ihn noch nicht. — Ich will erst einen andern schreiben. Wo ist mein Papier und mein Federmesser? — Alles ist in der Schreibstube. — Kannst Du mir das Sprichwort noch sagen, welches ich Dir gestern gesagt habe? — Ja, ich weiß es noch: das Wasser bringt es, das Wasser nimmt es fort. — Hat Ihr Bruder das Buch schon gelesen, welches ich ihm vorgestern geschickt habe? — Nein, er hat es noch nicht angefangen. — Haben Sie die Bücher, welche ich Ihnen geschickt habe? — Nein. Ihr Diener hat sie mir nicht abgeliefert. — Wo ist der Diener? — Hier ist er. — Hast Du die Bücher nicht in das Haus dieses Herrn getragen? — Nein. Sie haben mir nichts gesagt. — Du bist ein Dummkopf. Ich habe Dirs gestern gesagt. Aber ich weiß nicht, wo Du Deinen Kopf hast. Du kannst fortgehen. — Ist die Flinte abgeliefert worden? — Sie ist (bleibt) abgeliefert. — Wem hast Du sie gegeben? — Dem Herrn mit dem schönen Barte, wie Sie mirs gesagt haben. — Gut. Hier hast Du etwas Geld. — Ist mein Rock schon bezahlt? — Ja, ich habe ihn gestern bezahlt. Aber der Schuster begehrt Geld, die Stiefel sind noch nicht bezahlt. — Ich kann ihn jetzt nicht bezahlen. Ich habe kein Geld mehr. — Sind Sie müde? — Nein, ich bin zerstreut. Ich habe heute Briefe erhalten, welche mir nichts Gutes sagen. — Kannst Du mir heute noch ein portugiesisch-französisches Wörterbuch schicken? —Ja, ich kann Dirs schicken. — Wollen Sie mit mir nach Hause gehen? es wird spät. — Ich gehe noch nicht.

Vierunddreißigster Abschnitt.—Lição trigesima quarta.

Ich zünde an. **Angezündet.**	Accendo.	Accendido.	**Acceso.**
Ich lösche aus. **Ausgelöscht.**	Extinguo.	Extinguido.	**Extinto.**
Ich lösche. Gelöscht.	Apago.	Apagado.	
Ich öffne. **Geöffnet. Offen.**	Abro.	Abrido.	**Aberto.**
Ich kann. Gekonnt.	Posso.	Podido.	
Ich will. Gewollt.	Quero.	Querido.	
Ich komme. Gekommen.	Venho.	Vindo.	

Ist Ihr Vater fortgegangen?	Seu pai se tem ido?
Er ist fort.	Elle se tem ido.
Sind Ihre Freunde gekommen?	Seu amigos tem vindo?
Sie sind gekommen.	Tem vindo.
Sind die Leute zu Ihrem Vater nach Haus gekommen?	Os homens tem vindo á casa de seu pai?
Welche Feuer haben Sie gelöscht?	Que fogos tem apagado?
Welche Thüre steht offen?	Que porta está aberta?

Welches Warenlager haben Sie geöffnet?	Que armazem tem aberto(abrido)?
Die Bank.	O banco.
Der Tisch.	A mesa.
Der Stuhl.	A cadeira.
Wer sind die Leute da?	Quem são estes homens?
Haben Sie sie ins Warenlager geführt?	Vmcê. os tem levado ao armazem?
Welche Bücher haben Sie genommen?	Que livros tem tomado?
Wie viele Billete haben Sie empfangen?	Quantos bilhetes tem recebido?
Wir haben nur eins empfangen.	Temos recebido só um.
Hast Du meinem Bruder das Buch gegeben?	Tens dado o livro a meu irmão?
Ich habe es ihm gegeben.	Lho tenho dado.
Das Porträt.	O retrato.
Die Malerkunst.	A pintura.
Das Handwerk.	A profissão.
Der Handwerker. Der Geselle.	O official.

Ich wage.	Gewagt.	**Gefährlich.**	Arrisco.	**Arriscado.**
Ich glaube.	Geglaubt.	**Glaubwürdig.**	Acredito.	**Acreditado.**
Ich mißtraue.	Mißtraut.	**Mißtrauisch.**	Desconfio.	**Desconfiado.**
Ich scheine.	Geschienen.	**Ähnlich.**	Pareço.	**Parecido.**
Ich verstehe.	Verstanden.	**Fähig. Geschickt.**	Entendo.	**Entendido.**
Ich erkühne.	Erkühnt.	**Kühn.**	Atrevo.	**Atrevido.**

A. Viele Mittelwörter auf ado und ido haben eine thätige Bedeutung und werden wie Beiwörter behandelt.

Es ist eine sehr gewagte Sache mit einer Flinte zu spielen.	É cousa muito arriscada brincar com uma espingarda.
Es ist eine sehr glaubwürdige Person.	É pessoa muito acreditada.
Ich bin mißtrauisch.	Estou desconfiado.
Das Porträt ist sehr ähnlich.	O retrato é muito parecido.
Was hat der Maler gemalt?	Que tem pintado o pintor?
Einen unerschrockenen (kühnen) Soldaten.	Um soldado atrevido.
(Oben.) **Auf.**	Em cima de ... **Sobre.**
Über.	Em cima de ...
(Oben.) **Darauf. Oben.**	Em cima.
Auf dem Bett.	Em cima da cama.
Wo ist mein Hut?	Onde está o meu chapéo?
Er liegt auf der Bank.	Está em cima do banco.
Liegt er auf der Bank?	Está em cima do banco?

Er liegt (auf der Bank) darauf. | Está em cima.

Auf mein Wort, Du kannst es glauben. | Sobre a minha palavra, pódes crê-lo.

Meine Fenster gehen auf den Garten. | Minhas janellas dão sobre o jardim (deitam para o jardim).

Das Fenster. | A janella.
Zubringen. | Passar.
Streiten. | Disputar.

Meine Söhne bringen ihre Nächte über den Büchern zu. | Meus filhos passão as suas noites sobre os livros.

Über was streiten Sie? | Sobre que disputa?

Wir streiten über jenes Porträt. | Disputamos sobre aquelle retrato.

Unter (örtlich). | **Debaixo de …**
Darunter (örtlich). | **Debaixo. Por baixo.**

Wo sind meine Handschuhe? | Onde estão as minhas luvas?

Sie liegen unter dem Tisch, auf dem Boden. | Estão debaixo da mesa, no chão.

Liegen meine Hemden auf dem Tisch? | Minhas camisas estão em cima da mesa?

Sie liegen darunter. | Estão debaixo della.

Darin. | **Dentro. Dentro de …**

Lehren. | Ensinar.
Abwischen. Abtrocknen. | Enxugar.
Trocknen. |

Trocken. | Enxuto. Secco.
Waschen. | Limpar. Lavar.

Derselbe, der nämliche. | **O mesmo, weibl. a mesma.**

Das Knäbchen, das Bübchen. | O rapazinho.

Liegen meine Hemden im Koffer? | Minhas camisas estão na mala?
Sie sind darin. | Estão dentro.
Sie sind im Koffer darin. | Estão dentro da mala.
Wo sind die Kaufleute? | Onde estão os commerciantes?
Sie sind im Warenlager [darin]. | Estão dentro do armazem.
Sie sind nicht darin. | Não estão dentro.
Wer lehrt die Knäbchen lesen? | Quem aprende a ler aos meninos?
Ich lehre die portugiesische Sprache. | Eu ensino a lingua portugueza.
Sind die Kohlen trocken? | O carvão está secco?
Laßt Ihr Eure Hemden waschen? | Mandão lavar vm^{ces.} as suas camisas?

Wir haben sie waschen lassen. | Nós as temos mandado lavar.
Sind sie schon trocken? | Já estão enxutas?
Das Feuer hat sie getrocknet. | O fogo as tem enxugado.
Was schreiben Sie hier? | Que está escrevendo?
Ich schreibe denselben Brief noch einmal. | Escrevo outra vez a mesma carta.

Was hat der Knabe?	Que tem o menino?
Er hat denselben Hut wie mein Knabe.	Tem o mesmo chapéo como meu menino.

B. Das Verhältniswort a ist nur dann notwendig zur Bezeichnung des Accusativs, wenn es eine Verwechslung des Nominativs mit dem Accusativ vermeidet. Es wird aber sehr oft gebraucht, ohne daß es notwendig ist.

Verwunden.	Ferir.
Die Flinte hat zwei Soldaten verwundet.	A espingarda tem ferido (a) dous soldados.
Die Flinte hat keinen Soldaten verwundet.	A espingarda não tem ferido (a) soldados.
Wann und wo haben Sie meinen Bruder gesehen?	Onde e quando tem visto a meu irmão?
Ich habe ihn vorgestern im Theater gesehen.	O tenho visto ante hontem no theatro.
Hast Du Deinen Vater geliebt?	Tens amado (a) teu pai?
Ich habe meinen Vater geliebt.	Tenho amado (a) meu pai.

Aufgaben.
107.

Hat der Diener die Thüren und die Fenster geöffnet, um die Zimmer zu kehren?—Er hat es nicht gethan. Aber ich werde ihm sagen, er möge es thun. — Wann sind die portugiesisch-deutschen Wörterbücher fortgetragen worden? — Sie sind noch im Hause. — Wo sind sie? — Der Diener hat sie alle auf den Tisch gelegt. — Wollen Sie sie sehen? — Ja. Ich will meinem Bruder nur die Hälfte davon schicken; meine Schwester will die andere Hälfte.— Wer hat das Fenster geöffnet? — Ich habe es geöffnet, damit ich sehen könne, was im Garten gethan wird. — Ich habe heute das Fenster nicht gerne offen, es ist sehr kalt. — Wann sind des Schneiders Knaben zu Ihren Kindern gekommen?—Sie sind noch nicht gekommen.— Wer ist aber bei Ihren Knaben? — Die Knaben meines Nachbarn. — Ist Ihre Schwester gekommen? — Ja, sie ist im Garten. — Sind Ihre Freunde auch gekommen? — Auch sie sind gekommen. Alle sind im Garten und essen und trinken.

108.

Hat der Diener den Thee schon in den Garten getragen? — Noch nicht, er hat noch nicht zu Mittag gegessen. — Hat der Schneider meines Vaters Rock ausgebessert oder nicht? — Er hat ihn nicht ausgebessert, er will nicht. Wer sein Handwerk gut gelernt hat, sagt er, bessert keine Kleider aus. — Hat der Schuster meines Bruders Stiefel schon geflickt? — Noch nicht, auch will er sie nicht flicken. Ein guter Handwerker, sagt er, flickt weder Schuhe noch Stiefel. — Was liegt dort auf der Bank? — Es ist mein französisches Buch. — Ja, aber zwei Bücher liegen auf der Bank? — Das andere ist mein deutsches Wörter= buch. — Haben Sie schon mein Porträt gesehen? — Ja, ich habe es schon gesehen. Es ist sehr ähnlich. Von wem ist es? — Vom deutschen Maler; er ist sehr geschickt. — Hat Ihnen der Kaufmann die Wahrheit gesagt oder nicht? — Ich weiß nicht, ich bin mißtrauisch. Leute, wie dieser Kaufmann, sagen oft die Wahrheit nicht. — Ist das nicht eine Schande? Ich habe bei demselben Kaufmann einen Hut gekauft und denselben Hut hat der Kaufmann auch meiner Schwester verkauft. — Wie? er hat einen Hut zweimal verkauft? Das ist freilich eine Schande. — Sind Sie gestern im Theater gewesen? — Nein, ich bin gestern zu Hause geblieben.

109.

Hat der Schneider gute Gesellen? — Er hat gute Gesellen gehabt. Aber er bezahlt nicht gut, darum wollen sie nie blei= ben. — Wo ist Ihr Fenster? — Jenes Fenster, welches auf den Garten geht, ist das meinige. Das andere ist das meines Bruders. — Ich sehe zwei Fenster, das eine ist offen, das andere nicht; welches ist das Ihrige? — Das, welches ge= schlossen ist, ist das meinige. — Haben Sie eine hübsche Aus= sicht von Ihrem Fenster aus? — Ich sehe auf den Garten und einen Teil des Hafens. — Wer ist in Ihrem Zimmer? — Mein Vater. — Was ist das für ein Hund? — Es ist der Hund, welchen mir mein Freund, der polnische Kapitän, ge= geben hat. — Sind meine Hemden gewaschen? — Ja, wollen Sie eins anlegen? — Jetzt nicht, aber heute Abend. — Meine Cigarre ist ausgelöscht; haben Sie eine andere? — Ja. Wollen

Sie diese hier? Sie scheint mir sehr gut. — Ich nehme sie mit vielem Vergnügen. — Rauchen Sie gern? — Ja, ich rauche gern von Zeit zu Zeit eine Cigarre.

110.

Was hast Du heute gesehen? — Ich habe das Schiff Ihres Onkels gesehen. — Wie? Ist es schon angekommen? — Ja, heute Morgen um zehn Uhr. Der Kapitän scheint mir ein sehr unerschrockener Mann. Es ist ein Holländer, aber er spricht sehr gut portugiesisch. Kennen Sie ihn? — Ja. Seit vielen Jahren kenne ich ihn. — Haben Sie Ihre Schreibstube kehren lassen? — Nein, ich habe es noch nicht gethan. Mein Diener thut es nie. — Ist das Feuer gelöscht? — Ja, die Männer haben lange gearbeitet. Aber jetzt haben sie das Feuer bewältigt. — Ist heute Abend Ball im Hause Ihrer Mutter? — Ja. Viele Leute kommen. — Wer öffnet den Leuten, die ankommen, die Thüre? — Ich habe meiner Mutter die Diener der Tante geschickt. Sie hat deren nur wenige, und diese wissen nicht, wie die Leute empfangen werden müssen. — Lernt Ihr Knabe schon lesen? — Er kann schon lesen, schreiben und rechnen. Aber er arbeitet nicht sehr gern. — Haben Sie meine Handschuhe gesucht? — Nein, ich habe sie nicht gesucht. — Wer hat meinen Hund gefunden? — Ich habe ihn nicht gefunden. — Wem haben Sie Geld geliehen? — Ich habe Ihrem Bruder zehn Pfund geliehen.

Fünfunddreißigster Abschnitt. — Lição trigesima quinta.

Wie?	**Como?**
Versprechen.	Prometter.
Verweigern, sich weigern.	Recusar.
Schenken.	Dar.
Abnutzen, abtragen.	Usar.
Das Taschentuch.	O lenço.
(Kleider) tragen.	Trazer.
Tragen Sie Ihren Rock nicht mehr?	Não traz mais a sua sobrecasaca?
Ich trage ihn nicht mehr; er ist abgenutzt.	Já não a trago; está usada.

Wollen Sie mir ihn leihen?	Quer ma emprestar?
Ich will ihn Ihnen schenken.	Vou lha dar.
Naß machen, netzen, durchnässen.	Molhar.
Almosen geben.	Fazer esmolas.
Einen Gefallen thun.	Fazer uma mercê.
Einem eine Sache melden.	Fazer saber (mandar dizer) alguma cousa a alguem.
Eine Wette eingehen.	Fazer uma aposta. A postar.
Streiche spielen.	Fazer das suas.
(So und so viele) Jahre alt werden.	Fazer annos.
Die Art, die Weise.	A maneira, o modo.
Auf diese Art, auf diese Weise.	Deste modo, desta maneira.
Wo haben Sie Ihren durchnäßten Rock hingethan?	Aonde tem poste vm^{cê.} a sua sobrecasaca molhada?

Buchstabieren.	Solettrar.
So.	**Assim.**
Ist es nicht so? Nicht wahr?	Não é assim?
Es ist so.	É assim.
Buchstabiert Ihr kleiner Bruder schon?	Seu irmãosinho já solettra?
Er buchstabiert schon.	Já solettra.
Wie hat er heute buchstabiert?	Como tem elle solettrado hoje?
So, so.	**Assim, assim.**
Haben Sie jemals spanisch gelernt?	Tem jamais aprendido a lingua hespanhola?
Ich habe es vor Zeiten gelernt.	Ha muito tempo, a tenho aprendido.
Auf welche Art haben Sie es gelernt?	De que maneira a tem aprendido?
Ich habe es auf dieselbe Art gelernt, wie Sie es gelernt haben.	Eu a tenho aprendido da mesma maneira, como vm^{cê.} a tem aprendido.

A. Como hat einen viel beschränkteren Gebrauch als das deutsche wie; es muß sehr oft mit que und quando umschrieben werden.

Wie alt sind Sie? (Welches Alter...)	Que idade tem?
Wie weit ist es? (Wie viele Meilen ...)	Quanto ha? Quantas leguas ha?
Wie oft kommt er? Wie viele Male...)	Quantas vezes vem?
Wie lange bleibt er? (Wie viele Zeit...)	Quanto tempo fica?
Hoch. Wie hoch ist dieses Haus? (Welche Höhe...)	Alto. Que altura tem esta casa?

Breit. Wie breit ist das Tuch? | Largo. Que lagurra tem o
    (Welche Breite ...) | panno?
Lang. Wie lang ist das Schiff? | Comprido. Que comprimento
    (Welche Länge ...) | tem o navio?
Stark. Wie stark ist der Matrose? | Forte. Que força... Quanta
    (Welche Kraft ...) | força tem o marujo!
Ein Mensch im Alter von siebzig | Um homem da idade de setenta
    Jahren. | annos.
Er ist jünger als ich. | É mais novo do que eu.
(Er hat weniger Jahre als ich.) | Tem menos annos do que eu.
Er ist älter als ich. | É mais velho do que eu.
(Er hat mehr Jahre als ich.) | Tem mais annos do que eu.
Ich bin so alt wie Du. | Tenho tantos annos, a mesma idade como tu.

Welcher von den beiden Brüdern | Qual dos dous irmãos é mais
    ist älter? | velho?
Der größere ist älter als der kleine. | O mais alto é mais velho do que o mais baixo.

Der Erstgeborene, der Ältere. | O primo-genito (spr. génito), o mais velho.

Der jüngere Bruder, der Jüngere. | O irmão menor, o mais moço, o mais novo.
Bist Du älter als Dein Bruder? | Tens mais annos, és mais velho do que teu irmão?

Ich bin der Jüngere. | Sou o mais moço.

Etwa, ungefähr, beinahe. | **Quasi. Pouco falta. Com pouca differença.**

Beiläufig, nahe an. Kaum. | **Cerca de... (vor Zahlangaben). Apenas.**

Ich habe das Buch beinahe fertig | Tenho quasi acabado o livro.
    (gelesen). |
Wie alt bist Du ungefähr? | Que idade tens pouco mais ou menos?

Ich bin beinahe zehn Jahre alt. | Tenho quasi dez annos.
Heute bin ich zwölf Jahre alt. | Hoje faço doze annos.
Ich bin kaum sechs Jahre alt. | Apenas tenho seis annos.

Jeder, e, es. | **Cada.**
(Ein) **Jeder**, (eine) **Jede.** | **Cada um, a. Cadaum, a. Cada qual.**

Jedesmal, allemal. | **Cada vez. Todas as vezes.**

B. Das unveränderliche cada (jeder einzelne, alle ohne Ausnahme) muß, wenn es ohne Hauptwort steht, immer mit um, uma oder mit qual verbunden werden.

Jeder thut, was er will. | Cada qual faz o que quer.
Jedes Haus ist genommen worden. | Cada casa tem sido tomada.

12*

Jeder denkt auf seine Weise.	Cadaum pensa da sua maneira.
Ländlich, sittlich (jedes Land mit seiner Sitte, jeder Spinnrocken mit seiner Spindel).	Cada terra com o seu uso, cada roca com o seu fuso.

Es gehen auf...   Ha... em...

Wie viele Reale gehen auf das Pfund?	Quantos reis ha na libra?
Wie viele Reale hat es?	Quantos reis tem ella?
Wie viele Reale hat die Münze?	Quantos reis ha na moeda?
Sie hat deren dreihundert mehr als das Pfund.	Tem trezentos reis mais do que a libra.
Verstehen.	Entender.
Begreifen, verstehen.	Comprehender.
(Hören.) Fühlen.	Sentir.
Verstehen Sie mich?	Entende-me a mim?
Ich verstehe Sie nicht.	Não o entendo.
Haben Sie dieses Buch verstanden?	Tem comprehendido este livro?
Der Lärm, das Geräusch.	A bulha, o ruido, o susurro.
Der Wind.	O vento.
Das Erdbeben.	O terremoto.
Hören Sie das Sausen des Windes?	Ouve o susurro do vento?
Ich höre das Sausen des Windes und ein großes Getöse von Menschen.	Ouço o susurro do vento e um grande ruido de homens.
Was ist das für ein Lärm, welchen ich höre?	Que bulha é esta, que eu ouço?
Haben Sie das Gebelle der Hunde gehört?	Tem sentido (ouvido) o ladrido dos cães?
Ich höre es noch.	Ainda o ouço.
Warten auf... In Erwartung sein.	Esperar... Estar á espera de...
Hoffen, erwarten.	Esperar.
Ich verliere, du verlierst, er verliert.	Perco, perdes, perde.
Wir verlieren, ihr verliert, sie verlieren.	Perdemos, perdeis, perdem.
Was hast Du verloren?	Que tens perdido?
Ich habe nichts verloren.	Nada tenho perdido.
Erwarten Sie jemand?	Está á espera de alguem?
Ich warte auf niemand.	Não espero [a] ninguem.
Erwarten Sie einen Brief?	Espera por uma carta?
Ich habe einen Brief erwartet.	Tenho esperado por uma carta.
Warten Sie auf meinen Bruder?	Está á espera de meu irmão?
Ich warte auf ihn. (Ich bin in seiner Erwartung.)	Estou á sua espera.
Erwarten Sie Freunde?	Está á espera de amigos?

C. Esperar hoffen und crer glauben werden mit em konstruiert, ersteres wenn man ausdrücken will, daß man sein Zutrauen auf einen oder etwas setzt, letzteres wenn es auf religiösen Glauben sich bezieht. Esperar por heißt warten auf.

Was erwartest Du von mir?	Que esperas-tu de mim?
Wenig oder gar nichts.	Pouco ou nada.
An was glaubst Du?	Em que crês tu?
Ich glaube an Gott.	Creio em Deos.
Ich setze meine Hoffnung auf Gott.	Espero em Deos.
Ich vertraue der Stärke seiner Liebe.	Creio na força do seu amor.
	Espero na força...
Der Edelmann.	O fidalgo.
Die Gesinnung.	O sentimento. Os senti-
	mentos.
Der Adel. Edel.	A nobreza. Nobre.
Der Christ. Christlich.	O christão. Christão, ã.
An was glaubt der Christ?	Em que crê o christão?
Er glaubt an Gott.	Crê em Deos.
Ich setze mein Zutrauen in den Adel seiner Gesinnungen.	Creio na nobreza dos seus senti- mentos.
Sowohl der Edelmann als der Bauer glauben an Gott.	Tanto o fidalgo, como o lavrador crêem em Deos.
Wo ist der Edelmann geblieben?	Onde tem ficado o fidalgo?
Er ist bei mir geblieben.	Tem ficado commigo.

Aufgaben.
111.

Was hast Du ihm versprochen? — Ich habe ihm versprochen, jeden Monat wenigstens fünf Briefe zu schreiben. — Du hast mehr versprochen als Du zu thun Lust hast. Nicht wahr? — Es ist so, aber wer verspricht nicht mehr als er thun kann! — Kannst Du dem Bettler ein Almosen verweigern? — Nein, ich kann es nicht. — Kennen Sie die Gesinnungen dieses Mannes? — Ich kenne sie, aber ich verstehe sie nicht. — Kannst Du mir Dein Pferd und Deinen Wagen verweigern? — Ja, ich ver- weigere sie Dir. Du bist noch jung und brauchst noch keinen Wagen. — Wem verweigerst Du Deine Flinte? — Ich verweigere sie selbst (até) meinem besten Freunde; denn, ist (estiver) sie ein- mal zerbrochen, so mag ich sie nicht mehr. — Sind Sie müde? — Nein, aber meine Frau ist sehr müde. — Willst Du mir einen Gefallen thun? — Mit vielem Vergnügen. — Willst Du mir sagen, wie weit es von hier nach dem Hafen ist? — Eine halbe Meile ungefähr. — Tragen Sie diese Flinten zu meinem Bruder oder zu mir? — Ich trage sie weder zu Ihnen, noch zu Ihrem Bruder. — Ist Ihr Überrock schon sehr abgenutzt? — Ja, ich will ihn meinem Diener schenken. — Haben Sie Ihren Diener noch? — Nein, ich habe ihn nicht mehr. Er hat Streiche gespielt, und Sie wissen, ich liebe das nicht. — Wie wird das Brot gemacht? — Auf dieselbe Weise, wie die Bauern es machen. — Mein Brot ist gut. Nicht wahr? — Ja, Sie haben gutes Brot. — Sie sind, wie mir scheint, sehr müde. Ist es nicht so? — Sie sind im Irrtum. Ich bin nicht müde, aber ich bin krank und deswegen scheint es Ihnen so.

112.

Wie breit ist Ihr Garten? — Er ist nicht sehr breit. Der meines Nachbarn ist viel breiter. — Wie alt ist Ihr jüngster Sohn? — Heute ist er zehn Jahre alt. Ist er nicht sehr groß? — Ich finde es nicht. Mein Sohn ist auch zehn Jahre alt und ist viel größer als der Ihrige. — Wie lang ist Ihre Flinte? — Sie ist sehr lang, auf jeden Fall länger als die Ihrige. — Haben Sie die Bücher schon gelesen, welche ich Ihnen geschickt habe? — Ich habe angefangen. Das erste habe ich beinahe fertig. — Hast Du Dein portugiesisches Thema schon beendigt? — Noch nicht. Ich habe es kaum angefangen. — Wie viele Bäume stehen in Ihrem Garten? — Vierzig ungefähr. Ich habe sie nie gezählt, aber mehr können es nicht sein. — Wie hast Du die englische Sprache gelernt? — Ich habe sie gelernt, wie sie Herr Ollendorff lehrt. — Hast Du sie in wenig Zeit gelernt? — Ja, aber ich habe viel gearbeitet. — Was ist leichter, sie zu sprechen oder sie zu schreiben? — Ich finde, es ist viel leichter eine Sprache zu schreiben, als sie zu sprechen. Jedoch andere finden es nicht. Jeder denkt auf seine Weise. — Wie viele Diener haben Sie? — Ich habe deren fünf, aber ich bin nicht zufrieden mit denselben. Sie essen und trinken gut, aber wenn (quando) sie arbeiten sollen, so fehlt (falta) ihnen dieses und jenes; der eine ist krank, der andere will nicht arbeiten. Mit einem Worte: es sind faule (preguiçoso) Schlingel.

113.

Willst Du mit mir spielen? — Nein, ich habe keine Lust mein Geld zu verlieren. — Hast Du schon viel verloren? — Ich habe diesen Abend schon drei Pfund verloren. — Mit wem hast Du gespielt? — Mit Deinem Bruder. Er spielt sehr gut. — Erwartest Du jemand? — Ich erwarte meinen Bruder. — Was spürst Du? — Ich spüre ein Erdbeben. — Das ist kein Erdbeben, es ist der Wind. Ein Erdbeben hat viel mehr Gewalt. — Hast Du schon ein Erdbeben gespürt? — Schon zweimal. — Bist Du auch sehr erschrocken? — Das erste Mal, ja, das zweite Mal nicht. — Wo bist Du so lange Zeit geblieben? — Ich bin bei meinem Onkel zu Hause gewesen. — Verstehen Sie diesen Eng= länder? — Ich verstehe ihn nicht. Und Sie? — Ich verstehe kaum einige Worte. Er spricht nicht gut. — Das scheint Ihnen nur so. Sie können nicht gut englisch, darum verstehen Sie ihn nicht. Nicht wahr? — Sie haben recht. Es ist auch nicht leicht eine Sprache zu verstehen, welche man nicht gut kann. — Wie= viel Geld hast Du verloren? — Ich habe kein Geld verloren, ich spiele nie. — Gar nie? — Vor Zeiten habe ich gespielt, aber jetzt thue ich es nicht mehr. — Spielt der Edelmann, welcher oft zu Ihnen kommt, manchmal mit Ihrem Vater? — Er thut es nicht gern, aber manchmal spielt er, um meinem Vater einen Gefallen zu thun. — Erwarten Sie eine Gefälligkeit von mir? — Ja, ich hoffe mit Ihnen den hübschen Garten Ihres Onkels sehen zu können. — Was ist das für ein Lärm? — Ich höre viele Personen, welche zu derselben Zeit sprechen. — Es ist nichts. Ihr Nachbar hat seinen Diener zur Thüre hinausgeworfen. Darum sind so viele Leute da.

Sechsunddreißigster Abschnitt. — Lição trigesima sexta.

Schlagen. (Schläge geben.)	Bater.
Klopfen.	
Prügeln.	Dar pancada. Espancar.
Warum?	Porque?
Weil. Denn.	Porque.

Warum schlagen Sie Ihren Hund?   Porque [bate] espanca o seu cão?
Ich schlage ihn, weil er mich ge-   Eu o bato porque elle me tem
biſſen hat.   mordido.

Beißen.   Morder.
Schuldig sein. Schuldner sein.   Dever. Ser devedor de...
            Ficar devedor de...

Die Schuld. Geldschuld.   A divida (spr. dívida).
Die Schuldigkeit, die Pflicht.   A obrigação, o dever.

Wieviel sind Sie mir schuldig?   Quanto me deve?
Ich schulde Ihnen fünfzig Münzen.   Devo-lhe cincoenta moedas, fico
            lhe devedor de cincoenta moe-
            das.

Wieviel ist dieser Mann Ihnen   Quanto lhe deve este homem?
    schuldig?
Er ist mir achtzehn Krusaden schuldig.   Deve-me dezoito cruzados.
Sind unsere Nachbarn soviel schul-   Os nossos visinhos devem tanto,
    dig wie wir?   como nós?
Wir sind mehr schuldig als sie.   Devemos mais do que elles.
Sind Deine Schulden bezahlt?   Estão pagas as tuas dividas?
Es ist meine Pflicht, meine Schul-   É do meu dever, da minha obri-
    digkeit, sie zu bezahlen.   gação paga-las.

    Müssen, dürfen, sollen.   Dever.

Bald, gleich, sogleich.   **Logo.**
Zu... haben... (Müssen,   **Haver de...**
    sollen.)

Wir müssen (sollen) warten.   Devemos esperar.
Wo haben Sie diesen Morgen hin-   Aonde ha de ir esta manhã?
    zugehen?
Ich muß ins Warenlager gehen.   Hei de ir ao armazem.
Soll Ihr Bruder hierher kommen?   Seu irmão deve vir cá?
Er muß gleich kommen.   Ha de vir logo.

    Die Rückkehr.   A volta.
    Einen Gang, einen kleinen   Dar uma volta.
       Spaziergang machen.
    Hergeben.   Dar cá.
    Auf Wiedersehen.   Até a vista. Até mais ver.
    Der Vetter. Die Base.   O primo. A prima.

    Wie lange?   **Quanto tempo?**
    Solange, wie... daß...   **Tanto tempo, como... que...**

Wie lange sind Sie im Konzert ge-   Quanto tempo tem estado no con-
    wesen?   certo?
Solange wie mein Vetter.   Tanto tempo, como meu primo.

A. Por, nicht mit para zu verwechseln, drückt das Erstrecken durch einen Zeitraum aus, den Wert einer Sache und die Stellvertretung. Para, aus dem lateinischen pro ad zusammengezogen, bezeichnet den Zweck; por steht für die lateinischen Präpositionen per und pro.

Ich verlasse Lissabon auf eine Woche.	Saio de Lisboa por uma semana.
Ich habe das Pferd für zehn Münzen gekauft.	Comprei o cavallo por dez moedas.
Wein gegen Öl eintauschen.	Trocar vinho por azeite.
Ich tausche nicht mit Dir (bin besser daran als Du).	Não me troco por ti.
Wie lange hast Du zu sprechen?	Por quanto tempo tens-tu de fallar?
Ich habe noch eine Stunde lang zu sprechen.	Ainda tenho de fallar por uma hora.
Für. Für den. Für die.	Por. Pelo. Pela. Pelos. Pelas.

Lange (Zeit).	**Multo tempo.**
Kurze Zeit. — Längere Zeit, länger.	Pouco tempo. — Mais tempo.
Kürzere Zeit, weniger lang.	Menos tempo. Não tanto tempo.
In kurzem, bald.	**Em pouco tempo. Logo. Já.**
Wie lange willst Du warten?	Quanto tempo queres-tu esperar?
Ich will noch eine Viertelstunde warten.	Quero esperar um quarto de hora ainda.
Wer ist am längsten geblieben?	Quem tem ficado mais tempo?
Ihr Bruder ist am längsten geblieben.	Seu irmão tem ficado mais tempo.
Ich komme gleich.	Venho já. Venho logo.

B. Wenn von zwei Hauptwörtern das zweite der Name eines Landes, einer Stadt, einer Insel u. s. w., das erste aber der Gattungsbegriff dazu ist, so tritt gewöhnlich de zwischen beide. Die Flußnamen machen eine Ausnahme.

Die Stadt.	A cidade.
Die Insel.	A ilha.
Das Königreich.	O reino.
Der Fluß. Der Strom.	O rio.
Die Stadt Lissabon.	A cidade de Lisboa.
Die Insel Madeira.	A ilha da Madeira.
Das Königreich Portugal.	O reino de Portugal.

Der Tejostrom.	O rio Tejo.
Die Stadt Lissabon liegt am Tejostrom.	A cidade de Lisboa está situada sobre o rio Tejo.
Die Stadt München liegt am Isarfluß.	A cidade de Munich está situada sobre o rio Isar.

C. Sobre bezieht sich überhaupt auf den höher gelegenen Gegenstand in Bezug auf einen niedriger gelegenen. Daher bezieht es sich auf Ortbestimmungen durch Gewässerangabe.

Sie ist häßlich und überdies unbescheiden.	Sobre feia é indiscreta.
Der Sommer.	O verão.
Der Winter.	O hinverno.
Während des..., den... über, lang.	**Durante o...**
Zwei Stunden lang.	Durante duas horas.
Während des Sommers.	Durante o verão.
Den Winter über.	Durante o hinverno.
Wohnen.	Morar. Assistir.
Leben.	Viver. Existir.
Die Straße. Die Gasse.	A rua.
Die Johannisgasse.	A rua de S. João. (San João.)
Wo wohnen Sie?	Onde mora vmcê.?
Ich wohne in der Johannisgasse.	Moro na rua de S. João.
Die Antoniusgasse.	A rua de S. Antonio. (Santo Antonio.)
Die gerade Gasse.	A rua direita.
Die Postgasse.	A rua do correio.
Er wohnt auf dem Handelsplatze No. 6.	Assiste na Praça do Commercio, No. (numero) seis.
Der Herbst.	O outono.
Der Frühling.	A primavera.
Indien.	A India (spr. índia).
Wohnt Ihr Freund noch, wo er gewohnt hat?	Seu amigo ainda assiste onde tem morado?
Er wohnt nicht mehr da, wo er gewohnt hat.	Já não mora, onde tem morado.
Lebt Ihr Freund noch?	Seu amigo ainda vive?
Ja, er lebt noch.	Sim, ainda existe.
Ich lebe von der Hand in den Mund und mein Bruder wie ein großer Herr.	Eu vivo aos dias (dia por dia) e meu irmão vive á fidalga.
Dann lebt er herrlich und in Freuden.	Então vive vida folgada e regalada.

Was soll... werden?	Haver de ser de...?
Was soll aus mir werden?	Que ha de ser de mim?
Sich aufführen. Sich benehmen.	Haver-se. Comportar-se com. Portar-se com.
Er hat sich ehrenhaft benommen.	Portou-se com honra (honradamente).
Ich denke ja, ich denke nein.	Parece-me que sim, parece-me que não.
Ich wette darauf.	Aposto que sim.
Ich wette dagegen.	Aposto que não.
Es ist nicht wahr (es ist Lüge).	É mentira.
Ich spreche im Ernst.	Fallo de veras.
Scherzen.	(Zombar.) Estar zombando.
Ich scherze. Er scherzt.	Estou zombando. Está zombando.
Hast Du die Wahrheit gesprochen?	Tens dito a verdade?
Nein, ich habe gescherzt.	Não, tenho estado zombando.

Aufgaben.

114.

Warum trinken Sie nicht? — Ich trinke nicht, weil mich nicht dürstet. — Warum haben Sie mir meinen Mantel nicht geschickt? — Weil der Schneider mir ihn nicht geschickt hat. — Warum ist Ihr Bruder heute früher fortgegangen als gestern? — Weil er noch einige angefangene Briefe zu beendigen hat. — Warum hat mein Diener keine Cigarren auf den Tisch gestellt? — Weil er keine mehr gefunden hat. Die Läden sind schon geschlossen. — Warum spricht Ihr Freund heute so wenig? — Weil er gestern sehr viel gesprochen hat. Er ist heute müde. — Warum öffnen Sie das Fenster? — Weil es ziemlich warm im Zimmer ist. — Warum schlägt der Bauer sein Pferd? — Weil das Pferd ihn auf den Boden geworfen hat. — Warum wollen Sie heute Abend keinen Thee nehmen? — Weil ich ihn schon zu Hause genommen habe. — Warum rauchen Sie nicht? — Weil ich keine Cigarren habe. — Warum bezahlen Sie Ihre Schulden nicht? — Weil ich nicht will und nicht kann. Wer kein Geld hat, kann seine Schulden nicht bezahlen. — Das ist wahr, aber wer kein Geld hat, soll auch keine Schulden machen.

115.

Kommen Sie bald? — Ich komme schon. Wollen Sie ein wenig warten? — Ich warte schon lange und Sie kommen nicht. — Warten Sie auf meinen Bruder? — Ich warte schon lange auf ihn. Aber jetzt gehe ich. — Sie thun nicht wohl (daran). Er muß gleich kommen. — Nein, ich gehe. Guten Tag, auf Wiedersehen! — Wollen Sie mit mir einen Gang thun? — Warum nicht? Wo gehen Sie hin? — Ich will nach der Stadt gehen, aber ich bleibe nicht lange. — Wann ist Ihr Bruder aus dem Theater zurück= gekommen? — Heute Morgen um drei Uhr. — Ist Ihr Vetter im Theater oder nicht? — Er ist nicht darin. — Er ist im Theater. Ich wette darauf. — Ich wette dagegen. Wir wollen sehen, wer recht hat. — Ich sage: ja, Sie sagen: nein. Einer von uns muß recht haben. — Ist Ihre Base hübsch? — Sie ist nicht häß= lich und weiß sich sehr gut zu benehmen. — Andere wissen das auch, das ist leicht. — Ist Ihr Bruder reich? — Nein, er lebt von der Hand in den Mund. Er lebt nicht mehr wie ein großer Herr, wie früher. — Wie befindet sich Ihre Gemahlin? — So, so. Heute ist sie kränker als gestern. Der Arzt ist schon zweimal gekommen. — Wohnen Sie in der Stadt? — Während des Winters, ja. Aber während des Sommers nicht. Die Hitze in der Stadt ist mir zuwider. — Wo wohnen Sie während des Winters? — In der geraden Straße, Nummer dreiundzwanzig.

116.

Wohin geht Ihr Bruder? — Er geht nach der Insel Madeira. — Warum? Ist er krank? — Er ist schon längere Zeit krank. — Wo wohnt Ihr Vater? — Er wohnt in der Antoniusstraße, Nummer vierunddreißig. — Wie geht es Ihrer Frau? — Wäh= rend des Winters ist sie sehr krank gewesen, aber jetzt, während des Frühlings, geht es ihr besser. — Ist Ihre Base zu Hause? — Es scheint mir, ja. — Sprechen Sie im Ernste oder spaßen Sie? — Weder das eine, noch das andere. Ich sage die Wahr= heit. Genügt Ihnen das nicht? — Ja, es genügt mir. — Wo wohnt der italienische Maler? — Er wohnt in der geraden Straße, im Hause des Schneiders. — Es ist nicht wahr. Er wohnt in der Postgasse bei seinem Bruder. — Wollen Sie wetten? — Ja, ich wette darauf. — Und ich wette dagegen. —

Wissen Sie noch, wer die Wette gestern verloren hat? — Ja, ich weiß es noch, ich habe sie verloren. Aber heute kann ich nicht verlieren. — Wie weit ist es vom Königreich Portugal nach Indien? — Ich weiß es nicht genau. — Wo liegt Lissabon? — Am Tejostrom, im Königreich Portugal.

Siebenunddreißigster Abschnitt. — Lição trigesima septima.

Vergangen, vorüber, vorig.	Passado, a, os, as.
Voriges Jahr.	O anno passado.
Vorige Woche.	A semana passada.
An (vor Zahlwörtern). **Bis zu** ...	**Até.**
Bis wann?	Até quando?
Bis um wieviel Uhr?	Até que horas?
Bis Mittag.	Até ao meio-dia.
Bis Mitternacht.	Até á meia noite.
Es sind an zwanzig Personen da.	Ha umas vinte pessoas ahi.
Von...bis. Bis (zwischen Zahlen).	**De ... a. A.**
Bis zu ... (vor einem Infinitiv).	**Até ...**
Fünf bis sechs Personen.	Cinco a seis pessoas.
Bis morgen. Von heute bis morgen.	Até amanhã. De hoje para (a) amanhã.
Bis übermorgen.	Até depois de amanhã.
Bis heute Abend.	Até esta noite.
Bis zum Abend.	Até á noite.
Bersten. Platzen.	Rebentar.
Lachen. Gelacht.	Rir. Rido.
Schreien. Geschrieen.	Gritar. Gritado.
Er schreit (bis) zum Bersten.	Grita até rebentar.
Er lacht zum Platzen.	Ri até rebentar.
Ich warte die Ankunft der Post ab, oder ich warte bis die Post kommen wird.	Aguardo a chegada do correio oder espero até chegar o correio.
Damals. Dann. — Nachher.	**Então. — Depois.**
Der Augenblick.	O momento.
Folgend.	Seguinte.
Bis zum folgenden Morgen.	Até á manhã seguinte.
Bis zum folgenden Tag.	Até ao dia seguinte.
Bis zu jenem Tag.	Até áquelle dia.
Bis jetzt.	Até agora. Atégora.

Bis hierher.	Até aqui. Até cá.
Bis damals.	Até então.
Bis hierher kam das Meer während des großen Erdbebens im Jahre 1755 und seitdem (von damals an bis jetzt) ist es nie wieder (zu einer solchen Höhe) so hoch gestiegen.	Até aqui chegou o mar no grande terremoto de 1755 e desde então até agora nunca mais subiu a tanta altura.
Der Sonntag.	O domingo.
Der Montag.	A segunda-feira.
Der Dienstag.	A terça-feira.

A. In den aus zwei Wörtern bestehenden Wochentagen wird beiden in der Mehrheit ein s angehängt.

Bis zu meiner Rückkehr.	Até á minha volta.
Bis zu meines Bruders Rückkehr.	Até á volta de meu irmão.
Bis um vier Uhr morgens.	Até ás quatro horas da manhã.
Der Mittwoch.	A quarta-feira.
Der Donnerstag.	A quinta-feira.
Der Freitag.	A sexta-feira.
Der Samstag.	O sabbado.
Die Post aus England kommt alle Sonntage.	O correio da Inglaterra vem todos os domingos.
Jeden Dienstag und Donnerstag ist Theater.	Todos as terças e quartas-feiras ha theatro.
Bis um wieviel Uhr sind Sie bei meinem Vater geblieben?	Até a que horas tem ficado em casa de meu pai?
Ich bin dort gewesen bis elf Uhr abends.	Tenho ficado alli até ás onze horas da noite.
Er hat sich getötet.	Matou-se.
Er ist getötet worden.	Foi morto.

B. Die leidende Form darf nicht durch die thätige mit se übersetzt werden, wenn eine rückzielende oder gegenseitige Handlung leicht dabei denkbar ist. Ist das Subjekt eine Sache, so steht dem rückzielenden Ausdruck nichts entgegen; ist es aber ein belebtes Wesen, so kann der Ausdruck zweideutig werden und man vermeidet alsdann den Doppelsinn durch Anwendung des eigentlichen Passivs, ser mit dem Mittelwort. Viele wörtlich zweideutige Sätze sind jedoch unbedenklich.

Ein solcher Freund findet sich selten.	Um tal amigo se acha raras vezes.
Ich werde geliebt.	Sou amado.

Ich liebe mich.	Amo-me.
Wir werden geliebt.	Somos amados.
Wir lieben uns.	Amamos-nos.

C. „Man" darf nicht durch se übersetzt werden, wenn ein Doppelsinn entstehen könnte. Man übersetzt dann gewöhnlich durch die dritte Person der Mehrheit, besonders wenn ein Dativ als Ergänzung beim Zeitwort steht.

Man schreibt mir. Es wird mir geschrieben.	Escrevem-me.
Sind meine Schuhe gebracht worden? Hat man meine Schuhe gebracht?	Me tem trazido os meus çapatos? Os meus çapatos me tem sido trazidos?
Sie sind gebracht worden.	Tem sido trazidos. Os tem trazido.
Was hat man gesagt?	Que tem dito? Que se tem dito?
Nichts ist gesagt worden.	Nada tem dito. Nada se tem dito.
Man hat nichts gesagt.	A gente não tem dito nada.
Was ist gethan worden?	Que se tem feito? Que tem sido feito?
Nichts ist gethan worden.	Nada se tem feito. Nada tem sido feito.
Hat man meinen Rock flicken wollen?	Tem [querido] tido tenção de remendar a minha sobrecasaca?
Man hat ihn nicht zurecht machen wollen.	Não tem tido tenção de remenda-la.
Können Sie lesen?	Sabe ler?
Ich kann nicht lesen.	Não sei ler.

D. Oft wird „man" am passendsten in der Übersetzung mit „wir" vertauscht — manchmal volkstümlich mit os homens oder a gente.

Man sieht (wir sehen) das alle Tage.	Vemos isto todos os dias.
Was muß man thun, wenn man recht hat?	Que devemos fazer, quando temos razão?
Kann man dann thun, was man will?	Póde-se então fazer o que se quer?
Können wir dann thun, was wir wollen?	Podemos então fazer o que queremos?
Man thut, was man kann, aber nicht, was man will.	Fazemos o que podemos, mas não o que queremos.
Man sagt. Es heißt.	Diz-se. Se diz. A gente diz. Dizem os homens.
Wie heißt dieses auf deutsch?	Como se diz isso em allemão?
Ausbürsten.	Escovar.

Wie heißt der erste Wochentag auf portugiesisch?	Como se diz em portuguez o primeiro dia da semana?
Er heißt Sonntag.	Chama-se domingo.
Ich heiße Wilhelm.	Chamo-me Guilherme.
Er heißt Johann.	Chama-se João.
Gebräuchlich.	Admittido.
Man gebraucht.	Usa-se de.
Die Redensart. ⎫ Die Wendung. ⎭	⎰O modo de dizer. ⎱A locução.
Ist diese Wendung gebräuchlich?	Usa-se d'esta locução?
Sie ist gebräuchlich. Man sagt so.	Está admittida. Diz-se.
Der Diener hat meinen neuen Rock ausgebürstet.	O criado tem escovado a minha sobrecasaca nova.
Hat mein neuer Freund jenen Garten gekauft?	O meu novo amigo tem comprado aquelle jardim?
Dieser Hund ist noch sehr jung.	Este cão é muito novo ainda.

E. Novo hinter dem Hauptwort heißt neu gemacht, vor demselben neu erworben. Doch ist diese Regel nicht strenge. Sehr oft heißt novo auch jung, besonders von Tieren.

Ein sehr junges Pferd.	Um cavallo muito novo.
Ein junger Diener.	Um criado novo.
Ein anderer (neuer) Diener.	Um novo criado.
Glaubt man das?	Crêm isto? Se crê isto?
Man glaubt es nicht.	Não o crêm. Não se crê.
Das Garn. Das Netz.	A rede. O laço.
Die Eltern.	Os pais.
Die Kinder.	Os filhos.

Aufgaben.

117.

Wann hat Ihnen Ihr Bruder geschrieben? — Er hat mir vorige Woche geschrieben. — Wie lange bleibt der Großherzog in Großbritannien? — Er bleibt noch bis Dienstag; hernach reist er ab. — Darf (kann) man fragen wohin? — Es scheint mir nach dem Königreich Portugal. — Hast Du noch viel zu schreiben? — Ich habe bis zehn Uhr noch zu schreiben. — Wann wirst Du wieder mit mir spielen? — Ich habe schon mit Dir gespielt und will nicht mehr spielen. — Wie lange wohnen Sie schon in der Poststraße? — Voriges Jahr habe ich ein Haus in dieser Straße gemietet (alugar). — Wohnt Ihr Vater noch in der Johannisgasse? — Nein. Vorige Woche hat er sein Haus verlaſſen (gelaſſen) und wohnt jetzt in meinem Hauſe. Es iſt viel beſſer ſo. Er iſt manchmal krank und in meinem Hauſe iſt jemand da, den er zum Arzte ſchicken kann. — Wie lange ſollen wir arbeiten? — Bis um ſieben Uhr des Abends. Dann könnt ihr einen kleinen Gang thun, und um halb neun wieder an die Arbeit gehen. — Bis wohin geht dieſe Straße? — Sie geht bis auf den Markt. — Warum iſt mein Bruder heute bis mitternacht im Theater geblieben? — Das Theater hat nicht früher geendigt. — Wie lange bleiben Sie in Ihrem Garten? — Bis heute abend, dann komme ich zurück. — Hat der Diener meine Röcke ausge= bürſtet? — Nein. Er iſt noch nicht nach Hauſe zurückgekommen. — Wie lange iſt mein Freund hier geblieben? — Bis ſieben Uhr abends. — Wo iſt er dann hingegangen? — Das weiß ich nicht.

118.

Hat er viel geſprochen? — Geſprochen hat er nicht, aber ge= ſchrieen. — Warum ſchreit Ihr Junge? — Er ſchreit, weil er krank iſt. — Bis wann wollen Sie warten? — Bis daß die Poſt kommt. Ich ſoll heute einige Briefe bekommen, darum warte ich. — Wann wird das Schiff auslaufen? — Mit Sonnenunter= gang, denn dann iſt der Wind günſtig. — Wann kommt die Poſt aus Liſſabon? — Dreimal jede Woche und oft auch vier= mal. — Welcher Tag iſt heute? — Heute iſt Mittwoch. — Bis um wieviel Uhr iſt Ihr Freund heute im Konzert geblieben? — Bis um ſechs Uhr. — Wollen Sie hier warten? — Wie lange ſoll ich warten? — Bis zur Rückkehr meines Vaters. — Haben Sie lange auf mich gewartet? — Ich habe auf Sie zwei Stunden lang gewartet. — Können Sie die Briefe leſen, welche ich Ihnen ſchicke? — Ja, ich kann Ihre Briefe ſehr gut leſen. — Hat ſich Ihr Diener heute verwundet (feriu)? — Ja, er hat ein Huhn geſchlachtet und hat ſich mit dem Meſſer verwundet. — Warum ſchreiſt Du ſo? Biſt Du verwundet (worden)? — Nein, des Nachbarn Junge hat mich geprügelt. — (Das iſt) wohlgethan. Warum biſt Du mit dieſem Jungen in den Garten gegangen? — Hat man dem Schuhmacher meine Stiefel gebracht? — Es ſcheint mir, ja. Ich habe Ihren Bedienten geſehen, er iſt zum Schuhmacher gegangen. — Wo wohnt mein Schuhmacher? — Er wohnt auf dem Sankt=Antoniusplatz.

119.

Bis wohin kam das Meer während des großen Erdbebens im Jahre 1755? — Es kam bis hierher und seitdem ist es nie wieder so hoch gestiegen. — Auf wen wartest Du? — Ich erwarte die Ankunft des englischen Schiffes. — Kennen Sie schon einige portugiesische Redensarten? — Ja, ich kenne schon viele. Aber die Zahl derjenigen, welche ich noch nicht kenne, muß größer sein, als die Zahl derjenigen, welche ich kenne. — Was sagen Sie zu diesen Wendungen? — Einige derselben kann man anwenden, viele andere aber nicht. — Haben Sie schon so viele Bauern auf dem Markte gesehen wie heute? — Nein, man sieht deren selten so viele. — Was müssen wir thun, um in kurzer Zeit die portugiesische Sprache zu erlernen? — Sie müssen tüchtig (viel) arbeiten. Die Herren (Sie) müssen zahlreiche (numeroso) Übungen vornehmen (machen), viele Wörter und Redensarten auswendig lernen und besonders sprechen. — Hat dieses Kind seine Eltern noch? — Nein, es hat sie voriges Jahr verloren. — Hat diese Frau noch Kinder? — Nein, sie hat sie alle verloren. — Was hat Dir Dein Bruder heute geschickt? — Er hat mir den Hut geschickt, welchen ich in seinem Garten gelassen habe. — Hat er Dir nicht auch ein Billet geschickt für mich? — Ja. Hat mein Diener Dir es nicht gebracht? — Ich habe es nicht erhalten. — So geschieht (geht) es immer. Gestern habe ich dem Dummkopf das Billet gegeben und heute hat er es noch in der Tasche. Man kann diesen Leuten nichts geben.

Achtunddreißigster Abschnitt. — Lição trigesima oitava.

Wie weit? d. h. Bis wohin?	**Até onde?**
Wie weit haben wir zu gehen?	Até onde (temos) havemos de ir?
Bis zum Hause meines Bruders.	Até á casa de meu irmão.
Bis hierher. Bis dorthin.	Até aqui. Até alli.
London.	Londres (spr. Lóndres).
Paris.	Paris (spr. París).
Marseille.	Marselha.

Bis nach London.	Até Londres.
Die Post geht bis nach Paris.	O correio vai até Paris.
Nach Madrid. — Zu Madrid.	A Madrid. — Em Madrid.
Nach Spanien. — In Spanien.	Á Hespanha, para Hespanha. — Na Hespanha.
Nach England. — In England.	Á Inglaterra, para Inglaterra.— Na Inglaterra, em Inglaterra.
Bis nach England. Bis nach Portugal.	Até á Inglaterra. Até a Portugal.
Die Schiffe gehen bis nach Brasilien.	Os navios vão até ao Brazil.
Bis an mein Haus.	Até á minha casa.
Bis ans Warenlager.	Até ao armazem.
Bis an die Ecke des Hauses.	Até á esquina da casa.
Bis zur Mitte des Weges.	Até a meio caminho.

A. Von cima der Gipfel und baixo niedrig sind mittelst der Verhältniswörter em, para, a, de, por folgende Umstandswörter und Verhältniswörter abgeleitet.

Unten. Em baixo (Umstandswort).	Oben. Em cima (Umstandswort).
Bewegung:	
Hinab, hinunter ⎫ abaixo, para Herab, herunter ⎭ baixo.	Hinauf, herauf acima, para cima.
Ruhe: Unter... Por baixo de... Debaixo de...	Über... Por cima de... Decima de...

Oft wird auch em cima de... gebraucht, um „auf" auszudrücken; em baixo de..., um „unter" auszudrücken, kommt auch vor.

Es ist leichter (weniger mühsam) einen Abhang hinab als hinauf zu steigen.	É menos penoso ir costa abaixo do que costa acima.
Man schifft leicht flußabwärts, aber mit Mühe rudert man flußaufwärts.	Navega-se facilmente agua abaixo, mas com custa se rema agua arriba.
Er blieb unten, er wollte nicht hinaufkommen.	Ficou embaixo, não quiz subir.
Die unten standen, sahen weniger als die, welche oben standen.	Os que estavão embaixo, viam menos do que os que estavão emcima.
Der Schemel steht unter dem Tisch und ich habe ihn unter den Füßen.	O escabello está debaixo da mesa e tenho-o debaixo dos pés.

13*

Der schlechte Reiter fällt leicht vom Pferde herunter und oft unter dasselbe (bleibt oft darunter).	O máu cavalleiro cahe facilmente do cavallo abaixo e fica muitas vezes debaixo delle.

Die Seite.	O lado.
Diesseits. (Ruhe.)	**Deste lado.**
Jenseits. (Ruhe.)	**Do outro lado. Daquelle lado.**
Hinüber. (Bewegung.)	**Ao outro lado. Para o outro lado.**
Herüber. (Bewegung.)	**Cá. Deste lado.**
Neben dem...	**Ao lado de...**
Hier auf **dieser** Seite.	Do lado **de cá.**
Drüben auf **der andern** Seite.	Do lado **de lá.**
Von der einen und der andern Seite.	De um e outro lado.

B. Haben este und aquelle oder outro ein gemeinsames Hauptwort, so kommt dieses hinter este zu stehen.

Auf dieser und auf jener Seite des Wegs.	Deste lado do caminho e do outro.
Weder diesseits noch jenseits des Wegs.	Nem deste lado do caminho, nem do outro.
Gedenken.	Tencionar.
Gedenken Sie nach Spanien zu gehen?	Tenciona ir á Hespanha?
Ich gedenke dieses Frühjahr nach Spanien zu gehen.	Tenciono ir á Hespanha esta primavera.
Die Mitte.	O meio.
Mitten in dem...	No meio de...
Mittelst.	Por meio de...
In der Mitte Mai.	No meiado de Maio.
Mitte Juni.	No meiado de Junho.
Kommt er schon aus Frankreich zurück?	Já volta de França?
Nein. Er kommt Mitte August.	Não. Vem no meiado d'Agosto.
Auf einer Seite gehen.	Ir de um lado.
In der Mitte gehen.	Ir no meio.
Die Burg.	O castello.
Reisen.	Viajar.
Wandern.	Caminhar.
Der Wind wandert (bläst in der Richtung) mit der Sonne.	O vento caminha com o sol.
Er baut Schlösser in die Luft.	Faz castellos no ar.

Bis wohin ist er gereist? | Até onde tem elle viajado?
Er ist bis nach London gegangen. | Tem ido até Londres.

Der Brunnen. | O poço.
Stehlen, berauben, be- | Roubar.
stehlen.
Stehlen. | Furtar.

Die Diebe haben ihn beraubt. | Os ladrões o tem roubado (nicht furtado).

Sie haben einen Rock aus dem Koffer gestohlen. | Tem furtado (ober roubado) uma sobrecasaca da mala.
Er ist ausgeplündert worden. | Tem sido roubado.
Mein Geld ist gestohlen worden. | Meu dinheiro tem sido furtado.

C. Hinter nehmen, stehlen u. s. w. kann man das besitz-anzeigende Wort oft auslassen, wenn durch den Dativ der Person schon der Sinn klar angegeben ist, nur nicht vor Personen- oder Beiwörtern.

Jemand hat mir meinen Hut ge-stohlen. | Alguem me tem roubado o cha-péo.
Ist er Ihnen gestohlen worden? | Lho tem roubado?
Diebe! Diebe! (Hülferuf.) | Ai! que me roubão!
Seeräuberei treiben. | Roubar pelos mares.
Man hat ihn auf der Straße aus-geplündert. | Roubaram-no na estrada.

Hat Dir der Mensch Deine Bücher gestohlen? | O homem te tem roubado os livros?
Er hat mir alle meine Bücher ge-stohlen. | Elle me tem roubado todos os livros.
Wie buchstabiert man dieses Wort? | Como se soletra esta palavra?
Wie schreibt man dieses Wort? | Como se escreve esta palavra?
So. — Es wird so geschrieben. | Assim. — Escreve se desta ma-neira.

Färben. | Tingir.
Die Farbe. | A côr.
Farbiges Kleid. | Vestido de côr.
Rosafarbig. | Côr de rosa.

D. Hinter tingir färben ist zu denken „aus".

Wie lassen Sie Ihren Rock färben? | De que côr manda tingir o seu vestido?

Ich lasse ihn [aus] blau färben. | Mando tingi-lo de azul.
Was färbt er eben? | Que está elle tingindo?
Er färbt seine Strümpfe. | Tinge as suas meias.

Laſſen Sie Ihr Kleid blau färben?	Manda tingir o seu vestido de azul?
Nein, ich laſſe es roſenrot färben.	Não, mando tingi-lo de côr de rosa.
Der Färber.	O tintureiro.
Braun.	Pardo.
Grau.	Cinzento.
Von dunkler Geſichtsfarbe.	Trigueiro. Moreno.
Die Wolle.	A lã.
Wollene Strümpfe.	Meias de lã.
Schwarze wollene Strümpfe.	Meias pretas de lã. Meias de lã preta.
Strümpfe von brauner Wolle.	Meias de lã parda.
Ein Mädchen.	Uma rapariga.
Ein Mädchen von dunkler Geſichts-farbe.	Uma rapariga trigueira.
Laßt es Euch doch nicht anfechten, daß ich ſo von der Sonne ver-brannt bin.	Não vos dê pois isso pena ser assim de côr morena!
Wollenware.	Fazenda de lã.
Nicht geſponnene Baumwolle.	Algodão em lã.
Nicht geſponnene Wolle.	Lã em rama.
Wenig Vermögen (Wolle) haben.	Ter pouca lã.
Scheren.	Tosquiar.
Auf Wolle ausgehen und ge-ſchoren nach Hauſe kommen.	Ir buscar lã e vir tosquiado.

Aufgaben.

120.

Wo iſt der Schemel?—Er ſteht unter der Bank und ich habe ihn unter den Füßen.—Iſt Dein Oheim krank?—Nein, aber er iſt verwundet. Er iſt (ein) ſehr ſchlechter Reiter; er iſt (hat) vom Pferd heruntergefallen und unter das Tier gekommen.—Bis wohin kam die Barke (barca)?—Sie kam nur bis San-tarem. — Warum? — Weil man viel leichter flußabwärts als flußaufwärts fährt.—Haben Sie die Abſicht nach Liſſabon zu gehen?—Ich habe dieſe Abſicht nicht; wir ſind ſchon Mitte Auguſt und die Hitze muß ungeheuer ſein in der Stadt.—Ihr Bruder ſchreit: Diebe! Diebe! Wiſſen Sie, was ihm geſchehen iſt?—Ja, man hat ihm ein Dutzend Hemden und (ein) halbes Dutzend Taschentücher geſtohlen.—Bis wohin wollen Sie gehen? — Ich will bis an den Fluß gehen.—Bis wohin willſt Du mit mir kommen? — Ich will mit Ihnen bis ans Theater gehen, aber dann kehre ich zurück. — Wie weit bist Du gestern ge-gangen? — Ich bin bis nach dem Hafen gegangen; aber dann bin ich nach Hause zurückgekehrt. — Sind Sie bis dahin ge-gangen? — Ich bin nicht bis dahin gegangen. — Wohin gehst Du eben? — Ich habe die Absicht auf den Markt zu gehen.

121.

Wartet Ihr Bruder auf mich? — Ja, er (ist unten) erwartet Sie unten. — Wo ist mein Freund? Ich will gehen. — Er ist oben, im Zimmer meines Bruders. Ich will ihn rufen. — Hast Du meinen Hut gesehen? — Ja, er ist hier. Ich will Dir ihn hinunter werfen. — Willst Du nicht herabkommen? Ich habe vor, mit Dir nach der Stadt zu gehen. — Nein, ich gehe nicht hinunter. Ich habe meine Aufgaben noch nicht alle geschrieben. — Wo liegt das Buch? — Es liegt unter dem Tisch. — Wo liegt der Hund? — Er liegt unter dem Baum. — Wo liegt die Stadt? — Sie liegt am Flusse. — Hast Du gesehen, was der Matrose gethan hat? — Er hat einen Stein über das Schiff geworfen; auf der andern Seite des Schiffes ist dieser Stein ins Wasser gefallen. — Wo liegt das Haus, welches Sie gekauft haben? Liegt es diesseits oder jenseits des Flusses? — Es liegt auf dieser Seite, eine Meile mehr nach unten als das Ihrige. — Wo liegt der Garten? — Er liegt neben dem Hause. — Auf welcher Seite des Hauses? — Auf dieser Seite, denn auf jener ist das Haus des Nachbarn. — Haben Sie einen hübschen Garten? — Ja. Er hat zwei Thüren. — Was steht mitten in Ihrem Garten? — Mitten im Garten steht ein kleines Haus mit grünen Fenstern.

122.

Ist Ihr Bruder schon nach Spanien gegangen? — Er ist noch nicht hingegangen. — Wann denken Sie nach Paris zu gehen? — [In der] Mitte Mai. — Sind Sie in Spanien gereist? — Ich bin nie in Spanien gewesen. — Wann reisen Sie ab? — Um fünf Uhr morgens. — Färben Sie Ihr Kleid? — Ich färbe es nicht; ich wasche es. — Lassen Sie Ihren Hut färben? — Ja, ich lasse ihn schwarz färben. — Haben Sie meinen Hut gefärbt?

—Noch nicht. Ich habe noch keine Zeit gehabt.—Lassen Sie Ihre Wolle färben?—Ja, ich lasse sie färben.—Wie lassen Sie sie färben?—Ich lasse sie grün färben, weil ich diese Farbe liebe.—In welcher Stadt wohnt Ihr Bruder?—Er wohnt in Lissabon.—Wer geht dort?—Es ist ein Matrose; er geht in der Mitte der Straße, und zwei Soldaten führen ihn.—Jetzt weiß ich, wer es ist. Es ist der Matrose, welcher vorigen Monat dem Kapitän so viel Geld gestohlen hat.—Bis wohin ist mein Bruder mit Ihnen gegangen?—Bis zum Theater; dann hat er mich allein gelassen.—Was für Beinkleider hat der Schneider mitgenommen? — Die Beinkleider von grauer Wolle. — Was haben Sie meiner Schwester geschickt?—Ich habe ihr die nicht gesponnene Baumwolle geschickt, welche sie von mir begehrt hat. —Ist der Hammel schon geschoren?—Noch nicht, er hat noch nicht Wolle genug.—Wie soll der Färber Ihren Mantel färben? —Ich habe es ihm schon gesagt.—Hat dieser Mann viel Geld? — So, so, er hat wenig Vermögen, denn er bezahlt seine Schulden nie.

Neununddreißigster Abschnitt. — Lição trigesima nona.

Man muß. Man braucht. **Es ist Bedürfnis. Es ist nötig.** **Es ist zu...**	É preciso. É mister. É necessario (spr. necessário).
Ich brauche nichts weiter zu thun als... Ich brauche nur zu...	Não tenho mais que...
Durchaus notwendig. **Von äußerster Notwendigkeit.**	Absolutamente necessario. De absoluta necessidade.
Muß jemand auf den Markt gehen?	É preciso ir á praça?
Es ist nicht nötig.	Não é preciso.
Was muß (ich) thun um spanisch zu lernen?	Que é preciso fazer para aprender a lingua hespanhola?
(Sie müssen...) Man muß recht viel studieren.	É preciso estudar muito.

A. Das müssende Subjekt wird bei é mister, é preciso, é necessario nicht ausgedrückt, wenn es sich mit man vertauschen läßt. Außerdem ist einstweilen dever, haver de anzuwenden.

Sie brauchen nur zu wollen.	Não tem mais que querer.
Was soll, was muß ich thun?	Que devo eu fazer?
Was habe ich zu thun?	Que hei de fazer?
Wo soll er hingehen?	Aonde deve elle ir?
Er muß nach Haus gehen.	Deve ir á casa. Ha de ir á casa.
Was sollen, was müssen wir thun?	Que devemos fazer? Que havemos de fazer?
Was ist zu thun?	Que é preciso fazer?
Wir müssen einen Brief schreiben.	Devemos escrever uma carta.
Sie müssen Ihre Übungen schreiben.	Devem escrever os seus exercicios.
Haben Sie ein Pferd nötig?	Precisa de um cavallo?
Nein, ich brauche Geld.	Não, preciso de dinheiro.
Ich brauche nur einen Pinto.	Preciso sómente de um pinto.
Die Tugend.	A virtude.
Das Gesetz.	A lei.
Die Alte.	A velha.
Aus der Not[wendigkeit] (ein) Gesetz machen.	Fazer da necessidade lei.
Die Not[wendigkeit] (kennt) hat kein Gesetz.	A necessidade não tem lei, carece de lei.
Die Not[wendigkeit] (bricht Eisen) bringt die Alte auf den Weg.	A necessidade mette a velha no caminho.
Nicht haben.	Não ter. Carecer de...
Alles, was.	(Tudo) **Quanto.** } vor dem Zeit-
Soviel, wie.	(Tanto) **Quanto.** } wort.
Ist das alles was Sie brauchen?	É quanto precisa?
Das ist alles was ich brauche.	É quanto preciso.
Ich thue soviel ich kann.	Faço quanto posso.
Ich schreibe soviel wie ich kann.	Escrevo quanto posso.
Er thut soviel Gutes wie er kann.	Faz tanto bem, quanto póde.
Taugen. Wert sein.	Valer.
Ich bin wert.	Eu valho.
Was (wieviel) ist... wert?	Quanto vale...?
Wieviel kann dieses Pferd wert sein?	Quanto póde valer este cavallo?
Es kann hunderttausend Reale wert sein.	Póde valer cem mil reis.
Wieviel ist diese Flinte wert?	Quanto vale esta espingarda?
Sie ist nicht mehr als einen Pinto wert.	Não vale mais do que um pinto.
Das da ist nicht viel wert; jenes dort taugt gar nichts.	Isto não vale muito; aquillo não vale nada.

Der eine ist soviel wert, wie der andere. — Um vale tanto, como o outro.

Bin ich soviel wert wie Ihr Bruder? — Valho-eu tanto, como seu irmão?

Sie sind mehr wert als er. — Vale mais do que elle.

Einem helfen. — Valer a alguem.

Der Unglückliche. — O desgraçado.

Er hilft den Unglücklichen gerne. — Gosta de valer aos desgraçados.

Du bist soviel wert, wie Du hast. — Tanto vales, quanto has.

Seine Zuflucht nehmen zu... — Valer-se de...

Fehlen. — Faltar.

Das Mittel. — O meio.

Er ergreift alle Mittel, wendet alle an. — Elle se vale de todos os meios.

Wenn die Kräfte fehlen, können wir Kunstgriffe (Kniffe) anwenden. — Quando faltão as forças, podemos valer-nos da arte.

Das Geschenk. — O brinde. O regalo.

Geschenke machen. — Fazer brindes.

Wieder erstatten. Zurückgeben. Wieder geben. — Restituir. Tornar a dar.

Wieder herstellen. Wieder zustellen. — Restituir.

Wieder rufen. — Chamar outra vez. Tornar a chamar.

B. Das Deutsche „wieder" wird sehr oft durch tornar a ... mit darauffolgendem Infinitiv oder auch durch outra vez gegeben.

Spricht er wieder mit Ihnen? — Torna a fallar com vm^{ce.}?

Ich habe ihn nie wieder gesehen. — Nunca tornei a vê-lo.

Hat er Ihnen die Handschuhe wieder zugestellt? — Lhe tem restituido as luvas?

Er hat mir sie wieder zugestellt. — Elle mas tem restituido.

Haben Sie ein Geschenk erhalten? — Tem recebido um brinde?

Ich habe einige empfangen. — Tenho recebido uns brindes.

Von wem haben Sie Geschenke erhalten? — De quem tem recebido brindes?

Von einem meiner Freunde, der zurückgekehrt ist. — De um dos meus amigos, que tem voltado.

Einen entschädigen für... — Indemnizar alguem de... Restituir alguem de...

Der Schaden. — O damno.

Die Kosten. — As custas.

Er entschädigt ihn für seine Kosten. — Elle o restitue das suas custas.

Wir wollen ihn für seinen Schaden entschädigen. — Queremos indemniza-lo do seu prejuizo.

Einem die Ehre wiedergeben, wieder=herstellen.	Restituir a honra a alguem.
Seine Ehre wiederherstellen.	Restituir-se em honra.
Er hat seine Schulden bezahlt, und auf diese Weise seine Ehre wieder=hergestellt.	Tem pago as suas dividas e desta maneira tem restituido a sua honra, ou se tem restituido em honra.
Von (aus) **welchem?**	**Do qual?** (Ohne folgendes Haupt=wort.)
Von welchen?	**Dos quaes?**
Die Mehrheit. Der größte Teil.	A maior parte.

C. Auf qual? ohne Artifel, darf nie unmittelbar ein Hauptwort folgen.

Aus welchem Garten kommen Sie?	De que jardim vem?
Aus dem meinigen.	Do meu.
Aus welchem?	Do qual?
Aus demselben, wo Sie hingehen.	Do mesmo, aonde vmce. vai.
Es ist der Garten, von welchem wir sprechen.	É o jardim [do qual] de que fallamos.
Welcher von beiden ist Ihr Bruder?	Qual dos dous é seu irmão?
Welcher Hut ist der Ihrige?	Que chapéo é o seu?
Welchen wollen Sie?	Qual quer vmce.?
Er ist so, wie ich ihn gekannt habe.	Elle é tal qual o tenho conhe-cido.
Deren größter Teil; von wel-chen die Mehrzahl...	A maior parte dos quaes...
Ich habe Pferde, von denen die Mehrzahl schwarz sind.	Tenho cavallos, a maior parte dos quaes são pretos.
Er hat Blumen, von welchen die Mehrzahl blau sind.	Tem flôres, a maior parte das quaes são azues.

Aufgaben.

123.

Was müssen Sie kaufen? — Ich muß Hammelfleisch kaufen. — Soll ich Wein holen? — Sie müssen Wein holen. — Soll ich auf den Ball gehen? — Sie müssen gehen. — Wann soll ich gehen? — Sie müssen diesen Abend gehen. — Soll ich den Zimmermann holen? — Sie müssen ihn holen. — Was muß man thun, um die

russische Sprache zu lernen?—Man muß recht viel studieren.—
Muß man recht viel studieren, um die deutsche Sprache zu lernen?
—Man muß recht viel studieren.—Was soll ich thun?—Sie
müssen ein gutes Buch kaufen.—Was soll er thun?—Er soll
ruhig bleiben.—Was sollen wir thun?—Wir müssen arbeiten.—
Müssen Sie viel arbeiten, um portugiesisch zu lernen?—Ich muß
viel arbeiten, um es zu lernen.—Warum soll ich auf den Markt
gehen?—Sie sollen hingehen um Hammelfleisch und Wein zu
kaufen.—Muß ich wohin gehen?—Du mußt in den Garten
gehen. — Muß ich Wein holen lassen?—Du mußt Wasser holen
lassen.—Was muß ich thun?—Sie müssen eine Übung schreiben.
—An wen soll ich einen Brief schreiben?—Sie müssen einen
an Ihren Freund schreiben.—Was brauchen Sie, Herr?—Ich
brauche ein Taschentuch.—Wie viel ist dieser Hut wert?—Er
ist vier Pintos wert.—Brauchen Sie Strümpfe?—Ich brauche
keine.—Wie viel sind diese Strümpfe wert?—Sie sind zwei
Krusaden wert.—Ist das alles, was Sie brauchen?—Es ist
alles, was ich brauche. — Brauchen Sie keine Schuhe? — Ich
brauche keine.—Brauchst Du viel Geld?—Ich brauche viel.—
Helfen Sie den Unglücklichen gern?—Ich bin (ein) Christ und
helfe allen Menschen gern, denn alle sind meine Brüder.

124.

Ist mein Diener nicht zu Hause? ich brauche Wein. — Sie
brauchen es nur zu sagen und ich gehe Wein holen.—Was ist
zu sehen?—Nichts, ein Junge spielt mit einer Katze auf der
Straße.—Hast Du Cigarren?—Nein, ich habe nur Rauchtabak.
—Willst Du Deine Kinder in die deutsche oder in die portu=
giesische Schule [escola] schicken?—Ich schicke sie in die deutsche
Schule. — Hast Du ein Glas Bier? — Nein, ich habe nur
Wasser. Wen dürstet, der macht aus der Not (eine) Tugend
und trinkt Wasser statt Bier.—Mir schmeckt das Wasser durchaus
nicht. Kannst Du nicht den Diener schicken, um Bier zu holen?
—Nein, er kann nicht ausgehen.—Das ist keine Ursache! Ich
muß durchaus Bier haben. Die Not bringt die Alte auf den
Weg. Ich weiß nicht, warum der Diener nicht gehen will.—
Arbeitest Du viel?—Ich thue so viel wie ich kann; aber zwei
Hände können nicht alles thun.—Schreibst Du viele Briefe?—

Ich schreibe so viel ich kann; aber ich kann nicht alle Briefe schreiben, welche ich zu schreiben habe. Es fehlt mir die Zeit und manchmal auch die Luft. Oft bin ich so müde, daß ich das Papier auf den Boden werfe, anstatt zu schreiben. — Was kann dieses Haus wert sein? — Es ist nicht mehr wert, als das Ihrige; es ist schon alt und kann zusammenstürzen. — Welche Flinte ist mehr wert, diese oder jene? — Die eine ist soviel wert, wie die andere, und beide sind nichts wert.

125.

Lieben Sie das Geld? — Ja. — Warum lieben Sie es? — Weil man nur nach seinem Vermögen geschätzt wird. (soviel wert ist, wie man hat). Das ist ein sehr altes Sprichwort. — Warum lernst Du nicht schreiben? — Es gebricht mir an Mitteln. — Weißt Du nicht, was das Sprichwort sagt? Wem die Mittel fehlen, der kann sich durch Geschicklichkeit helfen. Aber Dir gebricht es nicht nur an Mitteln, sondern auch an Willen. — Wer ruft? — Es ist mein Freund; er ruft und ruft wieder. — Warum ruft er so oft? — Er zeigt mir ein Buch. Wahrscheinlich [provavelmente] ist es ein Buch, welches er Ihnen zeigen will. — Was wissen Sie Neues? — Ich weiß nichts Neues. — Hat Ihr Bruder viele Schulden? — Ja, er hat viele Schulden. — Wie lange wollen Sie noch warten? — Wenigstens [ao menos] bis die Post kommt. — Erwarten Sie Briefe? — Ja, meine Frau hat mir schon lange nicht mehr geschrieben, und ich bin sehr unruhig [inquieto]. — Wie lange her ist es, daß Sie keine Briefe mehr von ihr erhalten haben? — Es sind nun über sechs Wochen; ich fürchte, daß sie krank ist [esteja]. — Wo kommen Sie her? — Aus jenem Hause. — Aus welchem? — Aus dem mit der grünen Thüre. — Was hat er? — Er hat Kleider zu verkaufen. — Ist Ihr Vater älter [geworden]? — Er ist gerade so, wie er voriges Jahr gewesen ist. Ich wenigstens finde es. — Was soll ich thun? — Sie sollen schreiben, und gleich. Denn die Post geht in einer Stunde ab und bis um sechs Uhr muß der Brief fertig sein.

Vierzigster Abschnitt. — Lição quadragesima.

A. Für die auf einen Zeitpunkt beschränkte Vergangenheit hat der Portugiese eine eigene Form, genannt

Preterito perfeito.

Diese wird vom Presente gebildet, indem man an die Stamm=wurzel, je nach der Konjugation, folgende Endungen fügt:

I. —o.
—êi, —áste, —óu,
—ámos, —ástes, —árão.
Acho: Achêi, ich fand, habe gefun=den, acháste, achóu, achámos, achástes, achárão.

II. —o.
—î, —êste, —[êo] —êu.
—êmos, —êstes, —êrão.
Bebo: Bebî, ich trank, habe getrun=ken, bebêste, bebêu (bebêo), bebêmos, bebêstes, bebêrão.

III. —o.
—î, —îste, —[îo] —îu, —îmos, —îstes, —îrão.
Abro: Abrî, ich öffnete, habe geöffnet, abrîste, abrîu [abrîo], abrîmos, abrîstes, abrîrão.

Die angegebene Accentuation hat keinen andern Zweck als den, zu zeigen wo der Ton liegt. Sie braucht weder gedruckt, noch geschrieben zu werden.

B. Vor —e wird —c— zu qu—, —g— zu —gu—.

Busco: Busquei ich holte, buscaste, buscou u. s. w.

Jogo: Joguei ich spielte, jogaste, jogou u. s. w.

Pago: Paguei ich bezahlte, pagaste, pagou u. s. w.

Ich spielte und Sie tranken.
Er suchte den Ring, aber er fand ihn nicht.
Er bezahlte und trank den Wein.

Joguei e vm^{cês.} beberão.
Procurou o annel, mas não o achou.
Pagou e bebeu o vinho.

C. Unregelmäßig sind die Zeitwörter haver, ter, estar, ser im Preterito perfeito:

Houve, houveste, houve.
Houvemos, houvestes, houverão.

Estive, estiveste, esteve.
Estivemos, estivestes, estiverão.

Tive, tiveste, teve.
Tivemos, tivestes, tiverão.

Fui, foste, foi.
Fomos, fostes, forão.

Warſt Du dort?	Estiveste alli?
Ich war dort.	Estive alli.
Hatten die Bauern Geld?	Os saloios tiverão dinheiro?
Sie hatten viel Geld.	Tiverão muito dinheiro.
Waren viele Leute im Theater?	Houve muita gente no theatro?
Es waren wenige Perſonen da.	Houve poucas pessoas.
Warſt Du der Freund des Kauf- manns?	Foste o amigo do negociante?
Wir waren Freunde.	Fomos amigos.

D. Das Zeitwort dou der erſten Konjugation bildet ſein Preterito perfeito unregelmäßig ſo: **Dei, deste, deu, demos, destes, derão.**

Was gabſt Du ihm?	Que lhe deste?
Ich gab ihm ein Almoſen.	Dei-lhe uma esmola.
Was gaben wir den Unglücklichen?	Que demos aos desgraçados?
Ihr gabt ihnen Geld.	Destes-lhes dinheiro.
Gab ich Dir ſchon Geld?	Já te dei dinheiro?
Sie gaben mir noch keins.	Ainda não me deu dinheiro.

E. Die Zeitwörter creio, digo, faço, posso, quero, sei, trago, vejo bilden ihr Preterito perfeito folgender- maßen:

Cri.	**Disse.**	**Fiz.**	**Pude.**
Creste.	Disseste.	Fizeste.	Pudeste.
Creu.	Disse.	Fez.	Pôde.
Cremos.	Dissemos.	Fizemos.	Pudemos.
Crestes.	Dissestes.	Fizestes.	Pudestes.
Crerão.	Disserão.	Fizerão.	Puderão.
Quiz.	**Soube.**	**Trouxe.**	**Vi.**
Quizeste.	Soubeste.	Trouxeste.	Viste.
Quiz.	Soube.	Trouxe.	Viu.
Quizemos.	Soubemos.	Trouxemos.	Vimos.
Quizestes.	Soubestes.	Trouxestes.	Vistes.
Quizerão.	Souberão.	Trouxerão.	Virão.

F. Unregelmäßig ſind ferner von den ſchon vorgekommenen Zeitwörtern noch venho, vou und ponho, welche folgendes Preterito perfeito haben:

Vim, vieste, veiu, viemos, viestes, vierão. — **Fui,** foste, foi, fomos, fostes, forão. — **Puz,** puzeste, oder pozeste, poz, pozemos oder puzemos, puzestes oder pozestes, puzerão oder pozerão.

Wo warst Du, wo gingst Du hin?	Onde estiveste, para onde foste?
Ich ging nach dem Garten.	Fui para o jardim.
Ich war im Garten.	Estive no jardim.
Sich befinden.	Achar-se. Estar.
Sich wohl befinden.	Achar-se bem. Estar bem.
Sich übel befinden.	Achar-se mal. Estar mal.
Wie befanden Sie sich zu jener Zeit?	Como se achou naquelle tempo?
Ich befand mich ganz wohl.	Achei-me muito bem.
Das Landvolk. Die Land- leute.	A gente do campo. Os cam- ponezes.
Der Ackermann.	O lavrador.
Der Philosoph.	O philosopho (spr. philósopho).
Was glaubten die Philosophen vor Zeiten?	Que crerão os philosophos noutro tempo?
Sie glaubten weder an Gott, noch an Christus.	Não crerão nem em Deos, nem em Christo?
Was thaten die Landleute?	Que fizerão os camponezes? Que fez a gente do campo?
Sie kauften den Ackerleuten Getreide.	Comprarão trigo aos lavradores.
Der Jude.	O judeu (spr. judéu).
Der letzte.	**O ultimo.**
Unter, zwischen.	**Entre.**
Unter den Christen leben viele Juden.	Entre os christãos vivem muitos judeus.
Die Christen feiern den ersten Tag der Woche.	Os christãos celebrão o primeiro dia da semana.
Die Juden feiern den letzten Tag der Woche.	Os judeus celebrão o ultimo dia da semana.
Gestern Abend habe ich meinen Ge- burtstag gefeiert.	Hontem á noite celebrei — tenho celebrado — o meu dia de annos.

G. Das Preterito perfeito ist die eigentliche Form bei Erzählungen, und wird für eine genannte und ganz verflossene Zeit gebraucht. Doch wird das Preterito perfeito com- posto auch zuweilen bei hoje, esta noite, esta manhã u. s. w. gebraucht.

Der Bruder. Die Schwester.	O mano. A mana.
Das Weib, die Gemahlin.	A esposa.
Der Gemahl.	O esposo.
Wo sind gestern Ihre Brüder und Schwestern gewesen?	Onde estiverão hontem seus ma- nos e suas manas?

| Sie sind zu Hause gewesen und haben Sie erwartet. | Estiverão em casa á espera de vm^{cê}. |

Estiverão em casa á espera de vm.^{cê}

Tanzen.	Dançar. Bailar.
Sich beklagen über ...	Queixar-se de ...
Sich zerstreuen, sich gut unterhalten.	Divertir-se.
Hat sie getanzt?	Bailou? Dançou?
Hat sie sich recht unterhalten?	Divertiu-se muito?

H. Bei Zeitwörtern ist die Steigerung recht, gar, überaus, innig, sehr u. dgl. durch muito auszudrücken; die abgekürzte Form mui ist beim Participio perfeito ohne ter gebräuchlich, aber nicht notwendig.

Ich liebe ihn innig.	Eu o amo muito.
Ich habe ihn innig geliebt.	Eu o tenho amado muito.
Er ist innig geliebt.	É mui amado.
Mein vielgeliebter Bruder!	Meu mano mui amado!
Die Wand.	A parede.
Die Gewohnheit.	O costume.
Das Gerücht.	A voz.
Laufen.	Correr.
Das Geheimnis.	O segredo.
Er sagte mir das Geheimnis zwischen vier Wänden.	Disse me o segredo entre duas paredes.
Das Geheimnis blieb unter uns.	O segredo ficou entre nós.
Es bestand diese Gewohnheit schon lange unter den Portugiesen.	Já muito houve este costume entre os Portuguezes.
Übel von einer Person sprechen.	Trazer alguem entre os dentes.
Der Fluß läuft zwischen den Bäumen durch.	O rio corre por entre as arvores.
Welches Gerücht ging gestern unter den Landleuten?	Que voz correu hontem entre a gente do campo?
Zwischen durch.	**Por entre.**
Über wen beklagt sich die Frau da?	De quem se queixa aquella mulher?
Sie beklagt sich über meine Mutter.	Queixa-se de minha mãe.
[Wem] Bei wem beklagt sie sich?	A quem se queixa ella?
Sie beklagt sich bei meinem Bruder.	Queixa-se a meu irmão.
Haben Sie sich gut unterhalten?	Divertiu-se muito?
Ich unterhielt mich sehr gut.	Diverti-me muito.
Auf wessen Kosten unterhielten Sie sich?	Á custa de quem divertiu-se?

Wir unterhielten uns auf Kosten Ihres Bruders.	Divertimos-nos oder divertimo-nos á custa de seu irmão.
Beklagen. Bedauern.	Lastimar. Lamentar. Ter pena.
Der Mund.	A bocca.
Der Tot.	A morte.
Mich schmerzt der Mund.	Doe-me a bocca.
Mich schmerzt ein Zahn.	Doe-me um dente.
Ich habe Zahnweh, Zahnschmerzen.	Doem-me os dentes.
Ich bedaure Sie.	Tenho pena de vm^{cê}. Doe-me vê-lo neste estado.
Wir bedauern den Tod Ihres Vaters.	Lastimamos a morte de seu pai.
Recht.	Direito.
Link.	Esquerdo.
Fein.	Fino.
Das Ufer.	A margem.
Die rechte Hand schmerzt mich.	Doe-me a mão direita.
Zur Rechten, rechter Hand, rechts.	Á direita.
Zur Linken, linker Hand, links.	Á esquerda.
Haben Sie feines Tuch gekauft?	Tem comprado panno fino?
Die Schnur, die Borde.	O galão.
Die Feder.	A penna.
Der Federbusch.	O pennacho.
Ich habe feine Seide und eine Goldschnur gekauft.	Comprei seda fina e um galão de ouro.
Vorgestern habe ich eine silberne Feder gekauft.	Ante hontem comprei uma penna de prata.
Trug der Kapitän einen Hut mit einem Federbusch?	O capitão trouxe um chapéo com um pennacho?
Die Flasche.	A garrafa.
Zerbrechen.	Quebrar.
Übertreffen in... überragen.	Exceder em.
Folgen. Geschehen (passieren), der Fall sein mit.	Succeder a...
Was ist geschehen?	Que succedeu?
Der Diener zerbrach eine Flasche.	O criado quebrou uma garrafa.
Die Bäume des Gartens überragen an Höhe die Wand, sind höher als sie.	As arvores do jardim excedem a parede em altura, são mais altas do que ella.
Gelingen.	Succeder bem.
Mißlingen.	Succeder mal.
Es ist damit, wie mit den meisten Dingen.	Nisto succede como na maior parte das cousas.

Dieses geschah mir, als ich es am wenigsten erwartete.

Succedeu me isto, quando menos o esperei.

Dieses geschah, wie die meisten Sachen, nicht zu unserm Schaden.

Isto não succedeu, como a maior parte das cousas, ao nosso damno.

Es geschieht nichts Neues.

Nada de novo succede.

Dasselbe geschieht mit den Weibern.

O mesmo succede com as mulheres.

Liebenswürdig.

Amavel (spr. amável).

Die Eigenliebe.

O amor-proprio (spr. próprio).

Die Eitelkeit.

A vaidade.

Ist sie nicht sehr liebenswürdig?

Não é ella muito amavel?

Sie hat eine unerträgliche Eitelkeit.

Tem uma vaidade intoleravel.

Dieser Mann übertrifft seine Frau an Eitelkeit.

Este homem excede sua mulher em vaidade.

Die Nuß.

A noz.

Der Gesellschafter.

O socio (spr. sócio). O companheiro (spr. companhéiro).

Er ißt gute Nüsse heute.

Come boas nozes hoje.

Gestern aß er sehr schlechte Nüsse.

Hontem comeu nozes pessimas.

Hat Ihr Gesellschafter mit Ihnen getrunken?

O seu socio bebeu com vm^{cê}.

Nein, ich trank allein.

Não, bebi só.

Fragen.

Perguntar.

Die Frage.

A pergunta.

Die Antwort.

A resposta.

Hast Du schon eine Antwort auf Deine Frage erhalten?

Já recebeste uma resposta á tua pergunta?

Ich habe noch gar nicht gefragt.

Ainda não perguntei.

J. Die angehängte deutsche Endung —in wird meist durch Verwandlung des —o in —a, oder durch Anhängung von —a an den Schlußmitlauter ausgedrückt.

Der Freund. Die Freundin.

O amigo. A amiga.

Der Türke. Die Türkin.

O Turco. A Turca.

Der Grieche. Die Griechin.

O Grego. A Grega.

Der Engländer. Die Engländerin.

O Inglez. A Ingleza.

Der Spanier. Die Spanierin.

O Hespanhol. A Hespanhola.

Aufgaben.

126.

Haben Sie mir eine Antwort von meinem Bruder gebracht? —Ja. Er gab mir einen Brief für Sie.—Auf wessen Koste' haben Sie sich unterhalten?—Wir haben uns auf Kosten der Landleute und der Bäuerinnen unterhalten.—Waren viele Leute auf dem Balle, welchen Ihre Mutter gab?—Es waren viele Leute da.—Wo warst Du heute den ganzen Tag?—Ich war zu Hause und arbeitete.—Was thatest Du nach dem Mittagessen?—Ich ging in den Garten, nahm eine Tasse Kaffee, rauchte eine Cigarre und las einen Brief.—Was wolltest Du mit diesem Messer machen?—Ich wollte ein Huhn schlachten.—Welches Gerücht war vorgestern unter den Leuten aus dem Volke im Umlauf?—Ich weiß es nicht, aber man sprach von dem Tote des Großherzogs.—Fandst Du das Haus meines Freundes?—Nein, ich fand es nicht. Ein Landmann zeigte es mir. —Was sagten die Landleute?—Sie sagten nichts. Aber sie machten einen sehr großen Lärm.—Was wollten Sie von mir? —Ich wollte nichts von Ihnen.—Sahst Du schon mein Landhaus?—Nein, ich sah es noch nicht.—Wie befanden Sie sich gestern Abend?—Wir befanden uns sehr wohl und unterhielten uns sehr gut. Es waren viele Leute da, unter andern auch die beiden Schwestern des Großherzogs.

127.

Haben Sie sich recht unterhalten? — Ja. Ich tanzte, wie die andern. Allein alle klagten über die Hitze. Es war sehr heiß im Zimmer.—Öffnete man die Fenster nicht?—Ja, aber nicht lange. Ich weiß nicht, warum man sie nicht den ganzen Abend geöffnet ließ.—Warum feierten Sie dieses Jahr Ihren Geburtstag nicht?—Ich hatte keine Zeit.—Welches Gerücht verbreitete sich heute unter dem Landvolke? — Das Gerücht vom Tote des Großherzogs.—Hast Du schon meine silberne Feder gesehen? — Ich habe sie noch nicht gesehen. — Geht die Frau unseres Schneiders schon aus?—Sie ging gestern aus, aber es mißlang ihr. Heute ist sie wieder krank und kränker als vorher.—Haben Sie schon Thee genommen?—Nein, aber ich nehme des Abends nie Thee. Warum fragen Sie mich? — Weil ich es nicht weiß. Wie kann ich Ihre Gewohnheiten kennen!—Was haben Sie gesagt?—Ich sprach nicht, Ihr Bruder hatte das Wort. — Haben Sie das Weib gesehen, das heute morgen bei mir war? — Ich habe es nicht gesehen. — Welche

Flasche hat Deine Schwester zerbrochen? — Sie hat die zer=
brochen, welche meine Mutter gestern gekauft hat. — Warum
spricht Ihr Bruder heute nicht? — Er hat Zahnweh und Kopf=
weh. — Warum legt er sich nicht ins Bett? — Er will nicht.
Auch ich habe es ihm schon gesagt.

128.

Über was beklagen sich die Gesellen des Schneiders? — Sie
beklagen sich über den schlechten Wein und die sehr schlechte Kost.
— Über wen klagt der Junge und bei wem? — Er beklagt sich
über seinen Bruder und hat bei mir geklagt. — Sind Sie heute
lustig gewesen? — Wir haben uns auf Kosten meiner Schwester
unterhalten. — Sind Sie krank? — Ja, ich habe Kopfweh. — Sagten Sie mir nicht ein Geheimnis? — Ja, aber es bleibt unter
uns. — Wie heißt der Fluß, welcher zwischen Frankreich und
Deutschland läuft? — Ich weiß es nicht mehr. — Wo liegt Lissa=
bon, auf dem linken oder rechten Tejoufer? — Die Stadt liegt
auf dem rechten Flußufer. — Wer hat mir meine Flinte zer=
brochen? — Der Diener ließ sie auf den Boden fallen, dann
brach sie. — Kennen Sie jene Spanierin? — Es ist keine Spanierin,
es ist eine Engländerin. — Haben Sie Ihrer Freundin einen
Brief geschrieben? — Welcher Freundin? Ich habe viele Freun=
dinnen. — Derjenigen, welche Ihnen voriges Jahr so viele Nüsse
geschickt hat. — Nein, ich schreibe ihr nie. — Wie viele Leute
waren da? — Es waren wenig Leute da, aber die Damen zeig=
ten eine unerträgliche Eitelkeit. — Ist Ihr Bruder liebenswürdig?
— Ich glaube es nicht, denn die Eitelkeit ist seine erste Tugend.
— Wie geht es Ihrem Vater? — So, so, es geht ihm gut,
aber seine Geschäfte gehen schlecht (gelingen ihm nicht). Er hat
schon viel Geld verloren. — Was ist in dieser Flasche? — Wein.
Wollen Sie ein Glas? — Nein, ich mag den Wein nicht. — Hast
Du meine Flasche zerbrochen? — Ich nicht, es war die Katze. —
Ja, ich kenne diese Katze. Sie sagt in diesem Augenblick die
Wahrheit nicht.

Einundvierzigster Abschnitt. — Lição quadragesima primeira.

Das Essen. Die Speise. Die Kost.	A comida.
Das Trinken. Das Getränke.	A bebida.
Ein Weinhaus.	Uma loja de bebidas.
Ein Kosthaus.	Uma casa de pasto.
Kennen Sie ein gutes Kosthaus?	Conhece uma boa casa de pasto?
Es ist eins an der Ecke des Marktes.	Ha uma á esquina da praça.
Ist die Kost gut?	A comida é boa?
Ja, und einige Häuser weiter unten ist ein Weinhaus.	Sim, e algumas casas mais para baixo ha uma loja de bebidas.
Nachher, hernach.	**Depois.**
Bald nachher.	**Logo depois, pouco depois.**
Nach mir, nach Dir, nach Ihnen.	Depois de mim, depois de ti, depois de vm^cê.
Zwei Monate nachher.	Dous mezes depois.

A. Das deutsche Bindewort nachdem wird durch depois de mit dem Infinitiv ausgedrückt, mithin fallen die im Nominativ stehenden Personenwörter weg, wie bei antes de.

Gegessen haben.	Ter comido.
Getrunken haben.	Ter bebido.
Geschrieben haben.	Ter escrito.
Nachdem ich gegessen hatte, trank ich.	Depois de ter comido, bebi.
Nachdem wir gesprochen hatten, schrieben wir.	Depois de ter fallado, escrevemos.

B. Statt der natürlichen Zeitform der Vergangenheit läßt sich bei depois de auch die Gegenwart anwenden. Dies geschieht immer, wenn statt eines Hauptworts der Infinitiv angewendet wird, was hinter vor und nach womöglich geschehen soll.

Vor dem Frühstück tranken wir Wasser.	Antes de almoçar bebemos **agua**.
Nach dem Essen nahmen wir Kaffee.	Depois de jantar tomamos café.
Der Gläubiger.	O credor.
Die Undankbarkeit.	A ingratidão.
Bares Geld.	Dinheiro de contado.

Die goldene Halskette.

A corrente de ouro.

Der Goldschmied.

O ourives.

Überflüssig.

Sobejo.

Schwaches, schlechtes Gold.

Ouro com liga.

Der Besuch.

A visita.

Die Abgabe.

O imposto.

Er hat die Soldaten bezahlt.

Pagou aos soldados.

Hat er seine Gläubiger bezahlt?

Pagou aos seus credores?

Er hat jedem so und soviel Kopf für Kopf bezahlt.

Pagou-lhes tanto e tanto por cabeça.

Wie hat er Dich bezahlt?

Como te pagou?

Mit guten Gründen, mit Worten.

Com boas razões, com palavras.

Hat er Dich in Geld bezahlt?

Pagou-te em dinheiro?

Nein, er hat mich mit Undankbarkeit bezahlt.

Não, pagou-me com ingratidão.

Er hat Geld übrig.

Tem dinheiro de sobejo.

Einen Besuch zurückgeben.

Pagar uma visita.

Er hat mich mit derselben Münze bezahlt.

Pagou-me com a mesma moeda.

Ja, aber er hat das doppelte bezahlt.

Sim, mas pagou o dobro.

Hat er seine Abgaben schon bezahlt?

Já pagou os seus impostos?

Bitten, eine Person um eine Sache.
Fordern, verlangen, begehren.

Pedir alguma cousa a alguem.

Ich bitte Sie um Brot.

Eu lhe peço pão.

Was forderst Du von mir?

Que me pedes-tu?

Ich begehre von Ihnen den Gefallen, mir ein Buch zu geben.

Peço-lhe o favor, o obsequio, a mercê de me dar um livro.

Fragen, eine Person um eine Sache.

Perguntar alguma cousa a alguem.

Kosten (wert sein).

Custar.

Diese Sache kostet viel, ist teuer.

Esta cousa custa caro.

Sie kostet wenig.

Custa pouco.

Wieviel kosten die Schuhe?

Quanto custão os çapatos?

Sie kosten zwei Pintos.

Custão dous pintos.

Es kostet (Mühe) es zu glauben.

Custa a crê-lo.

Teuer verkaufen.

Vender caro.

Der Soldat hat sein Leben teuer verkauft.

O soldado vendeu caro a sua vida.

Das Leben.

A vida.

Er hat sein Wort verkauft.

Vendeu a sua palavra.

Jemanden Fragen stellen.	Fazer perguntas a alguem.
Trachten. Den Versuch machen zu ... versuchen zu ...	Tentar ...
Versuchen. Suchen, sich angelegen sein lassen zu ...	Procurar ...
Das Talent versucht es vergebens durch Anstrengungen das zu ersetzen, was die Zeit auf ihrem langen Wege nur mühsam erreicht.	O talento debalde tenta supprir por esforços o que apenas o tempo alcança na sua longa marcha.
Er versuchte es zu thun, aber es mißlang.	Procurou fazê-lo, mas não succedeu bem.

C. Nach procurar, tentar u. a. steht der auf die Frage was, wozu, nach was? antwortende Infinitiv ohne Verhältniswort.

Sich bemühen zu ...	Empenhar-se em ...
Er bemühte sich seinen Einfall zu behaupten.	Empenhou-se em sustentar o seu capricho.
Der Schwager.	O cunhado.
Die Schwägerin.	A cunhada.
Der Gevatter. Die Taufzeugin. (Wird auch für Gönner gebraucht.)	O padrinho. A madrinha.
Der Pate. Die Patin. (Patenkinder.)	O afilhado. A afilhada.
Ein ... von mir. Einer meiner.	**Um ... meu.**
Einer meiner Söhne.	Um filho meu.
Einer Ihrer Söhne.	Um filho seu (de vm^cê.).
Ich habe versucht es zu thun.	Tentei, procurei fazê-lo.
Sie müssen suchen es besser zu machen.	Deve procurar fazê-lo melhor.
Wen suchen Sie?	Quem procura?
Ich suche eben einen unserer Freunde.	Estou procurando um de nossos amigos.
Wen sucht er zu sehen?	Quem procura vêr?
Er sucht einen seiner Gevatter zu sehen.	Procura vêr um padrinho seu.
Ich suche einen meiner Brüder.	Procuro um irmão meu.
Mit wem haben Sie Verbindungen angeknüpft?	Com quem travou relações?
Ich habe mit einem Oheim von Ihnen Verbindungen angeknüpft.	Travei relações com um tio seu.
Eine Tante von mir.	Uma tia minha.
Ein Vetter von Dir.	Um primo teu.
Ein Patenkind von ihm.	Um afilhado seu.

Eine seiner Nachbarinnen. | Uma visinha sua.
Liebe Freunde, Sie kommen spät. | Queridos amigos meus, vm^{cês.} vem tarde.

Halten. Festhalten.
Halten für...

Segurar.
Crêr. Pensar. Julgar.

Halten Sie mein Pferd fest? | Segura o meu cavallo?
Ich halte es fest. | Seguro-o.
Was halten Sie von diesem Pferde? | Que pensa deste cavallo?
Ich halte es für gut. | Eu o creio bom, o julgo bom.

Aufs genaueste. | Á risca.
Vernünftig. | Com juizo.
Ordentlich. Wie sichs gehört. | Como se deve.
Erfüllen. Nicht im Rückstand bleiben mit. | Cumprir com...

Die Pflicht erfüllen. Seine Schuldigkeit thun. | Cumprir com o seu dever, com a sua obrigação.
Diese Leute erfüllen Ihre Pflicht aufs genaueste. | Estes homens cumprem á risca com a sua obrigação.
Der Knabe schreibt ordentlich. | O menino escreve, como se deve.

Das Tagwerk, die Aufgabe. | A tarefa.
Ein Stück. | Um pedaço. Um bocado.
Ein Stückchen. | Um pedacinho. Um bocadinho.

Haben Sie Ihr Tagwerk vollbracht? | Acabou a sua tarefa?
Ich habe es aufs genaueste vollbracht. | Acabei-a á risca.
Wollen Sie ein Stückchen Brot? | Quer um bocadinho de pão?
Nein, ich will ein Stückchen Fleisch. | Não, quero um bocadinho de carne.

Alle Leute befriedigen. | Cumprir com todos.
Einen befriedigen. | Cumprir com alguem.

Aufgaben.
129.

Wie ist das Essen in diesem Kosthause?—Es ist schlecht. Ich will (werde) Ihnen ein besseres Kosthaus zeigen, als dieses hier. Meine Freunde essen dort (darin) und sind sehr zufrieden. Ich speise täglich dort zu Mittag. — Wo ist Ihr Freund? — Er ist mit einem seiner Freunde in ein Weinhaus gegangen. — Was thust Du, nachdem Du zu Mittag gegessen hast? — Ich trinke Kaffee und rauche eine Cigarre.—Was thut Ihr Bruder, nach=

dem er nach Hauſe zurückgekommen iſt?—Er ſchreibt noch einige
Briefe, dann geht er in das Weinhaus.—Haben Sie die Flinte
bezahlt, welche ich bei Ihnen geſehen habe?—Ja, ich habe ſie
ſchon bezahlt.—Wie viel hat ſie gekoſtet?—Eine Münze. Ich
gab dem Knaben, welcher mir ſie brachte, zweihundert und
vierzig Reale.—Das iſt gut bezahlt; wenigſtens ſcheint es mir
ſo, denn die Flinte iſt nicht mehr neu.—Hat Ihr Oheim die
Bücher ſchon bezahlt, die er empfangen hat?—Noch nicht. Es
iſt nicht nötig, gleich zu bezahlen. Bezahltes Geld, verlornes
Geld. — Hat der Kaufmann die Waren ſchon bezahlt, welche
ihm geſchickt worden ſind? — Nein, kein Kaufmann thut das.
Er bezahlt drei Monate nachdem er ſeine Waren empfangen
hat; oft hat er ſie ſchon verkauft und hat ſie noch nicht be=
zahlt. — Haſt Du Deine Handſchuhe noch nicht bezahlt? —
Nein. Ich habe kein bares Geld. — Der hat kein bares
Geld! Haſt Du anderes Geld? — Noch weniger als bares.
— Wie biſt Du bezahlt worden, in barem Geld oder in
Waren? — Weder auf dieſe Weiſe, noch auf jene. Man hat
mich mit Gründen und guten Worten bezahlt, und das iſt
[eine] ſehr ſchlechte Münze.

180.

Wollen Sie mir Ihr Pferd leihen? — Ich ſtehe zu Ihren
Dienſten (Befehlen) für alles, was Sie wollen, aber mein Pferd
leihe ich ſelbſt meinem beſten Freunde nicht. — Gut. Dann
bezahle ich Sie mit derſelben Münze; ich leihe Ihnen kein Geld
mehr. — War Ihr Bruder heute bei Ihnen? — Nein, ich
habe ihm ſeinen letzten Beſuch noch nicht zurückgegeben; darum
kam er nicht. — Hat Ihr Bruder auch ein Pferd gekauft? —
Ja, aber es hat das doppelte des meinigen gekoſtet. Dafür iſt
es auch viel hübſcher und viel jünger. Es iſt höchſtens vier
Jahre alt. — Über wen beklagen ſich die Bäuerinnen? — Sie
beklagen ſich über den Goldſchmied, welcher ihnen Ketten von
ſehr ſchlechtem Gold ſtatt feiner goldener Ketten verkauft hat.—
Haben denn die portugieſiſchen Bäuerinnen Geld übrig, um
Goldketten zu kaufen? — Gewiß, mein Herr. Ich kenne viele
Bäuerinnen in der Provinz Minho, welche Ketten im Werte
eines Contos de Reis beſitzen. — Haben Sie den Soldaten

sprechen hören? — Ja, er sprach über viele Dinge, die er nicht
verstand. Sein Freund sprach vernünftiger. — Erfüllt dieser
Mann seine Pflicht? — Ja. Wenigstens thut er soviel, wie
er kann, um sie zu erfüllen. — Haben meine Söhne schon ihr
Tagwerk vollbracht? — Noch nicht. Sie schreiben noch einige
Übungen. — Wie haben sie ihre Übungen geschrieben? — Sie
haben sie besser geschrieben, als ich es erwartete. — Können
Sie mir sagen, was das Dutzend dieser Knöpfe kostet? — Ja,
es kostet zwei Krusaden. — Warum kosten sie soviel? — Weil
sie von Silber sind. — Was verlangt dieser Knabe von mir?
— Er verlangt Geld von Ihnen. — Was verlangen Sie von
mir? — Ich verlange nichts von Ihnen. — Was verlangt Ihr
Diener? — Er sagte mir weder (das Ding), was er verlangt,
noch die Person, von welcher er es verlangt, noch die Art, wie
er verlangen will. Ich weiß nur, daß er eine Bitte hat
(verlangt).

131.

Wer ist heute bei Ihnen gewesen? — Einer meiner Vettern.
Sie kennen ihn. Es ist der nämliche, welcher voriges Jahr
einige Tage bei mir gewohnt hat. — Ja, ich kenne ihn. Es ist
ein liebenswürdiger Mann. — Wer arbeitet mit Ihnen in der
Schreibstube? — Einer meiner Söhne. — Haben Sie schon
Söhne, die so alt sind? — Ja, mein Herr. Er ist noch sehr
jung, aber er arbeitet doch (todavia) schon mit mir. — Wen
suchst Du? — Ich suche eben einen meiner Freunde, welcher
mit mir gekommen ist, aber ich finde ihn nicht. — Wie heißt
(se chama) Ihre Schwägerin? — Sie heißt Maria. — Ist sie
hübsch? — Ja, mein Herr, sie ist eine sehr hübsche Dame. —
Wen sucht Ihr Bruder? — Ich weiß nicht, wen er sucht. —
Wen sucht Ihre Schwester? — Sie sucht einen ihrer Söhne,
den ältesten. — Wer ist dieser Junge? — Es ist eines meiner
Patenkinder. — Haben Sie viele Patenkinder? — Ja, ich war
schon so oft Gevatter! Ich muß viele Patenkinder haben.
— Worüber beklagen Sie sich? — Über den Preis aller
Dinge. Ein Hut, der einen Krusado wert war, kostet heute
zwei und drei (Krusaden). Eine Elle Tuch, die man für drei
Testons gab, giebt man nicht für weniger als sieben. Ein

(Paar) Schuhe, die auf zwölf Bintens kamen, sind schon auf fünfhundert Reis gestiegen. Und wenn ich die Kaufleute nach der Ursache dieser so hohen Preise frage, antworten sie, daß sie Steuern bezahlen. — Was denkt mein Vater von meinen Arbeiten? — Er hält sie nicht für schlecht, das weiß ich. — Steht nicht ein Unglücklicher vor der Thüre? — Ja. Ich habe ihm schon ein Stück Brot gegeben. Aber das genügt ihm nicht. — Willst Du ihm nicht auch ein Stück Fleisch geben? — Warum nicht. Almosen geben ist die Schuldigkeit eines Christen, und ich erfülle diese Pflicht gern. — Wer will mein Pferd halten? — Ich will es halten bis zu Ihrer Rückkehr. — Wem haben Sie die Bücher geschickt, welche ich Ihnen geliehen habe? — Ich habe sie einer meiner Tanten geschickt. Sie liest sehr gern, und die Bücher fehlen ihr oft. Habe ich recht gehabt oder nicht? — Sie haben wohl gethan. — Wer ist bei Ihrem Bruder im Zimmer? — Einer seiner Freunde, ein Kaufmann. Sie haben ihre Geschäfte. Wir wollen sie allein lassen.

Zweiundvierzigster Abschnitt. — Lição quadragesima segunda.

Bemerken. Wahrnehmen.	Perceber. Reparar em...
Erkennen. Unterscheiden.	Distinguir. Part. perfeito:
	Distincto, distinguido.
Gewahr werden. Entdecken.	Descobrir. Part. perfeito:
	Descoberto, descobrido.

A. Reparar alguma cousa heißt eine Sache verbessern, reparar em... acht haben..., beachten, wahrnehmen.

Peter und Johann sind zwei verschiedene (getrennte) Personen, das heißt, man spricht nicht von einem einzigen Menschen, sondern von zwei Individuen des menschlichen Geschlechts.	Pedro e João são duas pessoas distinctas, isto é, não é d'um homem só que se falla, senão de dous individuos (spr. individuos) da especie humana.

Das Waſſer und das Feuer, als Elemente betrachtet, ſind getrennte Dinge; als Urſachen entgegengeſetzter Wirkungen betrachtet, ſind ſie verſchieden.

A agua e o fogo, considerados como elementos, são distinctos; considerados como causas de effeitos contrarios, são differentes.

Ein Hund und eine Katze ſind Tiere geſchiedener Gattungen, verſchiedener Geſtalt und ungleicher Neigungen.

Um cão e um gato são animaes de distincta especie, de differente figura e de diversas inclinações.

Wer hat dieſe Inſel entdeckt?

Quem descobriu esta ilha?

Die Portugieſen haben ſie entdeckt.

Os Portuguezes a descobrirão.

Sie iſt von den Portugieſen entdeckt worden.

Tem sido descoberta pelos Portuguezes.

Das Wetter.

O tempo.

Es iſt ſchönes Wetter, es iſt ſchlechtes Wetter.

O tempo está bonito, o tempo está máo.

Es iſt herrliches Wetter, es iſt häßliches Wetter.

O tempo está lindo, o tempo está feio.

Das Wetter iſt trocken, das Wetter iſt feucht.

O tempo está secco, o tempo está humido.

Hell. Heiter.
Dunkel.
Das Geſicht.

Claro. Sereno.
Escuro.
A cara.

Das Wetter iſt hell, iſt heiter.

O tempo está claro, está sereno.

Das Wetter iſt dunkel.

O tempo está escuro.

Der Regen.

A chuva.

Regneriſch, d. h. wörtl. Geſicht von Regen.

Cara de chuva. Chuvoso.

Das Wetter iſt regneriſch.

O tempo está chuvoso, ou tem cara de chuva.

Sind die Gaſſen naß?

As ruas estão molhadas?

Sie ſind nicht ſonderlich trocken.

Não estão muito seccas.

Das Licht.
Die Sonne.
Die Helle.

A luz.
O sol.
O clarão.

Wenn die Sonne aufgeht iſt es für alle.

Quando o sol nasce é para todos.

Bemerkten Sie geſtern Abend eine Helle?

Reparou num clarão hontem á noite?

Ich ſah nichts (als), nur den Sonnenuntergang.

Não vi nada, senão o pôr do sol.

Die Dämmerung.

O crepusculo.

In der Abenddämmerung.

Á noitinha. Entre lusco e fusco.

Die Morgendämmerung.	A alvorada. A alva do dia.
In der Morgendämmerung.	Ao romper da alva.
Beim Sonnenuntergang.	Ao pôr do sol.
Beim Sonnenaufgang.	Ao sair do sol.
Nach Sonnenuntergang.	Ao sol posto.
Sich in der Sonne wärmen, d. h. sie nehmen.	Tomar o sol.
Wintersonne, Sache die schnell vergeht.	Sol de hinverno.
Vom Morgen bis zum nächsten Morgen.	De sol a sol.
Eine aufgehende Sonne (eine Person, deren Glück beginnt).	O sol que nasce.
Ist Ihr Warenlager hell oder dunkel?	O seu armazem é claro ou escuro?
Es ist ziemlich dunkel.	É bastante escuro.
Jetzt ist es nicht dunkel; es ist ein Licht im Warenlager.	Agora não está escuro; uma luz está no armazem, ha uma luz nelle.
Ist Ihr Zimmer [immer] feucht?	O seu quarto é humido?
Nein, heute nur ist es feucht. Man hat es aufgewaschen.	Não, só hoje está humido. Lavarão-no.
Der Mond.	A lua.
Vollmond. Neumond. Halbmond.	Lua cheia. Lua nova. Meia (spr. méia) lua.
Der Halbmond der Mauren.	A crescente dos Mouros.
Mondschein. — Mondhell.	Luar. — De luar.
Abnehmender Mond.	Lua minguante.
Der Mond scheint. Die Nacht ist mondhell.	A noite é de luar.
Die Sonne scheint.	Faz sol.
Die Sonne scheint mir in die Augen.	Tenho o sol nos olhos.
Leuchten, scheinen.	Luzir.
Glänzen, hell scheinen.	Brilhar.
Der Mond scheint hell diese Nacht.	A lua brilha esta noite.
Die Sonne schien hell.	O sol brilhou.
Kosten, versuchen.	Gostar (ohne de). Provar.
Der Geschmack.	O gosto.
Haben Sie diesen Wein gekostet?	Provou (gostou) este vinho?
Ich habe ihn gekostet.	Provei-o (gostei-o).
Schmeckt er Ihnen? (Lieben Sie ihn?)	Gosta delle?
Er schmeckt mir sehr gut. (Ich liebe ihn sehr.)	Gosto muito delle.

Er hat (einen) guten Geschmack.	Tem bom gosto. O gosto é bom.
Er schmeckt nicht gut.	Tem máo gosto. O gosto não é bom.
Was essen Sie gern?	De que gosta?
Mein Geschmack ist nicht der Ihrige.	O meu gosto não é o seu.
Rindfleisch.	Vacca.
Fisch. Fische.	Peixe (spr. péixe).
Huhn (Henne).	Gallinha.
Ich esse gern Fisch, er ißt gern Rindfleisch.	Gosto de peixe, elle gosta de vacca.
Ich esse weder das eine, noch das andere gern.	Não gosto nem de um, nem de outro.
Der Schüler.	O discipulo (spr. discípulo). O escolar.
Der Lehrer, der Meister.	O mestre.
Das Gedächtnis.	A memoria (spr. memória).
Auswendig lernen.	Aprender de cór. Decorar.
Ich weiß es auswendig.	Eu o sei de cór.

B. Hinter haben ist das ein vor innerlichen Eigenschaften nicht zu übersetzen.

Du hast ein gutes Herz.	Tens bom coração.
Er hat ein gutes Gedächtnis.	Tem boa memoria.
Lernen Ihre Schüler gern auswendig?	Os seus discipulos aprendem bem de cór?
Sie lernen nicht gern auswendig.	Não gostão de decorar.
Haben Sie Ihre Aufgaben auswendig gelernt?	Aprendeu de cór os seus themas?
Einen Tag um den andern.	Um dia sim, outro não.
Wie oft ißt Du im Tage?	Quantas vezes comes-tu por dia?
Ich esse jetzt nur einmal des Tages.	Agora como só uma vez por dia.
Soviel auf den Kopf.	Tanto por cabeça.
Soviel auf den Mann (Soldaten).	Tanto por soldado.
Einem den Kopf (die Ohren) zerbrechen (voll schreien).	Quebrar a cabeça a alguem.
Einem eine Sache in den Kopf setzen.	Metter uma cousa na cabeça a alguem.
Das hat weder Füße noch Kopf (Hand noch Fuß).	Isto não tem pés, nem cabeça.
Die Bauern zahlen sehr hohe Kopfsteuern.	Os saloios pagão direitos de cabeça muito altos.
Etwas auf seinen Kopf thun.	Fazer alguma cousa de sua cabeça.

Einen Trotzkopf haben, trotzig sein.	Ter má cabeça.
Mit dem Kopf durch die Wände rennen.	Dar com a cabeça pelas paredes.
Ein Mann von Kopf (von Geist).	Um homem de cabeça.
Ein leichtsinniger Mensch, ein Windbeutel.	Cabeça de vento.

C. Die Verbindung von fui, foste, foi u. s. w. mit dem Participio perfeito bildet das Preterito perfeito des Passivs.

Das Bier wurde gekostet.	A cerveja foi provada.
Die Helle wurde wahrgenommen.	O clarão foi apercebido.
Die Insel wurde entdeckt.	A ilha foi descoberta.
Zufrieden mit...	Contente com...
Befriedigt von...	Satisfeito de...
Die Befriedigung geht der Zufriedenheit voraus, welche ihre Folge oder Ergänzung ist.	A satisfacção precede o contentamento, o qual é sua consequencia ou seu complemento.
Jemand kann zufrieden sein und nicht froh, oder froh und nicht zufrieden.	Póde uma pessoa estar contente e não alegre, ou alegre e não contente.
Die Fröhlichkeit ist die äußere Kundgebung der Zufriedenheit und kann geheuchelt werden; die Zufriedenheit im Gegenteil ist ein innerer Affekt und kann nicht geheuchelt werden.	A alegria é a manifestação exterior do contentamento e póde fingir-se; o contentamento pelo contrario é affecto interior e não póde fingir-se.
Sich begnügen.	Contentar-se com...
Essen Sie viel?	Come muito?
Nein, ich begnüge mich mit wenigem.	Não, contento-me com pouco.
Das Lehrstück, der Abschnitt.	A lição.
Die Absicht.	A intenção.
Wohlwollend. Übelwollend.	Bem intencionado. Mal intencionado.
Vorhaben, rechnen auf, gedenken.	Contar.
Welches ist Ihre Absicht?	Qual é a sua intenção?
Ich gedenke morgen fortzugehen.	Conto partir amanhã.
Auf eine Person, eine Sache rechnen.	Contar com alguma pessoa, ou cousa.
Ich zähle auf Sie zum Mittagessen.	Conto com vmcê. para jantar.

Man kann nicht darauf zählen.

Gehst Du mit nach der Stadt?
Ich habe es vor.
Lernt Ihr Bruder fleißig?
Er hat schon zehn Abschnitte studiert.

Wenn, falls.
(Dann) **Wenn.**
Als (d. h. damals als . . .).

Wann habt Ihr meinen Vater gesehen?
Wir haben ihn gesehen, als wir auf die Burg gingen.
Gedenken Sie einen Garten zu kaufen?
Ja, ich beabsichtige einen Garten zu kaufen, wenn mir bezahlt werden wird, was man mir schuldet.
Der arme Junge erzitterte, als er sah, daß man ihn suchte.
Wenn Gott giebt, so ist es für alle; einen Trunk Wasser verweigert man niemanden.
Damals als Ihr Bruder hier speiste, sah ich Ihr Haus.

Não se póde contar com isso, sobre isso.

Vens commigo para a cidade?
Conto fazê-lo.
Seu irmão aprende bem?
Já estudou dez lições.

Se.
Quando.
Quando.

Quando vistes meu pai?

Nós o vimos, quando fomos ao castello.
Conta comprar um jardim?

Sim, tenho tenção de comprar um jardim, se me pagarem o que me devem.
O pobre moço tremia, quando viu, que era procurado.
Quando Deus dá, é para todos; a agua não se nega a ninguem.
Quando seu irmão jantou cá, vi a casa de vmcê.

Aufgaben.

132.

Haben Sie den Mann bemerkt, der mit Ihrem Bruder kommt? — Ich habe ihn bis jetzt nicht bemerkt. — Hast Du Wein mit Wasser getrunken? — Nein, das Wasser und der Wein sind zwei getrennte Dinge, ich mische sie nicht gern. — Kennen Sie jene beiden Schwestern? — Ja, beide sind sehr liebenswürdig, aber von ungleichem Charakter, die älteste hat ihre Freude an (liebt) Lustbarkeiten, die jüngste nicht. — Haben Ihre Töchter die Blumen schon bemerkt, welche ich ihnen geschickt habe? — Sie haben sie gleich beim Eintreten ins Zimmer bemerkt. — Kann Ihr Söhnchen schon sprechen? — Nein, es kann die linke Hand noch nicht von der rechten unterscheiden. — Hat man entdeckt, wer das Glas zerbrochen hat? — Das ist nicht leicht. Der es zerbrochen hat, sagt nichts. — Hast Du

denjenigen entdeckt, der Dir Deine Hemden gestohlen hat? —
Ja, mein Diener hat sie mir gestohlen.—Wer hat die Durch=
fahrt (passagem spr. passágem) des stürmischen Vorgebirgs
(cabo Tormentoso) entdeckt? — Bartholomäus Dias hat diese
(Durchfahrt) Seestraße entdeckt und hat sie Vasco da Gama,
als dieser Indien entdeckte, bekannt gemacht.—Was denken Sie
vom Wetter?—Das Wetter ist klar und heiter und Sie können
während dieses ganzen Monats auf gutes Wetter rechnen. —
Wie ist das Wetter heute? — So, so. Es ist regnerisch. —
Was sagen Sie von diesem Menschen?—Er hat mehr Schulden
als Geld; er ist ein Windbeutel. — Was trinken Sie gern?—
Ich trinke lieber Wasser als Wein. — Sie sind mit wenigem
zufrieden. Ich trinke viel lieber Wein, als Wasser. — Haben
Sie Ihren Geburtstag schon gefeiert? — Ja, wir hatten ein
prächtiges Wetter. Die Sonne glänzte, der Tag war hell,
und auch der Abend war heiter. — War die Nacht mondhell?
—Nein. Wir haben den Mond nicht gesehen. Es war dunkel.

133.

Lernen Sie auswendig?—Ich lerne nicht gern auswendig.—
Wie viele Aufgaben machen sie den Tag?—Sie machen nur
zwei, aber sie machen sie ordentlich. — Sind Sie im Stand
gewesen, das Billet zu lesen, welches ich Ihnen geschrieben habe?
— Ich konnte es lesen. — Haben Sie es verstanden? — Ich
habe es verstanden.—Verstehen Sie den Mann, der eben mit
Ihnen spricht? — Ich verstehe ihn nicht. — Warum verstehen
Sie ihn nicht?—Weil er sehr schlecht spricht.—Spricht dieser
Mann französisch? — Er spricht es, aber ich spreche es nicht.
— Warum lernen Sie diese Sprache nicht? — Weil ich keine
Zeit habe. — Haben Sie die Absicht ins Theater zu gehen
diesen Abend?—Ich habe vor hinzugehen, wenn Sie gehen.—
Hat Ihr Vater vor, dieses Haus zu kaufen?—Er hat die Ab=
sicht, es zu kaufen, falls er sein Geld empfängt. — Hat Ihr
Freund vor, nach England zu gehen?—Er hat vor hinzugehen,
wenn man ihm bezahlt, was man ihm schuldig ist. — Haben
Sie die Absicht ins Konzert zu gehen?—Ich gedenke zu gehen,
wenn mein Freund geht. — Hat Ihr Bruder die Absicht, die
spanische Sprache zu studieren? — Er hat die Absicht, sie zu
studieren, wenn er einen guten Lehrer findet.

134.

Was hat der Arzt dem Kranken gesagt?—Der Kranke soll sich jeden Tag zwei oder drei Stunden in der Sonne wärmen. — Wann gehen Sie nach der Stadt? — Heute Abend in der Dämmerung. Es ist dann nicht mehr so heiß, wie während des Tages. — Ist der Kaufmann reich?—Ja, aber sein Geld ist wie eine Wintersonne. Er hat es nie lange.—Wie lange bleibt das Schiff im Hafen?—Von einem Morgen bis zum näch= sten Morgen. — Wie ist Ihr Zimmer, hell oder dunkel?—Es ist weder hell noch dunkel. Aber es ist feucht und mir behagt das nicht.—Sie haben recht. In einem feuchten Zimmer wohnen ist [thut] nicht gut.—Gehst Du heute Nacht aus?—Ja, ich gehe aus. Wir haben Vollmond. — Sie sind im Irrtum, mein Herr! Wir haben Neumond.—Das kann sein, ich kann mich irren.— Haben Sie dieses Fleisch gekostet?—Ja, es schmeckt nicht schlecht. — Was glänzt dort am Boden?—Es ist der goldne Ring, den ich vorige Woche verloren habe.—Wollen Sie Fisch oder Fleisch? —Heute ist Freitag. Ich esse nur Fisch.—Mein Herr, Sie sind im Irrtum, heute ist Donnerstag.—Dann will ich Fische und Fleisch essen.—Was macht Ihr Schüler?—Er lernt seine Auf= gaben auswendig. — Hat er ein gutes Gedächtnis? — Ja; er lernt ziemlich gut auswendig.—Wieviel Geld hat der Kapitän geschickt? — Er hat dreihundert Münzen geschickt. — Wie viel macht das auf den Kopf?—Das macht zwei Münzen und eine halbe auf den Mann. — Wer schreit so? — Es ist der Junge des Nachbarn; er hat Zahnschmerzen. — Der Junge schreit mir schon mehr als eine Stunde den Kopf voll.—Ist dieses Buch hübsch?—Ich finde es nicht. Es hat weder Hände noch Füße. — Bist Du heute schon ausgegangen? — Ja, ich bin mit Sonnenaufgang ausgegangen, aber um zehn Uhr des Morgens wegen der Hitze wieder nach Haus gekehrt.

135.

Haben Sie meinen Wein gekostet?—Ja, und ich habe auch Ihr Bier gekostet. Ihr Wein ist gut, aber Ihr Bier ist besser. —Finden Sie? Ich habe oft das Bier schlechter gefunden, als den Wein.—Das kann sein. Der Geschmack (Mehrh.) ist oft ver= schieden.—Warum kostet Ihr Freund nicht von diesem Schinken?

—Weil er nicht hungrig ist.—Wollen Sie nicht ein Glas von diesem Bier kosten? — Jetzt nicht; ich bin nicht durstig. — Wie ist das Wetter heute? — Es ist klar und heiter.—Kann ich heute mit Ihnen zu Mittag speisen? — Ja, ich zähle auf Sie. Wir speisen um drei Uhr. Können Sie um diese Zeit hier sein?—Ja, ich kann hier sein.—Kann ich darauf zählen?—Ja, um drei Uhr bin ich hier.—Wann kommt Ihr Bruder aus der Schreibstube zurück?—Er kommt um sieben Uhr.—Und was thut er dann?—Dann geht er ins Wirtshaus und trinkt einige Flaschen Bier.—Einige Flaschen? Trinkt Ihr Bruder soviel?—Warum nicht, er ist ja nicht krank.—Willst Du Käse essen?—Ja, wenn er gut ist. Aber wenn er nicht gut ist, kannst Du ihn selbst essen, oder ihn zum Fenster hinauswerfen.—Ist Ihre Schreibstube schon trocken?—Ja, Herr. Man hat sie heute früh aufgewaschen, aber sie ist schon wieder trocken.—Gefällt Ihnen mein Garten?—Ja, er ist recht hübsch, aber die Bäume sind noch sehr klein. — Finden Sie? Sie scheinen mir schon sehr hoch. — Sie scheinen so, aber sie sind es nicht. — Was ist hübscher, das Licht der Sonne oder das des Mondes?—Das kann man nicht sagen. Ein schöner Tag, eine heitere Nacht sind beide schön.—Was für Absichten hat dieser Mensch, gute oder schlechte?—Ich bin mißtrauisch. Der Mensch kann keine guten Absichten haben, er hat ein Gesicht, das mir nicht gefällt.—Wie war das Wetter diesen Morgen? — Es war regnerisch; aber jetzt ist es hübsch.

Dreiundvierzigster Abschnitt. — Lição quadragesima terceira.

Züchtigen. Die Züchtigung.	Castigar. O castigo.
Tadeln. Der Tadel.	Reprehender. A reprehensão.
Einen ausschelten.	Ralhar com alguem.
Von.	{ Ďe (bei Empfindungen). Por (bei äußerem Thun).

Berachten. Die Berachtung.	Desprezar. O desprezo.
Von wem wird er verachtet?	De quem é desprezado?
Von wem wurden sie getadelt und gezüchtigt?	Por quem forão reprehendidos e castigados?

A. Wo mit „von" der Urheber eines Erleidens bezeichnet wird, ist nur das Passiv anzuwenden: für das deutsche wird, ist ... worden, wurde, muß gedacht werden: ist, ist ... gewesen, war: é, tem sido, foi. Die passiven Wendungen sind jedoch viel seltener als im Deutschen.

Loben.	Louvar.
Belohnen.	Recompensar.
Verabscheuen.	Aborrecer.
Ich verabscheue ihn.	Eu o aborreço.
Alle verabscheuen ihn.	Todos o aborrecem.
Er verabscheute ihn.	Elle o aborreceu.
Alle verabscheuten ihn.	Todos o aborrecerão.
Er wurde von allen verabscheut.	Foi aborrecido de todos.
Verständig.	Intelligente.
Unwissend.	Ignorante.
Träg, faul.	Preguiçoso.
Die verständigen Jungen wurden gelobt.	Os rapazes intelligentes forão louvados.
Von wem wurden sie geliebt und gelobt?	De quem forão amados e louvados?
Von ihren Lehrern.	Dos seus mestres.
Wurden sie nicht auch belohnt?	Não forão tambem recompensados?
Sie wurden es nicht.	Não o forão.
Kostspielig.	Custoso.
Fleißig, lernbegierig.	Estudioso.
Anhaltend fleißig.	Applicado.
Emsig, anhaltend thätig.	Assiduo (spr. assíduo).
Der fleißige Knabe wurde belohnt.	O menino estudioso foi recompensado.
Von wem wurde er belohnt?	Por (de) quem foi recompensado?
Sein Lehrer belohnte ihn.	O seu mestre o recompensou.
Aufmerksame und fleißige Knaben werden oft gelobt.	Meninos applicados e assiduos muitas vezes são louvados.
Die Kutsche.	A carruagem (spr. carruágem).
Steigen.	Montar. Subir.
Einhergehen (fahren, reiten).	Andar.

Er stieg in die Kutsche.	Entrou na carruagem.
Sie stiegen zu Pferde.	Montárão a cavallo.
Er stieg die Treppe hinauf.	Subiu a escada.
Die Treppe.	A escada.
Zu Fuß gehen.	Ir (andar) a pé.
Fahren.	Ir (andar) de carruagem.
Reiten.	Ir (andar, montar) a cavallo.
Sind Sie viel zu Fuß gegangen?	Andou muito a pé?
Ich bin nicht viel zu Fuß gegangen, aber viel geritten.	Não andei muito a pé, mas andei muito a cavallo.
Sind Sie zu Fuß gekommen?	Veio a pé?
Nein, ich bin hergefahren. Ich bin im Wagen Ihres Vaters hergefahren.	Não, vim de carruagem. Vim na carruagem de seu pai.
Dieser Wein steigt in den Kopf.	Este vinho sobe á cabeça.
Die Ware steigt im Preis.	A fazenda sobe de preço.
Ausfahren.	Sahir de carruagem.
Ausreiten.	Sahir a cavallo.
Zu Wagen reisen.	Viajar de carruagem.
Vorgestern sind wir ausgefahren; heute reite ich aus.	Ante hontem sahimos de carruagem; hoje saio a cavallo.
Es lebt sich hier ganz bequem.	Aqui vive-se commodamente.
Das Leben ist teuer hier.	A vida é cara aqui.
Ich bin nicht für das Dorfleben und habe nur geringe Neigung die rohe Natur anzustaunen.	Sou avêsso á vida aldeã é não tenho senão mediocres tendencias para admirar a natureza bruta.
Wo ist er hingegangen?	Para onde se foi elle?
Er ist nach Madrid gegangen.	Foi-se a Madrid.
Ist gut reisen im Frühling?	Viaja-se bem na primavera?
Im Sommer ist besser reisen.	No verão é que se viaja melhor.
Ist im Herbst schlecht reisen? d. h. ist es nicht gut im Herbst zu reisen?	Não é bom viajar no outono?
Im Winter ist gar nicht gut zu reisen, d. h. im Winter zu reisen ist gar nicht gut.	Viajar no inverno não é nada bom.
Von der Hand in den Mund leben, d. h. von Tag zu Tag leben.	Viver aos dias. Viver dia por dia.
Für sich leben.	Viver comsigo.

Was ich will ist ein ruhiges Leben, um, statt Besuche zu empfangen und zu erwidern, nach Herzenslust in meinem Bett zu schlafen.

Ist in London teuer leben?

Es ist dort sehr teuer leben.

Er lebt auf Kosten seines Bruders.

O que eu quero é uma vida socegada para, em vez de andar em visitas, dormir na minha cama á minha vontade.

A vida é cara em Londres?

É muito cara.

Vive á custa de seu irmão.

Donner, Donnerschlag.

Donnern.

Das Gewitter.

Trovão.

Trovejar. Trovoar.

Trovoada.

Wir haben ein Gewitter.

Donnert es schon?

Temos uma trovoada.

Já troveja? Já se ouvem trovões?

Noch donnert es nicht.

Man erinnert sich der heiligen Barbara, nur wenn es donnert (Not lehrt beten).

Ainda não troveja.

Não lembra Santa Barbara (spr. Bárbara) senão quando faz trovões.

Sturm.

Stürmisch.

Tempestade. Borrasca. Tormenta.

Tempestuoso. Borrascoso.

Es ist ein stürmisches Wetter. Das Wetter ist stürmisch.

Das Wetter ist nicht mehr so stürmisch.

Es donnert eben sehr stark.

Faz um tempo borrascoso. O tempo está borrascoso, está de borrasca.

O tempo já não está tanto de tormenta.

Está trovejando de uma maneira muito forte.

Der heftige Wind artet in Sturm aus; kommt dieser von fürchterlich dicken Wolken, welche Blitze und Wetterstrahle entsenden und starken Regen ausgießen, so ist es ein Windsturm, besonders auf dem Meer; bricht er plötzlich aus und donnert er nicht lang, so ist es ein Sturmwind; auf See nennen ihn die Dichter auch Unwetter.

Do vento violento se forma a tempestade; se esta provem de grossas e medonhas nuvens, que despedem relampagos e raios e despejam grandes chuvas, é tormenta, mórmente no mar; se rebenta de repente e não dura muito é borrasca; no mar chamam-lhe os poetas procella.

Wolke.

Nebel.

Dicker Nebel.

Luft.

Blitz.

Nuvem (spr. núvem).

Nevoa (spr. névoa).

Nevoeiro (spr. nevoéiro).

O ar.

Relampago (spr. relámpago).

Iſt es nebelig?	Faz nevoa? ha nevoa?
Es iſt ſehr nebelig.	Faz um nevoeiro, ha um nevoeiro.
Der Wind hebt ſich.	O vento refresca (von refrescar).
Der Wind legt ſich.	O vento abranda (von abrandar).
Der Wind ſpringt um nach Norden.	O vento salta para o Norte (von saltar).
Es iſt windig.	Venta (von ventar).
Das Segel.	A vela.
Während.	Em quanto.
Während der Wind weht, muß man das Segel netzen.	Em quanto venta, é preciso molhar a vela.
Die Luft iſt rein. Wollen Sie nicht ausgehen?	O ar está sereno. Não quer sahir?
Ich kann friſche Luft ſchöpfen.	Posso tomar o ar.
Ein ſtarker Wind.	Uma ventaneira (ſpr. ventanéira).
Es weht ein ſtarker Wind.	Ha uma ventaneira. Faz uma ventaneira.

Sowie..., gleich...	**No mesmo instante que ...**
So (bald) wie...	**Logo que.**
Alsbald. Sodann. Sofort. Sogleich.	**Logo.**
Das Wort logo hat zwei verſchiedene Bedeutungen, welche ſind: 1° in kurzem 2° augenblicklich, ohne Verzug.	Logo tem duas significações distinctas, que são: 1° daqui a pouco 2° immediatamente, sem demora.
1° Ich gehe gleich, in kurzem werde ich gehen.	1° Logo vou, daqui a pouco irei.
2° Sobald Du dieſen Brief erhältſt, mache Dich auf die Beine, denn ich gebe meinem Freund, dem Braſilianer, Befehl, Dir für die Reiſe fünf Pintos auszuzahlen.	2° Logo que esta recebas (receberes), anda-te embora, que eu dou ordem ao meu amigo brasileiro para te dar para a jornada cinco pintos.
Auf die Adreſſen der Briefe, die ohne Verzug abgegeben werden ſollen, ſetzt man: logo, logo und nicht: já, já.	Nos sobrescriptos de cartas, que devem ser entregues sem demora, põe-se: logo, logo e não: já, já.

Ohne.	**Sem** [gilt als Verneinung].
Ohne zu wollen.	Sem querer, não querendo.
Ohne Geld.	Sem dinheiro.
Ohne ein Wort zu ſagen.	Sem dizer palavra.
Ohne einem Menſchen ein Wort zu ſagen.	Sem dizer nada a ninguem [nicht sem dizer alguma palavra a alguem].

B. Die mit sem gesetzten Hauptwörter kann man als Um=schreibung verneinender Umstandswörter ansehen.

Unschuldig (ohne Schuld).	Sem culpa.
Unzweifelhaft (ohne Zweifel).	Sem duvida (spr. dúvida).
Unschmackhaft (ohne Geschmack).	Sem sabor.
Unverzüglich (ohne Verzug).	Sem demora.

Und dann; und nun. Endlich.	**E depois. E então; e agora. Al fim, em fim, por fim, finalemente.**
Zuletzt traf er, nachdem er so oft gefehlt.	Por fim acertou, depois de ter errado tantas vezes.
Nachdem es alle Welt gesehen, hat die Veröffentlichung keinen Reiz mehr.	Depois que toda a gente o viu, já não tem graça a publica-lo.
Wir werden jetzt spazieren gehen, kurz darauf zu Mittag speisen und nachdem abziehen.	Passearemos agora, jantaremos logo e nos iremos depois.
Die Art.	A especie (spr. espécie).
Das Holz. Das Bauholz.	A madeira (spr. madéira). A madeira de construcção.
Das Brennholz.	A lenha.
Was für eine Art Holz ist das?	Que especie de madeira é esta?
Es ist Brennholz.	É lenha.
Holz spalten.	Cortar, fazer lenha.
Das Holzhaus.	A casa de guardar lenha.
Aus einem gefallenen Baum machen alle Holz (d. h. alle beschimpfen einen gefallenen Günstling).	De arvore cahida todos fazem lenha.
Grünes Holz.	Madeira verde.

Aufgaben.

136.

Wer will mit mir ausreiten? — Sie haben nur ein Pferd. Niemand kann mit Ihnen ausreiten. — Wollen Sie mit mir ausfahren? — Wohin wollen Sie fahren? — Ich fahre nach der Stadt. Kommen Sie mit mir? — Nein, ich war gestern in der Stadt und will heute nicht wieder fahren. Ich gehe lieber zu Fuß. — Ist Ihr Sohn fleißig? — Ja, er arbeitet den ganzen Tag und sein Lehrer lobt ihn sehr. — Belohnt er ihn auch? — Ja.

Heute reitet er mit dem Lehrer aus. Seine Aufgabe war sehr schwer, aber er hat sie sehr gut gelernt. — Wohin führst Du mich? — Ich führe Dich nach Haus. — Warum tadelt sie der Lehrer? — Weil sie ihre Aufgaben nicht geschrieben haben. — Wirst Du von Deinem Lehrer gezüchtigt? — Nein. Der Lehrer züchtigt nur die, welche nicht arbeiten. Ich aber bin fleißig und arbeite gern. — Wer hört uns? — Niemand kann uns hören. — Wird unser Freund von seinen Lehrern geliebt? — Er wird von ihnen geliebt und gelobt, weil er lernbegierig, aufmerksam und fleißig ist. Aber die Lehrer tadeln seinen Bruder, weil er nicht arbeitet, wie unser Freund. — Welche werden gelobt? — Die verständigen Kinder werden gelobt; aber die unwissenden und trägen werden nicht gelobt. — Muß man gut sein um geliebt zu werden? — Man muß es sein. — Was muß man thun, um gelobt zu werden? — Man muß arbeiten, weil diejenigen, welche träg und böse sind, verabscheut werden. — Was müssen wir thun, um belohnt zu werden? — Wir müssen unsere Lehrer lieben und unsere Feinde nicht verabscheuen. — Was ziehst Du vor, die Züchtigung oder den Tadel? — Ich ziehe den Tadel der Züchtigung vor.

137.

Wie lebt dieser Mensch? — Er lebt von der Hand in den Mund. — Giebt es viele Leute in London, die von der Hand in den Mund leben? — Mehr als fünfzigtausend Personen leben so Tag für Tag. — Ist es teuer in Paris leben? — Das Leben in Paris ist teuer und wohlfeil. Diejenigen, welche viel Geld haben, leben teuer; diejenigen, welche wenig Geld haben, leben wohlfeil. — Ist Ihre Schwester so fleißig, wie die meinige? — Sie ist nicht so fleißig, wie die Ihrige. — Fährt Ihr Bruder gern? — O ja, er fährt jeden Tag mit dem Vater aus. — Wo waren Sie diesen Herbst? — Ich war in London. Da ist das Leben schön? Jeden Tag ritt oder fuhr ich aus. — Aber es ist sehr nebelig in London? — Das, ja. — Und die Luft ist sehr kalt? — Das ist auch wahr. — Wie oft reiten Sie aus? — Ich reite dreimal die Woche aus. — Sind Sie gern auf Reisen? — Ja, ich reise gern, aber nur im Sommer, im Winter nicht. Ich ertrage die Kälte schlecht. — Sie haben recht. Eine

Reise im Winter ist durchaus nicht angenehm, auch ich reise lieber im Sommer. — Reisen Sie gern in Spanien? — Ich reise sehr gern in diesem Lande, aber ich finde die Wege sehr schlecht. — Hast Du ihn gesehen? — Ja, ich habe ihn gesehen, ohne [es] zu wollen. — Hast Du Geld oder nicht? — Ich bin ohne Geld. — Ist Dein Bruder hier gewesen? — Ja, aber er ist weggegangen, ohne ein Wort zu sagen. — Hat er mit andern Personen gesprochen? — Nein, er ist hier gewesen, ohne einem Menschen ein Wort zu sagen. — Wie geht es dem Kranken? — Er ist besser. Heute kann er frische Luft schöpfen. — Heute! mit [bei] diesem stürmischen Wetter? — Ja, er ist nicht mehr krank. Der Arzt hat es gesagt.

188.

Wie viele Bedeutungen hat das Wort: gleich? — Es hat deren zwei. Es heißt: in kurzem und: unverzüglich. — Essen Sie dieses Brot gern? — Nein, ich finde es sehr unschmackhaft. — Welches ist das beste Pferd, das des Engländers oder das des Franzosen? — Das des Engländers ist unzweifelhaft das beste. — Kannst Du unverzüglich nach Hause gehen? — Ich kann, aber ich will nicht. — Sind viele Leute im Garten? — Ja, der erste, welcher kam, war unser Nachbar, der Kaufmann. Gleich darauf kam der Engländer, dann der Franzose und nun kommt der türkische Kapitän. — Wie ist das Wetter? — Es schneit und regnet. — Ist er endlich gekommen? — Wer? mein Bruder? — Ja, schon lange habe ich ihn erwartet. — Was hat der Diener gethan? — Er hat gegessen und nun löscht er den Durst. — Was für Holz ist das, Brennholz oder Bauholz? — Es ist Brennholz. — Was macht der Koch? — Er spaltet Holz. — Wo ist der Diener? — Er ist im Holzhaus. — Warum verabscheuen ihn alle Leute? — Aus einem gefallenen Baum machen alle Holz. Das ist die Ursache, warum ihn jetzt alle verachten. — Warum wirfst Du dieses Holz nicht ins Feuer? — Das grüne Holz ist nicht gut, um Feuer anzuzünden. — Was muß man thun, während der Wind bläst? — Während der Wind bläst, muß man das Segel netzen. — Was höre ich? — Es ist ein Donnerschlag. Wir haben ein Gewitter. — Wie oft hat er gefehlt? — Er hat dreimal gefehlt und zuletzt traf er. — Wann veröffentlichen Sie Ihr Buch? — Ich veröffentliche es nicht. Nachdem es alle Welt gesehen, hat es keinen Reiz mehr. — Wo sind die Matrosen? — Sie sind im Wirtshaus, sie denken an die heilige Barbara, nur wenn es donnert.

Vierundvierzigster Abschnitt. — Lição quadragesima quarta.

Ersticken. (Wen?)	Afogar.
Ersticken. (Woran?)	Afogar-se.
Verbrennen (vom Feuer verzehrt werden).	Queimar-se.

A. Die Bedeutung des Erleidens, welche manche deutschen Zeitwörter neben der des Thuns haben, drückt der Portugiese durch den Zusatz se aus.

Das Holz verbrennt.	A lenha se queima.
Haben Sie sich gebrannt?	Queimou-se?
Was haben die starken Regengüsse gethan?	Que fizerão as grandes chuvas?
Sie haben die Saaten erstickt.	Afogarão as sementes.
Er erstickte vor Hitze, vor Kälte.	Afogou-se de calor, de frio.
Er ertrank (erstickte) in einem Glas Wasser.	Afogou-se em pouca agua.
Wo haben wir uns gesehen?	Onde nos vimos?
Sie sehen sich alle Tage.	Vêm-se todos os dias.
Wollen Sie sich wärmen?	Quer aquecer-se?
Ja, ich will mich wärmen.	Sim, vou me aquecer.
Will sie sich wärmen?	Quer ella aquecer-se?
Sie will sich wärmen.	Ella quer aquecer-se.
Sich ergötzen, die Zeit vertreiben.	Divertir-se a... em...
Er ergötzt sich auf Kosten eines andern.	Diverte-se á custa d'outrem.

Ein anderer (franz. autrui).	**Outrem.**
Es freut ihn mich zu betrügen.	Diverte-se em me enganar.
Nichts freut ihn.	Nada o diverte.
Jeder unterhält sich so gut er kann.	Cada qual diverte-se do melhor modo que póde.
So gut wie...	**O melhor que...**
Die Welt.	O mundo.
Jedermann, alle Welt.	Todos, toda a gente.

Er macht die Arbeit so gut, wie er kann. — Faz o trabalho o melhor que póde.

Die alte Welt, die neue Welt, die andere Welt. — O antigo mundo, o novo mundo, o outro mundo.

Einen in die andere Welt schicken. — Mandar alguem para o outro mundo.

Am Ende der Welt wohnen. — Viver, morar no cabo do mundo.

Die Welt sehen, reisen. — Ver o mundo.

In dieser Welt leben. — Viver neste mundo.

Verfehlen. Fehlen. Irren. — Errar.

Der Fehler. — O erro.

Fehler machen. — Commetter erros.

Den Weg verfehlen. — Errar o caminho.

Den Namen verfehlen (falsch sagen). — Errar o nome.

Er macht Schreibfehler. — Commette erros d'escrita.

Das ist ein Rechenfehler. — Isto é um erro de calculo.

Ein Fehler in den Rechnungen. — Um erro nas contas.

Sich irren. Im Irrtum sein. — Enganar-se.

Täuschen, betrügen. — Enganar.

Die Zeit, die Stunden täuschen (schnell vorbeigehen lassen). — Enganar o tempo, as horas.

Er ist gewaltig im Irrtum. — Enganou-se muito.

Er hat mich betrogen. — Enganou-me.

Ausreißen. — Arrancar.

Das Haar. — O cabello.

Der Nagel (an Hand oder Fuß). — A unha.

Wollen Sie mir die Nägel schneiden? — Quer me cortar as unhas?

Ich will Ihnen das Haar schneiden. — Vou-lhe cortar o cabello.

Er reißt sich das Haar aus. — Arranca-se o cabello.

B. Durch den Zusatz von se wird auch der Übergang in einen Zustand ausgedrückt und durch die weitere Verbindung mit estar der Anfang dieses Übergangs; mit ir wird dieser Anfang auch ausgedrückt.

Verbrennen, in Asche verwandeln. — Queimar.

Verbrennen, zu Asche werden. — Queimar-se.

Brennen, im Begriff sein sich in Asche zu verwandeln. — Estar-se queimando.

Schlafen. — Einschlafen. — Dormir. — Adormecer.

Am Einschlafen sein, eben einschlafen. — Ir adormecer.

Ich bin schläfrig. — Estou com somno.

Ich habe Schlaf. Ich bin schläfrig. — Tenho somno.

Ich habe Luft zu schlafen.	Tenho vontade de dormir.
Er schläft eben.	Está dormindo.
Er ist am Einschlafen.	Vai adormecer.
Fest schlafen.	Dormir a somno solto.
Eine Nacht hindurch ohne aufzuwachen schlafen.	Levar uma noite d'um somno.

Schlagen (den Feind in die Flucht).	Bater.
Beschmutzen.	Sujar.
Fliehen.	Fugir.

Der Feind wurde geschlagen.	O inimigo foi batido.
Er fürchtet sich das Kleid zu beschmutzen.	Tem medo de sujar o seu vestido.
Der Feind ist auf der Flucht begriffen.	O inimigo está fugindo.

Die Brücke.	A ponte.
Verdoppeln.	Dobrar.
Versöhnen.	Reconciliar.

Dem Feind, welcher flieht, eine silberne Brücke.	Ao inimigo, que foge, ponte de prata.
Versöhnter Freund, verdoppelter Feind.	Amigo reconciliado, inimigo dobrado.
Der Fuß glitt mir aus (floh mir).	O pé me fugiu. Fugiu-me o pé.
Das Schiff entschwindet den Augen.	O navio foge dos olhos.
Der Boden schwindet unter den Füßen.	Foge a terra debaixo dos pés.

C. Dem Zeitwort an der Spitze des Satzes können die abhängigen Personenwörter angehängt werden.

Das Haus brennt.	A casa está-se queimando.
Das Haus brannte ab und stürzte ein.	Queimou-se a casa e cahiu.
Gehen Sie fort?	Se vai?
Ich gehe weg.	Vou-me.

D. Haben mehrere Hauptwörter in der Einheit ein gemeinsames Beiwort, so wird dieses nicht hinter ein wiederholt, sondern in der Mehrheit hinter das letzte (in dessen Geschlecht) gesetzt.

Ich habe eine hübsche Tochter und einen hübschen Sohn.	Tenho uma filha e um filho bonitos.

Aufgaben.

139.

Wo wohnt Ihr Bruder? — Er wohnt am Ende der Welt. Von hier bis zu ihm ist es wenigstens eine Meile. — Warum kommst Du so spät? — Es ist nicht mein Fehler, ich habe den Weg verfehlt. — Was habt Ihr gestern gethan? — Wir sind zu Hause gewesen und haben gespielt. Jeder hat sich so gut unterhalten, als er konnte. — Liebst Du diesen Menschen? — Nein, er unterhält sich immer auf Kosten eines andern. — Wo hast Du ihn gesehen? — Ich habe ihn bei meinem Bruder gesehen. — Schneidet sich Ihr Freund die Nägel? — Nein, er kann es nicht. Oft bin ich es, der sie ihm schneide[t]. — Hat es viel geregnet? — Ja, die großen Regengüsse erstickten die Saaten. — Hast Du noch Holz im Holzhause? — Nein, alles Holz ist verbrannt. — Mit was vertreibt er die Zeit? — Er ergötzt sich auf Kosten seines Bruders. Das ist sein einziges Vergnügen. — Womit vertreiben Sie sich die Zeit, wenn Sie zu Hause nichts zu thun haben? — Ich gehe ins Theater und ins Konzert. Aber nicht oft, weil mein Vater gern mit mir spielt. — Wollen Sie sich wärmen? — Ich will mich wärmen, weil mich sehr friert. — Haben Sie gehört, wie es meinem Bruder geht? — Ja, er hat sich gebrannt; aber heute schmerzt ihn der Finger nicht mehr.

140.

Was schreibt Dir Dein Bruder? — Ich will seinen Brief nicht lesen; es sind so viele Fehler darin. — Hast Du Deinem Bruder das Pferd, welches er gekauft hat, schon bezahlt? — Nein, ich bezahle es ihm nicht. — Warum nicht? — Weil ich nicht will. Ich ihm ein Pferd bezahlen! Er ist gewaltig im Irrtum. — Bist Du schläfrig? — Nein, mich friert. — Warum wärmst Du Dich nicht? — Weil ich kein Holz habe und kein Geld um Holz zu kaufen. — Wann gehen Sie weg? — Ich gehe heute weg. Meine Schwester rauft sich das Haar aus. — Glauben Sie das? — Sie sind gewaltig im Irrtum. — Hast Du viele Kinder? — Ich habe hübsche Töchter, aber ich habe keine Söhne. — Ich habe einen Sohn und eine Tochter; beide sind sehr hübsch. — Ist der Feind geschlagen worden? — Ja, er ist auf der Flucht begriffen. Wir haben ihm eine silberne Brücke gelassen.—Bist Du gefallen?—Ja, der Fuß glitt mir aus.— Was ist das für ein Schiff, das meinen Augen entschwindet? — Es ist dasjenige, mit welchem mein Bruder nach England reist.—Ist er noch im Bett?—Ja, und er schläft fest.—Ich höre einen Lärm; was ist das?—Es ist das Haus des Nachbarn, welches einstürzt.—Ist Dein Nachbar noch Dein Feind? — Nein, jetzt ist er mein Freund, und ich kann sagen: Versöhnter Freund, verdoppelter Feind.—Warum ißt Ihr Junge die Pastete nicht, die ich ihm gegeben habe?—Der Dummkopf fürchtet sein Kleid zu beschmutzen. — Was ist das für ein Fehler, ein Schreibfehler oder ein Rechenfehler? — Es ist ein Schreibfehler. Wir alle, die wir in dieser Welt leben, fehlen viel alle Tage. — In der andern Welt begehen wir keine Fehler mehr. — Warum nicht? — Weil wir in dieser Welt so viele begehen.

Fünfundvierzigster Abschnitt. — Lição quadragesima quinta.

Spazieren gehen.	Passear. Ir passeiar.
Jemanden spazieren führen.	Passear com alguem. Ir passeiar com...
Spazieren fahren, — reiten.	Passear de carruagem, — a cavallo.
Führen Sie Ihre Kinder oft spazieren?	Vai passear muitas vezes com seus meninos?
Der Spaziergang. Einen Spaziergang machen.	O passeio (spr. passéio). Dar um passeio.
Ich gehe jeden Morgen mit ihnen spazieren.	Vou passear com elles todas as manhãs.
Ich mache mit ihnen alle Abende einen Spaziergang.	Todas as noites dou com elles um passeio.
Sind Sie spazieren gewesen?	Forão passear? Derão um passeio?
Wir sind spazieren gefahren, und unser Bruder ist spazieren geritten.	Fomos passear de carruagem, e nosso irmão foi passear a cavallo.
Sich erheben. Aufstehen.	Levantar-se.

Zu Bett gehen.

Deitar-se. Ir para cama.
Ir-se para cama.

Sich schlafen legen, schlafen gehen.

Deitar-se a dormir.

Wann stehst Du auf?
A que horas te levantas?

Es erhob sich ein Sturmwind.
Levantou-se uma tormenta.

Seine Haare sträubten sich.
Levantarão-se os seus cabellos.

Ich gehe zu Bett, sobald ich zu Abend gegessen habe.
Vou-me para cama, logo que tiver ceado.

Der Stern.
A estrella.

Der Morgenstern.
A estrella da alva.

Beim Anbrechen der Morgen-dämmerung.
Ao romper da alva.

Das Wetter bessert sich.
O tempo levanta.

Beim hören der letzten Worte [als ich, du, er die letzten Worte hörte].
Ao ouvir as ultimas palavras (nicht das ultimas palavras).

Bei Ankunft der Post.
Ao chegar o correio (nicht do correio).

Er vertreibt sich die Zeit mit dem Lesen guter Bücher.
Diverte-se em ler bons livros.

A. Der Deutsche macht aus dem Nominativ und dem Ac-cusativ den Genitiv, sobald er das Zeitwort zum Hauptwort erhebt. Der Portugiese läßt beide in diesem Falle meistens un-verändert. Das Zeitwort fährt auch als Hauptwort noch fort, seine transitive Kraft auf die Satzteile auszuüben, welche mit ihm in Verbindung stehen. Diese Regel ist nicht von allge-meiner Geltung, wie aus folgendem erhellt:

Mit Tagesanbruch.
Ao romper do dia.

Mit Sonnenaufgang.
Ao sahir do sol.

Mit Sonnenuntergang.
Ao pôr do sol.

Anfangen zu... Anheben zu...
Deitar-se a.

Anfangen zu laufen.
Deitar-se a correr.

Er machte sich auf die Flucht.
Deitou-se a fugir.

Er fing an zu spielen.
Deitou-se a jogar.

Er hob an zu schreien.
Deitou-se a gritar.

Der Schaden. Der Nachteil.
O prejuizo. O damno.

Wohl bekommen.
Dar-se bem com...

Schlecht bekommen.
Dar-se mal com...

Einem wohl thun, Gutes er-weisen.
Fazer bem a alguem. Ser o seu bemfeitor.

Einem Schaden zufügen...
Fazer mal a alguem.

Dieſer Mann hat mir Gutes er=wieſen.	Este homem foi o meu bemfeitor, me fez bem.
Jenes Weib hat uns Schaden zu=gefügt.	Aquella mulher nos fez mal.
Das Mittageſſen bekam mir ſchlecht.	Dei-me mal com o jantar.
Es iſt ſehr ſchade...	É grave prejuizo. É pena.
Zum Schaden eines Mannes.	Em damno d'um homem.
Im Gegenteil.	Ao contrario. Pelo contrario.
Wie? (Gut oder ſchlecht? was meint man dazu?)	**Que tal?**
So bedeutend, daß...	**Tanto que** ...
Dermaßen. So (über alle Maßen).	**Tanto.**
Habe ich Ihnen je was zu Leid gethan?	Lhe fiz jamais algum mal?
Nein, im Gegenteil, Sie waren mein Wohlthäter.	Não, ao contrario, vmcê. foi o meu bemfeitor.
Ich habe nie einem Menſchen Übels gethan.	Nunca fiz mal a ninguem.
Habe ich Ihnen meine Ankunft zu wiſſen gethan?	Lhe fiz saber a minha chegada?
Sie haben ſolches nicht gethan.	Não fez tal.
Es iſt Geld in dieſem Koffer; ich weiß es.	Ha dinheiro nesta mala; eu o sei.
Es iſt nicht wahr, d. h. es iſt nicht ſolches (darin).	Não ha tal.
Wie der Herr, ſo der Diener.	Tal amo, tal criado.
Niemand erwartete ſolches.	Ninguem esperou por tal.
Glauben Sie, was ich gehört habe?	Vmcê. crê o que eu tenho ouvido?
Ich glaube es nicht; es giebt ſol=ches nicht (iſt nicht wahr).	Não o creio. Não ha tal.
Haben Sie gehört, was dieſer Mann gethan hat?	Ouviu o que este homem fez?
Ja. Was meinen Sie dazu!	Sim. Que tal!
Haben Sie den Wein gekoſtet?	Provou o vinho?
Wie finden Sie ihn?	Que tal?
Anklopfen. An die Thür klopfen.	Bater á porta.
Man hat an die Thür geklopft. Wer iſt es?	Batérão á porta. Quem é?

B. Das „es" darf nicht überſetzt werden, wenn es nicht eine beigelegte Eigenſchaft bedeutet, ſondern derjenige, wel=cher u. ſ. w.

Ich bin es. (—derjenige, welcher anklopft.)	Sou eu.
Biſt Du es?	Es tu?
Wer kann es ſein, als ich.	Quem (o) póde ser, senão eu.

Nichts als, durchaus nur.	Não... senão. Não... mais que...
Sich einbilden, sich schmeicheln zu.	Persuadir-se de..., ou que...
Er bildet sich ein, viele Freunde zu haben.	Elle persuade-se, que tem muitos amigos, ou de ter muitos amigos.
Er hat nichts als Feinde.	Não tem senão inimigos.
Er hat lauter Feinde.	Não tem mais que inimigos.
Er bildet sich ein, reiten zu können, aber er kann es nicht.	Persuade-se que sabe montar a cavallo, mas não o sabe.
Werden.	Fazer-se.
Sich anwerben lassen.	Assentar praça.
Soldat werden.	Fazer-se soldado.
Alt werden.	Fazer-se velho. Envelhecer.
Erröten, rot werden.	Fazer-se vermelho.
Erbleichen, bleich werden (gelb...).	Fazer-se amarello.
Reich werden.	Fazer-se rico. Enriquecer.
Herr werden. Der Herr.	Fazer-se dono. O dono.
Berühmt.	Famoso. Celebre.
Berühmt werden.	Fazer-se famoso. Fazer-se celebre.
Was ist aus ihm geworden?	Que se fez delle?
Er hat sich anwerben lassen.	Assentou praça.
Der Betrüger. Die Lüge, Betrügerei.	O impostor. A impostura.
Der Sachwalter, Advokat.	O advogado.
Was ist aus Ihrem Bruder geworden?	Que se tem feito de seu irmão?
Ich weiß nicht, was aus ihm geworden ist.	Não sei o que se tem feito delle.
Glaubst Du, was dieser Mensch sagt?	Crês-tu o que este homem diz?
Ich glaube es nicht. Er ist ein Betrüger.	Eu não o creio. Elle é um impostor.

C. Vor beschimpfenden Eigenschaften wird das „ein" meistens übersetzt.

Einem glauben machen, d. h. betrügend glauben machen.	Fazer crer enganando.
An was glaubt der Christ?	Em que crê o christão?
Er glaubt an Gott, aber weder an Götter, noch an Göttinnen.	Crê em Deos, mas nem em Deoses, nem em Deosas.
Selbst, selber.	**Mesmo, —a, —os, —as.**
Ich habe es ihr selbst gesagt.	Eu lho disse a ella mesma.

D. Ist „selbst" mit einem persönlichen Fürwort verbunden, so muß dieses im Nominativ durch das betonte persönliche Fürwort übersetzt werden, in den andern Fällen aber sehr oft durch das betonte nebst dem tonlosen.

Ich selber habe es gethan.	Eu mesmo o tenho feito.
Wen hat er gelobt?	A quem tem louvado?
Er hat sich selbst gelobt.	Se tem louvado a si mesmo.

Bemerkung. In den nachfolgenden Aufgaben muß das Zeitwort in den mit p bezeichneten Sätzen durch das Preterito perfeito übersetzt werden, was oft des Klanges wegen geschieht, wo dem Sinne nach ebenso gut das Perfeito composto stehen könnte.

Aufgaben.

141.

Was ist das für ein Stern, der am Himmel glänzt?—Es ist der Morgenstern. Beim Anbrechen der Morgenröte kann man ihn nicht mehr sehen. — Um wieviel Uhr gehst Du zu Bett?—Sobald ich Thee genommen habe, lege ich mich schlafen. — Das thue ich nie; denn, wenn ich Thee genommen habe, kann ich nicht schlafen. — Um wieviel Uhr steht Ihr Bruder auf? — Um vier Uhr; er legt sich aber auch schon um halb neun Uhr schlafen.—Wie ist das Wetter?—Es hat sich plötzlich ein Sturmwind erhoben; ich höre schon die Donnerschläge des Gewitters, welches anrückt.—Ich höre nichts, und ich glaube, Sie sind gewaltig im Irrtum.—Um wieviel Uhr bist Du gekommen?—Ich bin mit Tagesanbruch gekommen.—Wann läuft [sahir] das Schiff aus?—Es läuft mit Sonnenuntergang aus. —Wann hebt sich der Wind?—Der Wind hebt sich mit Sonnenaufgang.—Hast Du schon Deine Briefe empfangen?—Ja, ich habe sie gleich nach der Ankunft der Post empfangen. — Ist Dein Bruder noch hier?—Nein, als er die letzten Worte meines Vaters hörte, nahm er seinen Hut und seinen Stock und ging weg.—Ist der Feind noch hier?—Nein, er machte sich auf die Flucht, sobald er die Soldaten bemerkte.—Ist das Pferd noch hier?—Nein, es fing an zu laufen, sobald es den Hund sah. —Fürchtet sich Dein Sohn vor Dir?—Ich weiß nicht; aber er fängt an zu schreien, sobald er mich sieht.—Bleibst Du heute zu Hause? — Nein, ich mache einen Spaziergang mit meiner Schwester. — Geht Ihr zu Fuß oder zu Pferd aus? — Weder zu Fuß noch zu Pferd. Wir fahren aus. — Hast Du Deinen Vater besucht? — Ja, er ist nicht mehr krank, er ist schon aufgestanden. — Mit wem bist Du spazieren gegangen? — Ich bin mit meiner Schwester spazieren gefahren. — Mit wem reitet Ihr Sohn spazieren? — Er will mit dem Hauptmann spazieren reiten; aber ich weiß nicht, ob dieser schon reiten kann. Er war lange Zeit krank. — Gehst Du oft mit Deinem Vater spazieren? — Ja, dreimal die Woche. Mein Vater geht lieber mit mir, als mit seinen andern Söhnen.

142.

Trinkst Du diesen Wein gern? — Er bekam mir wohl. — Hast Du gut zu Mittag gespeist? — Das Mittagessen bekam mir schlecht. Ich habe Kopfweh. — Warum liebst Du diesen Mann? — Ich liebe ihn, weil er mein Wohlthäter ist. — Warum liebst Du diese Frau nicht? — Ich liebe sie nicht, weil sie uns Schaden zugefügt hat. — Du thust nicht, was ein Christ thun soll. — Warum nicht? — Ein Christ soll die lieben, welche ihm Schaden zufügen und nicht nur die, welche ihm Gutes thun. — Sahst Du den Feind? — Ja. Aber wie schade, er ist entflohen. Du kannst ihn nicht mehr sehen. — Wie [gut oder schlecht] war das Mittagessen? — Es war nicht schlecht; aber ich sitze nicht gern so lange bei [a] Tisch. — Hat er Ihnen seine Ankunft zu wissen gethan? — Nein, er hat solches nicht gethan. — Hast Du mir meine Briefe fortgetragen? — Ich habe es [solches] nicht gethan. — Es ist sehr viel Salz in dieser Suppe. — Es ist nicht wahr [solches]. — Hast Du Deinen Diener noch? — Nein, ich habe ihn nicht mehr. Er hat mir nicht genug gearbeitet, und die Leute sagen gern: Wie der Herr, so der Diener. Ich habe gar keine Lust, Faullenzer genannt zu sein [werden]. — Ist der Feind geschlagen worden? — Das nicht. Er floh, sobald er die Soldaten kommen sah. Niemand erwartete das [solches]. — Haben Sie schon das Bier gekostet? — Ja, aber ich mag das Bier nicht. Ich trinke lieber Wein. — Haben Sie schon gehört, was dieser Knabe gesagt hat? — Ja. Was meinen Sie dazu? — Ich glaube nicht, daß

[que] er solches gethan hat.—Haben Sie das Wasser gekostet? Wie finden Sie es? — Es ist nicht genug Zucker [darin]. — Wie [gut oder schlecht] finden Sie das Wetter? — Es sieht regnerisch aus und der Wind legt sich. Ich bleibe zu Hause.

148.

Hat Ihr Nachbar viele Feinde? — Er bildet sich ein, nur Feinde zu haben; aber er hat nur Freunde.—Ich liebe meinen Nachbar, den Kaufmann, nicht.—Warum lieben Sie ihn nicht? —Er bildet sich ein, mehr zu wissen als andere, und weiß nicht soviel wie andere. — Wo ist Ihr Sohn?—Er ist in Spanien. Er will sich anwerben lassen, aber er ist sehr klein. — Haben Sie meinen Vater gesehen?—Ja, aber ich finde ihn sehr alt.— Es ist wahr, er ist sehr alt geworden.—Wie viele Söhne hat der Kaufmann? — Er hat drei. Zwei davon sind sehr reich geworden. — Wer ist dieser Herr? — Es ist ein Advokat, der in kurzer Zeit sehr berühmt geworden ist. — Wo ist der Herr dieses Hauses? — Er ist nicht hier. Wollen Sie mit ihm sprechen?—Ja, ich will sein Haus kaufen.—Ich will es ihm sagen.—Warum wird der Advokat bleich?—Der Betrüger wird bleich, wenn man seine Betrügereien entdeckt.—An was glaubst Du?—Ich bin ein Christ und glaube an Gott und an seinen einzigen Sohn. — Wer hat das gethan? — Ich selbst habe es gethan. — Glauben Sie ein einziges Wort von dem, was dieser Advokat sagt? — Nein, denn alles, was er sagt, ist Lüge oder sind Lügen. — Was ist aus meinem Pferde geworden? — Ihr Bruder reitet spazieren und hat Ihr Pferd genommen.—Giebt es Menschen, die an Götter und Göttinnen glauben? — Ja, es giebt deren viele, die nicht an einen einzigen Gott glauben. — Was ist aus Ihrem Schiffe geworden? — Ich weiß nicht. Es ist schon drei Monate her, daß [que] ich nichts davon gehört habe. — Was ist aus Ihrem Freund geworden? — Er ist Advokat geworden. — Was ist aus Ihrem Vetter geworden? — Er ist Soldat geworden. — Ist der Sohn Ihres Nachbarn Soldat geworden?—Nein, er ist Kaufmann geworden.

Sechsundvierzigster Abschnitt. — Lição quadragesima sexta.

Regnen.

Schneien.

Hageln.

Chover. Cahir chuva.

Nevar. Cahir neve.

Chover pedra. Saraivar. Granizar.

Regnet es?

Nein, es schneit.

Vorgestern hat es geschneit.

Gestern hat es geregnet.

Chove? Cahe chuva?

Não, neva. Cahe neve.

Ante hontem nevou, cahiu neve.

Hontem choveu, cahiu chuva.

Der Hagel. — Der Schnee.

Der Blitz. — Der Krug. (Kü-bel.)

A chuva de pedra.—A neve.

O relampago (spr. relámpago). — O cantaro (spr. cántaro).

Regnet es stark?

Es regnet wie mit Kübeln.

Schneit es eben?

Der Schnee fällt. — Es fällt viel Schnee.

Wenn die Regentropfen gefrieren ehe sie fallen, so bilden sie Hagel.

Chove muito? Cahe muita chuva?

Chove a cantaros.

Está nevando?

A neve cahe. Cahe muita neve.

Quando as gotas de chuva gelão antes de cair, formão saraiva (spr. saráiva) ou granizo.

Wenn dieser gefrorene Regen sehr groß und wie Steinchen ist, nennt man ihn Hagel [Steinregen]; und wenn diese Steine klein sind, aber eckig wie Salzkörner, nennt man sie Hagelschlag.

Quando esta chuva gelada é mui grossa e como pedrinhas, chama-se-lhe chuva de pedra; e quando esta pedra é miuda, porêm esquinada como as pedras de sal, chama-se-lhe pedrisco.

Blitzen.

Scheinen, erscheiuen.

Blitzt es?

Es blitzt stark.

Relampaguear. Dar, fazer relampagos. Coriscar.

Parecer.

Relampaguea? Faz relampagos?

Relampaguea muito. Faz muitos relampagos. Corisca muito.

Die Sonne scheint nicht.

Die Sonne ist nicht zu sehen.

Die Sonne erscheint nicht.

Não faz sol.

Não se póde ver o sol.

O sol não parece.

In die Augen fallen. Auffallen.

Dar nos olhos. Offender os olhos.

Der Tag neigt sich. Die Sonne neigt sich.

O dia cahe. O sol cahe.

Krank werden.	Cahir doente.
Vor Schlaf umsinken.	Cahir de somno.
Die Sonne scheint mir in die Augen.	O sol me dá nos olhos.
Die Farbe dieses Kleides fällt sehr auf.	A côr deste vestido offende muito os olhos.
Ich kehre um, wenn der Tag sich neigt.	Volto á noitinha.
Willst Du krank werden? Du gehst so oft spazieren, wenn es regnet.	Queres cahir doente? Tantas vezes vais passear, quando chove.
Bist Du müde? Du sinkst vor Schlaf um.	Estás cansado? Cahes de somno.
Es regnet auf das Nasse (d. h. immerfort).	Chove sobre o molhado.
Ich denke soviel an dieses, wie an den Schnee, der vor hundert Jahren fiel.	Penso tanto nisso, como na neve, que cahiu ha cem annos.

A. Im Deutschen sind Geschlecht und Zahl der Besitzer bei dem beziehenden cujo, cuja, cujos, cujas (dessen, deren, eigentlich dessiger, e, es, deriger, e, es) zu berücksichtigen, im Portugiesischen Geschlecht und Zahl der Besitztümer.

Der Mann, dessen Sohn } „ „ dessen Tochter } hier ist.	O homem, cujo filho } „ „ cuja filha } cá está.
Der Mann, dessen Söhne } „ „ dessen Töchter } hier sind.	O homem, cujos filhos } „ „ cujas filhas } cá estão.
Die Frau, deren Sohn } „ „ deren Tochter } hier ist.	A mulher, cujo filho } „ „ cuja filha } cá está.
Die Männer, deren Pflicht es ist, hier zu bleiben, sind weggegangen.	Os homens, cujo officio é ficar cá, forão-se.

B. Statt que im Nominativ und im Accusativ wird quem und a quem bei Gegensätzen gebraucht oder zur Unterscheidung der Personen von Sachen. Auch wird o qual, os quaes, a qual, as quaes mit den Wörtern de, a u. s. w. zur Verhütung von Mißverständnissen angewendet.

Der Mann, welcher mich sieht.	O homem, que me vê.
Der Mann, welchen ich sehe.	O homem, que vejo.
Der Mann, welcher mich sieht und den ich sehe.	O homem, quem me vê e a quem eu vejo.
Der Sohn seiner Schwester, die ich kenne.	O filho de sua irmã, a qual eu conheço.
Der Sohn seiner Schwester, den ich kenne.	O filho de sua irmã, o qual eu conheço.

Der Hund des Mannes, den (Hund) Du siehst.	O cão do homem, que vês.
Der Hund des Mannes, den (Mann) Du siehst.	O cão do homem, a quem vês.
Einer von meinen Freunden { den / die } ich täglich sehe.	Um dos meus amigos { o qual, a quem, / os quaes } vejo todos os dias.
Das Pferd, von dem Sie sprechen.	O cavallo, de que falla.
Der Mann, von dem Sie sprechen.	O homem, de quem falla.

C. Vor cujo, de quem, a quem wird als Artikel lieber aquelle, a, es, as als o, a, os, as gebraucht.

Für Sachen:		Für Personen:
Der(jenige), welcher.	O que.	O que; quem.
Die(jenige), welche.	A que.	A que; quem.
Diejenigen, welche.	Os (as) que.	Os (as) que.
Derjenige, dessen.	Aquelle cujo, -a, -os, -as.	Aquelle cujo, -a, -os, -as.
Diejenige, deren.	Aquella cujo, -a, -os, -as.	Aquella cujo, -a, -os, -as.
Derjenige, von dem.	O de que.	Aquelle de quem.
Diejenige, von der.	A de que.	Aquella de quem.
Die, von denen.	Os (as) de que.	Aquelles (-as), de que (dos, das quaes).
Derjenige, dem.	O a que.	Aquelle a quem.
Diejenige, der.	A a qual.	Aquella a quem.
Diejenigen, denen.	Os (as) aos (ás) quaes.	Aquelles (-as) a quem, aos quaes, ás quaes.

D. Hinter einsilbigen Präpositionen (außer por) ist que, hinter mehrsilbigen und por ist o (a) qual, os (as) quaes für Sachen das gewöhnlich angewendete beziehende Fürwort. Hinter de, a und até wird in örtlicher Beziehung gewöhnlich onde gesetzt, wo im Deutschen persönliche Fürwörter stehen.

Die Bank, auf der die Handschuhe liegen.	O banco, sobre o qual estão as luvas.
Der Tisch, unter welchem ich die Feder fand.	A mesa, debaixo da qual achei a penna.
Die Feder, mit der ich gestern schrieb, ist gut.	A penna, com que escrevi hontem, é boa.
Die Handlung, wegen welcher er gelobt wird, macht ihm Ehre.	A acção, pela qual o louvão, lhe faz honra.
Das Haus, bis zu welchem ich gekommen bin.	A casa, até onde cheguei.

Das Haus, nach welchem ich gehe, ist dasselbe, aus welchem er gekommen ist.	A casa, aonde vou, é a mesma, donde elle sahiu.
Es ist ein schönes Land, in welchem ich den Sommer zubrachte.	É um lindo paiz, em que passei o verão.
Ich habe das Pferd gekauft, von dem Sie sprachen.	Comprei o cavallo, de que (do qual) fallou.
Ich kenne den Mann, dessen Bruder meinen Hund getötet hat.	Conheço o homem, cujo irmão matou o meu cão.
Sehen Sie das Kind, dessen Eltern gestern abgereist sind?	Vê o menino, cujos pais se forão hontem?
Ich habe den Kaufmann gesehen, dessen Laden Sie übernommen haben.	Vi o negociante, cuja loja vm.cê tomou.
Ich habe mit dem Manne gesprochen, dessen Waren verbrannt sind.	Fallei ao homem, cujas fazendas se queimarão.
Die Büchse.	A escopeta.
Das Land.	O paiz (spr. païz), a terra.
Im Gespräch sein.	Estar fallando. Conversar.
Ich habe was ich brauche.	Tenho o de que preciso.
Haben Sie die Büchse, welche Sie brauchen?	Tem a escopeta, de que precisa?
Siehst Du die Leute, welche dort im Gespräch sind?	Vês a gente, que está alli fallando?
Weißt Du, wovon sie sprechen?	Sabes de que fallão?
Ich weiß nicht von was, aber ich weiß von wem sie sprechen.	Não sei de que [fallão], mas sei de quem fallão.
Er sah viele Länder.	Viu muitas terras, muitos paizes.
Welche Leute sehen Sie?	Que homens vê?
Ich sehe die, von welchen Sie mir sprachen.	Vejo os de quem (dos quaes) vm.cê me fallou.
Sich wenden an...	Recorrer a...
Treffen. Begegnen.	Encontrar. Encontrar-se com...
Schätzen, achten.	Estimar.
Der Heilige.	O santo.
Der Richter.	O juiz (spr. juïz).
Ich will es ihr sagen, wenn ich sie treffe.	Vou lho dizer, se a encontrar, se me encontrar com ella.
Mit welchen Leuten sind Sie im Gespräch gewesen?	Com que homens esteve fallando?
Ich habe mit denen gesprochen, an die Sie sich gewandt haben.	Fallei a aquelles a quem vm.cê recorreu.
Ich habe mich an die gewandt, welchen Sie begegnet sind.	Recorri a aquelles, com que vm.cê se encontrou.
Sich an den Richter wenden.	Recorrer ao juiz.

Es ist besser (mehr wert) sich an Gott wenden, als an seine Heiligen.

Vale mais recorrer a Deos, que aos seus santos.

Einen und denselben Gedanken haben wie ein anderer.

Encontrar-se com os pensamentos d'alguem.

Gehorsam. Ungehorsam.
Der Ungehorsam.

Obediente. Desobediente.
A desobediencia (spr. desobediéncia).

Der Gehorsam.
Der Zögling.
Der Gelehrte.

A obediencia (spr. obediéncia).
O alumno.
O docto. O sabio (spr. sábio).

In jenem Lande werden die Gelehrten hoch geachtet.

Naquelle paiz estimão muito aos sabios.

Wem sind Sie auf der Straße begegnet?

Com quem encontrou-se na rua?

Ich bin einigen Zöglingen begegnet.

Encontrei alguns alumnos.

Ist dieses das ungehorsame Kind?

É este o menino desobediente?

Es ist für seinen Ungehorsam gezüchtigt worden.

Castigarão-no pela sua desobediencia.

Folglich.
Darum. Sonach. Also. Mithin.
So daß...

Por conseguinte.
Assim. E assim.
De maneira que ... De sorte que ... De modo que ...

Zufällig.
Entgegen.
Das Zusammentreffen.

Por encontro. Por acaso.
Ao encontro.
O encontro.

Ich habe mein Geld verloren, darum kann ich nicht bezahlen.

Perdi o meu dinheiro, por isso não posso pagar.

Ich bin krank, folglich kann ich nicht ausgehen.

Estou doente, por conseguinte não posso sahir.

Hast Du zufällig meinen Bruder gesehen?

Viste por encontro, por acaso a meu irmão?

Nein, ich ging meinem Bruder entgegen.

Não, fui ao encontro de meu irmão.

Es fand ein Zusammentreffen der Franzosen mit den Türken statt.

Houve um encontro dos Francezes e dos Turcos.

Es fand ein Zusammentreffen zwischen den Matrosen der zwei Schiffe statt.

Houve um encontro entre os marujos dos dous navios.

Aufgaben.

144.

Regnet es stark? — Es regnet immer fort. — Können wir ausgehen?—Nein, es hagelt.—Gefällt Dir dieses Kleid?—Das

Kleid gefällt mir, aber nicht die Farbe. Sie fällt sehr in die Augen.—Bist Du schon müde?—Ja, ich sinke um vor Schlaf. —Scheint die Sonne?—Nein, es regnet.—Denkst Du viel an Deines Vetters Geschäfte?—Ich denke soviel daran, als an den Schnee, der vor zwanzig Jahren fiel. — Warum nimmst Du Deinen Hut in die Hand? — Die Sonne scheint mir in die Augen, und das behagt mir nicht.—Blitzt es noch?—Nein, es blitzt nicht mehr.—Gehst Du nach der Stadt?—Nein, es regnet und schneit. Das Wetter ist nicht nach meinem Geschmack. — Fällt dieses Jahr soviel Schnee, wie voriges?—Voriges Jahr fiel viel Schnee, aber dieses Jahr fällt viel mehr.—Sind Sie müde?—Ja, gestern tanzte ich den ganzen Abend und kam erst um vier Uhr des Morgens nach Hause zurück und heute stand ich schon um sieben Uhr auf. Ich habe (p) nur drei Stunden geschlafen, und das genügt nicht. — Haben (p) Sie das Pferd gekauft, von dem Sie mir gesprochen haben (p)? — Ich habe kein Geld, sodaß ich es nicht kaufen konnte.—Haben (p) Sie den Mann gesehen, von welchem ich einen Brief empfangen habe (p)?—Ich habe (p) ihn nicht gesehen, aber mein Bruder. Er sagte mirs gestern.—Hat (p) Ihr Oheim die Bücher ge= sehen, von welchen Sie mit ihm gesprochen haben (p)? — Er hat (p) sie gesehen. — Wer ist der Mann, dessen Sohn diesen Mantel brachte?—Es ist meines Vaters Schneider.—Ist das der Kaufmann, dessen Töchter so oft ausfahren?—Nein, er ist es nicht.—Hast (p) Du den Mann gesehen, dessen Häuser ver= kauft wurden?—Ja, ich habe (p) eines seiner Häuser gekauft. —Ist das die Frau, deren Söhne Soldat geworden sind?— Ja, ihre sieben Söhne haben sich anwerben lassen. — Siehst Du den Mann, dessen Kinder gezüchtigt wurden? — Ich kann ihn nicht sehen.—Mit wem sind (p) Sie im Theater im Ge= spräch gewesen? — Ich habe (p) mit dem Manne gesprochen, dessen Bruder meinen Hund getötet hat (p).—Haben (p) Sie den [kleinen] Knaben gesehen, dessen Vater Advokat geworden ist (p)? — Ich habe (p) ihn gesehen. — Wen haben (p) Sie auf dem Balle gesehen? — Ich habe (p) dort die Männer gesehen, deren Pferde und Kutsche Sie gekauft haben (p). — Bist Du schläfrig? — Ich sinke um vor Schlaf. Ich will (werde) mich niederlegen.

145.

Haben (p) Sie mit dem Arzt geſprochen, deſſen Söhne nach Deutſchland gegangen ſind (p)?—Nein, ich habe (p) mit ſeinem Bruder geſprochen.—Haſt Du noch die Feder, mit welcher Du geſtern geſchrieben haſt?—Ja, ich habe ſie noch.—Iſt das das Pferd, von dem Sie geſprochen haben?—Ja, und das iſt der Junge, von dem ich geſprochen habe.—Von wem haſt Du dieſe Jagdflinte?—Vom Kaufmann, von dem ich alles kaufe und dem ich ſo viele Waren verkaufe. — Hat der, deſſen Hund flieht, wenn er einen andern Hund ſieht, auch Angſt, wenn er einen andern Menſchen bemerkt?—Ja, wie der Herr, ſo der Diener, wie der Hund, ſo der Herr.—Aber ſchämt er ſich nicht?—Nein, er hat nur Angſt, er ſchämt ſich nicht.—Wer iſt (p) weggegangen? —Einer der Herren, mit welchen ich täglich ſpazieren gehe.— Bis wohin biſt Du gekommen?—Das Haus, bis zu welchem ich gekommen bin, iſt das, welches mein Freund gekauft hat.— Warum ſchämt ſich Ihr Bruder?—Ich weiß nicht. Die Handlung, wegen welcher man ihn ſtrafen will, iſt eine gute Handlung.—Wem begegneten Sie heute morgen?—Ich ging bis an das Haus, welches Ihr Freund verkaufen will und begegnete dort Ihrem Vater.—Iſt das das gehorſame Mädchen, von dem Sie mir geſprochen haben? — Ja, aber es iſt nicht mehr gehorſam. — Wie viele Wörter haben die Portugieſen um den Hagel zu bezeichnen?—Sie haben deren viele; ſie nennen ihn Steinregen, Hagel, Hagelkörner oder Hagelſchlag, aber jedes dieſer Wörter hat ſeine beſondere Bedeutung.

Siebenundvierzigſter Abſchnitt. — Lição quadragesima septima.

Zukünftige Zeit. — Futuro.

A. Der Deutſche drückt die Zukunft aus, indem er vor den Infinitiv werden ſetzt, der Portugieſe, indem er dem Infinitiv haben anhängt.

Infinitiv. Geben.	Infinitivo. Dar.
Zukunft. Ich **werde** geben.	Futuro. **(Dar hei.)** Darei.
Du wirst geben. **(Dar has.)** Darás.	Wir werden geben. **(Dar hemos.)** Daremos.
Er wird geben. **(Dar ha).** Dará.	Ihr werdet geben. **(Dar heis.)** Dareis.
Sie werden geben.	**(Dar hão.)** Darão.

Heis ist eine Verkürzung von haveis, sowie hemos eine von havemos.

Sein. Ser.			
Ich werde sein.	Serei.	Wir werden sein.	Seremos.
Du wirst sein.	Serás.	Ihr werdet sein.	Sereis.
Er wird sein.	Será.	Sie werden sein.	Serão.

Gehen. Ir.			
Ich werde gehen.	Irei.	Wir werden gehen.	Iremos.
Du wirst gehen.	Irás.	Ihr werdet gehen.	Ireis.
Er wird gehen.	Irá.	Sie werden gehen.	Irão.

Reden. Fallar. Ich werde reden u. s. w. Fallarei, fallarás, fallará, fallaremos, fallareis, fallarão.

Fürchten. Temer. Ich werde fürchten u. s. w. Temerei, temerás, temerá, temeremos, temereis, temerão.

Öffnen. Abrir. Ich werde öffnen u. s. w. Abrirei, abrirás, abrirá, abriremos, abrireis, abrirão.

Nächst.	Proximo (spr. próximo).
Vorübergehen, vorbeigehen.	Passar.
Eintreten in... (z. B. ein Zimmer).	Entrar em...
Hineingehen in... (z. B. Wasser in ein Gefäß).	Caber em...
Sich nicht zu fassen wissen (z. B. vor Freude).	Não caber em si (de contente).
In sich gehen.	Entrar em si.
Das wird vorübergehen.	Isto passará.
Das nächst vergangene Jahr. Das vorige Jahr.	O anno proximo passado.
Das nächst zukünftige Jahr. Das kommende Jahr.	O anno proximo futuro.
Im nächst vergangenen Monat.	No mez proximo passado.
Gegenwärtig, jetzig.	Presente.
Zukünftig, künftig.	Futuro.

Nächst, künftig (bei Tagen).	De amanhã, depois de amanhã. Que vem.
Nächst, künftig (bei Woche, Monat, Jahr).	Que vem. Que entra.
Künftigen Montag.	Segunda feira que vem.
Künftigen Monat.	O mez que vem, que entra.
Künftigen Winter.	O hinverno que vem, que entra.
Werden Sie wohin gehen?	Vmcê. irá a alguma parte?
Wir werden in den Garten gehen.	Irémos ao jardim.
Sein. Ich werde sein.	Estar. Estarei.
Schicken. Ich werde schicken.	Mandar. Mandarei.
Schreiben. Ich werde schreiben.	Escrever. Escreverei.
Werden Sie diesen Abend zu Hause sein?	Estará em casa esta noite?
Ich werde zu Hause sein.	Estarei em casa.
Wird Ihr Vater im Garten sein?	Seu pai estará no jardim?
Ja, er wird im Garten sein.	Sim, estará no jardim.
Werden Ihre Schwestern zu Hause sein?	Suas irmãs estarão em casa?
Sie werden nicht zu Hause sein.	Não estarão em casa.
Die Brieftasche.	A carteira (spr. cartéira).
Beendigen bezeichnet eine Verrichtung, die ans Ziel oder an den Ausgang gelangt.	Acabar representa a acção de chegar ao termo ou fim duma operação.
Beschließen bezeichnet eine Handlung, die die Verrichtung vollständig macht.	Concluir representa a acção no deixar a cousa completa.
Heute geht mein Mühsal zu Ende.	Hoje se acaba a minha fadiga.
Gestern hat man das Geschäft abgemacht.	Hontem se concluiu o negocio.
Morgen werde ich aufhören zu schreiben.	Amanhã acabarei de escrever.
Er kommt soeben an, ging soeben aus, trat soeben ein.	Acaba de chegar, de sair, de entrar &c.
Um Mittag hörte er auf zu arbeiten.	Ao meio dia acabou de trabalhar.
Das Geld geht dem, der es vergeudet, schnell aus.	De pressa se acaba o dinheiro a quem gasta perdulariamente.
Oft endet das Leben, ehe man das Ende der Jugend erreicht hat.	Muitas vezes se acaba a vida, antes que tenhamos acabado a mocidade.
Die Geschichte ist aus.	Acabou-se a historia (spr. história).
Laß doch!	Acaba já!

Machen wir dem Ding ein Ende.	Acabemos com isto.
Ich bin fertig.	Acabei.

Haben.	Ich werde haben.	Haver.	Haver ei.
Können.	Ich werde können.	Poder.	Poder ei.
Wiſſen.	Ich werde wiſſen.	Saber.	Saber ei.
Wollen.	Ich werde wollen.	Querer.	Querer ei.

Werden Sie Ihren Schuhmacher be-zahlen können?	Poderá vmcê. pagar ao seu çapa-teiro?
Ich habe mein Geld verloren, folg-lich werde ich ihm die Schuhe nicht bezahlen können.	Perdi o meu dinheiro, por con-seguinte não lhe poderei pagar os çapatos.
Mein Freund hat seine Brieftasche verloren, folglich wird er kein Haus kaufen können.	O meu amigo perdeu a sua car-teira, por conseguinte não po-derá comprar casa.

Setzen.	Ich werde setzen.	Pôr.	Por ei.
Haben.	Ich werde haben.	Ter.	Ter ei.
Wert sein.	Ich werde wert sein.	Valer.	Valer ei.
Kommen.	Ich werde kommen.	Vir.	Vir ei.
Ausgehen.	Ich werde ausgehen.	Sahir.	Sahir ei.

Werden Sie Geld haben (bekom-men)?	Terá dinheiro?
Morgen werde ich Geld haben.	Amanhã terei dinheiro.
Wird Ihr Freund in mein Konzert kommen?	O seu amigo virá ao meu con-certo?
Werden die Herren kommen?	Virão os senhores?
Wir werden kommen.	Viremos.
Wann werdet Ihr ausgehen?	Quando sahireis?
Wir werden morgen früh ausgehen.	Sahiremos amanhã pela manhã.
Wird jemand auf den Markt gehen müssen?	Será preciso alguem ir á praça?
Morgen früh wird man hingehen müssen.	Amanhã pela manhã será pre-ciso ir.
Es wird nicht nötig sein hinzugehen.	Não será preciso ir.
Was wird dieses Haus in zwei Jah-ren wert sein?	Que valerá esta casa daqui a dous annos?

B. Bei Bildung des Futuro ſtoßen dizer, fazer, trazer die Silbe ze aus.

Sagen.	Ich werde sagen.	Dizer.	Direi.
Machen.	Ich werde machen.	Fazer.	Farei.
Bringen.	Ich werde bringen.	Trazer.	Trarei.

Wird er thun, was ich ihm gestern sagte?	Fará elle o que lhe disse hon-tem?
Was werdet Ihr sagen?	Que direis?

übermorgen werden wir es wissen.	Depois de amanhã o saberemos.
Er wird nicht wollen.	Não quererá.
Er wird das Kleid nicht bringen.	Não trará o vestido.

C. Die Verbindung von serei mit dem Participio perfeito giebt das Futuro passivo.

Ich werde lieben. — Ich werde geliebt.	Amarei. — Sou amado.
Ich werde geliebt werden.	Serei amado.
Er wird verkaufen. — Er wird verkauft.	Venderá. — É vendido.
Er wird verkauft werden.	Será vendido.
Sie werden öffnen. — Sie werden geöffnet.	Abrirão. — São abertos (-as).
Sie werden geöffnet werden.	Serão abertos (-as).
Werden Sie heute meine Eltern sehen?	Verá hoje meus pais?
Nein. Ich werde ausgehen.	Não. Sahirei.

Aufgaben.

146.

Um wieviel Uhr wird man heute zu Mittag speisen?—Um drei Uhr. — Wer wird heute abend mit mir spielen? — Wir werden nicht spielen, aber wir werden ausgehen.—Wann wird Dein Bruder kommen?—Er wird künftigen Montag hier sein. — Wann wird Deine Schwester nach England gehen? — Sie wird noch einige Zeit hier bleiben.—Wird der Kaufmann sein Pferd schon verkauft haben?—Wer wird dieses Pferd kaufen!— Wirst Du heute meinen Bruder sehen?—Nein, ich werde ihn nicht sehen.—Wirst Du heute ausgehen oder zu Hause bleiben? —Ich werde zu Hause bleiben, künftige Woche werde ich ausgehen.—Werden die Kinder thun, was ich ihnen sagte?—Was sie thun werden, weiß ich nicht. Was Sie aber sagen werden, weiß ich.—Können Sie mirs jetzt sagen?—Nein, ich werde es Ihnen morgen oder übermorgen sagen. — Was wird er mir [wohl] [mit]bringen?—Er wird Ihnen nichts mitbringen, aber vieles mitnehmen.—Werden Sie Ihrem Bruder Geld schicken?

—Nein, ich werde ihm ſchreiben, daß [que] ich ihm kein Geld
ſchicken kann. — Wer wird dieſen Abend bei Ihnen zu Hauſe
ſein? — Niemand wird heute zu Hauſe ſein, wir werden aus=
gehen.—Wo wird jetzt Ihre Schweſter ſein, in Frankreich oder
in England?—Sie wird noch in Spanien ſein und dort noch
einige Zeit bleiben.—Wird das Wetter ſchön bleiben?—Nein,
es wird Regen oder Schnee fallen.—Wirſt Du mir heute noch
Deine Brieftaſche ſchicken? — Nein, ich werde ſie Dir morgen
ſchicken.—Wann wirſt Du fertig ſein mit Schreiben?—Ich bin
noch nicht fertig. — Kennſt Du den Unterſchied [der] zwiſchen
beendigen und abſchließen [beſteht]?—Ja. Das Zeitwort be=
ſchließen bezeichnet eine Verrichtung im vollendeten Zuſtande und
das Zeitwort beendigen bezeichnet das Ziel derſelben Ver=
richtung.—Iſt Dir das Geld ausgegangen?—Noch nicht. Ich
bin in mich gegangen und habe mein Geld geſpart (p).—Hat
Ihr Bruder einen Brief erhalten?—Ja. Er weiß ſich nicht zu
laſſen vor Freude, denn der Vater hat ihm geſchrieben: „So=
bald Du dieſen Brief erhältſt, mache Dich auf die Beine.
Machen wir der Geſchichte ein Ende! Du wirſt nach Hauſe
zurückkehren."

147.

Wann werden Sie aufhören zu ſchreiben? — Morgen oder
übermorgen.—Wann werden Sie mir das Geld ſchicken, welches
Sie mir ſchuldig ſind?—Ich werde es Ihnen bald ſchicken.—
Werden mir Ihre Brüder die Bücher ſchicken, welche ich ihnen
geliehen habe? — Sie werden ſie Ihnen künftigen Monat
ſchicken. — Werden Sie mir bezahlen können, was Sie mir
ſchulden? — Ich werde Sie nicht bezahlen können, denn ich
habe all mein Geld verloren.—Wird es nötig ſein, den Arzt
kommen zu laſſen? — Es wird nicht nötig ſein, denn der
Kranke geht ſchon aus. — Werden Sie heute Ihren Vater
ſehen? — Ich werde ihn nicht ſehen, aber meine Schweſter
wird ihn ſehen. — Wo wird er ſein? — Er wird in ſeiner
Schreibſtube ſein. — Werden Sie heute Abend auf den Ball
gehen? — Ich werde nicht [hin]gehen, denn ich bin ſo (tão)
krank, daß (que) ich weder ausgehen kann noch will. — Wird
Ihr Freund [hin]gehen? — Er wird [hin]gehen, wenn Sie

[hin]gehen. — Wohin werden unsere Nachbarn gehen? — Sie werden nirgends [hin]gehen, sie werden zu Hause bleiben. — Geht dieses Wasser in das Glas? — Es geht nicht hinein, man muß noch ein anderes holen. — Ist die Geschichte aus? — Nein, das Geschäft ist noch nicht abgemacht.

Achtundvierzigster Abschnitt. — Lição quadragesima oitava.

Gehören.	Pertencer.
Der Kramladen.	A mercearia. A loja de capellista.
Der Krämer.	O capellista.
Gehört dieses Pferd Ihrem Vater?	Este cavallo pertence a seu pai?
Es gehört ihm.	Pertence-lhe.
Wem gehören diese Handschuhe?	A quem pertencem estas luvas?
Sie gehören den Soldaten.	Pertencem aos soldados.
Wem gehörst Du?	A quem pertences-tu?
Ich gehöre keinem Menschen.	Não pertenço a ninguem.
Anstehen. Zusagen. Passen. Passen (von Kleidern).	Convir. Ser conveniente. Assentar. Ir.
Sagt dieses Tuch Ihrem Bruder zu?	Este panno convem a seu irmão?
Es wird ihm anstehen.	Ha de lhe convir.
Passen Ihnen diese Schuhe gut?	Estes çapatos assentão bem a vmcê.?
Sie passen mir gut.	Assentão-me bem.
Sagt es Ihnen zu, das zu thun?	Convem-lhe fazer isto?
Es sagt mir zu, es zu thun.	Convem-me, fazê-lo.
Paßt es Ihrem Vetter, mit uns zu gehen?	Convem a seu primo sahir comnosco?
Es paßt ihm nicht auszugehen.	Não lhe convem sahir.
Es sagte mir nicht zu.	Não me conveiu.
Erreichen. Erlangen. Es gelingt mir zu...	Alcançar, conseguir. Chego a...
Wer gute Beschützer hat, kommt zu einem guten Amte.	Consegue um bom emprego o que tem bons padrinhos.
Wer demütig bittet, erlangt Verzeihung.	Alcança o perdão o que interpõe rogos humildes.

Es gelingt mir, — dir, — ihm.	Chego a..., chegas a..., chega a...
Es gelingt uns, — euch, — ihnen.	Chegamos a..., chegais a..., chegão a...
Er erlangt alles was er will.	Alcança tudo quanto quer.
Es gelang mir, — dir, — ihnen.	Cheguei a..., chegaste a..., chegou a...
Es gelang uns, — euch, — ihnen.	Chegamos a..., chegastes a..., chegarão a...
Der Ausgang. Der Abgang.	A sahida.
Eine Ware, die Abgang hat.	Fazenda que tem sahida.
Die Waren haben keinen Abgang.	As fazendas não tem sahida.
Dieses Haus hat Ausgänge auf zwei Straßen.	Esta casa tem sahidas para duas ruas.
Zu stehen kommen.	Sahir.
Teuer zu stehen kommen. Nicht teuer sein.	Sahir caro. Não sahir caro.
Gelingen. Mißlingen.	Sahir bem. Sahir mal.
Sich aus allem gut herausziehen.	Sahir-se bem de tudo.
Vergessen.	Esquecer-se de...
Rein. Sauber.	Limpo.
Putzen. Rein machen. Säubern.	Limpar.
Haben Sie die Schuhe geputzt?	Limpou os çapatos?
Ich habe vergessen es zu thun.	Esqueci-me de fazê-lo.
Demnächst (nächstens).	Daqui a pouco, logo, o mais cedo possivel, quanto antes.
Demnächst (alsdann, darauf).	E depois.
Augenblicklich. In demselben Augenblick.	Num instante, num momento. No mesmo instante, momento.
Den Augenblick, unverweilt.	Immediatamente, directamente, em continente.
Auf der Stelle. (Siehe Abschnitt 43.)	Já, já! Logo.
Einige Zeit nachher.	Passado algum tempo.

A. Steht „ich will" mit einem dieser Wörter, so braucht man gewöhnlich das Futuro statt der Umschreibung durch vou.

Ich will es eben thun.	Vou fazê-lo.
Ich will es den Augenblick thun.	Hei de fazê-lo immediatamente.
Will er heute ausgehen oder nicht?	Vai (quer) elle sahir hoje ou não?
Er will demnächst ausgehen.	Sahirá quanto antes.

Es wird (es werden, muß, müssen) wohl da sein.

Ha de haver.
Deverá haver. Deve haver.

Sind Leute da?
Es sind welche da.
Werden wohl viele Leute auf dem Balle sein?
Es werden vermutlich viele da sein.
Es müssen wohl sechs Monate sein, daß ich sie nicht gesehen habe.
Es muß ein Jahr sein, daß ich hier war.

Ha gente alli?
Ha algumas pessoas.
Ha de haver muita gente no baile?
Deverá haver muita gente.
Deverá (ha de) haver seis mezes, que não os vi.
Deve haver (fazer) um anno, que estive cá.

Auf Borg.
Für bares Geld. Bares Geld.

Fiado, a.
Com dinheiro á vista. Dinheiro de contado. Dinheiro effectivo.

Die Kaufleute in Algarvien geben den Bauern aus dem Gebirge alles auf Borg bis zur Feigen- und Rosinenernte, unter der lästigen Bedingung:

1° daß sie ihnen, was diese aus dem Laden mitnehmen, für den höchsten Preis, weil auf Borg, aufnötigen;

2° daß die Bauern mit Feigen und Rosinen zu bezahlen haben.

In vielen portugiesischen Wirtshäusern liest man: „Billig ja, auf Borg nein!" Vom Wein ist die Rede.

Wenn Sie Brot auf Borg wollen, werde ich Ihnen welches geben.

Nein, ich kaufe stets bar ein.

Os mercadores do Algarve dão tudo ao fiado aos lavradores da Serra até ás colheitas do figo e da passa, com o encargo:

1° que lhes encaixão o que levão da loja pelo mais alto preço a titulo (spr. título) de fiado;

2° que hão de pagar em passa e figo.

Em muitas estalagens portuguezas lê-se: „Barato sim, fiado não!" É do vinho que se falla.

Se vmce. quer pão fiado, dar-lho-hei.

Não, sempre compro com dinheiro á vista.

(Im Besitz.) Behalten. Bewahren.
Es liegt mir ob, zu... Ich muß.

Das Faß.

Wir müssen diese Fässer reinigen.

Muß Ihr Diener dieses Faß reinigen?
Wer (viel) behält, findet (viel).

Guardar. Ficar com.

Estou obrigado a...

A pipa. O tonel. O barril.

Estamos obrigados a limpar estas pipas.

O seu criado está obrigado a limpar este barril?
Quem guarda, acha.

Wenn Ihr vollstrecket, was das Gesetz befiehlt, beobachtet Ihr es;
wenn Ihr Sorge tragt, es nicht
zu verletzen, oder wachet, daß
andere es nicht verletzen, haltet
Ihr es; und wenn Ihr genau und
gewissenhaft seid in der ganzen
und vollständigen Erfüllung der
vorgeschriebenen Pflichten, erfül-
let Ihr sie.

Quando executais o que a lei
manda, a observais; quando
cuidais em não viola-la, ou
vigiais para que outros a
não violem, a guardais; e
quando sois exactos e escru-
pulosos em encher inteira e
completamente as obrigaçoes
prescritas, a cumpris.

Beobachten zeigt, daß man den
Vorschriften treu ist; halten
deutet die Beharrlichkeit und die
Dauer an; erfüllen weist auf
die Vollendung des Werkes hin.

Observar denota fidelidade aos
preceitos; guardar persever-
ança e continuação; cumprir
perfeição da obra.

Ich werde es behalten.

Eu ficarei com elle.

> Ich bin es, der spricht.
> Du bist es, der spricht.
> Sie ist es, die spricht.

> Sou eu que fallo.
> Es tu que fallas.
> É ella que falla.

B. Das Zeitwort hinter der, die als Subjekt ist in derjenigen Person zu übersetzen, welche das vorhergehende bin es,
bist es u. s. w. hat.

Wir sind es, die sprechen.
Ihr seid es, die sprechen.
Sie sind es, die sprechen.

Somos nós, que fallamos.
Sois vós, que fallais.
São elles, que fallão.

> Für gut finden.
> Eine Sache gut finden.

> Achar por bem.
> Achar boa uma cousa.
> Achar bom.

Eine Sache haben, besitzen.

Achar se com uma cousa.

Ich finde für gut, heute nicht auszugehen.

Acho por bem, não sahir hoje.

Wie finden Sie dieses Pferd?
Ich finde es gut.
Ich habe (finde mich mit) fünfzig
Pferde (—n).

Como acha este cavallo?
Eu o acho bom.
Acho-me com cincoenta caval-
los.

Aufgaben.

148.

Wirst Du mein Pferd behalten oder nicht?—Ich werde es
nicht behalten, es paßt mir nicht.—Wird er Ihr Pferd hüten
oder nicht?—Er wird es nicht hüten, es paßt ihm nicht es zu

hüten. — Werden wir die Waren behalten, die man uns ge=
schickt hat? — Wir werden sie nicht behalten, denn sie taugen
nichts. — Wem gehören die Pferde, welche der Engländer ver=
kaufen will? — Sie gehören meinem Vater. Er hat (p) sie von
meinem Onkel gekauft, aber sie passen ihm nicht. Darum will
er sie verkaufen. — Gehört dieses Geld Ihnen? — Nein, es ge=
hört dem Krämer. — Wo hat er seinen Kramladen? — Er hat
keinen Kramladen mehr. Er lebt von seinem Gelde. — Wird
ihm der Hut anstehen, den ich ihm gestern geschickt habe (p)?
— Er wird ihm anstehen. — Ist es Ihr Sohn oder der Ihres
Nachbarn, der nach Spanien gegangen ist (p)? — Es ist mein
Sohn. — Ist es Ihr Bäcker oder der Ihres Freundes, der
Ihnen das Brot auf Borg (o pão fiado) verkauft hat? — Es
ist der unsrige. — Ist das Ihr Sohn? — Es ist nicht der meinige,
es ist der meines Freundes. — Wo ist der Ihrige? — Er ist in
Paris. — Haben (p) Sie mir das Buch gebracht, welches Sie
mir versprochen haben (p)? — Ich habe vergessen (p), es zu
bringen. — Hat (p) Ihr Oheim Ihnen die Brieftaschen gebracht,
welche er Ihnen versprochen hat (p)? — Er hat (p) vergessen,
sie mir zu bringen. — Haben Sie schon an Ihren Freund ge=
schrieben? — Ich habe noch keine Zeit gehabt an ihn zu schrei=
ben. — Haben (p) Sie vergessen, an Ihre Mutter zu schreiben?
— Ich habe (p) nicht vergessen an sie zu schreiben. — Gefällt
Ihnen dieses rote Tuch? — Es gefällt mir nicht. — Kennst Du
den Unterschied zwischen den Zeitwörtern beobachten, halten und
erfüllen? — Ja, Herr. Jemand, der thut, was das Gesetz ge=
bietet, beobachtet das Gesetz. Jemand, der das Gesetz nicht ver=
letzt und nicht verletzen läßt, hält das Gesetz. Jemand endlich
erfüllt das Gesetz, wenn er alles thut, was das Gesetz vorschreibt.

149.

Was hast Du nun erlangt (p)? — Ich habe (p) [gar] nichts
erlangt. — Paßt es Ihnen, mit mir einen Spaziergang zu
machen? — Es paßt mir nicht, denn ich habe zu thun. — Was
heißen die Worte: Billig ja, auf Borg nein! die man in por=
tugiesischen Wirtshäusern liest? — Wie? Sie verstehen nicht,
was das heißt? Und doch ist es sehr einfach. Es heißt, daß
der Wein in diesem Wirtshaus sehr billig ist und nie auf Borg

verkauft wird.—Wem gehört die Jagdflinte, die hier in diesem Winkel steht?—Es ist die Büchse meines Vaters. Wollen Sie sie?—Ja, ich will sie Ihnen putzen, denn sie ist schmutzig.—Was wollen Sie, mein Herr? — Ich will mit Ihrem Vater sprechen; ist er zu Haus? — Nein, er ist (p) ausgegangen. Aber er wird wiederkommen. — Verkauft dieser Krämer auf Borg?—Nein, er verkauft nicht ein einziges Tuch auf Borg. — Wie kaufen die Bauern in Algarvien ein? — Sie kaufen alles auf Borg bis zur Feigen= und Rosinenernte.—Und wie bezahlen sie nach diesen Ernten?—Sie bezahlen mit Feigen und Rosinen.—Wo haben Sie diese schönen Messer gekauft?—Ich habe sie vom Krämer, dessen Laden Sie gestern gesehen, gekauft. — Hat er Sie Ihnen auf Borg verkauft? — Nein, Herr, ich habe sie gleich bezahlt.—Wovon hängt oft das Glück oder das Unglück des Menschen ab? — Alles kommt darauf an (hängt davon ab), den günstigen Augenblick zu benutzen zu wissen; zu= weilen entscheidet ein einziger Augenblick über das Glück der Menschen, und oft gehen in (por) einem Augenblick Geschäfte von großem Belang (momento) zu Grunde (verloren).—Haben Sie schon Ihre Schulden bezahlt?—Noch nicht, aber ich werde sie sobald wie möglich (demnächst) bezahlen.—Es wäre besser, Sie bezahlten sie gleich! — Es wäre wirklich besser, aber ich kann sie nicht auf der Stelle bezahlen.

150.

Ist meine Flinte rein?—Noch nicht. Der Diener wird sie morgen putzen. — Hat er sie noch nicht geputzt (p)? — Er hat (p) es vergessen.—Wann wirst Du mir meine Schuhe putzen? —Nie, ich bin nicht Ihr Diener.—Du wirst sofort mein Mes= ser putzen! — Ich habe Ihnen schon gesagt, ich putze es nicht und (damit basta) das genügt. — Können Sie ihn zwingen, diese Fässer zu reinigen?—Ich kann ihn nicht zwingen; aber ich weiß, daß [que] er es thun wird. — Wie viele Leute ge= hen in diesen Saal [sala]?—Es gehen etwa zweihundert Per= sonen hinein.—Es werden wohl viele Leute im Theater sein? —Es werden an die tausend Personen darin sein.—Nein, der Saal faßt deren nicht so viele.—Wer spricht hier?—Ich bin es, der spricht.—Wer sagt das?—Wir sind es, die das sagen.

—Wer schickt mir diesen Hut?—Ich habe Dir ihn geschickt (p).
—Was verlangt er? — Ein einträgliches Amt. — Hat er gute
Beschützer?—Nein, er kennt keinen Menschen.—Dann wird er
nichts erlangen.—Wo ist Dein Diener? — Ich habe ihn weg=
geschickt (despedir).—Warum?—Er hat mir Geld gestohlen.—
Und Du hast ihn nicht festnehmen lassen? — Nein, der arme
Kerl hat so demütig gefleht, daß er seine Verzeihung erlangte,
aber ich habe ihn immerhin entlassen.—Hat er Dir auch Deine
Uhr gestohlen? — Nein, die ist glücklicherweise noch in meiner
Tasche. Wer [viel] behält, findet [viel]. — Beabsichtigen Sie,
Ihrem Sohne einige Bücher zu kaufen? — Nein, das Geld,
welches ich hier habe, ist nicht mehr mein. — Ich beabsichtige
damit meine Schulden zu bezahlen. — Sind einige Leute im
Laden des Krämers?—Der Laden ist sehr klein, es gehen keine
zwanzig Personen hinein. — Ist (p) es diesen Kaufleuten ge=
lungen, ihre Pferde zu verkaufen? — Es ist (p) ihnen nicht
gelungen. — Sagt es Ihnen zu, eine Aufgabe auswendig zu
lernen? — Es sagt mir nicht zu, ich habe keine Zeit. — Wie
lange wollen Sie mein Pferd behalten?—Ich habe die Absicht,
es noch einige Zeit zu behalten.

Neunundvierzigster Abschnitt. — Lição quadragesima nona.

Gegenwärtige Zeit des Konjunktivs. — Presente do Conjunctivo oder Subjunctivo.

Die erste Person dieser Form wird von dem Presente do
Indicativo gebildet durch Vertauschung des Endlautes

    I. —o mit —e.   II. —o mit —a.   III. —o mit —a.

Die weiteren Personen durch den Zusatz —s —mos —es
—m (für die II. und III. ão).

I. —e —es —e.   II. —a —as —a.   III. —a —as —a.
—emos —eis —em. —amos —ais —ão. —amos —ais —ão.

Der Subjunctivo der dritten Abwandlung gleicht dem der
zweiten. — Die dritte Person der Einheit gleicht immer der ersten.

Im Gegensatz zum Presente do Indicativo geht im Subjunctivo der ersten Art der Laut — e — durch, im Subjunctivo der zweiten und dritten Art der Laut — a —. Die betonte Silbe ist immer die vorletzte; — éis, — áis sind zweisilbig.

Indicativo.			I.	Subjunctivo.		
Amo,	amas,	ama,		Am e,	am es,	am e,
ich liebe,	du liebst,	er liebt,		ich liebe,	du liebest,	er liebe,
amamos,	amais,	amão.		am emos,	am eis,	am em.
wir lieben,	ihr liebt,	sie lieben.		wir lieben,	ihr liebet,	sie lieben.

II.

Temo,	temes,	teme,		Tem a,	tem as,	tem a,
ich fürchte,	du fürchtest,	er fürchtet,		ich fürchte,	du fürchtest,	er fürchte,
tememos,	temeis,	temem.		tem amos,	tem ais,	tem ão.
wir fürchten,	ihr fürchtet,	sie fürchten.		wir fürchten,	ihr fürchtet,	sie fürchten.

III.

Abro,	abres,	abre,		Abr a,	abr as,	abr a,
ich öffne,	du öffnest,	er öffnet,		ich öffne,	du öffnest,	er öffne,
abrimos,	abris,	abrem.		abr amos,	abr ais,	abr ão.
wir öffnen,	ihr öffnet,	sie öffnen.		wir öffnen,	ihr öffnet,	sie öffnen.

Ind. Dou ich gebe, dás, dá,　　　Conjunctivo. Dê, dês, dê,
　　damos, dais, dão.　　　　　　　d êmos, d êis, d êm.
　　Estou ich bin, estás, está,　　　Est eja, est ejas, est eja,
　　estámos, estais, estão.　　　　est ejamos, est ejais, est ejão

A. Die Veränderung oder der Zusatz eines Lautes vor oder in der Endung der ersten Person des Presente do Conjunctivo wird für alle Personen beibehalten:

Busco ich suche, buscas etc.　　　Busque, busques, busque, busquemos, busqueis, busquem.

Chego ich komme, chegas etc.　　Chegue, chegues, chegue, cheguemos, chegueis, cheguem.

Denn c und g vor e werden in qu und gu verwandelt, der Aussprache wegen.

B. Die Zeitwörter der zweiten Art auf — ger und — cer verwandeln g in j und c in ç im Conjunctivo, der Aussprache vor a wegen.

Indicativo.	Conjunctivo.
Elejo ich wähle, eleges, elege, elegemos, elegeis, elegem.	Eleja, elejas, eleja, elejamos, elejais, elejão.
Conheço ich kenne, conheces, conhece, conhecemos, conheceis, conhecem.	Conheça, conheças, conheça, conheçamos, conheçais, conheção.

C. Die Zeitwörter der dritten Abwandlung auf gir verwandeln aus demselben Grunde das g in j, wie in der ersten Person des Indicativo, so durch den ganzen Conjunctivo.

Ind. Tinjo, ich färbe, tinges, tinge, tingimos, tingis, tingem.	Conj. Tinja, tinjas, tinja, tinjamos, tinjais, tinjão.

D. Die Zeitwörter auf guir verlieren das u in der ersten Person des Indicativo und den ganzen Conjunctivo hindurch, weil g vor o und a schon an und für sich hart lautet.

Ind. Extingo ich lösche aus, extingues, extingue, extinguimos, extinguis, extinguem.	Conj. Extinga, extingas, extinga, extingamos, extingais, extingão.

E. Medir, ouvir, pedir haben im Conjunctivo dauernd die Veränderung, welche sie in der ersten Person des Presente do Indicativo haben.

Ind. Meço ich messe, medes, mede, medimos, medis, medem.	Conj. Meça, meças, meça, meçamos, meçais, meção.
Ouço ich höre, ouves, ouve, ouvimos, ouvis, ouvem.	Ouça, ouças, ouça, ouçamos, ouçais, oução.
Peço ich bitte, pedes, pede, pedimos, pedis, pedem.	Peça, peças, peça, peçamos, peçais, peção.

F. Viele Zeitwörter auf ir, die in der vorletzten Silbe ein e haben, verwandeln dieses e in i, wie in der ersten Person des Indicativo, so in allen Personen des Conjunctivo.

Ind. Sinto ich fühle, sentes, sente, sentimos, sentis, sentem.	Conj. Sinta, sintas, sinta, sintamos, sintais, sintão.
Frijo ich brate, freges, frege, fregimos, fregis, fregem.	Frija, frijas, frija, frijamos, frijais, frijão.
Visto ich kleide, vestes, veste, vestimos, vestis, vestem.	Vista, vistas, vista, vistamos, vistais, vistão.

G. Das Zeitwort dormir verwandelt das o in u, wie in der ersten Person des Indicativo, so in allen Personen des Conjunctivo.

Ind. **Durmo** ich schlafe, **dormes, dorme, dormimos, dormis, dormem.**

Conj. **Durma, durmas, durma, durmamos, durmais, durmão.**

H. Das Zeitwort sortir verwandelt o in u durch den ganzen Conjunctivo.

Ind. **Sorto** ich lese, suche aus, **surtes, surte, sortimos, sortis, surtem.**

Conj. **Surta, surtas, surta, surtamos, surtais, surtão.**

J. Das Zeitwort parir schiebt, wie in der ersten Person des Indicativo, so durch den ganzen Conjunctivo, zwischen a und r ein i ein; — ai ist einsilbig, und in der Aussprache herrscht a vor.

Ind. **Pairo** ich gebäre, **pares, pare, parimos, paris, parem.**

Con. **Paira, pairas, paira, pairamos, pairais, pairão.**

K. Die Zeitwörter auf hir werfen, wie in der ersten Person des Indicativo, so in allen Personen des Conjunctivo, das h aus; — ai bildet nur eine Silbe, in der a vorwaltet.

Ind. **Saio** ich gehe aus, **sahes, sahe, sahimos, sahis, sahem.**
Caio ich falle, **cahes, cahe, cahimos, cahis, cahem.**

Conj. **Saia, saias, saia, saiamos, saiais, saião.**
Caia, caias, caia, caiamos, caiais, caião.

L. Völlig unregelmäßig bilden den Conjunctivo von den Zeitwörtern, die wir schon gesehen haben, folgende:

Hei ich habe. Conj.: **haja, hajas, haja, hajamos, hajais, hajão.**

Quero ich will. Conj.: **Queira, queiras, queira, queiramos, queirais, queirão;** — ueir ist einsilbig mit vorherrschendem e.

Sei ich weiß. Conj.: **Saiba, saibas, saiba, saibamos, saibais, saibão;** — ai ist einsilbig mit vorwaltendem a.

Vou ich gehe. Conj.: **Va, vas, va, vamos, vades, vão.**

Sou ich bin. Conj.: **Seja, sejas, seja, sejamos, sejais, sejão.**

M. Regelmäßig von dem unregelmäßigen Presente do Indicativo leiten ihren Conjunctivo ab:

Creio ich glaube. Conj.: Creia, creias, creia, creiamos, creiais, creião.

Digo ich sage. Conj.: Diga, digas, diga, digamos, digais, digão.

Faço ich mache. Conj.: Faça, faças, faça, façamos, façais, fação.

Posso ich kann. Conj.: Possa, possas, possa, possamos, possais, possão.

Trago ich bringe. Conj.: Traga, tragas, traga, tragamos, tragais, tragão.

Valho ich gelte. Conj.: Valha, valhas, valha, valhamos, valhais, valhão.

Vejo ich sehe. Conj.: Veja, vejas, veja, vejamos, vejais, vejão.

Venho ich komme. Conj.: Venha, venhas, venha, venhamos, venhais, venhão.

Ponho ich setze. Conj.: Ponha, ponhas, ponha, ponhamos, ponhais, ponhão.

Tenho ich habe. Conj.: Tenha, tenhas, tenha, tenhamos, tenhais, tenhão.

Wo sind meine Kinder? Kommen sie?	Onde estão meus filhos? Vem elles?
Ich will, daß meine Kinder bei mir seien; ich will, daß sie kommen.	Quero, que meus filhos estejão commigo; quero, que venhão.
Eins von ihnen ist gekommen, die andern werden bald kommen.	Um delles chegou, os outros chegarão logo.
Er will nicht, daß ich meinen Hut aufsetze, aber ich setze ihn auf.	Elle não quer, que eu ponha o meu chapéo, mas eu o ponho.
Warum zieht er nicht die Schuhe an, die er gestern angezogen hat? — Ich will nicht, daß er sie anziehe.	Porque não calça elle os çapatos, que calçou hontem? — Não quero, que elle os calce.
Schlaft Ihr? Ihr mögt schlafen!	Dormis? Durmais!
Fühlt Ihr? Ihr mögt fühlen!	Sentis? Sintais!
Er soll ausgehen, den Fremden zu meinem Vater führen, gleich zurückkommen und das Buch bringen.	[Que elle] saia, [que elle] leve o estrangeiro á casa de meu pai, volte logo e traga o livro.
Sagen Sie es ihm!	Diga-lho!

N. Der Conjunctivo dient als Willensausdruck, wo wir oft die Hilfszeitwörter sollen, mögen gebrauchen. Um gleich zu sehen, ob Futuro oder Conjunctivo gebraucht werden müssen, darf man nur versuchen, sollen durch werden zu ersetzen; geht es, so braucht man das Futuro.

Ich soll (werde) warten.	Esperarei.
Er soll (mag) warten!	Que elle espere!
Sie soll (mag) nichts mehr sagen.	Não diga ella mais nada.
Sie soll (wird) nichts mehr sagen.	Ella não dirá mais nada.
Er soll gleich zurückkommen!	Que volte logo!
Er soll (wird) bald zurückkommen.	Voltará logo.
Er mag zu Hause bleiben.	Que fique em casa.
Er mag (will) nicht zu Hause bleiben.	Não quer ficar, não ficará em casa.
Er mag kommen! ich erwarte ihn.	Que venha! estou á sua espera.
Er mag (wird, will) nicht kommen, weil niemand ihn erwartet.	Não quer vir, porque ninguem está á sua espera.
Sie mögen rufen! Ich will nicht kommen.	Que chamem! Não quero vir.
Sie mögen (wollen) nicht rufen, weil ihnen niemand antwortet.	Não querem chamar, porque não lhes responde ninguem.
Du magst kommen oder bleiben, das macht mir nichts.	Que venhas ou fiques, não me importa.
Du magst nicht kommen und nicht bleiben, das weiß ich schon lange.	Tu não queres nem vir, nem ficar, isto sei eu ha já muito.

O. Verbunden mit dem Participio perfeito, bildet **tenha** das Preterito perfeito composto do Conjunctivo, und **seja** das Presente do Conjunctivo der leidenden Form (Passivo).

Er hat geschrieben. Er habe geschrieben.	Tem escrito. Tenha escrito.
Er ist gekommen. Er sei gekommen.	Tem vindo. Tenha vindo.
Er wird gelobt. — Sie werde gelobt.	É louvado. — Seja louvada.
Laß uns zu Tisch gehen. Gehen wir zum Essen.	Vamos á mesa. Vamos jantar.
Es giebt (sind). — Es gebe (seien).	Há — Haja.
Was wird werden aus?	Que será de...?
Die Reihe.	O turno. A vez.
Berühren. Treffen.	Tocar.
Was wird aus Ihnen werden, wenn Sie Ihr Geld verlieren?	Que será de vmcê., se perde o seu dinheiro?
Ich weiß nicht, was aus mir werden wird.	Não sei o que será de mim.
Wir wissen nicht, was man mit uns anfangen wird.	Não sabemos o que será de nós.
Ich komme an die Reihe.	Vem, chega a minha vez.

Was das übrige betrifft...	Pelo que toca ao mais...
Was... betrifft, anbelangt...	Pelo que toca a...
Was mich anbetrifft, ich bin zufrieden.	Pelo que toca a mim, eu sou contente.
Der Messerstich.	A facada. A navalhada.
Der Dolchstich.	A punhalada.
Der Faustschlag.	O soco.
Der Peitschenhieb.	A chicotada.
Warum hast Du ihm einen Messerstich gegeben?	Porque lhe deste uma facada?
Weil er mir einen Dolchstich geben wollte.	Porque elle me quiz dar uma punhalada.
Was haben diese Knaben gethan?	Que fizerão estes rapazes?
Sie haben sich Faustschläge gegeben.	Elles se derão socos.
Ich werde ihnen Peitschenhiebe geben.	Dar-lhes-hei chicotadas.

P. Es ist sehr elegant, das Futuro zu trennen und das Fürwort in die Mitte zu setzen.

Ich werde Dich lieben.	Amar-te-hei.
Du wirst mich sehen.	Vêr-me-has.
Er wird Dir geben.	Dar-te-há.
Wir werden sie loben.	Louva-los-hemos.
Ihr werdet uns hören.	Ouvir-nos-heis.
Sie werden uns sagen.	Dir-nos-hão.
Der Schuß.	O tiro.
Schießen auf...	Atirar a... ou para... sobre...
Zielen auf...	Apontar.
Sie feuerten ihre Flinten auf die Feinde ab.	Dispararão as espingardas sobre os inimigos.
Er verließ die Schützengräben ohne ein einziges Mal zu feuern.	Abandonou as trincheira sem dar um tiro.
Einen Schuß thun auf...	Disparar um tiro sobre...
Der Flintenschuß.	Um tiro d'espingarda.
Der Pistolenschuß.	Um tiro de pistola.
Feuer geben, abfeuern.	Fazer fogo.
Wie viele Schüsse hast Du auf den Hund gethan?	Quantas vezes atiraste sobre o cão?
Ich habe drei Schüsse auf ihn abgefeuert.	Disparei-lhe tres tiros.
Einen Pistolenschuß abfeuern auf...	Disparar um tiro de pistola sobre...

Haben Sie mit der Pistole auf ihn geschossen?	Atirou sobre elle com a **pistola?**
Ich habe mit der Büchse auf ihn geschossen.	Atirei sobre elle com a **escopeta.**
Haben Sie ihn auf den ersten Schuß erlegt?	Matou-o com o primeiro tiro?
Ich habe ihn auf den dritten Schuß erlegt.	Matei-o com o terceiro tiro.
Hinter. (Einem) **nach.**	**Detraz de. Atraz de.**
Der Blick.	A olhada. A vista.
Werfen. Einen Blick werfen auf.	Deitar. Dar uma vista d'olhos.
Wer kommt hinter uns her?	Quem vem atraz de nós?
Der Hund läuft ihm nach.	O cão corre atraz delle.
Der Unglückliche lief der Stute nach, die ihn abgeschüttelt hatte.	Andava o infeliz atraz da egua, que o saccudíra.

Q. Die Form —ára, —éra, —íra des Preterito mais que Perfecto do Indicativo wird gewöhnlich nur in abhängigen Sätzen gebraucht.

Hinter meinem Rücken, in meiner Abwesenheit.	Por detraz de mim.
Ich habe einen Blick in dieses Buch geworfen.	Deitei uma vista d'olhos neste livro.
Er hat einen Blick auf sie geworfen.	Deitou-lhes uma vista d'olhos.

Aufgaben.

151.

Was willst Du von mir? — Ich will, daß Du mit mir kommest, und daß Du Deine Söhne mit Dir [levar] nehmest. — Was will Ihr Vater? — Er will, daß ich meinem Bruder jeden Tag drei Briefe schreibe. — Was will Dein Nachbar von Dir? — Er will, daß ich ihm meine Flinte und mein Pferd leihe, und daß ich mit ihm nach Lissabon gehe. — Was will der Arzt? — Er will, daß der Kranke jeden Tag ausgehe und daß er nicht lange im Garten bleibe. — Was will der Krämer? — Er will, daß ich ihm Waren schicke, die er verkaufen könne. — Was will der Kaufmann? — Er will, daß sein Diener jeden Tag auf den Markt gehe und sehe, was [da] ist. — Was will der Schneider? — Er will, daß man ihm Kleider schicke und daß man ihm seine Arbeit bezahle. — Was will der Bäcker? — Er will, daß man ihm das Brot bezahle, das man bei ihm kauft. — Was will der Schuster? — Er will, daß man die alten Schuhe wegwerfe und daß man neue bei ihm machen lasse. — Was will der Koch? — Er will, daß man auf dem Markt kaufe, was er die Absicht hat kommen zu lassen. — Was will der Engländer? — Er will, daß alle die Macht (poder) seines Landes (an)erkennen. — Was will der Franzose? — Er will die Macht Englands nicht anerkennen und will, daß der Engländer es wisse. — Was will der Türke? — Er will, daß man ihn ruhig lasse und daß man ihm nicht (weg)stehle, was sein ist. — Was will die Mutter? — Sie will, daß die Kinder schlafen und daß die Jungen nicht soviel Lärm machen. — Was will der Feind? — Er will, daß man nach Spanien keine Truppen schicke und daß man die Stadt verlasse. — Was wollen die Italiener? — Sie wollen, daß man ihre Schiffe auslaufen (sahir) lasse, und daß man zu ihnen komme und von ihnen die Waren kaufe, welche sie vorige Woche empfangen haben (p).

152.

Was wünscht Ihr Bruder? — Er wünscht, daß Du ihm eine Flinte gebest und daß Du mit ihm in den Garten gehest. — Er soll warten! Ich habe noch einen Brief zu schreiben. — Was will meine Schwester? — Sie wünscht, daß Sie mit ihr aus= fahren. — Sie mag zu Hause bleiben! Ich habe jetzt nicht Zeit auszufahren. — Wer klopft an? — Es ist ein Herr, der herein= treten will. — Was wünscht er? — Er wünscht, daß Sie ihn empfangen [receber] mögen. — Er mag kommen! Ich erwarte ihn. — Wer ruft? — Die Kinder im Garten rufen. — Sie mögen rufen! ich habe jetzt keine Zeit zu kommen. — Was wünscht der Maler? — Er wünscht, daß Sie mit ihm gehen. Er hat ein sehr schönes Bild zu Hause. — Er mag allein gehen! Ich will jetzt Briefe schreiben. — Kommst Du oder kommst Du nicht? — Was wünschest Du, daß ich komme oder daß ich nicht komme? — Ob Du kommest oder bleibest, das ist mir gleich. — Was wünscht mein Vetter? — Er wünscht, daß der Koch ihm ein Huhn brate oder einen Fisch. — Der Koch mag ihm einen Fisch

braten! heute ist Freitag, er soll kein Fleisch essen.—Was will
der Schneider?—Er will, daß Du den Rock anziehest (vestir),
den er heute geschickt hat (p).—Was will meine Frau?—Sie
wünscht, daß man ihr das weiße Kleid blau [de azul] färbe.—
Sie mag es färben lassen.—Was willst Du?—Ich will, daß
Sie hören und daß Sie wissen, wie ich heiße [me chamo].—
Was will mein Vetter?—Er will, daß Du Deinen Hut auf=
setzest.—Was wünscht die Frau meines Vetters?—Sie wünscht,
daß Sie ihr einen Wagen holen.—Sie mag ihn selbst holen!
Ich habe keine Zeit Wagen zu holen. Das fehlte (faltar) mir
noch!—Was will der Arzt?—Er wünscht, daß Du ihm das
Buch schickest, welches er bei Dir vergessen hat (p). — Was
wünschen Sie?—Ich wünsche, daß Sie fühlen, daß Sie nicht
recht gethan und daß Sie Strafe verdient haben. — Was soll
Ihr Sohn anziehen? — Er mag anziehen, was er will; ich
habe keine Zeit an solche Sachen zu denken.

153.

Laßt uns zu Tisch gehen. Haben wir heute ein gutes
Mittagessen?—Ich wünsche, daß es gut sei.—Spielen Sie [mit]
oder nicht?—Ich spiele gern. Aber ich wünsche, daß ich bald
an die Reihe komme.—Warum haben Sie ihm Peitschenhiebe
gegeben (p)? — Um ihn zu züchtigen. — Haben Sie einen
Flintenschuß auf diesen Mann abgefeuert? — Ich habe einen
Pistolenschuß auf ihn abgefeuert. — Warum haben (p) Sie
einen Pistolenschuß auf ihn abgefeuert? — Weil er mir einen
Messerstich gegeben hat (p). — Wie oft haben (p) Sie auf
diesen Vogel geschossen? — Ich habe (p) zweimal auf ihn
geschossen. — Haben (p) Sie ihn getötet? — Ich habe (p)
ihn nicht getötet; er floh. — Wer kommt hinter dem Wagen?
—Es ist der Vetter meiner Frau, der Bruder des Herrn, den
Sie gestern bei mir gesehen haben (p). — Hast (p) Du den
Dieb gesehen? — Ja, ich habe (p) ihn gesehen, als er floh.
Er feuerte noch, ehe er (antes de . . . Infinitivo) den Garten
verließ. — Hast Du dieses Buch schon gelesen (p)? — Nein,
ich habe nur einen Blick in das Buch geworfen.—Kennt Ihr
Bruder diesen Herrn? — Er kennt ihn von Gesicht. — Bis
wohin reicht [alcançar] Ihr Blick?—Bis zu dem Hause, das

hinter dem Garten meines Nachbarn ſteht.—Haſt Du ihn er=
kannt (p)? — Auf [a] den erſten Blick, aber er hat (p) mich
nicht erkannt. — Was wünſcht meine Frau? — Sie wünſcht,
daß Sie mit ihr ausreiten. — Sie mag ausreiten; ich habe
heute keine Zeit. — Was will der Diener? — Er will, daß
Sie ihm ſagen, wieviel Uhr es iſt. — Er mag einen Blick
auf die Uhr werfen und er wird ſehen, wieviel Uhr es iſt.—
Siehſt Du den Morgenſtern noch? — Ich ſehe ihn noch, ich
habe ihn noch nicht aus dem Geſicht (Blick) verloren. — Was
wünſchen Sie? — Ich wünſche, daß man mir ſage, ob mein
Bruder zu Haus iſt oder nicht.

Fünfzigſter Abſchnitt. — Lição quinquagesima.

Etwas hören von (über)...	Ouvir fallar de...
Etwas erfahren (hören) von...	Saber de...
Ich habe (erhalte) Nachricht von...	Tenho noticias de... (ſpr. notícias).
Haben Sie etwas von Ihrem Bru= der gehört? (d. h. aus ſeinem Munde.)	Ouviu alguma cousa de seu irmão?
Haben Sie etwas von Ihrem Bru= der gehört? (d. h. in betreff ſei= ner.)	Ouviu fallar de seu irmão?
Ich habe nichts von ihm gehört, aber morgen werde ich Nachricht von ihm bekommen.	Não ouvi fallar delle, mas amanhã terei noticias delle (ob. suas).
Haben Sie Nachricht von Ihrem Vater (empfangen)?	Teve noticias de seu pai?
Ich habe keine Nachricht von ihm.	Não sei nada delle.
Ich habe geſtern etwas von ihm erfahren.	Hontem ouvi fallar delle.
Es iſt lange her, daß...	Ha muito (tempo) que...
Wie lange her iſt es, daß...?	Quanto (tempo) faz que...?
Seit wann...?	Quanto (tempo) ha que...?
Es iſt nicht lange her.	Não ha muito. Faz pouco tempo.

18*

Ist es schon lange her, daß Sie meinen Bruder nicht gesehen haben?	Ha muito tempo, que não viu æ meu irmão?
Es sind zehn Jahre, daß ich ihn nicht sah.	Faz dez annos, que não o vi [vejo].
Wie lange ist es, daß Sie in Lissabon waren?	Quanto ha, que vmcê. esteve em Lisboa?
Ich war vor kurzem dort.	Estive alli ha pouco.
Es ist länger her.	Ha mais tempo.
Es ist solange her.	Ha tanto tempo.
Es ist (— sind) erst... (Zahl.)	Ha sómente... Não ha mais de...
Es ist schon lange her.	Ha já muito tempo.
Es ist noch nicht lange her.	Ainda não ha muito tempo.
Ich weiß es erst seit drei Tagen.	Não ha mais de trez dias, que eu o sei.
Erst vor drei Tagen habe ich ihn gesehen.	Ha sómente trez dias, que o vi.
Vor... Seit... mit Zeitwort.	Ha... que... Faz... que...
(Als Antwort.) Vor... Seit... (ohne Zeitwort).	Ha... Faz...
Seit wann haben Sie Nachricht von Ihrem Bruder?	Quanto tempo ha, que vmcê. tem noticias de seu irmão?
Seit einem Jahre habe ich nichts von ihm gehört.	Ha um anno, que não ouvi nada delle.
Ein halbes Jahr.	Seis mezes.
Etwas über... Etwa.	Pouco mais de... Pouco mais ou menos.
Vierzehn Tage.	Quinze dias (nicht quatorze dias).
Es ist etwas über ein Jahr.	Ha pouco mais de um anno, ha um anno pouco mais ou menos.
Es ist nicht über ein Jahr her.	Não ha mais de um anno.
Es ist kaum sechs Monate.	Ha seis mezes apenas. Ha apenas seis mezes.
Vor einer halben Stunde.	Ha meia hora (nicht uma meia hora).
Vor vierzehn Tagen.	Ha (faz) quinze dias.
Vor zwei Wochen.	Ha duas semanas.
Sind Sie schon lange in Spanien?	Ha muito tempo, que vmcê. está na Hespanha?
Sind Sie lange in Spanien gewesen?	Vmcê. esteve na Hespanha muito tempo?
Wie lange sind Sie schon in Spanien?	Quanto tempo ha, que vmcê. está na Hespanha?

Wie lange sind Sie in Spanien gewesen?	Quanto tempo esteve na Hespanha?
Seit zwei Jahren wohne ich hier.	Ha dous annos que moro aqui.

A. Zuweilen wird ha (faz) weggelassen, und dagegen das Zeitwort aus dem Presente do Indicativo in eine vergangene Zeit gesetzt, zur Bezeichnung der vergangenen Dauer.

Seit wann ist er hier?	Quanto ha, que está aqui?
Seit drei Tagen.	Ha tres dias.
Wie lange lernt er die englische Sprache?	Quanto tempo ha, que elle aprende a lingua ingleza?
Er lernt sie erst seit einem Vierteljahre.	Ha só tres mezes, que a aprende.
Er lernte sie nur ein Vierteljahr lang.	Aprendeu-a sómente tres mezes.
Vor einem halben Jahre habe ich mit ihm gesprochen.	Ha (faz) tres mezes, que lhe fallei.
Ist es lange her, daß Sie nichts von ihm wissen? (— keine Nachricht von ihm haben?)	Ha muito tempo, que vm.ce não sabe nada delle (— não tem noticias delle)?
Es ist länger als ein Jahr, daß ich nichts von ihm gehört habe.	Ha mais de um anno, que não soube delle; (— que não ouvi fallar delle).

Mehr als das.	Mais que isto.
(Eben) soviel (wie das genannte).	Tanto como isto.
Das Einkommen.	A renda. O rendimento.
Ausgeben. Verzehren.	Gastar.

Wieviel hat er heute ausgegeben?	Quanto gastou elle hoje?
Er hat fünf Münzen verzehrt.	Gastou cinco moedas.
Giebt er jeden Tag soviel aus?	Gasta elle tanto todos os dias?
Er giebt zuweilen mehr aus.	Muitas vezes gasta mais que isto.
Wie viele Pfund monatliches Einkommen hat er?	Quantas libras de renda tem elle por mez?
Er hat eine monatliche Einnahme von zehn Pfund.	Tem dez libras de renda por mez.

Vorüberkommen. Vorübergehen.	Passar.
Vor (örtlich).	**Diante de… Adiante de…**
Vorüberkommen an…	Passar (por) diante de…
Hier — dort vorbeikommen.	Passar por aqui — por alli.
Wo kommt er vorbei?	Por onde passa elle?
Er kam vor mir und setzte sich vor mich.	Chegou antes de mim e poz-se diante de mim.

Vor zehn Uhr.	Antes das dez horas.
Vor drei Wochen.	Ha tres semanas.
Er ist nicht hier, sondern an einem andern Ort [anderswo] vorbeigekommen.	Não passou por aqui, mas por outra parte.
Er ist an mir vorübergegangen (gefahren u. dergl.)	Passou ao pé de mim.
Die Zeit hinbringen mit.	Passar o tempo em.
Verwenden auf (gut od. schlecht).	Gastar o tempo em.
Ein Taugenichts.	Um birbante. Um velhaco.
Wie hast Du Deine Zeit angewendet?	Como passaste o teu tempo?
Womit hast Du den gestrigen Tag zugebracht?	Em que gastaste o dia de hontem?
Ich habe diesen ganzen Tag auf die zu meiner Reise nötigen Vorkehrungen verwendet.	Passei todo esse dia em fazer os arranjos necessarios para a minha viagem.

B. Bei dem Worte rei wird der spanische Artikel el gebraucht.

Der König.	El rei.
Die Königin.	A rainha (spr. raínia).
Eben... haben. Eben... sein.	Acabar de...
Ich habe ihn eben gesehen.	Acabo de vê-lo.
Ich bin eben gekommen.	Acabo de chegar.
Wartest Du schon lange auf mich?	Ha já muito tempo que estás á minha espera?
Ich bin den Augenblick gekommen.	Acabo de chegar agora mesmo.
Sind die Bauern schon lange hier?	Há já muito tempo que os saloios estão cá?
Sie sind soeben hereingetreten.	Acabão de entrar.
Unterlassen.	Deixar de...
Nicht halten (sein Wort u. dgl.).	Faltar a...
Vernachlässigen.	Não ter cuidado de...
Der Diener unterläßt es nie, mich zu rufen, wenn Leute kommen.	O criado nunca deixa de me chamar, quando a gente vem.
Hat er sein Wort gegeben?	Deu a sua palavra?
Er hat es gegeben, aber er hat sein Wort nicht gehalten.	Elle a deu, mas faltou á sua palavra.
Wer sind die Leute, welche eben hier vorbeikamen?	Quem são os homens, que acabão de passar por alli?
Es sind einige Taugenichtse.	São uns birbantes.

Aufgaben.

154.

Haben (p) Sie etwas von dem Schiffe gehört, welches gestern aus dem Hafen gelaufen ist (p)?—Ich habe (p) nicht erfahren können, wem es gehört. Aber ich glaube, es geht nach Spanien. — Haben Sie Nachrichten von Ihrem ältesten Sohn? — Ja, er ist in Frankreich und wird nächsten Monat kommen.—Haben Sie schon Nachricht von Ihrem Vater?—Noch nicht.—Ich fürchte, daß er krank ist (Conjunctivo).—Ich wünsche, daß Sie demnächst Nachricht von ihm bekommen mögen.—Haben Sie nicht von dem Manne sprechen hören, welcher einen Soldaten getötet hat?—Ich habe nicht von ihm sprechen hören.—Haben (p) Sie erfahren, wo meine Brüder sind? — Ja, sie sind beide im Theater.—Von wem hat Ihr Vetter Nachricht erhalten?—Vom Onkel. Dieser hat (p) ihm geschrieben, daß er kommen möge [viesse].—Von wem hast (p) Du sprechen hören?—Ich habe (p) von meinem Bruder sprechen hören, der voriges Jahr hier war. Er wird wieder kommen. — Ist es lange her, daß Du keine Nachricht von Deiner Schwester hast? — Es wird wohl sechs Wochen sein, daß ich nichts von ihr gehört habe.—Seit wann bist Du in Spanien? — Es ist nicht lange her. — Sind Sie schon lange in Paris?—Seit drei Jahren.—Wie lange ist Ihr Bruder in London? — Ich weiß nicht; es ist noch nicht lange her, denn voriges Jahr war er noch hier. — Womit hast Du den gestrigen Tag zugebracht?—Ich habe ihn mit den zu meiner Reise notwendigen Vorkehrungen zugebracht.—Seit wann lernst Du die spanische Sprache?—Ich lerne sie erst seit drei Monaten.—Warum lernt der Engländer keine andere Sprache?— Weil er glaubt, daß alle Welt einen Engländer versteht.—Hast Du gute Nachrichten von Deinem Vater?—Nein. Er ist krank und wird erst nächsten Monat wiederkommen. — Ist es schon lange her, daß er nicht geschrieben hat (p)? — Er hat (p) vorige Woche geschrieben und wird morgen oder übermorgen wieder schreiben.—Sind die Nachrichten gut, die Sie erhalten haben?—Ja, sie sind nicht schlecht.

155.

Seit wann haben Sie Nachricht von Ihrem Freunde? — Erst vor drei Tagen habe ich einen Brief von ihm erhalten. — Ist es lange her, daß der Schneider meinen Rock gebracht hat (p)? — Er hat (p) ihn vorgestern gebracht. — Um wieviel Uhr ist er gekommen (p)? — Er ist vor [einer] halben Stunde gekommen. — Wie lange bist Du schon im Zimmer? — Seit einer guten Stunde. — Wann hast Du mit ihm gesprochen (p)? — Vor drei Monaten habe (p) ich mit ihm gesprochen. — Von was lebt der englische Kapitän? — Er lebt von seinem Einkommen. — Wieviel giebt er täglich aus? — Das weiß ich nicht. Er giebt monatlich zwanzig Pfund aus. — Was hat Ihnen Ihr Vater geschrieben? — Er wünscht, daß ich meine Zeit nicht mit Nichts= thun zubringe, sondern daß ich die portugiesische Sprache in kurzer Zeit lerne. — Was schreibt Ihnen Ihre Mutter? — Sie will, daß ich nicht soviel Geld ausgebe und daß ich ihr schreibe, wie ich es ausgebe. — An wen wendest Du Dich, an den König oder an den Richter? — Mein Advokat wünscht, daß ich mich gleich an den König wende; denn es ist besser an Gott sich wenden, als an seine Heiligen. — Wird der König Dich em= pfangen? — Ich weiß nicht. Ich wünsche, daß er mich empfange. — Was hast Du eben gethan? — Ich habe eben einen Brief ge= schrieben. — Wer wartet auf mich? — Der Schneider wartet auf Sie. Aber er kann noch warten, denn er ist eben erst ange= kommen. — Er mag warten! Ich werde gleich kommen.

156.

Wem bist (p) Du begegnet? — Ich bin meinem Vater be= gegnet (p), der eben nach Haus zurückkam. — Was wünscht der Vater? — Er wünscht, daß Du nach Haus zurückkehrest, in sein Zimmer kommest und einen Brief schreibest. — Hat der König schon zu Mittag gespeist (p)? — Nein, er will noch nicht speisen. Er wünscht, daß man ihm seine Briefe schicke. — Hast Du schon die Königin von Spanien gesehen (p)? — Noch nicht. Morgen wird sie ausreiten, dann werde ich sie sehen. — Um wieviel Uhr wird sie ausreiten? — Um zehn Uhr des Morgens. — Was willst Du von dem Krämer? — Ich wünsche, daß er mir den Preis seiner Waren sage und daß er mir Zucker und Kaffee schicke. —

Was haſt (p) Du Deinem Sohne geſchrieben?—Ich wünſche,
daß er nach Paris gehe, ſehe wie man dort arbeitet und dann
wieder zurückkomme.—Wird er das thun?—Ich weiß nicht, ob
er es thun wird. Aber er mag es thun oder nicht, er kennt
meinen Willen und weiß, daß ich wünſche, daß er mir folgſam
bleibe. — Wendet Ihr Sohn ſeine Zeit ſo an, wie Sie es
wünſchen? — Ja, er iſt ſehr folgſam. — Ich wünſche, daß er
fleißig ſei, viel leſe und ſchreibe und er thut es auch. Iſt Ihr
Sohn ebenſo folgſam, wie der meinige?—Ich wünſche, daß er
es ſei, aber ich glaube nicht, daß er es iſt.—Glauben Sie dem
Advokaten ein Wort von dem was er ſagt?—Nein, ich glaube
nicht, was er ſagt.—Giebſt Du jeden Tag das Geld aus, welches
Dir Dein Vater ſchickt?—Nein, ich gebe einen Tag mehr aus,
den andern Tag weniger. — Was hat Ihnen mein Vater ge=
ſagt (p)?—Er wünſcht, daß ſein Sohn nicht ſo faul ſei und
ihm mehr Briefe ſchreibe.—Er mag wünſchen, was er will, ſein
Sohn wird darum nicht mehr und nicht weniger ſchreiben. —
Wer ſind Sie und was wollen Sie? — Ich bin der Richter
dieſer Stadt und will, daß um zehn Uhr die Leute zu Hauſe ſeien!

Einundfünfzigster Abschnitt. — Lição quinquagesima primeira.

Entfernt ſein.	Distar.
Fern. Entfernt.	Remoto. Longe.
Die Entfernung.	A distancia (ſpr. distáncia).
Man ſagt: die Sonne iſt dreißig Millionen Meilen weit von der Erde (und nicht ſie iſt dreißig Millionen Meilen fern). Die Ur= ſache iſt die: man mißt die Ent= fernung, aber die Ferne mißt man nicht.	Diz-se, que o sol dista da terra trinta milhões de leguas (e não que está longe trinta milhões de leguas). A razão é por- que a distancia mede-se, e o longe não se mede.
Belem iſt eine Stunde weit von Liſſabon und iſt nicht fern von der Stadt.	Belem está distante de Lisboa uma legua e não está longe da cidade.

Die Entfernung schließt die Nähe nicht aus; die Ferne ist das Gegenteil vom Nahen, vom wenig Entfernten.

A distancia não impede a proximidade; o longe é contrario ao perto, ao pouco distante.

[Aus dem] fern vom Gesichte, fern vom Herzen.

Longe da vista, longe do coração.

Die Entfernung von ... bis ... ist groß, größer.

A distancia de ... a ... (oder entre ... e ...) é grande, maior.

Von Stelle zu Stelle.

De distancia a distancia.

Eine ferne Erinnerung.

Uma noticia, uma ideia remota.

Im fernsten (grauesten) Altertum.

Na mais remota antiguidade.

Es ist weit von Paris nach Peking.

Paris dista muito de Pequim.

Eine große Entfernung. Eine kleine Entfernung.

Uma grande distancia. Uma pequena distancia.

In einer kleinen Entfernung von Lissabon liegt Bemfica...

A uma pequena distancia de Lisboa está Bemfica...

Wie weit ists von Madrid nach Lissabon?

Quanto ha de Madrid a Lisboa?

Es ist weit.

Ha muito.

Ists weiter von London nach Lissabon, als von London nach Madrid?

Londres dista mais de Lisboa do que de Madrid?

Es ist ebensoweit von London nach Lissabon, wie von London nach Madrid.

Londres dista tanto de Lisboa como de Madrid.

Wie weit ists von hier nach Paris?

Quanto ha daqui a Paris?

Die Entfernung ist nicht sehr groß.

A distancia não é muito grande.

Es ist nicht weit.

Não é muito longe.

Der Madrider.
Der Kadizer.
Der Pariser.

O Madrileno.
O Gaditano.
O Parisiense.

Aus welchem Lande seid Ihr?

De que paiz sois?

Wir sind [aus Deutschland] Deutsche.

Somos [da Allemanha] Allemães.

Ist Deutschland weit von hier?

A Allemanha está muito longe de cá?

Wie weit ist Deutschland von hier?

Que distancia vai daqui á Allemanha?

Wo sind Sie her? Sind Sie aus Madrid?

De que terra é [natural]? É Madrileno?

Ich bin nicht aus Madrid, ich bin aus Kadiz.

Não sou Madrileno, sou Gaditano.

Wien (in Österreich). — Der Wiener. — Dresden. — Gebürtig.

Vienna d'Austria. — O Viennez. — Dresda. — Natural.

A. Die deutsche Endung — er zur Bezeichnung der Bewohner eines Ortes, wird meistens durch [natural] de mit darauffolgendem Ortsnamen übersetzt.

Sind das dort Wiener?	São Viennezes estes homens?
Nein. Es sind teils Hamburger, teils Dresdener.	Não. Uns são de Hamburgo, os outros de Dresda.
Ist es weit von Dresden nach Hamburg?	Dresda dista muito de Hamburgo?
Die Entfernung ist nicht sehr groß [es ist nicht sehr weit].	Não dista muito.
Von hier nach Paris sind es fast zweihundert Meilen.	Ha quasi duzentas legoas daqui a Paris.
Von hier bis Madeira.	Daqui á Madeira.
Es ist eine Strecke von fast hundert Meilen von hier bis nach Wien.	Vão perto de cem legoas daqui a Vienna.

Etwa. Fast. Nahezu. — Nahe [in der Nähe].

Perto de. — Perto. Uns. Umas.

Etwa dreißig Leute.	Perto de trinta pessoas. Umas trinta pessoas.
Es sind fast zehn Jahre her.	Ha perto de dez annos. Ha uns dez annos.
Es ist nahezu Mittag.	É perto de meio dia.
Er wohnt hier in der Nähe.	Moro aqui perto.
Er wohnt nahe bei mir.	Mora perto de mim. Mora perto de minha casa.
Er wohnt sehr nahe.	Mora muito perto.

Durchbringen. Verschwenden. Das Vermögen. Der Schwärmer.

Dissipar. Consumir. A fortuna. O extravagante.

Wie lange bist Du schon hier?	Quanto tempo ha, que estás aqui?
Schon seit anderthalb Stunden.	Ha já hora e meia.
Wieviel hast Du ausgegeben?	Quanto gastaste?
Anderthalb Pintos.	Pinto e meio.
Du mußt Dein Geld nicht verschwenden.	Não deves dissipar o teu dinheiro.
Was ist das für ein Landsmann?	De que paiz é este homem?
Er ist ein Türke.	É Turco.
Und wo ist jener Mann her?	E de que paiz é aquelle homem?
Er ist aus Frankreich. Es ist ein Schwärmer, der sein ganzes Vermögen durchgebracht hat.	É Francez. É um extravagante, que dissipou (consumiu) toda a sua fortuna.
Es ist ein Franzose, welcher viel Geld ausgiebt.	É um francez, que gasta muito dinheiro.

B. Tritt zu einem Namen, der eine Eigenschaft beilegt, eine weitere Bestimmung, so muß das „ein" übersetzt werden.

Besorgung, Sorge, Sorgfalt.	Cuidado.
Außer Sorgen sein.	Não ter cuidado (cuidados).
Sorge tragen, sorgen für, besorgen.	Ter cuidado de. Cuidar de...
Du wirst nicht geliebt werden, wenn Du nur für Dich sorgst.	Não serás amado, se de ti só tens cuidado.
Er ist gefährlich (so daß man besorgt ist) krank.	Está doente de cuidado.
Achtung auf das Pferd!	Cuidado com o cavallo!
Nimm Dich (nehmen Sie sich) in acht vor mir!	Cuidado commigo!
Wollen Sie mein Pferd besorgen?	Quer cuidar [ter cuidado] do meu cavallo?
Ich werde Sorge dafür tragen.	Cuidarei delle.
Der Pächter.	O caseiro (spr. caséiro).
Der Wirt.	O estalajadeiro (spr. estalajadéiro).
Die Kleider, die Wäsche.	A roupa (spr. ropa).
Der Herr eines Dieners.	O amo (de um criado).
Der Herr (Besitzer) eines Hauses.	O dono (de uma casa).
Wo ist meine schwarze Wäsche?	Onde está a minha roupa suja?
Der Wirt hat sie fortgetragen.	O estalajadeiro a levou.
Wo ist der Herr des Hauses?	Onde está o dono da casa?
Wie der Herr, so der Diener.	Tal amo, tal criado.
Weiße Wäsche.	Roupa branca.
Das Tischzeug. — Das Bettzeug. — Anbieten.	A roupa da mesa. — A roupa da cama. — Offerecer.
Anvertrauen. — Trauen.	Confiar. — Fiar-se em.
Vorenthalten. Sich enthalten, zurückhalten.	Reter. Reter-se.
Die Gelegenheit.	A occasião.
Was bieten Sie mir an?	Que me offerece?
Ich biete Ihnen mein Haus an.	Offereço-lhe a minha casa.
Wenn sich die Gelegenheit bietet, werde ich meinem Vater Geld schicken.	Se a occasião se offerecer, mandarei dinheiro a meu pai.
Hier ist ein Mann, dem Sie es anvertrauen können.	Aqui está um homem, a quem vm.ce o póde confiar.
Man kann sich auf die Freundschaft dieses Mannes gar nicht verlassen.	Nada se póde confiar na amizade deste homem.
Will er Ihnen das Geld vorenthalten?	Quer elle reter-lhe o dinheiro?

Sehr thöricht ist, wer ihm ver-traut.	Bem tolo é quem se fia nelle.
Halten, behalten, bewahren.	Guardar.
Geheim, Geheimnis.	Segredo.
Mitteilen.	Communicar.
Verschweigen. Den Mund halten.	Calar. Calar a bocca.
Wer sein Geheimnis sagt, wird das des andern schlecht verschweigen.	Quem diz o seu segredo, mal calará o do outro.
Den Mund kann er nicht halten, daher behält er auch keine Geheimnisse.	Não sabe guardar a bocca, por isso tambem elle não guarda segredos.
Teilt er Ihnen alle Geheimnisse mit?	Lhe communica elle todos os segredos?
Es giebt wenige, die er verschweigt.	Ha poucos, que elle cala.
Wenn Du das Leben gut zubringen willst, mußt Du hören, sehen und schweigen.	Se queres a vida bem passar, has de ouvir, ver e calar.
Es geht nichts über das Schweigen.	Não ha cousa como o calar.
Versichern.	Assegurar.
Bitten.	Supplicar.
Anbefehlen. Inständig bitten.	Pedir por especial favor.
Ich versichere Sie, er ist angekommen.	Lhe asseguro, que elle chegou.

C. Das im Deutschen oft wegfallende „daß" ist im Portugiesischen auszudrücken. „Zu" sowohl, wie „daß" hinter Willensäußerungen ist durch que mit Conjunctivo zu übersetzen.

Ich bitte Sie inständig, es nicht zu sagen.	Peço-lhe por especial favor, que não o diga.
Ich bitte Sie, dieses Geheimnis zu bewahren.	Supplico vmcê, que cale este segredo.
Dienen, bedienen.	Servir.
Dienst.	O serviço.
Verlassen.	Deixar.
Bedient Dich dieser Diener gut?	Este criado te serve bem?
Er bedient mich gut, aber er kommt mich teuer zu stehen. Wer gut dient, verlangt genug.	Elle me serve bem, mas custame caro. Quem serve bem, assas pede.

Um Ihnen zu dienen.	Para servir a vm^{cê}.
Zu was dient das?	Para que—De que serve isso?
Das dient zu nichts.	De nada serve isso.
Ist er bei Ihnen im Dienste?	Está no seu serviço?
Ja. Er trat bei mir ein vor einem Jahre.	Sim. Entrou no meu serviço ha um anno.
Er hat den Dienst verlassen.	Deixou o serviço.

Fliehen (vor).	Fugir (de).
Die Gefahr.	O perigo.
Die Schwierigkeit.	A difficuldade.
Der Schlag.	O golpe.

Die Gefahr fliehen, vermeiden.	Fugir o perigo.
Der Faule flieht (vermeidet) die Schwierigkeiten.	O preguiçoso foge as difficuldades.
Mit dem Körper wich er dem Stoß aus.	Com o corpo fugiu ao golpe.
Wohin entfloh der Feind?	Para onde fugiu o inimigo?
Er floh nach Norden. Die Schiffe erwarten ihn dort.	Fugiu para o Norte. Alli os navios estão á sua espera.

Ob.	**Se.**
Das Unglück.	A desgraça.
Geschehen, erfolgen, zustoßen, widerfahren.	Acontecer. Succeder.
Was ist geschehen? Du scheinst sehr milde.	Que aconteceu? Tu pareces muito cansado.
Es ist mir ein sehr großes Unglück widerfahren.	Aconteceu-me uma desgraça muito grande.
Zum Unglück. Unglücklicherweise.	**Por** desgraça.
Zu meinem (deinem, seinem u. s. w.) größten Unglück.	Para maior desgraça minha (—tua —sua etc.).
Ein Unglück kommt nie allein.	Nunca uma desgraça vem só.
Ich frage Dich, ob Du kommen willst oder nicht?	Pergunto-te, se queres vir ou não.
Hat man Ihnen geschrieben, ob Ihr Bruder noch lebt?	Escreverão a vm^{cê}., se seu irmão ainda vive?
Er starb. So wollte es das Unglück.	Morreu. Assim o quiz a desgraça.

Die Seele.	A alma.
Das Mitleid. Das Erbarmen.	A compaixão.

Mitleid haben mit jemand.	Ter compaixão d'alguem.
Mitleid erregen.	Mover a compaixão.

Nun... denn — O, dann...

Hier ist ein Bettler. Nun, warum geben Sie ihm nichts?

Warum nicht gar? Dem Taugenichts Geld geben!

Er hat aber sehr viel Unglück gehabt.

Dann gut. Ich werde ihm ein Almosen geben.

Jawohl!

Er ist eine gute Seele. Jedes Unglück erregt sein Mitleid.

    Verdrehen. Umdrehen.
    Verrenken.
    Der Hals. Das Genick.

Die Augen verdrehen.
Den Mund verdrehen (Gesichter schneiden).
Einem den Hals umdrehen.
Den Fuß verrenken.
Die Wahrheit verdrehen.
Hat der Koch der Henne den Hals umgedreht?
Ja, und er hat dabei die Augen verdreht.

Sich unterstehen, wagen zu.
Verderben. — Der Wein wird sauer.

Wer hat meine Kleider verdorben?
Niemand hat sich unterstanden sie anzurühren.

Setzen.
Sitzen, stehen (von Kleidern).
Vollkommen, vortrefflich.
Gemalt.

Dieses Kleid steht Ihnen vortrefflich.
Einen nicht ausstehen [nicht einmal gemalt sehen] können.
Wollen Sie sich nicht setzen?

Pois.

Aqui está um mendigo. Pois então, porque é que vm.^ce não lhe dá nada?

Pois não! Dar dinheiro a este birbante!

Mas elle teve desgraças muito grandes.

Pois bem. Hei de lhe dar uma esmola.

Pois sim!

É uma boa alma. Cada desgraça move a sua compaixão.

Torcer.

O pescoço.

Torcer os olhos.
Torcer a bocca.

Torcer o pescoço.
Torcer o pé.
Torcer a verdade.
O cuzinheiro torceu o pescoço á gallinha?
Sim, e com isso torceu os olhos.

Atrever-se a...
Estragar.—Bota-se o vinho.

Quem estragou o meu fato?
Ninguem atreveu-se a toca-lo.

Assentar.
Assentar. Ir.
Perfeitamente.
Pintado.

Este vestido assenta-lhe perfeitamente.
Não poder ver alguem nem pintado.
Não quer assentar-se?

Nein, ich bin nicht müde.   Não, não estou cansado.

Eintragen, aufschreiben.   Assentar no papel.

Den Fuß aufsetzen. Fest   Assentar o pé.
auftreten.

Aufgaben.
157.

Wie weit ists von London nach Paris? — Es sind fast fünfzig Meilen von Paris bis London. — Ists weit von hier nach Berlin?—Es ist weit.—Wie weit ist Wien von hier?— Wien ist beinahe zweihundert und fünfzig Meilen von hier.—Ist Lissabon so weit von Coimbra, wie Coimbra von Porto?—Ja, die Entfernungen sind fast gleich (nicht sehr verschieden).—Wie weit ists von Paris nach Madrid?—Es sind fast zweihundert und dreißig Meilen von Paris nach Madrid.—Beabsichtigen Sie bald nach Paris zu gehen? — Ich gedenke bald hinzugehen.— Warum wünschen Sie jetzt [hin]zugehen?—Um gute Bücher und gute Handschuhe dort zu kaufen, und um meine guten Freunde zu sehen.—Ist es lange her, daß Sie dort waren?—Es ist fast ein Jahr her, daß ich dort war.—Wer ist der Mann, der eben eingetreten ist?—Es ist ein Engländer, der sein ganzes Vermögen in Frankreich durchgebracht hat (p). — Was für ein Landsmann sind Sie?—Ich bin ein Spanier und mein Freund ist ein Italiener. — Wieviel Geld haben Ihre Kinder heute ausgegeben (p)?—Sie haben wenig ausgegeben (p); sie haben (p) nur einen Pinto ausgegeben.—Wo haben Sie gestern gespeist (p)?—Ich habe beim Gastwirt gespeist (p).—Haben (p) Sie viel ausgegeben? — Ich habe (p) anderthalb Thaler ausgegeben.—Haben (p) Sie ihn gesehen?—Ich habe ihn gesehen (p).—War es das erste Mal, daß Sie ihn gesehen haben (p)? — Es war nicht das erste Mal, denn ich habe ihn mehr als zwanzigmal gesehen. — Wie oft haben Sie schon die Königin gesehen (p)? — Mehr als zehnmal. Sie reitet jeden Tag aus und ich kann sie von meinem Fenster aus sehen. Sie ist eine sehr hübsche Person.

158.

Fürchten Sie meinen Vetter?—Ich fürchte ihn nicht, denn er hat nie einem [Menschen] weh gethan. — Sie haben keinen

Grund, diesen Menschen zu meiden, denn es ist ein sehr guter
Mann, welcher nie irgend einem [Menschen] was zu Leid gethan
hat. — Von wem hat (p) mein Bruder sprechen hören? — Er
hat (p) von einer Person sprechen hören, der ein Unglück begegnet ist (p). — Warum haben (p) Ihre Schüler ihre Übungen
nicht gemacht? — Ich will es Ihnen sagen; sie haben dieselben
gemacht, und Sie sind im Irrtum, wenn Sie glauben, daß sie
dieselben nicht gemacht haben. — Was haben (p) Sie mit (de)
dem Buche gemacht? — Ich versichere Sie, daß ichs nicht gesehen habe. — Hat (p) Ihr Sohn meine Messer gehabt? — Er
versichert mich, daß er sie nicht gehabt hat (p). — Ist Ihr Oheim
schon angekommen (p)? — Er ist noch nicht angekommen (p). —
Haben (p) Sie gehört, was ihm begegnet ist (p)? — Nein, ich
habe (p) nichts gehört. — Ist der König angekommen (p)? —
Man sagt, daß er angekommen ist (p). — Was ist Ihnen begegnet (p)? — Es ist mir ein großes Unglück begegnet (p). —
Was für ein Unglück? — Ich wollte meine Pistolen, welche ge-
laden waren, putzen und war dabei so ungeschickt, daß ich los-
drückte und, raten Sie wen tötete. — Haben Sie einen
Menschen getötet? — Nein, Herr, das Schoßhündchen (cão
fraldeiro) meiner Frau. — Ist dieser Diener schon lange bei
Ihnen im Dienste? — Ja. Er trat bei mir vor zwei Jahren
ein. — Haben Sie Ihren Diener noch, den ich Ihnen geschickt
habe? — Nein, er verließ meinen Dienst drei Tage nach (depois
de) seiner Ankunft und trat in den Dienst meines Nachbarn,
der ihm mehr Geld versprach. — Hat er auch Wort gehalten? —
Nein; jetzt ist er schon über ein Jahr in seinem Dienst und er
hat ihm noch nicht einen Real bezahlt (p). — Zu was hat es
ihm dann gedient, Sie zu verlassen? — Es hat ihm zu nichts
gedient. Ich habe Mitleid mit ihm, denn er ist [ein] guter
Junge; aber es ist sein Fehler. Warum hat er meinen Dienst
verlassen (p)!

159.

In welchem fernen Lande lebt Ihr Bruder? — Er lebt in
Brasilien. — Wo wohnen Sie? — Ich wohne in Ihrer Nähe. —
Wie lange ist es her, daß Sie nicht [mehr] hier waren? — Es
sind nahezu zwei Jahre. — Wo wohnt Ihr Schneider? — Er

wohnt in der Nähe.—Wo wohnt Ihr Schuhmacher?—Er wohnt sehr nahe.—Hat er ein großes Vermögen?—Nein, er ist ein Schwärmer. Er hat (p) sein ganzes Vermögen vergeudet. — Wie lange bist Du schon in Lissabon?—Ein Jahr ungefähr. — Was bist Du für ein Landsmann?—Ich bin ein Deutscher.— Und aus welchem Lande ist Dein Freund?—Er ist ein Fran= zose.—Wirst Du geliebt werden, wenn Du nur für Dich sorgst? — Ich bin bis heute geliebt worden, aber ich habe nicht nur für mich Sorge getragen.—Ist er gefährlich krank?—Nein, er ist nicht sehr krank.—Was sagt der Kutscher (cocheiro)?—Er sagt, daß man (a gente) sich vor den Pferden in acht nehme.— Wollen Sie meine Hühner besorgen?—Ich werde Sorge dafür tragen. — Was wird uns der Pächter heute geben? — Der Pächter ist nicht hier, aber der Wirt wird uns ein gutes Mittagessen geben.—Hast Du schon meine schwarze Wäsche nach Hause geschickt (p)?—Nein, ich werde sie morgen nach Hause schicken.—Wer ist der Herr dieses Hauses?—Der Herr dieses Hauses ist auch der Herr dieses Dieners. — Hat mir mein Diener reine Wäsche gebracht? — Ja, er hat Tischzeug und Bettzeug gebracht. — Was hat der Herr dieses Hauses Dir angeboten (p)? — Er hat mir sein Haus angeboten (p), aber ich habe es nicht genommen (p), denn es ist sehr klein.—Hast Du ihm ein Geheimnis anvertraut (p)? — Nein, aber er hat mir sein Geheimnis mitgeteilt (p).—Kann (saber) er schweigen? — Nein, er hält den Mund nie. Das hält mich zurück und darum vertraue ich ihm nie ein Geheimnis an.—Was wollen Sie von mir?—Ich bitte Sie, ich bitte Sie inständig, meinem Sohne kein Geld mehr zu schicken.

Zweiundfünfzigster Abschnitt. — Lição quinquagesima segunda.

Ein Instrument.	Um instrumento.
Ein Instrument spielen.	Tocar um instrumento.
Die Geige.	A rebeca. A rabeca.
Die Geige spielen. Geigen.	Tocar rebeca.

Was für ein Instrument spielst Du? | Que instrumento tocas?
Ich spiele die Geige. | Toco rebeca.
Ich wünsche, daß Du geigest. | Desejo, que toques rebeca.

Das Klavier. | O piano.
Der Klavierspieler. | O pianista.
Die Flöte. | A flauta (spr. fláuta).

Klavier spielen. | Tocar piano.
Willst Du, daß die Kinder tanzen? | Queres, que os meninos dancem?
Nein, es ist niemand da, der Klavier spielen könnte. | Não, não ha ninguem, que possa tocar piano.
Es ist Zeit zum Tanzen. | Toca a dançar.
Ich frage Dich, ob Du die Flöte spielen kannst? | Pergunto-te, se sabes tocar a flauta?
Nein, ich bin Klavierspieler. | Não, sou pianista.

Auflesen, aufheben. Sammeln. | Recolher.

Sich zurückziehen. | Recolher-se.
Sich wegheben, sich entfernen, zurücktreten. | Afastar-se.

Man schlägt den Zapfenstreich, es wird abgeblasen. | Toca a recolher.

Es ist Zeit, daß ich mich zurückziehe [nach Hause]. | É tempo, que eu me recolha para casa.
Die Matrosen entfernten sich vom Schiff. | Os marujos afastarão-se do navio.
Das Korn in die Scheunen sammeln. | Recolher o trigo nos celleiros.
Das Segel einziehen. | Recolher a vela.

Verhindern. | Impedir.

An. Bei. In der Nähe von... | Perto de... Ao pé de... Junto a...
Dicht bei (an). Neben. Nahe. | Perto. Ao pé. Junto.
Hart an, neben an. | Pegado a...
Anstoßend an. | Contiguo a...

Er führte mich in den Strohspeicher, hart neben dem Stall, wo das Maultier stand. | Levou-me ao palheiro (spr. paléiro) pegado á córte, onde estava a mula.
Er ließ zwei Zimmer bauen, die an die andern, die schon vorhanden waren, stießen. | Mandou construir dous quartos contiguos (spr. contíguos) aos outros, que já existiam.
Das Schiff entfernt sich vom Lande. | O navio afasta-se da terra.
Mein Haus steht neben dem seinen. | A minha casa está junta á sua.
Der Garten stößt an das Haus. | O jardim está contiguo á casa.
Das Schiff liegt nahe beim Lande. | O navio está perto da terra.
Er wohnt hier in der Nähe. | Mora aqui perto [ao pé].

Nahe beim Meer ist es sehr windig.	Ao pé do mar ha muita ventania.
Hat er Geld fallen lassen?	Deixou cahir dinheiro?
Ja, und man hat ihn verhindert es aufzuheben.	Sim, e impedirão-no de apanha-lo do chão.

Zögern.	**Tardar.**
Sich erinnern an... Denken an...	**Lembrar-se de.**
Sitzen.	**Estar assentado.**

Werden die Soldaten bald kommen?	Os soldados chegarão logo?
Sie können nicht mehr zögern.	Já não podem tardar.
Ich denke viel an Dich.	Lembro-me muito de ti.
Ich denke nicht mehr daran.	Não me lembro de tal.
Ich erinnere mich an die Zeit, wo ich mit Ihnen in demselben Hause gewohnt habe.	Lembro me do tempo, em que tenho morado com vmcê. na mesma casa.
Daran habe ich auch nicht gedacht!	Nem tal me lembrou!
Ich erinnere mich gesehen zu haben, gehört zu haben, gethan zu haben u. s. w.	Lembro-me de ter visto, de ter ouvido, de ter feito etc.
Setzest Du Dich?	Te assentas-tu?
Ich sitze schon. Ich sitze gerne in der Nähe des Herdes.	Já estou assentado. Gosto de (assentar-me) estar assentado junto á lareira.
Erinnern Sie sich dessen?	Vmcê. se lembra disso?
Ich erinnere mich dessen sehr wohl.	Lembro-me disso muito bem.
Erinnert Ihr Euch der schönen Zeit noch?	Vós vos lembrais ainda do bello tempo?
Wir erinnern uns noch an diese Zeit.	Nós nos lembramos ainda deste tempo.

A. Der Portugiese hat zwei Wendungen um „sich erinnern" auszudrücken. Die eine lembro-me de entspricht genau dem deutschen: ich erinnere mich wessen. Die andere isto me lembra heißt wörtlich: das kommt mir wieder ins Gedächtnis.

Erinnert Ihr Euch noch der schönen Zeit?	O bello tempo ainda vos lembra?
Wir erinnern uns dieser Zeit noch.	Este tempo ainda nos lembra.
Ich erinnere mich dessen gut, was ich Ihnen gestern sagte.	Bem me lembra o que disse a vmcê. hontem.
Sie werden wissen (sich erinnern an das), was Sie gesagt haben.	Ha de lembrar a vmcê. o que disse.

Sie werden die Worte noch wissen (sich noch der Worte erinnern), die Sie gesagt haben.	Hão de lhe lembrar as palavras, que tem dito.
Was Du nicht für Dich willst, wolle es nicht für die andern.	O que não queres para ti, não o queiras para os outros.

B. Bei Warnungen und Verboten muß der Conjunctivo gebraucht werden.

Sage nichts mehr, das genügt schon.	Não digas mais, isto já basta.
Erinnere mich nicht an die Zeiten, welche nicht mehr sind [Rufe sie mir nicht ins Gedächtnis].	Não me lembres os tempos, que já não são.
Begehre nicht zu wissen, was ich nicht sagen kann.	Não queiras saber, o que não posso dizer.
Begehret nicht, was Ihr nicht erreichen könnt.	Não queirais, o que não podeis alcançar.
Thue das nicht!	Não faças isto.
Laß Dich nicht betrügen!	Não te deixes enganar.
Sagt mir nichts. Ich weiß alles, denn ich habe alles gesehen.	Não me digais nada. Eu sei tudo, porque tudo vi.
Habe keine Furcht; alles geht gut.	Não tenhas medo; tudo vai bem.
Schäme Dich nicht; Du hast nichts Schlechtes gethan.	Não tenhas vergonha; não fizeste mal.
Sprich nicht mehr davon!	Não falles mais disso!
Schlage diesen Hund nicht mehr, [auf diesen Hund].	Não batas mais neste cão.

C. Bater em... heißt auf einen Gegenstand schlagen, bater, ohne Verhältniswort, heißt einfach schlagen.

Das Eisen schmieden (schlagen).	Bater o ferro.
Auf das Eisen schlagen.	Bater no ferro.
Münze prägen, schlagen.	Bater moeda.
Das Feld durchstreifen.	Bater o campo.
Den Wald durchstreifen.	Bater o mato.
Mit den Händen (Beifall) klatschen.	Bater com as mãos.
Sich schlagen.	Bater-se.
Wie schlagen sich die portugiesischen Soldaten?	Como se batem os soldados portuguezes?
Sie schlagen sich sehr gut.	Elles se batem muito bem.
Schnell. Haftig. — Haft. Eile.	**De pressa. — Pressa.**
Langsam. — Muße.	**De vagar. — Vagar.**
Laut.	**Alto.**
Wer läuft schneller, Du oder ich?	Quem corre mais de pressa, tu ou eu?

Ich weiß, daß Du schnell gehen kannst.	Sei, que tu sabes andar de pressa.
Ich habe Eile.	Tenho pressa. Estou com pressa.
In [mit] aller Eile, so schnell als möglich.	Com toda pressa. A toda pressa.
Gehe nicht so eilig!	Não vás com tanta pressa!
Je schneller, desto langsamer.	Quanto mais de pressa, tanto mais de vagar.
Keine Muße haben.	Não ter vagar.
Laut; frei und frank.	Em alto e bom som.
Um die portugiesische Sprache zu lernen, muß man laut sprechen.	Para aprender a lingua portugueza, é preciso fallar alto.
Ich verstehe Euch nicht, weil Ihr so schnell sprecht; Ihr müßt langsamer sprechen.	Não vos entendo, por que fallais tão de pressa; é preciso fallar mais de vagar.
Ihr müßt langsamer sprechen, d. h. es ist notwendig, daß Ihr langsamer sprechet.	É preciso, que falleis mais de vagar.

D. Der Conjunctivo muß bei é preciso, é mister, é necessario u. s. w. stehen, wenn durch den Gebrauch des Infinitivo ein Doppelsinn entstehen könnte.

Wir müssen zu Hause bleiben, aber Ihr könnt ausgehen.	É preciso, que nós fiquemos em casa, mas vós podeis sahir.
Wir müssen zu Hause bleiben.	É preciso nós ficarmos em casa.
Bevor wir nach Hause gehen, wollen wir noch trinken.	Antes de irmos á casa, queremos ainda beber.
Nachdem Du diesen Handel abgeschlossen hast, wirst Du thun, was Dein Herr befohlen hat.	Depois de teres acabado este negocio, farás o que tem mandado o teu amo.
Ihr werdet wohl thun, nach Hause zu gehen.	Fareis bem em irdes para casa.
Die Kinder warfen ihre Hüte in die Luft vor Freude ihre Eltern wieder zu sehen.	Os meninos deitárão os seus chapéos no ar com o prazer de tornarem a ver seus pais.

E. Der Infinitiv kann ganz eigentümlicherweise im Portugiesischen **persönliche** Endungen annehmen. Diese sind —es für die zweite Person der Einheit, —mos für die erste, —des für die zweite, —em für die dritte Person der Mehrheit. Erste und dritte Person der Einheit bleiben unverändert. Diese Formen werden gebraucht, wenn eine unmittelbare Beziehung des Infinitivs zum Subjekt (Antwort auf wer?) stattfindet, oder wenn das Subjekt des Infinitivs von dem des

Zeitworts, das in einer persönlichen Form steht, verschieden ist. Streng ist dieser Gebrauch, wenn ein Doppelsinn vermieden werden muß, sonst ist er ziemlich willkürlich.

Ich lieben. Du lieben. Er lieben.	(Eu)amar. (Tu)amares. (Elle) amar.
Wir lieben. Ihr lieben. Sie lieben.	(Nos) amarmos. (Vos) amardes. (Elles) amarem.
Bevor ich geendigt habe...	Antes de ter acabado...
Nachdem Du gekommen bist...	Depois de teres vindo...
Nachdem er gethan hat...	Depois de ter feito...
Bevor wir gekommen sind...	Antes de termos vindo...
Nachdem Ihr gethan habt...	Depois de terdes feito...
Bevor sie geschrieben haben...	Antes de terem escrito...
Kalbfleisch.	Vitella.
Der Honig.	O mel.
Während (Bindewort).	**Em quanto. Em quanto que.**
Während des Winters. Den Winter hindurch.	Durante o hinverno.
Wollen Sie die Güte haben zu geigen, während ich Klavier spiele?	Quer ter a bondade de tocar rebeca, em quanto eu toco piano [eu tocar piano]?
Der Honig ist nicht für den Mund eines Esels.	O mel não é para bocca d'asno.
Was ziehen Sie vor, Kalbfleisch oder Rindfleisch?	De que gosta mais, de vitella ou de vacca?
Nachdem wir von beiden Speisen gegessen haben, will ich nichts mehr.	Depois de termos comido de ambas as comidas, já não quero nada.
Bevor wir getrunken haben, hast Du mir Brot angeboten.	Antes de termos bebido, tu me offereceste pão.

Aufgaben.

160.

Wie geht es Ihrem Bruder?—Er ist wohl.—Gefällt Ihnen dieser Rock?—Er steht Ihnen sehr gut. Wer ist Ihr Schneider? —Er wohnt in der Goldstraße. Ich weiß seinen Namen nicht. —Warum verdreht dieses Mädchen die Augen?—Es ist krank. Haben Sie nicht bemerkt, es verdreht auch den Mund.—Wo ist der Koch?—Er ist in der Küche und dreht einigen sechs Hühnern den Hals um.—Wer hat (p) meine Blumen verdorben? — Die Kinder des Nachbarn. Sie sind (p) in den Garten

getreten, während Sie in der Stadt waren und haben (p)
alles verdorben.—Warum hast (p) Du ihnen keinen Stein an
den Kopf geworfen (p)?—Ich habe Mitleid mit ihnen gehabt
(p).—Sie haben (p) kein Mitleid mit meinen Blumen gehabt,
ich werde kein Mitleid mit ihnen haben.—Wer hat (p) meine
Papiere angerührt? — Niemand hat (p) sich unterstanden, sie
anzurühren.—Wer hat (p) sich auf meinen Hut gesetzt?—Ich
nicht, es war mein Bruder.—Du verdrehst die Wahrheit. Ich
habe (p) es gesehen, wie Du Dich darauf gesetzt hast (p). —
Wie geht es Ihrem Bruder?—Er wird fünf oder sechs Wochen
lang nicht ausgehen können, er hat (p) den Fuß verrenkt. —
Kennen Sie diesen Weg? — Ich habe ihn schon oft gemacht.
Er ist nicht gefährlich. — Sie sagen das. Aber unglücklicher=
weise fiel auf diesem Wege gestern mein Vater und verrenkte
den Fuß.—Ist Dein Freund noch hier? Ich habe Geld für
ihn.—Ach nein, er ist fort. So wollte es das Unglück.—Gehst
Du oder bleibst Du hier?—Ich gehe. O dann laß uns zu=
sammen gehen (Conjunctivo), denn ich will nicht länger hier
bleiben. — Du hast recht. — Es ist eine Schande, die Gefahr
zu fliehen. — Zu was dient dieses Messer? — Siehst Du es
nicht? Es dient, um Brot zu schneiden.

161.

Willst Du eine Geige kaufen?—Nein, ich kann nicht geigen.
Was soll ich mit einer Geige thun? — Du kannst sie Deinem
Bruder geben. Ich weiß, daß er die Geige spielt.—Du bist
gewaltig im Irrtum, er spielt Klavier. — Tanzest Du nicht
gern? — Ja, ich tanze gern, aber nicht, wenn man Klavier
spielt. — Werden wir heute Abend einen Ball haben? — Wir
werden einen Ball haben.—Um wieviel Uhr?—Um dreiviertel
auf elf. — Wieviel Uhr ist es jetzt? — Es ist bald [Não falta
muito para] elf Uhr, und die Leute werden bald kommen. —
Was für ein Instrument werden Sie spielen? — Ich werde
geigen.—Falls Sie geigen [tocar], werde ich Klavier spielen.—
Werden wohl viele Leute auf unserm Balle sein?—Ja, es ist
wahrscheinlich, daß viele da sein werden.—Werden Sie tanzen?
— Ich werde tanzen. — Werden Ihre Kinder tanzen? —
Sie werden nicht viel tanzen. — Womit unterhält sich Ihr

Vetter?—Er geigt den ganzen Tag.—Das muß ein Vergnügen sein für die Nachbarn!—Man sagt, daß alle Hühner sein Haus meiden.—Unterhalten Sie sich gut?—Ich versichere Sie, wir unterhalten uns recht gut.—Mit wem haben Sie Mitleid?—Ich habe Mitleid mit Ihrem Freunde. — Warum haben Sie Mitleid mit ihm? — Weil er den Fuß verrenkt hat (p) und darum nicht ausgehen kann. — Was wünschest Du, daß Dein Sohn lerne, die Geige oder das Klavier?—Ich wünsche, daß mein Sohn die Flöte lerne. Es giebt jetzt Geigenspieler und Klavierspieler, mehr als man [a gente] will; darum soll mein Sohn Flöte spielen.—Ich wünsche nicht, daß der meinige die Flöte spiele. — Warum nicht? — Weil, wer Flöte spielt, den Mund verzieht. Liebst Du das? — Nein, aber wer geigt, verdreht gewöhnlich die Augen, und wer Klavier spielt, die Finger. Mein Sohn muß Flöte blasen.

162.

Was höre ich? — Es ist der Zapfenstreich. Die Soldaten gehen in die Kasernen.—Wo ist Ihre Kaserne (quartel)?—[Sie ist] in der geraden Straße.—Wo gehen wir hin?—Wir wollen uns in den Wald zurückziehen.—Was bieten Sie mir an?—Ich biete Ihnen meinen Garten an. Sie können eintreten zu jeder Stunde des Tages und der Nacht. Er steht zu Ihrer Verfügung. — Wem hast (p) Du Deine Pferde angeboten? — Ich habe (p) sie dem englischen Hauptmann angeboten. Aber er hat sie nicht nehmen wollen (p).—Bietest Du diesen Kindern Dein hübsches Hündchen an? — Nein, ich biete (es) nicht an. — Sie sind krank und machen sich auf den Weg? Wohin reisen Sie, wenn ich fragen darf?—Ja, ich weiß nicht, wohin ich reise. Sagen Sie mir doch, ist da irgend ein Wirtshaus, wo ich ausruhen kann?—Wer wird da ein Wirtshaus halten (dar p.)! Es ist da jenes Haus, das Sie sehen, welches mein ist, und etwas höher stehen zwei oder drei Bauernhäuser; die Bauern sind nicht fähig, einem Armen den Hunger zu stillen.—Was machen die Matrosen? — Sie ziehen die Segel ein. — Was thun die Bauern? — Sie sammeln das Korn in die Scheunen.—Ist es schon Zeit, das Korn in die Scheunen zu sammeln? — Nein, aber die Bauern haben Angst, daß der

Regen ihnen das Korn verderbe. — Was wünscht der Klavier=
spieler? — Er wünscht, daß man ihn ruhig lasse. Er ist sehr
müde und will nicht mehr spielen. — Willst Du, daß man tanze?
— Nein, ich will, daß der Klavierspieler sich ans Klavier setze.
— Wann kann Dein Bruder kommen? — Er kann nicht mehr
lange zögern. — Warum zögert er so lange? — Er hat
Angst, daß man ihn nicht gut aufnehme. — Wird er bis zum
Hafen gehen? — Ja, und wird bis drei Uhr wieder zurück=
kommen. — An was denken Sie, mein Fräulein? — Ich denke
an die schönen Tage des vergangenen Sommers.

163.

Denkst Du noch an die Blumen, die ich Dir geschickt habe?
— Ja, ich denke noch daran. — Erinnern Sie sich der Bücher,
die wir vor drei Jahren gelesen haben? — Ich erinnere mich
dieser Bücher nicht mehr. — Wollen Sie sich niedersetzen? — Ich
sitze schon. — Erinnerst Du Dich des Unglücks, das voriges
Jahr unserm Freunde widerfahren ist? — Ich erinnere mich
dessen nicht mehr. — Denkst Du noch an die schönen Tage, als
wir in demselben Hause wohnten, miteinander aßen und tranken
und in demselben Zimmer schliefen? — Rufe mir die Zeiten,
die vergangen sind, nicht wieder ins Gedächtnis zurück. —
Willst Du mir Dein Geheimnis anvertrauen? — Nein, Du
hast noch nie geschwiegen, ich werde Dir mein Geheimnis nicht
anvertrauen. — Willst Du mir Geld leihen? — Nein, ich leihe
Dir kein Geld. — Warum schämst Du Dich? — Weil man
sagt, daß meine Arbeit die eines Faullenzers ist. — Schäme
Dich nicht. Ich habe (p) Deine Arbeit gesehen; sie ist sehr gut.
— Schlage dieses Kind nicht mehr; es hat (p) Dir nichts gethan. — Kennst Du diesen Menschen? — Ja, ich kenne ihn
sehr gut. Laß Dich nicht von ihm betrügen. Er hat (p) schon
viele betrogen. — Kennst Du diese Frau? — Ja. Aber sage
ihr nicht, daß ich sie kenne. Ich will nicht mit ihr sprechen. —
Erinnerst Du Dich dieses Menschen? — Ja, aber ich will mich
seiner nicht erinnern, denn ich kann ihn nicht ausstehen. —
Gehst Du mit mir? — Nachdem wir unsere Arbeit vollbracht
haben, können wir nach Hause gehen. — Bleibst Du zu Hause?
— Ja, und Du bleibst bei mir.

Dreiundfünfzigster Abschnitt. — Lição quinquagesima terceira.

Vorbeikommen, vorbeigehen an...	Passar aopé de...
Anhalten, stehen bleiben bei...	Parar a, em...
Einen, eine Sache anschauen.	Olhar para alguem, para alguma cousa.
Ich bin an ihm vorbeigegangen.	Passei ao pé delle.
Sind Sie an meinem Bruder vorbeigegangen?	Passou ao pé de meu irmão?
Ich bin an seinem Hause vorbeigekommen.	Passei ao pé da [sua] casa delle.
Ich weiß nicht, wo dieses Geschäft anhalten wird, d. h. was daraus werden wird.	Não sei, em que parará este negocio.
Wieviel Uhr ist es?	Que horas são?
Ich weiß es nicht. Meine Uhr ist stehen geblieben.	Não o sei. O meu relogio parou.
Wo werden seine Pferde anhalten?	Onde pararão os seus cavallos?
Dieser Mensch ist geschäftig, d. h. hält nicht an.	Este homem não para.
Er hat keine Ruhe, d. h. kann nicht stehen bleiben.	Não póde parar.
Auf der Stelle, d. h. ohne anzuhalten.	Sem parar.
Wohin siehst Du?	Para onde olhas?
Ich schaue nach dem Meere.	Olho para o mar.
Ich schaue auf mich, d. h. nehme mich in acht.	Olho para mim.
Hat er sich in acht genommen?	Olhou para si?
Er hat beständig auf sein Geld geschaut.	Olhou sempre para o seu dinheiro.
Gut sein für... Nütze sein. Taugen.	Prestar a... para...
Sich bedienen. Gebrauch machen.	Servir-se.
Taugt Ihre neue Flinte [etwas]?	A sua nova espingarda presta?
Sie taugt gar nichts.	Não presta para nada.
Das taugt nichts.	Isto não presta.
Wollen Sie sich dieses Messers bedienen?	Quer servir-se desta faca?
Ich werde mich dessen bedienen.	Servirei-me della.
Ich will dieses Buch benutzen.	Quero servir-me deste livro.
Thue es nicht. Das Buch taugt nichts.	Não o faças. O livro não presta para nada.

Das Rechnen. Die Rechenkunſt.	A arithmetica (ſpr. arithmética).
Der Schulmeiſter.	O mestre d'escola. O mestre de meninos. O mestre de primeiras lettras.
Der Küchenmeiſter (erſte Koch).	O mestre de cuzinha.
Wer lehrt Dich rechnen?	Quem te ensina a arithmetica?
Der Lehrer der Kinder meines Nachbarn.	O mestre dos meninos do meu visinho.
Haben Sie einen guten Koch?	Tem um bom cuzinheiro?
Ja, ich habe einen guten Küchenmeiſter. Aber die andern Köche taugen nichts. Sie ſind alle noch ſehr jung.	Sim, tenho um bom mestre de cuzinha. Mas os outros cuzinheiros não prestão para nada. Todos ainda são muito moços.
Die Arbeit macht den Meiſter.	O trabalho faz o mestre.

Der Rauch.	O fumo.
Riechen (nach...).	Cheirar (a...).
Raſieren.	Fazer a barba. Rapar, curtar a barba.
Der Brandgeruch, das Verbrannte.	O chamusco.

Wie oft raſierſt Du Dich?	Quantas vezes fazes-tu a barba?
Zweimal die Woche.	Duas vezes por semana.
Du haſt gute Seife. Nach was riecht ſie?	Tens bom sabão. A que cheira?
Sie riecht nach Nüſſen.	Cheira a nozes.
Es riecht gut. Es riecht ſchlecht.	Cheira bem. Cheira mal.
Dieſer Menſch riecht nach Verbranntem, d. h. er iſt anrüchig.	Este homem cheira a chamusco.
Ankleiden. Anziehen.	Vestir. Pôr os vestidos.
Auskleiden. Ausziehen.	Despir. Tirar os vestidos.
Den alten Menſchen ausziehen, den neuen Menſchen anziehen.	Despir o homem velho, vestir o homem novo.
Wann ziehſt Du Dich an?	Quando te vestes-tu?
Ich werde mich ankleiden, nachdem Du zum Zimmer hinausgegangen biſt (ſein wirſt).	Vestir-me hei depois de teres sahido do quarto.
Hat das Kind ſich ausgezogen?	O menino despiu-se?
Es hat ſich ausgekleidet, bevor wir kamen.	Despiu-se antes de termos chegado (chegarmos).

A. Wir wollen = Laß(t) uns, wird durch den Conjunctivo ausgedrückt.

Laßt uns eſſen und trinken!	Comamos e bebamos!
Laßt uns vorangehen! Voran!	Vamos adiante! Vamos!

Laßt uns die andern thun lassen, was sie wollen, wir wollen es nicht thun.	Deixemos os outros fazerem o que querem, nós não o faremos.
Laßt uns zusammen leben und sterben!	Vivamos e morramos juntos!
Abschaffen. Sich entledigen.	Desfazer-se de... Wie Fazer.
Sich entledigen = (von Waren). Verkaufen.	Vender.
Sich auflösen in... Sich ergehen in...	Desfazer-se em...
Vom Seewasser beschädigt.	Avariado.
Die Thränen.	As lagrimas (spr. lágrimas).
Die Komplimente.	Os cumprimentos.
Die Entschuldigung.	A desculpa.
Die Schmähung.	A injuria (spr. injúria).
Verkaufen Sie Ihren beschädigten Zucker?	Vende o seu açucar avariado?
Ich wurde ihn eben los.	Vendi-o agora mesmo.
Schaffen Sie Ihre Pferde ab?	Vmcê. se desfaz dos seus cavallos?
Nein, ich behalte sie.	Não, eu fico com elles.
Er [schwamm in] löste sich in Thränen auf.	Desfez-se em lagrimas.
Er erging sich in Komplimenten.	Desfez-se em cumprimentos.
Er machte viele Entschuldigungen.	Desfez-se em desculpas.
Er stieß eine Menge Schmähungen aus.	Desfez-se em injurias.
Sein Vermögen verging wie das Salz im Wasser, wie der Rauch in der Luft.	A sua fortuna desfez-se como o sal na agua, como o fumo no ar.
Das Ding brach mir [verging mir] zwischen den Fingern.	Esta cousa se desfez entre as minhas mãos.
Kann ich mich Ihres Messers bedienen?	Posso servir-me da sua faca?
Ja, aber daß Du Dich nicht schneidest (schneide Dich nicht)!	[Sim] Pódes, mas não te cortes!

B. Bedeutet „daß" soviel wie „mache(t) daß", so wird es durch den bloßen Conjunctivo ausgedrückt.

Wecken. Aufwecken. Aufwachen.	Despertar.
Erwachen.	Acordar.
Hinaufgehen. Heraufkommen.	Subir.
Absteigen (vom Pferd).	Apear-se.

Hinuntergehen. Herunterkommen. Hinabsteigen.	Descer.
Ich werde vom Pferd steigen.	Apear-me-hei.
Ein Geräusch weckte mich und ich erwachte.	Uma bulha me despertou e acordei.
Ich wache jeden Tag um sechs Uhr morgens auf.	Acordo todos os dias ás seis horas da manhã.
Man muß den der schläft nicht wecken.	Não se deve despertar a quem dorme.
Wie viele Leute erwachen aus dem Schlummer der Schuld, aber es gelingt ihnen nicht wach genug zu bleiben, um die Tugend entschlossen zu üben.	Quantos homens acordão do somno da culpa, mas não chegão a estar assás espertos para praticarem resolutamente a virtude.
Ist es nötig, daß er vom Pferd steige?	É preciso que elle se apée?
Es ist nötig, daß Du heraufkommest.	É preciso que tu subas.
Machen aus. **Machen mit.** **Sich betragen gegen.**	Fazer com ober de. Portar-se com... Comportar-se com...
Was machst Du mit diesem (Ding)?	Que fazes com isso?
Mit diesem Holze zünde ich das Feuer an.	Com esta lenha accendo o lume.
Was soll (kann, werde) ich mit dem Holze machen?	Que farei da lenha?

C. In Fragen und Geboten kann sollen (= können, werden) durch das Futuro ausgedrückt werden.

Was soll aus uns werden?	Que será de nós?
Was soll (muß) ich thun?	Que farei?
Du sollst Gott lieben von ganzem Herzen.	Amarás a Deos de todo teu coração.
Du sollst nicht lügen.	Não mentirás.
Wie hat sich mein Sohn gegen Sie betragen?	Como se comportou meu filho com vmcê?
Er hat sich schlecht gegen mich betragen.	Comportou-se mal commigo.
Die Mühe. **Wert sein. Verdienen, daß...** **Es ist der Mühe wert.**	A pena. Merecer. Merece a pena. Vale a pena.

Dieser Mensch ist das Brot nicht wert, welches er ißt. | Este homem não merece o pão, que elle come.

Ist es der Mühe wert aufzustehen? | Merece a pena levantar-se?

Es ist nicht der Mühe wert, ihn zu besuchen. | Não vale a pena ir vê-lo.

Ist es der Mühe wert auszugehen? | Vale a pena sahir?

Es ist nicht der Mühe wert, länger zu warten. | Não vale a pena esperar mais tempo.

Besser sein. | Ser melhor. Valer mais.

Lange genug. | Bastante tempo.

Es ist schon spät. | Já é tarde. É muito tarde.

Einem böse sein wegen... | Querer mal a alguem por... por causa de...

Ich bin ihm darum nicht böse. | Não lhe quero mal por isso — por causa disso.

Er wolle oder nicht. | Quer não queira.

Lernen ist besser als spielen. | É melhor aprender que brincar. Vale mais aprender que brincar.

Besser ists hier zu sein, als spazieren zu gehen. | É melhor estar aqui do que ir passear.

Wird es besser sein? | Será melhor? Valerá mais?

Aufgaben.

164.

Wer kann schneller laufen, Du oder ich? — Ich laufe nicht gern schnell. — Kannst Du schnell gehen? — Ich kann schnell gehen, aber jetzt habe ich keine Eile. — Willst Du mit mir kommen? — Ja, gehe nicht so eilig, dann komme ich mit Dir. Ich laufe nicht gern so schnell. — Ich, im Gegenteil, kann nicht langsam gehen. — Können Sie uns verstehen? — Sie müssen langsamer sprechen, dann kann ich Sie verstehen. — Was müssen wir thun? — Wir müssen fleißig studieren, um recht schnell portugiesisch zu lernen. Wer studiert, lernt; wer nicht studiert, bleibt [ein] Dummkopf. — Wollt Ihr nicht noch trinken, bevor Ihr nach Hause geht? — Nein, aber bevor wir gehen, wollen wir noch essen. — Willst Du, ehe Du diesen Handel abschließeßt, nicht noch einmal die Briefe lesen, in welchen davon gesprochen wird? — Nein, ich habe (p) sie schon gelesen. — Habt Ihr schon zu Mittag gegessen (p)? — Nein, aber ehe wir zu Mittag essen,

wird es gut sein, ein Glas Wein (zu) trinken. — Wie lange
warst Du in Spanien? — Während des Winters war ich in
Spanien, während des Sommers in Portugal. — Issest Du gern
Honig? — Ja, aber ich weiß nicht, wer welchen verkauft. — Ei
nun! — Es ist wahr. Für [den] Mund [eines] Dummkopfes
giebt es eben keinen Honig. — Mein Herr, ich liebe solche
Komplimente nicht. Sie werden schweigen, oder ich gebe Ihnen
eine tüchtige Ohrfeige. — Nachdem ich geschwiegen habe, wirst
Du mir noch eine Ohrfeige anbieten? — Nein, ich biete Dir
nur [dann] Ohrfeigen an, wenn Du so sprichst, wie Du eben
gesprochen hast. — Wann hast Du gegessen? — Bevor wir aus=
gingen, aßen wir. — Wann willst Du mit mir ausreiten? —
Nachdem wir, mein Vater und ich, die Briefe geschrieben
haben, welche heute noch abgehen (partir), werden wir aus=
fahren.

165.

Was zieht Ihr vor, Wein oder Bier? — Wir ziehen einen
guten Wein vor, die andern ziehen ein gutes Glas Bier vor.
— Zu was dient das? — Es taugt durchaus nichts. — Warum
haben Sie meinen Koffer nicht gereinigt? — Ich fürchtete, meine
Finger zu beschmutzen. — Wollen Sie sich meines Pferdes be=
dienen? — Mit vielem Vergnügen. — Was hat der Lehrer zu
meiner Aufgabe gesagt? — Er sagte gar nichts. — Wer ist heute
an Ihnen vorbeigegangen? — Ich habe keinen Menschen (pessoa)
gesehen (p). — Wo ist Ihr Sohn vorbeigekommen? — Er ist am
Theater vorbeigekommen. — Werden Sie an der Burg vorbei=
kommen? — Ich werde [daselbst] vorbeikommen. — Hat (p) meines
Bruders Diener die Büchsen seines Herrn gereinigt? — Er hat
(p) sie gereinigt. — War ihm nicht bange, er würde seine Finger
beschmutzen? — Er fürchtete sich nicht, sie zu beschmutzen, weil
sie nie rein sind. — Bedienen Sie sich der Bücher, welche ich
Ihnen geschickt habe (p)? — Ich bediene mich derselben. — Kann
ich von Ihrem Messer Gebrauch machen? — Du kannst davon
Gebrauch machen, aber daß Du Dich nicht schneidest? — Können
meine Brüder von Ihren Flinten Gebrauch machen? — Sie
können sie benutzen, aber daß sie sich nicht verwunden (ferir)!
— Kann ich Ihre Jagdflinte benutzen? — Sie können sie benutzen,

aber daß Sie sie nicht beschmutzen! — Was ist aus meinem
Holz geworden? — Der Nachbar hat es gebraucht, um sich zu
wärmen. — Hat Ihr Vetter mein Pferd benutzt? — Ja, er hat
es benutzt, weil das seinige krank ist. — Haben unsere Nachbarn
unsere Kleider benutzt? — Sie haben dieselben nicht benutzt,
weil das Wetter sich aufheiterte. — Wohin schaust Du? — Ich
betrachte meinen schönen Garten. — Wohin schaut Ihre Frau?
— Sie schaut aufs Meer. — Was wird aus diesem Geschäft
werden? — Ich weiß nicht, was daraus werden wird.

166.

Wollen Sie mir dieses Buch leihen? Ich will es lesen. —
Lesen Sie es nicht, mein Herr, denn es taugt nichts. — Was
lehrt [ensinar] der Schulmeister? — Er lehrt die Rechenkunst.
— Die kann mein Küchenmeister auch; für jedes Huhn, das
einen Pinto kostet, schreibt er zwei Pintos auf. — In der That
(Com effeito), der Schullehrer hat Ihrem Küchenmeister die
Arithmetik beigebracht (p). — Nach was riecht es hier? — Es
riecht nach Rauch. — Kennen Sie diesen Menschen? — Ja, er
riecht nach Verbranntem (ist anrüchig). — Wie viele Male rasierst
Du Dich die Woche? — Ich rasiere mich jeden Tag. — Wie
oft kleidet sich diese Dame während des Tages um? — Dreimal
des Tages; des Morgens, um vier Uhr, wenn sie zu Tisch geht,
und abends, wenn sie ins Theater geht. — Was haben Sie
gesagt (p)? — Ich habe gesagt: Laßt uns essen und trinken!
Wer weiß, ob wir morgen noch hier sein werden (estiver). —
Hast (p) Du Dich schon Deiner vom Seewasser beschädigten
Waren entledigt? — Noch nicht. Der größte Teil des Zuckers,
den ich erhalten habe, hat sich im Wasser aufgelöst. Wer wird
mir diese Mischung (mistura) von Meerwasser und Zucker (ab)
kaufen! — Du hast immer eine Entschuldigung, wenn Du Deine
Waren nicht verkaufst. — Das kannst Du besser. Du er=
gehst Dich in Komplimenten und sprichst so lange mit den
Leuten, bis sie Deine Waren schließlich kaufen (Conj.) Das
kann ich nicht. — Wann erwachst Du des Morgens? — Heute
weckte mich das Gewitter schon um vier Uhr des Morgens. —
Ist es der Mühe wert aufzustehen? — Nein, es regnet. Es
ist besser, (daß) Du bleibst [Conj.] im Bett. — Ich will nicht

mehr im Bett liegen bleiben. Ich bin lange genug nicht mehr ausgewesen, heute will ich ausgehen, ob Du wollest oder nicht. — Du beträgst Dich nicht gut gegen mich. Weißt Du nicht, daß ich nur das will, was gut ist? — Was verdient dieser Schüler, er hat seine Aufgabe nicht mitgebracht (p)? — Ich werde ihn strafen, wie er es verdient hat.—Bist Du mir böse wegen der Mühe, die Du gehabt hast (p)?—Ich bin Dir nie böse, das weißt Du.—Ist Ihre Frau der meinigen böse wegen des Hutes, den sie ihr nicht geschickt hat?—Nein, meine Frau ist der Ihrigen nicht böse. Sie sind im Irrtum, mein Herr.

Vierundfünfzigster Abschnitt. — Lição quinquagesima quarta.

Tauschen. Aus-, umtauschen. Umwechseln.	Trocar.
Wechseln, verändern.	Mudar.
Wechseln, d. h. eine Sache für eine andere lassen, eine andere Form, andere Eigenschaften annehmen.	Mudar de.
Immer.	**Sempre.**
Das Bein.	A perna.
Er kreuzt die Beine, wenn er tanzt.	Troca as pernas, quando baila.
Er hat seinen Namen gegen einen andern umgetauscht.	Trocou o seu nome por outro.
Ich tausche (nicht mit Dir) mich nicht gegen Dich um.	Não me troco por ti.
Kannst Du mir dieses englische Pfund (um) wechseln?	Pódes-me trocar esta libra ingleza?
Die Knaben wechseln die Stimme [mit vierzehn Jahren] im vierzehnten Jahre.	Os rapazes mudão a voz com quinze annos.
Wohnst Du noch in demselben Hause und hast Du noch denselben Bedienten?	Ainda moras na mesma casa e tens o mesmo criado?
Nein, ich habe [die] Wohnung verändert und [den] Bedienten [gewechselt].	Não, mudei de casa e de criado.

Die Farbe wechseln [sich entfärben].	Mudar de côr.
Den Ton wechseln [weniger vorlaut sein].	Mudar de tom.
Sein Leben ändern.	Mudar de vida.
Vom schlechten zum guten ändern.	Mudar de máo em bom — ober para melhor.
Die Federn abwerfen. Sich mausen.	Mudar as pennas.
Mir ist sehr warm. Ich will das Hemb wechseln.	Estou com muito calor. Vou mudar de camisa.
Warum hast Du einen andern Rock angezogen?	Porque mudaste de sobrecasaca?
Ich ziehe immer einen andern Rock an, wenn ich auf den Markt gehe.	Mudo sempre de sobrecasaca, quando vou á praça.
Nicht... wohl aber.	**Não... mas antes.**
Sich mischen in...	Metter-se em...
Sich abgeben mit jemanden. Sich bei jemanden einführen.	Metter-se com alguem. Dar-se com alguem.
Erfahren.	Saber.
Ich gebe mich mit diesen Leuten ab, um zu erfahren, was man von mir sagt.	Metto-me com esta gente para saber o que dizem de mim.
Geben Sie sich mit Soldaten ab?	Vm⸹ᵉ⸱ dá-se com soldados?
Ich gebe mich wenig mit Soldaten ab.	Pouco me dou com soldados.
Mischen Sie sich in die Geschäfte Ihres Vaters?	Vm⸹ᵉ⸱ se mette nos negocios de seu pai?
Ich mische mich nicht in die seinen, wohl aber er in die meinen.	Eu não me metto nos seus, mas antes elle se mette nos meus.
Sich in das Leben anderer mischen.	Metter-se na vida de outros.
Wiedererkennen.	Reconhecer.
Gänzlich. Ganz und gar.	**De todo.**
In weniger als einem Augenblick.	Num abrir e fechar d'olhos.
Im Nu war alles auf den Beinen und hatte die Flinte in der Hand.	Num abrir e fechar d'olhos todos estavam em pé e com a espingarda na mão.
Erkannten Sie Ihren Sohn wieder?	Reconheceu a seu filho?
Ich erkannte ihn auf der Stelle wieder.	Reconheci-o logo.
Fanden Sie ihn sehr verändert?	Achou-o muito mudado?
Ich fand ihn ganz und gar verändert.	Achei-o mudado de todo.
Erkennen Sie diesen Mann wieder?	Reconhece este homem?

Es ist solange her, daß ich ihn gesehen, daß ich ihn nicht wieder erkenne.	Ha tanto tempo que o vi, que não o reconheço.
Ich erkannte ihn den Augenblick wieder.	Eu reconheci-o logo.

A. Werden o, os, a, as hinten an ein Zeitwort gehängt, welches sich in seiner Abwandlung auf r, s oder z endigt, so werden diese Buchstaben in l verwandelt.

Sie können sie jetzt hören.	Póde ouvi-los ágora.
Er muß es wissen.	Deve sabê-lo.
Wenn Ihr es nicht wisset, werde ich es Euch sagen.	Se o não sabeis, dir-vo-lo-hei eu.
Ich werde es Ihnen gleich sagen.	Dir-lho-hei logo.
Wir verteidigen sie.	Defendemo-los [statt defende-mos-os].
Ich that es.	Eu fi-lo [statt fiz-o].
Wir wollen es so.	Queremo-lo assim [statt quere-mos-o].
Er sagt es so.	Di-lo assim [statt diz-o].

B. O, os, a, as, wenn sie einem Zeitworte angehängt werden, das auf einen Nasenlaut [ão, em] endigt, werden in no, nos, na, nas verändert.

Sie sagen es und thun es.	Dizem-no e fazem-no [statt dizem-o e fazem-o].
Sie loben ihn.	Louvão-no [statt louvão-o].
Sie folgen ihm und sagen nichts.	Seguem-no e não dizem nada.
Die Christen wollen ihn.	Os christãos querem-no.
Sie machten es so.	Fizerão-no assim.
Man bezahlte es.	Pagarão-no.
Bereit sein zu...	Estar prompto para...
Der Gegenstand [einer Verhandlung].	O sujeito (spr. sujéito).
Der Stoff, Gegenstand.	A materia (spr. matéria).
Sprechen wir über diesen Gegenstand.	Fallemos sobre esta materia.
Er ist schon bereit wegzugehen.	Já está prompto para ir-se.
Er ist bereit über alle Gegenstände zu sprechen.	Está prompto para fallar sobre todos os sujeitos [oder sobre todas as materias].
Der Dieb.	O ladrão.
Sich hinstrecken.	Estender-se.

Sich [weitläufig] auslassen über...	Diffundir-se sobre...
Er ließ sich weitläufig über den Gegenstand aus, von welchem niemand sprechen hören wollte.	Diffundiu-se sobre a materia, de que ninguem quiz ouvir fallar.
Er legte sich auf den Boden, um zu schlafen.	Estendeu-se no chão para dormir.
Der Dieb wurde entdeckt.	O ladrão foi descoberto.
Hängen, aufhängen an.	Pendurar em.
Henken.	Enforcar.
Der Straßenräuber.	O salteador.
Der Haken.	O gancho.
Das Seil.	A corda.
Im Hause eines Gehenkten spricht man nicht vom Seil.	Em casa de enforcado não se falla em corda.
Der Straßenräuber wurde an einen Baum gehenkt.	O salteador foi enforcado numa arvore.
Willst Du Deinen Rock nicht ausziehen?	Não queres tirar a tua sobrecasaca?
Ja, ich will ihn an jenen Haken hängen.	Sim, vou pendura-la naquelle gancho.
Sich schmeicheln, daß...	Lisonjear-se de que.

C. Dasselbe Verhältniswort, welches vor dem Infinitiv erfordert wird, kann und muß auch zuweilen vor que stehen.

Ich schmeichle mir, es zu wissen.	Lisonjeio-me de sabê-lo.
Ich schmeichle mir, daß ich es erlangen werde.	Lisonjeio-me de que o alcançarei.

Aufgaben.

167.

Wann ist Ihr Sohn angekommen (p)? — Heute um drei Uhr des Morgens. Er scheint sehr verändert. — Haben (p) Sie ihn gleich erkannt? — Ich habe ihn nicht erkannt (p), aber er erkannte mich auf der Stelle. — Was sagen die Herren von Ihrem Sohn? — Sie loben ihn sehr und sagen es allen, die es hören wollen. — Was ist geschehen? — Die Diebe haben einen Sack gestohlen (p) und haben (p) ihn ins Wasser geworfen. — Warum setzen Sie Ihren Hut nicht auf? — Ich ziehe ihn ab,

weil ich meinen alten Lehrer kommen sehe.—Setzen Sie einen
andern Hut auf, wenn Sie auf den Markt gehen?—Ich setze
keinen andern auf, wenn ich auf den Markt gehe, wohl aber,
wenn ich ins Konzert gehe. — Wann wird Konzert sein? —
Übermorgen.—Warum gehen Sie weg? Unterhalten Sie sich
nicht gut hier?—Sie sind im Irrtum, wenn Sie sagen, daß
ich mich hier nicht gut unterhalte, denn ich versichere Sie, daß
ich viel Vergnügen daran finde, mich mit Ihrer Schwester zu
unterhalten; aber ich gehe, weil man mich auf dem Ball meines
Verwandten erwarten wird.—Haben Sie versprochen (hin)zu=
gehen?—Ich habe es versprochen. — Haben (p) Sie den Rock
gewechselt, um zu dem englischen Kapitän zu gehen?—Ich habe
den Rock gewechselt (p), aber ich habe weder die Schuhe noch
das Hemd gewechselt (p). — Wie oft wechselst Du täglich die
Wäsche?—Ich wechsle [sie], wenn ich zu Mittag esse und wenn
ich ins Theater gehen will. — Warum wechselst Du [sie] nicht
öfters?—Ich meine, ich wechsle oft genug. Dreimal des Tages
ist alles, was man von einem Manne fordern [exigir] kann,
der seine Geschäfte hat.

168.

Warum mischen Sie sich unter diese Menschen?—Ich mische
mich unter sie, um zu erfahren, was sie von mir sagen.—Was
wird aus Ihnen werden, wenn Sie sich immer mit Soldaten
abgeben?—Ich weiß nicht, was aus mir werden wird; aber ich
versichere Sie, daß dieselben mir nichts zu Leid thun werden,
denn sie thun niemanden etwas zu Leid. — Hat der Soldat
seinen Vater wieder erkannt (p), als er ihn sah?—Er hat (p)
ihn auf den Moment wieder erkannt.—Werden wir uns wieder
erkennen, wenn wir uns in der andern Welt wieder sehen
werden?—Das weiß ich nicht. Diese Geheimnisse sind Gottes
[Geheimnisse]. Niemand wird sie mitteilen, denn niemand
kommt aus der andern Welt zurück. — Die Bösen werden die
Bösen nicht wieder erkennen, aber die Guten werden die Guten
wieder erkennen. So wird Gott die einen strafen und die
andern belohnen. Glaubst Du es nicht auch? — Darüber
[Sobre isto] kann ich nichts sagen, denn ich habe nie darüber

nachgedacht. Ich hoffe, daß Gott uns ein gutes Los vorbehält (reserva), ein besseres als das, welches wir verdienen. — Wie lange ist es, daß Sie diesen Rock haben? — Es ist noch nicht lange her. — Ich erhielt ihn voriges Jahr, aber er scheint noch neu, weil ich ihn vorige Woche putzen ließ. — Welchen Unterschied machen Sie zwischen é preciso und é mister? — Was wir sollen (é mister) kann von unserm Willen abhängen, weil es unser Nutzen oder Vorteil so erfordert; allein was wir müssen (é preciso) hängt nie von unserm Willen ab, weil die Notwendigkeit es fordert. So sagen wir: Um von Lissabon nach Cacilhas zu gelangen, muß man über den Tejo setzen. Wir sollen des Lebens Mühseligkeiten und Unbequemlichkeit geduldig tragen. Wir müssen essen, um zu leben, und man muß (mister) die Speisen würzen (guizar), damit sie uns gut schmecken (saber, •conj.).

169.

Warum wechselt der Advokat die Farbe, wenn er spricht? — Weil der Spitzbube immer anders aussieht, als der Mann, welcher nicht lügt. — Was hat man mit dem Straßenräuber angefangen? — Man hat ihn an einen Baum aufgehenkt. — Wissen Sie, warum Ihr Bruder nichts ißt? — Er ist wahrscheinlich nicht hungrig, vielleicht aber ist er auch krank. — Hat sich der Spitzbube geändert? — Ja, er hat sich vom schlechten zum guten gewendet. — Willst Du ihm nicht schreiben, oder will er Dir nicht schreiben? — Ich bin nicht böse mit ihm, wohl aber er mit mir. — Wie haben (p) sie es gewollt? — Sie wollten es so, wir aber wollten es auf (de) diese Weise. — Haben (p) die Bauern ihren Wein bezahlt? — Sie haben (p) ihn bezahlt. — Haben (p) die Kinder schon ihren Thee genommen? — Sie haben (p) ihn schon genommen. — Haben (p) die Kaufleute ihre Briefe schon empfangen? — Sie haben (p) sie empfangen. — Haben die Diener meine Koffer schon fortgetragen (p)? — Sie haben (p) sie schon fortgetragen. — Empfangen die Kaufleute meine Briefe täglich? — Sie empfangen sie täglich. — Bezahlen die Köche, was sie kaufen, monatlich? — Sie bezahlen es monatlich. — Wollen die Kinder ihre Bücher? — Sie wollen sie und werden sie auch finden. — Haben die Matrosen ihre Taue? — Sie haben sie noch nicht, aber sie werden sie gleich bekommen. — Was ist der Gegenstand Ihres Gesprächs?—Wir sprechen von Ländern, in welchen die Sonne während sechs Monaten nie untergeht.

Fünfundfünfzigster Abschnitt. — Lição quinquagesima quinta.

Wie befindet sich...?	Como passa...? Como está ...? Como vai...? Como se acha...?
Wie stehts mit...?	Como está?
Besser als gewöhnlich.	Melhor do que de costume, ordinariamente.
Gewöhnlich.	Ordinariamente, de costume.
Wie befinden Sie sich?	Como está? oder Como passou?
Wie befindet sich Ihr (Herr) Vater?	Como está seu pai?
Er befindet sich wohl. Er befindet sich nicht wohl.	Elle passa bem. Elle não passa bem, passa mal.
Wie stehts mit Ihrem Bruder?	Como está seu irmão?
Er läßt sichs wohl sein. Es geht ihm gut.	Elle vai, passa bem.
Heute ist er etwas besser.	Hoje está alguma cousa melhor, oder melhorsinho.
Ein wenig besser.	Melhorsinho.

A. Die Silben -inho und -sinho, weiblich -inha und -sinha werden nebst vielen andern dem Worte angehängt, um es zu verkleinern. Der Gebrauch dieser Verkleinerungssilben ist sehr häufig im Portugiesischen, denn sie geben dem Worte einen schmeichelnden, liebkosenden Ausdruck.

Eine kleine Sache [Sächelchen].	Uma cousinha.
Wenig. — Sehr wenig.	Pouco. — Poucochinho.
Der Bruder.—Das Brüderchen.	O irmão. — O irmãosinho.
Die Schwester. — Das Schwesterchen.	A irmã. — A irmãsinha.
Der Vater. — Das Väterchen.	O pai. — O paisinho.
Der Fisch. — Das Fischchen.	O peixe. — O peixesinho oder peixinho.
Der Fluß. — Das Flüßchen.	O rio. — O riosinho.

Ein Marsch (Tagreise). — Ein Märschchen. | Uma jornada. — Uma jornadinha.
Die Lippe. — Das Lippchen. | O beiço. — O beicinho.
Der Ring. — Das Ringchen. | O annel. — O annelinho.

Sind Sie ganz wohl? | Está melhorsinho?
Ich bin nicht so wohl, wie gewöhnlich. | Não estou tão [não passei tão] bem, como de costume.

Zweifeln an... Bezweifeln. | Duvidar de...
Die Lüge. | A mentira.
Das Gemälde. | A pintura.

Zweifeln Sie an dem, was ich eben gesagt habe? | Vm^{cê}· duvida do que acabo de dizer?
Ich bezweifle Ihre Worte nicht. | Não duvido das suas palavras.
Zweifeln Sie daran? | Duvida disso?
Ich bezweifle es. | Duvido disso.
Man kann es kaum bezweifeln. | Apenas se póde duvidar.
Es ist nicht zu bezweifeln. | Não ha que duvidar.

Sich verstehen zu... Einwilligen. | Consentir em...

Ordnen, regeln, bestimmen. | Ajustar.
Übereinkommen, sich verständigen mit... | Ajustar-se com...

(Miteinander) einig werden über... | Ajustar-se em...

Unermeßlich. | Immenso.
Unzählig. | Innumeravel (spr. innumerável).
Nichtsdestoweniger. Trotzdem. Obgleich. | Não obstante [isso].

Ich bins zufrieden. | Consinto.
Eine Rechnung schließen (ordnen). | Ajustar uma conta (contas).
Für so und soviel in Bausch und Bogen bestimmen (übernehmen, abgeben u. s. w.). | Ajustar por um tanto.

Den Preis bestimmen. | Ajustar o preço oder Ajustar-se no preço.

Wir billigen, was wir für gut und verdienstlich halten. | Approvamos o que temos por bom e meritorio.
Wir geben zu, was uns nicht zuwider ist, was wir aber vielleicht vermeiden möchten. | Consentimos o que nos não repugna, mas que talvez quizeramos evitar.
Die menschlichen Gesetze sollen nie erlauben, was die göttlichen verbieten. | As leis humanas nunca devem permittir o que as divinas prohibem.
Die Behörden dulden gewisse Übelstände aus Furcht vor andern größern. | Os magistrados toleram certos males por temor que succedão outros maiores.

Obgleich ich reich bin... Obgleich Du reich bist...	Não obstante ser rico [eu]... Não obstante seres rico...
Obgleich wir reich sind...	Não obstante sermos ricos...
Obgleich Ihr reich seid...	Não obstante serdes ricos...
Obgleich wir Geld haben, geben wir es doch nicht aus.	Não obstante termos dinheiro, não o gastamos.

Bekritteln.	Criticar.
Lachen. — Lachen über...	Rir. — Rir-se de...
Der Spott, der Spaß.	A burla.
Spotten, sich lustig machen über...	Fazer burla de... Fazer escarneo de... (spr. escárneo).
Ich lache, du lachst, er lacht, wir lachen, ihr lacht, sie lachen.	Rio, ris, ri, rimos, rides, riem, [rim].

B. Não obstante wird, wie até, mit dem Infinitivo gesetzt, wo im Deutschen das Zeitwort eine persönliche Form hat.

Er lacht bis er nicht mehr kann.	Ri até não poder mais.
Obgleich er lacht, hört er doch alles, was man sagt.	Não obstante elle rir, ouve todavia tudo o que se diz.
Er fängt an zu lachen.	Põe-se a rir.
Er lacht aus vollem Halse.	Elle ri ás gargalhadas.
Er lacht in sich selbst [in seinen Bart].	Ri comsigo mesmo.
Über wen lachst Du?	De quem te ris tu?
Ich lache über die Thorheiten der Menschen.	Eu me rio das tolices dos homens.
Er lacht über alle und über alles.	Elle se ri de todos e de tudo.
Ist er Freund von Späßen?	É elle amigo de burlas?
Nein, er [ist kein Freund von] versteht keinen Spaß [keine Späße].	Não, elle não é [homem] amigo de burlas.
Er bekrittelt alles, und doch liebt er es nicht [zu sehen], daß man sich über ihn lustig mache.	Elle critica tudo, todavia não gosta de vêr, que se faça escarneo delle.

Sich kleiden.	Trajar.
Gegen, **wider.**	**Contra.**
Die Gewohnheit, die Sitte.	O costume.
Wie gewöhnlich.	Como de costume.
Mein Bruder trug sich gegen seine Gewohnheit wie ein Landmann: er trug einen Hut aus Braga, eine Jacke, einen roten Gürtel und weiße Schuhe.	Meu irmão trajava contra o seu costume á moda do campo: chapéo braguez, jaqueta, faixa escarlate e çapatos brancos.
Der Stutzer trug Stulpstiefel, einen schwarzen Frack, schwarze Knie=	O peralta ia de bota de barriga, casaca preta, calça de meia

hofen, eine weiße Weste und eine weiße Halsbinde, nach der damaligen Mode.

tambem preta, colete branco e lenço branco ao pescoço, como então se usava.

Wiedersehen.
Geschäftsgenosse, Teilhaber.
Auftreiben.

Tornar a vêr.
Companheiro, socio.

Obter. Conseguir. Alcançar.

Wo ist Ihr Geschäftsgenosse?
Nach dem Frühstück habe ich ihn nicht wiedergesehen.
Sagen Sie es ihm, wenn Sie ihn wiedersehen werden.

Onde está o seu socio?
Depois do almoço não tornei a vê-lo.
Diga-lho, quando tornará a vê-lo.

Beobachten, bemerken.
Beachten, bemerken.

Observar.
Reparar em.

Ich achte nicht darauf.
Sieh! Eine Schar Männer, die uns beobachten und ihn auch.
Nie habe ich das körperliche Gebrechen jener Dame bemerkt.
Silvina bemerkte wie Georg errötete und es gefiel ihr nicht.

Não reparo nisso.
Olha! um grupo de homens, que nos observam e mais a elle.
Nunca dei pelo aleijão daquella senhora.
Silvina deu fé do rubor de Jorge e não gostou.

Vergießen, verschütten.
Bejammern...
Darüber jammern, daß...

Derramar.
Lamentar.
Lamentar-se de mit Infinitivo.

Jeremias bejammerte dichterisch das Unglück der undankbaren Stadt Jerusalem.
Johann zuckte die Achseln (bejammerte) über die kindischen Geschichten seines blöden Freundes.
Worüber jammert Ihr Sohn?
Er jammert darüber, daß er seinen Spiegel zerbrochen und keinen andern hat.
Warum jammert Ihr?
Wir jammern, weil wir schlechterdings nichts zu essen auftreiben können.

Jeremias lamentou poeticamente as desgraças da ingrata Jerusalem.
João lamentava as pueris historias de seu acanhado amigo.

De que se lamenta seu filho?
Lamenta-se de ter quebrado o seu espelho e de não ter outro.

Porque é que vós vos lamentais?
Nós nos lamentamos, porque não podemos conseguir cousa alguma para comer.

Schlechterdings nichts.

Não... cousa alguma.

C. Hinter não und dem Zeitwort kann man statt cousa nenhuma auch cousa alguma sagen.

Warum vergoſſeſt Du Thränen?	Porque é que derramaste lagrimas?
Weil ich kein Geld auftreiben konnte.	Porque não púde conseguir dinheiro.
Er wollte, daß ich ihn abhole.	Queria, que o fosse buscar.
Er begehrt, daß ich ihm einen Gefallen erweiſe.	Elle pede, que eu lhe faça um favor.
Ich habe Angſt, daß er es thue [thun werde].	Tenho medo, que elle o faça.
Ich fürchte, daß er mich nicht bezahle (bezahlen werde).	Temo, que me não pague.
Ich zweifle, daß (ob) er kommt (kommen werde).	Duvido, que elle venha.

D. Der Conjunctivo drückt im Portugieſiſchen die ungewiſſe Zukunft in Bezug auf eine vorhergehende Willensäußerung aus. Tenho medo, temo, duvido, não gosto kommen als Ausdrücke des Mißfallens, der Furcht einem Willensausdruck gleich. Darum erfordert que auch hinter dieſen und anderen gleichbedeutenden Zeitwörtern den Conjunctivo.

Es gefällt mir nicht, daß er ſich über mich luſtig macht.	Não gosto [de], que elle faça escarneo de mim.
Wieviel habt Ihr für dieſes Gemälde bezahlt?	Quanto custou esta pintura?
Wir haben hundert Pfund dafür bezahlt.	Custou cem libras.
Wie? Nicht mehr als hundert Pfund?	Como? Não mais do que cem libras?
Wie teuer haſt Du das Deinige verkauft?	Por quanto vendeste o teu?
Für zweihundert Münzen.	Por duzentas moedas.

E. „Wieviel hat man bezahlt für" wird am beſten überſetzt durch „wieviel koſtet".

Wieviel haben Sie für dieſe Flinte bezahlt, d. h. wieviel hat dieſe Flinte gekoſtet?	Quanto custou esta espingarda?

Aufgaben.
170.

Kennen Sie den Gegenſtand des Geſprächs zwiſchen meinem und Ihrem Vater? — Ja. Sie ſprachen von mir und von

Ihnen. — Sind Sie bereit, mit mir auszugehen? — Ich bin noch nicht bereit [dazu]. Es fehlen (faltar) mir noch meine Stiefel, die der Bediente noch nicht gereinigt hat. — Weißt Du, wo wir sind? — Ja, das Haus, in welchem wir sind, gehört einem Manne, dessen Vater vor zwei Jahren gehenkt wurde. — Sprich nicht weiter davon, denn im Hause eines Gehenkten soll man nicht vom Seile sprechen. — Giebt es noch viele Straßenräuber in Portugal? — [O] ja, jeden Monat werden einige verurteilt [sentenciar]. — Fürchten Sie sich während Ihrer Reisen nicht vor Straßenräubern? — Nein. Ich habe nie viel Geld bei mir, sie können mir daher auch nur unbedeutende Summen stehlen. — Bist Du bereit, Klavier zu spielen? — Nein; Du weißt, daß ich es nicht kann. — Warum willst Du nicht mit mir frühstücken? — Weil Dein Frühstück nicht fertig ist [estar prompto]. — Wollen Sie mit mir kommen? — Ich bin bereit, mit Ihnen auszugehen, aber meine Frau ist noch nicht bereit. — Aus welchem Stoff ist dieses Seil gemacht? — Es ist ein seidenes Seil. — Ist der Dieb schon gehenkt worden? — Nein, das Seil, welches ihn töten soll, ist noch nicht bereit; er ist entflohen. — Von was hat er gesprochen? — Er sprach vom Meer und von den Schiffen und ließ sich weitläufig über diesen Gegenstand aus.

171.

Willst Du ein klein wenig Brot? — Ein klein wenig? Nein, ich will ein Stück Brot, denn ich bin hungrig wie ein Löwe [leão]. — Was macht Dein Brüderchen, ist es noch krank? — Nein, es ist nicht mehr krank, aber mein Schwesterchen hat (p) dieselbe Krankheit bekommen [ter], die mein Brüderchen gehabt hat. — Wie weit ist Mafra von Lissabon? — Von Mafra nach Lissabon sind es sieben Meilen. — Sind Sie etwas besser? — Ja, ich bin etwas besser. — Warum schreit Ihr Kleiner so sehr? — Die Lippchen thun ihm weh. Er hat seine Suppe gegessen, als sie noch sehr heiß [estava] war, und hat die Lippchen verbrannt. — Wie stehts mit Ihrem Vater? — So, so. — Wie stehts mit Ihrem Kranken? — Er befindet sich heute ein wenig besser als gestern. — Ist es lange her, daß Sie Ihre Brüder gesehen haben? — Ich habe sie vor zwei Tagen gesehen. — Wie befindest Du Dich? — Ich befinde mich leidlich. — Seit wann lernt Ihr

Vetter Klavier spielen?—Erst seit drei Monaten lernt er es.
—Sind Sie lange in Wien gewesen?—Ich bin nur vierzehn
Tage dort gewesen.—Wie lange ist Ihr Vetter in Paris ge=
blieben (p)?—Er ist (p) nur einen Monat dort geblieben. —
Sprechen Sie gern mit meinem Oheim? — Ich spreche gern
mit ihm, aber ich mag nicht, daß er sich über mich lustig mache.
—Warum macht er sich über Sie lustig?—Er spottet meiner,
weil ich schlecht spreche. — Warum hat Ihr Bruder keine
Freunde?—Er hat keine, weil er sie alle bekrittelt.—Warum
lachen Sie über diesen Mann? — Ich habe nicht die Absicht,
über ihn zu lachen. — Ich bitte Sie [que], es nicht zu thun,
denn er ist mein Freund.

172.

Zweifeln Sie an dem, was dieser Mann Ihnen gesagt hat?
— Ich bezweifle [es], denn er hat schon oft unzählige Lügen
gesagt.—Haben (p) Sie endlich das Pferd gekauft, welches Sie
vorigen Monat kaufen wollten?—Ich habe (p) es nicht gekauft,
denn ich habe kein Geld.—Hat Ihr Onkel endlich den Garten
gekauft? — Er hat ihn nicht gekauft, denn man konnte über
den Preis nicht einig werden.—Sind (p) Sie endlich über den
Preis des Gemäldes einig geworden?—Noch nicht. Der Preis,
welchen er fordert, ist so hoch, daß ich ihn weder bezahlen will,
noch kann. — Wie kleidete sich Ihr Bruder?—Er kleidete sich
wie ein Bauer, er trug einen Hut aus Braga und Stulpstiefel.
— Sahen Sie gleich, wie er errötete? — Ich bemerkte sein
Erröten nicht.—Hast Du das körperliche Gebrechen jener Dame
schon bemerkt?—Noch nicht. Sie ist stets (andar) so gut ge=
kleidet, daß es unmöglich ist, sie nicht zu bewundern.—Haben
(p) Sie Ihren Freund wieder gesehen? — Ich habe (p) ihn
wieder gesehen. — Haben (p) Sie ihn wieder erkannt? — Ich
konnte ihn kaum wieder erkennen, denn seiner Gewohnheit zu=
wider trägt er keinen Bart. — Wie stehts mit ihm? — Er
ist nicht ganz wohl. — Was hat er? — Er hat Kopfschmerzen.
— Hat er einen guten Arzt? — Nein, aber es ist nicht der
Mühe wert, einen Arzt holen zu lassen.

Sechsundfünfzigster Abschnitt. — Lição quinquagesima sexta.

Die Oper.	A opera (spr. ópera).
Die Kirche.	A igreja.
Die Schule.	A escola.
In die Schule gehen.	Ir á escola.
Sie geht in die Oper.	Ella vai á opera.
Wann war sie in der Kirche?	Quando esteve ella na igreja?
Der Löwe. — Die Löwin.	O leão. — A leôa.
Der Pfau. — Die Pfauhenne.	O pavão. — A pavôa.
Der Trunkenbold.—Die trunk-süchtige Frau.	O borrachão. — A borra-chona.
Der Heuler. — Die Heulerin.	O chorão. — A chorona.

A. Die Hauptwörter auf ão, die in der Mehrheit ões haben, bilden das weibliche Geschlecht durch die Endung ôa oder ona.

Das Weibchen.	A femea (spr. fémea).
Das Männchen.	O macho.
Wie heißt das Weibchen des Löwen und das Männchen der Pfau-henne?	Como se chama a femea do leão e o macho da pavôa?
Das erste heißt Löwin, das zweite Pfau.	A primeira se chama leôa, o se-gundo pavão.
Ihr Bruder ist ein Heuler, der im-mer jammert.	O irmão de vmcê. é um chorão, que se lamenta sempre.
Der Koch. — Die Köchin.	O cuzinheiro.—A cuzinheira.
Der Nachbar. — Die Nachbarin.	O visinho. — A visinha.
Der Knabe. — Das Mädchen.	O menino. — A menina.
Der Vetter. — Die Base.	O primo. — A prima.
Der Graf. — Die Gräfin.	O conde. — A condessa.
Das Pferd. — Die Stute.	O cavallo. — A egoa (spr. égoa).
Der Widder. — Das Schaf.	O carneiro. — A ovelha.
Der Junge. — Das junge Mädchen.	O rapaz. — A rapariga.
Der Hahn. — Die Henne.	O gallo. — A gallinha.
Der Großvater. — Die Großmutter.	O avô. — A avó.
Der Teufel. — Die Teufelin.	O diabo. — A diaboa.
Der Esel. — Die Eselin.	O burro. — A burra.
Der Herzog. — Die Herzogin.	O duque. — A duqueza.

Der Prinz. — Die Prinzeffin.	O principe (spr. príncipe). — A princeza (spr. princéza).
Der Baron. — Die Baronin.	O barão. — A baroneza.

B. Die Hauptwörter auf — o bilden in der Regel die weibliche Form durch Verwandlung des — o in — a; vollständig unregelmäßig wird die weibliche Form der nicht auf — o endigenden Hauptwörter gebildet.

Wo ist die Frau Baronin?	Onde está a senhora baroneza?
Sie ist in Paris. Aber sie ist auf dem Punkte nach Portugal zu gehen.	Está em Paris. Mas está para ir para Portugal.

Jagen.	Caçar.
Fischen.	Pescar.
Die Jagd. — Auf die Jagd gehen.	A caça. — Ir á caça oder Ir caçar.
Fischen gehen.	Ir pescar.

Ich gehe auf die Jagd.	Vou á caça oder vou caçar.
Wir werden fischen gehen.	Iremos pescar.
Gestern sind wir auf die Jagd gegangen.	Hontem fomos á caça.
Von ... an. Seit.	**Desde.**
Seitdem. Seit jener Zeit.	Desde aquelle tempo.
Seitdem ... Seit ...	**Desde que ...**

C. Desde bezeichnet einen Raum, Zeitraum, Strecke und hat zum Gegensatz até.

Die Entfernung (Strecke) von Madrid nach Lissabon.	A distancia de Madrid a Lisboa.
(Auf der ganzen Strecke) von Madrid bis Lissabon.	Desde Madrid a Lisboa.
Seit drei Tagen kann ich nicht schlafen.	Ha (faz) tres dias que não posso dormir.
Seit dem dritten Tage nach meiner Ankunft bin ich nicht wohl.	Desde o terceiro dia depois da minha chegada não estou bem.
Seit langem haben wir uns nicht gesehen.	Ha muito tempo que não nos temos visto.
Seit wir uns nicht gesehen, hat es viel geregnet.	Desde que nós nos vimos, choveu muito.

Die Torte.	A torta.
Die Frucht, das Obst.	A fruta.
Der Pfirsich.	O pecego (spr. pécego).

Einiges Obst. Viel Obst.
(Verschiedenes) gutes Obst.
Die Pfirsiche sind gutes Obst.

Alguma fruta. Muita fruta.
Boa fruta. Boas frutas.
O pecego é boa fruta. Os pe-
    cegos são boa fruta.

Was haben Sie Ihrer Schwägerin
    gebracht?

Que trouxe vm^{cê.} a sua cunhada?

Ich habe ihr eine Torte gebracht.
Gestern hat meine Nichte mir gutes
    Obst gebracht.
Welche Art von Obst ist das?

Trouxe-lhe uma torta.
Hontem minha sobrinha me trouxe
    boa fruta.
Que especie de fruta é esta?

    Die Kirsche.
    Die Erdbeere.
    Die Birne.

    A cereja.
    O morango.
    A pera.

Giebt es dieses Jahr viele Kirschen?
Voriges Jahr hat es mehr gegeben.
Essen Sie gern Erdbeeren?
Nein, eine Birne ist mir lieber.

Ha muitas cerejas este anno?
Houve mais o anno passado.
Gosta de morangos?
Não, gosto mais de uma pera.

    Sich erkälten.
    Den Schnupfen haben.
    Pflücken, lesen.
    Sich zuziehen, erwischen.

    Constipar-se.
    Ter uma constipação.
    Colher.
    Apanhar.

Was machst Du?
Ich pflücke Obst.
Ich habe mir einen Schnupfen zu-
    gezogen.
Wo haben Sie ihn erwischt?
Ich habe mich erkältet beim Her-
    ausgehen aus der Oper.

Que fazes-tu?
Colho fruta.
Apanhei uma constipação.

Onde a apanhou?
Constipei-me ao sahir da opera.

    Krank (übel) machen.
    Schrecklich.

    Fazer mal.
    Terrivel (spr. terrível).

Das wird Sie krank machen.
Ich habe schon schreckliche Kopf-
    schmerzen.
Ich setze den Hut auf, um mich nicht
    zu erkälten.
Ich befinde mich wohl. Ich bin ge-
    sund.
Ich fühle mich wohl —, unbehag-
    lich.
Es ist gut, recht.

Isto ha de lhe fazer mal.
Já tenho dôres de cabeça ter-
    riveis.
Ponho o chapéo para não con-
    stipar-me.
Passo bem. Estou bom.

Estou bom (—máo). Sinto-me
    bom (—máo).
Está bem.

D. Mit estar verbunden, bedeutet bom bloß gesund,
während dem allgemeiner das Gefühl der Behaglichkeit oder
Zufriedenheit ausdrückt.

Gut aufnehmen.	Receber bem.
An diesem Orte fühle ich mich ganz wohl.	Estou bem (não bom) neste logar.

Der Erzieher. — Die Er=zieherin.   O aio. — A aia.
Die Regierung.   O governo.
Der Minister.   O ministro.

Die Minister müssen mit der Kö=nigin die Besorgung der Regie=rung teilen.	É preciso que os ministros par=tão com a rainha o cuidado do governo.
Der König überläßt die Regierung des Staates dem Erzieher seiner Kinder.	El rei deixa o governo do estado ao aio de seus filhos.

Die Erziehung.   A educação.
Die Familie.   A familia.
Der Unterthan.   O subdito (spr. súbdito).

Dieser Staat ist eine Familie.	Este estado é uma familia.
Der König ist der Vater, die Unter=thanen sind die Kinder, die Mini=ster sind die Erzieher.	El rei é o pai, os subditos são os filhos, os ministros são os aios.
Wie ist die Erziehung, die den Kin=dern gegeben wird?	Que tal é a educação que se dá aos filhos?

Bewundern.   Admirar.
Die Krone.   A corôa.
Der Monarch, Herrscher.   O monarca.

Wir bewundern weniger die Kronen der Monarchen, als die gute Er=ziehung, welche den Kindern ihrer Unterthanen in den Schulen ge=geben wird.	Admiramos menos as corôas dos monarcas do que a boa educa=ção, que se dá aos filhos dos seus subditos nas escolas.
Wilhelm war ein großer Monarch.	Guilherme foi um grande monarca.

Der Fehler. — Die Sünde.   A falta. O erro.—O peccado.
Gestehen.   Confessar.
Das Versprechen.   A promessa.
Das Versprechen halten.   Guardar a promessa.

Warum hast Du Dein Versprechen nicht gehalten?	Porque é que não guardaste a tua promessa?
Ich habe vergessen, was ich Ihnen versprochen habe.	Esqueci-me do que lhe prometti.
Gestehst Du Deinen Fehler?	Confessas o teu erro?
Ich gestehe, daß ich unrecht gehabt (gethan) habe, es zu sagen.	Confesso, que fiz mal em dizê-lo.

Mieten.
Die Zeitung.

Verschwiegen.

Haben Sie endlich ein Zimmer ge=
mietet?
Nein, wir konnten nicht über den
Preis einig werden.
Was für Neuigkeiten bringt die Zei=
tung?
Nichts. Die Zeitungen sind am ver=
schwiegendsten, wenn sie nichts
wissen.

Alugar.
O periodico (spr. periódico).
O jornal.

Discreto.

Alugou finalmente um quarto?

Não, não pôdemos ajustar-nos no
preço.
Que ha de novo no periodico?

Nada. Os periodicos são mais
discretos, quando não sabem
nada.

Aufgaben.
173.

Haben (p) Sie sich gestern gut unterhalten?—Ja, ich habe
gelacht (p), bis ich nicht mehr konnte. — Haben (p) Sie ge=
hört, was man gesagt hat?—Ja; obgleich ich gelacht habe, habe
(p) ich doch gehört, was die Leute sagten.—Hast (p) Du viel
zu Mittag gegessen?—Ich habe (p) wie gewöhnlich zu Mittag
gegessen: Suppe, Rindfleisch und Reis.—Wo sind die Geschäfts=
genossen Ihres Vaters?—Sie sind in der Schreibstube. Wollen
Sie mit ihnen sprechen? — Ja, ich habe erlangt, was sie
wünschen. — Worüber jammert Ihre Tochter? — Sie jammert
darüber, daß sie ihre Aufgabe nicht auswendig lernen kann.—
Sie lernt auch schlechterdings nichts. — Fürchtest Du, daß er
nicht komme? — Im Gegenteil, ich fürchte, daß er komme. —
Ist Ihnen bange, daß Ihr Bruder nicht wieder komme?—Ich
fürchte, daß er nicht wieder komme. — Bist Du froh, daß er
mit Dir geht? — Ich bin froh, daß er mit mir geht. — Will
der Arzt, daß der Kranke zu Hause bleibe? — Nein, er will,
daß er ausreite.—Zweifelst Du, daß er kommt?—Ich zweifle,
daß er kommt. — Wünschest Du, daß ich mit Dir gehe? —
Nein, ich wünsche, daß Du hier bleibest. — Wieviel hast Du
für dieses Kleid bezahlt (p)? — Ich habe (p) mehr bezahlt,
als es wert ist.—Ist ihm bange, daß man ihm seinen Koffer
stehle? — Ja, voriges Jahr hat man ihn ihm gestohlen (p).
— Willst Du, daß ich Dir Wäsche schicke? — Nein, ich habe

noch Wäsche bis zur nächsten Woche. — Was begehrst Du? — Ich bitte Dich, daß Du mit mir zum Arzte gehest, denn ich bin krank.

174.

Hat Ihr Vetter schon an Sie geschrieben? — Noch nicht, aber heute werde ich einen Brief von ihm empfangen. — Was hat Ihr Vater gestern gethan? — Nachdem er aus dem Theater gekommen war, aß er zu Mittag. — Sind (p) Sie heute früh aufgestanden? — Ich bin mit Tagesanbruch aufgestanden (p). — Wo ist Ihr Vetter? — Er ist in der Küche. — Hat Ihre Köchin schon die Suppe auf den Tisch gestellt (p)? — Sie steht schon lange auf dem Tisch. — Wo ist Ihre Mutter? — Sie ist in der Kirche. — Ist Ihre Schwester in die Schule gegangen? — Sie ist heute zu Haus geblieben (p). — Geht Ihre Mutter oft in die Kirche? — Sie geht jeden Tag des Morgens und des Abends in die Kirche. — In welche Messe (missa) geht sie? — In die Elfuhrmesse. — Um wieviel Uhr steht sie auf? — Sie steht mit Tagesanbruch auf. — Gehst Du heute in die Schule? — Ich gehe [hin]. — Was lernst Du in der Schule? — Ich lerne lesen, schreiben und rechnen. — Wo ist Ihre Tante? — Sie ist nach England abgereist. — Wo ist Ihre Schwester? — Sie ist im Garten. — Gehen Sie heute Abend in die Oper? — Nein, ich bleibe zu Hause.

175.

Wo ist Ihre Nachbarin? — Sie ist auf den Markt gegangen (p). — Wann wird sie wiederkommen? — Morgen um drei Uhr des Abends. — Wo ist Ihre Base? — Sie ist zu Hause. Sie wünscht, daß Sie ihr das Buch bringen, welches Sie ihr schon so lange versprochen (p) und niemals gebracht haben (p). — Was wünscht der Herr Baron? — Er wünscht, daß ihm der Diener die Stiefel bringe, die er schon lange verlangt hat (p). — Ist das junge Mädchen noch hier, dem ich voriges Jahr einen Hut geschenkt habe (p)? — Nein, sie ist schon lange nicht mehr hier. — Ist Ihr Vater jagen gegangen (p)? — Er hat (p) nicht auf die Jagd gehen können, denn er hat den Schnupfen. — Gehen Sie gern auf die Jagd? — Ich gehe lieber fischen als jagen. — Ist Ihr Vater noch auf dem Land? — Ja, meine Dame, er ist noch [dort]. — Haben (p) Sie auf dem Lande gejagt? — Ich habe (p) den ganzen Tag gejagt. — Wie lange sind Sie bei meiner Mutter geblieben (p)? — Ich bin (p) den ganzen Tag bei ihr geblieben. — Ist es lange her, seit Sie im Schloß waren? — Ich bin (p) das letzte Mal mit Ihnen und dem Baron im Schloß gewesen. Sie müssen sich dessen erinnern. Es war ein Sonntag. Wir kamen aus der Kirche und Sie schlugen (propôr) den Spaziergang vor. Wir besuchten den alten Kapitän, tranken eine Flasche Bier mit ihm und rauchten eine Cigarre mit ihm. Er sprach von seinen Söhnen, die voriges Jahr unter die Soldaten gegangen sind. Der eine ist noch hier, der andere ist vor einigen Monaten nach Afrika gegangen. — Wem gehören diese Schafe? — Sie gehören dem reichen Bauern, dessen Haus neben Ihrem Garten steht. — Wo wohnt die Herzogin? — Sie wohnt bei der Großmutter des Herzogs, im nämlichen Hause, in welchem auch die Baronin wohnt.

176.

Wollen Sie einiges Obst? — Ja, ich esse sehr gern Pfirsiche; wenn Sie welche haben, werde ich sie mit großem Vergnügen essen. — Was hat (p) die Köchin gebracht? — Sie hat (p) die Pfirsichtorte gebracht, die auf dem Tische steht. — Was essen Sie lieber, Kirschen oder Erdbeeren? — Die Kirschen sind ein gutes Obst, aber Erdbeeren schmecken mir viel besser. — Nach was riecht es hier? — Es riecht nach Obst. — Wann pflücken Sie die Pfirsiche in Ihrem Garten? — Jetzt noch nicht. Ich warte, bis sie größer sind, um sie zu pflücken. — Was hast Du? — Ich habe einen schrecklichen Schnupfen erwischt (p). — Hast Du Dich erkältet (p)? — Es ist möglich. — Gestern, als ich ausging, war [estava] es so kalt, daß ich alsobald wieder nach Haus zurückkehrte. — Wer leitet (dirigir) die Erziehung der Kinder der Baronin? — Es ist eine Erzieherin, welche die Familie schon lange Zeit kennt. — Hast Du alle Deine Fehler eingestanden (p)? — Nein. Ich habe (p) mein Versprechen gehalten und habe nur eingestanden, was ich versprochen hatte zu gestehen. Alles andere habe ich verschwiegen.

Siebenundfünfzigster Abschnitt.— Lição quinquagesima septima.

Währende Vergangenheit. — Preterito Imperfeito.

Die Form zur Bezeichnung der Dauer in der Vergangenheit wird vom Infinitivo gebildet, indem man dem Stamme (d. h. was übrig bleibt, wenn man die Endung wegläßt) folgende Endungen anhängt:

<table>
<tr><td colspan="3" align="center">I. —ar.</td><td colspan="3" align="center">II. —er.</td></tr>
<tr><td>—ava,</td><td>—avas,</td><td>—ava,</td><td>—ia,</td><td>—ias,</td><td>—ia,</td></tr>
<tr><td>—avamos,</td><td>—aveis,</td><td>—avão.</td><td>—iamos,</td><td>—ieis,</td><td>—ião.</td></tr>
</table>

<table>
<tr><td colspan="3" align="center">III. —ir.</td></tr>
<tr><td>—ia,</td><td>—ias,</td><td>—ia,</td></tr>
<tr><td>—iamos,</td><td>—ieis,</td><td>—ião.</td></tr>
</table>

Der Ton liegt stets auf dem Anfangslaut dieser Endungen. Auch diese Form der Vergangenheit ist in der zweiten und dritten Art gleichlautend.

<table>
<tr><td align="center">Erste Art.
Amar lieben.</td><td align="center">Zweite Art.
Temer fürchten.</td></tr>
<tr><td>Amava, amavas, amava,
Ich liebte, du liebtest, er liebte,</td><td>Temia, temias, temia,
Ich fürchtete, du fürchtetest, er fürchtete,</td></tr>
<tr><td>amavamos, amaveis, amavão.
wir liebten, ihr liebtet, sie liebten.</td><td>temiamos, temieis, temião.
wir fürchteten, ihr fürchtetet, sie fürchteten.</td></tr>
</table>

Dritte Art.
Partir teilen.

Partia,   partias,   partia,
Ich teilte,   du teiltest,   er teilte,

partiamos,   partieis,   partião.
wir teilten,   ihr teiltet,   sie teilten.

<table>
<tr><td>Estar sein.</td><td>Ter haben.</td></tr>
<tr><td>Estava, estavas, estava, est-
avamos, estaveis, estavão.</td><td>Tinha, tinhas, tinha,
tinhamos, tinheis, tinhão.</td></tr>
</table>

Ir gehen.
Ia, ias, ia,
iamos, ieis, ião.

Haver haben. Havia, havias, havia, haviamos, havieis, havião.

A. Unregelmäßig bilden ihr Imperfeito:

Crer glauben.	**Cria,** crias, cria, criamos, crieis, crião.
Ir gehen.	**Ia,** ias, ia, iamos, ieis, ião (keine zwei i).
Ser sein.	**Era,** eras, era, eramos, ereis, erão.
Pôr setzen.	**Punha,** punhas, punha, punhamos, punheis, punhão.

Die Kunst. Die Künste.	A arte. As artes.
Die Wissenschaft.	A sciencia.
Pflegen, fördern.	Cultivar.
Ich förderte, du fördertest.	Cultivava, cultivavas.
Was für Leute waren die Griechen?	Que homens erão os Gregos?
Es waren Leute, welche die Künste, die Wissenschaften, die Sprachen pflegten.	Erão homens, que cultivavão as artes, as sciencias, as linguas.

B. Wo eine Eigenschaft beigelegt wird, wo das Zeitwort mit pflegen umschrieben oder hinzugedacht werden kann, ist die Vergangenheit durch das Imperfeito auszudrücken.

Haben Sie fleißig Ihre Freunde besucht, als Sie in Wien waren? (pflegten Sie?)	Ia muitas vezes vêr os seus amigos, quando estava em Vienna?
Ich habe sie gar oft besucht (ich pflegte . . .).	Ia muitas vezes vê-los.
Frühstückten Sie, während Ihr Neffe arbeitete?	Almoçava, em quanto seu sobrinho trabalhava?
Ich wollte frühstücken, aber das Frühstück war nicht bereit.	Ia almoçar, mas o almoço não estava prompto.
Ritten Sie zuweilen aus, als Sie in Lissabon waren?	Sahia algumas vezes a cavallo, quando estava em Lisboa?
Ich ritt jeden Tag aus, und war jeden Abend im Theater.	Sahia todos os dias, e ia ao theatro todas as noites.

C. Überall, wo sich statt „sein" denken läßt „gehen", kann ir angewendet werden.

Sind Sie oft in der Oper gewesen, als Sie in Paris waren?	Ia muitas vezes á opera, quando estava em Paris?
Ich war jeden Abend dort.	Ia lá todas as noites.

Die Erde.	A terra.
Geringschätzen.	Estimar pouco. Menosprezar.
Arbeitsam.	Trabalhador.

Wen schätzet Ihr?	Quem estimaveis?
Wir schätzten die Schüler, welche arbeitsam waren.	Estimavamos os discipulos, que erão trabalhadores.
Ich wurde geschätzt und Du wurdest geliebt.	Eu era estimado e tu eras amado.

D. Die Verbindung von era mit dem Participio perfeito bildet das Imperfeito passivo.

Die faulen Schüler wurden geringgeschätzt.	Os discipulos preguiçosos erão menosprezados oder pouco estimados.
Die Vorfahren, Urväter.	Os avôs. Os antepassados.
Nähren.	Alimentar.
Beköstigen.	Nutrir.
Erhalten, ernähren.	Sustentar. Manter.
Die Suppe nährt den Armen.	Alimenta-se o pobre com umas sopas.
Gute Gerichte sind der Reichen Kost.	Nutre-se o rico com bons manjares.
Mildthätige Leute speisen viele dürftige Familien.	As pessoas caridosas sustentão muitas familias necessitadas.
Das Holz unterhält das Feuer, das Wasser nährt die Pflanzen.	A lenha alimenta o fogo, a agua as plantas.
Horaz ist des Gelehrten Nahrung, die Wahrheiten der Philosophie sind seine Kost.	O litterato alimenta-se lendo Horacio e nutre-se com as verdades da philosophia.
Die Mächtigen des Jahrhunderts haben durch ihren Einfluß und Rat viele Irrtümer aufrecht erhalten.	Os poderosos do seculo sustentárão com sua influencia e conselhos muitos erros.
Unsere Vorfahren speisten zu Mittag am Tage um zehn Uhr, und speisten zu Abend fast mit (dem) Tag, um Sonnenuntergang.	Os nossos avôs jantavão de dia ás dez horas, e ceavão quasi com o dia, ao pôr do sol.
Sie lebten von Fischen.	Vivião de pescado.
Erhielten sie sich bloß von Fischen?	Se mantinhão sómente com pescado?
[Jagd] Wildpret.	Caça.
Das Verdienst.	O merito (spr. mérito).
Verdienen, erwerben.	Ganhar.
Sie lebten auch von Wildpret.	Vivião tambem de caça.
Sie aßen gern Wildpret.	Gostavão de caça.
Sie gingen gern auf die Jagd.	Gostavão de ir á caça.

Unsere Vorfahren belohnten das Verdienst.	Os nossos avôs recompensavão o merito.
[Das Leben.] Der Lebensunterhalt.	A vida.
Der Rand, das Ufer.	A riba.
Der Strand.	A praia (spr. práia).
Das Meeresufer, die Küste.	A riba-mar. A costa.
An der See.	Pelas praias. Na praia.
Man hörte in der Ferne das Meer wehmütig klagen am Strande.	Pelas praias se ouviu gemer ancioso ao longe o mar.
Sie suchten kleine Muscheln am Strande.	Procuravam conchinhas na praia.
Er saß am felsigen Ufer des Oceans.	Estava elle sentado nas ribas fragoras, que marginam o Oceano.
Jene Felsen, die in den Ocean hinaushängen, beherrschen den Strand bei Nazareth.	Aquelles rochedos, que se debruçam para o Oceano, dominam a praia de Nazareth.
Womit ernähren sich die Leute, welche an der See wohnen?	De que vivem os homens, que morão na visinhança do mar?
Sie gehen täglich fischen.	Vão pescar todos os dias.
Die Eßlust, der Appetit.	O appetite [vontade de comer].
Solch, derartig.	Tal.
Ein (zweiter) **solcher** (wie dieser).	**Outro tal** (ohne Hauptwort).
Sein Brot verdienen mit . . .	Ganhar a vida a . . . Ganhar a vida (Participio presente).
Es lüstete ihn nach einem Hummer.	Appeteceu-lhe uma lagosta.
Es lüstete ihn nach einem Schellfisch, weil er sah, wie man welche aus den Netzen nahm, und er ließ einen mit Zwiebeln und Kartoffeln kochen.	Cobiçou pescada, porque a viu sahir das redes, e mandou cozer uma com cebolas e batatas.
Haben Sie je eine Person wie diese gesehen?	Jamais tem visto uma pessoa como esta?
Ich habe nie eine solche gesehen.	Nunca vi outra tal.

E. Der unbestimmte Artikel wird oft bei tal weggelassen.

Indem ich schreibe (— du schreibst, — er schreibt, — wir, ihr, sie schreiben).	Escrevendo.

Indem ich thue (— du thust u. f. w.).	Fazendo.
Da ich lefe. Da ich las u. f. w.	Lendo.
Als ich (— er) hörte (wir hörten).	Ouvindo.

F. Das deutsche indem, als, da wird oft durch das Participio presente ausgedrückt. Diesem werden die abhängigen Personwörter angefügt wie dem Infinitivo.

Ich verdiene mein Brot mit Schreiben (oder indem ich schreibe).	Ganho a [minha] vida escrevendo ober a escrever.
Du kannst Dich nicht erhalten, indem Du nichts thust.	Não pódes manter-te, não fazendo nada.
Er berichtigt die Aufgabe, indem er sie liest.	Corrige o exercicio, lendo-o.
Er bekam Angst, als er es hörte.	Teve medo, ouvindo-o.
Wir verdienten unsern Unterhalt mit Unterricht im Deutschen (mit Lehren des Deutschen).	Ganhavamos a vida a ensinar a lingua allemã.
Im Bett liegen bleiben.	Ficar na cama.
Das Bett hüten.	Estar de cama, ficar de cama.
Außerhalb. Draußen.	Fora de...
Während der Schmerz den Neffen im Bett überwältigte, verspeiste der Oheim behaglich ein saftiges Huhn.	Em quanto o sobrinho abafava de dôr na cama, o tio pascia-se em delicias numa choruda gallinha.
Der Baron lag noch im Bett, als ich ihn auffuchte.	O barão estava ainda recolhido, quando vim procura-lo.
Eine wenig angefehene Person, die aus dem Auslande kommt, ist ein Ausländer.	Um homem de pouca conta, que vem de fóra, é um forasteiro.
Ein großer Vogel.	Uma passarola.
Der Römer.	O Romano.
Es ist einerlei.	É o mesmo.
Der ausgetretene Mönch setzte Marcus Antonius und viele andere Römer auf den Läfterstuhl.	O egresso poz pelas ruas da amargura Marco Antonio (fpr. António) e muitos outros Romanos.
Ich muß auf die Jagd gehen; gestern habe ich nichts weiter als einen sehr häßlichen großen Vogel geschoffen.	Hei de ir á caça; hontem não matei senão uma passarola muito feia.

Aufgaben.

177.

Kennen Sie den Strand bei Nazareth in Portugal? — Ja, mein Herr. Wie oft habe ich das Meer dort am Ufer des Oceans klagen hören! Ich saß auf einem jener Felsen, die auf die See hinaushängen und sprach mit den Leuten der Gegend, die vom Fischfang heimkehrten. Und was für gute Hummer ißt man dort! Nie in meinem Leben habe ich bessere gehabt. — Waren Sie in Madrid, als die Königin dort war? — Ich war in Madrid, während der König dort war. Aber zu (em) dieser Zeit war die Königin in Frankreich. — Wo waren Sie gestern den ganzen Tag, während wir studierten? — Ich war auf der Jagd mit meinem Vater. — Wo war Ihr Vater, als Sie in Wien waren? — Er war in Paris. — Um welche Stunde pflegten Sie zu frühstücken, als Sie in Frankreich waren? — Ich pflegte zu frühstücken, wenn mein Oheim frühstückte. — Haben Sie fleißig Ihre Freunde besucht, als Sie in Wien waren? — Ich habe sie gar oft besucht. — Sind Sie manchmal in die elysäischen (elysios) Felder gegangen, als Sie in Paris waren? — Ich bin [recht] oft hingegangen. — Mit wem pflegten Sie auf die Jagd zu gehen? — Zuweilen mit meinem Vater, dann wieder mit meinem Onkel.

178.

Wie nähren sich die Armen in Portugal? — Sie begnügen sich mit wenigem und erfreuen sich im allgemeinen einer guten Gesundheit. — Und die Ausländer? — Die ernähren sich, wie sie können. Die Reichen unter ihnen führen einen guten Tisch; die guten Gerichte fehlen glücklicherweise nicht in diesem Lande. — Stehen Sie früh auf? — Nicht so früh, wie Sie. Aber als ich bei meinem Oheim wohnte, stand ich früher auf, als jetzt. — Sind Sie zuweilen im Bett liegen.geblieben (p), als Sie bei Ihrem Oheim wohnten? — Während ich krank war, hütete ich stets den ganzen Tag das Bett. — Giebt es viel Obst dieses Jahr? — Ich weiß [es] nicht; aber vorigen Sommer, als ich auf dem Lande war, gab es viel Obst. — Wie hat (p) Ihr Freund jenes Geld erworben? — Er hat (p) es durch seine

Arbeit erworben.—Wie haben Sie Ihren Lebensunterhalt ver=
dient, als Sie in England waren?—Ich habe ihn mit Schrei=
ben verdient.—Kennst Du diesen Gelehrten?—Ich kenne ihn.
Die Wahrheiten der Philosophie sind seine Kost, die griechischen
und römischen Dichter seine Nahrung. — Haben Sie je eine
solche Person gesehen (p)? — Nie habe ich ihresgleichen ge=
sehen. — Haben (p) Sie schon unsere Kirche gesehen? — Ich
habe sie noch nicht gesehen (p). — Wo steht sie? — Sie steht
außerhalb der Stadt. Wenn Sie sie sehen wollen, will (werde)
ich mit Ihnen gehen, um sie Ihnen zu zeigen.—Wovon leben
die Leute, welche an der See wohnen?—Sie leben von dem,
was ihnen das Meer giebt. — Warum wollen Sie nicht mehr
auf die Jagd gehen?—Es ist schon zu spät um zu jagen.—Was
hast Du getötet (p)?—Ich habe (p) einen großen Vogel getötet,
den ich aber nicht kenne. Ich will (werde) ihn Ihnen zeigen.
— Warum essen Sie nicht? — Weil ich keinen Appetit habe.
Nichts schmeckt mir. — Wenn Sie einen Schellfisch wollten
(quizesse), würde ich Ihnen einen mit Zwiebeln und Kartoffeln
zubereiten. — Nein, ich würde lieber einen Hummer essen.

179.

Wen suchen Sie? — Ich suche meinen kleinen Bruder. —
Wenn Sie ihn finden wollen [quizer], müssen Sie in den
Garten gehen, denn dort ist er. — Der Garten ist groß, ich
werde ihn nicht finden können, wenn Sie mir nicht sagen, in
welchem Teil des Gartens er ist.—Er sitzt unter dem großen
Baum, unter welchem wir gestern saßen.—Nun werde ich ihn
finden.—Warum haben Sie mir meine Kleider nicht gebracht?
— Sie waren noch nicht fertig, sodaß ich sie nicht bringen
konnte, aber morgen bringe ich sie Ihnen. — Sie haben (p)
Ihre Aufgabe gelernt. Warum hat Ihre Schwester die ihrige
nicht gelernt?—Sie hatte keine Zeit dazu.—Wollen Sie mir
Ihren Wagen und Ihre Pferde schicken? — Mit vielem Ver=
gnügen, mein Herr.—Wann werden Sie meine Übungen korri=
gieren? — Ich werde sie heute Abend korrigieren. — Wo sind
Deine Brüder?—Sie suchen kleine Muscheln am Strande. —
Warst Du beim ausgetretenen Mönche?—Ja, aber er lag noch
im Bett, als ich ihn aufsuchte.—Warum?—Er war bettlägerig;

einige Tage vorher hatte ihn nach einem Hummer gelüstet
und er hatte soviel davon gegessen, daß er am Tage, an dem
ich ihn sah, noch krank war. — Ernstlich krank? — Es scheint
mir, ja. Der Schmerz erstickte ihn in seinem Zimmer, wo er
klagte und seufzte.—Hast Du je solch einen Vielfraß gesehen?
— Nie habe ich seinesgleichen gesehen (p).

Achtundfünfzigster Abschnitt. — Lição quinquagesima oitava.

Bedingte Zukunft. — **Preterito imperfeito condicional**
(Futuro condicional).

Ich denke, daß er kommen wird.	Penso, que virá.
Ich dachte, daß er kommen würde.	Pensava, que viria.
Er glaubt, daß ich es thun werde.	Crê, que o farei.
Er glaubte, daß ich es thun würde.	Cria, que o faria.
Niemand kann sagen, ob Ihr es er=fahren werdet.	Ninguem póde dizer, se vm^{cês.} o aprenderão.
Niemand konnte sagen, ob Ihr es erfahren würdet.	Ninguem podia dizer, se vm^{cês.} o aprenderião.

A. Vertauscht man die Endungen des Futuro (oder des
Presente von haver)

$$\text{—ei, —ás, —á, —emos, —eis, —ão,}$$

mit den Endungen des Imperfeito der zweiten und dritten
Konjugation

$$\text{—ia, —ias, —ia, —iamos, —ieis, —ião,}$$

so entsteht Preterito imperfeito condicional, wie die
entsprechende deutsche Form durch Vertauschung von werde
mit würde.

Der Anfangsbuchstabe i der Endung wird durchgängig in
dieser Zeit betont.

<table>
<tr><td colspan="2">Futuro.</td><td colspan="2">Pret. imp. cond.</td></tr>
<tr><td>Darei ich werde</td><td rowspan="6">geben.</td><td>Daria ich würde</td><td rowspan="6">geben.</td></tr>
<tr><td>darás du wirſt</td><td>darias du würdeſt</td></tr>
<tr><td>dará er wird</td><td>daria er würde</td></tr>
<tr><td>daremos wir werden</td><td>dariamos wir würden</td></tr>
<tr><td>dareis ihr werdet</td><td>darieis ihr würdet</td></tr>
<tr><td>darão ſie werden</td><td>darião ſie würden</td></tr>
</table>

Estar ſein: estarei ich werde ſein.

Estaria ich würde ſein, estarias, estaria, estariamos, estarieis, estarião.

Ser ſein: serei ich werde ſein.

Seria ich würde ſein, serias, seria, seriamos, serieis, serião.

Ter haben: terei ich werde haben.

Teria ich würde haben, terias, teria, teriamos, terieis, terião.

Haver haben: haverei ich werde haben.

Haveria ich würde haben, haverias, haveria, haveriamos, haverieis, haverião.

Preterito imperfeito condicional passivo.

B. Dieſe Form des Passivo entſteht durch Verbindung von seria mit dem Participio perfeito.

Ich werde geliebt werden.	Serei amado.
Ich würde geliebt werden.	Seria amado.
Jedoch. Indes.	Com tudo.
Das Vögelchen.	O passarinho.
Entzücken.	Encantar.
Ich dachte, das Vögelchen würde getötet werden; es iſt jedoch nicht getötet worden.	Pensava que o passarinho seria morto, mas com tudo não foi morto.
Ich bin entzückt.	Estou encantado.
Was thun Sie in dem Garten?	Que faz vm^{cê}· no jardim?
Ich gehe eben (halt) darin ſpazieren.	Estou passeando nelle.
Friſch.	Fresco.
Die Platte. Der Teller. [Die Speiſe.]	O prato.
Die ſüße Speiſe (Platte).	O prato doce oder o doce.
Ich würde mit vielem Vergnügen von dieſem Gericht eſſen.	Comeria com muito gosto deste prato.
Eſſen Sie gern friſches Fleiſch?	Gosta de carne fresca?
Friſches Fleiſch iſt mir lieber als geſalzenes.	Gosto mais de carne fresca do que de carne salgada.

Jeder (denkbare). | **Qualquer. Mehrh. Quaesquer.**

Vorziehen. Ich ziehe vor. | Preferir. Prefiro.
Der Anfang. | O principio (spr. princípio).
Am Anfang. Anfänglich. | Ao principio.

Von Anfang bis zu Ende. | Desde o principio até ao fim.
Ich ziehe diese Speise jeder andern vor. | Prefiro este prato a todos os outros.

Das Nahrungsmittel. | O alimento.
Der Reisende. | O viajante.
Die Reise. | A viagem (spr. viágem).
Die kleine Reise, der Ausflug. | A excursão.

Ich gedenke diesen Nachmittag einen Spaziergang zu machen. | Estou com tenção de dar um passeio esta tarde.
Bist Du auf Deiner Reise vielen Reisenden begegnet? | Encontraste muitos viajantes na tua viagem?
Ich bin einigen Leuten begegnet. | Encontrei algumas pessoas.

C. Statt encontrar kann man auch encontrar-se com... wörtl. sich begegnen mit... gebrauchen.

Wir hatten dieselben Gedanken, mein Bruder und ich. Wörtl.: Ich begegnete mich mit den Gedanken meines Bruders. | Encontrei-me com os pensamentos de meu irmão.

Der Professor. | O professor.
Die Rede. | O discurso.
Eine Rede halten. | Fazer um discurso.

Der Professor wollte eine großartige Rede über die Güte Gottes halten. | O professor quiz fazer um grande discurso sobre a bondade de Deos.

Ist es ihm damit geglückt? | Succedeu-lhe bem?
Nein, man hat ihn ausgelacht. | Não, rirão-se delle.

Wiederholen. Ich wiederhole. | Repetir. Repito.
Die Wiederholung. | A repetição.
Die Wohlthat. | O beneficio. O bem.

Er wiederholt oftmals seine Worte. | Repete muitas vezes as suas palavras.

Die Wiederholung ist die Mutter des Lernens. | A repetição 6 a mãe dos estudos.

Der Schöpfer.	O creador.
Der Himmel.	O céo.
Die Weisheit.	A sabedoria.　A sapiencia (spr. sapiéncia).

Er hielt eine Rede über die Weisheit des Schöpfers der Welt.	Fez um discurso sobre a sapiencia do creador do mundo.
Wie weit ist der Himmel von der Erde?	Quanto dista o céo da terra?
So weit als die Weisheit Gottes von der der Menschen entfernt ist.	Tanto como a sapiencia de Deus da sabedoria dos homens.

Versprechen zu...	Prometter que...
Die Furcht, Ehrfurcht.	O temor.
Der Vogel.	A ave.

Ich werde sagen. — Ich würde sagen.	Direi. — Diria.

D. Wo hinter Presente das Futuro steht, gehört hinter Preterito perfeito das Preterito imperfeito condicional.

Er verspricht mir, es seinem Vater zu sagen.	Elle me promette, que o dirá a seu pai.
Er versprach mir, es seinem Vater zu sagen.	Elle me prometteu, que o diria a seu pai.
Die Furcht des Herrn ist der Anfang aller Weisheit.	O temor do Senhor é o principio de toda sabedoria.

Anziehen, anlocken.	Attrahir.
Der Wohllaut.	A harmonia.
Der Gesang.	O canto.

Es ist mir lieb, daß der Wohllaut des Gesangs der Vögel Dich anzieht.	Folgo, que tu sejas attrahido pela harmonia do canto das aves.

Die Schönheit.	A belleza.
Die Macht, die Gewalt.	O poder.
Die Nachtigall.	O rouxinol (spr. roxinól).

Was konnte Dich anziehen?	Que pôde attrahir-te?
Die Schönheiten der Malerei.	As bellezas da pintura.
Was für Vögelchen giebt es in diesem Walde?	Que passarinhos ha neste mato?
Ich höre einige Nachtigallen.	Ouço alguns rouxinoes.
Die Reize flößen Neigung ein; aus dem Entzücken entsteht der Wunsch; der Zauber erzeugt die Leidenschaft.	Os attractivos inspirão a inclinação; do embellezo nasce o desejo; os encantos produzem a paixão.

Zärtlich.	Tenro, carinhoso.
Die Einsamkeit.	A solidão.
Beschäftigen mit.	Occupar em.
Beauftragen mit.	Encarregar de.
Ein Pferd in den Stall führen.	Recolher uma cavalgadura.
Der Teufel.	O diabo. O demonio (spr. demónio).
Der Käfer.	O besouro [auch bizouro] (spr. bisóiro).
Der Vertrag.	O pacto.
Die Blechröhre.	O canudo de folha.

Der Gesang der Nachtigallen hat mehr Gewalt über mich, als die zärtlichsten Worte meiner liebsten Freunde.	O canto dos rouxinoes tem mais poder sobre mim do que as palavras mais carinhosas dos meus mais queridos amigos.
Womit beschäftigst Du Dich in Deiner Einsamkeit?	Em que te occupas na tua solidão?
Ich beschäftige mich mit Malen.	Occupo-me em pintar.
Die Chemie.	A chymica.
Die Angelegenheit.	O negocio.
Gewöhnlich. In der Regel.	Geralmente. Ordinariamente.
Seitdem ich mich von den Geschäften zurückgezogen, bin ich mit dem Studium der Chemie beschäftigt.	Desde que me retirei dos negocios, estou occupado em estudar a chymica (spr. química).
Haben Sie sich schon von den Geschäften zurückgezogen?	Já se retirou dos negocios?
Ja, ich bin nur noch ein unbeteiligter Zuschauer der Dinge dieser Welt.	Sim, já não sou mais do que espectador desinteressado das cousas d'este mundo.
Beunruhigen. Unruhig.	Inquietar. Inquieto.
Anteil nehmen an...	Interessar-se a. Tomar interesse a.

So leidlich. Nicht sonderlich.	**Tal qual.**
Ich bin in Unruhe (Besorgnis) wegen...	Estou inquieto por causa de...
Weswegen sind Sie in Besorgnis?	Porque está inquieto? [Porque inquieta-se?]
Wer bekümmert sich um mich?	Quem se inquieta por causa de mim?
Ich nehme großen Anteil an dem, was in Ihrem Hause vorgeht.	O que se faz na sua casa interessa-me muito oder Tomo muito interesse ao que etc.

Wichtigkeit haben für... Betreffen, angehen.	Importar a alguem (Dativo). Tocar.
(Lassen Sie sich gefallen.) Gefälligst.	{Sirva-se vm^{ce.} mit Infin. {Sirvão-se vm^{ces.}
Belieben Sie mir zu sagen, welche Wichtigkeit das für Sie hat. Sagen Sie mir gefälligst, was Ihnen hieran gelegen sein kann.	Sirva-se vm^{ce.} dizer-me o que lhe importa isto.
In der Regel mischte er sich nicht in Dinge, die ihn nichts angingen.	Ordinariamente não se mettia nas cousas, que não o tocavão.
Er glaubte, daß das von großer Wichtigkeit für ihn sein (— ihm viel eintragen) würde.	Pensava, que isto lhe importaria muito.
Auf einmal, gleichzeitig.	Ao mesmo tempo.
Fragen stellen.	Fazer perguntas.
Zustande kommen. Stattfinden. — Eintreffen.	Haver. Verificar-se.
Hat zu gleicher Zeit Schauspiel und Konzert stattgefunden?	Houve theatro e concerto ao mesmo tempo?
Schauspiel hat stattgefunden. Aber was ich gesagt habe, traf ein, das Konzert fand nicht statt.	Houve theatro. Mas o que tenho dito verificou-se, não houve concerto.

Aufgaben.

180.

Was glaubtest [cuidar] Du? — Ich glaubte, er würde mich besuchen. — Glaubst Du, daß er mir ein Buch schicken wird? — Ich glaubte, daß er Dir ein Buch schicken würde. Aber er thut es nicht. Das sehe ich. — Wißt Ihr, welches der wirkliche König ist? — Es ist das Geld, denn dem Geld gehorcht alles; wer es giebt ist Herr, wer es nimmt ist (ein) Dieb. — Warum haben Sie Ihr Versprechen nicht gehalten? — Ich erinnere mich dessen nicht, was ich Ihnen versprochen habe. — Wollen Sie heute mit uns zu Mittag essen? — Mit vielem Vergnügen. Was haben Sie zu essen? — Wir haben eine gute Suppe, frisches und gesalzenes Fleisch und einige süße Speisen. — Können Sie mir sagen, ob mein Oheim zu Hause ist? — Nein, Herr, er ist nicht zu Hause; er ist nach Lissabon gegangen, um sein Getreide zu verkaufen. — Können Sie mir sagen, ob er früh nach Hause

kommen wird? — Ich kann es Ihnen nicht sagen. Zuweilen
kommt er früh, dann wieder spät. Sind Sie weit von hier
zu Hause (von weit)?—Ich bin weit von hier zu Hause, aber
ich werde nach Lissabon gehen.—Gehen Sie nicht ohne (vorher)
etwas zu essen. Treten Sie hier ein, ich thue Ihnen die Stute
in den Stall, und Sie, treten Sie da vorn in den Saal,
welcher offen ist. — Was sagte der Arzt gestern, als er den
Kranken sah?—Er sagte, daß er heute wiederkommen würde;
aber bis jetzt ist er noch nicht wiedergekommen (p). — Kennen
Sie den Professor, der gestern eine Rede gehalten hat (p), von
der niemand ein Wort verstanden hat (p)?—Ich kenne ihn
nicht, aber man sagt, daß er gerne seine Weisheit zeigt.—So
scheint (es). Dieser Herr hat von drei bis sieben Uhr ge=
sprochen (p), und· als er aufhörte, waren alle Leute erstaunt.
— Wer ist diese Dame? — Dieses Mädchen ist meine Tochter
und der Junge, den Sie erwarten, ist mein Sohn.—Wie alt
ist denn Ihr Sohn? — Fünf und dreißig Jahre (ist er alt);
er ist (um) fünf Jahre älter als seine Schwester. — So jung
und schon so bekannt in Lissabon?—Gott weiß, wie er in so
kurzer Zeit einen so guten Ruf erlangt hat.

181.

Wann ist das geschehen?—Als ich in Rußland war.—Sie
waren schon in Rußland?—Ich war (schon in Rußland), ja,
Herr. Als ich in Rußland war, hörte ich sagen, daß der
Hauptmann meiner Kompagnie einen Pakt mit dem Teufel
habe (imp. ind.). Und man sagte, daß er in einer Blechröhre
einige Käfer hätte (trüge imp. ind.), die die Teufel wären
(imp. ind.), (welche) beauftragt (wären) seine Befehle zu voll=
ziehen. Ich war (blieb) neugierig, jenen Käfern das Gesicht
(jener Käfer) zu sehen, von welchen (welche) meine Kameraden
sagten, daß er sie am Hals trüge (imp. ind.). Der Herr
muß (Sie müssen) wissen, daß der Kaiser bei Waterloo ge=
schlagen wurde. Nun, der Hauptmann meiner Kompagnie
fiel (starb) gleich zu Anfang der Schlacht, und ich sah ihn
fallen (getötet). Zu nichts dienten ihm also die Käfer, und
der Pakt mit dem Teufel war nichts weiter als (não passar
de) ein Spaß. — Hat Ball stattgefunden (p)? — Nein; was

Sie sagten, traf ein. Der Herr des Hauses fiel (cahir)
krank [darnieder] und es fand kein Ball statt. — Wem bist
(p) Du begegnet, meinem Vater oder meinem Bruder? —
Weder dem einen noch dem andern. Sie waren schon nicht mehr
zu Hause, als ich kam, um sie zu besuchen und mit ihnen aus=
zugehen.—Belieben Sie mir zu sagen, ob er zu Haus ist oder
nicht?—Er ist nicht zu Hause. In der Regel können Sie ihn
antreffen, wenn er zu Mittag speist, um fünf Uhr.—Belieben
Sie ihm zu sagen, daß ich um diese Zeit kommen werde wegen
[por causa de] eines Geschäftes, das für ihn eine große Wich=
tigkeit hat.—Wo gehen Sie hin?—Ich ziehe mich eine halbe
Stunde lang zurück und werde dann wiederkehren.—Ich war
im Begriff, mich zu verabschieden. — Wenn Sie keine Eile
haben, bleiben Sie bis zum Abend, denn (que) Sie haben Zeit
genug, um nach Hause zu gelangen; aber wenn Sie wegreiten
wollen, so gehen Sie mit Gott.—Ich werde mit vielem Ver=
gnügen bleiben. Ich fühle mich wohl hier.—So bleiben Sie,
denn Sie verbinden mich dadurch. — Ich kann nicht glauben,
daß das, was Sie sagen, ein Spaß sei! — Gewiß ist es
keiner. Ich spaße nie und will nicht, daß man mit mir spaße.
Kann ich Ihnen nützlich sein und Ihnen auf irgend eine Weise
die Gunst dieser Visite (die Sie mir damit erweisen) bezahlen
(vergelten)?—Sie können (es), wenn Sie mich den Anfang
aller Weisheit lehren wollen. — Die Furcht Gottes ist aller
Weisheit Anfang.

Neunundfünfzigster Abschnitt. — Lição quinquagesima nona.

Perfektum des Konjunktivs. — Preterito perfeito composto do Conjunctivo.

A. Diese Form bildet man, wie im Deutschen, fürs Ak=
tivum, indem man dem Participio perfeito des Zeitworts
das Presente do Conjunctivo von ter voranstellt, —

fürs Passivum, indem man vor dasselbe Participio perfeito das Presente do Conjunctivo von ter setzt mit sido.

Daß ich geliebt habe, daß wir geliebt haben.	Que tenha amado, que tenhamos amado.
Daß du geliebt worden seiest, daß wir geliebt worden seien.	Que tenhas sido amado, que tenhamos sido amados.

B. Diese Form wird im allgemeinen angewendet, um die Vergangenheit auszudrücken in einem Satze, der durch einen vorhergehenden Satz oder durch ein Bindewort [als antes que, até que, afim que, para que] zur Form des Konjunktivs bestimmt ist. Das Zeitwort des ersten Satzes steht entweder im Presente do Indicativo oder im Futuro.

Ich werde keinen Pinto mehr ausgeben, bevor ich die drei Pfund empfangen habe.	Não gastarei mais um pinto, antes que tenha recebido as tres libras.
Ich will hier bleiben, bis die Leute vorübergekommen sind . (— sein werden).	Quero ficar cá, até que a gente tenha passado.
Ich werde keine Pferde mehr kaufen, bevor Ihr meine alten alle verkauft habet.	Não comprarei mais cavallos, antes que tenhais vendido as minhas velhas cavalgaduras.

Damit. **Umsonst.** **Nachdem.**	**Afim que. Para que.** **Debalde.** **Despois que.**
Ich werde meinem Bruder drei Pfund schicken, damit er seinen Brief nicht umsonst geschrieben habe.	Mandarei tres libras a meu irmão, para que não tenha escrito debalde a sua carta.
Ich fürchte, daß er meinen Brief gestern nicht empfangen habe.	Temo, que não tenha recebido hontem a minha carta.
Ich fürchte, daß er gestern nicht mit meinem Vater gesprochen habe.	Tenho medo, que não tenha fallado a meu pai hontem.
Warum kam er gestern nicht zu Mittag zu speisen?	Porque não veiu elle jantar hontem?
Ich fürchte, daß er nicht zu Tisch gerufen worden sei.	Tenho medo, que elle não tenha sido chamado á mesa.
Ich werde nicht abreisen, bevor ich Geld empfangen habe (— haben werde).	Não partirei antes de ter recebido dinheiro.
Ich werde abreisen, nachdem ich Geld empfangen habe (—haben werde).	Partirei depois de ter recebido dinheiro.

C. „Bevor" und „nachdem" laſſen ſich kürzer antes de und despois de mit Infinitivo überſetzen, wenn das Subjekt (Antwort auf wer?) in beiden Sätzen gleich iſt. Iſt das nicht der Fall, ſo muß antes que oder depois que geſetzt werden. Afim que und afim de braucht man ebenſo.

Ich werde ausgehen, nachdem ich den Brief fertig geſchrieben habe.	Sahirei depois de ter acabado a carta.
Ich werde mit Dir gehen, damit Du nicht umſonſt gekommen ſeieſt.	Irei comtigo, afim que não tenhas vindo debalde.
Ich werde Dich begleiten, damit ich nicht zu Hauſe bleiben muß.	Irei comtigo, afim de não me ver obrigado a ficar em casa.
Der Berg.	A montanha. O monte.
Das Gebirg.	A serra.
Der Schmutz.	A lama.
Der Rauch.	O fumo.
Der Staub.	A poeira (ſpr. poéira).
Warum iſt ſoviel Staub (— iſt es ſo ſtaubig) auf dem Weg?	Porque ha tanta poeira no caminho?
Weil das Wetter zu trocken iſt.	Porque o tempo está muito secco ober secco demais.
Iſt nicht viel Schmutz (iſts nicht ſehr ſchmutzig) auf der Straße?	Não ha muita lama na rua?
Die Gaſſen ſind naß.	As ruas estão molhadas.
Es iſt Rauch (es raucht) auf dem Berge.	Ha fumo na montanha ober na serra.
Den Berg hinaufgehen.	Subir a montanha, o monte.
Den Berg hinabgehen.	Descer o monte, a montanha.
Herabſteigen.	Descer.
Das Flüßchen.	O riosinho.
Beſteigen.	Subir a...
Flußaufwärts.	Rio arriba ou rio acima.
Flußabwärts. Flußabwärts fahren.	Rio abaixo. Descer rio abaixo.
Das Flußufer.	A margem (ſpr. márgem) do rio.
Der Fluß fließt ſanft.	A agua do rio corre mansa.
Den Fluß hinabfahren — hinauffahren.	Descer o rio. — Subir o rio. — Ir rio acima — abaixo.
Während er vom Berge herunter kam, fuhren wir den Fluß hinauf.	Em quanto elle descia da montanha, nós navegamos rio acima. (subimos o rio).

Werden wir heute den Fluß hinabfahren?	Navegaremos hoje rio abaixo?
Nein, wir werden den Berg besteigen.	Não, subiremos ao monte.
Ich legte in zwölf Stunden die vier Meilen den Bergabhang hinauf, das Maultier am Zügel führend, zurück.	Subi quatro leguas de encosta em doze horas com a mula á redia (spr. rédia).
Sich auf den Stuhl setzen.	Assentar-se sobre a cadeira.
Auf dem Stuhl, auf der Bank sitzen.	Estar assentado na cadeira, no banco.
In den Brunnen hinuntersteigen.	Descer no poço.
Wer ist der Mann, der auf der Bank sitzt?	Quem é aquelle homem, que está assentado no banco?
Es ist derselbe, welcher heute Nachmittag in den Brunnen gestiegen ist.	É o mesmo que desceu no poço hoje pela tarde [esta tarde].
Wann ist er wieder heraufgestiegen?	A que horas tornou a subir?

D. „Wieder" wird meist durch tornar a mit Infinitivo übersetzt, oder durch outra vez.

Er wird gleich wieder herunterkommen.	Tornará a descer logo.
Ich werde gleich wiederkommen.	Voltarei logo [nicht tornarei a vir].
Voll.	Cheio.
(An) Füllen mit...	Encher de...
Der Beutel.	A bolsa.
Der Bauch.	A barriga.
Die Flasche ist voll Wasser.	A garrafa está cheia de agua.
Ihr werdet ihn nicht wiedersehen, bevor er seinen Beutel mit Geld gefüllt hat.	Não tornareis a vê-lo, antes que elle tenha enchido a sua bolsa de dinheiro.
Er füllt seinen Bauch mit Brot.	Enche a barriga de pão.
Der Magen.	O estomago (spr. estómago).
Fortfahren zu...	Continuar a... Continuar. Part. pres.
Fähig... geschickt... **brauchbar**... gewandt...	Capaz de... habil (spr. hábil) em... **apto para**... destro em.
Gut (brauchbar), tauglich, geeignet zu...	Bom para...
Ihr füllt Euch den Magen mit Fleisch an in solcher Weise, daß Ihr erkranken werdet, wenn Ihr fortfahrt, soviel zu essen.	Encheis o estomago de carne de tal maneira, que adoecereis, se continuardes (continuais) a comer [comendo] tanto.

Ein Richter kann alle Gesetze kennen und ist deswegen noch nicht geschickt in deren Anwendung.	Um juiz póde saber todas a leis sem ser habil em suas applicações.
Ein Mensch, der fähig ist etwas zu verrichten, ist derjenige, der in sich die nötigen Erfordernisse vereinigt, um es zu thun.	Um homem capaz de fazer qualquer cousa é o que reune em si os requisitos necessarios para poder fazê-la.
Catilina war großer Tugenden und großer Verbrechen fähig und gewandt im Vollziehen, im Verstellen, im Verstecken des Verbrechens und in der Kunst jeden Argwohn von sich abzulenken.	Catilina era capaz de grandes virtudes e de grandes crimes e foi destro em executar, em dissimular, em occultar o crime e em afastar de si toda a suspeita.
Brauchbar zu allem und gewandt in nichts.	Apto para todos os negocios e destro em nenhum d'elles.
Mein Kollege ist zu allem gut, nur nicht um eine Zeitung zu leiten.	O meu collega é bom para tudo, menos para dirigir um jornal.

Alles mögliche.	[Tudo] quanto ha.
Der Pferdestall.	A cavalhariça.
Der Stallknecht.	O moço de cavalhariça.

Er versprach mir alles mögliche.	Prometteu me tudo quanto ha.
Ich werde dem Stallknecht sagen, daß er das Pferd in den Stall führe.	Direi ao moço de cavalhariça que leve o cavallo á cavalhariça (recolha a cavalgadura).
Ich wünsche Ihnen guten Tag.	Desejo-lhe [muito] bons dias.

Einsteigen (in den Wagen).	Entrar na carruagem (spr. carruágem).
Sich einschiffen. Einsteigen ins Schiff.	Embarcar.

Was sagen Sie von Ihrem Zögling?	Que diz do seu discipulo?
Ich bin recht wohl mit ihm zufrieden.	Estou muito satisfeito com elle (delle).
Kann er schon reiten?	Já sabe montar a cavallo?
Er kann es.	Elle o sabe.
Wird er sich mit uns einschiffen?	Embarcará comnosco?
Er ist noch nicht angekleidet.	Ainda não está vestido.

Aufgaben.

182.

Wirst Du noch viel Geld ausgeben?—Ich werde nicht ein Pfund mehr ausgeben, bevor ich das Geld empfangen habe, das Du mir schuldig bist.—Willst Du meine Ochsen kaufen?—

Ich werde keine Ochsen mehr kaufen, bis ich alle diejenigen verkauft habe, welche ich noch habe.—Willst Du Deinem Vetter Geld schicken? — Ich werde ihm Geld schicken, damit er nicht umsonst Dich um den Gefallen gebeten habe, mir es zu sagen. —Was fürchtest Du?—Ich fürchte, daß er meinem Vater nicht gesagt habe, daß ich kommen werde.—Was fürchtet Ihr Vater? —Er fürchtet, daß seine Geschäftsgenossen die Briefe nicht erhalten haben, welche er ihnen vor vierzehn Tagen geschickt hat. —Fürchten Sie diesen Menschen?—Ich fürchte, daß er bezahlt worden sei, um meinen Hund zu töten. Aber ich fürchte auch, daß mein Hund nicht geneigt (disposto) ist, sich töten zu lassen.—Warum kam Ihr Bruder gestern nicht auf den Ball? —Ich fürchte, (daß) man hat vergessen ihm zu sagen, daß Ball ist. — Willst Du mit mir kommen? Ich bin (p) gekommen, um mit Dir zu gehen. — Damit Du nicht umsonst gekommen seiest, will ich mit Dir gehen, aber ich möchte lieber (antes) zu Hause bleiben. — Hat Ihnen Ihr Vater schon geschrieben? — Noch nicht. Ich fürchte, daß das Geld, welches ich ihm geschickt hatte, gestohlen worden sei.—Warum glauben Sie das? —Weil ich keine Antwort bekomme.

183.

Siehst Du diesen Staub auf der Straße? — Ja. Es sind die Wagen des Königs, welche ihn auftreiben (levantar). — Werden Ihre Verwandten morgen aufs Land gehen? — Sie werden nicht gehen, denn es ist sehr staubig. — Werden wir heute einen Ausflug machen? — Nein, denn die Straßen sind naß. — Sehen Sie die Burg des Königs?—Ja, ich sehe sie. Können wir hineingehen?—Nein, wenn der König da ist, darf niemand hineingehen.—Wollen Sie in dieses Zimmer eintreten? —Ich werde nicht hineintreten, denn es ist voll Rauch.—Wollen Sie nicht mit mir ausreiten?—Nein, denn es ist sehr schmutzig auf den Straßen.—Wollen Sie nicht eintreten? Wollen Sie sich nicht setzen?—Ich will mich auf diesen großen Stuhl setzen. — Wollen Sie mir sagen, was aus diesem Herrn geworden ist?—Ich werde es Ihnen sagen.—Wo ist Ihre Schwester?— Sehen Sie sie nicht? Sie sitzt auf der Bank. — Sitzt Ihr Vater auf der Bank?—Nein, er sitzt auf dem Stuhl. — Hast

(p) Du all Dein Geld ausgegeben?—Ich habe (p) die Hälfte
ausgegeben. — Wieviel hast Du noch? — Ich habe noch zehn
Pfund.—Hat Ihnen Ihr Vater den Beutel gefüllt, als er ab=
reiste?—Ja, er hat mir ziemlich (viel) Geld gelassen.

184.

Willst Du mit mir jenen Berg besteigen?—Ja, wir können
bis zu jenem Ort, der am Fuß (ao pé) des Berges liegt,
reiten.—Gehst Du lieber den Berg hinauf oder steigst Du lieber
herab? — Ich gehe lieber hinauf, denn, wenn ich herabsteige,
bin ich gewöhnlich sehr müde.—Was hat der Bauer?—Er hat
einen Sack voll Getreide. — Was trägt der Esel? — Er trägt
einen Sack voll Geld.—Wo liegt Lissabon, stromabwärts oder
stromaufwärts von hier? — Stromaufwärts, mein Herr, denn
das Wasser des Tejo kommt von Lissabon. — Das kann sein;
aber der Fluß fließt so sanft, daß ich nicht sehen kann, ob er
nach links oder nach rechts läuft.—Wollen Sie nicht noch ein
Stückchen von dieser Torte essen? — Nein, ich esse nicht gern
mehr als gewöhnlich. — Ist Ihr Bruder endlich aus England
zurückgekommen?—Ja, mein Herr, er ist (p) endlich zurückge=
kommen und hat uns ein schönes englisches Pferd mitgebracht.
— Wollen Sie heute mit meiner Mutter ausfahren? — Nein,
mein Herr, ich will ausreiten.—Thun sie es heute nicht, meine
Dame. Die Straßen sind so schmutzig, daß es besser ist, daß
Sie (vossa Excellencia) ausfahren. — Wann hat (p) sich Ihre
Schwester eingeschifft?—Heute Abend um sieben Uhr, als der
Wind sich hob. — Wie sind die Ufer des Flusses? — Sie sind
prächtig. Wenn man den Fluß hinauffährt, wird das linke
Ufer (bleibt das linke Ufer jedesmal) immer schöner. — Ist
Ihr Junge immer noch soviel?—Er füllt [sich] den Magen in
solcher Weise mit Fleisch an, daß er krank werden wird, wenn
er fortfährt soviel zu essen.

Sechzigster Abschnitt. — Lição sexagesima.

Imperfektum des Konjunktivs. — Preterito imperfeito do Conjunctivo.

Sie sprachen. — Ich spräche.	Fallarão. — Fallasse.
Sie sahen. — Ich sähe.	Virão. — Visse.
Sie kamen. — Ich käme.	Vierão. — Viesse.

A. Durch Verwandlung des —rão der dritten Person des Plurals des Preterito perfeito in —sse entsteht die erste Person des Preterito imperfeito do Conjunctivo. Der Ton liegt auf dem Vokal vor —sse: fallásse, víssemos, disséssem.

Fallasse, fallasses, fallasse,
ich spräche, du sprächest, er spräche,
fallassemos, fallasseis, fallassem.
wir sprächen, ihr sprächet, sie sprächen.
Viesse ich käme, viesses, viesse,
viessemos, viesseis, viessem.

Visse, visses, visse,
ich sähe, du sähest, er sähe,
vissemos, visseis, vissem.
wir sähen, ihr sähet, sie sähen.
Dissesse ich sagte, dissesses, dissesse, dissessemos, dissesseis, dissessem.

NB. Der Ton bleibt stets vor —ss.

Sie fragten. — Ich fragte (—möchte fragen).	Perguntarão. — Perguntasse.
Sie brachten.—Ich brächte(—möchte bringen).	Trouxerão. — Trouxesse.
Sie wußten. — Ich wüßte (—sollte wissen).	Souberão. — Soubesse.

B. Nach allen Zeiten des Indicativo, ausgenommen Presente und Futuro, und nach denen des Condicional, steht im abhängigen Satz, wo dieselben eben den Conjunctivo fordern, das Preterito imperfeito do Conjunctivo, um diesen Zeiten gegenüber gegenwärtiges oder zukünftiges auszudrücken.

Ich bitte Dich, daß Du es ihm sagest.	Peço-te, que lho digas.
Ich werde Dich bitten, daß Du es ihm sagest.	Pedir-te-hei, que lho digas.

Ich bat Dich		
Ich habe Dich gebeten	es ihm zu	
Ich würde Dich bitten	ſagen.	

Pedia-te	
Pedi-te	que lho dis-
Tenho-te pedido	sesses.
Pedir-te-ia	

Ich ſage ihm,	daß er das
Ich werde ihm ſagen,	Glas bringe.

Digo-lhe	que traga o
Hei de lhe dizer	copo.

Ich ſagte ihm,	daß er das
Ich habe ihm geſagt,	Glas bringen
Ich würde ihm ſagen,	möchte(—ſoll).

Dizia-lhe	
Disse-lhe	que trouxesse
Tenho-lhe dito	o copo.
Havia de lhe dizer	

Ich würde ihm ſagen, daß er das Glas bringen ſoll, wenn ich ihn ſähe.

Havia de lhe dizer, que trouxesse o copo, se eu o visse a elle.

Sie hatten. — Ich hätte.	Tiverão. — Tivesse.
Sie waren. — Ich wäre.	Forão. — Fosse.
Sie ſtanden. — Ich ſtände.	Estiverão. — Estivesse.
Sie machten. — Wenn ich machte.	Fizerão. — Se eu fizesse.
Sie konnten. — Ich könnte.	Puderão. — Pudesse.

C. In Bedingungsſätzen wird das Bedingende durch das Preterito imperfeito do Conjunctivo ausgedrückt.

Würden ſie Freunde haben, wenn ſie dort wären?	Terião amigos, se estivessem alli?
Sie würden nicht hier ſein, wenn ſie dort Freunde hätten.	Não estarião cá, se alli tivessem amigos.
Würden wir es thun, wenn wir es könnten?	Haviamos de fazê-lo, se pudessemos?
Wir würden es können, wenn ſie es thäten.	Poderiamos fazê-lo, se elles o fizessem.

Sie hatten. — Ich hätte.	Houverão. — Houvesse.
Sie glaubten. — Ich glaubte.	Crerão. — Cresse.

Ich würde gelobt haben.	Louvára, teria louvado.
Ich würde geweſen (geworden) ſein.	Teria sido, fóra.

Ich würde gelobt haben, du wür-deſt gelobt haben, er würde gelobt haben, wir würden gelobt haben, ihr würdet ge-lobt haben, ſie würden gelobt haben.	Louvára, louváras, louvára, louváramos, louváreis, lou-várão oder teria, terias, teria, teriamos, terieis, terião louvado. [Auf die erſte Form kommen wir ſpäter zurück].

D. Das Preterito perfeito condicional [ich würde gelobt haben louvára, teria louvado] hat zwei Formen, eine einfache und eine zuſammengeſetzte. Erſtere iſt weniger ge=

bräuchlich, ersetzt aber sehr oft das Preterito Imperfeito do Conjunctivo. Letztere ist die am häufigsten Anzuwendende, ganz analog dem deutschen Sprachgebrauch.

Sie würden gesungen haben.	Terião cantado.
Du würdest gelesen haben.	Terias lido.
Du würdest gegessen haben, wenn ich nicht gekommen wäre.	Tu terias oomido, se eu não tivesse chegado.

E. Das Preterito mais que perfeito do Conjunctivo entsteht durch die Zusammensetzung des Preterito imperfeito do Conjunctivo von ter mit dem Participio perfeito des Zeitworts [tivesse, louvado, ido, chegado etc.]. Es drückt eine Vergangenheit aus, wo das Preterito imperfeito do Conjunctivo eine Gegenwart oder eine Zukunft ausdrückt.

Ich würde gerufen haben, wenn ich Dich gesehen hätte.	Teria chamado, se te tivesse visto.
Was würde aus mir, wenn Du nicht wärest?	Que seria de mim, se tu não fosses?
Was würde aus mir geworden sein, wenn Du nicht gewesen wärest?	Que teria sido de mim, se tu não tivesses sido?
Würde er die Schüler gelobt haben, wenn sie gearbeitet hätten?	Teria elle louvado os discipulos, se tivessem trabalhado?
Wenn sie ihre Arbeit gemacht hätten, würden sie gelobt worden sein.	Se elles tivessem feito o seu trabalho, terião sido louvados.

F. Jede Zeitform von ser, verbunden mit dem Participio perfeito, bildet die entsprechende Zeitform des Passivo.

Ich wäre gelobt worden.	Tivesse sido louvado.
Sie würden gearbeitet haben, wenn sie gelobt worden wären.	Terião trabalhado, se tivessem sido louvados.
Beten für... Beten zu Gott.	Orar por... Orar a Deos.
Anwenden zu... Unterstützen.	Empregar em... Soccorrer.
Für wen würdest Du beten, wenn Du in die Kirche gingest?	Por quem orarias, se fosses á igreja?

Wenn ich in die Kirche ginge, würde ich für meine Freunde beten (d. h. betete ich für sie).

Se fosse á igreja, oraria pelos meus amigos.

Wozu würdest Du Dein Geld verwenden, wenn Du mehr hättest als Du hast?

Em que empregarias o teu dinheiro, se tivesses mais do que tens?

Ich würde es zum Ankauf guter Bücher und zur Unterstützung der Armen verwenden.

Eu havia de emprega-lo em comprar bons livros e em soccorrer os pobres.

Der Grund, die Ursache.
Darum, deshalb, deswegen.
Es ist darum, daß...
Darum...
Mit jemand schelten.
Jemanden schelten.

A causa (spr. cáusa). A razão.
Por isso.

Eis a razão porque... Por isso é que...
Ralhar com alguem. Ralhar (a) alguem.

Sie haben mir mein Buch nicht zurückgegeben, darum schelte ich mit Ihnen.

Vm^{ce.} não me restituiu o meu livro; por isso é que [por isso] ralho com vm^{ce.}

Würden Sie mich schelten, wenn ich Ihnen den Grund sagte, warum ich es Ihnen nicht zurückgegeben habe?

Havia de ralhar comigo, se lhe dissesse a razão, porque não lho restitui?

Das ist ja die Ursache, warum ich schelte.

Eis a razão, porque ralho.

Ich wollte es noch einmal lesen; das ist der Grund, warum ich es Ihnen nicht zurückgab.

Quiz lê-lo outra vez; eis a razão, porque não lho restitui.

Hast Du nicht versprochen, daß Du mir das Geld vor meiner Abreise bringen würdest?

Não prometteste, que havias de trazer-me o dinheiro, antes que eu partisse?

Ich würde es gebracht haben, wenn ich es gehabt hätte.

Eu o teria trazido, se o tivesse tido.

Ehren.
Bitten, zu Gott beten für...
Gebieten, befehlen.

Honrar.
Rogar, rogar a Deos por...
Ordenar.

Der König befahl mir, daß ich seinen Sohn holen möchte (wörtlich holte).

El rei me ordenou, buscasse seu filho.

Er bat ihn, daß er ihn kommen lassen möchte.

Pediu-lhe [rogou-lhe], o mandasse vir.

Habe ich Dir nicht gesagt, Du solltest ihn bitten, er möchte mir meine Uhr schicken?

Não te disse, que lhe rogasses, me mandasse o meu relogio?

G. Hinter rogar, pedir, ordenar u. ſ. w. wird que oft zierlich weggelaſſen, jedenfalls hinter einem andern que.

Warum ſprichſt Du nicht?	Porque não fallas?
Die Zunge thut mir weh.	Doe-me a lingua.
Gewiß, ſicher, zuverläſſig.	Certo, —a (Beiwort). Certamente. Certo. De certo (Umſtandswort).
Würde er geehrt werden?	Seria honrado?
Würde dieſer Mann geehrt werden, wenn er nicht ſo geſchickt wäre?	Seria honrado este homem, se não fosse tão habil?
Er würde gewiß wenig geachtet werden.	De certo seria pouco estimado.
Gewiß nicht. Ja, gewiß [ja, doch].	Certo que não. Certo que sim.
Ein gewiſſer Mann ſagte mirs.	[Um] certo homem mo disse.
Ein ſicherer [gewiſſer] Freund.	Um amigo certo.
Die Uhr iſt richtig (gut geregelt).	O relogio está certo.
Die Uhr geht richtig.	O relogio regula bem.
Meine Uhr geht nach der Ihrigen.	O meu relogio regula pelo seu.
Aufgehen, ſich öffnen (laſſen).	Abrir-se.
Zugehen, ſchließen. — Zumachen.	Fechar-se. — Fechar.
Abgehen (verkauft werden).	Vender-se.
Ohne Mühe. Leicht (Umſtandswort).	Facilmente.
Es giebt viel Wein, und er geht gut ab.	Ha muito vinho e elle se vende bem.
Warum öffnen Sie das Fenſter nicht?	Porque não abre a janella?
Es geht nicht leicht auf und zu.	Ella nem [abre nem fecha] se abre nem se fecha bem oder não abre nem fecha bem.
Sterben an... (vor...)	Morrer.
Vor Hunger, **vor** Durſt ſterben.	Morrer de fome, de sêde.
Geſtorben. Tot.	Morto.
Betrüben. Betrübt.	Affligir. Afflicto.
Der Tod.	A morte.
In ſeinem Bett ſterben. Eines natürlichen Todes ſterben.	Morrer na sua cama. Morrer de morte natural.

Wir müssen alle sterben.	Todos havemos de morrer.
Starb sein Vater gestern?	Seu pai morreu hontem?
Ja, und ich bin darüber sehr betrübt.	Sim, e estou muito afflicto.
Man lernt [bis zum Sterben] selbst sterben.	Até morrer aprende-se.
Der Welt absterben.	Morrer ao mundo, para o mundo.
Schnell sterben (— ohne zu sagen Jesus).	Morrer sem dizer Jesus (spr. Jesús).

Aufgaben.

185.

Was wünschte mein Vater? — Er wünschte, daß Du ihm geschrieben hättest, warum Du nicht kamst.—Was würdest Du thun, wenn Du ein großes Vermögen hättest? — Ich würde diejenigen unterstützen, die nicht arbeiten können.—Wem würden Sie dieses Geld schicken, wenn Sie es hätten?—Ich würde es meinem Vater schicken. — Hätten Sie mir ein Buch geschickt, wenn Sie gewußt hätten, daß ich die letzten Bücher gelesen habe?—Ich hätte Ihnen die Bücher geschickt, welche Sie verlangt haben, wenn ich sie gehabt hätte.—Hätte der Bauer sein Pferd verkauft, wenn er gewußt hätte, daß es nicht krank ist? —Er hätte es verkauft.—Hätten Sie sich eingeschifft, wenn Sie gewußt hätten, daß ein Sturm sich erheben würde?—Ich hätte mich nie eingeschifft. — Hätte der Kapitän den Matrosen Geld gegeben, wenn er gewußt hätte, daß sie sich nicht einschiffen würden? — Er hätte ihnen gewiß kein Geld gegeben. — Was würden Sie gesagt haben, wenn ich Ihnen einen Sack voll Geld gestohlen hätte? — Ich würde nie mehr mit Ihnen gesprochen haben. — Was hätten Ihr Vater und Ihre Mutter gesagt, wenn sie gesehen hätten, wie Sie arbeiteten? — Sie hätten mich gelobt. — Was würden Sie gethan haben, wenn Sie die Faulheit dieses Jungen bemerkt hätten?—Ich würde ihn gestraft haben, wenn ich solches gesehen hätte.

186.

Welchen Grund würden Sie gehabt haben, mir böse zu sein, wenn Sie gewußt hätten, daß ich Ihnen jeden Tag einen

Brief geschickt habe? — Wenn ich Ihre Briefe erhalten hätte, hätte ich Ihnen auch Briefe geschickt. — Warum hast Du mir keine Nachrichten von Deinem Vater gegeben? — Wenn ich gewußt hätte, daß Du es wünschest, hätte ich Dir geschrieben. — Würden Sie Geld empfangen haben, wenn Ihr Vater hier gewesen wäre? — Ich würde viel Geld empfangen haben, wenn er hier gewesen wäre. — Würden Sie mir Geld gegeben haben, wenn ich von Ihnen welches gefordert hätte? — Ich würde es Ihnen gegeben haben. — Würden Sie meine Schüler gelobt haben, wenn Sie gewußt hätten, daß sie fleißig sind? — Ich würde sie gewiß nicht bestraft haben. — Würden wir Obst erhalten, wenn wir an Ihren Bruder schrieben? — Sie würden jetzt Pfirsiche erhalten, wenn Sie an ihn schrieben. — Würden Sie die spanische Sprache lernen, wenn Sie in Spanien wohnten? — Ich würde sie gerne jetzt schon lernen, um sie zu können, wenn ich eines Tages nach Spanien gehen würde. — Würde mein Sohn nicht bestraft worden sein, wenn er seine Aufgaben gemacht hätte? — Er würde nicht bestraft worden sein, wenn er sie gemacht hätte. — Würde meine Schwester gelobt worden sein, wenn ich erfahren hätte, was ich jetzt weiß? — Nein, Sie hätten sie gewiß nicht gelobt.

187.

Was würden Sie gethan haben, wenn man Ihnen alle Ihre Briefe verbrannt hätte? — Ich würde sie noch einmal geschrieben haben. — Was würden Sie thun, wenn Sie in der Kirche wären? — Ich würde für diejenigen beten, welche mich lieben. — Ich würde noch mehr thun, ich würde auch beten für diejenigen, die mich hassen. — Wozu würden Sie Ihr Geld verwenden, wenn Sie soviel hätten, wie ich? — Ich würde Häuser kaufen und würde sie den Armen schenken. — Warum hast (p) Du dem Schneider meinen Rock nicht geschickt? — Weil ich keine Zeit hatte. — Ist das die einzige Ursache? — Das ist die einzige Ursache, warum ich es nicht gethan (p) habe. — Würden Sie mir ein Pferd geben, wenn ich Ihnen verspräche, jeden Tag zu reiten? — Ich würde Ihnen zwei Pferde geben, wenn Sie jeden Tag reiten wollten. Aber ich kenne Sie, Sie versprechen viel und thun wenig. — Würden Sie an Ihre Schwester geschrieben haben, wenn ich nach Paris gegangen wäre?—Nein, ich würde es nicht gethan haben, denn ich hätte Ihnen nie einen Brief anvertraut. Ich gab Ihnen einen vor drei Jahren, Sie müssen sich dessen erinnern, und Sie vergaßen ihn der Person zu geben, an welche er gerichtet war (dirigir). — Würden Sie sprechen, wenn Ihnen jemand zuhörte?—Gewiß, mein Herr.—Würdest Du mit Deiner Arbeit fertig geworden sein, wenn Du den ganzen Tag gearbeitet hättest? — Nein, ich würde noch nicht damit fertig geworden sein.—Was hast Du heute während des ganzen Tages gethan?—Ich habe gearbeitet.—Hast Du Briefe geschrieben? — Ja, ich habe alle Briefe beantwortet, die ich während der Woche empfangen habe.

188.

Würden Sie mit mir schelten, wenn Sie wüßten, daß ich vorgezogen habe, heute im Wirtshaus zu Mittag zu speisen?—Nein, ich würde nicht schelten. Sie hätten heute auch hier ein gutes Mittagessen gefunden.—Was befahl Dir der König?—Er befahl, daß ich seinen Sohn holen möchte. — Was befahl Dir Dein Herr? — Er befahl mir, daß ich diesen Brief auf die Post tragen möchte (levar a). — Was forderte der Diener von Dir?—Er bat mich, daß ich seinen Sohn nach der Schule schicken möchte. — Was forderten die Leute von Ihnen? — Sie forderten, daß ich ihnen soviel Geld geben möchte, als sie brauchen. — Wird der Kaufmann von seinen Geschäftsgenossen geehrt? — Nein, niemand ehrt ihn, denn er ist nicht immer bereit die Wahrheit zu sagen. — Hast Du mir kein Geld entwendet (p)?—Gewiß nicht. Ich bin gewiß, daß Sie es verloren haben (p). — Warum schließen Sie die Thüre jedesmal, wenn Sie ausgehen?—Mir bangt vor Dieben.—Warum öffnen Sie die Fenster?—Der Hitze wegen. Man erstickt im Zimmer. —Geht dieses Fenster leicht auf?—Es geht nicht leicht auf.— Geht die Thüre leicht auf?—Sie geht leicht auf und zu.—Was betrübt Ihren Bruder so sehr? — Der Tod meines Freundes betrübt ihn. — Gehen diese Waren gut ab? — Ja, sie gehen gut ab.—Als Sie Ihr Geld empfingen, was thaten Sie damit? — Wir verwendeten es zum Ankauf guter Bücher. — Verwendeten Sie das Ihre auch zum Ankauf guter Bücher?—

Nein, wir verwendeten es zur Unterstützung der Armen. — Soll ich diesem Manne mein Geld geben oder nicht? — Thun Sie es nicht, er ist ein Schwärmer, der alles Geld ausgeben wird, welches Sie ihm leihen werden.

Einundsechzigster Abschnitt. — Lição sexagesima primeira.

Die Kammer.	A camara (spr. cámara).
	O quarto.
Der Diener, Knecht, Junge.	O moço.
[Der Kämmerer.] Der Kammerdiener [bei fürstlichen Personen].	O moço da camara.
Einer der Kammerdiener des Königs hat mir versprochen, es seinem Herrn zu sagen.	Um dos moços da camara del rei me prometteu que havia de dizê-lo ao seu amo.
Was ist in dieser Kammer?	Que ha neste quarto? [nicht camara].
Es sind kleine Vögel darin.	Ha nelle uns passarinhos.
Der Kammerrat.	O conselho da camara.
Der Kammerrat (die einzelne Person).	O conselheiro da camara.
Der Präsident des Rates.	O presidente do conselho.
Der Prozeß. Der Rechtshandel.	A demanda. O pleito (spr. pléito). O processo.
Den Prozeß gewinnen, verlieren.	Ganhar, perder a demanda, o pleito.
Der Vergleich.	A composição.
Ein schlechter Vergleich ist besser als ein guter Prozeß.	Vale mais uma má composição, que uma boa demanda.
Vom Gesagten zum Gethanen geht ein großer Prozeß, d. h. es ist ein Unterschied zwischen Wort und That.	Do dito ao feito vai grande pleito.
Einem einen Prozeß anhängen.	Intentar um processo a alguem.

Der Schwiegervater.	O sogro.
Die Schwiegermutter.	A sogra.
Die Empfehlung.	A recommendação.
Das Empfehlungsschreiben.	Carta de recommendação.
Die Empfehlungen, Kompli-mente.	As recommendações.
Empfehlen.	Recommendar.
Die Rechnungen ins reine bringen.	Liquidar as contas.
Prügel bekommen.	Levar pancadas.
Des Morgens früh abreisen.	Partir de madrugada.

Er verspricht mir, daß er mich sei-nem Freund empfehlen wird.	Elle me promette, que me re-commendará ao seu amigo.
Er versprach mir, daß er mich sei-nem Freund empfehlen würde.	Elle me prometteu, que me re-commendaria ao seu amigo.
Ich bitte Dich, daß Du mich em-pfehlest.	Peço-te, que me recommendes.
Er bat mich, daß ich ihn empfehle.	Pediu-me, que o recommendasse.

Die Majestät.	A magestade.
Hindern. In Verlegenheit bringen.	Embaraçar.
Sich um eine Sache küm-mern.	Embaraçar-se com uma cousa.

Das bringt mich nicht in Verlegen-heit.	Isto não me embaraça.
Seine Majestät brachte mich in Ver-legenheit.	Sua Magestade me embaraçou.

A. Vor dem Inhalt eines Denkens, Wahrnehmens, Sagens (worin kein Wollen liegt) erfordert que den In-dicativo, hinter einfacher Vergangenheit Imperfeito.

Er sagte, daß es so sei.	Elle disse, que era assim.
Er sagte mir, ich sollte kommen.	Elle me disse, que viesse.
Er meinte, ich hätte drei Tage lang nichts gegessen.	Elle pensava, que eu não tinha comido nada durante tres dias.

Sich erzürnen über...	Zangar-se de... (com).
Sicher, versichert.	Seguro.
In betreff.	Acerca de. A respeito de (spr. respéito).

In betreff auf mich — auf dich, — auf ihn u. s. w.	A meu, teu, seu respeito.
In jeder Hinsicht.	A todos os respeitos.

Ich frage nach jemand.

Ich frage nach einer Sache.

Pergunto por alguem.

Pergunto a respeito de alguma cousa.

Ich bin erzürnt über ihn. Ich zürne mit ihm.

Sollte er mir in betreff jener Angelegenheit zürnen, so würde ich seinen Dienst verlassen.

Estou zangado com elle.

Se elle estivesse zangado commigo a respeito daquelle negocio, eu deixaria o seu serviço.

B. Das „wenn", welches im Deutschen durch die Fragform ersetzt werden kann, ist im Portugiesischen auszudrücken, nicht aber das so = dann (oder dann = so).

Wenn ich könnte, würde ich es thun.
Könnte ich, so würde ich es thun.

Se pudesse, havia de fazê-lo.

Die Gesundheit, das Befinden.
Im Vorbeigehen.
Jemanden aufsuchen, holen.

A saude (spr. saúde).
De caminho.
Ir ter com. Ir buscar.

Hätte ich gewußt, wo Dein Arzt wohnt, so würde ich ihm einige Fragen über Dein Befinden vorgelegt haben.

Es wäre mir lieber, daß Du mir sagtest, warum Du mich nicht aufgesucht hast.

Se tivesse sabido, onde mora o teu medico, eu lhe teria feito algumas perguntas a respeito de tua saude.

Gostaria mais, que tu me dissesses, porque não foste ter commigo.

C. Wo im Deutschen das Imperfekt des Konjunktivs statt des Konditionalis steht, ist Preterito imperfeito condicional anzuwenden.

Die Freiheit.
Reichen. Zukommen lassen.
Der Teller, die Schüssel.
Einschenken (eigentl. füllen).
Erlauben Sie mir, daß...
Soll, darf ich (Höflichkeitsformel)?

A liberdade.
Passar.
O prato.
Encher.
Permitta-me que...
Quer que... (Wollen Sie, daß...)?

Darf ich Ihnen Ihr Glas füllen?
Von welchem Wein darf ich Ihnen ein Glas einschenken?

Quer, que lhe encha o copo?
De que vinho quer, que lhe offereça um copo?

Einschenken (eigentl. gießen).

Deitar.

Erlauben Sie mir, daß ich Ihnen Wasser in den Wein gieße: er ist sehr stark.

Permitta-me, que lhe deite agua no vinho; elle é muito forte.

Der Kaiſer.	O imperador.
Die Kaiſerin.	A imperatriz.
Der Offizier.	O official.
Der Hof.	A corte.

Ein Mann, welcher ſieht...	Vendo um homem...
Ein Mann, welcher geſehen hatte...	Tendo visto um homem...
Ein Offizier, welcher gekommen war, fragte den Kaiſer.	Tendo chegado um official, [elle] perguntou ao imperador.
Einen Offizier, welcher gekommen war, fragte der Kaiſer.	Tendo chegado um official, o imperador lhe perguntou.

D. Das „welcher", hinter dem erſten Wort des Satzes, wird oft durch das Participio Presente ausgedrückt, mit folgendem o (os, a, as) oder lhe (lhes), je nachdem jenes Wort im Dativ oder im Accuſativ ſteht.

Auf etwas beſtehen, dringen.	Insistir em, sobre alguma cousa.
Anbinden.	Atar.
Der Degen, das Schwert.	A espada.
Ich fragte ihn dringend [indem ich in ihn drang], wo er mein Pferd angebunden habe.	Perguntei-lhe, insistindo, onde elle tinha atado o meu cavallo.
Da mein Sohn ein gewaltiges Schwert trug, lachten alle über ihn.	Trazendo meu filho uma grande espada, todos se rião delle.

E. Dem Participio presente folgt gewöhnlich das Subjekt. Iſt es ein einfacher Name und zugleich Subjekt des Hauptſatzes, ſo folgt zuweilen das participio presente.

Ich habe Ihr Haus geſehen, als ich voriges Jahr auf Reiſen war.	Vi a casa de vmcê, quando viajava o anno passado.
Man ſieht es ſchon von weitem.	Já se vê de longe.
Man kann es ſchon von weitem ſehen.	Já se póde vêr a uma grande distancia.
Abhängen.	Depender.
Der Umſtand.	A circumstancia (ſpr. circumstáncia).
Je nach... Gemäß.	Segundo.
Demgemäß was er ſagt.	Segundo o que elle diz.
Wird er morgen mit uns zu Mittag ſpeiſen?	Jantará comnosco amanhã?

Er sagte, dies würde von den Umständen abhängen.

Disse, que isto dependeria das circumstancias.

Wie sagt man das im Portugiesischen?

Como se diz isso em portuguez?

> Ausdrücken.
> Wegschenken.
> Es läßt sich; es ist zu...

> Expressar.
> Dar.
> Se póde...

Man sagt das im Portugiesischen nicht.

Isto não se diz em portuguez.

Läßt es sich nicht ausdrücken?

Não se póde dizer?

Es läßt sich ausdrücken, aber auf andere Weise.

Isto se póde expressar, mas de outra maneira.

Das ist nicht zu verstehen.

Isto não se entende (póde entender).

Ein dergleichen, solch ein.
Der Küste entlang fahren.
Neben... gehen. Begleiten.
Das Beispiel.

Semelhante.
Costear.
Ladear.
O exemplo.

Er richtet sich nach meinem Willen.

Costea-se com a minha vontade.

Erteilen Sie mir Ihre Befehle, meine Damen, sagte er sie begleitend.

Dão-me as suas ordens, minhas senhoras, disse elle ladeando.

Wie ist der Name?
Wo steht der Baum?
Er steht am Fluß.

Qual é o nome?
Onde está a arvore?
Está na margem do rio.

Ich habe ihn bemerkt, indem ich am Fluß hinging.

Reparei nelle, costeando o rio.

Wie ist der Name dieser jungen Dame?

Qual é o nome desta joven (spr. jóven) senhora?

Sie heißt Eleonore.

Ella se chama Leonor.

Mein Bruder, den Du gesehen hast, heißt Franz.

Meu irmão, que tu viste, chama-se Francisco.

Du mußt Deinem Bruder das gute Beispiel geben.

É preciso, que tu dês o bom exemplo a teu irmão.

Eine Gefälligkeit macht (statuiert) kein Beispiel (Norm).

Um favor não faz exemplo.

Man hat nie solches gesehen.

Nunca se viu cousa semelhante.

> Bedauern, ungerne sehen.
>   Ich bedaure u. s. w.
> Begraben.
> Das Hindernis, die Ungelegenheit.
> Der Sand.
> Faul.
> Traurig.

> Sentir. Sinto, sentes etc.

> Enterrar.
> O inconveniente.

> A areia (spr. aréia).
> Podre.
> Triste.

Ich bedaure (es) tief, } daß Du Ich empfinde (es) } nicht hier schmerzlich, } bist.	Sinto muito, que tu não estejas cá. Sinto muito não te vêr cá.
Ich bedaure sehr, ihn beleidigt zu haben.	Sinto muito tê-lo offendido.
Würde es Dir leid sein, wenn } Dein Würdest Du es ungern } Vater sehen, daß } käme?	Sentirias, que teu pai chegasse? [Nicht O sentirias se ...]
Es würde mir nicht leid sein.	Não o sentiria.
Er würde nicht traurig sein, wenn er Geld hätte.	Não estaria triste, se tivesse dinheiro.

Böhmisch. Ungarisch. Die Leichtigkeit.	Bohemio (spr. bohémio). Hungaro (spr. húngaro). A facilidade.

Er spricht mit Leichtigkeit die böhmische Sprache.	Falla com facilidade a lingua bohemia.
Wir sprechen [unterhalten uns] mit unsern Freunden.	Fallamos com os nossos amigos.
Wir sprechen mit (reden zu) Gott.	Fallamos a Deos.

Ludwig der Vierzehnte.	Luiz-Quatorze [nach dem Französischen].
Kaiser Karl der Fünfte. Heinrich der Vierte.	Carlos-Quinto. Henrique-Quarto.

F. Bei Zahlen hinter Namen der Herrscher ist der Artikel nicht zu übersetzen, dagegen muß vor dem Titel el oder o stehen.

Kaiser Karl der Fünfte sagte, man sollte spanisch mit den Göttern und böhmisch mit dem Teufel sprechen.	O imperador Carlos-Quinto dizia, que se devia fallar em hespanhol aos Deoses e em bohemio com o diabo.
In welcher Sprache würdet Ihr mit den Pferden reden?	Em que lingua fallarieis aos cavallos?

Europäisch. Pflegen. Gewohnt sein. Die Gans.	Europeo. Costumar. O ganso.

Luise pflegt zu sagen, die englische Sprache sei eine Sprache für die Gänse.	Luiza costuma dizer, que a lingua ingleza é uma lingua para os gansos.
Versteht sie englisch?	Sabe ella a lingua ingleza?
Sie spricht mehrere europäische Sprachen.	Falla differentes linguas europeas.

Bereiten, vorbereiten.	Preparar.
Recht gethan. — Unrecht ge= than.	Bem feito (spr. féito). — Mal feito.
Hast Du recht gethan oder unrecht? Es scheint mir, daß ich nicht un= recht gethan habe.	Fizeste bem ou mal? Parece-me, que não fiz mal.

Aufgaben.

189.

Als eines Abends Ludwig der Vierzehnte zu Bett ging, bat ihn einer der Kammerdiener, einen Prozeß, den er mit seinem Schwiegervater hatte, dem Präsidenten des Gerichts empfehlen zu wollen und sagte in ihn dringend: „Es genügt, daß Ew. Majestät ein Wort sage!" — „Nun gut!" antwortete ihm Lud= wig der Vierzehnte: „Nichts ist leichter. Aber sagen Sie mir eins. Wenn Sie an der Stelle Ihres Schwiegervaters wären und er an Ihrer, was würden Sie sagen, wenn ich dieses Wort sagte?" — Sollten die Männer kommen, so müßte man ihnen ein Glas Wein geben. — Wenn er dieses thun könnte, würde er jenes ganz gewiß thun. — Ich glaubte immer, mein lieber Bruder, daß Du mich eben so sehr liebst, wie ich Dich; aber jetzt sehe ich, daß ich mich getäuscht habe. — Es würde mir lieb sein, zu erfahren, warum der Herr ohne mich spazieren gegangen ist (p). — Ich habe gehört, liebe Schwester, daß Du mir zürnst, weil ich ohne Dich spazieren gegangen bin (p). Du kannst versichert sein, [daß] wenn ich gewußt hätte, daß Du nicht krank bist, wäre ich gekommen Dich abzuholen. Aber ich fragte den Arzt nach Deinem Befinden, und er sagte mir, Du hättest acht Tage lang im Bett gelegen.

190.

Einen französischen Offizier, welcher am Hofe zu (de) Wien angekommen war, fragte die Kaiserin Theresia (Theresa), ob er glaube, daß die Fürstin von N., welche er den Tag zuvor gesehen hatte, wirklich das schönste Weib von der Welt sei (ist), wie es hieß. — „Ew. Majestät", erwiderte der Offizier, „ich

dachte es (so) gestern."—Wie schmeckt Ihnen dieses Fleisch?—
Es schmeckt mir gut. — Darf (d. h. werde) ich die Freiheit
nehmen, Sie um ein wenig von diesem Fleisch zu bitten? —
Wenn Sie die Güte haben wollen [quizer], mir Ihren Teller
zu reichen, will ich Ihnen davon geben.—Wollten Sie die Gefälligkeit haben, mir einzuschenken?—Mit vielem Vergnügen.—
Als Cicero seinen Schwiegersohn, welcher ganz klein war, mit
einem sehr langen Schwert an der (d. h. seiner) Seite sah,
sagte er: „Wer hat meinen Schwiegersohn an sein Schwert
gebunden?"

191.

'Wann haben (p) Sie meines Vaters Burg gesehen? — Ich
habe sie gesehen, als ich voriges Jahr auf der Reise war. —
Es ist eine gar schöne Burg, und man entdeckt sie von weitem.
—Wollen Sie morgen früh aufstehen? — Dies wird von den
Umständen abhängen. Wenn ich früh zu Bett gehe, werde ich
spät aufstehen. — Werden Sie meine Kinder lieben? — Wenn
sie fleißig sind [estiverem], werde ich sie lieben.—Werden Sie
morgen mit uns zu Mittag essen? — Wenn Sie die Speise
bereiten lassen, welche ich gern esse, werde ich mit Ihnen speisen.
— Haben Sie schon den Brief gelesen, welchen Sie diesen
Morgen empfangen haben?—Ich habe ihn noch nicht geöffnet
(p).—Wann werden Sie ihn lesen?—Diesen Abend, wenn ich
Zeit haben werde.—Wozu dient dieser Gegenstand?—Er dient
zu nichts.—Warum haben (p) Sie ihn aufgehoben?—Ich habe
(p) ihn aufgehoben, um ihn Ihnen zu zeigen.—Können Sie mir
sagen, was es ist?—Ich kann es Ihnen nicht sagen, weil ich
nicht weiß, was es ist; aber ich werde meinen Bruder fragen,
der es Ihnen sagen wird. — Sind Sie böse (erzürnt)? — Ich
bin es, und was Sie verdienten, weiß ich.—Was sagen Sie?
— Sie werden noch einmal jemand antreffen, der Ihnen eine
gute Lektion giebt (conj.).—Gehen Sie, wenn nicht, werfe ich
Ihnen Sand in die Augen. — Mir? — Und begrabe Sie hier
am Strande, wie jemand, der einen faulen Fisch begräbt. Gehen
Sie, Mensch, wenn nicht ... sehen Sie, Sie bekommen (Prügel).
—Warum soll ich das nicht thun?—Du mußt Deinem Brüderchen das gute Beispiel geben. — Warum soll ich eher schreiben

als lesen?—Weil Du schon lange lesen kannst, aber Du schreibst noch sehr schlecht.—Kennst Du diesen armen Teufel?—Ja, es ist der Schuster, welcher alte Stiefel und Schuhe flickt.—Wo gehst Du gewöhnlich spazieren?—Ich gehe gewöhnlich in der Allee auf dem rechten Flußufer spazieren. Dieser Weg gefällt mir sehr, weil die Bäume auf (de) beiden Seiten so hoch und so hübsch sind.

192.

Darf ich Ihnen das Glas füllen, mein Herr?—Nein, mein Herr, ich will nicht mehr trinken.—Von welcher Schüssel darf ich Ihnen etwas anbieten? — Ich würde krank, mein Herr, wenn ich mehr äße. — Erlauben Sie mir, daß ich Ihnen von diesem Wein einschenke? — Was für Wein ist es? — Es ist ungarischer (da Hungria) Wein.—Wollen Sie mir etwas Schinken zukommen lassen?—Mit vielem Vergnügen.—Was wünscht der Kaiser?—Er wünscht, daß der Hof den Sommer auf dem Lande zubringe. — Wird die Kaiserin mit dem Hofe gehen? — Der Kaiser wünscht, daß die Kaiserin mit dem Hofe gehe. — Was wünscht mein Geschäftsgenosse?—Er wünscht, daß Sie darauf bestehen, daß die Waren verkauft werden.—Wem gehört dieser Degen?—Er gehört dem spanischen Offizier, der mit uns zu Mittag gegessen hat (p).—Welches ist das größte aller Güter? —Es ist die Gesundheit.—Haben (p) Sie ein Billet erhalten? —Ja, gnädige Frau, und ich vermelde Ihnen, daß unser Freund schon im Gasthof ist, und ich weiß nicht, ob es meine Pflicht sein wird, ihn heute Abend schon zu holen. Hier habe ich ein Billet von ihm, in welchem er mich bittet, ich möge ihn ent= schuldigen, daß er nicht direkt hierher gekommen ist. — Da es noch früh ist, können Sie ihn abholen. Das Zimmer ist fertig. —Aber es ist (dabei) ein Hindernis. Ich habe Leute in der Schreibstube, die auf mich warten um abzurechnen, und ich kann es nicht auf morgen verschieben, denn es sind Kaufleute aus der Provinz und sie reisen früh ab.—Wer ist dieser Herr? — Es ist mein Schwiegervater, und die Dame, die mit ihm geht, ist meine Schwiegermutter. — Was wünscht der Herr Präsident des Rates? — Er wünscht, daß er den Prozeß ge= winne. — Warum hat er dem Advokaten einen Prozeß ange=

hängt? — Er glaubte den Prozeß zu gewinnen, und jetzt sieht er, daß ein schlechter Vergleich besser gewesen wäre.

193.

Ich mache eine Reise nach England. Können Sie mir ein Empfehlungsschreiben an Ihren Schwiegervater mitgeben? — Mit vielem Vergnügen, mein Herr. — Worüber sprechen diese beiden Herrn? — Sie sprechen von Rechtshändeln. — Es wäre besser, daß sie von [einem] Vergleiche sprächen, denn mit den Prozessen wird viel Geld ausgegeben. — Nach wem fragst Du? — Ich frage nach Deinem Schwiegervater. — Nach was fragst Du? — Ich frage nach meinem Koffer. Er ist verloren gegangen (p) [perder-se]. — Bist Du sicher, daß er kommen wird? — Ich zweifle, daß er kommt. Aber ich bekümmre mich nicht darum, denn ich kann das Geschäft auch ohne ihn abschließen (acabar). — Meinst Du, der König kommt (Conjunctivo) heute noch? — Seine Majestät komme oder komme nicht, die Zimmer sind bereit. — Was hat (p) er Dir versprochen? — Er hat (p) mir versprochen, daß er mich seinen Freunden empfehlen würde. — Was fragte er Dich? — Er fragte mich, ob ich das Pferd noch hätte. — Was sagtest Du ihm? — Ich sagte ihm, daß, wenn ich es noch hätte, ich es nicht mehr verkaufen würde. — Wie viele Sprachen sprach Karl der Fünfte? — Der Kaiser sprach alle Sprachen der Völker seines Reiches, aber er sprach sie nicht alle mit der nämlichen Leichtigkeit (facilidade).

Zweiundsechzigster Abschnitt. — Lição sexagesima segunda.

Das Fieber.	A febre.
Das dreitägige Fieber.	Terçã, terçãa, terçans.
Das Wechselfieber.	Sezões [as sezões].
Ich habe das Fieber.	Tenho febre. Estou com febre.

Hat er das Wechselfieber?	Tem elle sezões? Está com sezões?
Nein, er hat den Schnupfen [ist verschnupft].	Não, está constipado.
Das Fieber hat sich bei mir wieder eingestellt.	Tive outra vez febre, estou outra vez com febre.
Der Anfall. Der Schlagfluß.	O ataque. A apoplexia.
Er bekam einen Schlaganfall. Ist er daran gestorben? Nein, er ist vor drei Tagen am Fieber gestorben.	Teve um ataque de apoplexia. Morreu delle? Não, morreu de febre ha tres dias [nicht da febre].

A. Will man „vor" durch ha (faz) ohne que neben einem Zeitwort geben, so muß es diesem folgen.

Überraschen. In Erstaunen versetzen.	Surprender. Admirar.
Sie überraschen mich. Ich bin erstaunt über... Er war ganz erstaunt... Ich bin erstaunt über das, was er sagt und thut. Woran wird dieser Mann sterben? Er wird an einer Krankheit sterben.	Vmcê me surprende. Estou admirado de... Estava todo admirado de... Estou admirado do que elle diz e faz. De que morrerá este homem? Morrerá de uma doença.
Begünstigen. Gefällig sein gegen. Unterstützen, helfen. Der Geistliche.	Favorecer. Soccorer. Ajudar. Acudir. O ecclesiastico (spr. ecclesiástico).
Der Geistliche, welcher gar gefällig gegen ihn war, half ihm seinen Prozeß gewinnen.	O ecclesiastico, que o favorecia muito, lhe ajudou de maneira que elle ganhou a sua demanda.
Er half mir zuweilen meine Gewehre reinigen im vorigen Herbst, als ich auf dem Lande war.	Ajudava-me algumas vezes o outono passado a limpar as minhas espingardas, quando estive no campo.

B. Im Nachsatz wird quando oft mit Preterito perfeito verbunden, wo eigentlich Preterito imperfeito stehen sollte.

Thun Sie mir den Gefallen und ...

Der Apfel.

Wenn ich bitten darf, wenn es Ihnen beliebt (wird meistens durch: Thun Sie mir den Gefallen, übersetzt).

Wollen Sie mir eine Gefälligkeit erweisen, um die man, ohne beschwerlich zu fallen, einen alten Freund angehen darf?

Thun Sie mir die Ehre an über mich zu verfügen, gnädige Frau.

Sie werden ihr einen großen Gefallen thun, wenn Sie es heute noch schicken.

Wollen Sie mir die Flasche reichen, wenn ich bitten darf?

    Sauer. Scharf.
    Süß.
    Ein wenig. Ein bischen.

Wie schmeckt Ihnen dieser Wein?

Er ist ein wenig sauer.

Wie finden Sie diese Birnen?
Sie sind ein wenig süß.

    Anklopfen. An die Thür klopfen.
    Ich weiß nicht, was (wie) ich ... soll.
    Darüber Auskunft geben, unterrichten.

Wer klopft an?
Es ist ein Bauer; er wird Ihnen Auskunft geben, was aus Ihrem Hund geworden ist.

Ich weiß nicht, was ich machen soll.
Ich weiß nicht, wie ichs machen soll.
Ich weiß nicht, was ich anfangen soll [mit mir].
Erkundigungen einziehen.

Faça-me vm. cê o favor de... Infinitivo.

A maçã.

Com licença. Se for de seu agrado. [Se] faz favor. Por favor.

O senhor faz-me um favor dos que se pedem sem embaraço a um amigo antigo?

Faça-me a honra de mandar-me, minha senhora.

Vm.cê lhe fará um grande favor, se o mandar ainda hoje.

Faça me o favor de me passar a garafa?

Acido (spr. ácido).
Doce.
Alguma cousa. Um poucochinho.

Que tal acha este vinho? Como acha?

É alguma cousa [um pouco] acido.

Como acha estas peras?
São um pouco doces.

Bater á porta.

Não sei que... (como...) mit Infinitivo.

Informar. Dar informações [mit de, sobre].

Quem bate á porta?
É um saloio que informará vm.cê [que lhe dará informações] sobre o que se tem feito do cão de vm.cê.
Não sei que fazer.
Não sei como fazer.
Não sei que fazer de mim.

Tomar informações.

Ich meinerseits.

Quanto a mim. Eu por minha parte.

Was betrifft, anlangt, so...

Pelo que toca a...

Haft Du schon Erkundigungen ein-gezogen?

Já tomaste informações?

Nein. Aber ich meinerseits weiß, was ich zu thun habe.

Não. Mas eu por minha parte sei o que hei de fazer.

Was mich betrifft, so werde ich meine Geheimnisse nicht jedem anver-trauen.

Pelo que toca a mim, eu não confiarei meus segredos a quem quer que seja.

Wer es auch sein mag. Jeder.

Quem quer que seja.

Der Anzug.

O trajo.

Das Band.

A fita.

Nach Herzenslust, Wunsch.

A pedir por bocca.

Über wen macht Ihr Euch lustig?

De quem fazeis escarneo?

Wir lachen über die Weiber, welche gelbe Kleider mit roten Bändern tragen.

Nós nos rimos das mulheres, que trazem vestidos amarellos com fitas encarnadas.

Das ist aber auch ein außerordent-licher Anzug.

Isto tambem é um trajo extra-vagante.

Thust Du mir einen Gefallen Johann?

Fazes-me um favor, João?

Sprechen Sie nur und es geschieht.

É pedir por bocca.

Trauen.

Fiar.

Mittel, soviel Vermögen.

Meios (spr. méios).

Glücklich.

Feliz. Ditoso.

Hat er Vermögen genug, um jenes Haus zu kaufen?

Tem elle os meios necessarios para comprar aquella casa?

Nein, mein Herr, soweit reichen seine Mittel nicht.

Não, senhor, os seus meios não chegão a tanto.

Wenn ich in der Angelegenheit mei-nes Heils so glücklich sein werde, als ich in den weltlichen Dingen vom Schicksal begünstigt war, werde ich, nach einem glücklichen Leben, in der Ewigkeit glück-selig sein.

Se eu for tão venturoso no negocio da salvação, como fui afortunado nas cousas do mundo, depois de ter vivido feliz ou ditoso n'este mun-do, serei bemaventurado na eternidade.

Beflecken.

Sujar.

Das Tintenfaß.

O tinteiro (spr. tintéiro).

Nicht ein einziger. Auch nicht ein.

(Não...) nem um só.

In dieser Aufgabe ist kein einziger Fehler.

Neste exercicio não ha nem um só erro.

Seid Ihr es, durch deren Schuld der Boden befleckt worden ist?	Sois vós por cuja culpa o chão tem sido sujado?
Weinen.	Chorar.
Ich wollte, d. h. wünschte.	Quereria.
Ich sollte, d. h. müßte.	Deveria.
Durchaus nur. Nichts was nicht wäre.	Nada que não seja.

Ich sage nichts von Dir,	} was nicht gut wäre.	Não digo Não direi	} nada de ti que não seja bom.
Ich werde nichts von Dir sagen,			
Ich habe nichts von Dir gesagt,	(... wäre, hier Gegenwart).	Não tenho dito	

Ich wollte, daß Du kämest.	Quereria, que tu viesses.
Ich möchte gerne heute aufs Land gehen.	Quereria ir ao campo hoje.
Du solltest das thun.	Deverias fazer isto.

C. Vor daß muß man wollte, vor einem Infinitiv muß man. möchte, sollte durch Preterito imperfeito condicional übersetzen, da hinzuzudenken ist: wenn es möglich wäre. — Vor einem Infinitiv wird das fragende wollte...? will vielleicht...? hätte wohl...? oft durchs Futuro übersetzt.

Wollen Sie die Güte haben, mir jenen Teller zu reichen?	Terá a bondade de me passar aquelle prato?
Hätten Sie wohl die Gefälligkeit, mir jenen Teller zu reichen?	Vmcê. me fará o favor de me passar aquelle prato?
Wollten Sie mir gefälligst jene Flasche zukommen lassen?	Vmcê. me fará o obsequio de me passar aquella garrafa?
Darf ich Sie bitten, mir das Brot zu reichen?	Vmcê. me fará o gosto de me passar o pão?
Wie Sie wollen.	Como vmcê. quizer.
Wer ists?	Quem é?
Ich bins nicht gewesen.	Não fui eu.
Ist sies?	É ella?
Nein, sie ists nicht.	Não, não é ella.
Sind es Schwestern von Ihnen?	São ellas irmãs de vmcê?
Ja.	São.

D. Statt das ist (sind) oder ist (sind) das ...? denke man: er (sie) ist (sind); folgt aber welcher, e, so ist weiter

hinzuzudenken: derjenige (diejenige, —en). — Wo auf das
der Ton liegt, ist zu denken: dieser (e, es).

Ist das der Grund?	É esta a razão?
Das ist der Grund.	Esta é a razão.
Sind das (es) Ihre Schwestern, die singen?	São as irmãs de vm^{ce.}, as que cantão?
Sie sinds.	São.

Aufgaben.
194.

Karl der Fünfte, welcher verschiedene europäische Sprachen
mit Leichtigkeit sprach, pflegte zu sagen: man sollte die spanische
Sprache mit den Göttern, die italienische mit der Freundin,
die französische mit dem Freund, die deutsche mit den Soldaten,
die englische mit den Gänsen, die ungarische mit den Pferden
und die böhmische mit dem Teufel sprechen. — An welcher
Krankheit ist Ihre Schwester gestorben (p)? — Sie starb am
Fieber. — Wie gehts Ihrem Bruder? — Mein Bruder ist nicht
mehr am Leben (d. h. lebt nicht mehr). — Wann ist (p) er
gestorben? — Er starb vor drei Monaten auf dem Lande. —
Woran (p) ist er gestorben? — Er starb am gelben Fieber.
Er war nur sechs Stunden krank. — Haben Sie oft Fieber=
anfälle? — Dieses Jahr nicht. — Wie befindet sich die Mutter
Ihres Freundes? — Sie ist nicht wohl; vorgestern hatte sie
einen Anfall von Wechselfieber, und diesen Morgen hat sich das
Fieber wieder eingestellt (p), sodaß ich glaube, daß es kein
Wechselfieber, sondern ein dreitägiges Fieber ist. — Was ist
aus der Frau geworden, die ich bei Ihrer [Frau] Mutter zu
Hause gesehen habe (p)? — Sie ist diesen Morgen am Schlag=
fluß gestorben. — Lernen Ihre Schüler ihre Aufgaben aus=
wendig? — Sie wollen nicht auswendig lernen, denn sie sind
sehr faul. — Was (ist das, was) dieser Mann von mir ver=
langt? — Er verlangt, daß Sie ihm die Wäsche bezahlen, die
Sie in seinem Magazin gekauft haben. — Er mag zum (a)
Teufel gehen! Ich habe jetzt kein Geld.

195.

Lebt der alte Geistliche noch, den ich vor drei Jahren jeden Abend bei Ihnen zu Hause traf? — Nein, er ist (p) gestorben. — An welcher Krankheit ist er gestorben (p)? — Er ist (p) an einem Schlaganfalle gestorben. — Ich bedaure sehr, daß ich ihn nicht mehr gesehen habe. Ich liebte ihn sehr. — Er war auch in der That ein sehr liebenswürdiger Mann. Die Armen haben seinen Tod sehr bedauert (p). — Haben Sie Nachrichten von Ihrem Bruder? — Ja, aber diese Nachrichten haben mich sehr über=rascht (p). — Warum? — Man schreibt mir, mein Bruder sei (ist) krank, aber man wisse (weiß) nicht, an welchen Arzt er sich gewendet hat, und da er fremd ist, weiß er nicht, welches der beste Arzt der Stadt ist. — Wollen Sie von diesen Äpfeln? — Nein, sie sind sauer und ich habe Zahnweh. — Sie irren sich, mein Herr, diese Äpfel sind sehr süß. — Dann thun Sie mir den Gefallen, mir einige zu geben. Ich werde sie meinen Kindern bringen, die sehr gern Äpfel essen. — Wen begünstigt dieser Geistliche? — Er begünstigt die fleißigen Schüler und züchtigt die faulen. — Wieviel haben die Nachbarn gegeben (p)? — Ich weiß nicht. Was mich betrifft, ich habe ein Pfund ge=geben (p). Wer den Armen giebt, wird (ficar) darum nicht arm. — Wer hat mein Kleid befleckt (p)? — Mein Bruder; er hat (p) das Tintenfaß auf den Boden geworfen, sodaß alle, die am Tische saßen, befleckt wurden. — Wem gehört dieses gelbe Band? — Es gehört der Tante. — Haben Sie nach dem Kaufmann gefragt, der die Bänder verkauft? — Ja, er wohnt in der Sankt Johannsstraße, links neben dem großen Magazin des englischen Kaufmanns, bei dem Sie gewöhnlich Ihre Baumwolle kaufen.

196.

Wer will süße Pastetchen kaufen? — Niemand will süße Pastetchen kaufen. — Wollen Sie mir den Wein reichen, wenn ich bitten darf? — Von welchem Wein wollen Sie, von diesem oder von jenem? — Thun Sie mir den Gefallen und geben Sie mir beide Flaschen. Ich werde von beiden Weinen trinken. — Wie schmeckt Ihnen dieser Wein? — Er ist sehr süß. — Trinken Sie die süßen Weine gern? — Die saueren Weine löschen den

Durst besser, als die süßen. — Es klopft jemand an der Thür, darf (poder) ich ihn eintreten lassen? — Nein, niemand darf eintreten, wer es auch sein mag. — Über wen machte (p) sich gestern Ihre Schwester lustig? — Sie machte (p) sich über einen Herrn lustig, welcher ein Glas, das er auf den Boden fallen ließ, zerbrach. — Hast Du soviel Vermögen, daß Du [Dir] einen Wagen und Pferde kaufen kannst? — Wenn ich soviel Geld hätte, [so] hätte ich schon längst einen Stall voll Pferde. — Hat Ihr Bruder viele Bäume in seinem Garten? — Er hat nicht einen einzigen Baum in seinem Garten. — Hat Ihre Schwester das Geheimnis bewahrt (p), welches ich ihr sagte? — Sie hat nichts gesagt, was nicht schon lange bekannt wäre. — Sind die Äpfel in diesem Keller gut? — Es ist nicht ein einziger [darin], der reif wäre. — Was haben Sie geschrieben? — Ich habe nichts geschrieben, was nicht zu Ihrer Ehre (honra) wäre. — Können wir sagen, daß die Reichen immer glücklich sind? — Nein, denn die Glücklichen sind nicht immer reich.

197.

Was hast (p) Du gesagt? — Ich sagte, Du solltest mir eine Kiste voll Äpfel schicken, dann wärest Du recht liebenswürdig. — Was hast Du? — Ich habe Kopfweh. — Hast Du auch Fieber? — Ich habe kein Fieber. — Wer wird von Ihnen begünstigt? — Der Sohn des Nachbarn. — Warum begünstigen Sie ihn? — Weil er ein fleißiger Junge ist, der von morgens bis abends arbeitet. — Warum begünstigen Sie diese Schüler und strafen jene? — Wir begünstigen diese, weil sie fleißig sind und wir strafen jene, weil sie faul sind. — Ich bin erstaunt, daß jene Schüler nichts thun (Conjunctivo), denn, als sie [bei mir] in [der] meiner Schule waren, lernten sie sehr gut. Ich war immer zufrieden. — Was hast Du? Bist Du krank? — Nein, ich bin ganz [muito] überrascht, diese Frage zu hören. Es fehlt [faltar] mir nichts. — Hast Du immer noch die Absicht, mit Deiner Frau nach Portugal zurückzukehren? — Ich für mein Teil werde gehen; aber meine Frau wird hier bleiben, bis ich wiederkomme. — Giebt es viele Kranke in diesem Lande? — Ja, wir haben dieses Jahr viele Fieber; die Ärzte sagen, daß sie noch nie so viele Kranke gehabt haben. Sie fürchten, daß das gelbe Fieber sich über diese Gegend (provincia) verbreite. — Dann werde ich abreisen und nicht lange warten, bis Du Deine Geschäfte abgeschlossen hast.—Wie finden Sie diesen Portwein? — Es ist ein guter Tropfen. Hätte Napoleon ein Dutzend Fässer von diesem Weine nach Belgien (Belgica spr. Bélgica) mitgenommen, so hätte er die Schlacht bei Waterloo nicht verloren (imp. ind.) und wer weiß, was nachher geschehen wäre!

Dreiundsechzigster Abschnitt. — Lição sexagesima terceira.

Umgehen, Umgang haben mit.	Tratar com.
Sich verbinden, vereinigen.	Ajuntar-se.
Sich verwickeln in...	Enredar-se em...
Das Netz. Ins Netz fallen.	A rede. Cahir na rede.
Wenn Du mit Taugenichtsen umgehst, wirst Du Dich in böse Händel (wörtl. Geschäfte) verwickeln.	Se tratas com birbantes, enredar-te-has em máos negocios.
Der Dummkopf fällt oft in das Netz desjenigen, der ihn betrügen will.	O pateta muitas vezes cahe na rede daquelle que o quer enganar.
Würdest Du ihm helfen, wenn er ins Netz seiner Feinde fiele, die sich gegen ihn vereinigt haben?	Lhe acudirias, se elle cahisse na rede dos seus inimigos, que se tem ajuntado contra elle?
Die Bekanntschaft.	O conhecimento.
Zurückziehen, entfernen.	Retirar.
Nähern, heranrücken.	Chegar a. Approximar de.
Erfüllt von dem Wunsche zu.	Desejoso de.
Geneigt zu.	Disposto a, para.
Bekanntschaft machen mit...	Tomar conhecimento com...
Er hat viele Bekanntschaften am Hof, in der Stadt.	Tem muitos relações na corte, na cidade.
Es ist mir zu Ohren gekommen.	Chegou ao meu conhecimento.
Er näherte sich meinem Freunde, aber dieser zog sich zurück.	Chegou-se ao meu amigo, mas este retirou-se.

Bist Du geneigt, einen Spaziergang zu machen?	Estás disposto a dar um passeio?
Er scheint geneigt, sich Dir zu nähern.	Parece desejoso de chegar-se a ti.
Er ist von dem Wunsche erfüllt, Gutes jetzt zu thun, aber die Mittel fehlen ihm dazu.	Está desejoso de fazer bem agora, mas faltão lhe os meios.
Aussehen (wie), sein wie.	Parecer.
Das Aussehen.	A cara. O parecer.
Gleichen, sich gleichen und ähnlich sein.	Parecer-se com.
Er sieht recht traurig aus.	Parece muito triste.
Wie sieht er aus?	Que cara (parecer) tem elle? [Nicht como parece].
Er sieht gut, schlecht, häßlich aus.	Tem boa cara, má cara, cara feia.
Gesichter schneiden.	Fazer caras, oder caretas.
Ein langes Gesicht machen.	Ficar com um palmo [Spanne] de cara.
Miteinander. Zusammen.	Juntos — as.
Einer den andern. Eine die andere.	Um [ao] outro. Um [á] outra.
Einer dem andern. Eine der andern.	Um a [o] outro. Uma [á] a outra.
Von (mit) einander.	Um de [do, com, com o] outro.
Wir sind miteinander zufrieden.	Estamos satisfeitos um do outro.
Wir arbeiten für einander.	Trabalhamos um para o outro, oder para outro.
Wir sprechen miteinander.	Nós nos fallamos (ohne um ao outro).
Wir werden miteinander gehen.	Iremos juntos [nicht — um com outro].
Sie gleichen einander.	Parecem-se [um com outro].
Liebreich.	Carinhoso.
[Im Betragen] gegen.	Para com.
Wechselseitig, gegenseitig.	Mutuo, —a (spr. mútuo).
Einander.	Mutuamente.

A. Durch Anfügung von —mente an die weibliche Form eines Beiworts entsteht ein Umstandswort.

Gegenseitige Liebe.	Amor mutuo.
Wir lieben einander.	∫Nós nos amamos mutuamente. ∫Nós amamos um ao outro.
Indes er ist liebevoller gegen mich, als ich es gegen ihn bin.	Com tudo elle é mais carinhoso para commigo do que eu o sou para com elle.

Der Husten.	A tosse.
Heilen.	Curar.
Genesen.	Melhorar. Curar-se. Convalescer.
Genießen, im Genuß sein, sich erfreuen.	Gozar de.
Ich wünsche, daß er eine gute Gesundheit genieße [sich einer guten Gesundheit erfreue].	Desejo, que elle goze de uma boa saude.
Seitdem er von seinem Husten genesen ist, scheint er eine gute Gesundheit zu genießen.	Desde que se tem curado da sua tosse, parece gozar de uma boa saude.
Was ich möchte, wäre, von meinen Leibschmerzen genesen.	O que eu queria era melhorar da barriga.
Munter, vergnügt, froh.	Alegre.
Ein Gesicht machen, als ob...	Fazer uma cara, como se...
[Das] Aussehen [haben] als ob...	Ter cara de...
Jener Dummkopf macht ein Gesicht, als ob er allen Menschen zürnte.	Aquelle pateta faz uma cara, come se estivesse zangado com todos.
Dein Oheim sieht recht munter aus.	Teu tio parece muito alegre.
Das Wetter sieht schlecht aus.	O tempo tem má cara.
Er sieht aus, als ob er nicht viele Freunde hätte.	Tem cara de poucos amigos.
Einen gut oder schlecht empfangen.	Mostrar boa ou má cara a alguem.
Aufnehmen.	Receber.
Von bösartigem Aussehen.	De má traça.
Das Wohlgefallen. Das Vergnügen.	O prazer. O gosto.
Hat er Dich gut oder schlecht aufgenommen?	Mostrou-te boa ou má cara?
Was mich betrifft, mich hat er stets mit Vergnügen aufgenommen.	A mim, sempre me recebeu com muito gosto.
Ich bemerke dort einige Kerle von ganz bösartigem Aussehen.	Reparo nuns individuos de muito má traça.
Der Unterschied.	A differença.
Die Landstraße (königl. Straße).	A estrada real.
Schätzen, richtig beurteilen.	Apreciar.
Man muß die Menschen kennen, um sie richtig beurteilen zu können.	É preciso conhecer os homens para poder aprecia-los.
Es ist ein großer Unterschied zwischen Euch und ihm.	Ha uma grande differença entre vós e elle.

Ich weiß einen guten Ort zum Jagen jenseits des Flusses, nahe bei der Landstraße.	Sei um bom lugar para caçar do outro lado do rio ao pé da estrada real.

Der Keller.	A adega.
Höflich.	Cortez.
Die Speisekammer.	A despensa.

Ich möchte auf Ihre Gesundheit trinken, aber dieser Wein ist wie Essig.	Beberia com muito gosto á sua saude, mas este vinho parece vinagre.
Ich will in den Keller (hinunter) gehen und (um . . . zu) Ihnen andern (zu) holen.	Vou [descer] á adega para lhe buscar outro.
Warst Du schon in der Speisekammer (bist Du schon hingegangen)?	Já foste á despensa?
Das ist ein sehr unhöflicher Mann.	É um homem muito descortez.

B. Dem deutschen un— entspricht manchmal des—, am meisten in, oder vor b—, m—, p—, im.

Da, weil.	Como.
Ach, alles ist verloren!	Ai! tudo está perdido!
Berauben.	Roubar.

Warum weinst Du so sehr?	Porque choras tanto?
Ach, Gott! man hat mir all mein Geld geraubt.	Ai, meu Deos! que me roubarão todo o meu dinheiro.
Er wurde auf der Straße beraubt.	Roubarão-no na estrada.
Da mir die Diebe nicht das geringste übrig gelassen haben, werde ich Hungers sterben müssen.	Como os ladrões não me tem deixado cousa alguma, hei de morrer de fome.
Zu meinem größten Unglück.	Para maior desgraça minha.

Sich einbilden.	Imaginar [ohne se]. Figurar-se.
Weichen, nachgeben.	Ceder.
Sich in das Unvermeidliche fügen.	Ceder á necessidade.

Er bildet sich ein, er genösse eine gute Gesundheit.	Elle imagina [se figura], que goza de uma boa saude.

C. Wo der Hauptsatz Gegenwart enthält, muß die gleiche Zeit im abhängigen Satz durchs Presente ausgedrückt werden, die wirkliche Vergangenheit durchs Preterito perfeito composto, die Zukunft durchs Futuro.

Er bildet sich ein, er sei gelobt worden.	Figura-se, que tem sido louvado.
Es ist mir vielfaches Unglück widerfahren.	Acontecerão-me muitas desgraças.
Er glaubt, man wird ihn loben.	Crê, que o hão de louvar.
Ihre Unglücksfälle sind eingebildet.	As suas desgraças são imaginarias (spr. imaginárias).
Wir müssen uns ins Unvermeidliche fügen.	É preciso cedermos á necessidade.
Beimischen. Vermischen mit.	Misturar com.
Die Eigenschaft.	A qualidade.
Ich finde bei (an, in) ihm eine Eigenschaft.	Acho-lhe uma qualidade.
Welche Eigenschaften findest Du an diesem Pferd?	Que qualidades achas a este cavallo?
Einigen guten Eigenschaften sind viele bösen beigemischt.	A umas boas qualidades estão misturadas muitas más.
Man vermischt Wein und Wasser, Weizen- und Roggenmehl.	Mistura se o vinho com a agua, a farinha de trigo com a de centeio.
Jünglinge und Greise, Männer und Frauen sind vermengt.	Misturão-se os moços com os velhos, os homens com as mulheres.
In einer Herde, in welcher die Lämmer mit den Böcken vermengt sind, kann man diese von jenen sehr wohl unterscheiden.	Num rebanho, onde estão misturados os cordeiros com os cabritos, podem-se muito bem distinguir estes d'aquelles.

Aufgaben.

198.

Warum geben Sie sich mit diesen Leuten ab? — Ich gebe mich mit ihnen ab, weil sie mir nützlich sind. — Wenn Sie fortfahren, sich mit ihnen abzugeben, werden Sie in böse Händel geraten, denn sie haben viele Feinde. — Wie viele Vögel fielen in Ihr Netz? — Es fielen nur wenige Vögel in mein Netz. — Was würdest Du thun, wenn Dein Feind in das Netz derjenigen fiele, die ihm böse sind? — Ich würde ihm helfen. — Hast (p) Du schon von dem Unglück gehört, das unserm Nachbarn begegnet ist (p)? — Ja, es ist mir zu Ohren gekommen (p), daß er sein ganzes Vermögen verloren hat. Ich bedaure sehr, daß er in dieser traurigen Lage (estado) ist, aber ich kann ihm nicht helfen. — Bist Du von dem Wunsche erfüllt, Deinem

Nachbarn zu helfen? — Ich würde ihm gerne helfen, aber die Mittel fehlen mir. — Ist Ihnen schon zu Ohren gekommen (p), daß die Königin gestorben ist (p)? — Noch nicht. An welcher Krankheit ist sie gestorben (p)? — Sie ist an einem bösartigen Fieber gestorben (p). — Sind die Soldaten schon zurückgekommen (p)? — Nein, sie haben sich nur zurückgezogen (p), um den Feind zu täuschen. Jetzt stehen sie schon nahe beim Lager [campo] des Feindes. Alle sind vom Wunsche erfüllt, ihren Gegnern (adversario) keine goldene Brücke zu bauen, sondern dieselben zum Land hinauszuwerfen. — Was haben (p) die Soldaten gethan, als der Feind nahe kam? — Sie zogen sich zurück. Der Feind, welcher glaubte, sie wären erschrocken, ließ sie fliehen. Dann vereinigten sie sich wieder, näherten sich ihm und schlugen ihn. — Sieht Ihnen Ihr Vater ähnlich? — Ja, er sieht mir ähnlich. — Was bildet sich Ihr Onkel ein? — Er glaubt, er erfreue sich einer vortrefflichen Gesundheit, aber dem ist nicht so. Er ist fast immer krank und leidet sehr an den Augen. — Was macht jener Knabe dort? — Er schneidet Gesichter. — Was sagte der Kaufmann, als Du ihm gestandest, daß Du Deine Schulden nicht bezahlen kannst? — Er machte ein langes Gesicht. — Was sagtet Ihr, als Ihr das Geld nicht bekamet, welches Ihr erwartetet? — Wir machten lange Gesichter. — Wem gleicht Dein Bruder mehr, Dir oder Deiner Schwester? — Er gleicht meiner Schwester mehr als mir. — Wie sieht er aus? — Er sieht traurig aus.

199.

Was hat Dein Bruder? Er macht ein Gesicht, als ob er krank wäre. — Er ist nicht krank. Aber er hat heute viel Geld verloren, darum macht er ein langes Gesicht. — Das ist nicht sehr angenehm. Aber warum spielt er? Der Dummkopf, er weiß, daß er immer verliert, wenn er die Karten anrührt (tocar em). — Wie ist Ihr Bruder gegen Ihre Mutter? — Er ist sehr liebevoll gegen sie. — Wie sieht Ihr Oheim aus? — Er sieht recht munter aus, denn er ist sehr zufrieden mit seinen Söhnen. — Sehen seine Freunde so gut aus, wie er? — Im Gegenteil, sie sehen traurig aus, weil sie unzufrieden sind. — Ein gewisser Mann trank [Es war ein Kerl der trank] gar gern Wein, aber

er fand in ihm zwei böse Eigenschaften. „Mische ich ihm Wasser
ei,“ sagte er, „so verderbe ich ihn, und mische ich ihm kein
Wasser bei, so verdirbt er mich.“—Gleichen Ihre Schwestern
einander? — Sie gleichen sich nicht, denn die ältere ist träg
und böse, und die jüngere ist fleißig und gegen alle liebreich.
— Wie befindet sich Ihre Tante? — Sie ist recht wohl. —
Erfreut sich Ihre Frau Mutter einer guten Gesundheit?—Sie
bildet sich ein, bei guter Gesundheit zu sein; aber ich glaube,
sie ist im Irrtum; denn sie hat vor sechs Monaten einen bösen
Husten gehabt, den sie nicht los werden [— von dem sie sich
nicht heilen] kann.—Zürnt Ihnen dieser Mann?—Ich glaube,
er zürnt mir, weil ich ihn nie besuche; aber ich besuche ihn nicht
gern, denn wenn ich zu ihm komme, macht er mir ein unfreund=
liches Gesicht, anstatt mich mit Wohlwollen aufzunehmen. —
Sie müssen das nicht glauben. Er zürnt Ihnen nicht, denn er
ist nicht so schlimm, wie er aussieht. Er ist der beste Mann
von der Welt, aber man muß ihn kennen, um ihn [richtig]
zu schätzen.—Es ist ein großer Unterschied zwischen Ihnen und
ihm; Sie schätzen alles, er schätzt nur das Gute.

200.

Warum trinken Sie nicht?—Ich weiß nicht, was ich trinken
soll; ich trinke gern guten Wein und der Ihrige ist wie Essig.
—Wenn Sie andern wollen [quizer], werde ich in den Keller
gehen, um Ihnen andern zu holen.—Kennen Sie meinen Vater
schon lange?—Ich kenne ihn schon lange, denn ich habe seine
Bekanntschaft gemacht, als ich [noch] in der Schule war. Wir
haben oft für einander gearbeitet und einander wie Brüder
geliebt [Imperfeito].—Ich glaube es, denn Sie gleichen sich.—
Hast Du diesen Menschen richtig beurteilt? — Nein, ich kenne
ihn nicht genug, um ihn richtig beurteilen zu können.—Warum
läßt Ihr Vater den Arzt holen? — Er ist krank, und da der
Arzt nicht kommt, schickt er nach ihm. — Aber, mein Gott!
warum weinen Sie so?—Man hat mir meine goldnen Ringe,
meine besten Kleider und all mein Geld gestohlen; das ist der
Grund, warum ich weine. — Machen Sie nicht soviel Lärm,
denn wir sind es, die alles [d. h. sie alle] genommen haben,
um Sie zu lehren, Ihre Sachen besser in acht zu nehmen und

die Thüre Ihres Zimmers zu verschließen, wenn Sie ausgehen.
— Warum sehen Sie so betrübt aus? — Es ist mir vielfach
Unglück widerfahren. Nachdem ich all mein Geld verloren, bin
ich einigen Kerlen (individuos) von ganz bösartigem Aussehen
in die Hände gefallen, die mir alles nahmen, was ich hatte.—
Hast (p) Du Dich ins Unvermeidliche gefügt? — Ich habe
nachgegeben (p) zu meinem größten Unglück. Denn hätte ich
es nicht gethan, so hätte ich mein Geld wieder gewonnen,
welches ich gestern verloren habe (p).

Vierundsechzigster Abschnitt. — Lição sexagesima quarta.

Schlechterdings. — Keineswegs.	Absolutamente. — De maneira nenhuma.
Befolgen, verfolgen, folgen.	Seguir [mit Accusativ].
Freimachen, losmachen, befreien.	Livrar.
Er verfolge diesen Weg.	Siga este caminho.
Wird er Ihnen folgen?	Seguirá elle a Vm^{ce}.?
Wer wird mich von diesem Menschen befreien?	Quem me livrará deste homem?
Das Urteil. Der Verstand.	O juizo,
Das Kaninchen.	O coelho.
Der Hase.	A lebre.
Elend, jämmerlich.	Miseravel (spr. miserável).
Es scheint, jener elende Mensch hat den Verstand verloren.	Parece que este miseravel perdeu o juizo.
Ich bin gern in seiner Nähe.	Gosto de estar na sua companhia.
Retten.	Salvar.
Der Beistand.	A assistencia (spr. assisténcia).
Verpflichtungen haben gegen.	Dever obrigações a alguem.
Wie viele Verpflichtungen habe ich gegen ihn!	Quantas obrigações lhe devo!
Er hat mir das Leben gerettet.	Salvou-me a vida.
Er eilte mir zu Hilfe.	Correu a acudir me.

Wie...! (Bor Beiwörtern.)	**Quão...!** Que...!
Sehen, erkennen, wie...	Ver, conhecer que...
Wie gut ist er doch!	É tão bom!
O wie schön ist dieser Wald!	Ah! que este mato é bonito!
O wie mächtig ist Gott!	O quão poderoso é Deos!

Mächtig.	Poderoso.
Schön.	Formoso.
Undankbar.	Ingrato.
Klug.	Prudente.
Kühn. Mutig.	Atrevido.

Sie ist ebenso schön, wie undankbar.	É tão formosa, quão [como] ingrata.
Wäre er ebenso klug, wie kühn, so hätte er viel mehr Freunde.	Se elle fosse tão prudente [como] quão atrevido, teria muito mais amigos.
Du siehst, wie faul [welch ein Faullenzer] dieser Junge ist.	Vês, que preguiçoso é este rapaz.

Vielleicht.	Talvez.
Es gefällt mir an einem Ort.	Gosto de um lugar.
Hat es Dir gestern bei Karl gefallen?	Gostavas hontem de estar em casa de Carlos?
Es gefällt mir sehr auf dem Lande.	Gosto muito do campo.
Ich werde vielleicht hingehen.	Irei lá talvez.

Die Halsbinde.	A cravata. O lenço de pescozo.
Dank, Dank sagen einem für eine Sache.	Agradecer a alguem uma cousa.
Danksagen, Dank abstatten einem.	Dar graças a alguem.

Ich danke Gott für seine Gaben.	Agradeço a Deos os seus dons.
Ich danke Ihnen sehr für Ihre Gefälligkeit.	Agradeço-lhe muito o seu favor, obsequio.
Ich weiß ihm keinen Dank dafür.	Eu não lho agradeço.
Gott sei Dank! Er ist wieder da!	Graças a Deos, elle voltou!
Hat er mir eine seidene Halsbinde mitgebracht?	Me trouxe elle uma cravata de seda?
Ja, er hat sie in der Tasche.	Sim, elle a tem na algibeira.

Annehmen.	Aceitar.
Grün, blau, schwarz gekleidet.	Vestido de verde, de azul, de preto etc.
Der Mann im schwarzen Rock.	O homem de sobrecasaca preta.

Wie war jene Frau gekleidet?	Como estava vestida aquella mulher?
Sie war rot gekleidet.	Estava vestida de encarnado.
Ich hoffe, Sie werden [sich's gefallen laffen] gütigst etwas von mir annehmen.	Espero, que vmcê. [se sirva] se digne aceitar alguma cousa de mim.

A. Bei gegenwärtigem „Hoffen" und „Fürchten" wird Zukunft wie Gegenwart durch Presente do Conjunctivo ausgedrückt. Bei Vergangenheit durch Preterito imperfeito do Conjunctivo.

Ich fürchte, er kommt zu spät (— wird zu spät kommen).	Temo, que venha tarde.
Ich fürchtete, er würde zu spät kommen.	Temia, que viesse tarde.
Überraschend, hinreißend.	Admirativo.
Bewunderungswürdig.	Admiravel (spr. admirável).
Die Größe.	O tamanho.
Der Zoll.	A pollegada.
Eine Predigt soll nicht bewundernswert, sondern hinreißend sein.	Não será o sermão admiravel, mas será admirativo.
Welche Größe hat jener Mann? (Wie groß ist...)	Que altura tem este homem?
Er ist sechs Fuß zwei Zoll hoch. Er mißt sechs Fuß zwei Zoll.	Tem seis pés, duas pollegadas.
Er ist zwanzig Jahre alt.	Tem vinte annos.
Wie tief ist dieser Brunnen?	Que profundidade tem este poço?
Wie hoch, wie lang und wie breit ist Dein Haus?	Que altura, comprimento e largura tem a tua casa?

B. Hinter Ziffern ist Fuß, Schuh, Zoll, Mann, Stück als Mehrheit zu übersetzen.

Es ist zwanzig Fuß breit.	Tem vinte pés de largura.
... hat ... Höhe, ... Breite, ... Länge, ... Tiefe. ... ist ... hoch, ... breit,... lang, ... tief.	tem... de altura oder de alto... de largura oder de largo... de comprimento oder de comprido... de profundidade oder de fundo.

Der Brunnen ist dreißig Fuß tief.	O poço tem trinta pés de fundo.
Mein Haus ist fünfzig Schuh hoch.	A minha casa tem cincoenta pés de altura (de alto).
Der Tisch ist vier Schuh lang, und drei Schuh breit.	A mesa tem quatro pés de comprimento e tres pés de largura (de largo).
Die Insel Fayal (Buchenwald) in der Inselgruppe der Azoren (Habichte) ist fünf Meilen lang und vier breit.	A ilha do Fayal, no archipelago dos Azores, tem cinco legoas de comprido e quatro de largo.
Streiten über...	Disputar sobre... a cerca de...
Der Bösewicht.	O scelerado.
Das Unglück. Der Jammer.	A calamidade.
Vollständig.	Inteiro (spr. intéiro).
In Unwissenheit sein. Nicht wissen.	Ignorar.
Die Diener, die Maultiertreiber, die Lakeien keifen, und trinken bald nachher zusammen in der Kneipe.	Altercão entre si os criados, os arrieiros, os lacaios e dahi a pouco vão á taverna beber juntos.
Der Streit besteht gewöhnlich im Gegensatz der Meinungen und in den Gründen, womit jeder die seinige verteidigt.	A disputa consiste de ordinario na opposição de opiniões e na razão ou argumento com que cada um defende a sua.
Ist es wahr, daß es brennt?	É verdade, que um fogo rebentou?
Ich wußte durchaus nicht, daß es brannte.	Eu ignorava inteiramente, que o fogo rebentasse:
Ein großes Unglück hat sich zugetragen.	[Aconteceu] Succedeu uma grande calamidade.
Zwischen Dir und mir.	Entre tu e eu. Entre ti e mim.

C. Das Verhältniswort entre ist das einzige, welches mit tu und eu verbunden werden kann, anstatt mit ti und mim.

Es ist ein großer Unterschied zwischen mir und ihm.	Ha uma grande differença entre eu [mim] e elle.
Ich bin verloren.	Estou perdido.
Nicht wahr...?	Não é verdade?
Plündern.	Saquear.
Sich legen auf... anfangen zu...	Pôr-se a...

Viele Leute waren herbeigelaufen, aber anstatt das Feuer zu löschen, verlegten sie sich aufs Plündern.	Muitas pessoas tinhão vindo, mas em vez de apagar o fogo, puzerão-se a saquear.
Ist es [den Leuten] gelungen, das Feuer zu löschen?	Conseguirão apagar o fogo? Chegarão a apagar o fogo?
Nicht wahr, es giebt viele weise Männer in Rom?	Ha muitos sabios em Roma, não é assim?

Aufgaben.

201.

Können Sie sich von diesem Manne losmachen? — Ich kann mich schlechterdings nicht von ihm befreien, denn er folgt mir, ohne daß ich es will (Conjunctivo). — Hat er nicht den Verstand verloren? — Es kann sein, daß er ihn verloren hat (Conj.). — Was verlangt er von Ihnen? — Er will mir ein Pferd verkaufen, das ich nicht brauche. — Wird er den Weg der Tugend verfolgen? — Nein, denn es ist sehr schwer, den Weg der Tugend zu verfolgen. Darum verfolgen so viele die königliche Straße des Lasters. — Was soll ich meiden? — Folge dem Rat der Bösen nicht, denn ihre Ratschläge werden Dich nicht retten. — Ich bin Ihnen vielen Dank schuldig, aber ich werde weder Ihren Rat, noch den der Bösen befolgen. — Wer hat Sie aus den Händen dieser Diebe gerettet? — Ich entrann der Gefahr Dank der Hilfe dieser beiden Soldaten. Darum habe ich so viele Verpflichtungen gegen sie, denn ohne den Beistand dieser beiden Soldaten wäre ich unterlegen. — Hat (p) Dir der Geistliche geholfen? — Wie viele Verpflichtungen habe ich [nicht] gegen diesen [braven] Mann! Ohne seinen Beistand wäre ich nicht, wo ich jetzt bin. Seine Ratschläge haben mich auf den guten Weg geführt, den ich auch nicht mehr verlassen habe. — Welches ist der Mann, über welchen Sie sich beklagen? — Es ist der, welcher eine rote Halsbinde trägt. — Eine rote Halsbinde! Das deutet (indicar) auf das Seil, mit welchem er gehenkt werden wird. — Ja, das ist wahr. Aber man henkt die Diebe nicht, bevor [antes de] man sie hat. — Ein russischer Bauer, welcher nie Esel gesehen, sagte, als [Participio] er welche in Frankreich sah: „Mein Gott, was für große Hasen giebt es hier!"

202.

„Welcher Unterschied ist zwischen einer Uhr und mir?" fragte eine Dame einen jungen Offizier. — „Meine Dame", antwortete dieser, „eine Uhr zeigt die Stunden an, und in Ihrer Nähe vergißt man sie." — Wer hat Ihrem Sohne das Leben gerettet (p), als er ins Meer fiel? — Ein Matrose rettete ihm das Leben. Er warf ihm ein Tau (zu). — Wie machtest Du die Bekanntschaft dieses Edelmannes? — Auf eine ganz außerordentliche Weise. Ich ging eines Tages im Walde spazieren, als ich plötzlich eine Stimme hörte, welche schrie, man möge helfen [Imp. Conj.]. Ich lief schnell nach dem Orte hin, wo die Stimme [her] kam und bemerkte einen Menschen, der floh, und dem drei andere folgten. Ohne zu fragen, auf welcher Seite das Recht sei (war), eilte ich dem zu Hilfe, welcher floh. Die drei anderen hielten an, und als sie sahen, daß ich meinen Degen in die Hand nahm, drehten sie den Rücken [as costas] und flohen. Der Mann, den ich gerettet hatte, und der Edelmann, von dem Sie sprechen, sind dieselbe Person. — Wo sind Sie lieber, im Wald oder auf dem Felde? — Der Wald hat seine Schönheiten, wie das Feld. Wenn es sehr heiß ist, ziehe ich den Wald vor, ist aber das Wetter nicht schön, so ziehe ich das Feld vor. — Werden Sie heute Abend zu Herrn Torstenson gehen? — Vielleicht. — Und werden Ihre [Fräulein] Schwestern auch hingehen? — Sie werden vielleicht hingehen. — Haben Sie sich gestern im Konzert gut unterhalten? — Ich unterhielt mich schlecht, denn es waren [dort] so viele Leute, daß man kaum eintreten konnte. — Wie schön ist dieser Wald! Finden Sie nicht? — Nein, ich finde diesen Wald nichts weniger als schön. Man kann die Bäume zählen, die wirklich schön sind. Die andern alle sind sehr klein. — Der Wald ist darum nicht häßlich, weil die Bäume noch nicht hoch sind.

203.

Was sagen Sie? Das Land wird zehntausend Pfund Sterling ausgeben? Soviel Geld? — Seien Sie ohne Furcht, meine Dame. Dieses Geld wird ausgegeben werden, um unser Land zu befestigen [fortificar]. — Dann ist das Land in Gefahr? — Jawohl, es ist in Gefahr. Haben Sie [V. Exc.]

in den Zeitungen nicht die Worte gelesen: „Catilina klopft an die Thore Roms?"—Nun, Rom sind wir, die Portugiesen.—Und Catilina, wer ist er?—Catilina? das sind unsere Feinde. — Dann (pois) haben wir Feinde, wir, die wir niemanden [ein] Leid gethan haben (p)? — Es ist wegen (por) dieser Ursache. Weil wir kein Leid thun, wollen sie es uns thun. Doch [todavia] Sie begehren, daß ich Ihnen die Sache erzähle, ich will [werde] es thun. Wissen Sie [V. Exc.] nicht, daß Festungen gebaut werden [vão se levantar], damit wir uns verteidigen können? Wir werden Krieg bekommen (ter), großen Krieg! Fünfzigtausend Mann werden sich anwerben lassen. Sehen Sie [Conj.], daß fünfzigtausend Soldaten eine Armee ist, [die] fähig [ist] ganz Rußland zu erschrecken [assustar]. Die Eroberung [a conquista] wird sehr leicht sein, wenn diese Armee sich mit der der Polizeisoldaten [cabos de policia spr. policia] und der Spritzenmänner [bombeiros] vereinigen wird [juntar]. — Und hat das alles schon angefangen? — Warum nicht, meine Dame! Man hat schon fünfundzwanzig Pferde nach dem Norden geschickt, um den ersten Angriff [ataque] der Barbaren [barbaro spr. bárbaro] aufzuhalten [conter]. — Aber hier in Porto spricht man nicht davon? — Man wird es schon thun.

Fünfundsechzigster Abschnitt. — Lição sexagesima quinta.

Der Anlaß, Grund.	O motivo.
Der Anlaß, die Gelegenheit.	A occasião.
Die günstige Gelegenheit.	A opportunidade.
Verdoppeln.	Duplicar.
Die günstige Gelegenheit verdoppelt den Wert der Sachen.	A opportunidade duplica o valor das cousas.
Gelegenheit macht Diebe.	A occasião faz o ladrão.
Die Gelegenheit und die Sachlage können gut oder schlecht, geeignet oder ungeeignet sein.	A occasião e a conjuncção podem ser boas ou más, proprias ou improprias [spr. próprio].

Die Veranlassung, die Gelegentlichkeit, der Vorwand kommen stets der Absicht dessen, der sie zu benutzen weiß, eben recht, zupaß oder zur schicklichen Zeit.	O ensejo, a opportunidade, o azo são sempre a proposito, a geito, a tempo para o intento de quem delles sabe aproveitar-se.
Welchen Anlaß hast Du, Dich zu beschweren?	Que motivo tens de queixar-te?
Er klage sich selbst seines Unglücks an.	Queixe-se de si mesmo da sua desgraça.

Not, Elend, Unglück.	**Miseria. Miserias** (spr. miséria).
Die Laufbahn.	**A carreira** (spr. carréira).
Erfahren.	**Experimentar.**

Es sind ihm viele Unfälle widerfahren, aber er befindet sich nicht im Elend.	Succederão-lhe muitas desgraças, porem não está na miseria.
Wieviel Unglück habe ich nicht in meiner Laufbahn erfahren!	Quanta miseria experimentei na minha carreira!

A. Das bedeutungslose „nicht" und „doch" in Ausrufungen wird nicht übersetzt.

Unglücklich.	**Infeliz.**
Blind. — Blindgeboren.	**Cego. — Cego de nascença.**
— Blind an einem Auge.	**— Cego de um olho.**
Taub gegen.	**Surdo, —a.**
Im Lande der Blinden ist der Einäugige König.	Em terra de cegos o que tem um olho é rei.
Er stellt sich taub.	**Faz-se surdo.**
Er ist taub gegen alle Fragen.	Está surdo a todas as perguntas.
Die Gefühllosigkeit. — Gefühllos.	**A insensibilidade. — Insensivel** (spr. insensível).
Die Bitte.	**O rogo. — A supplica** (spr. súpplica).
Auf die Bitte von... Auf meine Bitte.	**A rogo de... A meu rogo.**
Überwinden.	**Vencer.**
Ist er gefühllos gegen alle Bitten?	Está elle insensivel a todos os rogos?
O nein! Er ließ sich mit (durch) Bitten überwinden.	O não! Deixou-se vencer com rogos, dos rogos.
Er ist taub gegen meine Bitten.	Está surdo ás minhas supplicas.
Abgerechnet, ausgenommen.	**Menos.**

Und selbst. Sogar.
Sich glücklich schätzen.

Até.
Estimar-se. Reputar-se feliz. Ter-se por feliz.

Dieser Mensch ist so unglücklich, daß man sagen kann, er wurde nicht geboren, um glücklich zu sein.
Ich hatte das Glück mich zu retten, aber von meinen Sachen habe ich nichts gerettet.
Das abgerechnet, ist er glücklich, ja sogar glücklicher als Du.

Este homem é tão infeliz, que se póde dizer, que elle não nasceu para ser feliz.
Tive a fortuna de salvar-me, mas das minhas cousas não salvei nenhuma.
Menos isto elle é feliz, até mais feliz do que tu.

Fortschritt.
Unterbrechen.
Nun...!

Progresso.
Interromper.
Então...!

Nun! machst Du Fortschritte?
Ich würde Fortschritte machen, wenn mich nicht die Geschäfte unterbrächen.

Então! fazes progressos?
Faria progressos, se os negocios não me interrompessem.

Das Stück.
Die Elle.
Anstehen. Zusagen.

A peça.
A vara.
Accommodar.

[Wie teuer] Was ist der Preis dieses Tuches?
Es wird zu anderthalb Pintos die Elle verkauft.

Qual é o preço deste panno?
Vende-se a pinto e meio a vara.

Heruntergehen. Herabsetzen.
Nachlassen.
Mit Abschlag verkaufen.

Baixar.
Rebater.
Vender com rebate.

Solange der Preis der Arbeit steigt, kann der Preis des Tuches nicht heruntergehen.
Da wir nicht zuviel gefordert haben, so können wir nichts nachlassen.

Em quanto o preço do trabalho sobe, não póde baixar o preço do panno.
Como não temos pedido demais, não podemos rebater nada.

Einen Besuch machen, abstatten.
Vorstellen.

Fazer uma visita.
Apresentar.

Es scheint mir, als ob... wäre.
Diese Waren kommen mir teuer vor.

Parece-me, que é...
Parece-me, que estes generos são caros.

Es kommt mir vor, als grollte er mit mir.

Parece-me, que está zangado commigo.

Er kommt mir unzufrieden vor. | Parece-me descontente.
Ich will Dich ihm vorstellen. | Eu te apresentarei a elle.

Die Unterrichtsstunde. | A lição.
Übersetzen ins... | Traduzir em...
Genaue Kenntnis verschaffen von... Einweihen in... | Iniciar em...

Warum lachst Du? | Porque te ris-tu?

B. Mit rir-se wird ein spöttisches Lachen bezeichnet.

Ich lache, weil Du nach so vielen Stunden so geringe Fortschritte gemacht hast. | Rio-me, porque com tantas lições fizeste tão poucos progressos.
Du bist noch nicht im stande, einen Brief ins Portugiesische zu übersetzen. | Ainda não sabes traduzir em portuguez uma carta.
Hast Du genaue Kenntnis von dieser Angelegenheit? (Bist Du eingeweiht in u. s. w.?) | Estás iniciado neste negocio?

Das Amt. | O emprego.
Eintragen. | Render. Dar um rendimento.

Da nun, da doch..., und da... | Como... já... e que.

Da Ihnen Ihr Amt soviel einträgt, wie Sie brauchen, und da Sie einiges Vermögen haben, warum beklagen Sie sich? | Como o seu emprego já lhe rende [tanto] quanto gasta e que tem alguma fortuna, porque se queixa vm^ce.?

C. Bildet que (daß) mit einem vorstehenden Wörtchen ein zusammengesetztes Bindewort, so bleibt bei Wiederholungen das vorstehende Wörtchen weg.

Ich bin unzufrieden, weil dieses Amt mir wenig einträgt, und weil ich kein anderes erlangen kann. | Estou descontente, porque este emprego não me rende senão pouco e que não tenho outro.

Die Partie. | A partida.
Eine Partie Schach. | Uma partida de xadrez.
Eine Partie Billard. | Uma partida de bilhar.

Die Zeit wird mir lang; ich werde eine Partie Schach machen (spielen). | Estou aborrecido; jogarei uma partida de xadrez.
Ich meinerseits ziehe eine Partie Billard vor. | Quanto a mim, eu gosto mais de uma partida de bilhar.

Sich anschließen an.	Ajuntar-se.
Vorschlagen.	Propôr.
Vorhaben. Sich vorneh- men.	Propôr-se.

Ich schlage vor, uns an eine Jagd- partie anzuschließen.	Eu proponho, que nós nos ajun- temos a uma partida de caça.
*Was würdet Ihr sagen, wenn ich etwas anderes vorschlüge?	Que dirieis, se propuzesse outra cousa?
Ich würde thun, was ich mir vor- genommen habe.	Faria o que me tenho proposto.

| Der Ratschlag. Der Rat. Einen Rat befolgen. Sich einem Rat überlassen. | O conselho. Abraçar um conselho. Entregar-se a um conselho. |

Ich würde Ihren Rat befolgen, wenn es mir möglich wäre.	Abraçaria o seu conselho, se me fosse possivel.
Wieviel trägt Ihnen Ihr Amt jähr- lich ein?	Que rendimento annual lhe dá o seu emprego?
Sehr wenig. Ich kann kaum von meinen Einkünften leben.	Muito pouco. Apenas posso viver com os meus rendimentos.
Wollen Sie sich meinem Rat über- lassen? Ich will Ihnen ein gutes Amt verschaffen.	Quer entregar-se ao meu con- selho? Vou-lhe arranjar um bom emprego.
Ich danke Ihnen sehr für Ihre Güte.	Agradeço-lhe muito a sua bon- dade.
Wir müssen alle Menschen lieben, selbst unsere Feinde.	Devemos amar a todos os ho- mens, até aos nossos inimigos.
Niemand lobt sich gerne selbst, nur die Dummköpfe.	Ninguem gosta de se louvar a si mesmo, senão os patetas.
Wer giebt ist nicht stets derjenige, welcher einhändigt. Der König, zum Beispiel, gewährt freigebig, was sein Schatzmeister pünktlich ausbezahlt.	O que dá não é sempre o que entrega. O rei, por exemplo, dá com liberalidade o que o seu thesoureiro entrega com exactidão.

Aufgaben.

204.

Ich habe (p) Ihnen etwas mitgebracht, was Sie schon lange wünschen. Wollen Sie es sehen? — Ja, warum haben Sie mirs nicht gleich gezeigt (p)? — Es ist eine seidene Hals- binde. Ich weiß, daß Ihre zerrissen ist, darum biete ich Ihnen eine neue an. — Ich nehme sie mit vieler Freude an, und danke Ihnen sehr für Ihre Güte. — Wie ist Ihre Schwester gekleidet? Ich habe (p) sie auf dem Balle nicht erkannt. — Sie ist schwarz gekleidet. Ihr Onkel starb vor drei Wochen. — Wie hoch ist das Haus des Nachbarn? — Es ist viel höher als das meinige. — Wie tief ist der Brunnen? — Er ist sechzig Ellen tief. — Wie lang ist dieses Seil? — Es ist zweihundert Ellen lang. — Wie breit ist die königliche Straße von Lissabon nach Cintra? — Sie ist zehn Ellen breit. — Wie groß ist Ihr Bruder? — Er mißt fünf Fuß sechs Zoll. — Das ist eine hübsche Größe. Ihr Bruder muß ein prächtiger Mann sein. — Ist es wahr, daß Ihr Onkel angekommen ist? — Ich versichere Sie, daß er angekommen ist. — Ist es wahr, daß der König Sie seines Beistandes versichert hat [prometter]? — Ich versichere Sie, daß es wahr ist. — Ist es wahr, daß es den sechstausend Mann, welche angekommen sind, gelungen ist (p), die Stadt zu nehmen? — Es ist wahr, es ist ihnen gelungen (p). — Sie haben (p) jedoch [dabei] viele Leute verloren, denn der Angriff (ataque) dauerte (durar) drei Tage und drei Nächte. Aber nachdem sie die Stadt genommen hatten, plünderten sie sie. Jeder Soldat erhielt zehn Pfund Sterling. — Über was streiten sich mein Onkel und Ihr Vater? — Über eine Neuigkeit, welche Ihr Onkel in einer Zeitung gelesen hat. Der Wortwechsel ist sehr lebhaft.

205.

Was ist geschehen? — Es ist ein großes Unglück geschehen. Eine Feuersbrunst hat mein Haus (predio spr. prédio) vollständig zerstört. — Ich wußte [es] durchaus nicht. — Warum sind (p) meine Freunde ohne mich abgereist? — Sie haben (p) auf Sie gewartet bis Mittag, und da sie sahen, daß Sie nicht kamen, reisten sie ab. — „Es giebt viele weise Männer in Rom, nicht wahr?" fragte Milton einen Römer. — „Nicht so viele wie damals, als Sie in der ewigen Stadt waren," antwortete der Römer. — Kannst Du mir den Grund sagen, warum Du hier geblieben bist (p)? — Ich bin (p) hier geblieben, weil es regnete, was ich nicht erwartete. — Wie wird jemand zum Dieb? — Man sagt gewöhnlich, die Gelegenheit macht den Dieb. Aber meine Meinung ist eine andere. Seine schlechte Natur macht den Dieb. Denn ein ehrlicher (probo) Mann wird weder stehlen,

noch rauben, auch wenn [mesmo quando] die Gelegenheit günstig
sein wird [for]. — Wie geht es Dir denn jetzt, nach all dem
Elend, das Du erfahren hast?—Jetzt geht es mir gut. Vor
drei Monaten war ich zum (por) letztenmal in einer erbärm=
lichen Lage. Ich hatte nur zwei Pfund und sollte damit einen
Monat leben. Ich stillte meinen Durst mit Wasser, meinen
Hunger mit Brot. Alles andere war zu teuer. Da habe (p)
ich erfahren, wie man von der Hand in den Mund lebt. —
Welchen Grund hast Du, Deinem Sohne kein Geld mehr zu
schicken?—Er verdient nicht, daß ich ihm Geld schicke, denn er
ist taub gegen alle meine Bitten. Wenn ich ihm schreibe, daß
er mehr arbeiten soll [Conj.], so antwortet er immer, daß er
nicht arbeiten will. Der beste Vater würde ihm kein Geld
mehr schicken.

206.

Ist der Preis des Getreides immer noch derselbe? — Nein,
das Elend der Bauern hat den Preis des Getreides verdoppelt.
—Welcher Kaufmann ist der beste?—Derjenige, der weiß, daß
die günstige Gelegenheit den Wert der Sachen verdoppelt. —
Ist dieser arme Teufel blind geboren?—Nein, der Unglückliche
hat ein Auge im Kriege gegen Spanien verloren.—Er ist daher
nur an einem Auge blind?—Ja, mit dem andern sieht er sehr
gut.—Alle [Leute] sagen, daß dieser Mann so weise ist. Ich
kanns nicht finden!—Ich auch nicht. Im Lande der Blinden
ist der Einäugige König.—Hat Dir der Kaufmann geantwortet
(p), als Du ihn fragtest? — Nein, er war taub gegen alle
Fragen. — Hast (p) Du alle Deine Schulden bezahlt? —
Ich habe (p) alle bezahlt, die abgerechnet, welche ich nicht be=
zahlen konnte, weil ich kein Geld habe. — Ich verstehe ganz
gut, was Du sagen willst. Du hast gar keine Schulden be=
zahlt (p).—Doch, ich habe einige bezahlt auf die Bitte meines
Vaters. Die Bitten meiner Gläubiger habe ich jedoch nicht
beachtet (p).—Also [então] hat (p) Dir Dein Vater Geld ge=
schickt?—Ja, er ließ sich durch meine Bitten überwinden, und
schickte mir sogar mehr, als ich [von] ihm verlangte.—Wieviel
Geld hat (p) Dir Dein Vater nicht schon geschickt!—Ich schätze
mich darum auch glücklich, [einen] solchen Vater zu haben. —

Macht Ihre Schwester Fortschritte? — Sie würde welche machen, wenn sie fleißiger wäre. — Haben Sie lange mit ihm gesprochen? — Ja, aber die Ankunft eines Freundes störte uns. — Nun, wie gefällt Ihnen das neue Stück? — Es ist sehr hübsch. — Was kostet die Elle von diesem Seidenzeug? Ich will [mir] ein Kleid kaufen, aber der Preis darf nicht sehr hoch sein. — Dann wird Ihnen dieses Kleid nicht zusagen, denn es ist (sahe) sehr teuer. — Können Sie mir nichts nachlassen? — Nein, wir verkaufen nicht mit Abschlag. Wir haben für Sie [V. Exc.] den Preis schon herabgesetzt. Mehr können wir nicht thun.

Sechsundsechzigster Abschnitt. — Lição sexagesima sexta.

Ängstlich, verzagt.	Timido (spr. tímido).
Kurz..	Curto.
Natürlich.	Natural.

Er spricht wenig, denn er ist beschränkten Verstandes.	É curto de palavras, porque é curto de juizo.
Ich glaube vielmehr, er ist ängstlich.	Antes creio que é timido.
Kurzsichtig ist er und langsam; es ist natürlich, daß er dabei auch kurz am Gelde ist.	Elle é curto da vista e curto de mãos, é natural que com isso seja tambem curto de meios.

A. Als Ausdruck einer Notwendigkeit erfordert é natural que den Conjunctivo.

Der Schiffbruch.	O naufragio (spr. naufrágio).
Schiffbruch leiden.	Naufragar.

Wollen Sie die Güte haben, mir etwas Geld zu leihen?	Quer ter a bondade de me emprestar algum dinheiro?
Ich werde Ihnen mit dem größten Vergnügen mit meinem Beutel beistehen.	Acudirei a vmcê. da minha bolsa com o maior gosto.
Sie würden mir einen großen Gefallen thun, wenn Sie mir diesen Dienst erweisen wollten.	Vmcê. me faria um favor muito grande, se quizesse me fazer este serviço.

Wieviel brauchen Sie? [fordern Sie?]	De quanto precisa?
Tausend Pfund Sterling.	De mil libras esterlinas.
Da ich Schiffbruch gelitten habe, ist es [mir] unmöglich, Ihnen soviel zu leihen.	Como tenho naufragado, é impossivel, que lhe empreste tanto.
Auftragen, vorlegen (Speisen).	Servir.
Braten.	Assado.
Der Nachtisch.	A sobremesa.
Die Suppe und der Braten sind aufgetragen.	A sopa e o assado estão na mesa.
Ich will dem Diener sagen, daß er den Nachtisch bringe.	Vou dizer ao criado, que traga (sirva) a sobremesa.
Was ist das für [eine Art von] Obst?	Que especie de fruta é esta?
Stein (im Obst).	O caroço.
Kern (in Beeren).	A pevide.
Der Nußkern (wörtl. Hirn der Nuß).	O miolo da noz.
Ich esse gerne Steinobst.	Gosto da fruta de caroço.
Ich meinesteils ziehe das Kernobst vor.	Eu da minha parte gosto mais da fruta de pevide.
Darf ich Ihnen ein wenig von diesem Hammelfleisch vorlegen?	Lhe servirei um pouco deste carneiro? oder Permitte-me, que lhe sirva...?
Sich erdreisten.	Atrever-se.
Abschlagen.	Se recusar a.
Ich weiß nicht, ob ich mich erdreisten [darf], Sie zu bitten, mir ein wenig zu geben.	Não sei, se me atreva a pedir-lhe, que me dê um pouco.
Ich bitte Sie, mirs zu geben.	Peço lhe o favor, que mo dê.

B. In allen Höflichkeitsformeln, welche ausdrücken: „ich will", erfordert *que* den *Conjunctivo*.

Schlagen Sie mir meine Bitte nicht ab.	Não se recuse á minha supplica.
Ich danke Ihnen, aber ich esse lieber Huhn.	Muito agradecido oder Agradeço-lhe muito, mas gosto mais de gallinha.
Sie könnten mir keinen größeren Gefallen thun [d. h. nichts Angenehmeres].	Não me poderia fazer cousa mais agradavel.
Der Schluck.	O trago.

Der Tropfen. Der Schluck. Dank wissen.	A pinga. Agradecer.
Darf ich Ihnen einen Schluck Wein anbieten?	Lhe offerecerei uma pinga de vinho?
Ich weiß Ihnen vielen Dank, aber ich trinke keinen Wein.	Agradeço-lhe muito, mas nunca bebo vinho.
Es ist ein guter Wein [ein guter Tropfen].	É boa pinga.
Er liebt die Flasche, d. h. trinkt gern.	Gosta da pinga.
Er hat einen kleinen Rausch.	Está tocado da pinga.
Langsam trinken.	Beber a tragos.
Die Serviette.	O guardanapo.
Das Handtuch.	A toalha (de mãos).
Das Tischtuch.	A toalha (de mesa).
Sich entschlagen. Sich behelfen ohne.	Passar-se de...
Nicht nötig haben, nicht brauchen.	Escusar de...
Kannst Du Dich ohne Handtuch behelfen?	Pódes passar-te de guardanapo?
Ich brauche kein Handtuch [zu haben].	Escuso de ter guardanapo.
Es fehlt mir [ich habe keine] Seife; aber ich kann ein Handtuch nicht entbehren.	Falta-me o sabão, mas não posso me passar de toalha.
Es ist unnötig eine Sprache zu lernen, wenn man sie schon kann.	É desnecessario (spr. desnecessário] estudar uma lingua, quando já se sabe.
Es ist nutzlos, gegen eine unheilbare Krankheit Mittel anzuwenden.	É inutil (spr. inútil) applicar remedios (spr. remédios) a uma molestia (spr. moléstia) incuravel (spr. incurável).
Es ist nicht von Nöten, fremden Sprachen Wörter zu entlehnen (betteln), wenn wir sie in der eignen haben.	É escusado mendigar vocabulos (spr. vocábulos) ás linguas estrangeiras, quando os temos na nossa.
Es ist überflüssig, Gründe aufzuhäufen, warum wir dem Feinde nicht widerstanden haben, wenn wir bewiesen haben werden, daß wir kein Pulver hatten.	É superfluo (spr. supérfluo) amontoar razões de não termos resistido ao inimigo, quando houvermos provado, que não tinhamos polvora (spr. pólvora).
Das heißt, d. h.	Isto quer dizer, q. d.
Die Züchtigung.	O castigo.
Entgehen.	Escapar.
Er ist entflohen. Ist es nicht so?	Fugiu. Não é assim?

Er that wohl, da er kein anderes Mittel hatte, der Strafe zu entgehen, die er verdient hat.

Fez bem, porque não tinha outro remedio para escapar ao castigo, que tem merecido.

Noch heute. Eben heute.
Zu rechter Zeit.
Noch zu rechter Zeit.
Einer oder der andere.

Hoje mesmo.
A tempo.
Mui a tempo.
Um ou [o] outro.

Auf die eine Weise, oder auf die andere.

Ou **seja** de um modo, ou de outro.

Wird er zu rechter Zeit kommen?
Ich weiß nicht, es ist schon spät. Er muß gerade heute kommen, um zur rechten Zeit zu kommen.

Chegará a tempo?
Não sei, já é tarde. Ha de vir hoje mesmo, para chegar a tempo.

Hinzufügen, zulegen.
Der Auftrag. Die Bestellung.
Besorgen.
Sich eines Auftrags entledigen.

Dar mais.
A encommenda. A commissão.
Fazer. Executar.
Desempenhar uma commissão.

Möchtest Du die Güte haben, eine Bestellung für mich zu übernehmen?
Wir werden immer mit vielem Vergnügen Ihre Aufträge besorgen.
Willst Du den Kaufmann fragen, ob er mir den Kaffee verkaufen will, wenn ich einen Pinto zulege für (jeden) Sack?

Terias a bondade de te encarregar duma encommenda minha?
Sempre executaremos com muito gosto as suas commissões.
Queres perguntar ao negociante, se elle me quer vender o café, dando-lhe eu mais um pinto por sacco?

Dieses (Monats).
Sich verlassen auf.
Unter Segel gehen nach...

Do corrente mez.
Contar com.
Fazer-se á vela para.

Ich verlasse mich auf Dich.
Kann ich mich darauf verlassen?
Du kannst es.
Ich werde am 12. d. M. nach Amerika absegeln.

Conto comtigo.
Posso contar com isso?
Pódes.
No dia 12 do corrente mez me farei á vela para a America.

C. Hinter arabischen Ziffern, die Ordnungszahlen bedeuten, ist innerhalb des Satzes im Portugiesischen kein Punkt zu setzen.

Welche Aufgabe giebst Du uns zu machen?
Die zweihundertsiebente und zweihundertachte. (Die 207. und 208.)

Que exercicios (spr. exercícios) nos dás, para nós os fazermos?
O duzentesimo septimo e o duzentesimo oitavo. (O 207 e 208.)

Aufgaben.

207.

Zwei Schusterjungen schliefen in demselben Bett. Der Meister hatte die Gewohnheit, demjenigen, der vorn [adiante] schlief, eine Ohrfeige zu geben, damit er erwache [Imp. do Conj.]. Da nun der Ältere der zwei Jungen während einiger Wochen die Ohrfeigen erhalten hatte, [Participio perf.], so bat er eines Tages den andern, er möge ihm seinen Platz geben und den ersten Platz nehmen [Imp. Conj.]. Dieser willigte ein, aber es geschah, daß an demselben Tage der Meister zu [com] sich selbst sagte: Ich habe nun schon lange dem einen die Ohrfeigen gegeben (p), ich will nun einmal wechseln. Den andern Tag in der Frühe näherte er sich dem Bett und gab dem, der hinter [atraz de] dem ersten schlief, eine Ohrfeige. Dieser erwachte und sagte weinend: „Niemand kann seinem Schicksal [sorte] entgehen."

Willst Du mit mir einen Besuch machen?—Ja, aber ich bitte Dich, daß Du mich den Leuten vorstellest, denen Du den Besuch machst.—Hast Du ein Amt?—Ja, aber es trägt mir fast nichts ein. — Bist Du in die Geheimnisse des Handels eingeweiht?—Nein, aber einige Unterrichtsstunden werden mich in kurzer Zeit einweihen.—Willst Du mit mir eine Partie spielen? —Nein, ich habe keine Zeit.

208.

Welchen Ratschlag wirst Du befolgen, den meinigen oder den meines Vaters?—Ich werde mich dem Rat Deines Vaters überlassen; er will mir wohl, ich weiß es. — Willst Du mit mir spielen? — Eine Partie Billard, ja, aber eine Partie Schach, nein.—Kannst Du mir sagen, warum ich nicht so gut sprechen kann, wie Du?—Ich will [werde] Dirs sagen. Du würdest ebenso gut sprechen, wie ich, wenn Du nicht so ängstlich wärest.—Ich komme, Ihnen guten Morgen zu wünschen.— Ich danke Ihnen sehr.—Können Sie mir einen Gefallen thun? — Sie wissen, daß ich stets zu Ihren Diensten stehe. — Ich brauche dreitausend Pfund Sterling, und ich bitte Sie, [daß]

mir sie zu leihen. Ich werde sie Ihnen [von hier] in drei
Monaten zurückerstatten. Sie würden mir einen Gefallen thun,
wenn Sie mir diesen Dienst erweisen wollten. — Ich würde
es mit vielem Vergnügen thun, wenn ich könnte, aber da ich
all mein Geld verloren habe, so ist es unmöglich, daß ich Ihnen
diesen Dienst leiste.—Kann ich Ihnen nützlich sein und Ihnen
auf andere Weise zeigen, wie angenehm mir dieser Besuch ist
(Ihnen die Gnade dieses Besuchs bezahlen)? — Sie können
mir sehr nützlich sein, wenn Sie mir die müheloseste Art Geld
aufzutreiben (arranjar) angeben.—Haben Sie die Suppe auf=
tragen lassen (p)?—Sie ist vor einigen Minuten aufgetragen
worden.—Dann muß sie kalt sein, und ich esse nur [die] warme
Suppe gern. — Ich werde sie für Sie wärmen lassen. — Sie
werden mir einen Gefallen thun.—Darf ich Ihnen ein wenig
von diesem Braten vorlegen?—Ich danke Ihnen sehr, ich will
nicht mehr essen. — Wollen Sie von diesem Wein? Es ist
ein guter Tropfen. — Ich danke Ihnen sehr, der Arzt will
nicht, daß ich Wein trinke.

209.

Wann geht die Post ab? — Eben heute, es ist schon sehr
spät, Sie können Ihre Briefe heute nicht mehr auf die Post
schicken. — Was wollen Sie kaufen? — Ich will Handtücher
kaufen; wollen Sie mit mir gehen? — Nein, ich habe keine
Zeit. — Haben Sie meinen Auftrag ausgerichtet? — Ich habe
ihn ausgerichtet.—Hat Ihr Bruder den Auftrag ausgerichtet,
den ich ihm gegeben habe? — Er hat ihn ausgerichtet. —
Würden Sie einen Auftrag für mich besorgen?—Mit großem
Vergnügen. Ich schulde Ihnen soviel (so viele Verbindlichkeiten),
daß ich stets alle Ihre Aufträge besorgen werde; Sie können
auf mich zählen. — Wann ist (p) Ihr Bruder nach Amerika
unter Segel gegangen? — Er ist am 10ten des vorigen Mo=
nats abgesegelt. — Wann werden Sie abreisen? — Ich werde
den 20ten dieses Monats abreisen. — Versprechen Sie mir,
mit Ihrem Bruder zu reden?—Ich verspreche es Ihnen, Sie
können auf mich rechnen.—Hat der Ball schon angefangen (p)?
— Noch nicht, Du kommst noch zu rechter Zeit. — Ist der
Knabe der Strafe entgangen (p)? — Er wird [ihr] nicht ent=

gehen, denn er wird auf die eine Weise oder auf die andere gestraft werden. — Wollen Sie mir dieses Kleid für zwei Pfund verkaufen? — Nein, Sie müssen noch ein Pfund hinzufügen. — Hast Du den Knaben gesehen (p)? — Er lief fort von Dir. — Er braucht nicht zu fliehen, ich bin mit allen Leuten in Frieden. — Wer will mit mir nach der Schreibstube kommen? — Wir beide können nicht. — Einer oder der andere muß kommen. — Welches Obst ziehen Sie vor, Äpfel oder Birnen? — Ich ziehe Pfirsiche vor, denn ich esse sehr gern Steinobst. — Ist der Nach=tisch schon aufgetragen? — Noch nicht, das Obst und der Zucker fehlen noch.

Siebenundsechzigster Abschnitt. — Lição sexagesima septima.

Die Ware.	A mercadoria.
Etwas verstehen von.	Entender de.
Kenner.	Conhecedor.
Ich verstehe nichts davon; aber Du willst alles verstehen.	Eu disso não entendo nada; mas tu de tudo queres entender.
Ist jener Mann ein Warenkenner?	É conhecedor de mercadorias este homem?
Er versteht nichts von Waren.	Não entende nada de mercado-rias.
Sind Sie Kenner von Tüchern?	Vm.ᵈᵉ é conhecedor de pannos?
Von Tüchern verstehe ich nichts.	De pannos não entendo nada.
Sich anstellen um zu... Es machen, es anfangen um zu...	Fazer para...
Rein (ins Reine) schreiben.	Tirar a limpo.
Der gestrige. — Der heutige.	O de hontem. — O de hoje.
Der morgende.	O de amanhã.
Ich weiß nicht, wie ich mich an-stellen soll, um zu machen.	Não sei como fazer.
Wie soll ich es machen, um von diesem Kaufmann Waren zu er-langen, ohne Geld auszugeben?	Como hei de fazer para obter, que este negociante me mande mercadorias, sem eu gastar dinheiro?

Wie haſt Du Deine heutige Lehr- ſtunde vorbereitet?	Como preparaste a tua lição de hoje?
Ich habe meine Aufgabe ins Reine geſchrieben und den Abſchnitt durchſtudiert.	Tirei a limpo o meu exercicio e estudei a minha lição.

Erfahren, geübt, geſchickt. Unerfahren, ungeſchickt. Die Meinung. Der Aus- ſpruch.	Perito. Experto. Imperito. Inexperto. A sentença. A opinião. O parecer. O dictame.
Man hat eine Meinung, man giebt ein Gutachten (Anſicht) ab.	Tem-se uma opinião, dá-se o parecer ou dictame.
Jemand hat ſeine Meinung, äußert ſie aber nicht.	Fulano tem a sua opinião, mas não a manifesta.
Ich gebe mein Gutachten, oder meinen Ausſpruch ab, je nach der Meinung, die ich habe.	Dou meu parecer, ou meu dic- tame, segundo a opinião que tenho.
Nach dem Urteil der Erfahrenen, nach dem, was die erfahrenen Leute ſagen, muß es ſo ſein.	Segundo o dictame dos peritos, ao que dizem os peritos ha de ser assim.
So viel Köpfe, ſo viel Meinungen (Sinne).	Tantas cabeças, tantas sentenças.
Ich bin der Meinung meines Bru- ders.	Sou do parecer de meu irmão.
Alle ſind derſelben Meinung.	Todos são do mesmo parecer.

Die Geſchicklichkeit. Das Geſchick.	O geito (ſpr. géito).
Er hat ſehr viel Geſchick, d. h. iſt ſehr geſchickt.	Elle tem muito geito.
Er hat gar kein Geſchick, d. h. iſt ſehr ungeſchickt.	Não tem geito nenhum.
Haſt Du Geſchick dazu?	Tens geito para isso?

Die Augen niederſchlagen. Blindlings. Sich ducken, niederkauern, drücken. Das Schnupftuch.	Abaixar os olhos. Os olhos fechados. Agachar-se. O lenço.
Warum ſchlägſt Du die Augen nie- der?	Porque abaixas os olhos?
Ich ſchlug die Augen nicht nieder, aber Du.	Não abaixei os olhos, mas tu os abaixaste.
Der Hund drückte ſich in einen Win- kel des Zimmers.	O cão agachou-se num canto do quarto.

Er wußte warum; ich wollte ihn strafen, weil er mir immer mein Schnupftuch nimmt.	Sabia porque; eu quiz castiga-lo, porque sempre me tira o meu lenço.
Bilden.	Formar. Construir.
Verbergen, verstecken.	Esconder.
Benutzen, sich zu nutz machen.	Aproveitar, aproveitar-se de.
Er hat den Stein geworfen und die Hand versteckt.	Atirou a pedra e escondeu a mão.
Er hat sich die Gelegenheit zu nutz gemacht, um einen silbernen Löffel zu stehlen.	Aproveitou-se da occasião para furtar uma colher de prata.
Wo hast Du meine Löffel versteckt?	Onde tens escondidas as minhas colheres?
Dieses Wort bleibt mir ins Herz geschrieben.	Esta palavra fica escrita no meu coração.

A. Das Participio perfeito richtet sich zuweilen in Geschlecht und Zahl nach dem Worte, welches es näher bestimmt, selbst wenn es mit ter steht, wenn ter die Bedeutung „halten" hat. Steht es bei ficar, so ist es immer den Geschlechts- und Zahlveränderungen unterworfen.

Das Große unserer Väter bleibt verborgen.	As grandes cousas de nossos pais ficão esquecidas.
Wachsen.	Crescer.
Geizig.	Avaro.
Aus Furcht.	Com medo.
Der Satz.	A proposição.
Ich weiß nicht, wie ich es anstellen soll, um diesen Satz im Portugiesischen zu bilden.	Não sei como formar esta proposição em portuguez.
Der Geizige wünscht immer, daß sein Vermögen wachse, aus Furcht, nicht genug zum Leben zu haben.	O avaro sempre deseja, que a sua fortuna cresça, com medo de não ter o necessario para viver.
Dieser Junge ist in kurzer Zeit bedeutend gewachsen [— groß geworden].	Este rapaz tem crescido muito [— se tem feito alto] em pouco tempo.
Die Hütte.	A cabana. A barraca.
Der Platzregen.	A pancada de agua. O chuveiro.
Geschützt sein vor [einen Schutz haben gegen].	Ter um abrigo contra.

Wir haben viel Regen.	Temos muita chuva.
Es ist besser, daß wir viel Regen haben, als daß wir gar keinen haben.	Mais vale termos muita agua do que não termos chuva nenhuma.
Ich bin froh, daß wir diesen Platzregen nicht erwischt haben.	Estou contente, que não tenhamos apanhado esta pancada de agua.

B. Hinter jedem Ausdruck des Lobes oder des Tadels, wie der Freude und des Mißfallens, erfordert que den Conjunctivo.

Sich stellen als [ob, wollte].	Fingir mit Infinitivo.
Thun [sich stellen] als ob, wäre.	Fingir-se.
Thun als ob [mit Konjunktiv].	Fingir que mit Indicativo.
In jener Hütte werden wir geschützt sein vor dem Platzregen.	Naquella cabana teremos um abrigo contra o chuveiro.
Er stellt sich [als wäre er] tot.	Elle se finge morto.
Du stellst Dich, als schliefest Du.	Tu te finges adormecido [enge-schlafen].
Er thut, als wäre er krank.	Finge, que está doente.
Die Männer dort thun, als wollten sie sich uns nähern.	Aquelles homens fingem approximar-se de nós.
Die Feinde thaten, als bemerkten sie uns nicht.	Os inimigos fingião não reparar em nós.
Er stellt sich dumm. [Er spielt die Rolle des Dummen].	Faz papel de tolo.
Wenn ich anfange mit ihm zu sprechen, thut er, als verstände er mich nicht.	Logo que começo a lhe fallar, elle finge, que não me entende.
Ludwig der Elfte sagte, daß wer sich nicht verstellen könne, zum Regieren nicht tauge.	Luiz XI dizia, que o que não sabe dissimular não serve para reinar.
Die Frauen verstehen sich besser aufs Heucheln als aufs Verstellen, denn die Verstellung erfordert Klugheit und Behutsamkeit und die Heuchelei Scharfsinn und Schlauheit.	As mulheres sabem melhor fingir que dissimular, porque a dissimulação exige prudencia e discrição e o fingimento sagacidade e astucia.
Unterbrechen.	Interromper.
Die Bedingung.	A condição.
Mit der Bedingung, daß...	Com condição que...
Unter der und der Bedingung.	Debaixo de, com tal condição.

C. „Daß" hinter „unter der Bedingung" heißt que mit Conjunctivo, weil der Ausdruck soviel bedeutet als: ich verlange.

Die Rolle.	O papel.
Die Erzählung.	A narração.
Eine Rolle spielen.	Fazer oder desempenhar um papel.
Ich will in meiner Erzählung fort- fahren, unter der Bedingung, daß Ihr mich nicht unterbrecht.	Continuarei a minha narração com a condição, que não me interrompais.
Eines Tags.	Um dia.
Der Palast.	O palacio (spr. palácio). O paço.
Ich war eines Tags im Palast und begegnete dem Grafen.	Estando um dia no paço encontrei o conde.
Ich ging fort und sagte ihm...) Indem ich fortging, sagte ich ihm ...	Indo-me disse lhe.

D. Das deutsche „und", zur Verbindung zweier Sätze, wird oft durch Verwandlung des vorderen Zeitworts in Participio presente ausgedrückt.

Darstellen, aufführen.	Representar.
Die Musik.	A musica (spr. música).
Stark, heftig.	Forte.
Ich war im Theater und sah Das sprechende Gemälde und Die thränenreiche Frau aufführen.	Estando no theatro, vi represen- tar A pintura fallante e A mulher chorona.
Wer spielte die thränenreiche Frau?	Quem desempenhou o papel da mulher chorona?
Es war eine Fremde; sie spielte sehr gut; aber die Musik gefiel mir nicht.	Era uma estrangeira; desempen- hou muito bem o seu papel; mas não gostei da musica.
Als ich aus dem Theater kam, hatte ich sehr heftige Kopfschmerzen.	Quando sahi do theatro, tinha dôres de cabeça muito fortes.
Bitter.	Amargo.
Verwünschen.	Amaldiçoar.
Geradewegs.	Direitamente.
Der Narr.	O doudo (spr. dóido).
Das Narrenhaus.	A casa dos orates. O hospi- tal dos doudos.

Verwünscht seien diese Narren!	Amaldiçoados sejão estes doudos!
Er lief geradewegs ins Narrenhaus, indem er alle Leute verwünschte.	Correu direitamente ao hospital dos doudos amaldiçoando toda a gente.

Das Krankenhaus.	O hospital.
Heulen.	Ulular.
Von Entsetzen erfüllt sein.	Ficar horrorizado.
Springen, hüpfen.	Saltar.
Laut auflachen.	Pôr-se a rir.

Als er ins Krankenhaus trat, war er von Entsetzen erfüllt beim Anblick einiger Narren, welche heulend auf ihn zukamen.	Entrando no hospital, ficou horrorizado, vendo alguns doudos, que se chegarão a elle ululando.
Er lachte laut auf, indem er sich entfernte.	Pôz-se a rir, em quanto se ia.

Aufgaben.
210.

Wollen Sie für mich ein paar Ellen Tuch kaufen? — Nein, ich kann es nicht thun, ich habe nicht Geld genug. — Wo sind Sie gewesen? — Ich bin im Krankenhaus gewesen. — Wer war dort? — Mein Freund, der Arzt. — Wollen Sie mit Ihrer Erzählung fortfahren oder nicht? — Heute werde ich nicht weiter fortfahren. — Hat man Ihre Erzählung unterbrochen? — Nicht nur einmal, sondern oft. — Was soll ich für Sie arbeiten? — Was Sie wollen. Sie werden Ihre Übungen ins Reine schreiben, drei andere machen und den folgenden Abschnitt durcharbeiten. — Wie erhalten Sie Waren, ohne Geld auszugeben? — Ich kaufe Waren auf Kredit. — Wie macht es Ihre Schwester, um ohne Wörterbuch französisch zu lernen? — Sie hat eine ausgezeichnete Grammatik. — Sie scheint mir sehr geschickt [zu sein]. — Aber wie lernt Ihr Bruder? — Auf eine merkwürdige Weise. Er liest einige Seiten und sucht darauf im Wörterbuch die Wörter, die er nicht verstanden. — Auf diese Weise kann er zwanzig und mehr Jahre lernen, ohne zu wissen, wie er einen einzigen Satz [machen] bilden soll. — Warum schlägt Ihre Schwester die Augen nieder? — Sie schlägt sie nieder, weil sie sich schämt, ihre Aufgabe nicht gemacht zu haben. — Werden wir heute im Garten frühstücken? — Das Wetter

26*

ist so schön, daß wir es benutzen müssen. — Wie schmeckt Ihnen der Kaffee? — Ich finde ihn recht gut. — Wollen wir einen Ausflug machen (Futuro)? — Wir können den heutigen Tag oder den morgenden benutzen. Der gestrige war hübsch, folglich werden es die andern auch sein. — Werden wir Regen bekommen (ter)? — Nein, das Wetter wird heiter bleiben. — Warum verstecken sich Ihre Schwestern? — Sie würden sich nicht verstecken, wenn sie nicht vor der Erzieherin Angst hätten.

211.

Hat Ihr Sohn viel Geschick? — Er hat Geschick für alles; aber er arbeitet wenig, darum gelingt ihm nichts. — Haben (p) die Räte schon ihre Meinung über [a respeito de] das neue Haus des Schullehrers [ab] gegeben? — Noch nicht, die Zahl der Räte ist nicht klein, und soviel Köpfe, soviel Sinne. — Alle sind aber in den Gegenständen dieser Art sehr erfahren? — Sie sind nicht unerfahren, aber alle sind nicht derselben Meinung. — Warum giebt jener Mann den Armen nichts? — Er ist zu geizig; er will seinen Beutel nicht öffnen, aus Furcht sein Geld zu verlieren. — Wie ist das Wetter heute? — Es ist sehr warm, schon lange hatten wir keinen Regen mehr, ich glaube, wir werden ein Gewitter bekommen. — Es kann sein; schon donnerts, hören Sies? — Ich höre es, aber das Gewitter ist noch sehr ferne. — Nicht so ferne, wie Sie es glauben. Sehen Sie, wie es blitzt? — Mein Gott, welch ein Regenschauer! Gehen wir in jene Hütte! Dort werden wir gegen Wind und Regen geschützt sein. Es wird nicht lange regnen. — Wohin sollen wir mit Ihnen jetzt gehen, welchen Weg sollen wir nehmen? — Der kürzeste wird der beste sein. — Wer ist jener Mann, der unter dem Baume sitzt? — Ich kenne ihn nicht. — Es scheint, er will allein sein, denn er thut, als ob er schliefe. — Er macht [es] wie Ihre Schwester. Sie versteht die französische Sprache recht gut, aber sobald ich anfange, mit ihr zu sprechen, thut sie, als ob sie mich nicht verstehe. — Haben (p) Sie mit dem Kapitän gesprochen? — Ich habe es nicht gethan (p), weil ich ihn nicht gesehen habe.

Achtundsechzigster Abschnitt. — Lição sexagesima oitava.

Plusquamperfektum des Indikativs. — Preterito mais que perfeito do Indicativo.

A. Das Preterito mais que perfeito [abgeschlossene Vergangenheit] hat drei Formen, die einfache und zwei zusammengesetzte. Die erste wird gebildet, indem man dem Infinitivo die Endungen —a, —as, —a, —amos, —eis, —ão anhängt. Der Ton liegt immer auf der letzten Silbe des Infinitivo. Die beiden andern Formen entstehen durch die Zusammenstellung des Participio perfeito entweder mit tinha oder tivera [die einfache Form des Preterito mais que perfeito von ter].

Amar: Amára,   amáras,   amára,   amáramos,
Tinha amado, tinhas amado, tinha amado, tinhamos amado,
Tivéra amado, tivéras amado, tivéra amado, tivéramos amado,

           amáreis,   amárão.
           tinheis amado, tinhão amado.
           tivéreis amado, tivérão amado.

    Ich hatte geliebt, du hattest geliebt u. s. w.

Temer: Teméra,   teméras,   teméra,   teméramos,
Tinha temido, tinhas temido, tinha temido, tinhamos temido,
Tivéra temido, tivéras temido, tivéra temido, tivéramos temido,

           teméreis,   temérão.
           tinheis temido, tinhão temido.
           tivéreis temido, tivérão temido.

    Ich hatte gefürchtet, du hattest gefürchtet u. s. w.

Partir: Partíra,   partíras,   partíra,   partíramos,
Tinha partido, tinhas partido, tinha partido, tinhamos partido,
Tivéra partido, tivéras partido, tivéra partido, tivéramos partido,

           partíreis,   partírão.
           tinheis partido, tinhão partido.
           tivéreis partido, tivérão partido.

    Ich war fortgegangen, du warst fortgegangen u. s. w.

Von diesen drei Formen muß sich der Anfänger hauptsächlich die zweite [die mit tinha] merken, da die erste und die letzte nur im höheren Stile gebraucht werden. Wir werden davon absehen.

Ihr waret gelobt worden.	Tinheis sido louvados.
Er hatte gemacht.	Tinha feito.
Wir hatten beendigt.	Tinhamos acabado.
Ihr hattet gesehen.	Tinheis visto.
Du hattest gesehen.	Tinhas visto.

B. Das Passivo wird durch Zusammenstellung des Participio perfeito mit tinha sido gebildet.

Jedesmal, wenn ich meine Arbeit nicht gemacht hatte, machte er sie für mich.	Todas as vezes que eu não tinha feito o meu trabalho, elle o fazia por mim.
Er wurde bestraft, weil er einen Stein ins Fenster geworfen hatte.	Foi castigado, porque tinha atirado uma pedra á janella.
Ich hatte schon gegessen, als er ankam.	Eu já tinha comido, quando elle veiu.
Ich hatte den Brief noch nicht fertig, als ich gerufen wurde.	Ainda não tinha acabado a carta, quando fui chamado.
Ich hatte das Buch schon gelesen, als er mir davon sprach.	Já tinha lido o livro, quando elle me fallou delle.

Seit, in.	**Em.** No espaço de.
Nicht vor.	Não...antes.
Der Freiherr.	O barão.

Wann reist der Freiherr ab?	Quando parte o barão?
Er reist nicht vor morgen ab.	Não parte antes de amanhã.
Gestern besuchte ich meine Schwester, und bei ihr fand ich einen meiner Freunde, den ich seit [in] zehn Jahren nicht gesehen hatte.	Hontem fui ver minha irmã, e em casa della achei um dos meus amigos, a quem não tinha visto [em] no espaço de dez annos.

Noch einmal sehen, wiedersehen.	**Tornar a vêr.**
Der Lehrer.	O preceptor.
Der Unfall.	O accidente.

Ich wollte meinen Lehrer wiedersehen, allein er war schon lange abgereist.	Quiz tornar a vêr o meu preceptor, mas havia já muito que tinha partido.

Jener Unfall hatte ihn so betrübt, daß er das Haus nicht wiedersehen wollte, in welchem er stattgefunden hatte.

Aquelle accidente o tinha affligido tanto, que não quiz tornar a vêr a casa, onde a desgraça acontecêra.

Er geht spazieren.

Está passeando.

Erzählen.

Contar.

Ein Märchen, Geschichtchen.

Um conto.

Ein Altweibermärchen.

Um conto de velha.

Er hatte sein Märchen noch nicht beendigt, als ich eintrat.

Ainda não tinha acabado o seu conto, quando entrei.

Während er ein Altweibermärchen um das andere erzählte, hörte der Regen auf.

Em quanto contava contos de velha a fio, a chuva parou.

Während er spazieren war, stahl man ihm alle seine Hemden.

Em quanto estava passeando, furtarão-lhe todas as suas camisas.

Der Faden. Die Schnur.

O fio.

Am Schnürchen. Nacheinander.

A fio.

Den Faden verlieren.

Perder o fio.

Eine Erzählung verfolgen.

Seguir o fio de uma narração.

Es regnete drei Tage hintereinander.

Cahiu chuva tres dias a fio.

Hast Du gehört, was er gesagt hat?

Ouviste o que elle disse?

Ich habe es gehört, aber nicht verstanden; er hat wenigstens zehnmal den Faden seiner Erzählung verloren.

Ouvi-o, mas não o entendi; elle perdeu o fio da sua narração pelo menos dez vezes.

Ich glaube vielmehr, Du hast den Faden der Erzählung nicht verfolgt; denn er erzählt gewöhnlich genau, was er gesehen hat.

Antes creio que tu não tens seguido o fio da sua narração; porque elle costuma contar exactamente o que viu.

Sie sagten, man habe Ihren Freund gerufen, nachdem er aufgestanden war.

Vmcê. disse, que o seu amigo tinha sido chamado depois de se ter levantado.

C. Wie vor dem Inhalt eines Sagens que für eine einfache Vergangenheit ein Imperfeito erfordert, so verlangt es für zusammengesetzte Vergangenheit das Preterito mais que perfeito.

Er erzählte mir, daß sein Freund im Augenblick gekommen sei, als er auf den Boden fiel.

Contou-me, que o seu amigo tinha chegado no momento, em que elle cahíra no chão.

Ich meinte, er sei zu mir gekommen, als ich eben die Zeitung gelesen hatte.

Cuidava, que elle tinha chegado á minha casa, quando eu acabava de ler [ober depois de ter eu lido] o periodico.

D. Hinter einem Mais que perfeito wird ein **zweites**
Mais que perfeito [als... hatte..., nachdem...
hatte] entweder durch quando acabava de, oder auch depois de mit Infinitivo Preterito perfeito [ter **mit**
Participio perfeito] übersetzt.

Kaum war [hatte]... so [oder als]... .

Apenas [mal] acabava de...
[quando]... oder Apenas
tinha Part. perf....[quando]...

Kaum war ich zum Haus hinaus-
gegangen, als es einstürzte.

Apenas tinha eu sahido da casa,
[quando] ella cahiu.
Apenas acabava eu de sahir da
casa, [quando] ella cahiu.

Sobald ich gemacht hatte.
Sobald ich gekommen war.

Logo que tinha feito, logo que fiz.
Logo que vim, logo que tinha
vindo.

Kaum hatte ich auf dem Kai einige
Schritte gethan, als ich einen
Portugiesen antraf, den ich schon
lange kannte und der, voll Er-
staunen mich da zu sehen, fragte,
wohin ich ginge?

Apenas tinha dado alguns passos
no caes, encontrei-me com um
portuguez, meu antigo conhecido, que ficando admirado de
alli me ver, perguntou-me
aonde ia?

Die alten Leute.
Die Augengläser, die Brille.
Ein Paar.
Eine Brille. Ein Paar Augen-
gläser.

Os velhos.
Os oculos (spr. óculos).
Um par.
Um par de oculos.

Alte Leute gebrauchen Brillen um
zu lesen.
Ich brauche Augengläser. Wollen
Sie mir ein Paar geben?

Os velhos se servem de oculos
para ler.
Preciso de oculos. Quer me dar
um par?

Gar nicht.

Por modo nenhum. De modo
nenhum.

Erwidern.
Der Brillenhändler.

Replicar.
O oculista.

Diese Brille sagt mir nicht zu; ich
will eine andere.
Da der Bauer noch nicht lesen konnte,
setzte er eine stärkere Brille auf.
Ihr könnt vielleicht gar nicht lesen?

Estes oculos não me convem;
quero outros.
O saloio, ainda não podendo ler,
pôz oculos mais fortes.
Talvez que não saiba ler por
modo nenhum?

Nur wenn ich die Brille auf der
Nase habe, kann ich lesen.

Sei ler, sómente quando tenho
os oculos no nariz.

Aufgaben.

212.

Wo gingen Sie hin, als Sie Ihre Arbeit vollendet hatten? — Ich ging in den Garten und rauchte eine Cigarre. — Was sagte Ihr Vater, als er seine Geschäfte vollendet hatte? — Er sagte nichts, sondern ging aus der Schreibstube. — Thust Du mir einen Gefallen, Johann? — Sie brauchen nur zu fragen (pedir por bocca). — Wird Dein Sohn mir wohl eine Einladung zum Ball, den der Baron morgen giebt, verschaffen können? — Er muß wohl (d. h. welches Mittel hat er, wenn nicht verschaffen). — Wer schrieb die Briefe, während Du mit Deinem Bruder in London warst? — Jedesmal, wenn ich nicht Zeit hatte, schrieb sie mein Bruder, und jedesmal, wenn er nicht Zeit hatte, schrieb ich sie. — Warum wurden die Knaben belohnt? — Sie wurden belohnt, weil sie ihre Arbeiten gemacht hatten. — Warum wurden die Mädchen bestraft? — Sie wurden bestraft, weil sie ihre Lektion nicht auswendig gelernt hatten. — Willst Du fortfahren in Deiner Erzählung? — Nein, ich will nicht fortfahren, denn Ihr unterbrecht mich immer. — Wir versprechen [Dir, daß wir] Dich nicht mehr unterbrechen [werden]. — Gut. Unter dieser Bedingung werde ich fortfahren. — Welche Rolle spielt das Fräulein? — Es spielt die Rolle einer Frau, die ihren Mann jedesmal unterbricht, wenn (que) er sprechen will. — Hatte Ihr Bruder schon viele Länder gesehen, bevor er nach Portugal kam? — Ja, er hatte schon Amerika gesehen. — Hatten Sie schon gefrühstückt, als ich zu Ihnen kam? — Nein. Wissen Sie nicht, daß ich Sie eingeladen hatte, mit mir zu frühstücken, daß Sie es vergessen hatten und daß Sie schon zu Hause gefrühstückt hatten? — Es ist wahr. Ich hatte dieses alles vergessen. — Hatte Ihr Bruder schon ein Pferd gekauft, als ihm das meinige gezeigt wurde? — Nein, er hatte noch keins gekauft, allein er hatte das Ihrige schon [früher] gesehen und hatte nie die Absicht gehabt, es zu kaufen. — Was wolltest Du thun, als Du zu mir kamst? — Ehe ich zu Dir kam, wollte ich meine Mutter besuchen. Allein sie war schon ausgegangen, als ich zu ihr kam. — Warum wollte er den Garten nicht kaufen? — Weil er schon einen anderen, viel schöneren, gekauft hatte.

218.

Ein Bauer, welcher [Participio] gesehen hatte, daß die alten Leute sich der Brille bedienen, um zu lesen, ging zu einem Brillenhändler und verlangte eine. Der Brillenhändler gab sie ihm, und zu gleicher Zeit ein Buch, um zu sehen, ob ihm die Brille anstehen würde. Der Bauer nahm es, und nachdem er es geöffnet hatte, sagte er: „Die Brille sagt mir nicht zu, sie ist nicht gut, ich will eine andere." Der Brillenhändler gab ihm eine andere, von den besten, die er im Laden hatte. Unser Bauer setzte sie auf die Nase. Allein da er [immer] noch nicht lesen konnte [Participio], sagte der Kaufmann zu ihm: „Mann! Ihr könnt vielleicht nicht lesen!" „Wenn ich lesen könnte," erwiderte der Bauer, „würde ich keine Brille kaufen!" —Als (Participio) Heinrich der Vierte eines Tages in seinem Palaste einem Manne begegnete, den er nicht kannte, fragte er ihn, wem er zugehöre? „Ich gehöre mir [selber] an," antwortete der Mann.—„Mein Freund," antwortete der König, „Sie haben einen gar dummen Herrn."—Wollen Sie uns nicht erzählen, was Ihnen kürzlich begegnet ist?—Mit vielem Vergnügen, aber unter der Bedingung, daß Sie mich anhören, ohne [mich] zu unterbrechen. — Wir werden [Sie] nicht unterbrechen; Sie können darauf zählen.—Ich war im Theater und sah Das sprechende Gemälde und Das thränenreiche Weib [spielen].—Da mir diese Stücke keinen Spaß machten, ging ich ins Konzert, wo die Musik so geräuschvoll war, daß ich jetzt noch Kopfweh habe. Als ich sah, daß mir den Abend nichts gelingen wollte (gelang), ging ich zu Bett.—Was ist aus Ihrem Vetter geworden?—Der arme Mensch hat den Verstand verloren, er ist im Narrenhaus. — Ich bedaure sehr, daß ich ihn nicht besuchen kann. — Warum können Sie nicht? — Ich war einmal in einem Narrenhause und habe (p) versprochen, nie wieder ein Krankenhaus dieser Art zu besuchen. Denn als ich eintrat, kamen einige Narren auf mich zu, springend und heulend.

Neunundsechzigster Abschnitt. — Lição sexagesima nona.

Schwermütig.	Melancolico (spr. melancólico).
Ertränken. — Ertrinken [ersticken].	Afogar. — Afogar-se.
Die Saat.	A semente.
Er ertrank in einem Glas [ein wenig] Wasser.	Afogou-se em pouca agua.
Die Worte [erstickten ihm im] erstarben in seinem Munde.	Afogão-se lhe na bocca as palavras.
Der anhaltende Regen erstickte die Saaten.	As grandes chuvas afogarão as sementes.
Die Saaten erstickten wegen des anhaltenden Regens.	Afogarão-se as sementes por causa das grandes chuvas.
Der Schmerz erstickte seine (ihm die) Stimme.	A dôr afogou-lhe a voz.
Er ertrank, indem er seinen Hund ertränken wollte.	Afogou-se, querendo afogar o seu cão.
Ersticken vor Lachen.	Afogar de rir.
Er wirft sein Geld zum Fenster hinaus.	Deita o seu dinheiro pela janella fóra.
Legst Du Dich oft ans Fenster?	Te pões muitas vezes á janella?
Sehr oft. Die Hälfte meiner Fenster gehen auf den Garten, die andern auf die Straße.	Muitas vezes. A metade das minhas janellas deitão para a rua, as outras para o jardim.
Der Fluß fließt hinter dem Haus vorbei.	O rio corre por detraz da casa.
Wie entwichen die Diebe?	Como escaparão os ladrões?
Sie sprangen [durch die] zu den Fenstern hinaus, welche auf den Garten gehen.	Saltarão pelas janellas que deitão para o jardim.
Sich stürzen.	Arrojar-se.
Gattin, Frau.	A esposa.
Und... darin.	Onde.
Die Frau meines Freundes stürzte sich in den Fluß und ertrank darin.	A esposa do meu amigo arrojou-se ao rio, onde se afogou.

A. Zur besseren Verknüpfung der Sätze ist oft eine andere Wendung als im Deutschen anzuwenden; als: „wo" statt „und darin" u. s. w.

Baden.	Banhar-se.
Auf dem Rücken, auf dem Bauch; mit gespreizten Armen, mit gestreckten Armen schwimmen.	Nadar de costas, de peito, de braçado, d'agulha.
Die Erhebung.	A elevação.
Beitragen.	Contribuir.

Warum gehst Du nicht baden?	Porque não vais te banhar?
Ich fürchte mich vor dem Ertrinken.	Tenho medo de me afogar.
Ich trage mehr bei als Du.	Eu contribuo mais do que tu.
Die, welche das meiste zu seiner Erhebung beigetragen haben, sind schon lange gestorben.	Os que contribuirão mais á sua elevação, morrerão ha muito.
An das Lernen! Hast Du gearbeitet?	Vamos á lição! Estudou?
Nein, Herr.	Não, Senhor.
Wenn Du mir morgen nicht die doppelte Lektion hersagst, wirst Du drei Tage lang gestraft. Du wirst Dein Zimmer nicht verlassen, wenn Deine Mitschüler spielen. Setze Dich.	Amanhã, se me não der a lição dobrada, tem o menino tres dias de castigo. Não sahirá do seu quarto á hora, que os seus condiscipulos (spr. condiscípulos) forem brincar. Vá sentar-se.
Der Lehrer läßt sich die Lektion hersagen, der Schüler sagt sie auf.	O mestre toma a lição e o discipulo a dá.

B. Dar lição heißt eigentlich: seine Lektion hersagen; doch ist es herrschender Sprachgebrauch, auch dar lição im allgemeinen für „Stunde nehmen" zu gebrauchen.

Der Thron.	O throno.
Herabstürzen.	Precipitar.
Der Eifer, die Hitze.	O ardor.
Im Eifer, in der Hitze der Schlacht.	No ardor da batalha.

Er wurde vom Thron seiner Väter gestürzt.	Foi precipitado do throno de seus pais.
Er stürzte sich in den Fluß.	Arrojou-se ao rio.
Nur zu, spring ins Wasser!	Anda, atira-te á agua!

Überlegen. Zu Rat gehen.	Deliberar.
Siegen, besiegen.	Vencer.
Überschreiten, gehen —, setzen über.	Passar.

Wir überlegen, ob wir über den Fluß gehen müssen.	Deliberamos, se havemos de passar o rio.
Er besiegte die, welche ihn vorher besiegt hatten.	Venceu os que o tinhão vencido antes.
Was ist das für ein Haus?	Que casa é aquella?
Das Wirtshaus.	A estalagem (spr. estalágem). A taverna.
So oft. Wenn..., immer.	Sempre que ... Todas as vezes que.
Ehe ich... will ich lieber.	Primeiro que mit Infinitivo. ...Futuro.

So oft ich daran denke, schlafe ich ein.	Sempre que nisso penso, adormeço.
Er ist zornig, so oft er kein Geld hat, oder: wenn er kein Geld hat, ist er immer zornig.	Está zangado, todas as vezes que não tem dinheiro.
Er ist durstig, so oft er ein Wirtshaus sieht.	Tem sêde, todas as vezes que vê uma taverna.
Lieber sterben, als Dich verlassen.	Primeiro que abandonar-te, morrerei oder: Primeiro morrerei, que abandonar-te.
Lieber nicht trinken, als dieses Wirtshaus betreten.	Primeiro que entrar nesta taverna, abster-me-hei de beber.
Die Haut (das Fleisch) liegt näher als das Hemd.	Primeiro está a carne, que a camisa.

Auf seiner Hut sein.	Andar, estar com cautela.
Das Vaterland.	A patria (spr. pátria).
Lächeln. (Einem zulächeln.)	Sorrir-se (para alguem).
Er lächelte.	Sorriu-se.

Ich bin auf meiner Hut, denn ich traue diesem Menschen nicht.	Ando com cautela, porque desconfio deste homem.
Wir müssen arbeiten, um unserm Vaterlande nützlich zu sein.	É preciso trabalharmos, para sermos uteis á nossa patria.
Der Handel, die Handelschaft.	O commercio (spr. commércio).
Handeln, Handel treiben.	Negociar. Commerciar. Dar-se ao commercio.
Handeln, schachern.	Traficar. Fazer trafego.
Der Reichtum.	A riqueza.
Ich kann nicht verkaufen, ich verstehe nichts vom Handel.	Não sei vender, não entendo nada do commercio.
Du mußt es lernen.	É preciso aprendê-lo. É preciso que o aprendas.

Gerade durch den Schacher lernt man den Handel.	Traficando é como se aprende o commercio.

C. Das deutsche „durch" mit Infinitivo ist durchs Participio presente zu übersetzen, gerade vor durch durch den Beisatz von é como.

Gerade durchs Buchstabieren lernt man lesen.	Solettrando é como se aprende a ler.
Ohne Handel giebt es keinen Reichtum.	Sem commercio não ha riqueza.
Vor allen Dingen.	Primeiro. Ante todas as cousas.
Richten, urteilen.	Julgar.
Denn ... (doch).	Que.
Vor allen Dingen ist es nötig, daß wir lernen, was notwendig ist.	Ante todas as cousas é preciso [nos] aprendermos o que é necessario.
Ich sagte ihm lächelnd: richten Sie nicht, denn Sie wollen nicht gerichtet werden.	Eu lhe disse sorrindo-me: Não julgue, que não quer ser julgado.
Der Strohhalm. — Das Stroh.	O argueiro (spr. arguéiro). A palha.
Der Balken.	A trave.
Abschreiben.	Copiar.
Er sieht den Strohhalm im Auge seines Nachbarn, aber den Balken in seinem eigenen sieht er nicht.	Vê o argueiro no olho alheio [fremd] e não vê a trave no seu proprio olho.

Aufgaben.

214.

Welche Nachrichten bringt die Zeitung? — Die Nachrichten, welche sie bringt, sind nicht gut. Der anhaltende Regen erstickte die Saaten und die Bauern sind im größten Elend. Sie fürchten das liebe Brot nicht zu haben (vor Hunger zu sterben). — Warum ist der Kaufmann so schwermütig? — Niemand weiß warum. Man sagt, er habe (p) einen großen Teil seines Vermögens verloren. Er versteht nichts von Geschäften, und so ist es möglich, daß er in einem Glas Wasser ertrunken ist (p). —

Warst Du in der Kirche? — Kannst Du mir sagen, was der
Geistliche gesagt (p) hat? — Nein, ich kann (es) nicht. Der
arme Mann wurde krank und die Worte erstarben ihm auf der
Zunge. — Hat Dir mein Freund den Tod seines Vaters er=
zählt? — Ja, der Schmerz erstickte seine Stimme. — Ich wünsche
sehr, daß er sein Unglück ein wenig vergesse. — Warum lachst
Du? — Willst Du nicht ans Fenster kommen, um zu sehen,
warum ich lache? Der Affe [macaco] unseres Nachbarn wirft
alles Geld des alten Geizhalses zum Fenster hinaus. Ich er=
sticke vor Lachen. — Sind viele Leute da, um das Geld aufzu=
heben? — Ja, sie stürzen sich selbst (até) ins Wasser, denn der
Affe wirft das Geld in den Fluß, hinter dem Garten. — Was
wird der Geizhals wohl sagen? — Er wird durchaus nicht zu=
frieden sein; vielleicht schlägt er den Affen tot.

215.

Warum bist Du so schwermütig? — Ich habe jetzt [eben]
erfahren, daß eine meiner besten Freundinnen sich ertränkt hat.
— Wo hat sie sich ertränkt? — Sie hat sich in dem Fluß er=
tränkt, der hinter ihrem Haus vorbeifließt. Gestern um vier Uhr
stand sie auf, ohne jemanden ein Wort zu sagen, sprang zum
Fenster hinaus, welches auf den Garten geht, stürzte sich in den
Fluß und ertrank. — Ich habe große Lust, heute zu baden. —
Kannst Du schwimmen? — Ja, ich habe vorigen Sommer schwim=
men gelernt. — Wer giebt die Stunde und wer nimmt sie? —
Der alte Lehrer giebt die Stunde und der junge Schüler nimmt
sie. — Wer hat am meisten zu seiner Erhebung auf den Thron
beigetragen? — Die Soldaten, und nichtsdestoweniger waren sie
es, welche mit dem größten Eifer [darauf hin] arbeiteten, ihn
vom Throne zu stürzen. — Was sagte Cäsar (Cesar), als er
den Rubicon (Rubicon) überschritten hatte? — Er sagte: „Ich
habe keine Zeit mehr zu überlegen. Ich muß siegen oder ster=
ben". — Was sagte der Kaufmann, ehe er sich einschiffte? — Er
sagte: „Entweder Cäsar oder nichts. Lieber im fremden Lande
sterben, als arm zurückkehren!" — Warum giebst Du Deinem
Sohne keinen Wein? — So oft ich ihm Wein gebe, trinkt er zu=
viel. Darum gebe ich ihm keinen Wein. — Kennst Du diesen
Maler? — Ja, er arbeitet nicht viel; so oft er eine Flasche sieht,

wird er durſtig. — Was muß ich thun, um recht bald portu=
gieſiſch ſprechen zu können? — Ich will es Ihnen ſagen: Sie
müſſen recht oft ſprechen; ſollte es Ihnen im Anfang auch ſchwer
werden, fahren Sie nur immer fort. Sie werden ſehen, zuletzt
wird es Ihnen ſo leicht werden, portugieſiſch zu ſprechen, wie
jedem andern.—Können Sie mir die Verſicherung [a certeza]
geben, daß es ſo ſein wird?—Mein lieber Herr, ich kann nur
dafür ſtehen [assegurar], daß ich mir alle mögliche Mühe geben
werde, Sie zu leiten.—Richten Sie nicht, damit Sie nicht ge=
richtet werden. Warum ſehen Sie den Strohhalm in dem Auge
Ihres Bruders und ſehen nicht den Balken in Ihrem eigenen
Auge. — Welche Vorteile bringt der Handel dem Lande? —
Der Handel iſt der Reichtum des Vaterlandes. — Du mußt
acht geben, das Tintenfaß nicht auf das Papier zu werfen.—
Warum? — Weil Du in dieſem Falle den Brief abſchreiben
mußt, und Du ſchreibſt nicht gern Briefe ab.

Siebzigſter Abſchnitt. — Lição septuagesima.

Imperativ. — Imperativo.

Die zweite Perſon der Einheit und die zweite der
Mehrheit dieſer Form werden von den zwei entſprechenden
Formen des Presente do Indicativo gebildet, indem man
das s wegläßt:

Du liebſt.	Amas.	— Liebe.	Ama.
Ihr liebt.	Amais.	— Liebt.	Amai.
Du gehſt fort.	Partes.	— Geh fort.	Parte.
Ihr geht fort.	Partis.	— Geht fort.	Parti.
Du hilfſt.	Acodes.	— Helfe.	Acode.
Ihr helft.	Acudis.	— Helft.	Acudi.
Gieb.	Dá.	— Gebt.	Dai.
Stehe.	Está.	— Steht.	Estai.
Sage.	Dize.	— Sagt.	Dizei.
Mache.	Faze.	— Macht.	Fazei.
Geh.	Vai.	— Geht.	Ide.

Du fürchtest.	Temes.	— Fürchte.	Teme.
Ihr fürchtet.	Temeis.	— Fürchtet.	Temei.
Du suchst.	Buscas.	— Suche.	Busca.
Ihr sucht.	Buscais.	— Sucht.	Buscai.
Du gehst aus.	Sahes.	— Geh aus.	Sahe.
Ihr geht aus.	Sahis.	— Geht aus.	Sahi.
Habe.	Há.	— Habt.	Havei.
Glaube.	Crê.	— Glaubt.	Crede.
Bringe.	Traze.	— Bringt.	Trazei.
Sieh.	Vê.	— Seht.	Vêde.
Setze.	Pôe.	— Setzt.	Ponde.

A. Unregelmäßig bilden ihr Imperativo vir und ser. — Ter hat kein Imperativo.

Komm. Vem. — Kommt. Vinde. — Sei. Sê. — Seid. Sede.

B. Die abhängigen Personwörter werden dem Imperativo angehängt.

Sage mir, — dir, — ihm, — uns, — ihnen.	Dize-me, dize-te, dize-lhe, dize-nos, dize-lhes.
Sagt mir, — ihm, — uns, — euch, — ihnen.	Dizei-me, dizei-lhe, dizei-nos, dizei-vos, dizei-lhes.
Mache mir, — dir, — ihm, — uns, — ihnen.	Faze-me, faze-te, faze-lhe, faze-nos, faze-lhes.
Macht mir, — ihm, — uns, — euch, — ihnen.	Fazei-me, fazei-lhe, fazei-nos, fazei-vos, fazei-lhes.
Gebt euch. — Seht euch.	Dai-vos. Vêde-vos.
Geh fort. — Geht fort.	Vai-te. Ide-vos.

C. Was man gewöhnlich als dritte Personen des Imperativs und als erste Person der Mehrheit derselben Form betrachtet, wird einfach dem Konjunktiv entlehnt. Da man im Portugiesischen in der dritten·Person der Einheit anredet, so ist sich diese sogenannte dritte Person des Imperativs [oder besser des Konjunktivs als Wunschform] wohl zu merken.

Er mache. — Sie mögen machen.	Faça. — Fação.
Machen Sie.	Faça vmcê. — Fação vmcês.
Laßt uns machen.	Façamos.
Er gebe mir, — dir, — ihm, — uns.	Dê-me, dê-te, dê-lhe, dê-nos.
Geben Sie mir, — ihm, — uns.	Dê-me, (vmcê), dê-lhe (vmcê), dê-nos (vmcê).

Sagen Sie mir, — uns.	Diga-me (vm^{cê.}), diga-nos (vm^{cê.}). Digão-me (vm^{cês.}), digão-nos (vm^{cês.}).

D. Auch für den Imperativo wird die Regel beobachtet, daß o, os, a, as mit einem Zeitwort verbunden, das auf r, s oder z endigt, lo, los, la, las werden, und daß r, s und z ausfallen. Hinter einem Nasenlaut, wie ão, wird o in no verwandelt.

Machen wir es.	Façamo-lo [statt façamos-o].
Laßt uns sie beklatschen.	Applaudamo-los [statt applauda-mos-os].
Laßt uns sie (weibl.) lieben.	Amemo-la [statt amemos-a].
Laßt uns sie (weibl. Mehrh.) fürchten.	Tememo-las [statt tememos-as].
Man mache es heute so!	Fação-no [statt fação-o] hoje as-sim.
Man bringe sie!	Tragão-nos [statt tragão-os].
Man bringe sie (weibl.)	Tragão-na [statt tragão-a].
Man bringe sie (weibl. Mehrh.).	Tragão-nas [statt tragão-as].

E. Die Verneinung erfordert stets Conjunctivo statt Imperativo und Voranstellung der abhängigen Personwörter.

Sprich mit ihm.	Falla-lhe.
Sprich nicht mit ihm.	Não lhe falles.
Sprecht mit uns.	Fallai-nos.
Sprecht nicht mit uns.	Não nos falleis.
Verkaufe es ihm.	Vende-lho.
Verkaufe es ihm nicht.	Não lho vendas.
Verkauft es ihm.	Vendei-lho.
Verkauft es ihm nicht.	Não lho vendais.
Angenehm, annehmbar.	Aceitavel (spr. aceitável).
Die Witwe.	A viuva.
Heiraten.	Casar-se com. Casar com.
Rat holen wegen... bei.	Demandar conselho sobre ... a.
Mit wem hat sich Ihr Freund verheiratet?	Com quem casou o seu amigo?
Mit einer Witwe. Es war eine sehr annehmbare Partie.	Com uma viuva. Era um partido muito aceitavel.
Er hat mich darüber nicht um Rat gefragt.	Não me demandou conselho sobre isto.
Ich bin noch im Alter um zu...	Eu ainda estou em idade de...

Der Geistliche. Der Pfarrer.	O ecclesiastico (spr. ecclesiástico). O cura.
Der Bräutigam, der Zukünftige.	O futuro.

Ich bin jünger als Du.
Wer ist der Geistliche dieses Orts?
Es ist ein sehr würdiger Geistlicher.
Wie alt ist der Bräutigam Ihrer Tochter?
Er ist noch im Alter sein Brot zu verdienen.

Sou mais rapaz do que tu.
Quem é o cura deste lugar?
É um ecclesiastico muito digno.
Que idade tem o futuro de sua filha?
Ainda está em idade de ganhar o seu pão.

Vermehren.
Das Vermögen.
Verachten.

Augmentar.
A fazenda.
Desprezar.

Auf der einen Seite, auf der andern Seite.
Auf jegliche Weise.
Ohne Stütze sein.
Er hat sein Vermögen seit zwei Jahren sehr vermehrt.
Das ist wahr. Aber auf der einen Seite muß ich ihn verachten, denn er läßt seine Mutter ohne Stütze.
Das ist auf jegliche Weise unangenehm.

Por um lado, por outro lado.
Por toda a maneira.
Estar sem apoio.
Augmentou muito a sua fazenda no espaço de dous annos.
É verdade. Mas por um lado hei de despreza-lo, porque deixa sua mãe sem apoio.
Isto é desagradavel por toda a maneira.

Ungewiß durch eine Antwort.
Von neuem.
Ein kitzlicher Fall, ein schwieriger Fall.
Das Orakel.

Incerto com uma resposta.
Novamente.
Um caso melindroso.
O oraculo (spr. oráculo).

Was machten die Alten in schwierigen Fällen?
Sie holten sich Rat bei dem Orakel (wörtl. sie ließen sich raten durch das Orakel). Aber die Antworten ließen sie oft ungewisser, als sie es vorher waren.
Sie konnten es dann von neuem befragen.

Que fazião os antigos nos casos melindrosos?
Deixavão-se aconselhar pelo oraculo. Mas as respostas muitas vezes os deixavão mais incertos do que [de] antes estavão.

Então podião consulta-lo novamente.

Ich glaube zu hören.
Alsbald, auf der Stelle.
Die Glocke.

Julgo entender.
Immediatamente.
O sino.

Die Glocke läutet. Sie wird gleich läuten.	O sino toca. Vai tocar.
Ich glaube die Glocken läuten zu hören.	Julgo entender tocar os sinos. Oder: Julgo entender os sinos que tocão.
Sie werden alsbald läuten.	Tocarão immediatamente.

Etwas bereuen.	Arrepender-se de.
Weisen, leiten.	Dirigir a.
Trügerisch.	Impostor.
Ursache haben.	Ter logar de. Ter motivo para.

Ich habe Ursache zu bereuen, daß ich mich nicht von Dir weisen ließ.	Tenho logar de arrepender-me, de que não me deixei dirigir por ti.
Ich habe Dich an den rechten Ort gewiesen, aber Du hast Dich durch trügerische Worte betrügen lassen.	Dirigi-te ao bom logar, mas tu te deixaste enganar por palavras impostoras.

Die Ohren.	Os ouvidos (spr. ovídos).
Ich höre schnell [ich habe schnelle Ohren].	Tenho os ouvidos promptos.
Die Neigung.	A inclinação.
Die Abneigung.	A aversão. A repugnancia (spr. repugnáncia).

Ich habe einen Widerwillen gegen jedwede Speise.	Tenho uma repugnancia a todas as comidas oder todas as comidas me repugnão.

Anekeln.	Repugnar.
Aufgebracht über.	Irritado contra.
Befehlen, daß oder zu. Lassen.	Mandar que... Conjunct.
Ergreifen. Ergriffen.	Prender. Preso.

Er wurde ergriffen.	Foi preso.
Er befahl, daß der Dieb ergriffen würde. Er ließ den Dieb ergreifen.	Mandou, que o ladrão fosse preso oder mandou prender o ladrão.

Der Sterndeuter.	O astrologo (spr. astrólogo).
Lügen. Ich lüge, du lügst.	Mentir. Minto, mentes.
Gewaltsam. Heftig.	Violento.

Der Sterndeuter lügt — log.	O astrologo mente, mentiu.
Er mag die Wahrheit sagen, oder lügen, ich glaube nicht, was er sagt.	Que diga a verdade ou minta, eu não creio o que elle diz.
Er starb eines gewaltsamen Todes.	Morreu de morte violenta.
Der Fürst ist aufgebracht über Dich.	O principe está irritado contra ti.
Nimm Dich in acht.	Toma sentido.

Den Puls fühlen.	Tomar o pulso.
Ein Witzwort, guter Einfall.	Uma palavra espirituosa.
Die Geduld.	A paciencia (spr. paciéncia).
Laßt ihm den Puls fühlen.	Mandai, que se lhe tome o pulso.
Mit Geduld erlangt man alles.	Com paciencia tudo se alcança.
Habe Geduld! Er wird gleich kommen.	Tenha paciencia. Ha de chegar logo.
Die Traurigkeit.	A tristeza.
Nichts helfen, zu nichts nütze sein.	Não prestar para nada.
Der Gläubiger.	O credor.
Die Ungeduld ist zu nichts nütze.	A impaciencia não presta para nada.
Das Übel (Schlimme) schlimmer machen.	Tornar o mal em peior.
Er fürchtet sich vor seinen Gläubigern.	Tem medo dos seus credores.
Vorstrecken.	Adiantar.
Abborgen. — Abborgen wollen.	Tomar emprestado. — Pedir emprestado.
Die Summe.	A somma.
Ich spreche ihn an, mir die Sache zu leihen, d. h. ich fordere sie ab als geliehen.	Eu lhe peço a cousa emprestada.
Ist er Ihr Schuldner?	É elle o devedor de vm^{cê}?
Er spricht mich immer an, ich solle ihm eine Summe Geldes leihen.	Elle me pede sempre, que lhe empreste uma somma de dinheiro.
Ich habe ihm eine Summe abgeborgt.	Tomei delle uma somma emprestada.
Strecken Sie ihm nichts vor.	Não lhe adiante nada.
Begehren (leidenschaftlich).	Appetecer.
Die Vorsehung.	A Providencia (spr. Providéncia).
Erwägen. Bedenken.	Considerar.
Begehret nicht, was Ihr nicht bekommen könnt.	Não appeteçais o que não podeis obter.
Erwägt, wieviel Euch die Vorsehung gegeben hat.	Considerai o que vos deu a Providencia.
Der Mißbrauch.	O abuso.
Zeichnen.	Debuxar.
Die Landschaft.	A paisagem (spr. paiságem).

Der Mißbrauch der Vergnügen macht das Leben bitter.	O abuso dos prazeres torna a vida amarga.
Was zeichnest Du eben?	Que debuxas agora? Que estás debuxando?
Zeichnet keine Landschaften. Zeichnet lieber Köpfe und Hände.	Não debuxeis paisagens. Antes debuxai cabeças e mãos.
Üben. Ausüben.	Praticar.
Die Tugend.	A virtude.
Der Schatten.	A sombra.
Setzet Euch in den Schatten dieses Baumes.	Assentai-vos na sombra desta arvore.
Um glücklich zu sein, müssen wir die Tugend üben.	Para sermos felizes é preciso praticarmos a virtude.

Aufgaben.

216.

Der Rat.

Eine Witwe wollte sich verheiraten mit ihrem Diener, genannt Johann, und holte sich darüber [sobre isto] Rat bei dem Pfarrer des Orts.

„Ich bin noch im Alter um zu heiraten," sagte sie ihm.

„Verheiratet Euch," antwortete der Geistliche.

„Aber man wird sagen, daß mein Zukünftiger viel jünger ist als ich?"

„Verheiratet Euch nicht!"

„Er wird mir helfen, mein Vermögen vermehren."

„Verheiratet Euch!"

„Aber ich habe Angst, daß er mich eines Tages verachte!"

„Verheiratet Euch nicht!"

„Aber auf der andern Seite verachtet man auch, und betrügt man auf jegliche Weise eine arme Witwe, die ohne Stütze ist."

„Verheiratet Euch!"

„Ich fürchte nur, daß er zuviel trinke!"

„Verheiratet Euch nicht."

Die arme Witwe, noch ungewisser durch diese Antworten, als sie es früher war, beklagte sich von neuem darüber [dellas] beim [a] Pfarrer, der, um diesen kitzlichen Fall zu entscheiden, sie bat, sie möchte darauf hören, was ihr die Glocken sagen würden, die gleich läuten würden. Sie glaubte zu hören, daß sie ihr sagten: „Verheirate dich mit deinem Diener Johann", was sie auch auf der Stelle that. Da [Participio] sie Ursache hatte, es zu bereuen, so beklagte sie sich wieder beim Pfarrer, der sie an das trügerische Orakel der Glocken gewiesen hatte. „Ihr habt schlecht gehört," sagte der gute Geistliche. „Hört sie noch einmal."—„Wie sie gut sprechen jetzt," antwortete sie. „Sie haben recht jetzt. Daß ich [doch] nicht so schnell gehört hätte, als sie das erste Mal sprachen, und daß ich [doch] gewartet hätte bis zum heutigen Tag, denn jetzt sagen sie: „Verheiratet Euch nie mit Eurem Knechte Johann."

Dasselbe begegnet allen, welche Rat suchen. Sie hören nur den Rat, der ihrer Neigung zusagt und verachten den, welcher oft besser ist, wenn sie eine Abneigung gegen das, was er ihnen empfiehlt, haben.

217.

Ein Kaiser, aufgebracht über seinen Sterndeuter, fragte ihn: „Elender! An welcher Art [Gattung] von Tod denkst Du, daß Du sterben wirst?"—„Ich werde am Fieber sterben," antwortete der Sterndeuter. — „Du lügst," sagte der Kaiser, „Du wirst diesen Augenblick eines gewaltsamen Todes sterben." Als man ihn eben ergreifen wollte [ir a], sagte er zum Kaiser: „Herr, befehlt, daß man mir den Puls fühle, und man wird finden, daß ich das Fieber habe." — Dieser gute Einfall rettete ihm das Leben.

Haben Sie Geduld, lieber Freund, und seien Sie nicht traurig; denn die Traurigkeit hilft nichts, und die Ungeduld macht das Übel schlimmer. Haben Sie keine Angst vor Ihren Gläubigern; seien Sie versichert, daß sie Ihnen kein Leid zufügen werden. Sie werden warten, wenn Sie sie noch nicht bezahlen können. — Wann werden Sie mir bezahlen, was Sie mir schuldig sind? — Sobald ich Geld habe [tiver], werde ich Ihnen alles bezahlen, was Sie mir vorgestreckt haben. — Ich habe (p) Deinem Bruder eine Summe abborgen wollen, aber er hat (p) mir sie nicht gegeben. Warum nicht? — Weil er kein Geld hat; denn wenn er Geld hätte, würde er Dir gewiß

die Summe vorgestreckt haben, die Du von ihm begehrt hast. —
Was zeichnet Ihre Schwester? — Sie zeichnet Landschaften. —
Hast Du meinen Bruder gesehen? — Bringst Du mir [einen]
Brief von ihm? — Nein. Der Junge kann doch nicht immer
schreiben! — Wie verbittert man sich das Leben? — Auf verschiedene Arten; der Mißbrauch der Vergnügungen hauptsächlich
macht das Leben bitter. — Wer ist unglücklich? — Der Geizige,
denn er begehrt immer, was er weder haben kann, noch soll. —
Was sollen wir erwägen? — Erwägt, was Euch die Vorsehung
gegeben hat. — Womit sollen wir anfangen, wenn wir zeichnen
lernen wollen? — Fangen Sie nicht mit Landschaften an, sondern
zeichnen Sie Figuren, bestimmte [bem determinado] Linien
[linha], als: Köpfe, Hände u. s. w.

Einundsiebzigster Abschnitt. — Lição septuagesima primeira.

Richtig sprechen.	Fallar correctamente.
Sich verständlich machen.	Dar se a entender. Fazer-se entender.
Ziemlich.	Bastante.
Spricht er richtig?	Falla-elle correctamente?
Er spricht ziemlich gut.	Falla menos mal, falla bastante bem.
Das macht nichts.	Não tem duvida.
Zudem.	Alem de [isso].
Gewöhnen an, — zu.	Acostumar-se a.
Er schreibt nicht fließend por- tugiesisch. Er spricht noch nicht fließend portugiesisch.	Elle não está bem corrente em escrever em portuguez. Ainda não falla corrente- mente.
Das thut nichts. Er hilft sich nach und nach auf portugiesisch durch. Sein Ohr gewöhnt sich an die Musik der Sprache und er fängt an, das, was man ihm sagt, zu verstehen und so zu antworten, daß man ihn verstehen kann.	Não tem duvida. Vai-se desem- baraçando no portuguez. O seu ouvido acostuma-se á musica da lingua e começa a entender o que se lhe diz e a respon- der de modo que já póde ser entendido.

Er ist noch nicht gewöhnt, diese Sprache zu sprechen.

Ainda não está acostumado a fallar esta lingua.

Der Titel.
Das Zeichen.
Die Herrschaft.
Der Diener.

O titulo (spr. título).
A insignia (spr. insígnia).
O dominio (spr. domínio).
O servo.

Geben ist (der) Titel eines Herrn, und Zeichen der Herrschaft, und Nehmen ist der eines Dieners.

O dar é titulo de senhor, e insignia de dominio, e o receber é de servo.

Das Jetzt und das Nachher der Guten ist sehr verschieden vom Jetzt und vom Nachher der Bösen.

O agora e o depois dos bons é muito differente do agora e do depois dos máos.

A. Nicht nur dem Infinitivo, sondern allen anderen Wörtern kann der Artikel beigelegt werden, wenn sie als Hauptwörter gebraucht werden.

Sparsam.
Verschwenderisch.
Einen überdrüssig werden.

Economico (spr. económico).
Prodigo (spr. pródigo).
Enfadar-se com.

Ich bin ihn überdrüssig geworden, weil er nicht sparsam ist.

Enfadei-me com elle, porque não é economico.

Bezahlt Eure Schulden und führt kein so verschwenderisches Leben.

Pagai as vossas dividas e não leveis uma vida tão prodiga.

Trotz.
Das Betragen.
Verzeihen.

A pezar de.
A conducta.
Perdoar.

Verzeihen Sie, daß ich die Freiheit nehme...

Perdoe vm^cê., se tomo a liberdade...

Bitte um Entschuldigung!
Verzeihen Sie!

Ora perdoe!

Verzeihen Sie ihm!
Sie sollten ihm verzeihen trotz seines Betragens gegen Sie.

Perdoe-lhe!
Devia lhe perdoar a pezar da sua conducta para com vm^cê.

Nicht einmal.
Beim Weggehen. Beim Abschied.

Nem sequer.
Á despedida.

Beim Abschied sagte er mir, daß er nicht einmal das Geld habe um Brot zu kaufen.

Á despedida disse me, que nem sequer dinheiro tinha para comprar pão.

Widerwillen verursachen.
Anekeln.

Der Thee verursacht mir, — dir,
— ihr, — uns, — euch, — ihnen
Widerwillen.
Deine Ratschläge ekeln mich an.
Er hat einen Widerwillen am Leben.

Beschenken mit...

Ich mag thun, was ich will...
Als ob...

Thun Sie, als ob Sie zu Hause
wären.
Machen Sie, als ob ich nicht da
wäre.
Der König beschenkte ihn mit einem
Ring.
Ich mag thun, was ich will, nie-
mand beschenkt mich mit Geld.

Persönlich.
Die hübsche Kleine.
Reichen, betreffen, anlangen.
Genügen.

Wie alt ist die hübsche Kleine?

Vorigen Monat wurde sie zwölf
Jahre alt.
Ich schätze ihn, ohne ihn persönlich
zu kennen.
Sie ist sehr groß für ihr Alter.

Der Mantel langt bis auf die Füße.
Dieses Tuch langt nicht zu dem
Rocke.
Er erreichte ein sehr hohes Alter,
obgleich er an einer Krankheit
gesiecht, die ihm das Leben hätte
verkürzen müssen.

Beschützen.
Unglücklichen
Ich Unglü

Das Mädch
storben.

Wer wird nun ihren jüngeren Bruder beschützen?

Quem protegerá agora a seu irmão mais moço?

Der Arme ist nun hilflos.

O coitado agora está sem protecção.

Wahr, wahrhaftig.

Verdadeiro (spr. verdadéiro).

Wahrhaftig, in Wahrheit.

Verdadeiramente.

Die Wahrheit zu sagen.

A fallar a verdade.

Um offen zu sprechen. Offen gesagt.

Francamente fallando.

Der Abt.

O abbade.

Dem Arzt und dem Abt muß man die Wahrheit sagen.

Ao medico e ao abbade deve dizer-se a verdade.

Die Wahrheit zu sagen, wir haben noch nicht zu Mittag gegessen.

A fallarmos a verdade ainda não jantámos.

Es ist wahr = es ist Wahrheit.

É verdade [nicht é verdadeiro].

Eine wahre Erzählung.

Uma narração verdadeira.

Das ist der wahre Platz für das Gemälde.

Este é o verdadeiro logar para o quadro.

Offen gesagt, ich finde es nicht.

Francamente fallando, eu não o acho.

Er meint, Du werdest ihm die Wahrheit sagen.

Cuida, que tu lhe dirás a verdade.

Er meinte, Du würdest ihm die Wahrheit sagen.

Cuidava, que tu lhe dirias a verdade.

B. Das als künftig Gedachte oder Gesagte steht im Futuro, wenn das Denken oder Sagen gegenwärtig ist. Es steht im Condicional, wenn das Denken oder Sagen vergangen ist.

Aus dem Grund...

Por isso é que...

Der Grund warum...

A razão porque...

Das ist der Grund warum...

Eis a razão porque...

Warum hast Du mir nicht geschrieben?

Porque não me escreveste?

Du hast mir nicht geschrieben. Aus dem Grunde schrieb ich Dir nicht.

Tu não me escreveste a mim. [Eis a razão] por isso é que não te escrevi a ti.

Der Grund, warum ich Dir nicht schrieb, ist noch nicht bekannt.

A razão, porque não te escrevi, ainda não está conhecida.

So... er auch sei, wie... auch sei.

Por... que seja.

Doch, jedoch.

Comtudo, todavia.

So reich er auch sei, ich liebe ihn doch nicht.	Por mais rico que seja, comtudo não gosto delle.
Wie adelig er auch sei, mein Adel ist doch älter als der seinige.	Por muito nobre que seja, todavia a minha nobreza é mais antiga do que a sua.
Wie weise seine Ratschläge auch seien, ich werde sie nicht befolgen.	Por mui sabios que sejão os seus conselhos, não os seguirei.
Die Betrachtung. Die Bemerkung.	A reflexão.
Scharfsinnig.	Judicioso.
Wie scharfsinnig auch seine Bemerkungen seien, so kann ich sie doch nicht verstehen.	Por mui judiciosas que sejão as suas reflexões, todavia não posso entendê-las.

Aufgaben.

218.

Wie lange sind Sie schon abwesend? — Schon über drei Jahre. — Kennen Sie meinen Bruder? — Ja, ich kenne ihn sehr gut. — Warum haben Sie Ihrer Schwester auch nicht ein einziges Mal geschrieben, während Sie in England waren? — Warum? Diese Frage gefällt mir sehr gut. Ich werde meiner Schwester wohl schreiben, wenn von sechs Briefen, die ich schreibe, kein einziger beantwortet wird! — Warum schriebst Du aber auch kein einziges Mal an Deinen Bruder? — Weil auch er meine Briefe nicht beantwortete. Ich kenne nichts langweiligeres, als immer Briefe zu schreiben, ohne je eine Antwort zu erhalten. Ein Gespräch, in welchem nur der eine spricht, der andere aber hartnäckig [obstinadamente] schweigt, ist langweilig [fastidioso]. — Welches ist der Titel, den man einem König giebt? — Der König hat den Titel [einer] Majestät. — Welchen Titel haben seine Minister? — Die Minister haben den Titel (de) Excellenz. — Kennen Sie den Titel dieses Buches? — Nein, ich kenne ihn nicht. — Was ist das Zeichen eines Dieners? — Das Nehmen ist das Zeichen [eines] Dieners, das Geben der Titel [eines] Herrn. — Werden die Guten schon in dieser Welt belohnt? — Nein, das Jetzt der Guten ist sehr verschieden von ihrem Nachher, ebenso wie das Nachher der Bösen verschieden sein wird von ihrem Jetzt. — Giebt es für Gott ein Jetzt und ein Nachher? — Nein, für ihn sind das Vorher, das Jetzt und das Nachher ein und dieselbe Sache. — Welcher Unterschied ist zwischen einem geizigen Menschen und zwischen einem sparsamen? — Der Sparsame giebt soviel aus, wie notwendig ist, der Geizige weniger, als notwendig ist; der Verschwender aber giebt mehr aus, als notwendig ist. — Wen ziehst Du vor, einen Geizigen oder einen Verschwender? — Ich ziehe den Ver= schwender dem Geizigen vor. Denn jener hört auf, ein Ver= schwender zu sein, wenn sein Vermögen ausgegeben ist, dieser aber hört nie auf [deixar de] [ein] Geizhals zu sein. — Kennst Du diesen Menschen persönlich? — Nein, ich kenne ihn nicht; aus dem Grunde will ich nicht mit ihm reisen. Sein Betragen jedoch ist sehr gut.

219.

Warum ist Ihr Vater gegen Sie aufgebracht? — Er will mir kein Geld mehr schicken, weil ich verschwenderisch bin. Offen gestanden, ich kann nicht weniger ausgeben, als ich jetzt aus= gebe. Trotzdem werde ich mir die Freiheit herausnehmen, ihn zu bitten, mir Geld zu schicken. — Bitte um Entschuldigung, aber er wird es nicht thun. Beim Weggehen noch sagte er mir: Ich schicke meinem Sohne kein Geld mehr. — Dann wird mir mein Vater verzeihen, aber ich sehe kein anderes Mittel [remedio], als [senão] mich anwerben zu lassen. Denn ich mag thun, was ich will, Geld muß ich haben um zu leben. — Mein lieber Herr, ich will Ihnen einen guten Rat geben. Gehen Sie nicht unter die Soldaten, sondern suchen Sie, auf irgend eine Weise, sich Ihrem Vater zu nähern. Ich will ihm schreiben, oder besser, schreiben Sie ihm. Er wird Ihnen verzeihen. Glauben Sie mir. Es wird besser sein, als sieben Jahre lang die Flinte zu tragen und fast ein Sklave zu sein. — Begehren Sie nicht, was Sie nicht haben können, sondern seien Sie zu= frieden mit dem, was die Vorsehung Ihnen gegeben hat, und erwägen Sie, daß es viele Menschen giebt, die nicht haben, was Sie haben. — Was soll ich thun? — Zeichnen Sie diese Land= schaft und gehen Sie dann spazieren. — Da das Leben so kurz ist [Participio], laßt es uns so angenehm wie möglich machen. Aber bedenken wir auch, daß der Mißbrauch der Vergnügungen es bitter macht [tornar].—Es ist sehr heiß, und ich bin recht müde; setzen wir uns in den Schatten jenes Baumes. — Was müssen wir thun, um glücklich zu sein?—Liebt und übt immer die Tugend, und Ihr werdet glücklich sein in diesem und im andern Leben.—Was muß ich thun, um geliebt zu werden?— Um geliebt zu werden, mußt Du arbeitsam und fleißig sein. Man sagt, daß Du träg gewesen bist bis heute. Du mußt Dich bessern [emendar-se].

Zweiundsiebzigster Abschnitt. — Lição septuagesima segunda.

Schlagen [von der Uhr].	Dar horas. Dar a hora.
Vorgehen.	Andar adiantado. Estar adiantado.
Nachgehen.	Andar atrazado. Estar atrazado.
Die Uhr vorrichten.	Adiantar o relogio (spr. relógio).
Die Uhr nachrichten.	Atrazar o relogio.
Gut, richtig gehen.	Andar certo. Estar certo.
Es schlug ein Uhr vor einigen Minuten.	Deu uma hora ha alguns minutos.
Es schlug vor kurzem zwei Uhr.	Derão duas horas ainda não ha muito.
In diesem Augenblick schlug es Mitternacht.	Dava neste momento meia noite.
Es wird gleich sechs schlagen.	Darão seis horas logo. Vão dar seis horas.
Schlag zwölf.	Ao meio dia em ponto.
Es schlägt eben fünf Uhr.	Está a dar cinco horas.
Die Uhr wird gleich schlagen.	O relogio está para dar horas.
Es hat eben sechs geschlagen.	Acaba de dar seis horas.
Die Uhr schlägt.	O relogio está dando horas.
Die Uhr geht nicht gut, sie geht vor.	O relogio não anda certo; está adiantado.
Nein, sie geht nach: gestern ging sie ganz richtig.	Não, anda atrazado: hontem estava certo.
Sie müssen sie vorrichten.	É preciso adianta-lo.

Im Gegenteil, ich muß sie zurück- stellen.	Pelo contrario, hei de atraza-lo.
Eine Uhr stellen [richten].	Acertar o relogio.
Eine Uhr aufziehen.	Dar corda a um relogio.
Stehen bleiben.	Parar.
Eine Uhr, die gut geht [gewöhn- lich].	Um relogio, que regula bem.
Der Uhrzeiger.	O ponteiro do relogio.
Das Zifferblatt.	O mostrador.
Das Gehäuse.	A caixa.
Auf der Uhr ists...	No relogio é... — são...
Auf dieser Uhr ist es erst halb zwei.	Neste relogio é apenas uma e meia.
Auf meiner ist es schon drei Viertel auf drei.	No meu já são tres menos um quarto.
Die Uhr ist stehen geblieben, man muß sie aufziehen.	O relogio parou, é preciso dar- lhe corda.
Nein, sie geht, aber sie geht drei Viertelstunden nach, und die Ihrige geht eine halbe Stunde vor: beide müssen gestellt werden.	Não, elle anda, mas está atra- zado de tres quartos de hora, e o seu está adiantado de meia hora: ambos hão de ser acer- tados.
Der Zeiger meiner Uhr brach gestern.	O ponteiro do meu relogio que- brou-se hontem.
Das Kompliment.	O comprimento.
Die Verheiratung.	O casamento.
In Verlegenheit, unschlüssig.	Perplexo. Desassocegado.
Sein Kompliment machen.	Comprimentar. Dar para- bens.
Ich weiß nicht, wozu ich mich ent- schließen soll. Ich bin unschlüssig.	Estou desassocegado. Estou per- plexo.
Warum bist Du unruhig?	Porque estás desassocegado?
Er hatte mich zur Verheiratung mei- ner Tochter beglückwünscht und ich wußte nicht wie antworten.	Elle me comprimentára a re- speito [dêra os parabens] do casamento de minha filha, e não sabia como responder.
Viele Glückwünsche zum heu- tigen Tag.	Muitos parabens do dia de hoje.
Der Mitschüler.	O condiscipulo (spr. condis- cípulo).
Die Nachbarschaft.	A visinhança.
Wegen. Aus Ursache, aus Ver- anlassung.	Por causa, por amor de..
Das Kloster.	O convento.
Der Mönch.	O frade.

Die Bibliothek.	A livraria.
Der Bibliothekar.	O bibliothecario (spr. biblio-thecário).
Der Meister.	O mestre.
Wer hält um ihre Hand an?	Quem pede a sua mão?
Ein vornehmer Mann aus der Nach-barschaft, der keine zehn Reale hat.	Um fidalgo da visinhança, que não tem nem sequer dez reis.
Warum hast Du keine Freunde unter Deinen Mitschülern?	Porque não tens amigos entre os teus condiscipulos?
Ohne Komplimente.	Sem comprimentos. Sem cere-monias (spr. ceremónias).
Zeremonielle Besuche.	Visitas de comprimento.
Bloß der Form wegen anbieten.	Offerecer por comprimento.
Die Ohrfeige. Eine starke Ohrfeige.	A bofetada. Um bofetão.
Einem ins Gesicht schlagen.	Assentar uma bofetada na cara a alguem.
Die Jungen gaben sich Ohrfeigen. Einer schlug dem andern ins Ge-sicht, ohne weitere Komplimente.	Os rapazes se derão bofetadas. Um assentou uma bofetada na cara do outro, sem mais com-primentos.
Sollte er ihm vielleicht die Ohr-feige bloß der Form wegen an-bieten?	Devia elle talvez offerecer-lhe a bofetada por comprimento?
Das Gespräch.	A conversação. O dialogo (spr. diálogo). A palestra.
Nichts weiter als, nichts außer.	Não... nada, senão...
Keinen Spaß verstehen.	Não [estar ser] para brincos.
Hast Du das Gespräch gehört?	Ouviste a conversação?
Ja, der eine sagte, er verstehe kei-nen Spaß.	Sim, um dizia, que não estava para brincos.

A. Vor dem Inhalt einer Wahrnehmung oder Mit-teilung erfordert que den Indicativo, Presente, Futuro, oder eine Vergangenheitsform je nach der Zeit, die aus-gedrückt werden soll.

Der andere hatte vorher schon ge-sagt, er habe große Lust, ihm eine Ohrfeige zu geben, weil derselbe ihm den Rock nicht gestern schon gebracht hatte.	O outro tinha dito de antes, que tinha muita vontade de lhe dar uma bofetada, porque aquelle não lhe tinha trazido a casaca já hontem.

Es ist nicht meine Schuld.	Não é culpa minha.
Ist es nicht Deine Schuld?	Não é culpa tua?
Es ist die Schuld anderer.	É culpa de outros.

B. Wo „der" (die, das) nicht übersetzt wird, ist „mein, dein, sein" u. s. w. durch das nachgesetzte meu, tou, seu u. s. w. auszudrücken.

Maßregeln.	Medidas.
Reißaus nehmen.	Tomar as de Villadiogo.
Hand legen an, greifen nach.	Pegar em.
Aus Versehen.	Por esquecimento.
Das Grab.	A sepultura.
Als sie Hand an ihn legen wollten, ergriff er andere Maßregeln.	Quando ião pegar nelle, elle tomou outras medidas.
Er griff nach seinem Degen, und sie nahmen Reißaus.	Elle pegou na sua espada, e elles tomarão as de Villadiogo.
Sich wundern über.	Admirar-se de.
In der That.	Com effeito.
Worüber wundern Sie sich?	De que se admira?
Ich wundere mich, daß Sie noch im Bett liegen.	Admiro-me de que ainda esteja na cama.

C. Hinter jedem Ausdruck einer Gemütsbewegung erfordert que den Conjunctivo.

In der That wundre ich mich, Sie noch im Bett zu finden; und doch haben Sie mir gesagt, Sie würden Schlag vier Uhr aufstehen.	Com effeito admiro-me de acha-lo ainda na cama; e todavia vm^{ce·} me disse que ia levantar-se ás quatro horas em ponto.
Lebe (leben Sie) wohl.	A Deos.
In Not.	Na miseria (spr. miséria).
In dürftigen Umständen.	Em apuradas circumstan-cias (spr. circumstáncias).
Auf Wiedersehen.	Até a vista. Até á volta.
Es wird gleich Mittag schlagen.	Está a dar meio-dia.
Da will ich meine Uhr stellen und nach Haus gehen.	Então vou acertar o meu relogio e voltar para casa.
Nun lebt wohl; auf Wiedersehen.	Agora a Deos, até á vista.
Ich will einen Freund besuchen, der in Not ist.	Vou vêr um amigo, que está na miseria.

Anftett, Portugiefifche Grammatik. 28

Herzlich gern.	De todo o meu coração.
Damit, auf daß.	Para que, afim que.
Zu (... fehr, herzlich) als daß ... follte.	Demais... para mit Infinitivo.

Diefes Pferd ift mir zu lieb, als daß ich es verkaufen follte.	Gosto demais d'este cavallo para vendê-lo.
Ich fage es, damit Du es wiffeft.	Digo-o, para que o saibas.

D. Hinter para und afim erfordert que ftets den Conjunctivo. Afim verliert das de, welches es vor dem Infinitivo hat.

Der Poftillon.	O postilhão.
Im Stich laffen. Aufgeben, meiden.	Abandonar.
Sich richten, nach leben, fich richten nach.	Conformar-se a.

Herzlich gern will ich thun, was Du von mir verlangft, aber mit der Bedingung, daß Du dem Spiel entfageft, und fparfamer feift, als Du (es) bisher gewefen.	De todo o meu coração farei o que me pedes, porem com a condição, que abandones o jogo e sejas mais economico do que o foste até agora.
Ich liebe Dich zu fehr, als daß ich mich Deinem Rate nicht fügen follte.	Amo-te demais para não me conformar ao teu conselho.
Gehe und trage die Briefe auf die Poft.	Vai a levar estas cartas ao correio.

E. Hinter ir, correr, vir ift das unmittelbar folgende „und" mit a zu überfetzen, wenn es den Zweck des Kommens und Gehens anzeigt; ebenfo „um zu".

Gehe zu ihm und fage ihm.	Vai a dizer-lhe.
Er kam, um mir zu fagen, daß er zu mir kommen würde.	Veiu a dizer-me, que viria a minha casa.
Gehe zu meinem Bruder und fage ihm, er folle mich erwarten.	Vai a dizer a meu irmão, que espere por mim.
Er lief zu ihm, um es ihm zu fagen.	Correu a lho dizer.

Die Kerze, das Licht.	A vela.
Das Siegellack.	O lacre.

Zünde ein Licht an.	Accende uma vela.
Ein brennendes Licht.	Uma vela accesa.

Streusand.	Areia (spr. aréia) de escrever.
Löschpapier.	Papel mataborrão [mata bor-rão].
Gehe und hole Siegellack, Streu-sand und Löschpapier.	Vai a buscar lacre, areia de escrever e papel mataborrão.
Er sagte mir nochmals ...	Tornou a dizer-me ...
Er kam zurück und sagte mir (— um mir zu sagen) ...	Voltou para dizer-me ...

Aufgaben.

220.

Wieviel kostet dieses Kleid, drei Pfund? — Viel mehr, es kostet wenigstens vier Pfund. — Darf ich eintreten, mein Herr? — Treten Sie ein, legen Sie ab und thun Sie, als ob Sie zu Hause wären. — Erlauben Sie mir, daß ich schreibe, während Sie lesen? — Thun Sie, als ob ich nicht da wäre. — Wem ge-hört diese hübsche Kleine? — Sie ist die Tochter unsers Nach-barn. — Wie alt kann sie sein, vier Jahre? — Nein, mein Herr, sie ist wenigstens sechs Jahre alt. — Wieviel Ellen Tuch brauche ich? — Drei Ellen reichen nicht, denn Sie sind sehr groß. Sie müssen wenigstens vier Ellen kaufen. — Wer wird mich be-schützen? — Ich werde sie gegen alle Ihre Feinde beschützen. Seien Sie ohne Furcht. — Trinken Sie gern Kaffee? — Nein. Ich esse viel lieber Schinken. — Was sind der Arzt und der Abt für den Kranken? — Der Arzt und der Abt sind nichts für den Kranken; denn weder der eine noch der andere erfahren von ihm die Wahrheit. — Warum weint das Mädchen? — Die Unglückliche! Sie hat ihre Mutter verloren und hat nun nie-manden mehr, der sie beschützt (Conj.). — Deine Bemerkung ist sehr scharfsinnig, und doch glaube ich, sie ist nicht wahr, denn ich weiß das Gegenteil von dem, was Du sagst.

221.

Ein Fremder, den ich kannte [mein Freund] besuchte [part. pres.] das Kloster Alcobaça [und] wollte die Bibliothek besehen (examinar), aber als er an die Thüre kam (part. pres.), war sie geschlossen. Da sagte ihm der Mönch, der ihn begleitete:

„Gedulden Sie sich (Haben Sie Geduld für) einen Augenblick, während ich den Schlüssel hole (holen gehe). Der Mönch zögerte eine Zeit lang, kehrte wieder (part. pres.) und gab als Entschuldigung, daß er ihn nicht brächte (für ihn nicht zu bringen): „Der Schlüssel findet sich (erscheint) nicht, mein Herr, und es stellt sich eben (jetzt) heraus (constar), daß der letzte Bibliothekar, Meister Figueiredo, ihn aus Versehen in der Tasche mit ins Grab genommen hat.“

222.

Wieviel Uhr ist es? — Es ist halb zwei. — Sie sagen, es sei (Indic.) halb zwei, und auf meiner Uhr ist es erst halb eins. — Es wird gleich zwei schlagen; Ihre Uhr geht nach. — Nein, die Ihrige geht vor, die meinige geht richtig. — Wir werden sehen; ich versichere Sie, daß meine Uhr ganz gut geht. — Wann gehen Sie nach Hause zurück? — Schlag Mittag. — Dann können Sie gehen, denn es wird gleich schlagen. — Wieviel Uhr ist es? Meine Uhr geht nicht gut. — Es ist drei Uhr. — Das kann nicht sein; Ihre Uhr ist stehen geblieben. — Sie haben recht; ich habe gestern vergessen (p) sie aufzuziehen. — Hast Du die Uhr im Saale gestellt? — Ich wollte sie stellen, aber [das] ist nicht mehr möglich, denn beide Zeiger brachen, als ich sie anrührte. — Was hast Du heute gethan (p)? — Ich habe ceremonielle Besuche gemacht. — Mein Gott! In Ihrer Gesellschaft geht die Zeit schnell herum. — Mein Herr, Sie machen mir ein Kompliment, das ich nicht verdiene. Darum antworte ich Ihnen nicht mit einem andern Komplimente.

223.

Warum hat dieses Mädchen diesen Alten geheiratet (p)? — Sie hat (p) ihn wegen seines Geldes geheiratet. Die Unglückliche! Sie weiß nicht, was sie gethan hat (p). — Arbeiten Deine Mitschüler mehr als Du? — Nein, sie arbeiten soviel wie ich. — Warum hat der französische Offizier den englischen getötet? — Weil er ihm ins Gesicht geschlagen hatte. — Warum hat Ihr Bruder die Straße verlassen, in welcher er früher wohnte? — Er hat sie wegen der schlechten Nachbarschaft ver=

laſſen.—Warum ſteht die Suppe noch nicht auf dem Tiſch?— Herr, es iſt nicht meine Schuld, daß die Suppe noch nicht auf dem Tiſch ſteht. Die Köchin hat (p) ſie auf den Boden fallen laſſen.—Deine Schuld iſts, Du haſt (p) ſie fallen laſſen, nicht die Köchin. Aber ich werde andere Maßregeln ergreifen, damit Du acht gebeſt. — Hat man den Dieb gefangen (p)? — Nein, als man Hand an ihn legen wollte, nahm er Reißaus.—Über was wunderſt Du Dich? — Ich wundere mich, ihn noch in Liſſabon zu ſehen. Vor einem Monat ſagte er mir, er würde abreiſen.—Er ſagt immer: „Leben Sie wohl, auf Wiederſehen!" und doch bleibt er immer wieder da. — Ich bin nicht Schuld daran, daß er nicht geht. Ich wünſche von ganzem Herzen, daß er Liſſabon verlaſſe.

Dreiundsiebzigster Abschnitt. — Lição septuagesima terceira.

Sich wenden, drehen.	Virar-se para. Voltar-se para.
Gehen über, durch. Vorangehen.	Passar por. Passar adiante. Ir adiante.
Wir ſahen ihn hineingehen, links ſich umwenden und wieder her- ausgehen.	Vimo-lo entrar, voltar-se para a esquerda e tornar a sahir.
Wer geht dort durch die Straße?	Quem é que passa alli pela rua?
Es ſind meine Brüder; jetzt geht der älteſte unter ihnen vor die andern [überholt ſie].	São meus irmãos; agora o mais velho delles passa adiante dos outros ober vai adiante.
Der Bogen. — Der Triumph- bogen.	O arco. — O arco trium- phal.
Der Kreuzweg.	A encruzilhada.
Die Straße hinunter — hin- aufgehen.	Ir pela rua abaixo—acima.
In eine Straße einlenken, einbiegen.	Tomar por uma rua.
Das Ufer.	A beira (ſpr. béira).

Gehen wir von hier von dem Fluß-ufer die Straße hinauf.	Vamos daqui da beira do rio pela rua acima.
Lassen wir zur Rechten die schönen Gärten und gehen wir die Straße hinunter.	Deixemos á direita os lindos jardins e vamos pela rua abaixo.
Jetzt sind wir an den Kreuzweg gekommen, nahe beim Bogen.	Agora temos chegado á encruzilhada junto do [ao] arco.
Er lenkte in die Sanct Johannisstraße ein und hielt beim Bogen an.	Tomou pela rua de S. João e parou junto do [ao] arco.

Das Zeughaus.	O arsenal.
Das Gäßchen. — Eine Sack-gasse.	O beco. — Um beco sem sahida.
Eng.	Estreito (spr. estréito).

Müssen wir unter dem Bogen durch-gehen, um nach dem Zeughaus zu kommen?	É preciso passarmos por debaixo do arco para ir ao arsenal?
Nein, Sie müssen ihn links [liegen] lassen.	Não, hão de deixa-lo á esquerda.
Sie werden dann in ein sehr enges Gäßchen kommen.	Então entrará num beco muito estreito.

Der Ausgang.	A sahida.
Nicht Ursache.	Não ha de que.
Nachfragen bei, sich erkun-digen.	Informar-se de...
Beanspruchen.	Pretender.
Sich ausbitten.	Sollicitar.
Die Aufmerksamkeit.	A attenção.
Die Ausdauer.	A perseverança.

Soll ich durch jene enge Gasse gehen?	Devo eu passar por aquella rua?
Nein, es ist eine Sackgasse.	Não, é um beco sem sahida.
Ich danke Ihnen verbindlichst.	Agradeço-lhe muito. Muito agra-decido.

Nicht Ursache.	Não ha de que.

Anmelden.	Annunciar.
Könnten Sie . . . [wenn ich fragte]?	Poderia...?
Seine Herrlichkeit. Der gnädige Herr.	Vossa Senhoria. Sua Senhoria.

Könnten Sie mir sagen, wo der Graf von N. wohnt?	Poderia dizer-me onde mora o Conde de N.?
Er wohnt hier. Treten Sie gefälligst ein.	Mora aqui. Faça-me o favor de entrar.
Ist der Herr Graf zu Hause?	O senhor Conde está em casa?

Nein, der gnädige Herr ist ausgegangen. | Não, Sua Senhoria sahiu.

Das Heer. | O exercito (spr. exército).
Der Obere. | O superior.
Meines-, deinesgleichen u. s. w. | O igual.
Der Untergebene. | O inferior.
Unruhig. | Inquieto.
In Angst. | Ancioso.

Warum sind Sie unruhig? | Porque está inquieto?
Ich bin unruhig darüber, daß ich keine Nachrichten von meinem Bruder empfange, der bei der Armee ist. | Estou inquieto de não receber noticias de meu irmão, que está no exercito.
Wir sind in Unruhe darüber, daß er nicht geschrieben hat. | Estamos inquietos de que elle não tenha escrito.

Die Nacht bricht ein. | Anoitece.
Sich in eine mißliche Lage bringen. | Metter-se no atoleiro.
Der Sumpf. Der schlimme Handel. | O atoleiro (spr. atoléiro).

Er kam vom Regen in die Traufe, wörtl. er zog sich aus dem Kot und kam in den Sumpf. | Tirou-se da lama e metteu-se no atoleiro.
Voriges Jahr, als wir miteinander jagten, brachte er sich in eine gefährliche Lage. | O anno passado, quando estavamas caçando juntos, metteu-se no atoleiro.
Jedes Mal, wenn er sich in eine gefährliche Lage gebracht hatte, mußte er sich stets gut herauszuziehen. | Todas as vezes que se tinha mettido no atoleiro, sabia sempre bem sahir-se delle.

Das Landgut. | A quinta.
Wenigstens. Wenig gerechnet. | Ao menos.
Zum wenigsten. | Pelo menos.
Nicht mehr und nicht weniger. | Nem mais, nem menos.

Das Landhaus ist wenigstens fünf Stunden von der Stadt entfernt. | A quinta dista ao menos cinco leguas da cidade.
Als wir an den Kreuzweg kamen, brach die Nacht ein. | Quando chegamos á encruzilhada anoiteceu.
Im ersten Augenblick wußten wir nicht, was wir machen sollten. | No primeiro momento não sabiamos que fazer.

Beruhigen.	Tranquillizar.
Unruhe, Beſorgnis.	Inquietação.
Wie überaus.	Quão.

Ein Bauer, dem wir begegneten, ſagte uns: beruhigen Sie ſich.

Um saloio, a quem encontramos, nos disse: Tranquillizem-se.

Bei dieſen Worten verloren wir all unſere Beſorgnis.

Ao ouvir estas palavras perdimos toda a nossa inquietação.

Er zeigte uns, wie geſchickt er war.

Mostrou nos quão habil era.

Ein Bund.	Um feixe.
Die Jagdtaſche.	A bolsa de caçador.
Das Kiſſen.	A almofada.

Die Jagdtaſchen mögen als Kiſſen dienen.

Sirvão de almofadas as bolsas dos caçadores.

Wir werden uns ein Bett machen mit einem Bund Stroh.

Nós nos farémos una cama com um feixe de paha.

Wir hatten das Notwendige, ſodaß ich zufrieden war.

Tivemos o necessario, de maneira que eu estive contente.

| Die Schlafmütze. | O barrete de dormir. |
| Die Bettdecke. | O cobertor. A coberta da cama. |

| Das Kopfkiſſen. | O travessero (ſpr. travesséiro). |
| Er iſt friſch und geſund. | Está são e salvo. |

Können Sie nicht ohne Schlafmütze ſein?

Não póde vmcê. passar sem barrete de dormir?

Ich kann weder ohne Decke, noch ohne Kopfkiſſen ſein.

Não posso passar sem cobertor, nem travesseiro.

Der Kandidat.	O candidato.
Geboren werden, entſtehen.	Nascer.
Preußen.	A Prussia (ſpr. Prússia).

Du wirſt geboren, er wird geboren.

Nasces, nasce.

Er wurde geboren.

Nasceu.

Ich wurde geboren.

Nasci.

Wo biſt Du geboren?

Onde nasceste?

Ich bin in Liſſabon geboren.

Nasci em Lisboa.

Kein Liſſaboner taugt etwas.

Todos os Lisboetas (filhos de Lisboa) não prestão para nada.

Wirklich? Es giebt doch einige gute, und ich kenne zwei.

Sim? Todavia ha alguns bons, e eu conheço dous.

Wer ſind dieſe zwei?

Quaes são elles?

A. Wird näher nach Personen oder Sachen gefragt, oder wird nach solchen gefragt, denen eine Eigenschaft beigelegt ist, so gebraucht man qual statt quem oder que.

Erlangen, erreichen.	Conseguir.
Erlangen, auswirken.	Impetrar.
Streben nach.	Diligenciar.
Nachgehen.	Andar apos de.
Bewilligen.	Conceder.
Die Bitte, das Gesuch. Die Bittschrift.	O requerimento. A supplica (spr. súpplica).
Die Bitte.	O rogo.
Nicht umhin können zu...	Não poder deixar de...
Ich kann nicht umhin, das, was man von mir begehrt hat, zu bewilligen.	Não posso deixar de conceder o que me foi pedido.
Er lachte über die Antwort.	Riu-se da resposta.

Aufgaben.
224.

Warum hat der Postillon die Landstraße verlassen? — Er hat sich nach dem Willen des Herrn Grafen gerichtet, der im Wagen saß. — Was wirst Du thun? — Ich werde mich nach dem Willen meines Vaters richten und nicht nach dem meines Onkels. — Was sagte er Dir? — Er kam, um mir zu sagen, daß mein Bruder nicht kommen würde. — Bringen Sie mir Papier, Federn und Tinte. Bringen Sie mir auch Streusand oder Löschpapier und ein angezündetes Licht. Vergessen Sie das Siegellack nicht. Gehen Sie und sagen Sie meiner Schwester, daß sie nicht auf mich warte, und kommen Sie um zwölf Uhr zurück, um meine Briefe auf die Post zu tragen. — Ich werde es thun, gnädige Frau. — Mein Herr, darf (Futuro) ich so frei sein, Sie zu fragen, wo der Graf von Lacerda wohnt? — Er wohnt neben der Burg jenseits des Flusses. — Warum lenkt der Postillon in jene Straße ein? — Weil diese sehr eng ist; er fürchtet, daß der Wagen nicht durch[fahren] (passar) könne. — Wollen Sie sich erkundigen, ob das Gäßchen breit genug ist, um meinen Wagen durchzulassen? — Ich habe schon gefragt (p). Das Gäßchen ist breit genug, aber zwei Wagen können nicht zu gleicher Zeit durch. — Dann wollen wir lieber in jene Straße einlenken und beim Bogen vorbeifahren. — Sie haben recht, es wird das beste sein, was wir thun können.

225.

Wo wohnt Ihr Bruder? — Er wohnt nahe beim Zeughaus, in der ersten Sackgasse links. — Wo willst Du hingehen? — Ich will die Straße hinaufgehen. — Dann, guten Tag, auf Wiedersehen! ich werde die Straße hinuntergehen. — Wo sind wir? — Wir sind (p) am Kreuzweg angekommen; Sie biegen nun links um und ich rechts. Leben Sie wohl! — Hat dieses Haus mehrere Ausgänge? — Nein, es hat nur einen Ausgang. — Hast Du Dich erkundigt, wie weit es von hier nach Lissabon ist? — Ja, zwei und eine halbe Stunde. — Ich danke Dir verbindlichst. — Nicht Ursache. — Ist der Herr Graf von Ericeira zu Hause? — Ja, Herr. Ich werde fragen, ob er Sie empfangen kann. — Melden Sie gefälligst [ter a bondade de] Herrn Fonseca, Maler, an. — Will der gnädige Herr nicht ein wenig warten? — Ich werde gleich wiederkommen. — Warum ist Ihre Mutter unruhig? — Sie ist unruhig, weil sie keine Nachricht von Ihrem Bruder hat, welcher beim Heere steht. — Darum braucht sie nicht unruhig zu sein; denn das Heer wird in drei Tagen hier ankommen. — Die Nacht bricht ein; der Weg taugt nichts. Wollen wir nicht hier bleiben? Ich fürchte, daß wir uns in eine mißliche Lage bringen. — Nein, wir werden nicht hier bleiben. Ich fürchte, wir werden vom Regen in die Traufe kommen. — Kommen Sie mit mir auf mein Landgut? — Wie weit ist es bis dahin? — Höchstens zwei Stunden. — Mein Herr, Sie irren sich. Das Landhaus ist wenigstens vier Stunden von hier entfernt. — Was hat er Ihnen gezeigt? — Er hat uns den Weg gezeigt (ensinar). — Wer weiß, ob wir hier wären, wenn er uns den Weg nicht gezeigt hätte.

Vierundsiebzigster Abschnitt. — Lição septuagesima quarta.

Zusammengesetztes Participium. — Participio preterito perfeito composto.

Eintretend. — Eingetreten seiend.	Entrando. — Tendo entrado.
Sehend. — Gesehen habend.	Vendo. — Tendo visto.

A. Das Participio preterito perfeito composto [Verbindung des Presente do Participio von ter mit dem Participio perfeito des betreffenden Zeitworts] ersetzt oft das deutsche nachdem, als, da, während, wenn, weil, oder welcher, der, mit einer vergangenen Zeit oder leidenden Form.

Indem ich es hörte, verstand ich es.	Ouvindo-o, o entendi.
Nachdem ich es gehört hatte, verstand ich es.	Tendo-o ouvido, o entendi.
Da ich meine Brieftasche verloren habe, kann ich nicht bezahlen.	Tendo perdido a minha carteira, não posso pagar.
Da er viel Geld verdient hat, so wird er bezahlen können.	Tendo ganhado muito dinheiro, poderá pagar.
Er ging in das Haus und bemerkte gleichzeitig einen Dieb.	Entrando na casa, reparou num ladrão.
Mein Freund ging in das Haus und begegnete (nachher, als er darin war) einem Dieb.	Tendo entrado na casa, meu amigo encontrou-se com um ladrão.

B. Wo das deutsche „und" etwas Nachheriges bezeichnet, oder wo statt „da" zu denken ist „nachdem" (nicht indem), muß die einfache deutsche Vergangenheit durch Participio preterito perfeito übersetzt werden.

Der Gast.	O hospede (spr. hóspede).
Einwickeln.	Embrulhar.
Sticken.	Bordar.
Wer ist angekommen?	Quem chegou?
Sechs Herren, in lange Mäntel eingewickelt.	Seis senhores embrulhados em longos capotes.

Er hat ein gesticktes Hemb zerrissen.	Rasgou uma camisa bordada.
Unser Gast trägt gestickte Hemden.	O nosso hospede traz camisas bordadas.
Der Kostgänger.	O pensionario (spr. pensio-nário).
Die Ruhe.	O socego.
Wieder zum Vorschein kommen.	Apparecer outra vez.
Woher hat dieser Mensch die gestickten Hemden?	Donde é que este homem tem as camisas bordadas?
Er antwortete mir ganz ruhig: ein Kostgänger habe sie ihm gegeben, damit er sie wasche.	Respondeu-me com muito socego, que um pensionario lhas tinha dado, para que as lavasse.
Er fügte hinzu, er müsse sie um zwei Uhr wieder bringen.	Accrescentou, que havia de trazê-las de volta ás duas horas.
Handeln. Behandeln.	Tratar.
Schweigen.	Calar-se.
Schmackhaft.	Saboroso.
Er kennt seine Leute (weiß, mit wem er es zu thun hat).	Sabe com quem trata.
Einem den Titel Excellenz, Herrlichkeit, Eminenz, Hoheit geben.	Tratar alguem por Excellencia, por Senhoria, por Eminencia, por Alteza.
Der Arzt behandelt seine Kranken gut.	O medico trata bem os seus doentes.
Um was handelt es sich da?	De que se trata cá?
Es handelt sich darum, zu erfahren, wie wir am angenehmsten die Zeit zubringen werden.	Trata-se de saber como passarémos o tempo da maneira mais agradavel.
Er behandelt mich gut.	Elle me trata bem.
Schweige. — Schweigt.	Cala-te. — Calai-vos.
Schweigen Sie!	Cale-se — Calem-se!
O! welch schmackhafte Apfelsinen!	O! que laranjas tão saborosas!
Mich daran hindern. ⎫ Mir es wehren. Mich darin stören. ⎭	Impedir-me de...
Nach dem Geschmack.	Ao gosto.
Jeder nach seinem Geschmack.	Cada qual ao seu gosto.
Wer wird uns daran hindern?	Quem nos impedirá de fazer isso?
Der Höfling.	O cortezão.
Schwätzer; geschwätzig.	Fallador.
Er ist ein braver Mann.	É homem de bem.
Er ist ein großer Schwätzer.	Elle é um grande fallador.

Er ist sehr geschwätzig.	É muito fallador.
Abgesehen davon. (Sonst) ist er ein braver Mann.	Menos isto, elle é homem de bem.

Erlangen, bekommen.
Es ist unmöglich zu...
Wohl bekomme es!

Obter. Conseguir.
Não ha que...
Fáça-lhe bom proveito (spr. provéito)!

Es war unmöglich, sich zu widersetzen und ohne Murren überließ ich mich seinen Händen.

Não havia que resistir e sem murmurar entreguei-me nas suas mãos.

Es war schlechterdings unmöglich (keine menschliche Gewalt konnte...), ihn zu diesem Handkuß zu zwingen.

Não havia forças humanas, que o obrigassem a este beijamão.

Es war unmöglich etwas zu entgegnen [keine Widerrede war möglich].

Não havia que replicar.

Obgleich ich Geld hatte, war es mir unmöglich etwas zu kaufen, denn die Stadt war menschenleer.

Apesar de ter dinheiro, não havia que comprar com elle, porque a villa estava deserta.

Wie sehr sie sich auch darum bemüht hatten, nie hatten sie ihn dazu vermocht, die portugiesische Kokarde abzulegen.

Por mais diligencias que tinham feito, nunca tinham conseguido, que puzesse de parte o laço portuguez.

Argwohnen, vermuten.

Suspeitar. Desconfiar.

Die Erfahrung erzeugt den Argwohn, das Nachdenken die Vermutung.

A desconfiança nasce da experiencia, a suspeita da reflexão.

Aussetzen (der Gefahr, zu...).
Abweisen, eine abschlägige Antwort geben.

Expôr a...
Recusar.

Ich setze mich der Gefahr aus, eine abschlägige Antwort zu erhalten.

Exponho-me a ser recusado (abgewiesen zu werden).

Ich vermute, daß er mir nichts geben würde.

Suspeitava, que elle não me daria nada.

Als diese Worte gesprochen worden waren, verschwand er.

Falladas estas palavras [tendo dito estas palavras], elle desappareceu.

Als einige Tage vergangen waren, fing er an auszugehen.

Passados alguns dias [tendo passado alguns dias] começou a sahir.

Als die Schiffe angekommen waren, gingen die Matrosen ans Land.

Chegados os navios [tendo chegado os navios] os marujos desembarcarão.

C. Die Wendung tendo mit Participio perfeito wird oft nur durch das Participio perfeito ausgedrückt; das Objekt (Antwort auf wen?) wird dann Subjekt (Antwort auf wer?) und das Participio nimmt dessen Geschlecht und Zahl an. Es ist eine Form des lateinischen Ablativi absoluti.

Als der Befehl gehört worden war, [fingen] begannen die Soldaten das Feuer [an].	Entendida a ordem, os soldados começárão o fogo.
Voraussetzen, vermuten.	Suppôr.
Der Spieler.	O jogador.
Der Ball.	A pella. A pellota.
Das Ballspiel.	O jogo da pella.
Ball spielen.	Jogar a pella.
Den Ball im Rückpralle auffangen.	Apanhar a pella no salto, ou no ar.
Setzen wir voraus, daß es so ist.	Supponhamos, que assim é ou seja.
Er ist ein geschickter Spieler.	É destro jogador.
Ein sehr geschickter Schachspieler ist er.	Elle é jogador de xadrez muito destro.
Der Flötenspieler.	O flautista.
Der Geiger.	O rebequista.
Bald..., bald...	Ora..., ora...
Bald ist er traurig, bald lustig.	Ora está triste, ora alegre.
Was für Landsleute sind diese Geiger?	De que paiz são estes rebequistas?
Sie sind Biscayer.	São Biscainhos.
Eine musikalische Unterhaltung.	Um entretenimento musical.
Eine Abendunterhaltung.	Um saráo.
Zu welchem Zweck? In welcher Absicht?	Com que intento?
Wird eine musikalische Abendunterhaltung stattfinden?	Haverá um saráo musical?
In welcher Absicht stellen Sie diese Frage?	Com que intento faz esta pergunta?
Ich will der Unterhaltung beiwohnen.	Eu quero assistir ao entretenimento.
Begleiten.	Acompanhar.
Die Harfe.	A harpa.
Zusammenpassen.	Acompanhar-se.

Gott und der Welt dienen, paßt nicht zusammen.	Servir a Deos e ao mundo não são cousas que possão acompanhar-se.
Glauben Sie, daß wir sehr beklatscht werden?	Crê vmᶜᵉ, que serémos muito applaudidos?
Ja, denn Sie spielen die Harfe sehr gut.	Sim, porque vmᶜᵉ tocão muito bem a harpa.

Stolz.	Orgulhoso.
Kosten, Aufwand.	Gastos.
Beträchtlich.	Consideravel (spr. considerável).

Während der letzten Jahre hat sein Aufwand sehr zugenommen.	Seus gastos crescerão muito durante os ultimos annos.
Sein Stolz hat mit seinem Aufwand zugenommen.	O seu orgulho cresceu com os seus gastos.
Er ist jetzt so stolz, daß niemand ihn leiden mag.	Agora elle está tão orgulhoso, que ninguem póde soffrê-lo.
Die allgemeinen Kosten unseres Handels sind bedeutend.	Os gastos geraes do nosso commercio são consideraveis.

Kleine Nebenausgaben.	Gastos miudos.
Das Fest.	A festa.
Die Beleuchtung.	A illuminação.
Die Vorstellung.	A representação.

Das Fest dauerte den ganzen Tag und die ganze Nacht mit vielen Beleuchtungen, vielen Tänzen und Vorstellungen, die die ganze Straße füllten.	A festa durou todo o dia e toda a noite, com muitas illuminações, muitas danças e representações, que enchião toda a rua.

Aufgaben.

226.

Ein Kandidat bat den König von Preußen um eine Anstellung. Dieser Fürst fragte ihn, wo er geboren sei (Indicativo)? — „Ich bin in Berlin geboren," antwortete er. — „Gehen Sie!" sagte der Monarch; „alle Söhne Berlins taugen nichts." — „Ich bitte Ew. Majestät um Verzeihung," erwiderte der Kandidat, „es giebt einige gute, und ich kenne zwei." — „Wer sind diese zwei?" fragte der König. — „Der erste," erwiderte der Kandidat, „ist Ew. Majestät, und ich bin der zweite." —

Der König konnte nicht umhin, über die Antwort zu lachen und bewilligte die Bitte [das, was man von ihm begehrt hatte].

Nun, wo brachten Sie die Nacht zu?—In der Hütte eines Bauern. Dort hatte ich Gelegenheit, zu sehen, wie geschickt Ihr Bruder ist. Einige Bänke und ein Bund Stroh dienten ihm dazu, ein gutes Bett zu machen; er verwandelte [transformar] eine Flasche in einen Leuchter, unsere Jagdtaschen in Kissen und unsere Taschentücher in Nachtmützen. Als wir am andern Morgen erwachten, waren wir so frisch [und wohl], als ob wir im besten Bett geschlafen hätten.—Ein Dieb ging in ein Gasthaus und stahl drei Mäntel. Beim Herausgehen begegnete er einem Kostgänger, welcher einen schönen mit Borden besetzten Mantel hatte. Da dieser so viele Mäntel sah, fragte er den Menschen, wo er sie genommen habe? Der Dieb antwortete mit vieler Ruhe, sie gehörten drei Herren vom Hause, welche sie ihm gegeben hätten, damit er sie reinige. „Dann reinigen Sie auch den meinigen, denn (pois) er hat es nötig," sagte der Kostgänger; „aber," fügte er hinzu, „Sie werden mir ihn um drei Uhr wieder bringen müssen."—„Ich werde nicht verfehlen", antwortete der Dieb, indem er die vier Mäntel forttrug, welche noch nicht [wieder] zum Vorschein gekommen sind (p).

227.

Wie tituliert man die Prinzen?—Man tituliert sie: Königliche Hoheit und ihre Minister: Ew. Excellenz.—Wie tituliert man die Damen in Portugal?—Man giebt ihnen gewöhnlich den Titel: Ew. Excellenz. — Wie finden Sie diesen Braten? —Ich finde ihn sehr schmackhaft, und alle teilen meine Meinung. — Essen Sie keine Apfelsinen! Der Arzt hat Ihnen keine Erlaubnis gegeben. — Wer wird mich (daran) hindern, Apfelsinen zu essen? — Sind Sie der Arzt meines Bruders? — Nein. Er hat einen portugiesischen Arzt. — Jeder nach seinem Geschmack, sagte ein Dummkopf und schüttete Wein ins Bier. — Kennen Sie diesen Höfling?—Ja, er ist ein großer Schwätzer, sonst ist er ein braver Mann. — Wem hat der Minister das Amt gegeben, von welchem Sie mir vorige Woche gesprochen haben? — Meinem Neffen. Der Junge hatte sehr gute Gönner und erlangte das Amt, um das er angehalten hatte. — Welcher Unterschied besteht zwischen den Zeitwörtern bekommen, erreichen und auswirken? — Bekommen heißt (ist) eine Sache, die man verlangt oder wünscht oder die uns angenehm ist, erlangen. Erreichen heißt, das, nach was man strebte, oder welchem man nachging, erlangen. Auswirken heißt von dem Oberen die Gnade, die man sich ausgebeten hatte, erlangen. Man [bekommt] erhält Würden, Ämter, Gnadenbezeugungen, Aufmerksamkeiten u. s. w., alles, was uns ehrenbringend, nützlich, angenehm ist, und man erhält es von seinesgleichen, von Oberen und von Untergebenen. Man erreicht, was man mit Fleiß und Ausdauer sucht und beansprucht, und wir [wirken aus] erlangen Gnadenbezeugungen nur von einem Obern, wenn wir sie beanspruchen und darum mit Bitten und Bittgesuchen nachsuchen. — [Bleibt er mit] Behält er viel Geld? — [Wenn] die Schulden bezahlt [sind], wird er nicht viel mehr haben.— Wann kehrte der Arzt wieder? — Als einige Tage vergangen waren, kam er wieder. — Wann reisten die Kaufleute ab? — Als die Schiffe gekommen waren, gingen die Kaufleute an Bord und sprachen mit den Kapitänen.

Fünfundsiebzigster Abschnitt. — Lição septuagesima quinta.

Der Aufsatz.	A composição.
Unbequemlichkeit verursachen, belästigen.	Incommodar.
Die Unbequemlichkeit.	A incommodidade. O incommodo (spr. incómmodo).
Das macht ihnen Unbequemlichkeit.	Isto o incommoda.
Sie können es thun, ohne mir Unbequemlichkeit zu verursachen.	Póde fazê-lo sem me incommodar.
Machen Sie sich deswegen keine Mühe.	Não se incommode por isso.
Sind diese Aufsätze deutsch?	São allemãs estas composições?

A. Die Wörter auf — ão und ade sind fast alle weiblich.

Der Wiederhall.	O echo.
Bequem, behaglich.	Commodo (spr. cómmodo).
Die Beängstigung, Unge- duld, Begierde.	A ancia (spr. áncia).
Mit Ungeduld erwarten.	Esperar com ancia.
Gierig essen.	Comer com ancia.
Fressen (wie ein Ochse, Wolf).	Comer (como um boi, um lobo).
Behaglich reisen.	Viajar commodamente.
Lediglich.	Não... senão.
Mitteilung machen, mitteilen.	Dar parte.
Soll ich Deinem Bruder mitteilen, was Du mir gesagt hast?	Darei eu parte a teu irmão do que me disseste?
Du kannst es ihm sagen und hin- zufügen, daß das Betragen der andern lediglich ein Wiederhall des unsrigen ist.	Pódes lho dizer, accrescentando que a conducta dos outros não é senão o echo da nossa.
Was ich will, ist so behaglich wie möglich reisen.	O que eu quero é viajar o mais commodamente possivel.
Ich habe mich nie gescheut das auszugeben, was mir nötig war, um mäßig meine Bequemlichkeiten zu haben.	Nunca receei gastar o que me era preciso para gozar mode- radamente das minhas commo- didades.
Die Wagenstöße waren mir sehr unbequem (belästigten mich).	Os balanços da carruagem muito me incommodaram.
Er ist reich und doch immer traurig.	É rico e todavia está sempre triste.

B. Glücklich, unglücklich, reich, arm werden gewöhnlich als bleibende Eigenschaften betrachtet, daher meistens mit
ser verbunden; dagegen zufrieden, unzufrieden, froh,
traurig, als sehr wechselnde Zustände bezeichnend, vorzugsweise mit estar.

Verschieben, aufschieben.	Differir.
Empfehlen.	Encommendar. Recommen- dar.
Grüßen, sich empfehlen.	Saudar.
(Einen) guten Tag (Morgen) wünschen.	Dar os bons dias. (Mundart- lich muitas visitas).
Eine herzliche Empfehlung von mir ausrichten.	Dar muitos recados da minha parte.
Laßt uns das Geschäft aufschieben.	Differamos o negocio.
Mit Aufschieben werden wir nichts gewinnen.	Differindo nada ganharemos.

Ich habe die Ehre, mich Ihnen zu empfehlen.

Tenho a honra de me encommendar a vm^{cê.}

Ich empfehle mich Ihnen.

Encommendo-me a vm^{cê.}

Empfehlen Sie mich Ihrem Vater.

Dê muitos recados de minha parte a seu pai.

Ich empfehle mich Ihnen!

A Deos!

Empfangen (genehmigen) Sie meinen ehrerbietigen Gruß.

Receba V^{a.} Exª. a minha saudação respeitosa.

Auftragen zu.
Beschäftigung, Geschäft.
Abhalten.
Aufhalten.

Encarregar que mit Conj.
Occupação.
Reter. Deter.
Demorar.

Ich will mich hier nicht länger aufhalten, auch will ich Sie nicht von Ihren Geschäften abhalten.

Não me demorarei aqui mais tempo, nem quero detê-lo das suas occupações.

Mein Vater hat mir aufgetragen, eine höfliche Empfehlung von ihm auszurichten.

Meu pai me mandou [encarregou], que dizesse a vm^{cê.} muitos recados delle.

Kostbar.
Dringend.
Abfertigen.

Precioso.
Urgente.
Despachar.

Es giebt nichts kostbareres, als die Zeit.

Não ha cousa mais preciosa do que o tempo.

Da meine Post schon abgefertigt ist, habe ich jetzt nichts dringendes zu thun.

Como o meu correio já está despachado, não tenho nenhum negocio urgente de que tractar agora.

Wie steht es bei Ihnen zu Hause?

Todos os seus estão bons?

Der Verlust.
Wieder einbringen.
Im Vorbeigehen.

A perda.
Resarcir.
De passagem (spr. passágem).

Ich hoffe, daß bei Ihnen alles wohl ist.

Espero que todos os seus estejão bons.

Hast Du die verlorene Zeit wieder eingebracht?

Resarciste o tempo perdido?

Ja, und mit der Zeit habe ich auch den Schaden wieder eingebracht.

Sim, e com o tempo resarci tambem a perda.

Im Vorbeigehen habe ich heute Deinen Vater besucht.

De passagem fui ver hoje teu pai.

Unersetzlich.
Die Wichtigkeit.

Irreparavel (spr. irreparável).
A importancia (spr. importáncia).

Wichtig.

Importante.

Dieser Verlust ist unersetzlich.	Esta perda é irreparavel.
Alles Gold der Welt vermag nicht eine verlorene Stunde zu bezahlen.	Todo o ouro do mundo não póde pagar uma hora perdida.
Bestehen aus, — in. Darauf ankommen.	Consistir em.
Der Gebrauch.	O uso.
Zu Grund richten.	Arruinar.
Die meisten.	A maior parte.
Alles kommt darauf an, zu wissen, ob er da war oder nicht.	Tudo consiste em saber, se elle esteve cá ou não.
Jedes Land hat seine Gebräuche.	Em cada terra seu uso.
Es ist von der größten Wichtigkeit, daß man seine Zeit gut anwende, welche nur aus Minuten besteht, von denen man einen guten Gebrauch machen muß.	É da maior importancia empregar bem o seu tempo, que consiste sómente em minutos, dos quaes se deve fazer um bom uso.

C. Folgt auf ein beziehendes Fürwort ein anderes, so wird letzteres gern mit o qual übersetzt.

Da sein, vorhanden sein.	Existir.
Die Vergangenheit.	O passado.
Die Gegenwart.	O presente.
Die Zukunft.	O futuro.

D. Vor einer Mehrheit stehend, gilt a maior parte de als Mehrheit.

Die meiste Zeit geht mit Possen verloren.	A maior parte do tempo se perde em tolices.
Die meisten Menschen machen sich durch ihre Habsucht unglücklich.	A maior parte dos homens tornão-se infelizes pela sua avareza.
Der Geiz, die Habsucht.	A avareza.
Weh mir!	Ai de mim!
Kummer, Sorgen machen, betrüben.	Inquietar.
Im schmutzigsten Geiz leben.	Viver com sordida avareza.
Viele Leute richten sich zu Grund, weil sie sichs wohl sein lassen wollen, indem sie sagen: das Vergangene ist nicht mehr da; genießen wir die Gegenwart.	Ha muitos que se arruinão, porque querem passar bem, dizendo: Já não existe o passado; gozemos do presente.

Die Zukunft ist ganz ungewiß; sollen wir uns ihretwegen Kummer machen?	O futuro ó muito incerto; havemos de inquietar-nos a respeito delle?
Du siehst aus wie die Gesundheit selber; besser kann man nicht aussehen.	Tu pareces a saude mesma; é impossivel ter melhor parecer.

Aufgaben.

228.

Eine sehr arme Stadt machte beträchtlichen Aufwand in Festen und Beleuchtungen, als ihr Fürst durchkam. Dieser wunderte sich darüber. — „Sie hat nicht mehr gethan, als was sie Ew. Majestät schuldig war," sagte ein Höfling. — „Es ist wahr," erwiderte ein anderer, „aber sie ist alles schuldig, was sie gemacht hat." — Die Biscaher sind treffliche Ballspieler. — Die beiden Schachspieler waren ungemein geschickt. — Kennen Sie einen Flötenspieler oder einen Geiger? — Ich kenne einen guten Flötenspieler, aber ich kenne keinen Geiger. In welcher Absicht fragen Sie? — Weil ich die Absicht habe, eine kleine Abendunterhaltung zu veranstalten. — Mit wem spielen Sie Klavier? — Mit meiner Schwester. Mein Bruder, welcher die Baßgeige spielt, begleitet uns. — Wo spielen Sie? — Wir spielen bald im großen Saale des Schlosses, bald in meinem Zimmer, bald in dem meiner Schwester. — Spielt Ihre Schwester nicht auch andere Instrumente? — Sie kann mit der Harfe begleiten. — Sind die Biscaher stolze Leute? — Einige ja, andere nicht. — Wie hoch belaufen sich die Nebenausgaben dieses Kaufmannes? — Auf zwei Millionen Reale. Rechnet man (part. pret.) diese Neben= und Hauptausgaben ab (deduzir), so verdient er noch seine zwanzig Millionen Reale das Jahr, hunderttausend Reale mehr oder weniger. — Werden wir heute Abend Beleuchtung haben? — Ich weiß nicht; man sprach von einer Vorstellung, vielleicht daß (Conjunctivo) auch eine Beleuchtung stattfindet, um die Ankunft des Königs zu feiern (festejar).

229.

Haben (p) Sie Ihren spanischen Aufsatz gemacht? — Ich habe ihn gemacht (p). — Ist (p) Ihr Lehrer [damit] zufrieden gewesen? — Er war es nicht. Wie sehr ich mich auch anstrenge (was ich auch thue), es gelingt mir nie, ihn zu befriedigen. — Können Sie mir ohne Unbequemlichkeit dreihundert Pfund leihen? — Da Sie mich stets gut behandelt haben, so werde ich Sie auf dieselbe Weise behandeln. Ich werde Ihnen das Geld leihen, das Sie brauchen, aber unter der Bedingung, daß Sie es mir nächste Woche wiedergeben. — Sie können darauf rechnen. — Was hat Ihnen mein Sohn mitgeteilt (p)? — Er hat (p) mir die Mitteilung von der Ankunft eines englischen Schiffes gemacht. — Wo wohnt Ihr Bruder? — Er wohnt, wie Sie sehen, in diesem Hause, das mit allem, was man braucht, um bequem darin zu leben, versehen ist (mobilar). — Gefällt Ihnen das Betragen meines Sohnes? — Ja, und er wird auch mit mir zufrieden sein: mein Betragen ist lediglich der Wiederhall des seinigen. — Warum hast (p) Du dieses Geschäft verschoben? — Ich weiß nicht warum, denn jetzt sehe ich, daß durchs Aufschieben man nichts gewinnt. — Wollen Sie die Güte haben, mich jener Dame vorzustellen (apresentar)? — Mit vielem Vergnügen. — Mein Freund Georg Coelho, den ich die Ehre habe, Ihro Gnaden vorzustellen . . . — Sie wissen meinen Namen nicht? Das thut nichts. Ich stelle mich selbst vor. Mein Name ist Silvina von Mello. — Nun, Herr Georg, Sie tanzen nicht? — Nein, gnädige Frau, ich kann nicht tanzen. — Sie können nicht, weil Ihnen der Tanz kein Vergnügen macht, nicht wahr? — Bei mir zu Hause hat niemand tanzen lernen. Meine Mutter wurde in einem Kloster (convento) erzogen (educar) und verließ es erst (ging hinaus um . . . zu) als sie sich verheiratete und einen Hausstand übernahm (ein Haus regieren) (und zwar) in einer Gegend, wo noch nie Bälle gegeben wurden. Ich verließ mein Dorf vor weniger als einem Jahre und habe meine ganze Zeit auf das Studium verwendet (consumir em).

230.

Man klopft [an der Thüre]. Wer ist [da]? — Es sind einige Kaufleute vom Lande [aus der Provinz], die nach Ihnen fragen. — Ich kann jetzt nicht mit ihnen sprechen, denn ich kann mich nicht aufhalten. Meine Post ist noch nicht abgefertigt.

Bis drei Uhr ist jede Minute kostbar für mich.—Ist Ihr Vater gestorben (p)?—Ja, sein Tod ist für seine ganze Familie ein unersetzbarer Verlust.—Hast Du schon Nachrichten von Deinem Bruder? — Nein, ich sehne mich (ter saudades) sehr nach (de) ihm und erwarte ihn. Allein er kommt nicht und ich wünsche, sobald wie möglich nach Lissabon abzureisen, denn meine Frau ist ziemlich krank und befindet sich nicht wohl hier (in diesem Lande), und ich kann nicht abreisen, bevor er kommt (ohne er hierher zu kommen).—Aber haben Sie nicht einen Vetter hier? —Jawohl, allein er kann mich nicht ersetzen (substituir). Er ist zu allem gut, nur nicht (weniger) um eine Fabrik, wie die meinige, zu leiten und in derselben, wie es sich gehört, zu arbeiten. Daher, ich wiederhole es, sehne ich mich nach meinem Bruder. Kommt er (part. pret.), so werde ich ihm sagen: Umarme mich (dar um abraço), Du bist ein guter Engel, der mir erscheint. — Haben Sie schon Nachrichten von ihm? — Ja, er hat schon einmal geschrieben. — Wie finden Sie diesen Aufsatz. — Er ist nicht schlecht, aber er könnte besser sein. — Wollen Sie mit mir frühstücken?—Nein, mein Herr. Lassen Sie sich nicht stören, ich habe schon gefrühstückt.

Sechsundsiebzigster Abschnitt.— Lição septuagesima sexta.

Zukünftige Zeit des Konjunktivs. — Futuro do Conjunctivo.

Diese Form lautet bei den regelmäßigen Zeitwörtern wie der konjugierte Infinitivo. Für diese kann man sie vom Infinitivo ableiten. Am besten ist es jedoch, das Futuro do Conjunctivo aller Zeitwörter von der zweiten Person der Einheit des Preterito perfeito do Indicativo abzuleiten, durch Verwandlung des —ste in —r, —es, —r, —rmos, —rdes, —rem.

Amaste du haſt geliebt.

Amar ich werde
Amares du werdeſt
Amar er werde
Amarmos wir werden
Amardes ihr werdet
Amarem ſie werden

} lieben.

Temeste du haſt gefürchtet.

Temer ich werde
Temeres du werdeſt
Temer er werde
Temermos wir werden
Temerdes ihr werdet
Temerem ſie werden

} fürchten.

Partiste du biſt abgereiſt.

Partir ich werde
Partires du werdeſt
Partir er werde
Partirmos wir werden
Partirdes ihr werdet
Partirem ſie werden

} abreiſen.

Du hatteſt. Ich werde haben u. ſ. w.   Tiveste. Tiver, tiveres, tiver, tivermos, tiverdes, tiverem.

Du warſt. Ich werde ſein u. ſ. w.   Foste. For, fores, for, formos, fordes, forem.

Du hatteſt. Ich werde haben u. ſ. w.   Houveste. Houver, houveres, houver, houvermos etc.

Du ſtandeſt. Ich werde ſtehen u. ſ. w.   Estiveste. Estiver, estiveres, estiver, estivermos etc.

Du gabſt. Ich werde geben u. ſ. w.   Deste. Der, deres, der, dermos etc.

Du ſagteſt. Ich werde ſagen u. ſ. w.   Disseste. Disser, disseres, disser, dissermos etc.

Du machteſt. Ich werde machen u. ſ. w.   Fizeste. Fizer, fizeres, fizer, fizermos etc.

Du konnteſt. Ich werde können u. ſ. w.   Pudeste. Puder, puderes, puder, pudermos etc.

Du wollteſt. Ich werde wollen u. ſ. w.   Quizeste. Quizer, quizeres, quizer, quizermos etc.

Du wußteſt. Ich werde wiſſen u. ſ. w.   Soubeste. Souber, souberes, souber, soubermos etc.

Du brachteſt. Ich werde bringen u. ſ. w.   Trouxeste. Trouxer, trouxeres, trouxer, trouxermos etc.

Du ſahſt. Ich werde ſehen u. ſ. w.   Viste. Vir, vires, vir, virmos etc.

Du gingſt. Ich werde gehen u. ſ. w.   Foste. For, fores, for, formos etc.

Du kamſt. Ich werde kommen u. ſ. w.   Vieste. Vier, vieres, vier, viermos etc.

Du ſetzteſt. Ich werde ſetzen u. ſ. w.   Puzeste. Puzer, puzeres, puzer, puzermos etc.

A. Das Futuro perfeito wird durch das Futuro do Conjunctivo von ter und dem Participio perfeito des betreffenden Zeitwortes gebildet.

Wenn Du geschrieben haben wirst.	Se tiveres acabado de escrever.
Sobald wir gefrühstückt haben werden.	Logo que tivermos acabado de almoçar.
Wenn er es gesagt haben wird.	Quando elle o tiver dito.

B. Diese beiden Formen des Futuro do Conjunctivo im Passivo werden mit den beiden Futuros do Conjunctivo von ser (for, tiver sido) und dem Participio perfeito des betreffenden Zeitwortes gebildet.

Wenn ich geliebt werde.	Se eu for amado.
Wenn Du geliebt worden sein wirst.	Quando tu tiveres sido amado.
Wenn er geliebt wird.	Se elle for amado.
Wenn wir geliebt worden sein werden.	Quando nos tivermos sido amados.

C. Das Futuro do Conjunctivo ist Ausdruck der Zukunft gegenüber einem Werden, Sollen, Müssen, Wollen, hinter quando, logo que, até que, antes que und einfachem que.

Du wirst es ihm sagen, wenn er kommt.	Lho dirás, quando elle vier.
Du sollst mit ihm sprechen, sobald Du ihn siehst.	Deves lhe fallar, logo que o vires.
Sprich mit ihm, wenn er kommt [kommen wird].	Falla-lhe, quando elle vier.
Ich will mit ihm sprechen, bevor er zu Dir kommt [kommen wird].	Vou-lhe fallar, antes que elle vier á tua casa.
Bedeuten. Heißen sollen.	Significar. Querer dizer.
Einen Streich spielen.	Pregar uma peça.
Etwas auszusetzen finden an.	Achar que dizer. Achar que censurar.
Was soll das heißen?	Que quer dizer isto?
Man hat Ihnen einen Streich gespielt, weil Sie an allem, was Sie sehen, etwas auszusetzen finden.	Pregaráo uma peça a vmcê·, porque vmcê· acha que censurar em quanto vê.

Man wird Ihnen Streiche spielen, solange Sie an allem etwas auszusetzen finden werden.	Hão de pregar peças a vm^{cê}, em quanto achar que censurar em quanto vê.

D. Hinter „solange" ist, gegenüber einem Werden, Sollen oder Können, beim Übersetzen Futuro do Conjunctivo anzuwenden.

Zu schaffen haben, verkehren.	Tratar.
Sonderbar, fremd.	Estranho.
Erreichen, einholen.	Alcançar.
Das Erreichen, der Bereich.	O alcance.
Das liegt außer unserm Bereich.	Isto está fóra do nosso alcance, oder isto não está a nosso alcance.
Er ist ein Mann von beschränkten Mitteln.	Elle é um homem de curtos alcances.
Einen Fliehenden verfolgen, um ihn zu fangen.	Ir no alcance de quem foge.
Es geht über meine Fassungskraft.	Não o alcanço com o meu entendimento oder não chego a entendê-lo.
Ich liebe es nicht, mit diesem sonderbaren Menschen zu verkehren.	Não gosto de tratar com este homem estranho.
Wachen, nicht schlafen wollen.	Velar.
Wachen, wach sein.	Estar acordado.
Überhäufen mit... Einem im Überfluß mitteilen.	Prodigar.
Ich habe die ganze Nacht gewacht, weil ich Zahnweh hatte.	Estive acordado toda a noite, porque me doerão os dentes.
Ich habe die ganze Nacht gewacht, um ein Lehrstück durchzuarbeiten, welches über meine Fassungskraft ging.	Velei toda a noite para estudar uma lição, que não chegava a entender.
Die Höflichkeit, Artigkeit.	A cortezia.
Mildthätig.	Caritativo.
Großmütig, edelmütig.	Generoso.
Förmlichkeiten, Umstände.	Ceremonias (spr. ceremónias).
Diejenigen, welche Dich mit Artigkeiten überhäufen, sind nicht immer die mildthätigsten und edelmütigsten.	Os que te prodigão ceremonias, não são sempre os mais caritativos e generosos.
Machen Sie keine Umstände.	Não faça ceremonias.
Sobald er mich sehen wird, wird er gleich anfangen mich zu fragen.	Logo que elle me vir, começará a me perguntar.

Mache es ebenso.	Faça o mesmo.
Aufrichtig.	Sincero.
Zum Nachteil.	Em prejuizo.
Fehler, Mißstand.	Defeito (spr. deféito).
Unzertrennlich.	Inseparavel (spr. inseparável).

Ein jeder macht Fehler.	Cada um commette erros.
Jedermann hat seine Fehler.	Cada um tem os seus defeitos.
Zu meinem Nachteil.	Em prejuizo meu.
Zu unserm Nachteil.	Em prejuizo nosso.
Er wird nie das geringste zu Deinem Nachteil sagen.	Nunca dirá a menor cousa em prejuizo teu.
Wir lieben uns aufrichtig und sind unzertrennliche Freunde.	Nós nos amamos sinceramente e somos amigos inseparaveis.

Waffen.	Armas.
Bestimmen.	Determinar.
Sich entschließen.	Determinar-se a. Resolver.
Zurückgeben. Hingeben, übergeben.	Render.
Sich ergeben.	Render-se.

Gebt die Waffen nicht her.	Não rendais as armas.
Ich ergebe mich nicht; ich bin entschlossen eher zu sterben, als mich zu ergeben.	Não me rendo; estou determinado a morrer antes que render-me.

Verdruß, Leid.	Pena.
Teil haben (mit genießen).	Participar de...
Anteil nehmen.	Tomar parte em...
Verstimmen.	Enfadar.

Man hat Geld verteilt und zwei Brüder bekamen ihr Teil davon.	Fez se uma distribuição de dinheiro, de que dous irmãos participarão.
Ich nehme Anteil an Ihrem Schmerz, an Ihrer Trauer.	Tomo parte em vossa dor, em vossa afflicção.
Sag mir, was Dich verstimmt, denn ich nehme Anteil an Deinen Leiden.	Dize-me o que te enfada, pois tomo parte nas tuas penas.

E. Wo sich statt „denn" nicht „weil" sagen läßt, sondern „ja" oder „...doch", ist es pois oder que zu übersetzen.

Fähigkeit, Gaben.	Talento.
Durchaus nicht.	Nada.
Eingebildet.	Presumido.
Willkommen.	Bem vindo.

Ist das ein fähiger Mensch?	É habil este homem?

Es ist ein sehr fähiger und keines-
wegs eingebildeter Mann.
Seien Sie zufrieden.
Seien Sie herzlich willkommen.

É um homem de muito talento
e nada presumido.
Estejão contentes.
Seja vm^{ce.} bem vindo.

    Die Zufriedenheit.
    Der Reichtum.
    Teilen.

    O contento.
    A riqueza.
    Partir.

Zufriedenheit ist mehr wert als Reichtümer.
Wenn alles geteilt werden wird,
werden auch wir teilnehmen.
Wir werden glücklich sein, wenn
wir mit unserm Anteil zufrieden
sein werden.

Mais vale o contento do que as
riquezas.
Quando tudo for partido, tambem
nos participaremos.
Seremos felizes, quando estivermos contentes com a nossa
parte.

    Die Lilie.
    Das Veilchen.
    Die Nelke.

    O lirio (spr. lírio).
    A violeta.
    O cravo.

In diesem Garten giebt es schöne
Blumen.

Neste jardim ha bonitas flores.

F. Die Wörter auf — r sind meist männlich, ausgenommen
colher, côr, dôr, flor.

Die Veilchen gefallen mir noch besser
als die weißen Lilien.
Die Nelken gefallen mir am besten.

Gosto mais das violetas ainda do
que dos lirios brancos.
Gosto mais dos cravos.

    Das Vergißmeinnicht.
    Die Tulpe.
    Der Aufenthalt, die Woh-
    nung.

    A orelha de rato.
    A tulipa (spr. túlipa).
    A morada.

Die Rose heißt die Königin der
Blumen.
Dann sind die Tulpen und das Ver-
gißmeinnicht ihre Unterthanen.
Wo wird unser künftiger Aufent-
halt sein?
Das Blau ist die Farbe des Him-
mels.

Á rosa se chama rainha das flores.
Então a tulipa e a orelha de rato
são os seus subditos.
Onde será a nossa futura mo-
rada?
O azul é a côr do ceo.

    Die Sanftmut.
    Die Unschuld.
    Das Sinnbild.

    A brandura.
    A innocencia (spr. innocéncia).
    O emblema.

G. Viele [aus dem Griechischen stammende] Fremdwörter auf — a sind männlich.

Was ist das Sinnbild der Unschuld?	Qual é o emblema da innocencia?
Welche Blume hat die Farbe der Unschuld?	Que flor tem a côr da innocencia?
Welche frischen Farben!	Que côres tão frescas!

Anzeigen, bezeichnen.	Indicar.
Die Hoffnung.	A esperança.
Glänzend, strahlend, prächtig.	Brilhante.

Das Grün bezeichnet die Hoffnung.	O verde indica a esperança.
Die Hoffnung verläßt den Menschen nie, selbst nicht im Augenblick des Todes.	A esperança nunca abandona o homem, nem no momento da morte.
Lebhafte, schimmernde Farben.	Côres vivas e brilhantes.

Die Schönheit.	A formosura.
Verkörpern.	Personificar.
Das Gesicht, die Sehkraft, das Auge, die Augen.	A vista.

In Fräulein Amalie sehen wir Tugend und Schönheit verkörpert.	Vemos personificadas a virtude e a formosura em Donna Amelia.
Giebt es etwas angenehmeres für das Auge als die Rose mit ihren prächtigen Farben?	Ha cousa mais agradavel á vista do que a rosa com as suas côres brilhantes?

Das Grün.	O verdor. A verdura.
Erfreuen.	Alegrar.
Betrachten.	Olhar a, para. Mirar.
Treu.	Fiel (spr. fíel).

Das frische Grün der Felder erfreut das Herz des Menschen.	A fresca verdura (o fresco verdor) dos campos alegra o coração do homem.
Betrachtet Euch in diesem Spiegel.	Mirai-vos [nicht olhai para vos] neste espelho.
Der Hund ist der treueste Freund des Menschen.	O cão é o amigo mais fiel do homem.
Betrachte die Felder!	Olha para os campos.
Noch ein Wort.	Mais uma palavra.

Aufgaben.

231.

Warum haben Sie dem Manne da einen Streich gespielt? — Weil er stets an allem, was er sieht, etwas auszusetzen findet.—Was bedeutet das, mein Herr?—Das bedeutet, mein Herr, daß ich nichts mit Ihnen zu schaffen haben will, weil Sie gar zu viel verlangen [ser exigente].—Ich wundre mich, daß (Conj.) Ihr Bruder seine Aufgabe nicht gemacht hat.—Sie war so schwer! Er hat die ganze Nacht gearbeitet (p) und hat (p) die Aufgabe nicht fertig bringen können, weil sie seine Kräfte überstieg. — Sowie Ihr Onkel mich sieht, fängt er gleich an englisch zu sprechen, um sich zu üben und überhäuft mich mit Höflichkeiten, sodaß ich oft nicht weiß, was ich antworten soll. Sein Bruder macht es ebenso. Nichtsdestoweniger sind es gar gute Leute; sie sind nicht allein reich, sondern auch liebens= würdig und ich werde daher nie etwas zu ihrem Nachteil sagen. Ich würde sie noch mehr lieben, wenn sie nicht so viele Um= stände machten. Allein jedermann hat Fehler und meiner ist, daß ich keine Umstände leiden [aturar] kann.

232.

Wie lernt man leben? — Indem (Participio) man die Ver= gangenheit betrachtet, die Gegenwart beachtet, und sich nicht um die Zukunft bekümmert.—Weh mir! wenn das wahr ist, werde ich nie leben lernen, denn die Zukunft macht mir zuweilen sehr viele Sorgen.—Haben sich die Feinde ergeben (p)?—Sie haben (p) sich nicht ergeben, weil sie nicht das Leben dem Tode vor= gezogen haben (p). Sie hatten lange Zeit weder Brot, noch Fleisch, noch Wasser, noch Waffen, noch Geld; dennoch ent= schlossen sie sich lieber zu sterben, als sich zu ergeben.—Warum willst Du mit diesem Menschen nicht verkehren?—Weil er mir einen Streich gespielt hat, den ich nie vergessen werde.—Das ist sonderbar, das geht über meine Fassungskraft; denn noch nie hat er mir einen Streich gespielt. Ich glaubte, [que] daß er [ein] Mann von beschränkten Mitteln wäre [Indicativo]. — Glauben Sie das nicht. Er ist [durchaus] kein Mann von beschränkten Mitteln. — Ist der Kaufmann aufrichtig?—Sein größter Fehler ist, nicht aufrichtig zu sein. Er ist mildthätig, großmütig, von einer Höflichkeit, von der Sie keinen Begriff haben, aber das alles zum Nachteil derjenigen, welche in seinem Laden kaufen. Ich liebe die vielen Zeremonien nicht; sie sind die unzertrennlichen Begleiter (socio spr. sócio) eines gemeinen (vil) Menschen. — Konntest Du diese Nacht schlafen? — Nein, ich war die ganze Nacht wach. — Warum hast (p) Du gewacht? — Weil ich meine Aufgabe zu lernen hatte.

233.

Man sagt, die Zufriedenheit sei mehr wert, als [die] Reich= tümer. Laffen Sie uns also stets zufrieden sein. — Kennen Sie das Sinnbild der Unschuld? — Ja, es ist die Lilie auf dem Felde. Sie ist zu gleicher Zeit das Sinnbild der Sanft= mut. — Sehen Sie, meine Damen, die schönen Blumen mit ihren so frischen und schimmernden Farben! Die weiße Lilie hat die Farbe der Unschuld, das Veilchen bedeutet die Sanft= mut; sie können das an den Augen [in den Augen] Amaliens sehen. Das Vergißmeinnicht hat die Farbe des Himmels, unseres künftigen Wohnortes, und die Rose, die Königin der Blumen, ist das Sinnbild der Schönheit und der Freude. Sie sehen dies alles verkörpert in der schönen Luise. Wie schön ist das frische Grün! Es ist dem Auge angenehm und hat die Farbe der Hoffnung, unserer treuesten Freundin, welche uns nie ver= läßt, selbst im Augenblick des Todes nicht. — Der Wein er= freut des Menschen Herz.

Siebenundsiebzigster Abschnitt. — Lição septuagesima septima.

Der Sammet.	O velludo.
Der Schleier.	O veo.
Die Spitze. Das Spitzen= gewebe.	A renda.

Ein Spitzenschleier bedeckt ihr Gesicht.	Um veo de renda lhe cobre o rosto.

Er hat eine Sammetmütze aufgesetzt.	Tem posto um barrete de velludo.
Wer hat den Schleier gekauft?	Quem comprou o veo?
Die Frau im seidenen Kleide.	A mulher do vestido de seda.
Das Öl.	O azeite (spr. azéite).
Die Milch.	O leite (spr. léite).
Der Senf.	A mostarda.
Was ist in der Flasche?	Que está na garrafa?
Sie ist voll Öl.	Está cheia d'azeite.
Ist die Milch gut?	O leite é bom?
Die Ölflasche.	A garrafa do azeite. A azeiteira.
Die Milchkanne.	A caneca do leite. A leiteira (spr. leitéira).
Der Senftopf.	A mostardeira (spr. mostardéira).
Die Milchfrau.	A leiteira.
Ich möchte ein wenig Senf haben.	Queria um pouco de mostarda.
Hier haben Sie den Senftopf.	Aqui tem a mostardeira.
Soll ich Ihnen auch die Ölflasche geben?	Hei de lhe dar tambem a garrafa do azeite?
Die Mühle.	O moinho.
Die Kaffeemühle.	O moinho de café.
Der Schlüssel.	A chave.
Wo ist die Kaffeemühle?	Onde está o moinho de café?
Sie ist in der Küche.	Está na cuzinha.
Wo ist der Küchenschlüssel?	Onde está a chave da cuzinha?
Der Krug.	A bilha.
Die große Kanne.	O pichel.
Die Weinflasche (bestimmt für Wein).	A garrafa para vinho.
Die Flasche Wein (Flasche mit Wein).	A garrafa de vinho.
[Einen] Krug Milch für [einen] Krug Öl geben.	Dar bilha de leite por bilha de azeite.
Fülle die Krüge und die Kannen mit Wasser.	Enche de agua as bilhas e os picheis.
Gieb mir eine Weinflasche: ich will sie füllen.	Dá-me uma garrafa para vinho: vou enchê-la.
Reichen Sie mir eine Flasche Wein: ich habe Durst.	Passe-me uma garrafa de vinho: estou com sede.
Der Schreiner macht einen Küchentisch.	O marceneiro faz uma mesa de cuzinha.
Die Milchkanne steht auf dem Küchentisch.	A leiteira (caneca do leite) está na mesa da cuzinha.

A. De und para können die Bestimmung eines Gerätes oder Gefäßes anzeigen.

Verlangen.	Exigir.
Antreiben, bestimmen.	Incitar.
Übertreiben.	Exagerar.

Er übertreibt alles, was er sagt und thut.	Elle exagera quanto diz e faz.
Wer hat Dich bestimmt ihm zu mißtrauen?	Quem te incitou a desconfiar d'elle?

Im großen. — Im kleinen.	Por grosso. — Por miudo.
Die Meinung.	A opinião.
Dienen statt... Die Stelle von... vertreten.	Servir de...

Wozu dient Dir dieses Tellerchen?	De que te serve este pratinho?
Es vertritt mir die Stelle einer Tasse.	Serve-me de chicara.
Er hat Vaterstelle bei mir vertreten.	Elle me tem servido de pai.

Das Rohr.	A cana.
Die Fischreuse.	A nassa.
Die Angel.	O anzol (para pescar á linha).

Verkauft dieser Kaufmann im großen?	Este negociante vende por grosso?
Wenn er im kleinen verkauft, will ich ihm ein Rohr, eine Fischreuse und eine Angel zum Fischen ablaufen.	Se elle vende por miudo, comprarei delle uma cana, uma nassa e um anzol para pescar á linha.

Sich dem Schmerz überlassen.	Abandonar-se á dôr.
Vom Schmerz gequält werden.	Estar atormentado pela dôr.
Abwechselnd. Einer nach dem andern.	Alternativamente.
Bald dies, bald das.	Ora isso, ora aquillo.

Im Anbau eines Stück Landes abwechseln, heißt: es bald als Getreidefeld, bald als Wiese bebauen.	Alternar uma terra é cultiva-la alternativamente como terra de pão e como prado.
Der Kranke lag in der Fieberhitze und wurde dann wieder vom Frost geschüttelt.	O doente ora ardia em febre, ora tiritava com frio.
Einige Menschen, die mich bald um dies, bald um jenes angingen, haben mich betrogen.	Alguns homens, que me pediam ora isso, ora aquillo, me tem engando.

Amaste du haſt geliebt.　　　　**Temeste** du haſt gefürchtet.

Amar ich werde	Temer ich werde
Amares du werdeſt	Temeres du werdeſt
Amar er werde	Temer er werde
Amarmos wir werden	Temermos wir werden
Amardes ihr werdet	Temerdes ihr werdet
Amarem ſie werden	Temerem ſie werden

lieben.　　　　fürchten.

Partiste du biſt abgereiſt.

Partir ich werde
Partires du werdeſt
Partir er werde
Partirmos wir werden
Partirdes ihr werdet
Partirem ſie werden

abreiſen.

Du hatteſt. Ich werde haben u. ſ. w.	Tiveste. Tiver, tiveres, tiver, tivermos, tiverdes, tiverem.
Du warſt. Ich werde ſein u. ſ. w.	Foste. For, fores, for, formos, fordes, forem.
Du hatteſt. Ich werde haben u. ſ. w.	Houveste. Houver, houveres, houver, houvermos etc.
Du ſtandeſt. Ich werde ſtehen u. ſ. w.	Estiveste. Estiver, estiveres, estiver, estivermos etc.
Du gabſt. Ich werde geben u. ſ. w.	Deste. Der, deres, der, dermos etc.
Du ſagteſt. Ich werde ſagen u. ſ. w.	Disseste. Disser, disseres, disser, dissermos etc.
Du machteſt. Ich werde machen u. ſ. w.	Fizeste. Fizer, fizeres, fizer, fizermos etc.
Du konnteſt. Ich werde können u. ſ. w.	Pudeste. Puder, puderes, puder, pudermos etc.
Du wollteſt. Ich werde wollen u. ſ. w.	Quizeste. Quizer, quizeres, quizer, quizermos etc.
Du wußteſt. Ich werde wiſſen u. ſ. w.	Soubeste. Souber, souberes, souber, soubermos etc.
Du brachteſt. Ich werde bringen u. ſ. w.	Trouxeste. Trouxer, trouxeres, trouxer, trouxermos etc.
Du ſahſt. Ich werde ſehen u. ſ. w.	Viste. Vir, vires, vir, virmos etc.
Du gingſt. Ich werde gehen u. ſ. w.	Foste. For, fores, for, formos etc.
Du kamſt. Ich werde kommen u. ſ. w.	Vieste. Vier, vieres, vier, viermos etc.
Du ſetzteſt. Ich werde ſetzen u. ſ. w.	Puzeste. Puzer, puzeres, puzer, puzermos etc.

Was die Bücher anbetrifft, so hatte er gar keine Neigung dazu.

Em quanto aos livros não os affeiçoava nada.

Ich habe nicht die geringste Lust auszugehen.

Não tenho nem a minima vontade de sahir.

Man findet nicht den geringsten Fehler an ihm.

Não se lhe acha nem o minimo defeito.

Der Gimpel, Laffe.

O bandalho. O peralta. O casquilho.

Verkünden.
Der Friede.

Publicar.
A paz.

Einen mit Diamanten übersäeten Gecken nennt man in Porto und Lissabon einen Stutzer. Der Stutzer steht mit der Civilisation durch den Schneider in Verbindung.

Um casquilho bem estrellado de diamantes chama-se no Porto e em Lisboa um janota. O janota está em contacto com a civilisação pelo alfaiate.

Sobald der Friede verkündet werden wird, werde ich nach Lissabon zurückreisen.

Logo que a paz for publicada, voltarei para Lisboa.

Verpfänden.
Das Ehrenwort.
Annehmen, den Fall setzen.

Empenhar.
A palavra de honra.
Fazer de conta.

Ich bin sehr hungrig, aber ich habe kein Geld.

Tenho muita vontade de comer, mas não tenho dinheiro.

Dann wird der Wirt nichts für Dich zu essen haben.

Então o taverneiro não terá nada que comer para ti.

Ich werde mein Ehrenwort verpfänden.

Empenharei a minha palavra de honra.

Du wirst besser thun Deine Uhr zu verpfänden.

Farás melhor em empenhar o teu relogio.

Nimm an ich wäre arm geworden, nachdem Du diesen Zettel erhalten hast.

Faze de conta, que eu empobreci, depois que recebeste este papel.

Das Gasthaus zum... (zur).

Hospedaria de.

Ich gehe in den goldenen Adler um zu sehen, ob ich meinen Freund treffe.

Vou á Aguia d'ouro a ver se encontro o meu amigo.

Ich denke im [Gasthaus zum] König von England zu speisen.

Tenho tenção de jantar na hospedaria do Rei da Inglaterra.

Hast Du Deine Uhr im [Laden zum] weißen Roß gekauft?

Compraste o teu relogio no armazem do Cavallo branco?

Wir wollen in die [in das Haus zur] Rose gehen.

Vamos á casa da Rosa.

| Das Schild [an einem Hause]. | A taboleta. |
| Das Gasthaus hat zum Schild eine Rose. | A hospedaria tem por taboleta uma rosa. |

Aufgaben.

234.

Ist Ihre Schwester heute ausgegangen (p)? — Sie ist (p) ausgegangen, um verschiedene Dinge zu kaufen. — Was hat (p) sie gekauft? — Sie hat (p) ein seidenes Kleid, eine Sammet=mütze und einen Spitzenschleier gekauft. — Wo ist mein Krug? — Er steht auf dem Tisch, samt der Ölflasche, der Milchkanne, dem Senftopf und der Kaffeemühle. — Verlangen Sie eine Wein=flasche? — Nein, ich verlange eine Flasche Wein, keine Weinflasche. — Wenn Sie die Güte hätten, mir den Kellerschlüssel zu geben, würde ich Wein holen. — Was will der Mann da von mir? — Er verlangt nichts; aber er wird annehmen, was Sie ihm geben (Fut. Conj.), weil er in sehr dürftigen Umständen lebt (Mangel an allem hat). — Ich muß (d. h. werde) Ihnen sagen, daß ich ihn nicht leiden kann [d. h. daß ich ihn nicht will], weil sein Benehmen mich bestimmt (p) hat, ihm zu mißtrauen. Alles ist übertrieben, was er sagt und thut. — Sie irren sich und er hat die schlechte Meinung, die Sie von ihm hegten, nicht verdient, denn er hat Vaterstelle bei Ihnen vertreten. — Ich weiß, was ich sage. Er hat mich betrogen, indem er mir seine Absichten, Schritte und Mittel verheimlichte (occultar, part. pres.) und mich in Schaden brachte (part. pres.), während er vorschützte (fingir, part. pres.), daß er mich zum guten leitete. — Welche Gerätschaften braucht man, um Aale zu fischen? — Alle Gerät=schaften, die zum Angeln dienen, das heißt: eine Gerte, eine Linie, eine Angel und eine Reuse. — Was wünschen Sie? — Wenn ich in ein Wirtshaus gehe, wünsche ich nicht, sondern verlange. Bring mir eine Kanne Wein und komme schnell wieder. — Willst Du mir Deine Flinte für meine geben? — Das hieße [wäre] einen Krug Öl gegen einen Krug Milch umtauschen.

235.

Haben Sie Ihre Nichte gesehen?—Ja, sie ist ein recht braves Mädchen, welches die spanische Sprache gut schreibt und noch besser spricht. Darum lieben und ehren alle das Mädchen.— Und ihr Bruder, was macht er eben?—Sprechen Sie mir nicht von diesem faulen Jungen. Er ist ein großer Freund von Leckereien, aber nicht von Büchern. Zuweilen geht er um Mittag zu Bett und thut, als wäre er krank; aber wenn wir uns zu Tisch setzen, ist er gewöhnlich besser. Sein Vater wünscht, daß er Chemie in Coimbra studiere, aber der Junge hat nicht die geringste Lust, die Kollegien (aula) der Universität zu besuchen. Er spricht fast immer von seinen Hunden, welche er leiden= schaftlich liebt. Seinem Vater thut es sehr leid. Der Laffe sagte neulich zu seiner Schwester: Ich werde unter die Soldaten gehen, sobald der Friede öffentlich bekannt gemacht werden wird. —Meine Eltern haben gestern mit einigen Freunden im Gast= haus zum König von Spanien gespeist.—Warum sprechen Sie immer deutsch und nie portugiesisch?—Weil ich zu ängstlich bin. —Sie scherzen, ein Deutscher ist nie verzagt.—Ich gebe Ihnen mein Ehrenwort, daß es so ist.—Wo hast Du Deine Uhr?— Ich habe sie verpfändet.—Wie heißt dieses Gasthaus?—Es hat zum Schild eine Tulpe.—Sage mir Deine Meinung in bezug auf den Krieg zwischen Spanien und Marokko?—Den wackern Spaniern kann der Sieg nicht entgehen.—Was hat Dein Sohn? —Seit zwei Nächten schläft er nicht. Er hat kein Auge schließen können wegen der Zahnschmerzen, die ihn quälen.—Der Un= glückliche!

Achtundsiebzigster Abschnitt. — Lição septuagesima oitava.

Sich an den [zu] Tisch setzen. — Am Tisch sitzen.	Pôr se á mesa.—Estar á mesa.
Das Mittagessen auf den Tisch setzen.	Pôr na mesa o jantar.

Das Geschichtchen.	A anecdota.
Verderben.	Corromper.
Verbinden, verpflichten.	Obrigar.

Das Salz steht auf dem Tisch.	O sal está na mesa.
Er erzählte es während des Mittagessens.	Elle o contou durante o jantar.
Ich werde eine Geschichte erzählen, wenn wir bei Tisch sind.	Contarei uma anecdota, em quanto jantarmos.
Du wirst uns ungemein verbinden.	Tu nos obrigarás muito.

Der Verstand.	A intelligencia (spr. intelligéncia).
Offenbaren, an den Tag legen.	Descubrir. Patentear.
Bemerkenswert, auffallend.	Notavel (spr. notável).
Er ist auffallend durch seinen Verstand.	Elle 6 notavel pela sua intelligencia.
Er offenbart das Geheimnis, ohne daß man es von ihm verlangt.	Patentea o segredo, sem que se lho peça.

A. Sem que erfordert den Conjunctivo.

Er sagte mirs, ohne daß ich ihn darum fragte.	Elle mo disse, sem que lho pedisse.
Alt, ehrwürdig; ein Greis.	Ancião.
Alt, abgenutzt.	Gasto, usado.
Zart.	Tenro.
Reif.	Maduro.
Frühreif, vorreif.	Precoce, prematuro.
Reifes Obst.	Fruta madura.
Das zarte Alter.	A tenra idade. Os tenros annos.
Die reiferen Jahre.	A idade madura.
Er offenbarte im zarten Alter so viel Verstand, daß er bewundert wurde.	Patenteou nos seus tenros annos tanta intelligencia, que todos o admiravão.
Er wollte in reiferen Jahren lernen, was er im zarten Alter hätte lernen sollen.	Quiz aprender na idade madura o que devia ter aprendido nos seus tenros annos.

B. Hätte ... sollen muß übersetzt werden sollte ... haben. Dieses sollte heißt hinter einer Vergangenheit devia, sonst deveria.

Was Du heute lernst, hättest Du gestern lernen sollen.

O que aprendes hoje, deverias tê-lo aprendido hontem.

Vermeiden.
Die Gesellschaft, die Gemeinschaft.
Erstreben, suchen.

Evitar.
A companhia.

Solicitar.

Ihr hättet die Gesellschaft der Bösen vermeiden sollen.
Böse Gesellschaft verdirbt gute Sitten.

Devieis (deverieis) ter evitado a companhia dos máos.
A má companhia corrompe os bons costumes.

Ausrufen.
Dumm, stumpfsinnig.
Dumm werden.

Exclamar.
Estupido (spr. estúpido).
Apatetar-se.

Ein alter Offizier, in dessen Gesellschaft ich mich kürzlich befand, sagte: ich befürchte, der junge Fürst da wird dumm werden, wenn er zu reiferen Jahren kommt.
Was müssen wir suchen? was meiden?

Um velho official, em cuja companhia estive o outro dia, disse: Tenho medo que este joven principe se apatete, quando elle chegar á idade madura.
Que devemos sollicitar? e que devemos evitar?

Freundschaft.
Anhaltend, fortdauernd.
Heilig.

Amizade.
Continuo (spr. contínuo).
Santo.

Suchet die Freundschaft der Guten.
Heiliger Gott! rief er aus.
Eine fortdauernde Beschäftigung.
Es regnet in einem fort, anhaltend.

Solicitai a amizade dos bons.
Santo Deos! exclamou elle.
Uma occupação continua.
Chove continuamente.

Rein, fehlerfrei.
Die Reinheit.
Ihr. Euch (im Munde eines Fürsten).

Puro.
A pureza.
Vós. A vós.

Der Fürst, der es gehört hat, sagte: Ihr müßt Euch durch Euren Verstand besonders bemerklich gemacht haben, als Ihr ein Kind waret.

O principe, que o tinha ouvido disse: Vós deveis ter sido mui notavel pela vossa intelligencia, quando ereis pequeno.

Der Fall.
Wenn das der Fall ist.

O caso.
Sendo isto assim. Nesse caso.

Geläufig.
Die Zierlichkeit.

Correntemente.
A elegancia (spr. elegáncia).

Diese Kleine spricht die französische Sprache geläufig, zierlich und rein.	Esta pequena falla a lingua franceza correntemente, com elegancia e pureza.
Ein reiner Himmel. Eine reine Luft. Reine Kleider.	Um ceo puro. Um ar puro. Vestidos limpos.

Meinetwegen mag...	Que mit Conjunctivo.
Der Anschein.	Apparencia (spr. apparéncia).
Allem Anschein nach.	Segundo todas as apparencias.

Allem Anschein nach wird es den ganzen Tag regnen.	Segundo todas as apparencias choverá todo o dia.
Meinetwegen mag es regnen!	Que chova!
Ich würde mich freuen, wenn es in einem fort regnete.	Folgaria de ver, que chovesse todo o dia.
Es würde mich freuen, wenn es regnete.	Folgaria, se chovesse.

C. Hinter Ausdrücken der Möglichkeit oder Unmöglich=
keit erfordert que den Conjunctivo.

Es ist möglich, daß er kommt.	É possivel, que elle venha.
Ist es möglich, daß ein Hund spricht?	É possivel, que um cão falle?
Es ist unmöglich, daß es länger schneien kann.	É impossivel, que possa nevar mais tempo.

Aufgaben.

236.

Wollen Sie etwas erzählen? — Was wollen Sie, daß ich Ihnen erzähle?—Ein kurzes Geschichtchen, wenn es Ihnen be= liebt.—Ein Kind saß einmal bei Tisch und verlangte ein wenig Fleisch. Sein Vater sagte ihm, es sei nicht schicklich, etwas zu verlangen, und es sollte warten, bis man es ihm gäbe. Da [Part.] das arme Kind sah, daß alle aßen und daß man ihm nichts gab, sagte es zu seinem Vater: „Liebes Väterchen, geben Sie mir ein klein wenig Salz, wenns Ihnen beliebt."—„Was willst Du mit dem Salze machen?" fragte der Vater.—„Ich will es auf das Fleisch thun (werfen), welches Sie mir geben werden (Fut. Conj.)," antwortete das Kind. Alle bewunderten

den Verſtand des kleinen Jungen, und da (Partic.) ſein Vater
bemerkte, daß er nichts hatte, gab er ihm Fleiſch, ohne daß er
es von ihm verlangt hätte (Infin. pres.) — Sage dem Diener,
daß er die Suppe auftrage (auf den Tiſch ſetze). — Wollen Sie
ſich ſchon zu Tiſch ſetzen? — Ja, meine Brüder ſitzen ſchon bei
Tiſche. — Ich habe Ihre Briefe mit den meinigen auf die Poſt
geſchickt (p). — Ich bin Ihnen ſehr verpflichtet. — Wollen Sie,
daß ich Ihnen noch eine Anekdote erzähle? — Sie werden mich
ſehr verbinden. — Einer, der [eben] einige Waren einem Krämer
abkaufte [Part. comp.], ſagte ihm: „Sie haben übermäßige
Preiſe! Sie ſollten mir, der ich Ihr Freund bin, nicht zu demſelben hohen Preiſe verkaufen, den Sie von andern, die Ihre
Freunde nicht ſind, verlangen." — „Nun, das iſt ſtark (ora essa)!"
ſagte der Krämer. „An (com) meinen Freunden muß ich Geld
gewinnen, denn meine Feinde kommen nie in meinen Laden."

237.

Ein junger Fürſt, der noch keine ſieben Jahre alt war,
zeigte einen ſo vorreifen Verſtand, daß alle Höflinge die frühen
Talente des Knaben bewunderten. Eines Tages befand (Part.
pres.) er ſich in der Geſellſchaft eines alten Offiziers und dieſer
bemerkte, indem (Part.) er von ihm ſprach, daß die Kinder,
jedesmal wenn ſie in ihren zarten Jahren ſoviel Verſtand an
den Tag legten, dumm würden, wenn ſie zum reifern Alter
gelangten. — „Wenn das der Fall iſt," ſagte der junge Fürſt,
welcher ihm zugehört hatte, „müßt Ihr beſonders ausgezeichnet
geweſen ſein, als Ihr ein Kind waret."

Ein Engländer begegnete auf ſeiner erſten Reiſe nach dem
Feſtlande in den Straßen von Calais einem kleinen Jungen,
welcher geläufig und zierlich franzöſiſch ſprach. „Heiliger Gott!"
rief der Lord aus, „iſts möglich, daß ſogar die ganz kleinen
Kinder hier rein franzöſiſch ſprechen!"

Laßt uns die Freundſchaft der Guten ſuchen und die Geſellſchaft der Böſen meiden, denn böſe Geſellſchaften verderben
gute Sitten. — Was für Wetter iſt heute? — Es ſchneit fort-
während, wie es geſtern geſchneit hat, und allem Anſchein nach
wird es morgen auch ſchneien. — Mag es ſchneien! Ich würde

es gerne ſehen, wenn es noch mehr ſchneite; denn dann würde ich zu Hauſe bleiben können. — Worin beſteht der gute Ge= brauch der Reichtümer?—Ich kann es Ihnen nicht ſagen, ich habe keine Reichtümer. Fragen Sie Ihren Nachbarn, der wird es wiſſen.

Neunundſiebzigſter Abſchnitt. — Lição septuagesima nona.

Aus Beſorgnis zu.	Com medo, com receio, com temor de.
Er kam um (er wurde getötet).	Foi morto. (Ohne Presente).
Der Handwerker.	O operario (ſpr. operário). O homem de officio (ſpr. offi-cio). O official.

A. Das unregelmäßige Participio perfeito von morrer lautet morto; es hat neben der Bedeutung geſtorben auch noch die Bedeutung getötet und kann darum mit ter und ser verbunden werden, um auszudrücken „getötet haben“ und „getötet worden ſein“.

Dieſe Handwerker wollen ihre Wa-ren nie auf Borg verkaufen, aus Furcht, all ihr Geld oder einen großen Teil davon zu verlieren.	Estes operarios não querem ven-der as suas fazendas fiadas, com medo de perder todo o seu dinheiro ou uma grande parte delle.
Welches Verbrechens iſt der Dieb angeklagt?	De que crime é accusado o la-drão?
Er iſt angeklagt, einen Mann ge-tötet zu haben, nachdem er ihm ſein Geld geraubt hatte.	É accusado de ter morto um homem depois de lhe ter rou-bado o dinheiro.
Zu Feld ziehen.	Sahir á campanha. Entrar em campanha.
Der Feldherr.	O general.
Die Schlacht.	A batalha.
Wann werden wir den Feldherrn ſehen?	Quando veremos o general?
Wenn er zu Feld ziehen wird.	Quando elle sahir á campanha.

Die Rechnung vorlegen.	Apresentar a conta.
Der Befehl.	A ordem (ſpr. órdem).
Angewieſen ſein zu.	Ter ordem de.
Befehl geben zu.	Dar ordem para.

Der Feldherr gab ſofort ſeine Be-fehle, die Schlacht zu beginnen.	O general deu immediatamente as suas ordens para principiar a batalha.
Die Krämer wurden angewieſen, ihre Rechnung vorzulegen, ehe er abreiſte.	Os tendeiros tiverão ordem de apresentar as suas contas, antes que elle partisse.

B. Antes que erfordert überall [nicht nur einem Werden, Sollen, Wollen, Können gegenüber] den Conjunctivo.

Verwenden, beſchäftigen.	Empregar.
Pünktlich.	Punctualmente.
Achten.	Respeitar.

Er beſchäftigt viele Arbeiter.	Emprega muitos [officiaes] opera-rios.
Er bezahlt ihnen pünktlich ihre Ar-beit.	Paga-lhes punctualmente o tra-balho [delles].
Darum achten ihn alle.	Por conseguinte todos o respei-tão.

Die Sparſamkeit.	A economia.
Die Frucht, der Ertrag.	O fruto.
Beiſtehen, helfen, unter-ſtützen.	Ajudar [a] alguem. Assis-tir (a) alguem.

Ein weiſer Mann lebt ſparſam.	Um homem sabio vive com eco-nomia.
Er genießt die Frucht ſeiner Arbeit.	Goza do fruto do seu trabalho.
Gott hilft denjenigen, welche ar-beiten.	Deos ajuda aos que trabalhão.
Wem Gott hilft, der iſt mehr wert, als der, der ſehr früh auffſteht.	Mais vale quem Deos ajuda, do que quem muito madruga.
Es iſt eine Schwachheit, einem Mäch-tigeren helfen.	Fraqueza é dar ajuda ao mais potente.
Gott ſteh mir bei!	Deos me assista!
Die Söhne folgen gewöhnlich dem Beiſpiel der Eltern (treten in ihre Fußtapfen).	Os filhos seguem geralmente as pisadas dos pais.
Er drohte mir.	Ameaçou-me.
Mein Oheim ſuchte meinen Vater, um ihm zu folgen.	Meu tio andava a procura de meu pai para segui-lo.

C. Der Accusativ des persönlichen Fürworts [sowie der Hauptwörter] ist vom Dativ nicht leicht zu unterscheiden, weil er zwei Formen hat [me und a mim], von denen die erste mit dem Dativ gleichlautend ist. Doch merke man sich, daß einige Zeitwörter, wie seguir, ameaçar u. s. w., die im Deutschen den Dativ der Person erfordern, im Portugiesischen den Accusativ haben.

Die Arbeit, das Werk.	A obra.
Die Schwierigkeit.	A difficuldade.
Erklären, erläutern.	Explicar.
In dieser Arbeit sind viele Schwierigkeiten.	Ha muitas difficuldades nesta obra.
Ich werde sie Dir erläutern.	Eu tas explicarei.
Erklären Sie mir diese einzige Schwierigkeit.	Explique-me esta unica difficuldade.
Im Fall, falls, wofern, wenn nur, wenn anders.	Com tanto que. Com tal que (weniger üblich).
Im Fall (falls) daß... sollte.	Caso que, sendo possivel que.

D. Obige voraussetzende und bedingende Wortverbindungen erfordern immer den Conjunctivo.

Ich werde keinen Anstand nehmen, es zu thun, wenn Sie mir nur die Gewißheit verbürgen wollen, daß mich meine Gläubiger nicht belästigen werden.	Não hesitarei a fazê-lo, com tanto que Vᵃ Exᵃ me garanta a certeza de que não serei molestado pelos meus credores.
Er schrieb mir, daß im Fall ich Geld brauchen sollte, er mir einliegend einen Wechsel im Betrag von hundert Pfund Sterling schicke.	Escreveu-me elle, que, sendo possivel que tivesse falta de dinheiro, ahi me mandava uma lettra de cem libras esterlinas.
Wenn er kommen sollte, sagen Sie ihm gefälligst, daß ich ausgegangen bin.	Caso que elle venha, faz favor de lhe dizer que sahi.
Angenommen.	Supposto que. Supponhamos que. Supponha-se que.
Da (es außer Zweifel ist, daß).	Já que, mit Indicativo.
Obwohl. Zwar. Wenn auch, mag auch.	Posto que mit Conjunctivo. Ainda que mit Conjunctivo.

Nehmen wir an, es sei so.

Supponhamos, que assim é oder seja.

Angenommen er käme um, was würde aus seiner Frau werden?

Supponhamos, que elle fosse morto, que seria de sua mulher?

Ich schicke Ihnen das Geld, das Sie von mir verlangen, da Sie es nun einmal wollen.

Mando-lhe o dinheiro, que me pede, já que assim o quer.

Obwohl er reich ist, ist er doch nicht zufrieden.

Ainda que seja rico, não está contente.

Obgleich er reich ist, so fehlt ihm doch viel, um glücklich zu sein.

Posto que seja rico, muito lhe falta para que seja feliz.

Klug.
Die Truppen.
Die Handlung. Das Gefecht.

Prudente.
As tropas.
A acção. O combate.

Ein kluger Feldherr beginnt das Gefecht nicht, bevor er alle seine Truppen hat.

Um general prudente não começa a acção, antes que tenha [de ter] todas as suas tropas.

Schreibe ihm noch einmal für den Fall, daß er Deinen Brief nicht empfangen habe.

Escreve-lhe outra vez, caso que elle não tenha recebido a tua carta.

Das Lager.
Die Wunde. Die Verwundung.
Gefangen nehmen.

O campo.
A ferida.
Prender.

Das Heer befand sich im Lager.

O exercito estava no campo.

Wir verließen das Lager, um unsere Wunden verbinden zu lassen.

Deixamos o campo, para que curassem as nossas feridas.

Die Kraft, Gewalt.
Überlegen.
Trotzdem, daß. Obgleich, obschon.

A força.
Superior.
Ainda que mit Conj. A pezar de mit Infinitivo.

Das Heer zog sich zurück, da es fürchtete, es möchte gefangen werden, denn die Streitkräfte des Feindes waren ihm überlegen.

Retirou-se o exercito, temendo que fosse preso, por serem as forças do inimigo superiores ás suas.

Trotzdem, daß er wenig liest, weiß er viel.

Ainda que leia [a pezar de ler] pouco, sabe muito.

Mit Bitten bestürmen, belästigen.
Nichtig, nichtssagend.

Importunar.
. Futil (spr. fútil).

Ablaſſen, nachlaſſen, auf- hören zu.	Deixar de. Cessar de.
Hört auf, mich zu beläſtigen. Er beſtürmt mich unaufhörlich mit nichtsſagenden Fragen.	Deixai de me importunar. Não deixa de me importunar com perguntas [questões] futeis.
Wollte Gott (wörtl. wenn Allah wollte! aus dem Arabiſchen). Wenn im geringſten... Gott bewahre [mich], daß ich...	Oxalá [que] mit Imperf. oder Plusq. do Conj. Por pouco que... mit Conj. Deos o não permitta, que... mit Conjunct.
Wollte Gott, Du wäreſt gekommen! Wollte Gott, er käme! Gott bewahre mich, daß ich einen ſolchen Menſchen ehre! Gebt die ſchlechte Geſellſchaft auf, die ihr beſucht.	Oxalá, que tivesses vindo! Oxalá, viesse! Deos o não permitta, que eu honre similhante homem! Abandonai a má companhia, que frequentais.
Entmutigen. Den Mut verlieren.	Desanimar. Desanimar-se.
Die geringſte Schwierigkeit entmu- tigt ihn. Verliert den Mut nicht!	A menor difficuldade o desanima. Não vos desanimeis!
Widerſprechen. In Zorn geraten. Glück.	Contradizer alguem. Encolerízar-se. Zangar-se. Felicidade.
Warum geraten ſie in Zorn? Weil Du ihnen widerſprichſt. Wenn wir ihnen im geringſten wi- derſprechen, geraten ſie augen- blicklich in Zorn.	Porque se encolerizão-elles? Porque tu os contradizes. Por pouco que os contradigamos, zangão-se immediatamente.
Die Ankunft. Verſteigern.	A chegada. Vender em praça. Fazer leilão de...
Verſteigert werden. Tauſend Dank! (wörtlich: Sie mögen tauſend Jahre, viele Jahre leben.)	Ir á praça. Viva vmᶜᵉ· mil annos, mui- tos annos!
Ich erwarte mit Ungeduld die An- kunft meines Bruders, denn ich möchte dies Haus kaufen, welches verſteigert wird.	Espero com impaciencia a che- gada de meu irmão, porque quereria comprar esta casa, que vai á praça.

Ich will Ihnen leihen, soviel Sie brauchen. | Emprestar-lhe-hei, quanto precisar.

Ich bin Ihnen sehr verbunden! | Muito agradecido!

Gründlich. | A fundo.
Die Regel. | A regra.
Klar, deutlich. | Claro.

Um eine Kunst gründlich zu lernen, mußt Du Dich nach den Regeln derselben erkundigen. | Para aprender uma arte a fundo, é preciso que te informas das regras della.

Umfassend. | Comprehensivo.
Der Geist, Kopf. | A mente.
Einprägen einem. | Infundir na mente de alguem.

Präge den Schülern nur die deutlichsten und umfassendsten Regeln ein. | Não infundas na mente dos discipulos outras regras, senão as mais claras e comprehensivas.

Überladen. | Sobrecarregar.
Unterdrücken, überfluten. | Opprimir. [Particip. perfeito, opprimido und oppresso.]

Zerstreut. | Distrahido.

Warum lernen diese Kinder so wenig? | Porque aprendem tão pouco estes meninos?

Ihr Gedächtnis wird mit nichtssagenden und unnützen Regeln überladen und überflutet. | Sobrecarregam e opprimem a memoria delles com regras futeis e inuteis.

Herr (vor französischen Namen). | Mr., sprich Monsieur.

Herr von Turenne. | Mr. de Turenne.

Die Unterhaltung. Das Gespräch. | A conversação.
Würzen. | Sazonar.
Der Zuschauer. | O espectador.

Woher haben Sie dies Geschichtchen? | Donde tem vmce. esta annecdota?

Ich habe es im Zuschauer gelesen. | Eu a li no Espectador.

Nichts würzt die Unterhaltung mehr, als hübsche Geschichtchen. | Nada sazona mais a conversação do que as bonitas anecdotas.

Aufgaben.

238.

Herr von Turenne wollte von den Krämern nie etwas auf Borg kaufen, aus Besorgnis, sagte er, daß sie einen großen Teil ihres Geldes verlieren könnten (Conj.), wenn es geschehen sollte, daß er umkäme. Alle Arbeitsleute, welche in seinem Hause beschäftigt waren, hatten Befehl, ihre Rechnungen vorzulegen, bevor er ins Feld zöge, und sie wurden pünktlich bezahlt.

Nie werden Sie geachtet, wofern Sie nicht die schlechte Gesellschaft aufgeben, welche Sie besuchen.—Sie können Ihre Arbeit diesen Abend nicht fertig bringen, wenn ich Ihnen nicht helfe. Ich werde Ihnen alle Schwierigkeiten erklären, damit Sie bei [d. h. in] Ihrem Unternehmen den Mut nicht verlieren.—Angenommen, Sie verlören Ihre Freunde, was würde aus Ihnen werden? Falls Sie meines Beistandes bedürftig sein werden, rufen Sie mich und ich werde Ihnen beistehen.— Wie viele Arbeiter beschäftigt Ihr Onkel?—Er beschäftigt mehr Arbeiter als Sie.—Bringen Sie dieses Geld dem Herrn Fonseca, damit er seine Schulden bezahlen könne.—Wollen Sie mir dieses Geld leihen?—Ich leihe es Ihnen nur unter der Bedingung, daß sie es mir zurückgeben, sobald Sie können.—Ist der Feldherr angekommen (p)?—Ja; er war sehr müde, als er ankam; aber er kam noch zur rechten Zeit, und sofort gab er seine Befehle, das Gefecht anzufangen, obwohl er nicht alle Truppen hatte. — Sind Ihre Schwestern glücklich? — Sie sind es nicht, obwohl sie reich sind, denn sie sind nicht zufrieden.— Wollen Sie mir Ihre Geige leihen?—Ich werde sie Ihnen leihen, wenn [com tanto que] Sie sie mir diesen Abend zurückgeben wollen (Conj.).—Wird Ihre Mutter zu mir kommen?— Sie wird kommen, wenn Sie ihr versprechen werden, sie ins Konzert zu führen.—Ich werde nicht aufhören, sie zu bestürmen, bis sie mir verziehen hat.—Geben Sie mir jenes Federmesser? —Ich werde es Ihnen geben, wenn Sie nur keinen schlechten Gebrauch davon machen wollen. — Werden Sie nach London gehen?—Ich werde gehen, wenn Sie mich begleiten, und ich werde Ihrem Bruder nochmals schreiben, für den Fall, daß er meinen Brief nicht erhalten haben sollte.

239.

Wo waren Sie während des Gefechts?—Ich lag im Bett, um meine Wunden verbinden zu lassen (d. h. damit sie meine Wunden verbänden). Wollte Gott, ich wäre dort gewesen. Ich würde gesiegt haben, oder ich wäre umgekommen. — Wir vermieden den Kampf, aus Furcht [fürchtend], wir möchten gefangen genommen werden, weil [por ser] ihre Kräfte den unsrigen gleich waren. — Wollen Sie veröffentlichen, was ich Ihnen mitteile? — Ich nehme keinen Anstand, jede Mitteilung, die Sie mir machen werden, zu veröffentlichen, wenn sie nur nicht lang, von Ihnen unterschrieben, rein persönlich ist und nicht ins Privatleben der Personen, von welchen Sie sprechen, eingeht. — Werden Sie bald ausgehen? — Ich werde nicht ausgehen, bevor (d. h. bis) ich gegessen habe. — Warum haben Sie mir gesagt, daß mein Vater angekommen ist, obschon Sie das Gegenteil wußten?—Sie sind so heftig, daß Sie augenblicklich in Zorn geraten, wenn man Ihnen auch nur im geringsten widerspricht. Wenn Ihr Vater heute nicht ankommt (Fut. Conj.) und Sie Geld brauchen (Fut. Conj.), werde ich Ihnen zwei Pfund leihen. — Ich danke Ihnen herzlich dafür. — Haben Sie Ihre Aufgabe beendigt (p)? — Nicht ganz. Wenn ich Zeit gehabt hätte und nicht so unruhig gewesen wäre wegen der Ankunft meines Vaters, würde ich [sie] fertig gebracht haben. — Wenn Sie studieren und aufmerksam sind [sein werden], so versichere ich Sie, daß Sie die spanische Sprache in ganz kurzer Zeit lernen werden. — Wer eine Kunst lernen will (Fut. Conj.), muß sie gründlich kennen; er wird von ihr nur die deutlichsten und umfassendsten Regeln geben und sie allmählich dem Geiste seiner Schüler einprägen, und vor allem wird er ihr Gedächtnis nicht mit nichtigen und unnützen Regeln überladen oder überfluten. — Warum spricht Ihre Schwester nicht? — Sie würde sprechen, wenn sie nicht fast immer zerstreut wäre.—Mir gefallen die hübschen Geschichtchen; sie würzen das Gespräch und unterhalten jedermann. Thun Sie mir den Gefallen, mir eines zu erzählen. — Suchen Sie gefälligst eine von den Nummern des Zuschauers, und Sie werden viele finden.

―――――

Achtzigster Abschnitt. — Lição octogesima.

Unterrichten.	Instruir.
Das Übrige.	O mais.
Das Versprechen erfüllen.	Desempenhar o promettido.

In einem Wort; in zwei, in wenigen Worten.	Em uma palavra; em duas, em poucas palavras.
Glauben Sie, daß er kommt [— kommen wird]?	Crê vm^{ce}·, que elle venha?
Ich glaube, er wird kommen.	Creio, que virá.
Ich glaube nicht, daß er kommen wird.	Não creio, que venha.
Glauben Sie, daß ich mein Versprechen nicht erfüllt habe?	Crê vm^{ce}·, que eu não tenha desempenhado o que prometti?
Ich glaube, Sie haben es erfüllt.	Creio que o tem desempenhado.
Ich denke nicht, daß Sie es gesagt haben.	Não cuido, que o tenha dito.

A. Ist glauben und dgl. verneint oder Gegenstand einer Frage, so erfordert es Conjunctivo — der Gegenwart für Zukunft oder Gegenwart.

Der Fächer.	O leque.
Handeln.	Obrar.
Die Dose.	A caixa de rapé.

Er hat im Verein mit mir gehandelt.	Elle obrou de commum accordo commigo.
Er handelt auf seinen Kopf [für sich].	Obra por si mesmo.
Es ist leicht bekritteln, es ist schwer besser handeln.	É facil criticar, é difficil obrar melhor.
Glauben Sie, ich habe Ihren Fächer?	Crê vm^{ce}· que eu tenha o seu leque?
Ich sage nicht, daß Sie ihn haben, auch glaube ich nicht, daß Sie ihn gehabt haben.	Não digo, que o tenha, nem cuido, que o tenha tido.

Mächtig.	Poderoso.
Gering, niedrig.	Vil.
Ebensowohl, wie.	Assim como.

Eine ganz gemeine Handlung.	Uma acção muito vil.
Die mächtigsten Fürsten sterben ebensowohl wie der geringste ihrer Unterthanen.	Os principes mais poderosos morrem assim como o mais vil dos seus subditos.

Schmeicheln.	Adular alguem.
Der Schmeichler.	O adulador.
Ich wollte, möchte gern, — wohl.	Quizesse.
Wollten Sie mir wohl dies Buch leihen?	Queria emprestar-me este livro?
Ich wollte, Du wäreſt fleißiger.	Quizesse, que foſses mais applicado.

B. In Fragen wird wollte, möchte gern ſehr oft mund=artlich, obgleich unrichtig, durch die zuſammengezogene Form queria ſtatt quereria überſetzt, ſonſt braucht man auch quizeſſe.

Was das übrige anbetrifft, bleibe ruhig.	Quanto ao mais, fica quieto.
So... auch... dennoch.	Por [mit Beiwort und que mit Conjunctivo], com tudo.
Wie... auch. Mag immerhin. — Mag auch noch ſo... doch.	Por mais [mit Beiwort], que mit Conjunctivo.
Mag noch ſoviel... Mag... was will..., doch.	Por mais que mit Conj.
Sie mögen ſagen, was Sie wollen, er iſt ein Schmeichler.	Por mais que vm^{ce.} diga, elle é adulador.
So dumm er auch ſcheinen mag, verrichtet er doch ſeine Geſchäfte gut.	Por estupido que pareça, comtudo desempenha bem os seus negocios.
Wie gelehrt er auch ſein mag, ſo hat er doch noch viel zu lernen.	Por mais sabio que seja, todavia elle ainda tem muito que aprender.

C. Por mit Conjunctivo bedeutet: [mais mehr als dies, — als andere] ... wie auch immer noch ſoviel.

Wer auch... ſein mag. Sei... wer er wolle.	Seja quem for.
Was auch... ſein mag. Mag ſein... welcher es wolle.	Seja qual for.
Mag kommen [geſchehen], was da wolle.	Succeda o que succeder.

D. Dieſe Wendungen werden in die Mehrheit geſetzt durch Verwandlung von ſeja, for, qual in ſejão, forem, quaes. Zwiſchen zwei ſejão nimmt quem nicht é an.

Mögen Deine Feinde sein, welche sie wollen, Du brauchst sie nicht zu fürchten.

Sejão quem forem os teus inimigos, tu não deves temê-los.

Mögen wir auch noch soviel leiden, wir verdienen es nicht.

Por mais que sofframos, não o merecemos.

Die Bosheit.
Das Gesetz.
Ausruhen. Sich getrost verlassen auf.

A malicia (spr. malícia).
A lei.
Descansar em ober sobre.

Wer auch der Feind sei, den Du fürchtest, verlasse Dich getrost auf Deine Unschuld.

Seja quem for o inimigo, que tu temes, fia-te na tua innocencia.

Wer auch der Feind sei, den Du finden wirst, Du mußt ihn besiegen.

Seja quem for o inimigo, que acharas, has de vencê-lo.

E. Enthält ein untergeordneter Satz hinter einem Con=junctivo etwas Künftiges oder Mögliches, so ist dies durch Futuro do Conjunctivo [manchmal Presente] zu bezeichnen.

Der Verbrecher.
Verurteilen.
Bessern.

O criminoso.
Condemnar. Sentenciar.
Emendar.

Wie mächtig auch jene Verbrecher sein mögen, sie werden verurteilt werden, wenn das Gesetz streng in Kraft treten wird.

Por mais poderosos que sejão aquelles criminosos, serão sentenciados, logo que a lei vigorar severamente.

Ich kenne den Verbrecher, dessen Bosheit ihr fürchtet.

Conheço o criminoso, cuja malicia temeis.

Die Strafe wird ihn bessern.

O castigo o emendará.

Anführen.
Tadelhaft, strafbar.
Entschuldigen.
An sich.

Allegar.
Culpavel (spr. culpável).
Excusar.
Por si mesmo.

Mögen die Gründe, welche Du [etwa] anführen kannst, sein, welche sie wollen, sie werden nie Deine an sich strafbare Handlung entschuldigen.

Sejão quaes forem as razões, que possas allegar, nunca excusarão a tua acção culpavel por si mesma.

Anders.
Murren. — Verlästern.
Göttlich.

Differentemente.
Murmurar. — Diffamar.
Divino.

Du magst sagen, was Du willst, Du hättest eben anders handeln sollen.

Por mais que digas, deverias ter obrado differentemente.

Ich bezeuge öffentlich und freiwillig, wie sehr ich ein greises Haupt (graue Haare) und Tugend ehre.

Dou publico (spr. público) e voluntario (spr. voluntário) testemunho de quanto venero as cãs e as virtudes.

Was immer... Alles was.
Wer immer. Jeder der.

Qualquer cousa que.
Quemquer que.

Was immer uns begegnen mag, wir wollen den Mut nicht verlieren.

Qualquer cousa que nos succeda, não desanimemos.

Von wem immer ihr sprechen möget, vermeidet (es), ihn zu verläftern.

De quemquer que falleis, evitai diffama-lo.

Murret nie über die Vorsehung.

Nunca murmureis da Providencia.

Auslaufen [von einem Schiff].

Sahir de...

Innerhalb. Binnen.

Dentro de, em.

In kurzer Frist.
Reue empfinden über. Bereuen.

Com brevidade.
Arrepender-se de...

Vielleicht vergessen Sie diesen glücklichen Tag binnen (in) kurzer Zeit.

Talvez se esqueça desse dia feliz dentro em pouco tempo.

In zwei Tagen kamen wir nach dem Kloster Grijo.

Dentro de dous dias chegamos ao convento de Grijó.

In den Stiefeln des Gefangenen fand man ein kleines Buch.

Dentro das botas do prisioneiro se encontrou um pequeno livro.

Jenes körperliche Gebrechen steht, innerhalb des Weichbildes der Stadt Porto, niemanden schlecht.

Aquelle aleijão, de barreiras do Porto a dentro, não fica mal a ninguem.

Es wird eine Zeit kommen, in der er (vielleicht) Reue empfindet.

Tempo virá, em que elle se arrependa.

Jeder, der die Zeit schlecht anwendet, wird es vielleicht früher oder später bereuen.

Quemquer que emprega mal o seu tempo, mais tarde ou mais cedo arrepender-se-ha disso.

In kürzester Frist wird das Schiff auslaufen.

O navio sahirá com muita brevidade.

Lagern.
Pfänder spielen.
Billard, Piquet, Triktrak, Ball, Schach spielen.
Ein Hasardspiel.

Acampar.
Jogar a jogos de prendas.
Jogar o bilhar, os centos, o gamão, a pela, o xadrez.
Um jogo de sortes, de fortuna, de asáres.

Wahrscheinlich.

Provavel (spr. provável).

Glücklich sein im Spiel.

Ser feliz a o jogo.

Eine Trischakpartie in seinem Hause halten.	Dar jogo em sua casa ober ter casa de jogo.
Taschenspielerkünste treiben (machen).	Fazer pelloticas. Fazer jogos de mão.
Der Taschenspieler.	O pellotiqueiro.
Schwindeleien.	Berliques e berloques.
Gauklerkünste.	Artes de berliques e berloques.
Da ist er, da ist sie, da sind sie.	Ei-lo, ei-la, ei-los, ei-las.
Hier ist er, sie.	Ei-lo, ei-la, ei-los, ei-las aqui.

Da ist.   **Eis.**

F. Steht nach dem Umstandswort eis [da ist] o, os, a, as, so fällt das s von eis weg und die persönlichen Fürwörter nehmen ihre alte Gestalt lo, los, la, las an.

Da kommt er.	Ei-lo que chega.
Da kommen sie zu uns.	Ei-los comnosco.
Du kannst es ihm selber sagen, d. h. Du selbst kannst es ihm sagen.	Tu lho pódes dizer tu mesmo.
Du kannst ihm alles selber sagen.	Tu mesmo [tu em propria pessoa] pódes lhe dizer tudo.
Eine Hand wäscht die andere und beide das Gesicht.	Uma mão lava a outra e ambas o rosto.
Es ist nicht mehr in meiner Hand.	Não está mais na minha mão.
Gott halte ihn mit seiner Hand.	Deos o tenha da sua mão.

Aufgaben.
240.

Müssen wir das Versprochene erfüllen? — Sie müssen es erfüllen. Denn was würde die Welt sagen, wenn Sie es nicht erfüllten. — Wollte Gott, die Welt wäre nicht so unterrichtet von allem, was ich thue und verspreche. — Glauben Sie nicht, gnädige Frau, daß ich Ihren Fächer gehabt habe. — Wer sagt Ihnen, daß ich es glaube? — Wer hat meine Schnupftabaksdose? — Ihre silberne Dose? Gott wolle, daß Sie sie nicht verloren haben. — Bist Du zufrieden? — Das Essen ist gut, aber was das übrige betrifft, kann ich mich nur beklagen. Wenn ich alles bekritteln wollte, würde ich bis morgen nicht fertig. — Haben Sie viele Fächer? — Ich habe einen für jeden Tag des Jahres. — Giebt es einen Unterschied zwischen den Mächtigen und den Geringen? — Die Mächtigen wünschen es, aber der Tod macht alle gleich, denn die Mächtigen sterben ebenso wie die Geringen. — Ist dieser Mann reich? — Wie reich er auch sein mag, er wird mich doch nicht zwingen, in die Zahl seiner Schmeichler zu treten. — Dieser Mann scheint sehr dumm, ist er es auch in der That? — So dumm er auch scheinen mag, verrichtet er doch seine Geschäfte gut. — Ist Ihr Freund unterrichtet? — Wie unterrichtet er auch sein mag, so giebt es doch Leute, die noch viel unterrichteter sind, als er. — Macht der Tod einen Unterschied zwischen den Personen? — Nein, dem Tod entflieht (escapar) niemand, wer er auch sein mag. — Mit was beschäftigen Sie sich? — Ich kann es nicht sagen. — Mag Deine Beschäftigung sein, welche sie wolle; wenn Du Deine Pflicht erfüllst, so genügt es. — Wissen Sie, was ich Ihnen sagen will? — Sprechen Sie. — Nie in meinem Leben habe ich einen so fröhlichen, einen so glücklichen Tag gehabt. — Wer weiß? Vielleicht vergessen Sie ihn in kurzem! — Ich vergesse ihn gewiß nicht. — Wann sind Sie abgereist? — Vor zwei Tagen machte ich mich auf den Weg mit einem Gefährten, einem alten Freunde. — Was haben Sie im Hause angetroffen? — Nichts, alle waren entflohen.

241.

Welches soll die Gesinnung eines guten Unterthans sein? — Er soll seine Pflichten gegen [para com] den König erfüllen, aber nie schmeicheln, denn das ziemt dem Manne, dessen Gedanken edel sind, nicht und macht dem Könige, der seine Unterthanen ehrt, keine Freude. — Komme was da wolle, ich werde meine Pflicht thun. — Hast Du viele Feinde? — Sie mögen sein, wer sie wollen, ich habe keine Furcht vor ihnen. — Was halten Sie von dem neuen Gesetze? — Ich kenne es noch nicht. Doch, wie es auch sei, ich werde es genau befolgen [cumprir com]. — Ist der Verbrecher verurteilt worden? — Ja, er ist zum Tode verurteilt worden. Der arme Teufel hat jetzt keine Zeit mehr, sich zu bessern. — Das ist der gewöhnliche Grund, den die Gegner der Todesstrafe gegen die Richter anführen, wenn diese einen Verbrecher zum Tode verurteilen. Allein die Verbrecher sind strafbar, und müssen daher gestraft werden, welches auch die Gründe seein, die man dagegen anführt. An und für sich kann ein Verbrecher nicht entschuldigt werden. — Der göttliche Richter denkt anders; er will nicht den Tod des Verbrechers, sondern will, daß er lebe und sich bessere.—Warum aber giebt es dann so viele Menschen, die über die Vorsehung murren? Und warum sagen sie, sobald ihnen ein Unglück begegnet: „Es ist die Vorsehung, die uns dieses Übel schickt"?— Mein Herr, wenn ich alle Thorheiten der Menschen verteidigen müßte, so würde ich nie fertig werden. Es genügt mir, meine Meinung gesagt zu haben. Was das übrige anbetrifft, so liegt mir nichts daran! Mag jeder seine Meinung verteidigen, wie ich die meinige verteidigte.—Was schreibt Ihnen Ihr Geschäftsgenosse? — Lesen Sie: Es wird auslaufen in kurzer Frist das Schiff: Vorsehung, Kapitän: Barros. — Innerhalb drei Tagen wird versteigert ein Haus, gelegen in der Sanct Johannesstraße Nr. 30, mit [einem] Garten, Pferdestall und sechs Pferden. Wer es kaufen will (Fut. Conj.), richte sich an Herrn Santos, der ihm die Bedingungen sagen wird, und der ihm alles Nähere über dieses Geschäft auseinandersetzen wird.

Einundachtzigster Abschnitt. — Lição octogesima primeira.

Der Osten. — Der Ostwind.	O Este. — O Leste.
Der Westen. — Der Westwind.	O Oeste. — O vento de Oeste.
Westindien.	As Antilhas.
Wo werden Sie diesen Winter hingehen?	Aonde irá vm^{cê}. este hinverno?
Ich werde den Süden von Amerika besuchen.	Irei visitar o Sul da America.
Haben Sie schon Westindien gesehen?	Já viu as Antilhas?

Zuvor.	Antes disto.
Abschied nehmen, sich beurlauben.	Despedir-se de.
Trennen.	Separar.
Werden Sie bald abreisen?	Partirá logo?
Ich werde noch heute abreisen; aber zuvor muß ich von meinen Verwandten Abschied nehmen, von denen ich lange getrennt sein werde.	Partirei ainda hoje, mas antes disto hei de despedir-me de meus parentes, dos quaes ficarei separado por muito tempo.
Bewohnen.	Habitar.
Der Isländer.	O Islandez.
Der Nordpol.	O polo do Norte.
Wo wohnen die Isländer?	Onde habitão os Islandezes?
Sie bewohnen eine Insel nahe beim Nordpol, im Osten von Amerika, im Westen von Europa.	Habitão uma ilha perto do polo do Norte, ao Este da America (spr. América), ao Oeste da Europa.
Dieses Land muß sehr kalt sein.	Esta terra deve ser muito fria.
Polen.	A Polonia (spr. Polónia).
Rußland.	A Russia (spr. Rússia).
Die Pyrenäen.	Os Pyreneos.
Er ist von Rußland bis an die Pyrenäen gewandert, um ein Land zu finden, in dem es wohlfeiler zu leben wäre, als in seiner Heimat.	Tem caminhado desde a Russia até aos Pyreneos para achar uma terra, em que podesse viver mais barato, do que na sua patria.
Die Alpen.	Os Alpes.
Das Wesen, die natürliche Beschaffenheit.	A condição.
Die Nation, das Volk.	A nação.
Die Alpen trennen den Süden Europas vom Norden.	Os Alpes separão o Sul da Europa do Norte.
Die Gemütsart der Völker, welche hinter den Bergen wohnen, ist ganz verschieden von der unsrigen.	A condição das nações que morão do outro lado dos montes é mui differente da nossa.
Bescheiden. — Bescheidenheit.	Modesto. — Modestia (spr. modéstia).
Die Treuherzigkeit. Die Aufrichtigkeit. — Treuherzig. Aufrichtig.	A candura — Candido (spr. cándido).

Die Gaben. — Die Mitgift. Schätzbar.	Os dotes. — O dote. Apreciavel (ſpr. apreciável).

Das weiße der Lilie und des Jaſmins, deſſen liebliche Milde das Auge nicht verletzt, iſt der Typus der Reinheit, die, im bildlichen und gewöhnlichen Sinne des Wortes (Treuherzigkeit) jenen Zuſtand der Unſchuld und der Herzensreinheit bedeutet, der keine Bosheit kennt und dem Umgang mit der Welt fremd iſt.	O branco da açucena e do jasmim, suave, brando, que **não** offende a vista, é o typo da candura, que, em sentido metaphorico (ſpr. metaphórico) e mais usado, significa aquelle estado de innocencia e pureza de animo, que não conhece malicia (ſpr. malícia) e ignora do mundo o trato.

A. Die Namen von Eigenſchaften erfordern den Artikel.

Ich ziehe Aufrichtigkeit einem liebenswürdigen Charakter vor.	Gosto mais da candura do que de um caracter amavel.
Obgleich Beſcheidenheit, Aufrichtigkeit und eine liebenswürdige Gemütsart ſchätzbare Gaben ſind, ſo giebt es doch manche Perſonen, die weder beſcheiden, noch aufrichtig, noch liebenswürdig ſind.	Ainda que a modestia, a candura e um caracter amavel sejão dotes apreciaveis, todavia ha pessoas que não são nem modestas, nem candidas, nem amaveis.

Trotzdem daß, obwohl, obgleich.	Não obstante... ober a pesar de... mit Infinitivo. Ainda que mit Conj.
Verbieten. Keinen Anſtand nehmen zu.	Prohibir. Defender. Não deixar de.
Trotzdem daß der Genuß des Weines ihm verboten war, nahm er doch keinen Anſtand, welchen zu trinken.	Não obstante o uso do vinho lhe ser prohibido, não deixou por isso de beber, oder ainda que o uso do vinho lhe fosse prohibido, não deixou por isso de beber.

B. In vielen Fällen iſt das einfache „doch" durch não deixar de zu überſetzen.

Das Gemüſe.	As hortaliças.
Das Ei.	O ovo.
Schlucken, verſchlucken.	Engulir.
Kauen.	Mastigar.
Freſſen (wörtl. ſchlucken, ohne zu kauen).	Engulir sem mastigar.

Saugen.

Chupar.

Saufen, wegsaufen, weg-
trinken.

Engulir. Chupar.

Obgleich er sagte, daß er keinen
Hunger habe, nahm er doch kei-
nen Anstand, alle Eier und alle
Gemüse wegzufressen, und allen
Wein wegzutrinken.

Ainda que elle dizesse, que não
tinha fome, com tudo não
deixou de engulir sem masti-
ga-los todos os ovos e todas
as hortaliças e de chupar todo
o vinho.

Es ist heiß, obgleich es geregnet
hat.

Faz calor não obstante ter
chovido.

Mit Widerwillen küsse ich die
Hand, die ich abgehauen zu sehen
wünschte.

A pesar meu beijo a mão, que
desejára ver cortada.

Den göttlichen und menschlichen Ge-
setzen zum Trotz ermordete er
die Gefangenen.

A despeito das leis divinas e
humanas matou elle os seus
prisioneiros.

Morgen werde ich aufs Land gehen,
mag es auch regnen.

Amanhã hei de ir ao campo,
ainda que chova.

Ich unterwerfe mich ungern.

Submetto-me de mao grado.

Der Bitten des Volkes ungeachtet
fährt der schlechte Fürst fort, das
Land zu drücken.

Sem embargo das queixas do
povo o máo principe prosegue
em suas oppressões.

C. Alle diese Redensarten drücken einen Widerstand aus,
der jedoch nicht mächtig genug ist, um die Handlung zu hindern.
— Das doch hinter ainda que wird gewöhnlich nur zwischen
längeren Sätzen übersetzt.

Die Traube.

A uva.

Die Mandel.

A amendoa (spr. améndoa).

Die Zwetschge. Die Pflaume.

A ameixa (spr. améixa).

Die Kirsche.

A cereja.

Ich ziehe die Trauben den Kirschen,
den Mandeln und den Zwetschgen
vor.

Gosto mais das uvas do que das
cerejas, amendoas e ameixas.

Das ist schon recht, — ganz
gut.

Está bom.

Es fragt sich nur.

O caso é.

Die Frage ist.

Trata-se de.

Zulassen.

Admittir.

Kommen Sie mit in das Landhaus
meines Onkels; dort werden wir
gute Gesellschaft treffen.

Venha commigo á quinta de meu
tio; alli acharemos boa companhia.

Schon recht; es fragt sich nur, ob die gute Gesellschaft da geneigt sein wird, mich zuzulassen.	Está bom; porem o caso é se esta boa companhia quizer admittir-me.
Gern gesehen, willkommen.	Bem recebido.
Überall.	Em toda parte.
Das Laster.	O vicio (spr. vício).
Jene Damen sind überall gern gesehen.	Aquellas senhoras são bem recebidas em toda parte.
Aber diese jungen Leute werden verabscheut wie das Laster.	Porem estes rapazes são aborrecidos como o vicio.
Schädlich.	Damnoso.
Geborner. Von Geburt.	Nativo. De nação.
Die Leibesbeschaffenheit, Natur.	A constituição.
Diese Dame spricht das Portugiesische so gut, daß viele sie für eine geborne Portugiesin hielten.	Esta senhora falla tão bem a lingua portugueza, que muitos a tomarão por uma Portugueza de nação.
Ist er ein Spanier von Geburt?	É elle Hespanhol de nação?
Trinke noch ein Glas.	Bebe outro copo mais, — mais um copo.
Ich darf nichts mehr trinken, ich kenne meine Natur.	Não devo, nem posso beber mais; eu conheço a minha constituição.

D. Eigenschaften, die [dichterisch] als Wesen vorgestellt werden, nehmen im Accusativ a vor sich.

Ihr solltet das Laster fliehen und der Tugend folgen.	Deverieis fugir ao [o] vicio e seguir á [a] virtude.
Betäubt.	Aturdido.
In Ohnmacht fallen.	Cahir desmaiado.
Die Leiche.	O cadaver (spr. cadáver).
Du siehst aus wie eine Leiche.	Pareces um cadaver.
Ich bin betäubt; ich werde in Ohnmacht fallen.	Estou aturdido, vou cahir desmaiado.

Aufgaben.

242.

Wo würden Sie lieber wohnen, in Westindien oder in Europa? — Jedes Land hat seine Freunde und seine Feinde. Ich habe vor, diesen Winter nach Westindien zu gehen; wenn ich zurückkehren werde [Conj.], werde ich Ihnen sagen, welches Land mir besser gefällt. Bis jetzt kann ich Ihnen nichts sagen. — Welchen Wind haben wir, Ostwind oder Westwind? — Weder den einen, noch den andern. Der Wind kommt von Norden. — Wo ist es kälter, am Nordpol [aopé de] oder am Südpol? — Ich weiß nicht. Die einen sagen, die größte Kälte trifft man im Norden von Island an; die anderen behaupten das Gegenteil. Wer wird recht haben? — Wann wird Ihr Bruder abreisen? — Er ist schon abgereist (p). Hat er sich nicht zuvor bei Ihnen verabschiedet (p)? — Nein, er hat es nicht gethan. — Dann hat er vergessen (p), es zu thun. Denn ehe er fortging, sagte er mir noch: Ich will (werde) bei Herrn Pinto Bastos Abschied nehmen. Ich bin ihm sehr vielen Dank schuldig, denn er war immer sehr liebenswürdig gegen mich. — Wie heißen die Länder im Osten Europas? — Polen und Rußland. — Welches sind die höchsten Berge Europas? — Die Alpen und die Pyrenäen? — Welches sind die schätzbarsten Eigenschaften eines Mädchens? — Die Bescheidenheit und die Aufrichtigkeit; ohne sie taugen alle andern Gaben nichts. Sie sind die Krone eines Mädchens und zu gleicher Zeit die beste Mitgift.

243.

Da (Part.) den Menschen die Furcht vor dem Tode und die Liebe zum Leben natürlich sind, so sollten sie immer das Laster fliehen und der Tugend folgen. — Trotzdem daß der Genuß des Weines den Türken verboten ist, so nehmen sie doch keinen Anstand, welchen zu trinken. — Hat Ihr Bruder heute morgen etwas gegessen? — Er hat [ungemein] viel gegessen. Obgleich er gesagt hatte, er hätte keinen Appetit, nahm er doch keinen Anstand, alles Fleisch, alles Brot und alles Gemüse zu verschlingen, und allen Wein und alles Bier wegzutrinken. — Sind die Eier jetzt teuer? — Sie werden zu zwölf Vintens das Dutzend

verkauft. — Essen Sie gern Trauben? — Nicht allein die Trau=
ben esse ich gern, sondern auch die Pflaumen, die Mandeln, die
Nüsse und jede Art von Obst. — Trinken Sie ein Gläschen
Wein? — Mit vielem Vergnügen, besonders wenn er gut ist.
— Kommen Sie mit mir in den Garten meiner Tante; wir
werden dort gute Gesellschaft finden. — Recht gern [ganz gut],
aber es fragt sich, ob jene Gesellschaft mich wird [Conj.] zu=
lassen wollen. — Sie sind überall gern gesehen. — Wollen Sie nicht
noch ein Gläschen Wein? — Nein, ich kenne meine Natur, ich
würde betrunken werden. — Du siehst schon aus wie eine Leiche.

Zweiundachtzigster Abschnitt. — Lição octogesima segunda.

Die Flause. — Flausen machen.	A peta. — Dizer petas.
Er hat in die Angel gebissen, ist in die Falle gegangen.	Enguliu, comeu a peta.
Der Star.	O estorninho.
Wie hast Du es angefangen, um gut deutsch zu lernen?	Como fizeste para aprender tão bem a lingua allemã?
Ich habe es [gerade so] gemacht wie der kluge Star.	Fiz o mesmo como o estorninho sagaz.
Du machst mir Flausen.	Tu me dizes petas.
Im Ernst.	De veras.
Die Lage, Stellung.	A situação. A posição.
Die Zwietracht, Uneinigkeit.	A discordia (spr. discórdia).
Verschaffe Dir eine Stellung, welche Dir gewährt, was Du brauchst [das Notwendige].	Procura uma posição, que te dê o necessario.
Vernachlässige nicht eine Stellung, welche Dir gewährt, was Du brauchst.	Não desouides d'uma posição, que te dá o necessario.
Besitzen, inne haben.	Possuir.
Vernünftig.	Razoavel (spr. razoável).
Der gute Name.	A reputação.

Ein vernünftiger Mensch denkt nicht nur an das Gegenwärtige, er nimmt auch Bedacht auf die Zukunft.

Um homem razoavel não pensa no presente sómente, cuida tambem no futuro.

Soviel Du auch besitzen magst, Du kannst alle Deine Güter verlieren.

Por mais que possuas, podes perder todos os teus bens.

Es ist nicht mein Fehler, es ist der Fehler meiner Frau.

Não é culpa minha, é culpa de minha mulher.

Entschuldigen.
Das Verderben.
So [statt Beiwort].

Excusar.
A ruina.
Tal.

So ist es. So pflegt es zu gehen.
So ist er: laß ihn so bleiben.
Die Menschen sind im allgemeinen gut, wenn man sie so sein läßt.

Assim é. Assim costuma succeder.
Tal é elle: deixa-lo ser tal.
Os homens geralmente são bons, se os deixamos ser taes.

Das Beispiel.
Zum Beispiel.
Einprägen, einschärfen.

O exemplo.
Por exemplo.
Inculcar.

Es giebt nichts besseres zur Einprägung der Regeln als Beispiele.

Não ha cousa melhor para inculcar as regras do que os exemplos.

A. Manche deutsche Hauptwörter auf — ung lassen sich nur durch den Infinitivo eines entsprechenden Zeitwortes übersetzen.

Lächerlich.
Voll Vertrauen auf.
Die Lehrweise, der Lehrgang.

Ridiculo (spr. ridículo).
Confiado em.
O methodo (spr. méthodo).

Scheint Dir diese Frage lächerlich?
Nicht jede Frage ist lächerlich, die so scheint.

Te parece ridicula esta pergunta?
Não são ridiculas todas as perguntas, que o parecem.

Voll Vertrauen auf diesen Lehrgang werde ich Beispiele übersetzen, wie lächerlich sie auch scheinen mögen.

Confiado neste methodo, não deixarei de traduzir os exemplos, por mais ridiculos que pareção.

B. Da por... que, por mais... que und por mais que... eigentlich eine Verneinung erfordern, so ist da, wo keine steht, não deixar de [nicht unterlassen zu] im Vordersatz anzuwenden; im Nachsatz wird es gewöhnlich im Sinne behalten.

Gesetzt ich wollte... | Se houvesse de...
Durch Zufall, etwa. | Por acaso.
Die Redensart, der Satz. | A phrase.

Gesetzt, es wollte mich jemand fragen, ob ich vielleicht den Baum aus seinem Garten gesehen habe, so würde ich ihm mit der Frage erwidern: hat nicht mehr als ein Baum in Deinem Garten gestanden?

Se alguem houvesse de perguntar-me, se por acaso eu tinha visto a arvore do seu jardim, eu lhe replicaria perguntando: Não houve mais do que uma arvore no teu jardim?

Darauf berechnen zu. | Calcular para.
Das Sprechen. | A conversação.
Ein Gespräch ohne Anstoß führen. | Sustentar uma conversação.

Diese Redensarten sind darauf berechnet, euch im Sprechen zu üben.

Estas phrases estão calculadas para exercitar-vos na conversação.

Wenn sie euch die Regeln eingeprägt haben [werden], werdet ihr fast im stande sein, ein Gespräch ohne Anstoß zu führen.

Quando elles vos tiverem inculcado as regras, quasi podereis sustentar uma conversação.

Der Vorrat, die Menge, Anzahl. | A quantidade.
Richtig gedacht. | Logicamente correcto.
Entgehen, entschlüpfen. | Escapar.

Trotz des geringen Vorrates von Wörtern und Regeln, die er inne hat, macht er sich doch verständlich, weil alle seine Sätze richtig gedacht sind.

Não obstante a pequena quantidade de palavras e regras que possue, elle se faz entender, porque todas as suas phrases são logicamente correctas.

Die Dankbarkeit für. | A gratidão por.
Lebendig, lebhaft. | Vivo.
Undankbar. | Ingrato.
Eine und dieselbe Sache. | Uma unica (spr. única) e mesma cousa. A mesma cousa.

Du bist ein undankbarer Mensch. | És um ingrato.
Ihr seid undankbare Menschen. | Sois uns ingratos.

C. Wo in der Einheit um steht, wird in der Mehrheit zuweilen uns gesetzt.

Ihr würdet undankbare Menschen sein, wenn ihr eine solche Gelegenheit versäumen wolltet, euren lebhaftesten Dank auszusprechen für die Mühe, die er sich gegeben hat.

Serieis uns ingratos, se deixasseis escapar uma tal opportunidade de expressar a vossa mais viva gratidão [pela pena] pelo trabalho, que elle tomou.

Die Anordnung.
Die Zusammenstellung.
Wohlberechnet, weise.
Mittelst, durch.

A ordem.
A combinação.
Sabio (spr. sábio).
Por meio de.

Diese Zusammenstellungen sind wohlberechnet, besser als die der früheren Lehrweisen.

Estas combinações são mais sabias do que as dos methodos anteriores.

Die Anordnung der Lehrstücke ist passend.

A ordem das lições é conveniente.

Unmerklich.

Imperceptivel (spr. imperceptível).

Jedenfalls.
Unüberwindlich.
Es dauert nicht lange, so... ich. Bald.

Em todo caso.
Insuperavel (spr. insuperável).
Não tardo muito a.

Jedenfalls wirst Du bald entdecken, daß Du durch diese Lehrweise unmerklich Schwierigkeiten überwindest, welche Dir anfangs unüberwindlich schienen.

Em todo caso não tardarás muito a descobrir, que por meio deste methodo vences quasi imperceptivelmente difficuldades, que ao principio te parecião insuperaveis.

Ist es möglich, daß einer hat, was ein anderer hat?

É possivel que alguem tenha o que outro tem?

Zwei Personen können eine und dieselbe Sache zusammen besitzen oder anfassen, aber man wird nicht sagen: Der eine hat den Hut, welchen der andere hat.

Duas pessoas podem possuir ou apanhar a mesma cousa, porem não se dirá: Um tem o chapéo, que tem o outro.

Aufgaben.

244.

Wo sind Sie her? — Ich bin ein Amerikaner. — Sie sprechen die portugiesische Sprache so gut, daß ich Sie für einen gebornen Portugiesen hielt (nahm). — Sie scherzen. — Entschuldigen Sie, ich scherze durchaus nicht. — Wie lange sind Sie in Portugal? — Erst seit einigen Tagen. — Im Ernst? — Sie bezweifeln [es] vielleicht, weil ich portugiesisch spreche. Ich konnte es, bevor ich nach Portugal ging. — Wie haben Sie es so gut gelernt? — Ich habe es gemacht wie der kluge Star. — Warum leben Sie mit Ihrer Frau in Zwietracht? — Mein Herr, das würde mich zu weit führen, wenn ich es Ihnen erzählte (mein Herr, es sind breite Geschichten) und was zwischen Verheirateten vorfällt, ist nicht für fremde Ohren. Gott allein kann der Vertraute des Mannes oder des Weibes sein. Lassen Sie daher davon ab, mich in dieser Hinsicht weiter ins einzelne zu befragen. — Was haben Sie, Herr Andraens? — Was werde ich haben, Herr Freigraf? Excellenz wissen wohl, daß ich in einer großen Verlegenheit bin (daß ich in einem Hemd von elf Ellen gewickelt [metter] bin). Mein Schicksal, [sina], das man mir vorausgesagt [gelesen] hat, als ich ein Knabe war, sagt mir (giebt mir), daß ich durch eine große Widerwärtigkeit gehen muß. Bis jetzt, zur guten Stunde sei es gesagt, ist die Sache nicht schlecht gegangen; aber von jetzt an habe ich meine Befürchtungen.

245.

Zwiegespräch.

Der Lehrer. Gesetzt, ich wollte Ihnen jetzt eine oder die andere Frage stellen, [der Art] wie die, welche ich Ihnen zu Anfang dieser Unterrichtsstunden stellte, zum Beispiel: Habe ich Hunger? Hat er den Baum aus dem Garten meines Bruders? u. s. w.; was würden Sie [da] antworten?

Die Schüler. Wir müssen (sind verbunden zu) gestehen, daß wir im Anfang diese Fragen etwas lächerlich fanden; aber voll Vertrauen auf Ihre Lehrweise, beantworteten wir sie so gut, wie die beschränkte Anzahl von Wörtern und Regeln, die wir damals inne hatten, es uns erlaubte. Aber es dauerte nicht lange, so entdeckten wir, daß diese Fragen darauf berechnet waren, uns die Regeln einzuprägen und uns im Sprechen zu üben mittelst der Antworten, welche wir genötigt waren, zu geben. Aber jetzt, wo wir fast ein Gespräch in der schönen Sprache, welche Sie uns lehren, führen können, würden wir antworten: daß es uns unmöglich ist, zu wissen, ob Sie hungrig sind oder nicht. Was die zweite Frage betrifft, so würden wir sagen: War nicht mehr als ein Baum in dem Garten Ihres

Bruders?—Wenn Sie uns aber fragten: Haben Sie den Hut, den mein Bruder hat? so würden wir antworten: Diese Redensart scheint uns nicht richtig gedacht, denn zwei Personen können nicht ein und dieselbe Sache haben. Jedenfalls würden wir undankbar sein, wenn wir eine solche Gelegenheit versäumten, Ihnen unsern lebhaftesten Dank auszusprechen für die Mühe, welche Sie mit uns gehabt haben. Durch die Anordnung der Zusammenstellungen haben wir uns fast unmerklich die Regeln eingeprägt und uns im Sprechen der Sprache, die uns anfangs fast unüberwindliche Schwierigkeiten darbot, geübt.

Dreiundachtzigster Abschnitt. — Lição octogesima terceira.

Einladen.	Convidar [a, para].
Die Bohne. Die Bohnen.	A fava. Os feijões [o feijão].
Geh zum Henker!	Vá vm.ᶜᵉ á fava! Vai á fava!
Lieblings-	Favorito.
Das Lieblingsgericht.	O prato favorito.
Du bist eingeladen mit mir zu Mittag zu speisen.	Estás convidado a jantar commigo.
Ich werde kommen, wofern Du ein Gericht Bohnen bereiten läßt.	Virei com tal que tu faças preparar um prato de feijões.
Pilgern, reisen. Spazieren tragen.	Peregrinar.
Nichts kommt gleich...	Não ha nada como.
Nichts geht über...	Nada melhor do que.
Die Albernheit, das eingebildete Wesen.	A fatuidade.
Die Unwissenheit.	A ignorancia (spr. ignoráncia).
Er trägt seine Unwissenheit und sein läppisches Wesen in der Welt herum.	Elle peregrina pelo mundo a sua ignorancia e fatuidade.
Kommt irgend ein Getränke dem Weine gleich?	Ha cousa como o vinho?
Mir geht nichts über Bier.	Para mim não ha nada melhor do que a cerveja.

Ich will es recht gern thun, aber sage mir, was ist das für ein Gericht?	Eu o farei com mui boa vontade, porem diz[e]-me, **que** prato é este?
Nichts geht über einen guten Rindsbraten.	Nada melhor do que um bom assado de vacca.
Ich für meinen Teil ziehe den Kalbsbraten vor.	Quanto a mim gosto mais do assado de vitella.

Der Bericht.	A relação.
Der Sturm.	A tormenta.
Der Zügel.	A redea (spr. rédea).

Dem Pferde die Zügel drehen, es umdrehen. Umkehren, umwenden.	Torcer as redeas ao cavallo.

Der Reiter.	O cavalleiro.

Der Reiter kehrte um.	O cavalleiro torceu as redeas ao cavallo.
Mein Vetter hat auf der Reise nach England Schiffbruch gelitten.	Meu primo naufragou na sua viagem para a Inglaterra.
Niemand sah sie, ich ausgenommen, und zwar konnte man mich nicht sehen, denn ich war [niedergekauert, wie ich es war] mitten in den Zweigen der Erlen mit der Angel in der Hand niedergekauert.	Ninguem os viu, salvo eu, que, por signal, não podia ser visto, acocorado como estava entre a ramagem de uns amieiros, pescando á cana.

A. Das Participio presente übersetzt viele deutsche Wendungen, die einen Umstand der Art, die Ursache ausdrücken: mit Weinen und Klagen, chorando e queixando-se. Durch Schmeichelei, linsonjeando.

Du sollst mir einen Bericht davon geben, — mir das erzählen.	Deves me dar uma relação disto.

Der Blitzstrahl.	O raio (spr. ráio).
In Brand setzen.	Incendiar.
Der Blitz schlägt ein in.	O raio cahe sobre. Um raio cahe ...

Das Schiffsvolk, die Mannschaft.	A tripulação.

Da er sich auf der hohen See befand, setzte ein Blitzstrahl das Schiff in Brand.	Estando no alto mar, um raio incendiou o barco.

Das kaspische Meer.	O mar Caspio (spr. cáspio).
Das mittelländische Meer.	O mar Mediterraneo (spr. mediterráneo).

Im Meere kreuzen.	Cruzar no mar.
Das Geschwader.	A esquadra.
Das englische Geschwader kreuzte im mittelländischen Meer.	A esquadra ingleza cruzou no mar Mediterraneo.
Alle Flüsse laufen ins Meer.	Todos os rios vão dar ao mar.
Jedem das Seine [nicht alles dem Meer, nicht alles dem Land].	Nem tudo ao mar, nem tudo á terra.
Das heißt [ist] Wasser ins Meer tragen.	É deitar agua no mar.
Schwimmend.	A nado.
Nachsinnen.	Reflectir.
In Schrecken versetzen.	Espantar.
Ich sann hin und her, ohne daß ich ein Mittel fand, dem Tod zu entrinnen.	Estive reflectindo, sem que achasse meio para escapar á morte.
Ich konnte mich nicht durch Schwimmen retten.	Não podia salvar-me a nado.
Ich war von Schrecken gelähmt.	Fiquei espantado.

B. Als Hilfszeitwort wird statt estive mit dem Participio perfeito meist fiquei verbunden, wenn eine starke Wirkung zu bezeichnen ist.

Ich war ganz erstaunt.	Fiquei admirado.
Schwanken, zaudern.	Hesitar.
Ausbreiten.	Extender.
Nun weiter!...?	Pois bem!...?
Ich zauderte nicht länger, ich warf mich ins Meer.	Não hesitei mais, deitei-me ao mar oder arrojei-me ao mar.
Nun weiter, was geschah Dir noch?	Pois bem, que te succedeu mais?
Das Feuer breitet sich aus.	Extende-se o fogo.
Das Feuer breitet sich nach allen Seiten aus.	O fogo vai-se extendendo por todas as partes.

C. Als Hilfszeitwort vor dem Presente do Participio drückt ir das Fortschreitende, Allmähliche, Fortwährende eines Thuns oder Geschehens und besonders die Bewegung aus.

Er machte sich in einem fort über mich lustig.	Ia se rindo de mim.
Das Geld geht allmählich aus (— auf die Neige).	O dinheiro se vai acabando.
Das Geld geht mir (ihm) eben aus.	O dinheiro está se acabando.
Eine junge Person.	Uma joven senhora.

Als Heiratsgut zubringen.	Trazer. Trazer um dote de...
Sag (en Sie) mir doch.	A proposito (spr. propósito) [Anknüpfend an Erwähntes].

Du hast eben von Deinem Vetter gesprochen. Sage mir doch, wie gehts ihm?

Fallaste agora mesmo de teu primo. A proposito, como está elle?

Er hat sich mit einer jungen Dame verheiratet, die ihm zehntausend Pfund zubringt.

Casou com uma joven senhora, que lhe trouxe dez mil libras esterlinas.

Der Engel.	O anjo.
Die Natur.	A natureza.
Das Meisterwerk.	O primor de arte.

Sie ist schön wie ein Engel.

Ella é linda como um anjo.

Er hat auf der Reise nach Amerika ihre Bekanntschaft gemacht.

Tomou conhecimento com ella, quando foi para America.

Die Gesichtsbildung.	A physionomia.
Der Ausdruck.	A expressão.
Gewinnend, sympathisch.	Sympathico (spr. sympáthico).

Der Ausdruck der Gesichtsbildung der Königin ist sehr sympathisch.

A expressão da physionomia da rainha é muito sympathica.

Dieses Bild ist ein Meisterwerk.

Este retrato é um primor de arte.

Sie ist nicht zu groß und nicht zu klein.

Ella não é alta nem baixa.

Der Wuchs.	A talhe.
Schlank.	Esbelto.
Voll Anmut.	Gracioso. Cheio de graça.

Ihre Gesichtsbildung ist voll Ausdruck.

A sua physionomia é cheia de expressão.

Alle ihre Bewegungen sind voll Anmut.

Todas as suas acções estão cheias de graça.

Sie ist voll Anmut in allem, was sie thut.

É graciosa em tudo quanto faz.

Die Manieren.	As maneiras (spr. manéiras).
Fein, zart.	Delgado.
Weiblich.	Feminino.

Mögen auch ihre Manieren bezaubernd sein und ihr Mund allerliebst, so ist sie doch nicht, wie ich sie wünsche.

Ainda que sejão encantadoras as suas maneiras e lindissima a sua bocca, com tudo ella não é como eu a desejo.

In diesem feinen Körper wohnt eine weibliche Seele.

Neste corpo delgado vive uma alma feminina.

Einflößen.	Inspirar.
Der Hauch. — Wehen.	O assopro. — Assoprar.

Glühend.

Umwerfen.

Ardente.

Derribar.

Man kann ihn mit einem Hauch umwerfen.

Podem derriba-lo com um assopro.

Er flößt kein Vertrauen ein.

Elle não inspira confiança.

Heute weht der glühende Südwind.

Hoje assopra o vento ardente do Sul.

Obgleich Deine Frau nicht sehr begabt ist, flößt doch ihr Anblick Achtung und Bewunderung ein.

[Não obstante tua mulher ter pouco talento] Ainda que tua mulher não tenha muita talento, com tudo a sua vista inspira respeito e admiração.

Dieses Mädchen tanzt außerordentlich gut und singt herrlich.

Esta rapariga dança extraordinariamente bem, e canta deliciosamente.

Giebt es etwas Vollkommenes auf der Welt?

Ha cousa perfeita no mundo?

Der Senat.

Der Abgeordnete.

Feierlich begrüßen.

O senado.

O deputado.

Comprimentar.

Der römische Senat hat nie Abgeordnete abgeschickt, um Könige zu begrüßen.

O senado romano nunca mandou deputados para comprimentar reis.

Er hat eine gute Stellung, ein schönes Haus und einen hübschen Garten.

Elle tem uma boa posição, uma linda casa e um bonita jardim.

Aufgaben.

246.

Ist es erlaubt, Ihre Schwester zum Tanz einzuladen? — Sie können sie einladen, aber Ihrem Bruder erlaube ichs nicht. — Sie sind eingeladen mit mir zu frühstücken. — Haben Sie mein Lieblingsgericht, schwarze Bohnen? — Gehen Sie zum Henker mit Ihrem Lieblingsgericht. Das ist gut für die Mannschaft eines Schiffes. — Ich versichere Sie, für mich geht nichts über schwarze Bohnen. — Für mich kommt nichts einem guten Glas Wein gleich. Für ein Glas Wein würde ich von hier bis in meinen Keller pilgern. — Sie spaßen. Gehen Sie zum Henker mit Ihren Albernheiten. — Haben Sie schon in den Zeitungen den Bericht über den letzten Sturm gelesen? — Nein, ich bin in dieser Hinsicht in der größten Unwissenheit. Was ist ge=

schehen? — Mein Bruder hat (p) Schiffbruch gelitten, auf seiner
Reise nach Amerika. Als er auf der hohen See war, erhob
sich ein großer Sturm. Der Blitz schlug in das Schiff und
setzte es in Brand. Die Schiffsmannschaft sprang ins Meer,
um sich durch Schwimmen zu retten. Mein Bruder wußte nicht,
was er machen sollte, denn er hatte nie schwimmen gelernt.
Er sann vergebens auf ein Mittel sein Leben zu retten; nichts
fiel ihm ein. Als er sah, daß das Feuer sich nach allen
Seiten hin ausbreitete, ward er vor Schrecken gelähmt. Da
besann er sich nicht mehr und stürzte ins Meer. Auf diese
Weise rettete er sich, denn ein englisches Schiff nahm (receber)
ihn an Bord.

247.

Welches Geschwader kreuzt im mittelländischen Meer? —
Das englische Geschwader, welches aus dem schwarzen Meer
kommt. — Hast Du gesehen, wie dieser Reiter dem Pferde die
Zügel ließ? — Ja, und ich war ganz erstaunt, denn das Pferd
scheint durchaus nicht zahm zu sein. — Was meldet Ihnen Ihr
Bruder? — Er schreibt mir, daß er im Begriff ist, sich mit einer
jungen Person zu verheiraten, welche ihm hunderttausend Pfund
Sterling zubringt. — Dann muß sie sehr häßlich sein? — Im
Gegenteil, sie ist schön wie ein Engel, sie ist ein Meisterwerk
der Natur. Ihre Gesichtsbildung ist gewinnend und voll Aus=
druck; ihr Wuchs schlank und voll Anmut, ihre Hände zart,
ihre Manieren weiblich, sie flößt jedem, der sie kennt, Ehrfurcht
ein. — Sag mir doch, wo sie her ist! — Sie ist eine Amerikanerin.
— Hast Du sie schon gesehen? — Noch nicht; warum fragst Du
mich das? — Weil Deine Erzählung so eifrig war. — Welcher
Wind weht heute, der Nordwind oder der Südwind? — Ich
fühle den glühenden Hauch des Südwindes. — Wen beglück=
wünscht heute der Senat der Stadt? — Er beglückwünscht
die Abgeordneten des Königs. — Ich möchte gern die Rede des
Präsidenten hören. Das wird ein Meisterstück sein.

Vierundachtzigster Abschnitt. — Lição octogesima quarta.

Genügsam. Sparsam.	Parco.
Mäßig.	Sobrio (spr. sóbrio), temperado em.
Es ist mir, dir u. s. w. eigen zu...	É proprio de mim, de ti etc. ...
Der Bauch.	O ventre.
Das Wohlleben.	O luxo.
Der Nebenmensch [eigentlich der Gleiche].	O similhante.
Gerne.	De bom grado.
Widmen.	Consagrar.
An sich sparen.	Economisar comsigo.
Den Vorteil haben.	Ter a vantagem (spr. vantágem).
Bewahren.	Conservar.
Die Kraft.	A força.
Kräftig.	Vigoroso.
Anwenden.	Empregar.
Der Vorteil.	O proveito.
Groß — **größer**.	Grande — [maior] **môr**.
Die Erfüllung.	O desempenho.
Der Beruf.	O ministerio (spr. ministério).
Mutig.	Valente.
Wählerisch.	Acautelado.
Obgleich ich so [sehr] wählerisch bin...	Sendo muito acautelado em...

A. Die Wendung: „obgleich" mit einem Zeitwort in einer persönlichen Zeit, wird oft durch das Mittelwort ausgedrückt.

Der Feldzug.	A campanha.
Auf meinem letzten Feldzug.	Quando andei na minha ultima campanha.
Der Feldzug in Frankreich.	A campanha de França.
Glorreich.	Glorioso.
Verwüsten.	Devastar.
Es entsteht eine Hungersnot.	Chega a haver uma carestia.
Der Mangel.	A escassez.
Ich bin es, der Dich sucht.	Sou eu, quem te procura.
Sich etwas versagen.	Privar-se de.
Ich bedarf, d. h. bin bedürftig.	Estou necessitado.

Eines Tages als ich mir ein Haus wünschte...	Desejando eu um dia uma casa...
Eines Tages als Du Dir ein Haus wünschtest...	Desejando um dia uma casa, tu...
Eines Tages als er sich ein Haus wünschte...	Desejando elle um dia uma casa...

B. Bei dem Mittelwort können die persönlichen Fürwörter stehen als Nominativ, wenn es die Klarheit des Satzes verlangt; sonst sind sie entbehrlich.

Das Gefolge.	A comitativa.
Der Offizier.	O official.
Die Rotte.	A companhia.
Der Abenteurer.	O aventureiro (spr. aventuréiro).
Sich entschuldigen.	Escusar-se.
Der Mangel an Lebensmitteln.	A falta de mantimentos.
Als [weil] ich mich beklagte, wurde ich eingeladen.	Como me queixasse, fui convidado.
Weil Du Dich beklagst, wirst Du eingeladen.	Como te queixas, ficas convidado.

C. Como in der ursächlichen Bedeutung erfordert bei einem gegenwärtigen Fall Indicativo, bei einem vergangenen Conjunctivo.

Stehend, im Stehen, aufrecht.	Em pé.
Wegen der Eile, die ich habe.	Pela grande pressa que tenho.
Die Speise [auch Fleischspeise].	A vianda.
Zubereitet.	Cosinhado.
Die Befriedigung.	A satisfacção.
Das Gewürzfleisch. Das Ragout.	O guizado.
Das ist nach meinem Geschmack.	Isto é do meu gosto.
Raten.	Aconselhar.
Ich rate Dir das zu thun.	Aconselho-te, que faças isto.
Gewöhnlich Wein trinken, sich an den Wein gewöhnen.	Usar de vinho.
Erlangen.	Lograr.
Die Fruchtbarkeit.	A fecundidade.
Erwünscht, gewünscht.	Desejado.
Er sagte mir etwas. Ich antwortete darauf...	Elle me disse alguma cousa. Ao que respondi.

D. Der engeren Satzverknüpfung wegen sind „darauf",
„worauf" oft durch Vorwörter mit beziehenden Fürwörtern
zu übersetzen; diese Relativwendung tritt dann, wie natürlich,
an die Spitze des Satzes.

Die Bescheidenheit.	A modestia (spr. modéstia).
Anmutig.	Gracioso.
Was wird man sagen, wenn ich das thue, eigentl.: was wird es scheinen, wenn...	Que parecerá fazer eu...
Bruder [Mönch].	Frei, abgekürzt fr. [freire].
Bruder Bartholomäus der Märtyrer [Mehrheit].	Fr. Bartholomeu dos Martyres.
Die Mäßigkeit im Essen.	A temperança na comida.
Der Verdruß.	O desgosto.
Einem Verdruß machen.	Dar desgosto a alguem.
Die Speise. Das gute Gericht.	A iguaria.
Sich ängstigen.	Affrontar-se.
Seufzen.	Gemer.
Irgendwo einkehren, wo.	Entrar em parte, onde...
Sicher sein.	Acertar.
Die Dürftigkeit.	O aperto.
Mit Appetit speisen.	Comer de boa vontade.
Einem etwas ansehen.	Enxergar alguma cousa a alguem.
Besonders.	Notavelmente.
Man sieht es Dir an, daß Du krank bist.	Enxerga-se a ti estares doente.

E. Abhängige, mit „daß" beginnende Sätze, werden sehr
oft im Portugiesischen durch den abgewandelten Infinitivo als
Subjekt (Nom.) des Satzes, von dem sie im Deutschen ab=
hängen, ausgedrückt.

Der Geschmack.	O sabor.
Der Gefallen.	O gosto.
Ich finde daran Geschmack.	Acho gosto nisso [em].
Ich mache einen Besuch.	Vou em visita.
Alles übrige ist im Überfluß vorhanden.	Ha abundancia (spr. abundáncia) de tudo o mais.

Das Maisbrot.	A broa. A boroa.
In jener Gegend.	Por aquella parte.
Die Petersilie. Die Würze.	A salsa.
Es reizt mich, mehr zu essen.	Serve-me de appetite para comer mais.
Grob.	Grosseiro (spr. grosséiro).
Fein.	Mimoso.
Wenn es auch [weil es] grob ist, so ist es nichtsdestoweniger schmackhaft [ist es nicht weniger schmackhaft].	Por ser grosseiro, não é nada menos saboroso.

Aufgaben.

248.

Es ist den großen Männern eigen, daß sie nüchtern und mäßig im Essen sind; der Mensch der aus seinem Bauch seinen Gott macht, lebt nur für sich und für das Wohlleben; und der mäßige Mensch lebt mit Seinesgleichen, und [widmet] giebt ihnen gern, was er an sich spart; er hat [Part. Pres.] außerdem den großen Vorteil, seine Kräfte frisch zu erhalten, und sie mit größerem Nutzen in der Erfüllung des Berufs, dem er [sich] gewidmet [hat] ist, anwenden zu können.

Obgleich Nuno Alvares Pereira so tapfer war, und [ein] so [braver] Soldat, so war er doch [gar nicht] wenig wählerisch in seinen Speisen: während seiner Feldzüge im Alemtejo, da [causativo] das Land ganz verwüstet war [Conj.], kam es zu einem [entstand ein] Mangel an fast allem, was notwendig war, aber er [war derjenige, welcher es] fühlte es am wenigsten, und wenn es notthat, entsagte er dem Brot, um es dem Soldaten zu geben, der dessen mehr bedurfte. Als er eines Tages mit den (Offizieren) seines Gefolges eben speisen wollte (partic.), kamen fünf englische Offiziere, die mit ihren Rotten Abenteurer in Portugal waren, und da [causat.] sie sich über den Mangel an Lebensmitteln, welcher herrschte [welchen es gab], beklagten [Conjunctivo], so lud sie der Connetable [condestavel] ein, mit ihm zu speisen; sie entschuldigten sich: der Kronfeldherr hatte damals nicht mehr als sechs Brote; er zwang sie, sie anzunehmen, was sie [auch] thaten; sie aßen [participio] sie gleich im Stehen, wegen der großen Eile, die sie hatten; und der Kronfeldherr aß nur einige schlecht zubereitete Speisen, ohne Brot, und sagte befriedigt [mit Befriedigung]: Nie habe ich ein Ragout gegessen, (das) mehr nach meinem Geschmack [gewesen wäre].

249.

Da die Kaiserin Donna Eleonora, Tochter des Königs Dom Duarte von Portugal, schon einige Jahre lang mit dem Kaiser Friedrich [Frederico] III. verheiratet war [casar. Partic.], ohne Kinder von ihm zu haben, so rieten ihr die Ärzte, sie möchte sich daran gewöhnen, Wein zu trinken, um die gewünschte Fruchtbarkeit zu erlangen. Sie antwortete darauf mit anmutiger Bescheidenheit: „Oh! Was wird man dazu sagen, wenn ich, ein Weib und eine Portugiesin [seiend], trinke, während der Kaiser, ein Mann und ein Deutscher [seiend], nicht trinkt.

D. Bruder Bartholomäus der Märtyrer war ein so großer Freund der Mäßigkeit im Essen, daß der größte Verdruß, den man ihm machen konnte, [darin] bestand [war], ihm viele Speisen auf [den Tisch] zu stellen; er ängstigte sich, er seufzte, er aß nicht, und im Gegenteil, wenn er irgendwo einkehrte [Participio], wo er sicher war, Mangel oder Dürftigkeit zu finden, da aß er gern, und man sah ihm besonders an, daß er Gefallen und Geschmack fand an dem, was man ihm gab.

Als er eines Tages einen Besuch machte [Participio], fand man kein Weizenbrot für seinen Tisch, obgleich alles andere im Überfluß vorhanden war [Participio]; [da] bat er, man möchte ihm ein Maisbrot bringen, und er aß nicht nur davon, sondern es diente ihm auch als Würze und Reizmittel, um vom Übrigen gut zu essen; er bekannte [Participio], daß er nur daran Geschmack gefunden hatte, weil [por] es ein Nahrungsmittel der Armen sei [Infinitivo], [weil es] grob und nicht fein [sei].

Fünfundachtzigster Abschnitt. — Lição octogesima quinta.

Treu und redlich lieben.	Amar com fé e lealdade.
Vergessend.	Esquecido de...
Ehren erweisen.	Fazer honras.
Das Grab.	A sepultura.
Liegen (im Grabe).	Jazer.
Wirklich.	Verdadeiro (spr. verdadéiro).
Rechtfertigen, beweisen.	Justificar.
Errichten.	Levantar.
Die Statue.	A estatua (spr. estátua).
Das Bild.	A imagem (spr. imágem).
Die Figur, Gestalt.	A figura.
Ausgeben.	Dispender.
Ich vergaß ihn so schnell.	Esqueci-me delle com tanta pressa.

A. Viele Beiwörter müssen im Portugiesischen durch Hauptwörter umschrieben werden; das deutsche Steigerungswort „so" wird dann durch tanto [so großer, e, es] ausgedrückt.

Der Grad. Der höhere Grad.	O gráu. O mór grau.
Das Karat.	O quilate.
Das hohe Maß. Der Wert.	Os quilates.
Verherrlichen.	Sublimar.
Grausam.	Cruelmente [adv.] cruel [adj.].
Weil man glaubt, daß Du es gethan hast.	Por julgarem teres feito isto.
Außerordentlich lieben.	Amar em extremo.
Die Trauer über...	O nôjo de...
Den Verstand verlieren.	Perder o siso.
Man glaubte, er würde das Leben verlieren.	Cuidarão, perdesse [que perdesse] a vida.

B. Nach Zeitwörtern, die ein Glauben, Hoffen u. s. w. ausdrücken, wird que, ähnlich wie im Deutschen, weggelassen.

Besitz nehmen von...	Tomar posse de...
Ich suche mich zu rächen an...	Procuro vingar-me em...

Sobald als... | **Logo que...** Indicat.
Schuldig an... | Culpado em...
Regieren. | Reinar.

Nachdem er vierzehn Jahre re- | Depois de reinar quatorze an-
giert hatte, oder nach einer | nos.
vierzehnjährigen Regierung.

C. Nach depois de steht Presente do Infinitivo, wo im Deutschen eine vergangene Zeit gebraucht wird, wenn statt eines Hauptworts der Infinitivo angewendet wird.

Öffentlich. | Publico (spr. público).
Ehelich, rechtlich. | Legitimo (spr. legítimo).
Dafürhalten. | Ter e haver por...

D. Die Häufung von ter und haver giebt dem „Halten" einen energischen Ausdruck: man gebraucht beide Zeitwörter zusammen in Verordnungen.

Verehren. | Venerar.
Die Gebeine. | Os ossos.
Bringen von... nach. | Trasladar de... a.

Ich lasse den Leichnam von einem | Faço trasladar o cadaver d'uma
Begräbnis ins andere bringen. | sepultura á outra.
Er nahm Besitz vom Hause und | Tomou posse da casa, cujas ja-
ließ dessen Fenster reinigen. | nellas fez [mandou] limpar.

E. Eine engere Satzverbindung als die deutsche ist dem portugiesischen erzählenden Stile eigen; die Wendung cujo, a, os, as statt „und" mit dem beziehenden Fürwort ist zu Anfang des Satzes, als eng verknüpfend, häufig anzuwenden.

Das Kloster. | O mosteiro (spr. mostéiro). O
 | convento.
Königlich. | Real.
Die Pracht. | A pompa.
Der Prunk. | O apparato.
Der ähnliche Fall. | O similhante caso.

Zwischen... hindurch. | **Por entre.**

Ich ging zwischen zwei Reihen Bäu- | Passei por entre duas fileiras de
men hindurch. | arvores.

Die Fackel. | A tocha.
Die Kerze. | O cirio (spr. círio).

Brennend.	Acceso.
Begraben.	Sepultar.
Das Monument.	O monumento.
Der Alabaster.	O alabastro.
Kostbar — sehr kostbar.	Sumptuoso — sumptuosissimo (spr. sumptuosíssimo).
Das Gesicht.	O vulto.
Die Figur.	A figura.
Das Gesicht und die Figur, d. h. die Statue.	O vulto e figura.
Den Stein bearbeiten.	Lavrar a pedra.
Kunstreich.	Artificioso (— amente).
Nahe bei.	**Juncto de.**
Der Dichter.	O poeta.
Das Epigramm.	O epigramma.
Das Lob.	O louvor.
Das spricht zu Ihrem Lob.	Isto falla em seu louvor.
Die Geberde.	O gesto.
Die Zierlichkeit.	A elegancia (spr. elegáncia).
Die Muse.	A musa.
Mit der Hand irgendwo hinlangen.	Metter a mão em...
Die Börse. — Die magere Börse [Tasche].	A bolsa. — O pobre bolsinho.
Die Unterwürfigkeit.	A submissão.
Je nachdem... Gemäß...	**Segundo... — Conforme...**
Je nachdem Du [viel oder wenig] arbeiten wirst.	Conforme ao teu trabalho.
Das Vermögen.	A fortuna.
Die Möglichkeit.	A possibilidade.
Kurz. Beschränkt.	Curto.
Der Stich [satyrisch verbesserter Fehler].	O quinau.
Einen verbessern.	Dar quinau a alguem.
Die Geschichte wurde mit großem Beifall [begrüßt] aufgenommen.	A historia celebrou-se com grande applauso.
Die Rolle eines... spielen.	Fazer papel de...
Der Schatzmeister.	O thesoureiro (spr. thesouréiro).
Verbergen.	Dissimular.
Der Verdruß [eigentlich Argwohn].	A desconfiança.

Ausgleichen.	Recompensar.
Das Geschenk.	A dadiva.
Verspätet.	Tardio.
Großartig.	Grandioso.

Aufgaben.

250.

Der Kaiser Antoninus Pius, der erste des Namens, liebte seine Frau Faustina so treu und so redlich während [unübersetzt] der Tage seines Lebens, daß nach ihrem Tode [der alten Liebe nicht vergessend] er die alte Liebe nicht vergaß, und sie [die Frau] [dadurch] ehren wollte, daß er ihr viele Ehren im Grabe erwies [Participio], in dem sie lag; und, um seine wahrhaftige Liebe zu beweisen, errichtete er Statuen und Bilder ihrer Gestalt, worin [em] er eine große Summe Geldes ausgab.

In höherem Grade verherrlichte der König D. Pedro der Grausame das hohe Maß von Liebe, Treue und Redlichkeit, das er zu D. Ignez von Castro fühlte [ter], [welche] auf grausame Weise durch den König D. Affonso IV. ermordet [worden war], weil man sagte, sie sei die Geliebte des Infanten [infante] D. Pedro, welcher sie so außerordentlich liebte, daß man glaubte, er würde aus [por] Trauer über ihren Tod den Verstand verlieren. Und, sobald er durch den Tod seines Vaters, D. Affonso, vom Reich Besitz nahm, suchte er ihren Tod an denen, die dessen schuldig waren, zu rächen [wie er sich rächte]; vier Jahre nach seinem Regierungsantritt bekannte [erklärte] er öffentlich, die schöne D. Ignez sei [Infinitivo] seine eheliche Frau, und die Söhne, die er von ihr hatte, [als] ehelich und gebot, daß sie als solche angesehen und sie als Königin geehrt werden sollte; ihre Gebeine ließ er aus dem Kloster der heiligen Klara von Coimbra nach dem königlichen von Alcobaça bringen, mit dem größten Prunk und [der größten] Pracht, die je in ähnlichem Falle gesehen wurde. Dieselben (die Gebeine) ließ er zwischen vielen Tausenden von Menschen durchtragen, die auf [em] [einem] Wege von siebzehn Stunden mit Fackeln und brennenden Kerzen in den Händen auf [de] der einen und der andern Seite [der Straße] standen, und er erwies [fazer] ihr viele Ehren. Sie wurde beerdigt in ein großes und sehr

kostbares [Grab] Monument von Alabaster, mit der Statue der
D. Ignez von Castro [geschmückt], aus demselben Stein kunst=
reich gearbeitet, mit ihrer Krone auf dem Haupt als [wie]
Königin; er ließ sie [die Krone] verfertigen [gleich wie Antoninus
Pius], damit alle wüßten, daß sie Königin gewesen war. Neben
ihr wurde nachher der König D. Pedro in einem andern gleichen
Monumente begraben, das er dort bauen [fazer] ließ.

251.

Als der Kaiser Octavius Augustus eines Tages aus seinem
Palaste ging [participio], erwartete ihn ein griechischer Dichter
und bot ihm ein Epigramm zu seinem Lobe an. Dem Cäsar
schien es, daß es genügte, Verse mit Versen zu bezahlen und
so schickte er ihm den folgenden Tag ein anderes Epigramm.
Der Grieche lobte mit der Stimme und mit Geberden die
Zierlichkeit der hohen [augusten] Muse, und, indem er sogleich
mit der Hand in seinen mageren Beutel langte, gab er ihm
mit großer Unterwürfigkeit eine silberne Münze von wenig Wert
und sagte [participio]: Ich gebe nicht, o Cäsar, Eurem großen
Vermögen gemäß, sondern nur nach meiner [kurzen] beschränkten
Möglichkeit. Da der Stich so klar und so öffentlich war, so
wurde er von den Umstehenden [circumstante] mit Lachen
aufgenommen. Und der Cäsar verbarg [participio] seinen
Ärger, es schien [participio] ihm, daß es noch Zeit wäre, die
Rolle eines Kaisers zu spielen, wie er die eines Dichters ge=
spielt hatte; er ließ seinen Schatzmeister kommen und befahl ihm,
er möchte dem Griechen hunderttausend Sesterzen [sestercio]
geben; er glich [participio] in dem Geschenk das Verspätete
durch das Großartige [seines Verfahrens] aus.

Sechsundachtzigster Abschnitt. — Lição octogesima sexta.

Begleiten.	Acompanhar.
Einen fest anschauen.	Fixar alguem.
Anbinden, wieder anbinden.	Atar.

Armselig.	Humilde.
Die Vorstadt.	O suburbio (spr. subúrbio).
Einen ausschelten [einem die Leviten lesen].	Dar uma descompostura a alguem.
Fürchterlich.	Tremendo.
Lumpig.	Mesquinho.
Betrunken.	Bacchante. Bebedo.
Der Redner.	O orador.
Besagter ...	**O tal** ...
Die Art, Race.	A casta.
Der Faden.	O fio.
Die Rede.	A arenga.
Ekelhaft.	Tedioso.
Der Ausdruck.	A expressão.
Offenbaren, ausdrücken.	Revelar.
Die Güte.	A bondade.
Die Seele.	A alma.
Die Tugend.	A virtude.
Ich habe durchaus recht, triftigen Grund.	Tenho mui energica razão.
Fangen.	Tomar.
Die Fliege.	A mosca.
Der Honig.	O mel.
Das Faß.	O tonel.
Der Essig.	O vinagre.
Er war eines Tages spazieren gegangen.	Fôra um dia passeiar.

A. Die Form des einfachen Mais que perfeito auf —ára, —êra, —íra wird meistens in Erzählungen und Berichten angewendet; mehr jedoch in schriftlicher Redaktion, als in gesprochener Rede.

Der Erzbischof.	O arcebispo.
Zu thun pflegen.	Costumar.
Der Sprengel.	O termo.
Sich zurückbegeben nach.	Recolher-se para.
Ich ziehe mich langsam zurück.	Vou me recolhendo, venho me recolhendo.

B. Das Mittelwort eines Zeitworts mit ir oder vir drückt das Fortschreitende der Bewegung aus.

In Parade. Haufenweise.	Em paradas.
Austeilen.	Dispender.
Loslassen.	Largar.
Klage auf Klage häufen.	Amontoar lastimas.
Aussteuern [einrichten um zu verheiraten].	Concertar para casar. Amparar.
Der Mangel.	A mingua.
Aus Mangel (Hungers) sterben.	Morrer á mingua.
Das Bettchen.	A camazinha.
Ich bin fertig bis auf ...	Deixo de ter acabado até a [—a].
Um Gotteswillen [Bettelformel]!	Por amor de Deos!
Helfen, Hilfe leisten.	Dar ajuda para.
Darauf rechnen [Rechnung machen].	Fazer conta.
Bewegen.	Mover.
Das Werk.	A obra.
Zu einer Zeit eintreffen.	Tomar em tempo.
Erwachsen. — Ein starkes Almosen.	Crescido. — Uma esmola crescida.
Die Gelegenheit verlieren.	Perder o lanço.
Einem helfen.	Remediar alguem.
Nachlassen.	Cessar.
Belästigen, dringend bitten.	Importunar.
Jammern.	Amesquinhar-se.
Die Abenddämmerung.	A bocca da noite.
Die Klause.	A cella.
Das Stück.	A peça.
Die Aussteuer.	O enxoval.
Ich hole Wasser, um dem Kranken zu helfen.	Busco agua para ajuda do doente.
Ich hole Geld, um die Aussteuer zu vervollständigen.	Busco dinheiro para ajuda do enxoval.
Einem etwas genau angeben.	Informar alguem de.
Sich irren.	Errar-[se].
Sobald.	**Tanto que.**
Die Vesper.	As vesperas.
Die Complete (Schluß der Vesperandacht)	As completas.
Die Übereinkunft. Die ausgemachte Sache.	O concerto.
Zusammenlegen.	Dobrar.
Außen. — Außen lassen.	**De fôra.** — Deixar de fôra.
Zusammenbinden.	Liar.
Eng.	Apertado (—amente).

Sich auf die Lauer stellen.	Pôr se em vigia.
Der Mann, aus Liebe zu welchem ich hier bin, hat mich betrogen.	O homem, por cujo amor cá estou, enganou-me.
Vorbereitungen treffen.	Aperceber-se.
Die Neigung [Liebeleien, Liebschaft].	Os amores.
Das Brett.	A tabua (spr. tábua).
Die Wonne. Die Bequemlichkeit.	O mimo.
Gewinnen. Erlangen.	Lograr.
Geheimnisvoll und versteckt handeln.	Andar em furtos e cautelas.
Nachlässig.	Descuidado.
Bezeichnet, übereingekommen.	Aprazado.
Mit Luchsaugen nach etwas schauen.	Estar com olhos de lince em ...
Günstig, gelegen zu ...	Accomodado para ...
Anbefohlen.	Encommendado.
Auf ein gegebenes Zeichen.	Feito signal.
Der Pack.	A trouxa.
Zuwerfen.	Lançar.
Es bleibt mir nichts [wörtlich: ich bleibe ohne zu haben].	Fico sem ter.
Des Menschen Sohn hat nicht wohin er sein Haupt lege.	O filho do homem não tem aonde encoste a cabeça.

Aufgaben.

252.

Als Ludwig XIV., König von Frankreich, eines Tages an einem armseligen Hause der Vorstädte einer Stadt vorüberging, hörte er einen Mann, der einer gewissen Frau tüchtig die Leviten las. Beautru, der den König begleitete, glaubte ihm zu schmeicheln, indem er den lumpigen und vielleicht betrunkenen Redner unterbrach und ihm sagte: „Wie teuer sind die Esel in Ihrem Lande?" — Der besagte Redner schaute Beautru fest an und antwortete ihm: „Die von Ihrem Schlag kosten zehn Thaler [escudo]" — und alsobald knüpfte er den abgebrochenen Faden der ekelhaften Rede wieder an.

Heinrich (Henriques) IV., dieser König, der in seinen Äußerungen die Tugend und die Güte seiner Seele so gut kundgab, hatte durchaus recht [wenn er sagte] zu sagen: Mit einem Löffel Honig fängt man mehr Fliegen, als mit zwanzig Faß Essig.

253.

Der Erzbischof von Braga, D. Bruder Bartholomäus der Märthyrer, war eines Sonntags, wie er zu thun pflegte, in ein Dorf seines Sprengels gegangen, [um daselbst zu] predigen und kehrte langsam in sein Kloster zurück. Auf dem Wege traf er viele Armen an, die ihn truppenweise erwarteten. Nachdem er ausgegeben hatte [Pret. perf.], was er bei sich führte, ließ ihn eine arme Alte nicht los, die Klage auf Klage häufte [Part. pres.] und ihm sagte [Part. pres.], daß sie eine Waise, ihre Tochter, ausgesteuert hätte [Mais que perf. Ind.] und daß dieselbe bis auf ein armes Bettchen vollständig ausgerüstet wäre [Mais que perf. Ind.]; daß er ihr doch um Gotteswillen für die [Arme] Hilfe leisten möchte [Imp. Conj.] und, wenn er ihr helfen würde [Imp. Ind.], er sicher sein könnte [Imp. Conj.], daß er sie verheiraten würde [Imp. Ind.]. Wenig genügte, um den Erzbischof zu solchen Werken zu bestimmen [bewegen]; aber es traf ihn zu einer Zeit, in der er weder Herr über genügendes Geld zu einem so bedeutenden Almosen, wie dieses, war, noch so früh welches erwartete. Er dachte lange [darüber] nach, was er [wohl] thun könnte, um die Gelegenheit nicht zu verlieren, der Waise zu helfen und die Mutter zu trösten, die nicht aufhörte, ihn zu belästigen und zu jammern. Zuletzt gebot er ihr, daß sie sich in der Abenddämmerung unten [am Fuß seines] an dem Fenster seiner Klause einfinden möchte [Imp. Conj.], daß er irgend ein Stück zur Vervollständigung der Aus= steuer holen würde, und er gab ihr den Ort genau an, wohin sie gehen sollte [hei de . . .], um sich nicht zu irren. Sobald Vesper und Complete gesagt waren, zog er sich in seine Klause zurück, um [a] der Erfüllung seines Versprechens [seiner Über= einkunft [nachzukommen [dar ordem]. Er schloß sich ein [por dentro], legte das ganze Bett, in dem er schlief, zusammen, und ohne ein Stück wegzulassen, band er es fest zusammen. Es wurde Abend, er stellte sich auf die Lauer, seine Thysbe oder Hero erwartend, aus Liebe [plur.] zu welcher [seine] siebzig

Jahre Vorbereitungen trafen, um diese Nacht auf einem bloßen Brett zu schlafen, und um die Bequemlichkeit zu erlangen, handelte er so versteckt und geheimnisvoll. Die gute Alte war nicht nachlässig; von weitem und viel früher als um die be= zeichnete Stunde, schaute sie mit Luchsaugen nach dem Fenster; sobald sie dort den Erzbischof erblickte und sah, [daß die] Zeit geeignet [wäre], damit das Geschäft die anbefohlene Geheim= haltung hätte [Inf.], näherte sie sich [dem Fuße] unten dem Fenster und erhielt auf ein gegebenes Zeichen den Pack, den der Erzbischof ihr zuwarf. Die Arme trug mehr davon, als sie erwartete, der Erzbischof gab alles, was er besaß: sie war reich, er hatte nichts mehr, womit [er] sich [hätte] bedecken [können].

Lehrbuch

der

portugiesischen Sprache

in wissenschaftlicher Ordnung.

―――――

Als Anhang

zur portugiesischen Sprachlehre

von

Dr. Ph. Anstett.

Erster Abschnitt.

Die Buchstaben und ihre Aussprache. — As lettras e a sua pronunciação.

1. Die portugiesische Sprache, wie jede andere Lautsprache, besteht aus Wörtern. Ein Wort (palavra) ist der Ausdruck einer Vorstellung und besteht aus einer oder mehreren Silben. Eine Silbe (syllaba) ist ein Wortglied oder ein Wort, welches, ohne daß man die Stimme absetzt, ausgesprochen wird. Sie besteht aus einem einfachen oder aus einem zusammengesetzten Selbstlaute oder aus der Verbindung eines oder mehrerer Mitlaute mit einem Selbstlaute. Die Sprachzeichen für die einzelnen Sprachlaute nennt man Buchstaben (lettras).

2. Die Laute, die man durch Buchstaben bezeichnet, sind

1) Selbstlaute (vogaes) und zwar

    a) sechs einfache (simples) a, e, i, o, u, y.

    b) Doppellaute (diphtongos), als áe, ái, áo, áu, éi, éo, éu, ío, íu, óe, ói, óu, úe, úi, eá, eó, iá, oá, uá.

    c) Nasenlaute (nasaes), als ã, ãe, ão, õe. Die Liquida en, n am Ende einer Silbe machen den vorhergehenden Vokal nasal. Die Liquida wird nach neuerer Schreibung oft durch ein ˜ bezeichnet. Daraus entstehen: ão (am), ãa (an), ães (aens), ãi, mũi (gewöhnlich mui), em, ens (ẽes), im, ins (nie ĩ, ĩs), om, ons, ões (oens), oem (õe), um (ũ), uns (ũ).

2) Mitlaute (consoantes) und zwar

    a) einfache b, c, d, f, g, h, j, k, l, m, n, p, q, r, s, t, v, x, z.

    b) zusammengesetzte (compostas) ç, ch, lh, nh, ph, st, ff, cc, bb u. s. w.

3. Die hörbaren Sprachlaute in sichtbare Zeichen übertragen, heißt schreiben (escrever). Die Regeln, nach welchen dieses geschieht, lehrt die Orthographie (orthographia). Die sichtbaren Zeichen der Sprachlaute wieder in hörbare übertragen, heißt lesen (ler).

NB. Über die Aussprache der Buchstaben siehe Einleitung zum ersten Teile.

Zweiter Abschnitt.

Die Aussprache der Silben und der Wörter. — A pronunciação das syllabas e das palavras.

4. Jede Silbe enthält einen einfachen oder einen zusammengesetzten Vokal, z. B. Pa-la-vra, syl-la-ba, nação, audaz. Eine oder mehrere Silben können ein Wort bilden. Jedes Wort ist daher entweder einsilbig (monosyllabico) oder mehrsilbig (polysyllabico), z. B. ler, es-cre-ver.

1. Dehnung und Schärfung der Silben.

5. Die Silben sind im Deutschen entweder gedehnt (longas), oder geschärft (curtas), oder schwebend (incertas), oder schwachlautig (mudas). Dieser auch im Portugiesischen bestehende Unterschied wird wenig beachtet; es können dafür folgende Regeln gelten:

a. Lang ist jeder betonte Vokal vor einfacher Konsonanz, auf welche wieder ein Vokal folgt; sein ursprüngliches lateinisches Maß macht keinen Unterschied; z. B. rōsa (lat. rŏsa), Dēus (lat. Dĕus), fōgo (lat. fŏcus), &c.

b. Der betonte Vokal ist kurz vor mehrfacher Konsonanz, selbst wenn er im Lateinischen einem von Natur langen Vokal entspricht; z. B. fŏnte (lat. fōns), gĕnte (lat. gēns), mĕnte (lat. mēns). — Von der Silbenquantität ist hier nicht die Rede, da das zweite e in gente kürzer ist als das erste. Man vergleiche aber das lange ē in Dēus mit dem kurzen ĕ in gĕnte.

c. Die tonlosen Bokale sind kurz, ohne Rücksicht auf ihre ursprüngliche lateinische Quantität, z. B. gĕnebra Wachholder (lat. jūniperus), nătūral (lat. nātūralis), răinha (lat. rēgina), &c.

Was jedoch dem Portugiesen viel wichtiger ist als diese sinnliche Länge und Kürze ist der Accent, und er faßt daher gern alle prosodischen Regeln in die eine zusammen:

Lang ist diejenige Silbe, welche den Hauptaccent (accento predominante) hat; alle übrigen sind kurz.

2. Betonung. Accento.

6. Im allgemeinen kann man sagen: Wenn die ursprüngliche lateinische Quantität ihre Kraft verloren hat, so behauptet sich der Accent, in welchem der Schwerpunkt des Wortes liegt, an seiner Stelle. Im Lateinischen ruht er auf der vorletzten oder drittletzten Silbe, ebenso im Portugiesischen. Zuweilen fällt er durch Endverkürzung (apocope) der letzten, oder durch Silbenansatz (paragoge) der viertletzten Silbe zu.

7. Eine eingehende Accentlehre kann nicht in der Absicht gegenwärtiger Sprachlehre liegen; der Schüler mag sich an die allgemeine Regel und an die im Texte gedruckten Accente halten. Zu bemerken ist, daß das Til ã, õ gewöhnlich die Stelle des Accents anzeigt, nur nicht bei Zeitwörtern, da die auf ão endigende dritte Person der Mehrheit des Futuro allein betont ist. Die Silben ê, é, í, ô, ó, ú, ã, õ sind gewöhnlich accentuiert, doch mit zahlreichen Ausnahmen. Für die Betonung der Zeitwörter vergleiche man die „Bemerkungen über die Form der regelmäßigen Zeitwörter" im Kapitel der Abwandlung des Zeitworts. Vergl. § 146.

Dritter Abschnitt.

Die Orthographie. — A orthographia.

8. Da die portugiesische Sprache keine allgemein anerkannte Orthographie besitzt, so wird es genügen, wenn die Hauptregeln angegeben werden, nach welchen man sich zu richten hat.

1) Man halte sich, um die Wörter zu schreiben, an die richtige Aussprache, z. B. nicht: pidaço Stück pidir fordern, minino Kind, oivir hören, vraço Arm, lovo Wolf, razom Vernunft, preguntar fragen, contrairo entgegengesetzt, sondern: pedaço, pedir, menino, ouvir, braço, lobo, razão, perguntar, contrario.

2) Wo die richtige Aussprache nicht entscheidet, schreibe man, wie es die Abstammung (etymologia) verlangt; die Wörter sind meistens lateinischen Ursprungs. Z. B. nicht: hé er ist, aver haben, negobcio Geschäft, maquina Maschine, hum ein, erva Gras, inverno Winter, hir gehen, permitir erlauben, condenar verurteilen, sondern: é (est), haver (habere), negocio (negotium), machina (weil im Griechischen ch steht), um (unus), herva (herba), hinverno (hibernus annus), ir (ire), permittir (permittere), condemnar (damnare).

3) Wo der herrschende Sprachgebrauch ganz allgemein über Aussprache und Abstammung gesiegt hat, richte man sich nach demselben, z. B. nenhum kein (nec unus), e und (klingt wie i), tambem auch (von tão und bem), Belchior (sollte heißen Melchior).

4) Die Wörter aus fremden Sprachen, die in der portugiesischen Sprache Bürgerrecht erlangt haben, sind meistens in der Endung den analogen portugiesischen Endungen annähernd abgeändert, z. B. Adão Adam, Democrito Demokrites, Hermenegildo Hermengild, Ottão Otto u. s. w.

Anmerkungen.

1. Die Wörter, die auf den Laut e=u endigen, werden bald —eo, bald —eu geschrieben, weil o und u in diesem Falle

denselben Laut haben, z. B. aconteceu und aconteceo es geschah, recebeu und recebeo er empfing; ebenso die auf i-u,
z. B. veiu und veio er kam, viu und vio er sah.

2. Die Endungen der dritten Person der Mehrheit der
Zeitwörter werden von einigen —am, von andern —ão geschrieben, z. B. amam und amão sie lieben, faltárão und
faltáram sie fehlten u. s. w.

3. Die Mehrheit der Hauptwörter auf —al wird immer
—aes geschrieben, zum Unterschied der zweiten Person der
Mehrheit der Zeitwörter, die —ais geschrieben wird, z. B.
os punhaes die Dolche, vos amais ihr liebt.

4. Groß müssen nur die Eigennamen von Menschen, Län-
dern, Inseln, Städten, Flüssen, Bergen u. dergl., ebenso die
Ehrentitel, wenn sie vor Namen stehen, geschrieben werden. Die
Hauptwörter werden nicht groß geschrieben, wie im Deutschen.
In allen sonstigen Fällen, wo der große Anfangsbuchstabe an-
gewendet werden könnte, herrscht Willkür.

5. Folgende Bemerkungen über Umformung lateinischer Laute
im Portugiesischen sind für die Orthographie von Wichtigkeit.

a) Aus dem lateinischen i wird oft e, aus e wird i, aus o
wird u, aus u wird o, z. B. bebo aus bibo, menos
aus minus, secco aus sicco, eleger aus eligere, repito
aus repeto, sinto aus sentio, bocca aus buca, com
aus cum, correr aus currere, cumprir aus complere,
tundir aus tondere.

b) Aus dem lateinischen —arium, —ariam[1]) wird oft
—eiro, —eira, aus —ct—, —clt— wird —ei—,
—oi—, —ui—, aus —au— wird ou [auch oi ge-
schrieben], aus —ab—, —ac— wird au, z. B. primeiro aus primarium, Fevereiro aus Februarium,
direito aus directum, feito aus factum, leite aus lac-
tem, noite aus noctem, muito aus multum, cousa
aus causam, touro aus taurum, ausente aus absentem,
auto aus actum.

---

[1]) Bei Hauptwörtern liegt meistens für die Einheit wie für die
Mehrheit der Accusativ zu Grund. In der Einheit ist das lateinische m
weggefallen, oder auch beibehalten worden, wie z. B. in quem, wer (lateinisch quem).

c) Aus den harten lateinischen Lauten p, t, c, q werden oft die portugiesischen Laute b, d, g, und die weichen lateinischen Laute d, g, n gehen oft verloren, z. B. cabeça aus caput, cabra aus capram, todo aus totum, lago aus lacum, abrir aus aperire, agua aus aquam, aguila aus aquilam, fogo aus focum, ouvir aus audire, cahir aus cadere, dedo aus digitum, frio aus frigidum, ler aus legere, mesa aus mensam u. s. w.

d) Das portugiesische che entspricht oft dem lateinischen cl—, pl—, fl—, das portugiesische lh ist meistens aus dem lateinischen —li—, —le—, —cul—, —tul— entstanden, das portugiesische nh ist zuweilen aus dem lateinischen mni—, meistens aber aus —ne—, —ni— entstanden, z. B. chave aus clavem, chamar aus clamare, chorar aus plorare, chuva aus pluviam, chamma aus flammam; ferner melhor aus melior, filho aus filium, mulher aus mulier, alheio aus alienum, folha aus foliam, alho aus allium, palha aus paleam, agulha aus aculeum, conselho aus consilium, velho aus vetulum, orelha aus auricula, olho aus oculum, espelho aus speculum, vermelho aus vermiculum; endlich sonhar aus somniare, extranho aus extraneum, banho aus balneum, senhor aus seniorem, tenho aus teneo u. s. w.

e) Dasjenige x, welches sch ausgesprochen (von Einigen auch ch geschrieben ist), ist arabischen oder persischen Ursprungs; dasjenige x, welches ss ausgesprochen wird, entspricht dem lateinischen x, und dasjenige x, welches ks ausgesprochen wird, entspricht nur zuweilen dem lateinischen x, z. B. xaque, xeque, xerife, xah, xarope, dann maximo, proximo, defluxo, exemplo, flexivel, und endlich sexo, nexo u. s. w.

f) Die Endungen z und xe entsprechen dem lateinischen ce, die Endungen —ço, —ça, den lateinischen —tium, —teum, —cio, —chium, —tiam und —ciam, z. B. entspricht paço dem lateinischen palatium, poço puteum, faço facio, braço brachium, temperança temperantiam, sentença sententiam u. s. w.

g) Die Endungen —ancia, —encia find aus den lateini=
schen —antiam und —entiam entstanden, die Endungen
—dade, —ude aus —tatem, —utem, —udinem,
z. B. arrogancia aus arrogantiam, Providencia aus
Providentiam, affabilidade aus affabilitatem, saude
aus salutem, amplitude (auch amplidão) aus ampli-
tudinem u. s. w.

h) Die Endungen —al, —il sind aus den Accusativen —alem,
—ilem entstanden, z. B. frugal aus frugalem, facil
aus facilem u. s. w.

i) Die Endungen —ão, —ção, —zão sind aus —onem,
—tionem entstanden; aus —ct— wird —cç— hinter n,
oder einfach —c—, wenn der vorhergehende Selbstlaut ver=
ändert worden ist, z. B. allusão aus allusionem, addição
aus additionem, razão aus rationem; ferner funcção
aus functionem, lição aus lectionem u. s. w.

j) Die Endungen —or, —dor sind aus —orem, —torem
entstanden, z. B. autor aus actorem, ardor aus ardorem
u. s. w.

k) Die Endungen —ume, —em, —im, —ão sind aus
—umen, —inem, —udinem entstanden, z. B. legume
aus legumen, homem aus hominem, fim aus finem,
gratidão aus gratitudinem u. s. w.

l) Die Endungen —lho, —nho, —(h)io, —ço, —io, —go
sind aus —leo, —lio, —neo, —nio, —dio, —do, —ho
entstanden, z. B. valho aus valeo, saio aus salio, tenho aus teneo, venho aus venio, ouço aus audio,
caio aus cado, trago aus traho u. s. w.

Silbenabteilung.

9. Wechseln einfach Selbstlaute und Mitlaute, so schließt der
Selbstlaut die Silbe, z. B. ma-ra-cu-já (Name einer brasilia=
nischen Frucht).

Ausnahme machen x und die Vorsilbe des-, z. B. ex-ame,
des-animar.

10. Stehen zwei Mitlaute nebeneinander, so wird zwischen
ihnen abgebrochen, z. B. car-ga; lh, nh und ch können nicht
getrennt werden.

B, c, d, p, g, t und f mit l oder r verbunden, sind un=
trennbar, z. B. co-bre, so-prar, re-gra, la-cre, ou-tro, la-drão,
re-flexão, af-flicto u. f. w.

Sp, sc, st sind stets zu trennen, z. B. cos-ta, es-pora, es-cusar.

11. Stehen drei Mitlaute nebeneinander, so ist entweder der
mittlere s und es wird hinter ihm abgebrochen, z. B. cons-tituição,
ins-pirar, oder die zwei hinteren Mitlaute bilden einen Laut und
es wird vor ihm abgebrochen, z. B. sem-pre, des-truir, des-troçar.

12. Wo vier Mitlaute zusammen kommen, ist der zweite
s und schließt die Silbe, z. B. abs-tracto, ins-truido.

13. Kommen mehrere Selbstlaute zusammen, so wird nur abge=
brochen, wenn sie verschiedenen Wörtern angehören, sonst bricht
man besser nicht ab, z. B. contraescarpa, preeminente, rio, ciume.

Vierter Abschnitt.

Der Artikel. — O Artigo.

14. Die portugiesische Sprache hat zwei Artikel: 1) den
bestimmten oder richtiger bestimmenden: O, os, a, as,
der, die, das; 2) den unbestimmten oder nicht bestim=
menden um, uns, uma, umas, ein, eine, ein.

Beide Artikel werden tonlos ausgesprochen und unterscheiden
sich nur dadurch von dem übrigens gleichlautenden Fürwort und
Zahlwort, z. B. O homem, a mulher, a rapariga disserão-no.
Der Mann, die Frau, das Mädchen sagten es. Os homens,
as mulheres, as raparigas disserão-no. Um homem, uma
mulher, uma rapariga disserão-no. Uns homens, umas
mulheres, umas raparigas disserão-no. Não vi senão um
homem e uma mulher [não muitos]. Ich sah nur einen
Mann und nur eine Frau [nicht mehrere].

Bestimmter Artikel. — Artigo definito.

15. Die Formen o, a, os, as werden mit den Verhältnis=
wörtern de, a, em, per und por folgendermaßen zusammenge=
zogen: do, da, dos, das, — ao, á, aos, ás — no, na,

nos, nas, — pelo, pela, pelos, pelas. — Z. B. O amor do pai, da mãe, dos meninos. Die Liebe des Vaters, der Mutter, der Kinder. Chegou-se á mesa, mas não respondeu ás perguntas. Er näherte ſich dem Tiſche, aber antwortete nicht auf die Fragen. Procurei o meu amigo no jardim. Ich ſuchte meinen Freund im Garten. Passou pelos perigos, pela vergonha. Er ging mitten durch die Gefahren, durch die Schmach. Pedro puxou pola [veraltet] rede á terra. Petrus zog das Netz ans Land.

Anmerkung. 1. Früher ſagte man ſtatt pelo, —a, —os, —as häufig polo, pola, polos, polas, und neuerdings hat man es verſucht, dieſes veraltete polo zur Vermeidung des Doppelſinnes wieder einzuführen, doch mit wenig Erfolg, da per ſich nur in einigen Redensarten, wie de per si, de per meio erhalten hat und ſonſt überall von por ver= drängt worden iſt; trotzdem iſt pelo (pero) allein gebräuchlich.

2. Verſchmelzungen wie co'o, co'a, co'os, co'as ſind nur dem Dichter erlaubt; in Proſa ſagt man com o, com os u. ſ. w.

16. Vor dem Worte rei, König, ſteht der ſpaniſche Artikel el, z. B. O homem era el rei D. Pedro. Der Mann war der König Don Pedro. Era valido del rei. Es war ein Günſtling des Königs.

17. Steht der beſtimmte Artikel vor einer dem Hauptbegriffe nachgeſetzten Ergänzung im Genitiv oder Dativ, ſo wird a oder de nicht wiederholt, z. B. A mulher de Frederico o Grande (nicht do Grande). Des großen Friedrichs Frau. Deveu a vida a Tiburcio, o assassino (nicht ao assassino). Er verdankte dem Mörder Tiburtius das Leben.

Unbeſtimmter Artikel. — Artigo indefinito.

18. Die Formen um, uma, uns, umas (in älterer Schreibart hum oder hũ) werden mit dem Verhältniswort em zuſammen= gezogen in num, numa, nuns, numas. Einige Schriftſteller ziehen ſie auch mit de in dum, duma, duns, dumas zu= ſammen (in älterer Schreibart d'hum) z. B. Estar numa casa. In einem Hauſe ſein. A filha dum fidalgo. Die Tochter eines Adligen. c'hum für com um iſt nicht mehr üblich.

19. Wenn ein die Wiederholung eines Hauptworts vermeidet, wird es outro übersetzt, z. B. Ha alli uma mina de ouro e outra de prata. Es ist dort ein Goldbergwerk und eine Silbermine.

20. Der unbestimmte Artikel hat im Portugiesischen einen Plural uns, umas (ein paar, etliche, etwa). Besonders ziehen ihn Wörter an, die nur im Plural üblich sind oder in der Mehrzahl ein Paar gleicher Dinge bezeichnen, als çapatos Schuhe, botas Stiefel, mãos Hände u. s. w., z. B. Vejo umas casas. Ich sehe (einige) Häuser. A marta tem uns dous pés de largo. Der Marder ist etwa zwei Fuß lang. Traz umas esporas compridas. Er trägt ein Paar lange Sporen.

Gebrauch der beiden Artikel.

21. Im allgemeinen ist der deutsche Sprachgebrauch ziemlich maßgebend für den Gebrauch beider Artikel. Doch sind einige Unterschiede hervorzuheben, denn bald fehlen die Artikel, wo sie im Deutschen stehen, bald braucht sie der Portugiese, wo sie der Deutsche entbehrt, z. B. Tem as mãos sujas. Er hat schmutzige Hände. É filho dum lavrador. Er ist der Sohn eines Landmanns. Tem umas mãos de gigante. Er hat Hände wie ein Riese. Já teve outra carta? Haben Sie schon einen (andern) zweiten Brief erhalten?

22. Vor Personennamen steht der bestimmte Artikel mit hinweisender Kraft, z. B. Quando o Pombal nas leis punha apanagio. Als der (bekannte) Pombal die Gesetze apanagierte.

23. Die Eigennamen können des Artikels nicht entbehren, 1) wenn sie in der Mehrheit stehen, z. B. Os Lucullos e os Apicios das lettras não são raros em Portugal. Leute, die in der Schriftstellerei die Rolle eines Lucullus und eines Apicius spielen, sind in Portugal nicht selten. 2) Wenn sie im Sinne eines Gattungsnamens gebraucht werden, z. B. Camões, o Homero de Portugal. Camoes, der portugiesische Homer. 3) Wenn ein sie bestimmendes Beiwort vorangeht, z. B. O grande Alexandre. Der große Alexander. Tritt das Beiwort hinter den Eigennamen, so nimmt es den Artikel mit, z. B. D. Sebastião, o Desejado. Don Sebastian, der Gewünschte. Poetisch kann er vor dem nachgesetzten Beiwort ausfallen, z. B. Mavorte valeroso. Der mutige Mars.

24. Der Artikel schwindet notwendig vor dem Beiwort, das einem Eigennamen vorangeht, 1) wenn dieses Beiwort das veraltete magno ist, z. B. Carlos Magno. Karl der Große. 2) Bei Beiwörtern, die die Herkunft bezeichnen (Gentilien), z. B. O „Secretario portuguez" de Candido Lusitano. Das Buch: Der portugiesische Briefsteller, von Candidus, dem Lusitaner (Portugiesen). 3) Bei Zahlwörtern zur Unterscheidung gleichnamiger Personen, z. B. D. Pedro Quarto, Don Pedro der Vierte.

25. Hauptwörter, die man zu Personennamen setzt, ziehen den Artikel an, z. B. El rei D. Luiz, König Ludwig. Ausgeschlossen jedoch bleibt der Artikel vor den geistlichen, gelehrten und andern Titeln, wie frei Bruder, sōr Schwester, mestre Meister, dom Herr, donna Frau, dem Beiwort santo heilig u. s. w., z. B. Frei Luiz, Sōr Patricia, Mestre João, Dom Carlos, Donna Maria, Santa Martha. Man sagt aber: Herr Pinto, o senhor Pinto.

26. Die geographischen Namen können, wenn sie nicht ursprünglich Städtenamen sind, mit oder ohne den Artikel gesetzt werden, Castella und Portugal ausgenommen, die immer ohne Artikel stehen, z. B. a Europa, a França, o Canada, aber Napoles, Coimbra. Stehen sie im Genitiv, so ist die Willkür im Gebrauch des Artikels beschränkt; der Artikel fällt weg, wenn der Ländernamen als Ergänzung dem Hauptbegriffe ein Hauptmerkmal, besonders der Herkunft, beilegt, z. B. Vinhos de França, folha de Flandres, ferro de Suecia. Französische Weine, Blech aus Flandern, schwedisches Eisen. Dagegen bleibt der Artikel, wenn der Hauptbegriff etwas an dem Lande Haftendes, einen totalen Besitz ausspricht, z. B. As riquezas da Hollanda, a fertilidade da Polonia, a liberdade da Suissa, die Reichtümer Hollands, die Fruchtbarkeit Polens, die Freiheit der Schweiz.

27. Hinter Präpositionen schwindet der Artikel gewöhnlich vor geographischen Namen, z. B. Vou para França. Ich gehe nach Frankreich. Venho de Hespanha. Ich komme aus Spanien.

28. Städtenamen kommt kein Artikel zu. Es giebt aber viele Städte und Ländernamen, von denen man ihn nicht trennen kann, z. B. O Porto. Uma viagem paro o Brazil. Natural de Cozelhas.

29. Die Namen der Provinzen, Berge, Meere, Flüsse, Seen, Himmelsgegenden, Winde, Inseln u. s. w. stehen gewöhnlich mit dem Artikel; doch sind die Ausnahmen zahlreich, z. B. A provincia da Beira, und de Piauhy, o Vesuvio, o Mediterraneo, o Tejo, o Wener, o Norte, o Leste, a Madeira.

30. Gattungsbegriffe verlangen den bestimmten Artikel strenger als im Deutschen, z. B. O café e o açucar tem augmentado. Kaffee und Zucker haben aufgeschlagen. A mulher é do seu homem. Ein Weib gehört ihrem Manne.

31. Vor abstrakten Hauptwörtern, die geistige oder leibliche Eigenschaften oder Zustände bezeichnen, steht gewöhnlich der bestimmte Artikel, z. B. Adquirir a estima universal. Allgemeine Achtung erwerben. A sapiencia é melhor que as perolas. Weisheit ist besser als Perlen.

32. Stoffnamen verhalten sich ungefähr wie Abstrakta. Hat man das Ganze des Stoffes vor Augen, so braucht man den bestimmten Artikel, z. B. Os seus fructos são melhores que o fino ouro. Seine Frucht ist besser als feines Gold. Mit einem Teil des Stoffes wird gern der unbestimmte Artikel verbunden, z. B. Cada voz é um veneno. Jede Stimme ist ein Gift.

33. Bildet das Hauptwort mit dem Zeitwort einen einzigen Begriff, so kommt jenem kein Artikel zu; die so gebildeten Redensarten sind sehr zahlreich, z. B. metter mão á espada. Den Degen ziehen. Fazer festa a alguem. Einen gut aufnehmen. Fazer signal. Winken. Ter tenção, costume, obrigação, culpa, direito. Die Absicht, die Gewohnheit, die Verpflichtung, die Schuld, das Recht haben. Dar graças. Danken. Perder de vista. Aus den Augen verlieren. É culpa de. Es ist die Schuld von. É verdade. Es ist wahr (die Wahrheit).

34. Steht ein Hauptwort zur Begriffsbestimmung eines andern Hauptwortes, zur Angabe seines Stoffs, Inhalts, Zweckes, überhaupt seiner Eigenschaften da, so fehlt ihm der bestimmte Artikel und man verbindet einfach durch de, z. B. Copo de vinho. Glas Wein. Moinho de vento, d'agua. Wind=, Wassermühle. Aguardente de cana. Zuckerrohrbranntwein. Moeda d'ouro. Goldmünze. Mulher de governo. Hausfrau. Homem de braço e saber. Mann der That und gelehrter Mann.

Faßt man das zweite Hauptwort bestimmter auf, so muß der bestimmte Artikel stehen, z. B. A caneca do leite. Die Milch=kanne. O homem das botas. Der Mann mit den Stiefeln.

35. Das Hauptwort verbindet sich ohne den unbestimmten Artikel mit den Zeitwörtern, die einen doppelten Nominativ re=gieren, als: Sein, Werden, Scheinen, Geboren werden, Sterben; es bezieht sich in diesem Falle auf Stand, Nation, Verwandtschaft, sittliche Eigenschaften, u. s. w., z. B. Sou soldado. Ich bin ein Soldat. Elle se tem feito fidalgo. Er ist adlig geworden. Não parece visconde nisso que diz. Sie scheinen kein Freigraf zu sein nach Ihren Worten zu ur=teilen. Nasceu poeta. Er wurde zum Dichter geboren. Morreu morte natural para sempre. Er wurde hingerichtet. Auch die Zeitwörter mit doppeltem Accusativ entbehren des Artikels, z, B. Fizeram-no rei. Sie machten ihn zum König.

36. Die Apposition macht den Artikel entbehrlich, gleich=wohl ob sie nur durch ein einzelnes Hauptwort, oder durch ein Hauptwort mit einem Attribut gebildet wird, z. B. Lisboa, ci=dade famosa. Lissabon, die berühmte Stadt. Der Artikel ist jedoch nicht ausgeschlossen, z. B. Sancho, o invisivel rei do seculo, manteado por vis muleteiros. Sancho, der unsichtbare König des Jahrhunderts, von gemeinen Maultiertreibern geprellt.

37. Vor Körperteilen und Sinnen, denen man Eigen=schaften mit ter oder com beilegt, steht der bestimmte Artikel, statt des deutschen unbestimmten, z. B. Tem o cabello preto e a vista curta. Er hat schwarzes Haar und ein kurzes Gesicht. Põe-se á mesa com as mãos sujas. Er setzt sich mit schmutzigen Händen zu Tisch. Dasselbe geschieht auch mit andern dem Be=griffe von ter verwandten Zeitwörtern, z. B. Traz a barba longa. Er trägt einen langen Bart.

38. Mehrere unmittelbar angereihte Hauptwörter, deren jedes für sich allein den bestimmten Artikel fordern würde, können ihn entbehren, wenn man weniger die einzelnen Begriffe, als das Ganze der Vorstellung im Auge hat. Metteram a ferro homens, mulheres e velhos e arrancaram as crianças dos peitos das mãis. Man kerkerte die Männer, Weiber und Greise ein und riß die Kinder von den Brüsten der Mütter. — Paarweise ver=binden sich Hauptwörter zu festen Formeln ohne Artikel, z. B.

céo e terra, paz e guerra, fogo e sangue. Himmel und Erde, Krieg und Frieden, Feuer und Blut. Noch fester bindet sie eine Alliteration, z. B. De fio a pavio. Schlankweg.

39. Hinter Verneinungen (jamais, nunca, não, sem mit Infinitivo, buscar mit unbestimmtem Objekt) verschwindet der un= bestimmte Artikel, z. B. Jamais homem foi mais ditoso. Nie war ein Mensch glücklicher. Não acha pessoa, que lhe empreste um vintem. Er findet keinen Menschen, der ihm einen Heller leihe. Sem dizer palavra. Ohne ein Wort zu sagen. Busca Mouro, que mande .. Er sucht einen Mauren, der befehle .. In Fragen und nach ha, es giebt, wird ähnlich konstruirt. Ha homem mais rico? Giebt es einen reichern Mann?

40. Nach como, qual, tão und mit vergleichenden Beiwör= tern, wie semelhante, wird der unbestimmte Artikel gern unter= drückt, z. B. Como paciente ovelha. Wie ein geduldiges Schaf. Foge qual lebre. Er flieht wie ein Hase. Tão grande culpa, tamanha vergonha. Eine so große Schuld, eine so große Schande. Em semelhante caso. In einem ähnlichen Falle.

41. In der Poesie entledigt man sich beider Artikel ohne Bedenken, besonders wenn das Hauptwort ergänzt ist; selbst in der Prosa genügt ein einfaches Beiwort vor dem Hauptwort, um den Artikel zu verdrängen, z. B. Endificaram novo reino. Sie gründeten ein neues Reich. Servido por boçal criada. Von einer ungebildeten Magd bedient.

42. Es giebt überhaupt Wörter, wie todo, ambos, die dem Artikel immer vorangehen, und andere, wie outro, certo, fulano, tal, tanto, die ihn ganz verschmähen, z. B. Todos os homens. Alle Menschen. Ambas as mãos. Beide Hände. Outro (nie um outro) cavallo. Ein anderes Pferd. Em certo dia. An einem gewissen Tage. Fulano veiu. Ein Gewisser kam. Nunca se via tal desventura. Nie hat man solch ein Unglück gesehen. Tanto amor! Eine so große Liebe. — Vor dem Rela= tiv qual muß der bestimmte Artikel stehen, vor dem Inter= rogativ qual steht er nicht, z. B. As raparigas, ás quaes dei ... Die Mädchen, welchen ich gab ... Aqui estão duas maçãs. Qual queres? Hier sind zwei Aepfel. Welchen willst .Du?

Fünfter Abschnitt.

Das Hauptwort oder Substantiv. — O Substantivo.

43. Das Hauptwort bezeichnet oder nennt einen Gegenstand. Es giebt daher verschiedene Arten des Hauptwortes:

A. Namen für wirklich selbstständige Gegenstände (substantivos concretos). Diese sind 1) Eigennamen (proprios), z. B. Nicolau, Leonor, Francisco. 2) Gemeinnamen (communs), nämlich: a) Gattungsnamen (appellativos), z. B. arvore, animal, homem. b) Sammelnamen (collectivos), z. B. povo, gente, armada, gado. c) Stoffnamen (de materia), zu B. leite, manteiga, ferro, prata.

B. Begriffsnamen (abstractos), nämlich 1) für Eigenschaften (qualidades), z. B. bondade, brandura, comprimento; 2) für Zustände (estados), z. B. descanço, paz, socego, somno; 3) für Handlungen (acções), nämlich a) einmalige (singelas), z. B. marcha, curso, salto, pulo, cabriola; b) wiederholte (iterativas), z. B. mendicidade.

C. Der Bildung nach sind die Hauptwörter 1) Stammwörter (primitivos), z. B. homem, casa; 2) abgeleitete (derivativos), z. B. finhinho, altura, ingratidão; 3) zusammengesetzte (compostos), z. B. guarda-mor, grão-duque, vice-rei.

44. Die wichtigsten Endsilben sind

a) die Vergrößerungssilben -chão, -gão, -lhão, -ão, -tão, -aço, -az, -caz, -ona, -ota, z. B. sabio-sabichão, rapaz-rapagão, amigo-amigalhão, mulher-mulherão, bofetada-bofetão, cacho-cachaço, velhaco-velhacaz, chorão weibl. chorona, rapariga-raparigota.

b) die Verkleinerungssilben -ete, -ilho, -inho, -ito, -sinho, -zinho, -oto, z. B. pobre-pobrete, beiço-beiçinho, manto-mantilha, grão-granito und grão-sinho, leão-leãosinho, torre-torrezinha, perdiz-perdi-goto.

c) vom Präsens des Indicativs werden abgeleitet: Hauptwörter auf -a, -e, -o, z. B. aposta die Wette [aposto], disputa der Streit [disputo], alcance Bereich [alcanço], combate der Kampf [combato], agrado der Gefallen [agrado], acordo die Uebereinstimmung [acordo].

d) vom Infinitiv werden abgeleitet: Hauptwörter auf -agem, -mento, -ão, -ção, -ança [ancia, -encia] -dor, -ino, -iz, ido, z. B. paragem Aufenthaltsort [parar], armamento Bewaffnung [armar], ferrão Spitze [ferrar], elevação Höhe [elevar], esperança Hoffnung [esperar], ganancia Gewinn [ganhar], apetencia Be-gierde [apetecer], bailarino Tänzer [bailar], aprendiz Lehrling [aprender], ladrido Gebell [ladrar].

e) vom Participio Perfeito [Mittelwort der vollendeten Handlung] werden abgeleitet: Hauptwörter auf -ada, -ida, -ura, -eira [auch -oura], -eiro [auch -ouro], z. B. arribada das Einlaufen [arribado], sahida der Ausgang [sahido], abertura die Eröffnung [aberto], amassadeira auch amassadoura Backtrog [amassado], apeadeiro auch apeadouro Absteigequartier [apeado].

f) von Hauptwörtern werden abgeleitet: Substantive auf -eiro, -ão, -ista, -iço, -iça, -eira, -al, -ar, -eda, -edo, -ia, -eria, -ado, -aço, -ada, -agem, -z, -eta, z. B. porqueiro Schweinhirt [porco], aldeão Bauer [aldea], pianista Klavierspieler [piano], cavallariço Stallmeister [cavallaria], cavalhariça Pferdestall [caval-laria], mostardeira Senftopf [mostarda], punhal Dolch [punho], pomar Obstgarten [pomo], alameda Pappel-pflanzung [alamo], arvoredo Hain [arvore], cavallaria Reiterei [cavallo], condado Grafschaft [conde], balaço Kugelschuß [bala], facada Messerstich [faca], aprendiz-agem Lehrzeit [aprendiz], Perez Sohn Peters [Pero abgekürzt von Pedro], vaqueta Kuhleder [vacca].

g) von Beiwörtern werden abgeleitet: Substantive auf
-ia, -cria, -ura, -eza, -dade, -ez, -ice, -eira,
-eria, z. B. alegria Freude [alegre], altura Höhe
[alto], actividade Thätigkeit [activo], aridez Trocken-
heit [arido], tolice Dummheit [tolo], bebedice und
bebedeira Trunkenheit [bebado].

Das Geschlecht der Hauptwörter. — O genero dos substantivos.

45. Das Geschlecht der Hauptwörter ist doppelt: männ=
lich und weiblich, und wird teils an der Bedeutung, teils
an der Endung des Wortes erkannt, in jedem Falle aber durch
den Artikel angegeben.

46. Das Geschlecht der Personen und Tiernamen richtet
sich in der Regel nach der Bedeutung, z. B. o homem, a
mulher, o cavallo, a egoa — der Mann, das Weib, das Pferd,
die Stute. — Benennungen für eine ganze Gattung lebender
Geschöpfe, ohne Geschlechtsunterschied, sind bald männlich, bald
weiblich, z. B. O homem der Mensch, o genero humano das
Menschengeschlecht, a pessoa die (männl. und weibl.) Person.

47. Unter den Sach= und Begriffsnamen sind der Be=
deutung nach

1) männlich, weil der Gattungsname dazu gedacht ist, die
Namen der Völker [o povo], der Flüsse [o rio], der
Winde [o vento], der Meere [o mar], der Monate
[o mez], der Jahreszeiten [o tempo], ausgenommen
a primavera der Frühling und der Buchstaben [o
caracter], z. B. o [povo] Hespanhol das spanische Volk,
o [rio] Tejo der Tejo, [o] Janeiro der Januar, o verão
der Sommer, o [caracter] H das H.

2) weiblich, weil der Gattungsname dazu gedacht ist, die
Namen der Weltteile [a parte], der Inseln [a ilha], der
meisten Provinzen [a provincia], der Künste [a arte],
der Wissenschaften [a sciencia] u. s. w., z. B. a Europa,
a Madeira, a Catalunha, a poesia, a theologia.

48. Der Form oder Endung nach sind männlich: die meisten Hauptwörter auf -é, -í, -ó, -ú und die einsilbigen auf -á, z. B. o café, o nebrí, o babú, o chá.

49. Mehrsilbige Hauptwörter auf -a sind weiblich, z. B. a casa, a faca, a lingua, die Sprache, ausgenommen.

1) o dia, o mappa, o lingua der Dollmetscher;

2) die uneigentlichen Hauptwörter (d. h. solche Wörter, die ohne Hauptwörter zu sein, als solche gebraucht werden), z. B. o contra, o nada;

3) die meisten griechischen Ursprungs auf -ma, z. B. o drama, o dogma.

50. Meist männlich sind die auf -be, -che, -fe, -lle, -me, -pe, -ue, -xe, z. B. o aljube, o coche, o chefe, o valle, o crime, o xarope, o xaque, o peixe.

51. Meist weiblich sind die auf -de, -ce, -phe, -de, -ge, -ie, -se, -ve, z. B. a verdade, a tolice, a [auch o] catastrophe, a saude, a phalange, a calvicie, a base, a chave.

52. Weiblich sind ferner die auf -ole, -ene, -ine, -rne, -rre, -re, -ebre, -rte, z. B. a indole, a paraselene, a crine, a carne, a torre, a arvore, a febre, a morte.

53. Meist männlich sind die auf -ble, -sne, -mbre, -obre, -cre, -ere, -fre, -gre, -aire, -tre, -ate, -ete, -eite, -ante, -ente [mit vielen Ausnahmen, wie a frente, a gente], -onte, -ote, -ste [ausgen. a peste], z. B. o roble, o cysne, o alambre, o cobre, o lacre, os viveres, o enxofre, o tigre, o donaire, o lustre, o alfaiate, o bilhete, o azeite, o diamante, o pente, o monte, o dote, o chiste.

54. Die meisten von Zeitwörtern abgeleiteten Hauptwörter auf -e sind männlich, z. B. o convite [convidar], o brilhante [brilhar].

55. Die Hauptwörter auf -l, -om, -im, -im, -o, -r (mit vielen Ausnahmen, wie a colher), -t, -x sind männlich, z. B. o sal, o tom, o fim, o atum, o palacio, o ar, o azimut, o phenix.

56. Die Hauptwörter auf -em sind geteilt, z. B. o armazem, o bem, a ordem, a nuvem.

57. Die Hauptwörter auf -i sind weiblich, z. B. a metropoli.

58. Die Hauptwörter auf -s sind geteilt:

1) die lateinischen und griechischen Ursprungs auf -es und -is sind weiblich, z. B. a hematites, a analysis [ausg. o genesis u. a.].

2) die ächt portugiesischen auf -s sind männlich, z. B. o lapis.

59. Die Hauptwörter auf -z sind

1) weiblich, wenn sie einsilbig sind; die mehrsilbigen auf -ez, welche Eigenschaften bezeichnen, sind ebenfalls weiblich, z. B. a luz, a cruz, a altivez, a rapidez.

2) teils weiblich, teils männlich, wenn sie auf -az, -iz auslaufen, z. B. o agraz, a tenaz, o nariz, a cicatriz.

3) männlich, wenn sie auf -oz, -uz, -ez [nicht Eigenschaftshauptwörter] endigen, z. B. o arroz, o arcabuz, o convez.

60. Die Hauptwörter auf -ã [-ãn, -ãa] sind weiblich, z. B. a irmã, a maçã.

61. Die Hauptwörter auf -ão sind geteilt:

1) weiblich sind die auf -cção, -gião, -são, -xão, -zão, z. B. a funcção, a religião, a allusão, a connexão, a razão.

2) männlich die übrigen auf -ão, -ião, -ção, z. B. o algodão, o gorrião, o ponção.

NB. Letztere Regel ist so reich an Ausnahmen, daß das Wörterbuch allein dem Fremden in zweifelhaften Fällen aushelfen kann. Im allgemeinen sind die weiblichen Hauptwörter auf -ão zahlreicher als die männlichen.

62. Einige Hauptwörter haben ein mehrfaches Geschlecht:

1) bei gleicher Form und Bedeutung, z. B. die Person o und a personagem, der Spion o und a espia, der Wächter o und a guarda u. a.

2) bei gleicher Form, aber veränderter Bedeutung, z. B. o planeta der Planet, a planeta ein Priesterkleid, o guarda-roupa der Aufseher über die Kleider, a guarda-roupa der Kleiderschrank, o crescente der Halbmond, a crescente die Flut u. a.

3) bei gleicher Bedeutung, aber verschiedener Form, z. B. die Seeräuberei o piratagem u. a piratavia, der Misthaufen o esterqueiro u. a esterqueira u. a.

63. Durch Veränderung der Endsilbe oder durch Anfügung einer Endsilbe bilden viele Hauptwörter, die ein männliches Wesen bezeichnen, eine weibliche Form. Dies geschieht

a) durch Anfügung von -a an den Schlußkonsonanten, z. B. Hespanhol-Hespanhola, Deos-Deosa, cantor-cantora, Inglez-Ingleza.

b) durch Verwandlung von -o in -a, z. B. filho-filha, macaco-macaca. viuvo-viuva.

c) durch Verwandlung von -nje, -nte, -stre in -nja, -nta, -stra, z. B. monje - monja, parente - parenta, mestre-mestra.

d) durch Anfügung von -essa, -eza, -iza mit Wegfall des Schlußvokals, z. B. abbade-abbadessa, duque-duqueza, propheta-prophetiza.

NB. Dem Französischen oder Lateinischen nachgebildet sind principe - princeza, imperador - imperatriz, rei - rainha, heroe-heroina u. a.

e) durch Verwandlung von -ão in -ôa, -ona oder -a, z. B. leão-leôa, chorão-chorona, irmão-irmã.

64. Bei vielen Tiernamen fehlt die weibliche Form; man bedient sich statt derselben der Beiwörter macho und femea, z. B. o crocodilo macho-o crocodilo femea, a raposa macho-a raposa femea. Viele Tiernamen sind nur weiblich, z. B. a raposa, a lebre, a rola.

Das Zahlverhältnis der Hauptwörter. — O numero dos substantivos.

65. Das Zahlverhältnis der Hauptwörter wird im Portugiesischen durch zwei Zahlformen ausgedrückt, die Einheitsform (o singular) und die Mehrheitsform (o plural).

66. Die Eigennamen, die Stoffnamen, viele Begriffsnamen, die meisten uneigentlichen Hauptwörter stehen nie oder nur ausnahmsweise in der Mehrheit, z. B. Carlos, o mel, a gratidão, o beber. Die echten Sammelnamen haben eine Mehrheit, z. B. os povos, os exercitos.

67. Einige Hauptwörter haben nur Mehrheitsform, z. B. alviçaras Botenlohn, as calças die Hosen, as trevas die Finsterniß. Manche Mehrheitsformen haben eine andere Bedeutung als die entsprechenden Einheitsformen, z. B. a bexiga, die Blase, as bexigas die Blattern, o genero das Geschlecht, os generos die Waren, o oculo das Fernrohr, os oculos die Brille. Einige bezeichnen in der Einheit nur männliche Wesen, in der Mehrheit männliche und weibliche, z. B. o filho der Sohn, os filhos die Kinder, o pai der Vater, os pais die Eltern.

68. Die Wörter Tag (Morgen), Nacht, Abend gebraucht der Portugiese beim Grüßen in der Mehrheit, z. B. Guten Tag, guten Morgen bons dias, gute Nacht boas noites, guten Abend (Tag) boas tardes.

NB. Wo der Deutsche hinter Zahlwörtern ausnahmsweise die Einheit anwendet, muß im Portugiesischen die Mehrheit stehen, z. B. drei Pfund tres libras, zwei Paar dous pares.

69. Die Mehrheitsform wird aus der Einheitsform gebildet

1) durch Anfügung von s an den Endselbstlaut, z. B. a rosa, as rosas, o menino, os meninos, o palacio, os palacios.

2) durch Anfügung von -es an die Endmitlaute r und z, z. B. a dôr as dôres, a côr as côres, a luz as luzes, a paz as pazes.

3) durch Verwandlung von -al, -ol, -ul in -aes, -oes, -ues, z. B. o punhal os punhaes, o farol os faroes, o taful os tafues. Mal und consul lauten males und consules im Plural.

4) durch Verwandlung von -el in -eis und von -il in -is, z. B. o annel os anneis, o funil os funis.

5) durch Verwandlung von -em, -im, -om, -um in -ens, -ins, -ons, -uns, z. B. o armazem os armazens, o fim os fins, o tom os tons, o atum os atuns.

6) meist durch Verwandlung von -ão in -ões, oft durch Verwandlung von -ão in -ães, manchmal durch Verwandlung von -ão in -ãos, z. B. a acção as acções, o cão os cães, o irmão os irmãos.

NB. Die erſten dieſer Hauptwörter auf -ão entſprechen den ſpani=
ſchen auf -on, die zweiten denen auf -an, die dritten denen auf -ano.

7) durch Anfügung von s an den betonten Endvokal oder Diph=
thong, z. B. pé pés, javalí javalís, perú perús, pai pais,
mãi mãis, lei leis, boi bois.

NB. Appendix (appendice), index (indice) haben im Plural
appendices, indices; Deos (Deus) hat Deoses.

Erſatz der Fallbiegung. — Equivalente da declinação.

70. Die Verhältnisfälle oder Caſus [Nominativ, Ge=
nitiv, Dativ und Accuſativ, auch Wer?= Weſſen?= Wem?=
Wen?=Fall genannt] ſind im Deutſchen die Ausdrücke für ur=
ſprünglich räumliche, dann logiſche Beziehungen der Dinge unter=
einander und der Thätigkeiten auf die Dinge. Im Portugieſiſchen
fehlt dieſe Fallbiegung; der Genitiv wird durch de, der Dativ
durch a, der Accuſativ zuweilen durch a, meiſtens durch den
einfachen Nominativ ausgedrückt, z. B.

Nom. Der Mann, die Männer.	O homem, os homens.
Gen. Des Mannes [von dem Mann], der Männer.	Do homem, dos homens.
Dat. [Zu] dem Manne, [zu] den Männern.	Ao homem, aos homens.
Accuſ. [Zu] den Mann, [zu] die Männer.	O oder ao homem, os oder aos homens.

Genitiv.

71. Im Portugieſiſchen ſteht de, das Zeichen des Genitivs,
wo im Deutſchen ohne Verbindung zuſammengeſtellt werden

a) der Teil und das Ganze (Partitiver Genitiv), z. B. ein
Glas Wein und eine Taſſe Thee um copo de vinho e
uma chicara de chá.

b) der Gattungsbegriff und das darauf bezogene Indivi=
duum (Genitiv der Benennung), z. B. 1) bei
Länder= und Städtenamen ſteht der Genitiv: o
reino de Portugal, das Königreich Portugal, a cidade de
Lisboa, die Stadt Liſſabon; 2) hinter rio, Fluß, Strom
und monte, Berg ſteht de nur ausnahmsweiſe: o rio

Tejo der Tejostrom, o monte Etna der Berg Etna; 3) hinter anno Jahr und mez Monat muß der Genitiv stehen: o mez de Maio, o anno de mil oitocentos; 4) bei Namen und Titeln, also hinter nome, titulo steht der Genitiv: o nome de Carlos der Name Karl, o titulo de senhor der Titel Herr; 5) bei persönlichen Begriffen steht der Genitiv nur, wenn das regierende Hauptwort die geistige oder leibliche Beschaffenheit der Person ausdrückt: o diabo do rapaz der Teufelsjunge (nicht der Teufel des Jungen).

c) der Gegenstand und dessen Beschaffenheit (qualitativer Genitiv), z. B. Uma colher de prata. Ein silberner Löffel. Um homem de merito. Ein verdienstvoller Mann.

d) Abstrakta, in deren Begriff eine Thätigkeit liegt und Gegenstand dieser Thätigkeit (Objektiver Genitiv), z. B. O amor de Deos. Die Liebe zu Gott. O medo da morte. Die Furcht vor dem Tode. A esperança da liberdade. Die Hoffnung auf Freiheit. A gana de riquezas. Die Sucht nach Reichtümern.

72. Dagegen steht kein Zeichen des Genitivs, wo im Deutschen auf die Frage wann? dieser Fall angewendet wird, z. B. eines Tags um dia, Freitags [alle Freitage] todas as sextas feiras, drei Mal des Tags trez vezes por dia.

73. Ein bei einem Hauptwort stehender Erklärungssatz steht immer im Nominativ, auch wenn das zu erklärende Wort in einem andern Falle steht, z. B. das Leben Homers, des größten Dichters, ist wenig bekannt — A vida de Homero, o maior poeta [nicht do maior poeta], é pouco conhecida. Vgl. 16.

Accusativ.

74. Der Accusativ wird bei Personen meist durch a, bei Dingen meist durch den einfachen Nominativ bezeichnet. Das Verhältniswort a muß nur da stehen, wo eine Zweideutigkeit eintreten könnte, z. B. Ich liebe [habe Liebe zu] Gott — Eu amo a Deos. Audienz ist die Handlung der Oberen, welche darin besteht, daß sie die Personen anhören, welche mit ihnen sprechen wollen — Audiencia é o acto de ouvirem os superiores [Nom.] ás pessoas [Accus.], que lhes querem fallar.

NB. Dieser Gebrauch des a wird nicht streng beobachtet. Camoens sagt z. B. Gente que segue o (und nicht ao) torpe Mafamede.

Abweichungen in den Fällen.

75. Die Abweichungen des Portugiesischen vom Deutschen, in Anwendung der Fallformen, verschwinden meistens, wenn man die richtige Bedeutung der maßgebenden Wörter ins Auge faßt, z. B. die Uhr aufziehen [der Uhr Kette geben] — dar corda ao relogio; eine Sache los werden [sich einer Sache entledigen] — desfazer-se de uma cousa.

Sechster Abschnitt.

Das Beiwort. — O adjectivo.

76. Das Beiwort bezeichnet irgend ein dem Gegenstand beigelegtes Merkmal, insbesondere eine Eigenschaft oder eine Beschaffenheit desselben.

77. Die Beiwörter sind entweder 1) Stammwörter oder 2) abgeleitet oder 3) zusammengesetzt.

1. Stammwörter sind z. B. moço jung, velho alt, alto hoch u. s. w.

2. a) Die von Eigennamen abgeleiteten, auch als Hauptwörter gebräuchlichen Beiwörter enden auf -ano, -ino, -ez, -ense, -eta, -eno, -ego und -ista, z. B. Africano [Africa], Marroquino [Marrocos], Francez [França], Portuense [o Porto], Lisboeta [Lisboa], Madrileno [Madrid], Gallego [Galliza], Miguelista [Miguel].

   b) Von Hauptwörtern sind abgeleitet: Beiwörter auf -enho, -oso, -ente, -ado, -ino, -udo, -eiro, -esco, -ez, z. B. sedenho [seda], alimentoso [alimento], sedente [sêde], azeitonado [azeitona], cervino [cervo], membrudo [membro], maneiro [mão], castiço [casta], picaresco [picaro], cortez [côrte].

c) Von Zeitwörtern werden abgeleitet: Beiwörter auf -vel, -eiro, -or, -iço, z. B. amavel [amar], andadeiro [andar], mordedor [morder], afogadiço [afogado].

3. Zusammengesetzte Beiwörter sind z. B. extraordinario, recem-chegado, recem-nascido.

Das Zahlverhältnis und die Geschlechtsform der Beiwörter. — O numero e o genero dos adjectivos.

78. Die Mehrheitsformen der Beiwörter werden nach derselben Regel gebildet wie die der Hauptwörter (vgl. 69). Zu bemerken ist nur, daß die Beiwörter auf ein kurzes -il diese Endung in der Mehrheit in -eis verwandeln, die auf ein langes -il in -is, z. B. uma cousa facil, cousas fazeis, uma acção vil, acções vis.

79. Die meisten Beiwörter haben als männliche Geschlechtsendung -o, als weibliche -a, z. B. bello-bella, bonito-bonita, lindo-linda, ausgenommen máo weibl. má und só weibl. só.

80. Die Beiwörter, die als männliche Geschlechtsendung -ú, -ol, -r haben, nehmen die weibliche Geschlechtsendung -a. Die auf -ão verändern diese Endung in ã [ãa oder an], oa oder ona [die Augmentative], z. B. crú crúa, hespanhol hespanhola, fallador, falladora, vão vã [vãa oder van], aldeão aldeã [veraltet aldeoa], valentão valentona.

81. Die Beiwörter auf -a, -e, -l, -m, z bleiben unverändert, z. B. o homem hypocrita, a mulher hypocrita; o caso grave, a questão grave; o caso favoravel, a posição favoravel; o homem ruim, a cousa ruim; o rapaz cortez, a rapariga cortez. Ausgenommen sind die von Ländernamen abgeleiteten Beiwörter (vgl. 59. 2. a), die ein -a als weibliche Geschlechtsendung annehmen, z. B. portuguez weibl. portugueza, hespanhol weibl. hespanhola. Commum bleibt unverändert, denn commua ist veraltet. Bom lautet weiblich boa, zagal weibl. zagala.

82. Die Verkleinerungsformen auf -ete und -ote vertauschen das -e der männlichen Endung mit -a, um die weibliche Form zu bilden, z. B. pobrete weibl. pobreta, amigote weibl. amigota.

Abkürzung einiger Beiwörter. Syncopa de alguns adjectivos.

83. Die Beiwörter grande, maior und santo haben eine abgekürzte Form grão, mór und san, die sie annehmen, wenn sie in sehr enger Verbindung mit einem Hauptwort stehen, z. B. Grão-Bretanha Groß-Britannien, monteiro-mór Ober=forstmeister, San Domingos. Das abgekürzte San wird nur angewendet vor Eigennamen, die mit einem Mitlaute anfangen.

Übereinstimmung des Beiworts mit dem Hauptwort. — Concordancia do adjectivo com o substantivo.

84. Das Beiwort wird entweder als Prädikat im Satze durch das Verbum sein (ser, estar) oder werden (fazer-se, tornar-se) dem Hauptwort beigelegt und heißt dann prädi= katives Adjectiv, oder es erscheint unmittelbar mit dem Haupt= wort verschmolzen als attributives Adjektiv oder Eigen= schaftswort, z. B. a rapariga é bonita das Mädchen ist hübsch — a bonita rapariga das hübsche Mädchen. Das portu= giesische Beiwort muß in beiden Fällen [nicht nur im zweiten wie im Deutschen] mit seinem Hauptwort in Zahl und Ge= schlecht übereinstimmen.

85. Gehört ein Beiwort zu mehreren in der Einheit stehenden Hauptwörtern gleichen Geschlechts, so muß es die Mehrheitsform annehmen, z. B. a tia e a sobrinha são lindas.

86. Gehört ein Beiwort zu mehreren Hauptwörtern ver= schiedenen Geschlechts, so wird das Beiwort, falls jenes Geschlecht ein natürliches ist, sich nach dem umfassenden Gattungswort richten, z. B. der Mann und das Weib sind hübsch o homem e a mulher são bonitos nicht bonitas, weil Männer und Weiber unter dem Begriff Mensch zusammenfallen.

87. Fehlt mehreren Hauptwörtern, zu welchen ein gemein= sames Beiwort gehört, ein natürliches Geschlecht, so richtet sich das Beiwort nach dem nächsten Hauptwort, z. B. bocca e olhos pequenos kleiner Mund und kleine Augen, olhos e orelhas abertas offene Augen und Ohren.

88. Iſt zugleich eine Geſchlechts=-und Zahlverſchiedenheit vor=
handen, ſo iſt jedenfalls das Hauptwort in der Mehrheit dem
Beiwort am nächſten zu ſtellen, z. B. Es waren viele Waaren
und viel Geld. — Muitas erão as fazendas e o dinheiro oder
O dinheiro e as fazendas erão muitas.

89. Gehören mehrere Beiwörter als Eigenſchaftswörter zu
einem Hauptwort, ſo müſſen ſie ſich nach demſelben richten
und nicht dieſes nach ihnen. Es iſt alſo falſch, wenn man „die
griechiſche und die lateiniſche Sprache" ausdrückt „as linguas
grega e latina", man muß ſagen: „a lingua grega e a latina."

Erſatz mangelnder Beiwörter und gedachter Haupt=
wörter. — Equivalente de adjectivos que faltão e
de substantivos subentendidos.

90. Viele deutſche Beiwörter, die von Stoffnamen abgeleitet
ſind, werden im Portugieſiſchen durch die entſprechenden Haupt=
wörter mit vorgeſetztem de ausgedrückt, z. B. eiſern, ſteinern,
hölzern, de ferro, de pedra, de madeira.

91. Wo in einem nachfolgenden Satz ein Hauptwort aus
einem vorhergehenden zu wiederholen wäre, bleibt es im Deut=
ſchen weg, wenn es ein Beiwort hat. Dies geſchieht im Portu=
gieſiſchen auch, wenn dem Beiwort ein Eigenſchaftshauptwort
entſpricht (groß: Größe, hoch: Höhe) oder ſtatt ſeiner de mit
Hauptwort zu ſetzen iſt, und wenn es zugleich einen der beiden
Artikel oder ein Zahlwort vor ſich hat, z. B. Eu tenho um
bom cavallo, tu tens outro máo. Ich habe ein gutes Pferd,
du haſt ein ſchlechtes. Faltão-me a mim as meias de seda, a
ti as de lã. Mir fehlen die ſeidenen Strümpfe, dir die wollenen.
Eu tomo tres peras pequenas, tu tres grossas. Ich nehme
drei kleine Birnen, du drei große.

92. Fehlt der Artikel oder das Zahlwort, ſo muß das
Hauptwort durch ein Fürwort erſetzt werden, überall, wo zum
Beiwort gedacht wird: ſolche (r, s), welche (r, s) . . . iſt
oder . . . ſind, z. B. Ich habe gutes Tuch, du haſt ſchlechtes
(ſolches, welches ſchlecht iſt). Eu tenho bom panno, tu o tens
máo [du haſt es ſchlecht].

93. Ist das gedachte Hauptwort mit einem besitzanzeigenden Fürwort verbunden, so muß es entweder wiederholt oder durch den Artikel ohne das Fürwort ersetzt werden, z. B. Ich habe meine silberne Uhr verloren, du deine goldene. Eu perdi o meu relogio de prata, tu o de ouro.

94. Ist das gedachte Hauptwort mit so viel wie, mehr, weniger verbunden, so ist von den dahinter zu denken, z. B. Hast du mehr gute als schlechte Pferde? Tens mais cavallos bons do que máos? Ich habe ebenso viele gute, wie schlechte. Tenho tantos dos bons, como dos máos.

95. Steht in einer Antwort vor einem Stoffbeiwort weder Artikel noch Zahlwort, so muß das Hauptwort ausgedrückt werden, z. B. Was für Stöcke habt ihr? — Wir haben eiserne. Que bengalas tendes? — Temos bengalas de ferro.

96. Das Hauptwort muß beim Beiwort wiederholt werden, wenn ein Doppelsinn durch Weglassung entstehen könnte, z. B. Ich lese französische Bücher, du englische. Leio livros francezes, tu lês livros inglezes.

Steigerungsformen. — Grãos de comparação.

97. Man kann einem Gegenstand eine Eigenschaft entweder absolut (d. i. unbedingt und ohne Vergleichung) oder relativ (d. i. beziehungsweise und mit Vergleichung anderer Gegenstände) beilegen. Den absoluten Stand des Beiworts nennt man den Positiv, z: B. o gigante é alto. Der Riese ist groß. Steht aber das Beiwort relativ, so besitzen die verglichenen Gegenstände die Eigenschaft entweder im gleichen Grade oder in verschiedenen Graden, daher

1. Der Comparativ d. h. die Vergleichung a) durch ebenso ... wie, b) durch mehr ... als (im Deutschen durch =er als), c) durch weniger als. — Im Portugiesischen heißt a) tão ... como [auch que, manchmal quão], b) mais [do] que, c) menos [do] que, z. B. Os infieis não são tão máos, como os pintão. Die Ungläubigen sind nicht so schlimm, wie man sie schildert. O almogavar era mais alto que a torre. Der Landsknecht war größer als der Turm. Elle era menos rico e menos

illustre do que vós. Er war weniger [nicht so] reich
und weniger berühmt als ihr.

2. Der Superlativ (die höchste Stufe) erhebt einen Gegen=
stand über alles damit Verglichene; er wird im Deutschen
durch die Endung — est oder — st gebildet, im Portugie=
sischen durch mais mit und ohne Artikel, z. B. O desterro
é uma das mais profundas miserias humanas. Die
Verbannung ist eines der größten menschlichen Leiden.

NB. Die Wiederholung des Artikels, wie im Französischen,
um den Komparativ vom Superlativ zu unterscheiden, ist im
Portugiesischen nicht gestattet, z. B. o caminho mais curto
(nie o caminho o mais curto) der kürzere, kürzeste Weg.

98. Wahre Steigerungsformen zum Vergleich haben nur
wenige Beiwörter, nämlich: muito viel, mais mehr, meist;
pouco wenig, menos weniger, wenigst; grande groß,
maior größer, größt; pequeno klein, menor kleiner, ge=
ringst; bom gut, melhor besser, best; máo schlecht, peior
schlimmer, schlimmst; alto hoch, superior höher, supremo
höchst; baixo niedrig, inferior niedriger, infimo niedrigst.

99. Für die Steigerung ohne Vergleich giebt es im Portu=
giesischen eigne, aus dem Lateinischen entliehene Formen [Super-
lativos] auf -issimo und -errimo, die das deutsche höchst,
äußerst u. s. w. ausdrücken, mit o, a, os, as das deutsche
— ste, z. B. kalt frio, äußerst kalt friissimo, berühmt celebre,
sehr berühmt celeberrimo. Diese Formen unterscheiden sich von
den mit mais gebildeten dadurch, daß nicht de todos, von
Allen, dazu gesetzt werden kann.

100. Als Regel zur Bildung dieser Komparative, auch Ela=
tive genannt, kann man aufstellen, daß an den letzten Mitlaut
des Beiworts die Endung -issimo angehängt wird, unter
Beobachtung der Regel, daß c und g vor i in qu und gu
verwandelt werden, z. B. grave gravissimo äußerst schwer,
habil, habilissimo äußerst geschickt, rico, riquissimo äußerst
reich, longo, longuissimo äußerst lang.

NB. -áo wird angesehen als -an; für -vel wird die latei=
nische Endung -bilis und für -z wird -c angenommen, z. B.
são, sanissimo äußerst gesund, terrivel, terribilissimo äußerst
schrecklich, atroz, atrocissimo äußerst grausam.

101. Die Beiwörter auf -io behalten das letzte i, z. B.
frio, friissimo äußerst kalt.

102. Daneben bestehen eine Menge rein lateinischer Super=
lative mit portugiesischer Endung, wie maximo sehr groß,
minimo sehr klein, optimo sehr gut, pessimo sehr schlecht,
antiquissimo sehr alt, sacratissimo sehr heilig u. s. w. Die
Superlative der Beiwörter auf -fico, -volo, -re, -ro, -il
sind alle in diesem Fall, z. B. benevolo — benevolentissimo
sehr geneigt, magnifico — magnificentissimo sehr schön, celebre
— celeberrimo äußerst berühmt, aspero — asperrimo äußerst
rauh, facil — facillimo äußerst leicht.

Anmerkung. Die Vergrößerungs= und Verkleinerungsformen
der Beiwörter werden nach denselben Regeln gebildet, wie die
der Hauptwörter. Vgl. 44. a) b).

<hr>

Siebenter Abschnitt.

<hr>

Das Zahlwort. — O adjectivo numeral.

103. Die Zahlwörter bezeichnen die Anzahl oder die Menge
der Gegenstände, oder auch die Ausdehnung bestimmter Größen.
Dies geschieht entweder bestimmt oder unbestimmt.

1. Bestimmte Zahlwörter.

104. Die Haupt= oder Grundzahlen [cardinaes]
stehen auf die Frage wie viel? und bezeichnen die Anzahl der
vorhandenen oder gedachten Gegenstände. Ihre Namen sind um,
uma eins, dous, duas zwei, tres drei, quatro vier, cinco
fünf, seis sechs, sete und sette sieben, oito acht, nove
neun, dez zehn, onze eilf, doze zwölf, treze dreizehn,
quatorze vierzehn, quinze fünfzehn, dezaseis und de-
zeseis sechzehn, dezasete siebzehn, dezoito achtzehn,
dezanove neunzehn, vinte zwanzig, vinte e um einund=
zwanzig, vinte e dous zweiundzwanzig u. s. w., trinta
dreißig, quarenta vierzig, cincoenta fünfzig, sessenta
sechzig, setenta siebzig, oitenta achtzig, noventa neun=
zig, cento oder cem hundert, cento e um hundert und

eins, duzentos zweihundert, trezentos dreihundert, quatro-
zentos vierhundert, quinhentos fünfhundert, seiscentos
sechshundert, setecentos siebenhundert, oitocentos achthundert, novecentos neunhundert, mil tausend; mil e
cento tausend einhundert; dous mil zweitausend; milhão
oder conto Million, bilhão oder bilião Billion u. s. w.

Anmerkungen.

1. Um und dous haben eine weibliche Form uma, duas.
Die Hunderte haben ebenfalls eine weibliche Form durch
Veränderung von -os in -as.

2. Cento steht vor Zahlnamen, cem vor Hauptwörtern,
z. B. cento e cincoenta cavallos hundert und fünfzig Pferde,
cem cavallos hundert Pferde.

3. Man sagt nicht um milhão de reis, sondern um
conto de reis. Ferner wird tausend, besonders im unbestimmten Sinne, oft durch milhar ausgedrückt, z. B.
Milhares de mosquitos Tausende von Mücken.

4. Bei Zahlreihen steht e nur zwischen dem vorletzten
und letzten Zahlnamen, z. B. Mil oitocentos cincoenta e
um 1851. Quatro mil quinhentos e quarenta 4540.

105. Die Ordnungszahlen (numeros ordinaes)
sind meistens von den Grundzahlen abgeleitete Beiwörter mit
Geschlechts- und Mehrheitsformen. Sie antworten auf die Frage
der Wievielste? und weisen einem Gegenstand eine bestimmte
Stelle in einer Reihe an. Ihre Namen sind: primeiro erste,
segundo zweite, terceiro dritte, quarto vierte, quinto
fünfte, sexto sechste, septimo und setimo siebente, oitavo
achte, nono neunte, decimo zehnte, undecimo oder on-
zeno eilfte, duodecimo zwölfte, decimo terceiro oder
terciodecimo dreizehnte, decimo quarto vierzehnte, decimo quinto fünfzehnte, decimo sexto sechzehnte, decimo
septimo siebzehnte, decimo oitavo achtzehnte, decimo
nono neunzehnte, vigesimo zwanzigste, vigesimo primeiro
einundzwanzigste, trigesimo dreißigste, quadragesimo vier-
zigste [auch quarentesimo], quinquagesimo fünfzigste,
sexagesimo sechzigste, septuagesimo oder setenteno
siebenzigste, octogesimo achtzigste, nonagesimo neunzigste,
centesimo hundertste, duzentesimo zweihundertste, mille-
simo tausendste.

NB. Für primeiro steht manchmal primo.

106. Die Fachzahlen [Steigerung von simples einfach] sind: simples [singelo] einfach oder unico [só] einzig, duplo, duplicado, dobrado, dobre doppelt, o dobre das Doppelte, triple, triplice, triplo dreifach, quadruple, quadruplo vierfach; quintuplo fünffach; sextuplo sechsfach; septuplo siebenfach; octuplo achtfach; decuplo zehnfach; centuplo hundertfach.

Die fehlenden werden mit vez, Mal, umschrieben, z. B. der neunfache Wert [neun Mal den Wert] nove vezes a valor.

107. Die Teilzahlen bilden den Gegensatz zu todo ganz. Sie heißen: meio halb, um e meio anderthalb, a metade die Hälfte, dous e meio dritthalb, tres e meio vierthalb, o terço oder a terça parte das Drittel, o quarto oder a quarta parte das Viertel, o quinto oder a quinta parte das Fünftel, a sexta parte das Sechstel, a septima parte das Siebentel, o oitavo oder a oitava das Achtel, a novena oder a nona parte das Neuntel, a decima parte das Zehntel u. s. w. Ein Vierteljahr, tres mezes, ein Halbjahr seis mezes, drei Vierteljahre nove mezes.

108. Die Rangzahlen heißen as unidades die Einer, as dezenas die Zehner, as centenas die Hunderter, os milhares die Tausender.

109. Die Sammelzahlen sind: um par ein Paar, ambos-as beide, um terno eine Terne, um quaterno eine Quaterne, uma dezena zehn Stück, uma duzia ein Dutzend, uma quinzena eine Mandel, uma sessentena ein Schock, uma centena ein Hundert, uma vintena eine Stiege, um milhar ein Tausend, um milhão oder um conto eine Million, um milhar de contos tausend Millionen, um conto de contos eine Trillion.

110. Die deutschen Wiederholungszahlen werden durch vez ausgedrückt, z. B. uma vez einmal, duas vezes zweimal.

Anmerkungen.

1. Bei Zeitbestimmungen stehen meist Grundzahlen im Portugiesischen, wo im Deutschen Ordnungszahlen stehen.

Von den Monatstagen z. B. heißt nur der erste o primeiro; die andern heißen o dous, o tres u. s. w.

2. Eine Woche kann oito dias, vierzehn Tage muß quinze dias übersetzt werden. Alle drei Tage heißt de tres em tres dias, ein Tag um den andern um dia sim e outro não, einmal eins ist eins uma vez um é um, zweimal zwei macht vier duas vezes dous são quatro.

2. Unbestimmte Zahlwörter.

111. Diese drücken eine gewisse Menge der Dinge aus oder auch die Ausdehnung eines Stoffes, ohne genaue Angabe der Anzahl oder Größe. Dahin gehören:

a) **Todo** und **Cada.**

Todo, -a, -os, -as aller, —e, —es, ganz. Als Beiwort gebraucht, erfordert es den bestimmten Artikel hinter sich. Ein [e] ganzer [—e, —es] heißt todo um, toda uma, z. B. den ganzen Tag todo o dia. Einen ganzen Tag todo um dia. Aller Wein, alles Bier, alle Trauben. Todo o vinho, toda a cerveja, todas as uvas. Sofern todo den Begriff von qualquer jedweder erfüllt, leidet es keinen Artikel hinter sich, z. B. Todo homem é mortal. Alle Menschen sind sterblich. — Als Hauptwort gebraucht heißt alles Tudo, z. B. Ich habe alles gesehen. Eu vi tudo.

Cada jeder einzelne ohne Ausnahme, ohne Geschlechts- und Mehrheitsform, z. B. jeder Tag, jede Nacht. Cada dia, cada noite. — Wird cada als Hauptwort gebraucht oder statt eines solchen, so muß es mit nachfolgendem um, a oder qual verbunden werden, wie im Deutschen „ein" davor oder „von ihnen" dahinter stehen kann, z. B. Conheces as mulheres; cada uma oder cada qual tem os seus defeitos. Du kennst die Frauen, [eine] jede [von ihnen] hat ihre Fehler.

b) **Qualquer** und **Quemquer.**

Qualquer Mehrh. quaesquer, ohne Geschlechtsform ein beliebiger, einer, jeder beliebige, wohl jeder, z. B.

Qualquer letrado vo-lo dirá. Jeder Gelehrte wird es euch sagen.

Quemquer que wer immer, wird nur von Personen gebraucht, z. B. Quemquer que sejas, villão, põe ahi teu nome. Wer du immer seiest, unadeliger Bürger, setze deinen Namen dahin.

Qualquer outro jeder andere, z. B. Qualquer outro o fará. Jeder andere wird es thun. — Qualquer que jeder welcher, z. B. Qualquer que estuda o coração do homem, conhecerá . . . Jeder, der das menschliche Herz erforscht, wird finden . . . — Qualquer . . . que welcher [—e, —es] . . . auch, z. B. Quaesquer sacrificios que eu tenha feito . . . Welche Opfer ich auch gebracht habe . . .

c) **algum** und **alguem**.

Álgum, -ma, -ns, -umas [irgend] ein [aber nicht beliebiger], z. B. Estais fazendo alguma indagação importante. Ihr macht eben eine wichtige Untersuchung. — In der Einheit steht algum, gleich dem deutschen etwas, vor Unzählbarem, und gleich einig, etwelch an der Stelle von Unzählbarem, z. B. Tem algum vinho. Er hat etwas Wein. Durou assim alguns dias. So ging es einige Tage fort. Queres bengalas? Tenho algumas. Willst du Stöcke? Ich habe etwelche. — In der Mehrheit steht alguns, wie uns, in der Bedeutung etliche, etwelche, einige vor Hauptwörtern, z. B. Durou assim alguns dias. So gings etliche [einige] Tage fort.

Alguem jemand, ohne Geschlechts- und Mehrheitsform, z. B. Havia alguem em casa? War jemand zu Hause?

d) **certo** und **varios**.

Certo ein gewisser, ist fast dem unbestimmten Artikel gleich, z. B. certo pregador ein [gewisser] Prediger. Die Mehrheit certos bedeutet eine Anzahl, z. B. Mandou certos cavallos. Er schickte eine Anzahl Pferde.

Varios verschiedene, ist sinnverwandt mit alguns und certos. Als Übergang zu muitos kann es mehrere bedeuten, z. B. Tem filhos? — Tem varios. Hat er Kinder? — Er hat mehrere. — Verschiedenes als Hauptwort heißt varias cousas.

e) Muito und pouco.

Muito, -a, -os, -as. Mancher, -e, -es, viel, -e, -es, z. B. Er hat manches gesehen. Elle tem visto muito oder muitas cousas.

Pouco, -a, -os, -as, wenig, -e, -es, z. B. Quem pouco tem, pouco teme. Wer wenig hat, fürchtet wenig. — Ein wenig heißt um pouco oder algum tanto [Umstandswort], z. B. Está algum tanto doente. Er ist ein wenig krank.

f) Outro, um — outro, um e outro.

Vor outro, -a, -os, -as andere, -es darf nie der unbestimmte Artikel stehen, z. B. Ahi temos outra tolice. Da haben wir eine andere Dummheit. Vor einer Grundzahl bedeutet es: ebenfalls, vor tanto: ebensoviel, mit -igual: ein zweiter von gleicher Art, z. B. Dei tres a Carlos e outros tantos a Francisco; a ti te darei outros tres. Ich habe dem Karl drei gegeben und dem Franz ebensoviel; dir will ich ebenfalls drei geben. Outra igual calumnia. Eine zweite Verläumdung gleicher Art.

Um, (o) outro heißt der eine, der andere. Kommt aber hinzu: wieder ein anderer, ein dritter, ein vierter, so heißt es von vorn an qual . . . qual . . . qual . . . u. s. w. oder quem . . . quem . . ., z. B. Qual canta, qual assobia, qual dança, qual salta. Der eine singt, der andere pfeift, der dritte tanzt, der vierte springt. Quem se va á casa, quem ao campo. Der eine geht nach Haus, der andere aufs Land.

Um e [o] outro, Mehrh. uns e outros, ist so viel wie ambos beide, z. B. Quer comer ou beber? Quero fazer um e outro [ambas as cousas]. Wollen Sie essen oder trinken? Ich will beides thun.

g) **Os mais** und **sendos**.

Bestimmter als os outros ist os mais die übrigen, beiwörtlich und hauptwörtlich zu gebrauchen. Die Einheit o mais das Übrige ist immer Hauptwort, z. B. As mais nações. Die übrigen Völker. Excedeu a todos os mais. Er übertraf alle andern. O mais que succedeu. Das Übrige was geschah.

Sendos, -as je — ein (gleichsam gesondert) hat nur Mehrheitsform. Es teilt die hinter ihm stehende oder gedachte, den Einheiten einer vorhergehenden Mehrheit zu, z. B. Deu a cada um sendos cavallos. Er gab [allen] jedem je ein Pferd.

h) **Tanto — quanto [como]. Tal.**

Tanto, -a, -os, -as soviel, — quanto, -a, -os, -as wie(viel), beziehen sich gewöhnlich aufeinander; z. B. Tanto vales, quanto has. Du bist soviel wert, wie du hast. — Folgt aber auf „wie" kein Zeitwort, so muß es mit como übersetzt werden, z. B. Tu tens tanto como eu [quanto eu tenho]. Du hast soviel wie ich.

Algum tanto ein wenig, dient als Umstandswort, z. B. Isto me consola algum tanto. Dies tröstet mich ein wenig.

Tanto bedeutet auch: so groß, z. B. A fama é de tanto preço. Der Ruf ist von so großem Wert.

Bei einer Steigerung des Tones heißt so groß tal, z. B. So groß war meine Überraschung, so groß mein Schrecken, daß u. s. w. Tal foi a minha surpreza, tal o meu terror, que . . .

Quanto heißt auch wieviel? wie! z. B. Quanto queres? Wieviel willst du? Quanta foi a sua fama! Wie groß war sein Ruf!

Tal heißt oft: mancher, z. B. Tal vai buscar lã e vem tosquiado. Mancher geht auf Wolle aus und kommt geschoren nach Haus.

i) **Nenhum. Ninguem.**

Nenhum, -ma, -ns, -mas, kein, ist die Verneinung von algum. Über kein, nichts ist folgendes zu bemerken:

1) Da nenhum eine nachdrückliche Verneinung ist, so bleibt „kein" unübersetzt, wo es sich nicht mit „gar kein" vertauschen läßt, z. B. Não tem dinheiro, não tem amigos. Er hat kein Geld, er hat keine Freunde.

2) Steht „kein" vor einem Beiwort mit Hauptwort, so heißt es einfach não ohne Artikel, z. B. Não tenho cavallo, não tenho bom cavallo. Ich habe kein Pferd, ich habe kein gutes Pferd.

3) Nenhum und nada (nichts) können vor das Zeitwort treten, auch wenn sie nicht Subjekt (Antwort auf wer?) des Satzes sind, z. B. Nada tenho, nenhum quero. Ich habe nichts, ich will gar keinen. Treten sie aber hinter das Zeitwort, so muß não davor stehen, z. B. Não tenho nada, não quero nenhum.

4) Einer andern Verneinung gegenüber heißt: nada nicht das Geringste, besonders hinter ninguem niemand, z. B. Elle me tem encarregado, que a ninguem diga nada. Er hat mir befohlen, keinem Menschen das Geringste [etwas] zu sagen. Die Verneinung kann ebenso stark durch não mit pessoa alguma, cousa alguma ausgedrückt werden, z. B. O senado não podia fazer lei alguma. Der Senat konnte kein Gesetz machen. Não levarei cousa alguma. Ich werde gar nichts mitnehmen.

Ninguem ist die Verneinung von alguem, heißt: niemand und hat keine Mehrheit, z. B. Ninguem póde alcançar felicidade. Niemand kann glücklich werden.

Achter Abschnitt.

Das Fürwort. — O pronome.

112. Die Fürwörter bezeichnen 1) selbstständige Gegenstände als Stellvertreter der Hauptwörter, nicht nach ihrem Inhalte,

sondern nach gewissen Beziehungen (pronomes substantivos);
2) formelle Beziehungen der Gegenstände (pronomes adjecti-
vos); als solche sind sie begleitende Bestimmwörter der Sub=
stantive. Sie werden eingeteilt in:

1) persönliche Fürwörter oder Personwörter (pronomes pessoaes), als Stellvertreter des Namens der
   in der Rede vorkommenden Gegenstände. Vergl. §. 113.

2) zueignende Fürwörter (pronomes possessivos), von
   den Personwörtern gebildete adjektivische Bestimmwörter,
   die einen Gegenstand als einer Person angehörig darstellen.
   Vgl. §. 120.

3) hinweisende Fürwörter (pronomes demonstrativos).
   Vgl. §. 127.

4) bestimmende Fürwörter (pronomes determinativos).
   Vgl. §. 131.

5) fragende Fürwörter (pronomes interrogativos).
   Vgl. §. 132.

6) beziehende Fürwörter (pronomes relativos. Vgl.
   §. 133.

1. Personwörter.

113. Man versteht in der Grammatik unter Person jeden
Gegenstand der Rede hinsichtlich seiner Stellung zu derselben
und unterscheidet demnach drei Personen, nämlich: 1) die, welche
spricht: Eu, nós. Ich, wir; 2) die, zu welcher man spricht:
Tu, vós. Du, ihr; 3) die Person, von welcher man spricht:
Elle, ella, elles, ellas, o, a, os, as. Er, sie, es.

Deklination dieser Wörter.

Einheit.

| Erste Person. | Zweite Person. | Dritte Person. | |
Für alle Geschlechter:		Männlich:	Weiblich:
N. eu, ich.	tu, du.	elle, er.	ella, sie.
G. de mim, meiner.	de ti, deiner.	delle, seiner.	della, ihrer.
D. a mim ob. me, a ti ob. te, dir.		a elle ob. lhe,	a ella ob. lhe, ihr.
mir.		ihm.	
A. me ob. a mim,	te ob. a ti, dich.	[lhe] o ob. a elle,	[lhe] a ob. a ella,
mich.		ihn.	sie.

Mehrheit.

Für alle Geſchlechter:		Männlich:	Weiblich:
N. nós, wir.	vós, ihr.	elles, ſie.	ellas, ſie.
G. de nós, unſer.	de vós, euer.	delles, ihrer.	dellas, ihrer.
D. a nós ob. nos,	a vós ob. vos,	a elles ob. lhes,	a ellas ob. lhes,
uns.	euch.	ihnen.	ihnen.
A. nos ob. a nós,	vos ob. a vós,	[lhes] os ob. a	[lhes] as ob. a
uns.	euch.	elles, ſie.	ellas, ſie.

Das rückzielende si und se, ſich, gilt für beide Ge-
ſchlechter, Einheit und Mehrheit. Es wird, ſowie die perſönlichen Fürwörter, mit mesmo, -a, -os, -as verbunden, z. B.
eu mesmo ich ſelbſt, ella mesma ſie ſelbſt, elles mesmos ſie
ſelbſt, si mesmo ſich ſelbſt u. ſ. w. Auch wird outros den
beiden perſönlichen Fürwörtern nós und vós zur Verſtärkung
beigefügt, z. B. nós outros, vós outros — wir, ihr.

Anmerkungen.

1. Werden die Fürwörter mim, ti, si, nós, vós
hinter com, mit, geſtellt, ſo wird folgendermaßen zuſammengezogen: comigo [com mim] mit mir, comtigo [com
ti] mit dir, comsigo [com si] mit ſich, comnosco [com
nós] mit uns, comvosco [com vós] mit euch.

2. Me und te vor o, os, a, as [es, ſie] werden zuſammengezogen in mo [mir es], mos [mir ſie], ma [mir ſie] mas
[mir ſie], to [dir es], ta [dir ſie], tos [dir ſie], tas [dir ſie].

3. Nos und vos vor o, os, a, as [es, ſie] werden
zuſammengezogen in nolo [uns es], nola [uns ſie], nolos
[uns ſie], nolas [uns ſie], volo [euch es], vola [euch ſie],
volos [euch ſie], volas [euch ſie].

4. Ähnlich werden se und o, a, os, as in selo,
sela, selos, selas [ſich es, ſich ſie] zuſammengezogen.
Ebenſo ſteht lho, lha, lhos, lhas für lhe o, lhe a,
lhe os, lhe as [ihm es, ihm ſie].

5. Stehen o, os, a, as hinter einem Zeitwort, das
auf r, s oder z endigt, ſo werden dieſe Buchſtaben weggelaſſen und o, os, a, as in lo, los, la, las verwandelt. Endigt das Zeitwort auf einen Naſenlaut, ſo
werden o, os, a, as in no, nos, na, nas verwandelt,
z. B. Ama-lo [amar-o], defendemo-lo [defendemos-o], fi-lo
[fiz-o], louvão-no [louvão-o].

6. Hinter eis da iſt, lauten o, a, os, as—ei-lo, ei-**la**, ei-los, ei-las.

7. Verbindet ſich elle mit em, ſo verliert letzteres ſeinen Vokal und es entſtehen die Formen nelle, nella, nelles, nellas.

114. Die perſönlichen Fürwörter haben eine doppelte Form für den Dativ und den Accuſativ; „dir" ohne Verhältniswort wird nachdrucklos dem Zeitwort angehängt oder vorgeſetzt. „Dir" mit a wird nur angewendet, wenn man das Perſon= wort betonen will. Man ſetzt in dieſem Falle wohl auch beide Formen zugleich, z. B. Vou deixar-te a ti. Ich will dich dir überlaſſen. Parece-me a mim. Mir ſcheint es. Elle mo deu a mim, não a ti. Er gab mir's, nicht dir.

115. Eu, tu, elle, ella, nós, vós, elles ſind als Sub= jekt nur dann zu ſetzen, wenn man die Perſon betonen will; gewöhnlich ſind ſie überflüſſig, weil die Endung des Zeitworts ſie ſchon ausdrückt, z. B. Tambem tu es reo como elles. Auch du biſt angeklagt, wie ſie. Elle ou ella amará. Er oder ſie wird lieben. Vão á casa. Sie gehen nach Hauſe.

116. Für die Überſetzung des deutſchen „es" iſt folgendes zu bemerken:

a) Es, als Subjekt des Satzes, wird ſelten überſetzt, z. B. Es iſt wahr. É verdade. Es ſcheint. Parece. Es kam ein Mann. Veiu um homem.

b) Das unbetonte es, o, iſt eigentlich nur Accuſativ, und folgt meiſt auf irgend ein Wort oder eine Wortverbindung, die ſtatt eines Hauptworts ſteht, z. B. Er kommt, du ſiehſt es. Elle vem, tu o vês. Sind die Hunde nützlich? Sie ſind es. Os cães são uteis? Elles o são.

117. Die tonloſen Perſonwörter werden oft neben Haupt= wörtern auf überflüſſige Weiſe angewendet, z. B. Ao impostor, uma vez conhecido por tal, nada se lhe crê. Dem Lügner, welcher einmal als ſolcher erkannt iſt, (dem) glaubt man nichts.

118. Das deutſche ihn, ſie, weiſt nur auf Hauptwörter mit dem beſtimmten Artikel. O, os, a, as weiſen außerdem

a) wie das deutſche welchen, ſolchen auf Hauptwörter ohne Artikel, z. B. Bebe vinho? · Elle o bebe. Trinkt er Wein? Er trinkt welchen. Quando esperava ter noticias dos teus descuidos, tive as das tuas discrições. Als ich auf Nachrichten von Vernachlässigungen deinerseits gefaßt war, empfing ich solche von deinen verständigen Handlungen.

b) wie das deutsche ein, -e, -es, welche bei da sein, es giebt, z. B. Abre as janellas, se as ha. Öffne die Fenster, wenn welche da sind.

c) neben einem Beiwort, wo der Deutsche das vorhergehende Hauptwort nicht ausdrückt, und in der Einheit ein setzt, z. B. Que logrou com este trabalho? Tê-lo quatro vezes maior. Was gewann er mit dieser Arbeit? Eine viermal größere zu haben.

NB. In allen diesen Fällen ist „kein" mit não, o, a, os, as zu übersetzen, z. B. Quem não tem dinheiro, não o perde. Wer kein Geld hat, verliert keins. — Von zwei „kein" in einer Antwort wird das erste durch das wiederholte Hauptwort, das zweite durch não o übersetzt, z. B. Porque não te dá dinheiro? Não me póde dar dinheiro, porque não o tem. Warum giebt er dir kein Geld? Er kann mir keins geben, weil er keins hat.

119. Es giebt im Portugiesischen kein entsprechendes Personwort für das unbestimmte man. Dieses wird ausgedrückt:

a) durch sie, die Leute, wir, einer, -e, wohl jeder, z. B. Man sagt der König sei gestorben. Dizem, a gente diz, dizemos, todos dizem que el rei morreu. Wenn man ihn hört, möchte man sagen, er sei ein grundgelehrter Mann. Qualquer diria, ao ouvi-lo, que elle é homem doctissimo.

b) durch Verwandlung des Aktivs in Passiv, z. B. Man fürchtet ihn (er wird gefürchtet) É temido.

c) durch Verwandlung des Subjekts (Wer) in Objekt (Wen?) und Hinzufügung des se, z. B. Man baut Schiffe. Navios se construem. Im Sommer trägt man keine Pelze. No verão não se trazem pelliças.

d) zuweilen einfach durch se, z. B. Der Striegel ist ein Werkzeug, mit dem man die Pferde scheuert. A almofaça é instrumento com que se esfrega aos cavallos.

NB. „Er heißt" wird übersetzt: elle se chama; man nennt ihn chamão-no.

2. Zuneigende oder besitzanzeigende Fürwörter.

120. Sie stellen den Gegenstand, mit welchem sie verbunden werden, als einer der drei Personen angehörig dar. — Sie heißen:

Einheit.

<table>
<tr><td>Männlich:</td><td>Weiblich:</td></tr>
<tr><td>Meu mein, meinige.</td><td>Minha meine, meinige.</td></tr>
<tr><td>Teu dein, deinige.</td><td>Tua deine, deinige.</td></tr>
<tr><td>Seu sein, seinige, ihr, ihrige.</td><td>Sua seine, seinige, ihre, ihrige.</td></tr>
<tr><td>Nosso unser, unsrige.</td><td>Nossa unsere, unsrige.</td></tr>
<tr><td>Vosso euer, eurige.</td><td>Vossa eure, eurige.</td></tr>
<tr><td>Seu ihr, ihrige.</td><td>Sua ihr, ihrige.</td></tr>
</table>

Mehrheit.

<table>
<tr><td>Meus meine, meinigen.</td><td>Minhas meine, meinigen.</td></tr>
<tr><td>Teus deine, deinigen.</td><td>Tuas deine, deinigen.</td></tr>
<tr><td>Seus seine, seinigen, ihre, ihrigen.</td><td>Suas seine, seinigen, ihre, ihrigen.</td></tr>
<tr><td>Nossos unsere, unsrigen.</td><td>Nossas unsere, unsrigen.</td></tr>
<tr><td>Vossos eure, eurigen.</td><td>Vossas eure, eurigen.</td></tr>
<tr><td>Seus ihre, ihrigen.</td><td>Suas ihre, ihrigen.</td></tr>
</table>

121. Die besitzanzeigenden Fürwörter können mit und ohne Artikel stehen; gewöhnlich fügt man ihn bei. Er muß aber wegbleiben, wenn das zueignende Fürwort vor einem Hauptwort steht, welches eine Würde oder einen Verwandtschafts= grad bezeichnet, z. B. [O] nosso [D.] Ribas com os seus seis palmas d'altura era um homem extraordinario. Unser Don Ribas mit seinen sechs Fuß Höhe war ein außerordent= licher Mann. Vês tu a minha casa? Siehst du mein Haus? Vi' tua mãe. Ich sah deine Mutter. Teu tio mo disse. Dein Onkel sagte mirs.

122. Der Artikel fällt ferner weg:

a) wo das besitzanzeigende Fürwort ohne Substantiv hin= ter „sein" steht, oder vor „sein" mit folgendem Hauptwort mit Artikel, z. B. Tu es meu, eu sou teu. Du bist mein, ich bin dein. Tua é a gloria. Dein ist der Ruhm.

b) in Ausrufungen und in nachdrücklichen Anreden mit Vor= anstellung des Hauptworts, z. B. Filho meu! Mein

Sohn! Homero Portuguez, Pindaro nosso! Homer Portugals, unser Pindar! Querido meu! Mein Lieber!

c) bei jedem Hauptwort, wo der deutsche Artikel nicht anzuwenden ist, und im Portugiesischen das Hauptwort vorantritt, z. B. Es ist meine und deine Schuld. A culpa é minha e tua.

d) hinter os mais, wo sich auch „von ihm" u. dgl. denken läßt, z. B. alle seine übrigen Schriften. Todos os mais escritos seus [oder delle].

e) meistens in Ausdrücken wie: para maior desgraça minha, tua etc. Zu meinem, deinem u. s. w. größeren Unglück.

123. Setzt man ein besitzanzeigendes Fürwort hinter ein Hauptwort mit dem unbestimmten Artikel um, so drückt man damit das deutsche: einer [e, es] von meinen, von deinen, von seinen u. s. w. aus, z. B. Sahiu de Burgos com um cartaz vosso. Er verließ Burgos mit einem von Ihren Anschlagzetteln. Um amigo meu. Einer meiner Freunde. Mandou a sua gente und mandou gente sua. Er schickte seine Leute und er schickte von seinen Leuten.

124. Der Artikel in der Wortverbindung ... ist (sind) der (die, das) meinige (n), wird nicht übersetzt, wo die Redensart bedeutet: gehört [en] mir, ist mein, z. B. Este chapéo é meu. Dieser Hut ist mein. Este chapéo é o meu würde heißen: Dieser Hut ist der meinige zum Unterschied von andern Hüten, die nicht mein sind.

125. Gehört einerlei Besitzwort im Deutschen zu verschiedenen Stoffbeiwörtern, die mit de zu umschreiben sind, so wird anstatt es zu wiederholen, der bestimmte Artikel gesetzt, z. B. Weder dein hänfener noch dein seidener Strick. Nem a tua corda de canamo, nem a de seda.

126. Statt seu, sua, seus, suas braucht man delle, della, delles, dellas, um eine Zweideutigkeit zu vermeiden, z. B. Os que desprezão a sciencia, não conhecem o valor della [nicht o seu valor, was auch heißen könnte: Ihren persönlichen Wert]. Diejenigen, welche die Wissenschaft verachten, kennen den Wert derselben nicht.

3. Hinweisende Fürwörter.

127. Sie drücken die örtliche Stellung des Gegenstandes, dessen Benennung sie beigefügt werden, aus, oder deuten auch nur mit Bezeichnung des Ortes auf einen Gegenstand hin, ohne ihn zu nennen. Sie heißen: Este, esta, isto, estes, estas. Dieser, diese, dieses, diese für das Nähere, — Aquelle aquella, aquillo, aquelles, aquellas. Jener, jene, jenes, jene für das Entferntere, und — Esse, essa, isso, esses, essas. Jener, jene, jenes für das dazwischen Liegende, z. B. Esta mão [meine Hand], essa mão [die deine], aquella mão [eine dritte].

128. Zu jedem derselben kann mesmo, -a, -os, -as, selber, selbst, selb zur Verstärkung treten, z. B. aquelle mesmo gerade dieser, isto mesmo gerade dies, essa mesma gerade jene.

129. Steht de oder em vor einem dieser Fürwörter, so findet dieselbe Zusammenziehung statt, wie beim Artikel, z. B. deste, disto, desse, disso, neste, nisto, nessa, nisso, daquelle, daquillo [auch de aquelle], naquelle, naquillo u. s. w.

130. Selten gebraucht werden die Verstärkungen von este und esse, aqueste und aquesse. Zuweilen zieht man este outro und esse outro zusammen in estoutro und essoutro.

4. Bestimmende Fürwörter.

131. Sie leiten die Aufmerksamkeit auf die Person oder den Gegenstand hin, von welchem etwas gesagt werden soll, und heißen:

Aquelle, aquella, aquillo, aquelles, aquellas. Derjenige, diejenige, dasjenige, diejenigen.

O, a, os, as. Der, die, das die.

O mesmo, a mesma, os mesmos, as mesmas. Derselbe, dieselbe, dasselbe, dieselben.

Tal, Mehrh. taes. Solcher, solche, solches, solche, [selbiger, -e, -es, -e].

Anmerkungen.

1. Aquelle und o erfordern immer einen abhängigen Satz mit que, welcher, e, es, und kündigen den Gegenstand

am bestimmtesten an. Will man einen schon genannten Gegenstand nicht wiederholen, so sagt man: o mesmo oder tal.

2. Mesmo verbindet sich 1) mit den persönlichen Für=wörtern. Vgl. § 103; 2) mit den hinweisenden Für=wörtern. Vgl. § 118; 3) mit o. Es bedeutet in dieser Verbindung auch: einerlei, z. B. Es ist einerlei. É o mesmo. Einerlei Uniform. A mesma farda. Einer=lei Wünsche. Os mesmos desejos.

3. Tal, ohne Geschlechtsform, aber mit der Mehrheits=form taes, entspricht dem deutschen so (beschaffen), solch, z. B. Tal o rei se mostrou aos Portuguezes. So zeigte sich der König den Portugiesen. Tal falta não a póde commetter um varão tal. Solch einen Fehler kann solch ein Held nicht begehen.

4. So etwas heißt: tal cousa. Wie ... so heißt: tal ... tal, z. B. Nunca vi tal cousa. Ich habe nie so etwas gesehen. Tal amo, tal criado. Wie der Herr, so der Diener.

5. Fragende Fürwörter.

132. Um nach einer Person oder Sache zu fragen, braucht man

1) das substantivische Pronomen

Quem, ohne Geschlechts= und Mehrheitsform. Welcher, -e, -n. Wer? wen?

A quem. Wem? wen? welchen? welche?

De quem. Wessen? — Neben de quem dient das ad=jektivische cujo, -a, -os, -as wessiger, -e, -es.

2) die adjektivischen Fürwörter.

Que? Welcher, -e, -es? Was für? mit Hauptwort.

Qual, ohne weibliche Form, Mehrh. quaes? Welcher, -e, -es? Was für welche? ohne Hauptwort.

Que tal? Wie beschaffen? Was für ein Mann?

Anmerkungen.

1. Wer? wird meistens mit quem übersetzt. Qual wird angewendet in der Frage nach Personen, denen eine Eigen=

schaft beigelegt wird, z. B. Perguntado qual era o homem mais feliz respondeu: eu. Als man ihn fragte, wer der Glücklichste sei, antwortete er: ich.

2. Was wird gewöhnlich mit que übersetzt. Ist aber die verlangte Antwort ein Beiwort, oder steht Was? un= eigentlich für Welcher? dann ist qual anzuwenden, z. B. Que queres? Was willst du? Qual é o contrario de frio? Was ist das Gegenteil von kalt? Qual é o maior milagre? Was [welches] ist das größte Wunder?

3. Welcher? Was für? wird mit que übersetzt, wenn das Hauptwort dahinter steht, dagegen mit qual, wenn das Hauptwort durch von, oder das Zeitwort von welcher getrennt ist. Ist das Hauptwort ohne Zeitwort dazu gedacht, so wird für Personen quem, für Sachen qual gebraucht, z. B. Que mulher tem visto? Welche Frau haben Sie gesehen? Quaes de aquelles mulheres virão? Welche von diesen Frauen werden kommen? Virão umas mulheres? — Quaes? Werden Frauen kommen? — Welche? Procuro uma penna. — Qual? Ich suche eine Feder. — Welche?

4. Das adjektivische qual nimmt hinter einer Präpo= sition den Artikel, z. B. Recebi dinheiro de um menino. — Do qual? — Ich bekam Geld von einem Kinde. — Von welchem? Ao qual o deu? Wem gaben Sie's.

5. Wobei? woran? sind zu übersetzen: bei welchem? von was? z. B. woran denken Sie? Em que pensa?

6. Oft wird que bei Ausrufungen gebraucht, z. B. Que homem, que heroe, que fidalgo! Welch ein Mensch, welch ein Held, welch ein Edelmann!

7. Begleitet ein Beiwort das Hauptwort, so wird zu que noch tão gesetzt, z. B. Que homem tão rico! Welch reicher Mensch!

6. Beziehende Fürwörter.

133. Sie bezeichnen die Beziehungen eines Nebensatzes (Relativsatzes) zu seinem Hauptsatze. Es sind:

E. Welcher, -e, -es. Der, die, das.	Que.	Quem.	O qual.	A qual.
Mehrh. Welche. Die.	Que.	Quem.	Os quaes.	As quaes.

G. Deſſen, deren.	Cujo, -a, -os, -as.	De quem.	Do qual.	Da qual.
Mehrh. Deren.	Cujo, -a, -os, -as.	De quem.	Dos quaes.	Das quaes.
D. Welchem, -er. der.	Dem, A que.	A quem.	Ao qual.	Á qual.
Mehrh. Welchen, denen.	A que.	A quem.	Aos quaes.	Ás quaes.
A. Welchen, -e, -es. die, das.	Den, Que.	Quem.	O qual.	A qual.
Mehrh. Welche. Die.	Que.	Quem.	Os quaes.	As quaes.

Anmerkungen.

1. Quem wird vorzugsweise für Perſonen gebraucht, que und o qual für Perſonen und Sachen. Que und quem ſind unveränderlich, qual hat die Mehrheitsform quaes.

2. Que unterſcheidet ſich von quem und o qual etwas ſtärker als das deutſche der, die, das von welcher, -e, -es. Erſteres braucht man nur, wo kein Ruhepunkt für die Stimme nötig iſt, letzteres um die Satzgliederung ſchärfer zu bezeichnen oder um Zweideutigkeiten zu ver= meiden, z. B. Certas plantas, as quaes nada tem, que as distingua. Gewiſſe Pflanzen, die nichts haben, wodurch man ſie unterſcheiden kann. A filha do homem o qual [oder a qual] morreu. Die Tochter des Mannes, der [oder die] ſtarb.

3. Der Gebrauch von quem bietet einige Schwierigkeiten. Am einfachſten iſt das Verhältnis, wenn quem als Sub= jekt beider Sätze, des Haupt= und des Nebenſatzes ſteht, z. B. Wer [derjenige welcher] nichts verlangt, erlangt nichts. Quem não pede, não tem.

4. Quem kann aber auch durch regierende Wörter des Hauptſatzes beſtimmt werden. Es ſteht dann a) im Accu= ſativ. Ich ſchätze denjenigen, welcher mich ſchätzt. Prezo a quem me preza. b) im Dativ. Ich gebe demjenigen, welchem ich ſchulde. Dou a quem devo. c) im Genitiv. Er erinnert mich an denjenigen, der mich lehrte, mich ſelbſt zu vergeſſen. Faz me lembrar de quem me fez esquecer de mim. d) mit Präpoſitionen Sage mir, mit wem du umgehſt, ſo will ich dir ſagen, wer du biſt. Dize-me com quem andas, dir-te-hei as manhas, que tens.

5. Der Genitiv **cujo, -a, -os, -as** hat die Form **eines** besitzanzeigenden Fürwort, das sich in Zahl und Geschlecht nach dem folgenden Hauptwort richtet, z. B.

Der Vater dessen |	Kind.	O pai |	cujo filho.
Die Eltern deren |		Os pais |	
Der Vater dessen |	Kinder.	O pai |	cujos filhos.
Die Eltern deren |		Os pais |	
Die Mutter deren Kind (er).		A mãe cujo (s) filho (s).	

6. Steht hinter **dessen, deren** und dem Hauptwort das Zeitwort **sein**, so muß **de quem** stehen, z. B. O senhor, de quem é criado. Der Herr, dessen Diener er ist.

7. Bei **no meio** ist **do qual** zu gebrauchen, z. B. O reino animal, no meio do qual brilha o homem. Das Tierreich, mitten in welchem der Mensch sich auszeichnet.

8. Steht **dessen, deren** vor einem Accusativ, der von einem Infinitiv abhängt, so wird es durch **de que, dos quaes** übersetzt und der Accusativ hinter das Zeitwort gestellt, z. B. die Verbrechen, deren Bestrafung den Göttern überlassen werden muß. Os crimes, dos quaes é necessario deixar a vingança aos Deoses.

9. **Von denen, von diesen, deren** vor einer Zahl oder vor einem Teilwort, heißt **dos [das] quaes**, z. B. Ein Vater hat zwölf Söhne, von denen jeder sechzig Söhne hat. Von denen kleidet die eine Hälfte sich schwarz, die andere weiß. Um pai tem doze filhos, cada qual dos quaes tem sessenta filhos, dos quaes a metade se vestem de preto, e os outros de branco.

Neunter Abschnitt.

Das Zeitwort. — O verbo.

134. Das Zeitwort oder Verbum ist ein Wort, welches die Bejahung ausdrückt. In dem Satze: die Sonne ist hell O sol é claro wird durch das Wort „ist" bejaht, daß die

Eigenschaft „hell“ der Sonne gebührt. Das Wort „ist“, é, welches bejaht, ist ein Zeitwort. Zeitwort wird es genannt, weil es notwendig die Zeitbestimmung enthält.

135. Es giebt eigentlich nur ein Zeitwort, das Verbum „sein“, welches im Portugiesischen zwei Formen hat, Ser für das bleibende Sein, Estar für das veränderliche Sein. Dieses Zeitwort allein bejaht. Amar lieben, dormir schlafen, sind nur Zeitwörter, weil sie das bejahende Verbum sein enthalten. In der That heißt amar eigentlich: estar amando liebend sein, dormir — estar dormindo schlafend sein.

136. Stehen ser oder estar allein, so sind sie verbos substantivos, weil sie nur durch sich bestehen (subsistieren); eigentlich ist nur ser ein verbo substantivo. Kommt das Zeitwort in einer andern Form vor, in der es in einem Wort das Zeitwort „sein“ und das Beiwort, das die Eigenschaft ausdrückt, vereinigt, so heißt es verbo adjectivo. Das Beiwort kann sich auf eine Thätigkeit oder auf einen Zustand beziehen, z. B, Escrevo ich schreibe, padeço ich leide, statt: estou escrevendo, estou padecendo.

137. Das Wort im Satze, das auf die durch das Zeitwort gestellte Frage Wer? Was? antwortet, nennt man Subjekt; dasjenige, das auf die Frage Wen? Was? antwortet, nennt man Objekt.

138. Veranlaßt ein Zeitwort die Frage nach dem Objekt, so nennt man es thätiges Zeitwort, verbo activo, z. B. Escrevo uma carta. Ich schreibe einen Brief. — Ist das Objekt dasselbe wie das Subjekt, so ist das Zeitwort ein rückzielendes, verbo reflexivo, z. B. Lembro-me disso. Ich erinnre mich dessen. — Veranlaßt ein Zeitwort keine Frage nach einem Artikel, so ist es ein intransitives Zeitwort, verbo neutro, z. B. Vou para casa. Ich gehe nach Haus. — Veranlaßt das Zeitwort keine Frage nach einem Subjekt, so ist das Zeitwort ein unpersönliches, verbo impessoal, z. B. chove. Es regnet. Acontece. Es geschieht. — Wird das Objekt eines thätigen Zeitworts zum Subjekt gemacht, so verwandelt sich das thätige Zeitwort in leidendes verbo passivo, z. B. Uma carta é escrita por mim. Ein Brief wird von mir geschrieben.

Biegung oder Abwandlung. — Conjugação.

139. Das Zeitwort ist viererlei Veränderungen unterworfen. Es sind Veränderungen der Person, der Zahl, der Zeit und der Arten.

a) Der Unterschied der drei grammatischen Personen, vgl. 113, wird durch eigentümliche Endungen des Zeitworts, nebenbei auch durch eu, tu, elle u. s. w. ausgedrückt. Auch nimmt das Zeitwort eine verschiedene Form an, je nachdem das Subjekt Einheit oder Mehrheit ist.

b) die Zeit, worin das geschieht, was vom Subjekt bejaht wird, ist in Beziehung auf den Zeitpunkt, in welchem der Redende sich befindet, dreifach: 1) Gegenwart, tempo presente, 2) Vergangenheit, tempo preterito, 3) Zukunft, tempo futuro. Aus den Beziehungen dieser drei Zeitmomente aufeinander, entwickelt die portugiesische Sprache folgende Zeitformen:

Presente, Preterito, Imperfeito, Preterito Perfeito, Preterito perfeito composto, Preterito mais que perfeito [unter zwei Formen], Preterito mais que perfeito composto, Preterito anterior, Futuro, Futuro Imperfeito, Futuro Condicional, Futuro Condicional perfeito.

c) die Art, o modo, ist die Form, die das Zeitwort annimmt, um anzuzeigen, wie die Bejahung durch das Subjekt geschieht. Es giebt drei Arten zu bejahen: 1) der Indikativ, o Indicativo, die bestimmte, wirkliche Bejahung, 2) der Imperativ, o Imperativo, die befehlende Bejahung, 3) der Konjunktiv, o Conjunctivo, die abhängige, mögliche Bejahung.

Die substantivische Form des Zeitworts nennt man Infinitiv, Infinitivo, die adjektivische Form des Zeitworts heißt Mittelwort, Participio.

140. Die drei Arten und die zwei Formen haben alle oder auch nur einige der in § 139 angegebenen Zeiten. Die Darstellung des Zeitworts unter diesen verschiedenen Formen nennt man dessen Biegung oder Abwandlung, conjugação.

141. In der Abwandlung kommen einfache Zeiten vor, tempos simples und zusammengesetzte Zeiten tempos compostos. Letztere werden mittelst der Hilfszeitwörter ter, haver haben, ser (estar) sein und einem Mittelwort gebildet.

142. Die einfachen Zeiten sind entweder primitiv primitivos, oder abgeleitet derivados. Vgl. 144.

143. Die deutschen Zeitwörter endigen alle im Infinitiv auf -en. Der Infinitivo der portugiesischen Zeitwörter endigt bei den einen auf -ar, bei den andern auf -er, bei andern endlich auf -ir. Danach zerfallen die Zeitwörter in drei Abwandlungen. Der Kennlaut der ersten Abwandlung ist -a-, der der zweiten -e-, der der dritten -i-.

NB. Zum Verständnis des Folgenden vgl. Beilage I. Abwandlung der Hilfszeitwörter. Beilage II. Die drei regelmäßigen Zeitwörter.

Bemerkungen über die Form der regelmäßigen Zeitwörter der drei Abwandlungen.

144. Die oberste Stammform jedes Zeitworts ist der Infinitivo Presente, also für die drei regelmäßigen Konjugationen:

Am-ar	Defend-er	Part-ir
	mit den Wurzeln	
Am	Defend	Part

145. Die Stammformen zweiten Ranges sind

1) Presente do Indicativo, also:

Amo	Defendo	Parto

2) die dritte Person der Mehrheit des Preterito Perfeito do Indicativo, also:

Amárão	Defendêrão	Partirão

3) Futuro do Indicativo, also:

Amarei	Defenderei	Patrirei

4) Participio perfeito, also:

Amado	Defendido	Partido.

146. Von der obersten Stammform werden diese vier Stammformen zweiten Ranges abgeleitet. Von allen fünf zusammen werden alle Formen des Zeitworts abgeleitet und zwar folgendermaßen:

A. Vom Presente do Infinitivo:

1) die drei Personen der Einheit und der Mehr=
heit des Presente do Indicativo, indem man für
die erste Abwandlung -ar in -o, -as, -a, -amos, -ais,
-ão, für die zweite -er in -o, -es, -e, -emos, -eis, -em,
für die dritte -ir in -o, -es, -e, -imos, -is, -em ver=
wandelt. — Der Ton ist immer auf der vorletzten Silbe,
ausgenommen bei der zweiten Person der Mehrheit, wo er
auf der letzten Silbe ist.

2) das Imperfeito do Indicativo, indem man für die
erste Abwandlung -ar in -ava, -avas, -ava, -avamos,
-aveis, -avão, für die zweite -er und für die dritte -ir
in -ia, -ias, -ia, -iamos, -ieis, -ião verwandelt. Der
Ton liegt stets auf der ersten dieser Endsilben.

3) das Preterito Perfeito, indem man für die erste Ab=
wandlung -ar in -ei, -aste, -ou, -ámos, -astes,
-árão, für die zweite -er in -i, -este, -eu, (-eo),
-êmos, -estes, -êrão, für die dritte -ir in -i, -iste,
-iu (-io), -imos, -istes, -irão verwandelt. Der Ton
liegt stets auf der vorletzten dieser Endsilben; man bezeichnet
ihn manchmal für die erste und dritte Person der Mehrheit.

4) das Presente do Participio, indem man für alle
drei Abwandlungen das letzte -r des Infinitivo in -ndo
verwandelt. Der Ton liegt stets auf der vorletzten Silbe.

5) das Preterito do Participio, indem man für die
erste Abwandlung -ar in -ado, für die zweite -er und für
die dritte -ir in -ido verwandelt. Der Ton liegt immer
auf der vorletzten dieser Endsilben.

6) das Futuro imperfeito, indem man dem Infinitiv der
drei Abwandlungen die alten Formen hei, has, ha,
hemos, heis, hão von haver haben mit Weglassung
des h anhängt. Der Ton liegt stets auf der Endsilbe und
wird in der zweiten und dritten Person der Einheit bezeichnet.

B. Vom Presente do Indicativo:

1) das Presente do Conjunctivo durch Verwandlung
der Endsilben -o, -as, -a, -amos, -ais, -ão in -e, -es,
-e, -emos, -eis, -em für die erste Abwandlung, und der

Endsilben -o, -es, -e, -emos, -eis, -em, sowie der Endsilben -o, -es, -e, -imos, -is, -em, in -a, -as, -a,
-amos, -ais, -ão für die zweite und dritte Abwandlung.

2) das Futuro do Imperativo, indem man für alle Abwandlungen das letzte s der zweiten Person der Einheit
und der Mehrheit des Indicativo Presente wegläßt.

C. Von der dritten Person der Mehrheit des Preterito
Perfeito do Indicativo:

1) das Preterito mais que perfeito do Indicativo, indem man für alle Abwandlungen die Endsilbe
-rão in -ra, -ras, -ra, -ramos, -reis, -rão verwandelt. Der Ton liegt stets auf der Silbe, die vor diesen
Endsilben steht. — Ebenso bildet man ein gleichlautendes
Imperfeito do Conjunctivo (condicional).

2) das Imperfeito do Conjunctivo, indem man für
alle Konjugationen die Endsilbe -rão in -sse, -sses, -sse,
-ssemos, -sseis, -ssem verwandelt. Der Ton liegt stets
auf der Silbe, die vor diesen Endsilben steht.

3) das Futuro do Conjunctivo, indem man für alle Konjugationen die Endsibe -rão in -re, -res, -r, -rmos,
-rdes, -rem verwandelt. Der Ton liegt auf der Silbe,
die vor diesen Endungen steht.

D. Vom Futuro do Indicativo:

1) das Futuro do Condicional, indem man für alle Abwandlungen -ei, -ás, -á, -emos, -eis, -ão, in -ia,
-ias, -ia, -iamos, -ieis, -ião verwandelt. Der Ton liegt
stets auf dem vorletzten i.

E. Vom Participio Perfeito:

1) alle zusammengesetzten Zeiten als Perfeito, Mais que
perfeito, Perfeito anterior, do Indicativo, do
Conjunctivo e do Infinitivo, Futuro perfeito do
Indicativo, do Condicional e do Conjunctivo, und
Participio perfeito composto. Diese Zeiten werden
durch die Formen tenho, tinha, tivera, tive, tenha,
tivesse, ter, terei, teria, tiver und tendo des Hilfs-
zeitworts ter, das dem Participio perfeito vorangesetzt wird, gebildet.

2) das ganze Passivo durch das Hilfszeitwort ser vgl. Beilage II.

Abwandlung der unregelmäßigen Zeitwörter. — Conjugação dos verbos irregulares.

147. Man nennt verbos irregulares diejenigen, deren Endungen in den primitiven oder abgeleiteten Zeiten nicht ganz mit denen der oben angegebenen Zeitwörter übereinstimmen. Diese Unregelmäßigkeiten sind teils in der Aussprache der Selbstlaute c und g begründet, teils wirkliche Unregelmäßigkeiten in der Zeit- und Personenbildung. So unregelmäßig auch ein Zeitwort sei, so bestehen die Unregelmäßigkeiten doch nur in den einfachen Zeiten. Vgl. zur Konjugation dieser Zeitwörter Beilage III.

Abwandlung der leidenden Zeitwörter. — Conjugação dos verbos passivos.

148. Für alle verbos passivos giebt es nur eine Abwandlung; sie besteht aus dem Hilfszeitwort ser [zuweilen estar, ficar, ir, andar, vir u. s. w.] in allen seinen Zeiten und dem Participio perfeito des verbo activo, das man passiv abwandeln will: dieses Partizip steht immer in der Zahl und dem Geschlechte des Subjekts des Zeitwort, z. B. Elle é amado, ella é amada, elles são amados, ellas são amadas. Vgl. Beilage II.

Abwandlung der intransitiven Zeitwörter. — Conjugação dos verbos neutros.

149. Die verbos neutros werden ganz so abgewandelt, wie die verbos activos. Im Deutschen haben diese Zeitwörter bald das Hilfszeitwort haben, bald sein; im Portugiesischen werden sie immer mit ter abgewandelt, z. B. ich bin gekommen eu tenho [nicht sou] chegado. Er ist gefallen elle tem [nicht é] cahido. Nur ältere Schriftsteller sagen: sou ido, ich bin gegangen, sou vindo, ich bin gekommen, was aber nicht nachzuahmen ist.

Abwandlung der rückzielenden Zeitwörter. — Conjugação dos verbos reflexivos.

150. Diese Zeitwörter werden ganz wie die verbos activos abgewandelt; nur werden die Fürwörter me, te, se, nos, vos, se dazugefügt, z. B. Me amo, te amas, se ama, nos amamos, se amão oder amo-me, amas-te u. s. w. Vgl. Beilage II.

151. In allen einfachen Zeiten des Indicativo ist es einerlei, ob die Fürwörter me, te, se, nos, vos vor oder nach dem Zeitwort stehen, z. B. Eu lembro-me disso oder eu me lembro disso. Lembrava-se oder elle se lembrava. Allein in den zusammengesetzten Zeiten des Indicativo und in den Zeiten des Conjunctivo müssen sie vorangesetzt werden, z. B. Eu me tenho lembrado, que eu me lembre, que eu me lembrasse, nicht Tenho lembrado-me, que lembre-me, que lembrasse-me. Steht das Zeitwort im Infinitivo, im Imperativo oder im Participio Presente, so muß das Fürwort nachstehen, z. B. lembrar-se, lembra-te, lembrando-se.

152. In den Sätzen, in welchen das rückzielende Zeitwort im Futuro imperfeito do Indicativo oder Condicional steht, ist es sehr elegant, die einfache Form zu trennen und das Fürwort in die Mitte zu setzen, z. B. Lembrar-te-has statt Te lembrarás; lembrar-nos-(h)iamos statt nós nos lembrariamos.

Abwandlung der unpersönlichen Zeitwörter. — Conjugação dos verbos impessoaes.

153. Sie werden wie die drei regelmäßigen Zeitwörter abgewandelt und sind nur in der dritten Person der Einheit gebräuchlich. Die einen sind immer unpersönlich, z. B. chove es regnet, neva es schneit, acontece es ereignet sich; andere sind es nur zufällig, z. B. se diz man sagt (eigentlich es sagt sich), se dizia, se disse u. s. w.; andere sind es nur im uneigentlichen Sinne, z. B. parecia-me es schien mir, doe-me o pé es schmerzt mich der Fuß, praz-me es gefällt mir. Denn das Subjekt „es" ist in allen diesen Fällen leicht durch ein wirkliches Subjekt zu ersetzen.

Von den mangelhaften Zeitwörtern. — Dos verbos defectivos.

154. Man nennt mangelhafte Zeitwörter diejenigen, von welchen gewisse Zeiten oder auch nur gewisse Personformen fehlen, weil sie nicht gebräuchlich sind, z. B. soer pflegen, feder stinken, precaver Vorkehrung treffen, bei welchen alle Zeiten fehlen, wo auf ein d oder ein v ein a oder v folgen sollte. Man sagt nicht fedo, feda, auch nicht precavo, precava. Von soer sind nur gebräuchlich: Ind. Pr.: soes, soe, soem.   Conj. Pres.: soia, soias, soia, soião.   Part.: soendo.

Vgl. die verbos defectivos Beilage III.

Von den Mittelwörtern. — Dos participios.

155. Viele Zeitwörter haben eine doppelte Form für das Participio Preterito, eine regelmäßige und eine unregelmäßige, z. B. captivar hat captivado und captivo, gastar hat gastado und gasto, morrer hat morrido und morto, tingir hat tingido und tinto.   Die zweiten Formen sind meistens zusammengezogene Formen aus dem regelmäßigen Mittelwort und dienen als Beiwort und als Hauptwort. So heißt captivo bald gefangen, bald gefangener, -e, -es, bald der Gefangene.

Vgl. die Tabelle dieser Zeitwörter Beilage III.

Gebrauch der Zahlformen und der Personformen.

156. Das Zeitwort richtet sich in Zahl und Person nach dem Subjekt (wer?).   Ist das Subjekt mehrfach, so muß im Portugiesischen das Zeitwort immer in der Mehrheit stehen, z. B. Hontem o vimos tu e eu. Gestern hast du und ich es gesehen, oder: du und ich haben es gestern gesehen.

157. Wenn ein beziehendes Fürwort mittelbar auf den Redenden oder Angeredeten hinweist, so erfordert es für diesen das Zeitwort in der zweiten Person, für jenen in der ersten, z. B. Sou viajante, que vou meu [nicht vai seu] caminho. Ich bin ein Reisender, der seinen Weg geht. Tu só es quem renovas

[nicht renova] os rapidos prazeres. Du allein erneuerſt die flüchtigen Freuden.

158. Nach **gente** und **povo**, als unmittelbarem Subjekt, ſteht das Zeitwort in der Einheit, ſonſt wird **homens** dazu gedacht und es ſteht in der Mehrheit. Statt **parte, multi-dão, especie** und andern Sammelnamen mit **de** gilt die nach **de** ſtehende Mehrheit als Subjekt, hauptſächlich wenn ſie betont iſt, z. B. Ajuntou-se o povo e amotinados se forão á casa delle. Das Volk rottete ſich zuſammen und zog em-pört nach ſeinem Hauſe. Parte dos inimigos tomarão as de Villa-Diogo. Ein Teil der Feinde nahm Reißaus.

Gebrauch der Zeitformen.

Gegenwart. — Presente.

159. Der Deutſche braucht zuweilen Gegenwart, um die Gewißheit der Zukunft auszudrücken, der Portugieſe wendet in dieſem Falle ſein **Futuro** an, z. B. Posso eu contar com que virás? Kann ich darauf zählen, daß du kommſt?

160. Eine in die Gegenwart ſich erſtreckende Vergangen-heitsform mit „ſchon" drückt der Deutſche durch die Gegen-wartsform aus, der Portugieſe durch **Preterito Perfeito composto** ohne **já**, z. B. Quanto tempo tem esperado? Tem esperado tres horas. Wie lange wartet er ſchon? Er wartet ſchon drei Stunden. — Wird aber ſtatt ſchon ge-ſetzt: iſt es her, daß..., dann wendet auch der Portugieſe **Presente** an, z. B. Quanto tempo ha que espera? Ha tres horas que espera.

Zukunft. — Futuro imperfeito. Futuro perfeito.

161. Das **Futuro** wird im Portugieſiſchen wie im Deutſchen als Ausdruck der Gewißheit angewendet. Es dient aber auch als Ausdruck der Ungewißheit für die Gegenwart, wie im Deutſchen da, wo „wird" ſich mit „mag" vertauſchen läßt, z. B. Haverá dous mezes. Es wird (mag wohl) drei Monate ſein.

162. Das **Futuro perfeito** bezeichnet als Ausdruck der Gewißheit, etwas für die Gegenwart Künftiges, aber für eine

spätere Zukunft Vergangenes, z. B. Elle o terá feito, quando o vires. Er wird es gethan haben, wenn du ihn sehen wirst.

163. Oft bezeichnet Futuro perfeito etwas in der Gegen=wart vermutlich Vollendetes, als Ausdruck der Ungewißheit, z. B. O meu criado terá chegado por acaso? Ist wohl mein Diener gekommen?

Vergangenheit für die Gegenwart dauernd — und augenblicklich mit oder ohne Bezug auf die Gegenwart. — Preterito Imperfeito. Preterito Perfeito composto. Preterito perfeito.

164. Zur Bezeichnung dessen, was für die Gegenwart des Redenden vergangen ist, giebt es im Portugiesischen zwei ein=fache und eine zusammengesetzte Form, z. B. Eu estava, eu estive, eu tenho estado.

165. Der Portugiese unterscheidet zwischen Imperfeito und Perfeito.

1) Imperfeito nennt er die dauernde Vergangenheit; mit ihrer Form bezeichnet er teils das Andauernde oder wieder=holt Geschehene, teils das neben dem Geschehenen Fort=laufende, z. B. Quando estava em Vienna, ia aos theatros todas as noites. Als ich in Wien war, ging ich jeden Abend ins Schauspiel.

2) Das Perfeito ist der Gegensatz zur Dauer, zur Wieder=holung und zur Gleichzeitigkeit. Die Vollendung kann aber ausgedrückt werden mit Bezugnahme auf die Gegenwart, dann wird Preterito Perfeito composto angewendet, oder ohne Bezugnahme auf die Gegenwart, dann wird Preterito Perfeito angewendet.

3) Das Preterito Perfeito verkündet also das, was das Zeitwort ausdrückt, als augenblicklich oder einmalig in einem Zeitpunkt, z. B. Quando reparei em meu irmão, corri a elle. Als ich meinen Bruder erblickte, eilte ich zu ihm.

4) Mit Preterito Perfeito composto bleibt der Portu=giese in der Gegenwart stehen und betrachtet das Ver=gangene als mit der Gegenwart zusammenhängend und in derselben fortwirkend, z. B. Tem chegado? Ist er (ge=kommen) da? Tem chegado. Er ist da.

5) Die Bezugnahme auf die Gegenwart schließt ein gewisses Interesse in sich, eine Auskunft die man verlangt, daher in solchen Fragen Preterito perfeito composto angewendet wird, z. B. Tens visto isto? Hast du das gesehen? (Kannst du Auskunft darüber geben?)

6) Unbedeutende Fragen der Neugierde werden gewöhnlich, als nicht mit der Gegenwart zusammenhängend, mit dem Preterito Perfeito gestellt und beantwortet, z. B. Que disseste a minha irmã? Was sagtest du meiner Schwester? — Will man es aber genau wissen, so sagt man: Que tens dito a minha irmã?

7) Wird mit der Frage eine genaue Zeitbestimmung rückwärts von heute oder heuer verbunden, so steht Preterito Perfeito, weil dadurch die Verbindung mit der Gegenwart außer Acht gelassen wird, z. B. Hontem, ha tres dias, o anno passado elle fez isto. Gestern vor drei Tagen, voriges Jahr that er dies.

8) Man kann Preterito Perfeito composto anwenden, wenn in der Frage heute, diesen Morgen, in diesem Jahr u. s. w. vorkommen, weil dadurch das Vergangene in die Gegenwart gerückt werden kann, z. B. Que tens feito esta manhã? Was hast du diesen Morgen gethan? (Gib Rechenschaft darüber). Que fizeste esta manhã? (Erzähle es).

9) Das Fragwort quando erfordert Preterito Perfeito, denn es erfragt stets einen Zeitpunkt; die Antwort erfolgt in derselben Zahlform, z. B. Quando chegou? Chegou hontem, ha tres dias etc. Wann ist er gekommen? Er ist gestern, vor drei Tagen u. s. w. gekommen.

10) Das nicht fragende quando gilt im Nachsatz einer Frage als Bejahung eines Zeitpunktes, welcher, zum Vordersatz gemacht, als Anzeige einer Zeitdauer behandelt werden würde, z. B. Ia muitas vezes ao theatro, quando esteve em Vienna? (Vgl. 165. 1.)

11) Da die eigentliche Erzählung jede Bezugnahme auf die Gegenwart ausschließt, so ist das Preterito Perfeito die am meisten angewendete Form im erzählenden Stil.

Vergangenheit für Vergangenheit. — Mais que perfeito. —
Preterito anterior.

166. Mit dem Preterito mais que perfeito wird eine
Erscheinung bezeichnet, die der Vergangenheit schon angehörte,
als das Vergangene noch Gegenwart hieß, z. B. Já tinha
chegado, quando eu cheguei. Er war schon angekommen,
als ich kam.

167. Das Preterito mais que perfeito hat drei Formen,
1° eine einfache amára, defendêra, partíra, 2° eine zu=
sammengesetzte mit tinha [amado, defendido, partido], und
3° eine zusammengesetzte mit tivêra.

168. Die erste und die dritte sind eine Zierde der Sprache
und werden besonders im erzählenden Stil für Erscheinungen
gebraucht, die einer entfernten Vergangenheit angehören, ohne
daß eine spätere Vergangenheit genannt wird, z. B. Viera
esta colonia do Egypto á Grecia. Diese Kolonie war aus
Egypten nach Griechenland gekommen [ohne Nachsatz mit
quando, als ...]. Dizem que elle tivêra tentado descobrir
o nascente do Nilo. Man sagte, er hätte (habe) die Quellen
des Nils entdecken wollen.

169. Die gewöhnlichste Form ist die mit tinha. Sie be=
zeichnet die nächste Zeit, die erste wird für eine entferntere,
die dritte für die entfernteste gebraucht.

170. Das deutsche Plusquamperfekt (Vorvergangenheit)
wird im Portugiesischen durch Preterito perfeito ausgedrückt:

a) in einem Untersatz, dessen Obersatz bereits Mais que
   perfeito enthält, z. B. Ainda não se tinha afastado
   muito do sitio, donde elle furtou aquellas pedras. Er
   war noch nicht weit von dem Orte, wo er die Steine
   gestohlen hatte.

b) hinter logo que, depois que u. s. w., z. B. Depois
   que toda a gente o viu, a publicação já não teve
   graça. Nachdem es alle gesehen hatten, machte die
   Veröffentlichung keinen Spaß mehr.

171. Das Preterito anterior kommt selten zur An=
wendung; es steht nur da, wo man absichtlich der Rede eine
gewisse Breite giebt, z. B. Depois que Don Quixote teve bem

satisfeito o seu estomago, tomou um punhado de belotas ...
Als Don Quixote seinen Magen gehörig befriedigt hatte,
nahm er eine Handvoll Eicheln.

Gebrauch des Konjunktivs. — Uso do Conjunctivo.

172. Der Konjunktiv drückt Ungewißheit aus und er=
scheint gewöhnlich in abhängigen Sätzen hinter Bindewörtern.
Kommt er in unabhängigen Sätzen vor, so erklärt er sich aus
einer Verkürzung, z. B. [Desejo que] O diabo te ampare!
[Ich wünsche] Daß dir der Teufel helfe!

173. Im Deutschen erscheint der Konjunktiv häufig als
Inhalt von Gedachtem oder Gesagtem, z. B. er sagt, er sagte,
daß es so sei. Im Portugiesischen gilt der Inhalt eines
Denkens oder Sagens immer als Gewißheit und wird
durch Indicativo ausgedrückt. Es wird dabei streng be=
obachtet, ob das Gedachte oder Gesagte gegenwärtig oder ver=
gangen ist. Im ersten Fall steht Presente, im zweiten irgend
eine Vergangenheitsform, z. B. ein Bote sagt, die Stadt sei
genommen. Diz um alviçareiro, que a cidade está tomada.
Er meldete mir, er wäre krank. Mandou-me dizer, que
estava doente. Zugleich erfuhr er, daß man hierher ge=
kommen sei, die jungen Leute in Empfang zu nehmen. Ao
mesmo tempo soube, que tinham vindo para receber os rapazes.

174. Als ungewiß wird im Portugiesischen nur in gewissen
Fällen der Inhalt des Glaubens, Meinens, Wähnens
ausgedrückt

1) wenn der Inhalt des Glaubens in einem Satze steht, der
   mit einem hinzugedachten que in der Bedeutung von
   welchem (-r, -e) an das Zeitwort crer gebunden ist,
   z. B. Dos lentiscos, que se crião na ilha de Chio e se
   crê sejão do mesmo genero, se recolhe a preciosa re-
   sina. Von den Lentisken, welche auf der Insel Chios
   gezogen werden und von welchen man glaubt, sie seien
   von derselben Art, gewinnt man das kostbare Harz.
2) bei duvidar que, z. B. Duvido, que seja assim. Ich
   bezweifle, daß es so ist.
3) wenn crer, pensar u. s. w. eine Verneinung vor sich
   haben oder in Frage stehen, z. B. Não creio, que tenha

razão. Ich glaube nicht, daß er recht hat. Crês-tu, que elle tenha razão? — Creio, que tem razão.

4) bei suppôr que, z. B. Suppõe-se, que os casamentos estejão cimentados no amor. Man nimmt an, daß die Heiraten auf Liebe gegründet sind.

5) bei persuadir a, não poder negar nur im Falle, wo die Überzeugung geläugnet oder bezweifelt ist, z. B. Ninquem poderá persuadir-me [oder Não posso negar], que estas medidas convenhão para maiores fins. Niemand wird mir einreden [oder Ich kann nicht läugnen], daß diese Maßregeln für höhere Zwecke passen.

6) zur Bezeichnung der Unglaubwürdigkeit hinter einem Satz mit ainda que und Konjunktiv, z. B. Ainda que elle jure, que já tenha comido, não se lho creia de nenhuma maneira. Sollte er auch schwören, er habe schon gegessen, so soll man es ihm doch keineswegs glauben.

175. Der Konjunktiv wird im Portugiesischen vorzugsweise von Willensäußerungen gebraucht hinter Zeitwörtern wie wollen, beschließen, verlangen, befehlen, bitten, verbieten, erlauben, raten. Der Deutsche umschreibt in diesem Falle gern mit sollen oder mögen. Da alles Gewollte dem Willen gegenüber etwas Künftiges ist, so gehört der ganze Konjunktiv zeitlich zur Zukunft. Das Presente do Conjunctivo drückt das für den jetzigen oder künftigen Willen Zukünftige aus, die Formen des Imperfeito do Conjunctivo das, was für den vormaligen Willen künftig war, z. B. Quero que venha. Ich will, daß er komme. Pedia, que viesse. Ich verlangte, daß er kommen sollte.

176. Auf Presente, Preterito Perfeito composto und Futuro do Indicativo folgt Presente do Conjunctivo des Gewollten, auf alle übrigen Zeiten des Willens folgt Imperfeito do Conjunctivo des Gewollten, z. B. Eu lhe digo, lhe tenho dito, lhe direi, que venha. Ich sage ihm, habe ihm gesagt, sagte ihm, daß er kommen solle. Eu lhe dizia, disse, diria, teria und tinha dito, que viesse. Ich sagte ihm, würde ihm sagen, würde ihm gesagt haben, hatte ihm gesagt, daß er kommen solle.

177. Alles Denken, dem ein Wollen beigemischt ist, und alle Gemütsbewegungen, die unter die allgemeinen

Begriffe: gern sehen, ungern sehen, gleichgiltig an=
sehen, nicht als gleichgiltig ansehen, gefaßt werden
können, alles Erfahren von Erfreulichem oder Widrigem
achtet der Portugiese dem Wollen (oder Nichtwollen) gleich.
— Demzufolge muß hinter hoffen, fürchten, sich freuen,
es ist mir leid, ich beklage mich, es liegt [nichts] daran,
ich trage Sorge, ich hüte mich, es gefällt mir . . .
auf das Bindewort que [daß, ob] der Conjunctivo folgen.
Auf etwas warten wird wie ein Ausdruck des Mißfallens
behandelt. Das unabsichtliche Hindern und Bewirken
gilt dem absichtlichen gleich.

178. Da der Gegenstand des Wohlgefallens oder des Miß=
fallens auch ein Vergangenes sein kann, so kommt hier für
das deutsche Perfekt (z. B. habe gelesen) das Perfeito do
Conjunctivo und für das deutsche Plusquamperfekt (z. B.
hatte gelesen) das Mais que perfeito do Conjunctivo
in Anwendung, z. B. Sinto, que não tenhas vindo. Es
thut mir leid, daß du nicht gekommen bist. Sentiu, que não
tivesse podido empregar a bala. Es war ihm leid, daß
er die Kugel nicht hatte brauchen können. Tenho medo,
que o faça. Ich fürchte, er wird es thun. Importa muito,
que venhas quanto antes. Es liegt viel daran, daß du so=
bald wie möglich kommest. Espero que se emende. Ich
hoffe, er wird sich bessern u. s. w.

179. Alle Ausdrücke des Lobes und des Tadels gelten
einem gern oder ungern sehen gleich und erfordern Conjunctivo hinter que, z. B. É bom, é melhor, mais vale,
que tenhas vindo. Es ist gut, besser, daß du gekommen
bist. Mereces, que te erijão estatuas. Du verdienst, daß
man dir Bildsäulen errichte. Convem, que te faças ao
trabalho. Es ist nötig, daß du dich an die Arbeit gewöhnest.

180. Als Willensausdruck ist zu betrachten jeder Aus=
druck einer Notwendigkeit, Möglichkeit oder einer nicht
als Ursache gefaßten Bedingung, z. B. É preciso, que o
faças. Es ist notwendig, daß du es thuest. Póde ser, que
elle o tenha feito. Es ist möglich, daß er es gethan hat.
Eu to darei, com tal que o guardes. Ich werde dirs geben
unter der Bedingung, daß du es bewahrest.

181. Mit bewirken verbindet der Portugiese die Vorstellung des Wunsches der Wirkung, mit hindern die des Wegwünschens. Darum erfordert fazer que den Conjunctivo, z. B. A sua presença fez que fosse recebido. Sein Aussehen machte, daß er angenommen wurde.

182. Wird aber die Art und Weise des Bewirkens mit de sorte que, de maneira que, de modo que (so daß) oder tão hervorgehoben, dann kann die Wirkung nur als künftig gewollt, gesollt oder bedingt, nicht als vorhanden mit Conjunctivo ausgedrückt werden, z. B. Porta-se de maneira que todos gostão delle. Er beträgt sich so, daß alle ihn lieben. Porta-te (betrage dich) de modo que todos gostem de ti (dich lieben).

183. Den Konjunktiv erfordern

1) para que, afim que, damit, auf daß, als Willensausdrücke, z. B. Eu to digo, para que (oder afim que) o saibas. Ich sage dirs, damit du es wissest.

2) em vez que anstatt daß, sem que ohne daß, als halbe Verneinung, z. B. Em vez que este passo lhe [causasse] desse alegria, elle o considerou como um ultraje. Weit entfernt, daß dieser Schritt ihm Freude verursacht hätte, betrachtete er ihn als eine Beleidigung. Escapou, sem que o vissem. Er entkam, ohne daß man ihn sah.

3) de qualquer maneira [modo] que wie auch immer, como se als ob, als Ausdruck der Ungewißheit, z. B. De qualquer maneira que seja. Wie es auch sei. Faça, como se estivesse na sua casa. Thun Sie, als ob Sie zu Hause wären.

4) antes que bevor, até que bis daß u. s. w., zur Bezeichnung ungewisser Zukunft, z. B. Esperarei, até que venha. Ich werde warten bis er kommt. Eu lho farei, antes que venha. Ich werde es Ihnen thun, bevor Sie kommen.

5) posto que, supposto que, gesetzt daß u. s. w., weil diese Einräumungswörter meistens Ungewißheit ausdrücken. Ebenso por... que, wie... auch, z. B. Posto que o odio vos levasse a derramar o sangue... Obgleich der Haß euch dazu gebracht hat Blut zu vergießen... Por mais rico que seja. Wie reich er auch sein mag.

184. Das beziehende Fürwort que und die verwandten Fürwörter, sowie onde, como, quando u. s. w. erfordern Conjunctivo, wenn der untergeordnete Satz ausdrücken soll

1) ungewisse Zukunft, ungewisse oder beispielsweise Möglichkeit, besonders mit werden, können, müssen u. s. w., z. B. Se já sabeis, quem eu seja. Wenn ihr schon wißt, wer ich bin. Alguem que te não conheça. Einer, der dich [vielleicht] nicht kennt. Mentira é qualquer palavra, que possa enganar. Lüge ist jedes Wort, das [vielleicht[trügen kann.

2) Wünschbarkeit, z. B. Dá-me um livro, que eu possa consultar. Gieb mir ein Buch, das (wie ich es wünsche) ich zu Rath ziehen kann.

3) Zweckdienlichkeit oder Bestimmung, z. B. O trabalho faz aos homens casas, onde morem [podem morar]. Die Arbeit schafft den Menschen Häuser, in denen sie wohnen können.

4) wenn das Wort bedeutet: von dem sich herausgestellt hätte [haben würde], daß, z. B. Nada dissemos, que não fosse bom. Wir haben nichts gesagt, was nicht gut gewesen wäre.

Futuro do Conjunctivo.

185. Futuro do Conjunctivo ist überall Ausdruck einer Voraussetzung gegenüber einem Werden, wollen, sollen. Es kann daher diese Zeit nur im abhängigen Satze gebraucht werden, besonders wenn der Hauptsatz ein Futuro do Indicativo, ein gebietendes oder einräumendes Presente do Conjunctivo, oder einen Imperativ enthält, also

1) hinter quando, como, que [relativo], quem u. s. w. Quando vier. Wenn er kommen wird. Como quizer. Wie Sie wollen [werden]. Qualquer que for. Wer es auch sein mag [wird]. Seja quem for. Wer es auch sein mag [wird].

2) hinter se falls, wenn, z. B. Se eu for hoje ao campo. Falls ich heute auf's Land gehen (sollte) werde. Se fores applicado. Wenn du fleißig sein wirst.

3) in vielen Sprüchwörtern [der Leichtigkeit des Reimes wegen], z. B. Casa tua filha como poderes e teu filho como

quizeres. Verheirate deine Tochter wie du kannst, und deinen Sohn wie du willst.

Futuro do Condicional.

186. Wenn die durch das Zeitwort ausgedrückte Zukunft dargestellt wird als bedingt durch etwas anderes, welches jedoch keine wirkliche Thatsache ist, sondern eine bloß gedachte Annahme (Hypothese), so denkt sich der Deutsche diese Zukunft als zweifelhaft, der Portugiese als gewiß. Im Deutschen steht daher in diesem Falle das Zeitwort im Konjunktiv (z. B. thäte, oder würde thun), im Portugiesischen im Indicativo mit -ia (verkürzt aus havia), z. B. Que seria de nós, se tal acontecesse. Was würde aus uns werden, wenn solches geschähe.

187. Jede solche Aussage besteht aus zwei Sätzen: 1) dem bedingenden (wenn...), 2) dem bedingten (so...). Im Deutschen stehen beide im Konjunktiv und zwar in der Präteritalform, z. B. Ich wäre sehr froh, wenn diese Nachricht gewiß wäre. Im Portugiesischen steht die Bedingung bald im Indicativo (Thatsache), bald im Conjunctivo (bloße Vorstellung). Setzt man die Gedankenäußerung in die Gegenwart und ist in dieser Conjunctivo erforderlich, so muß auch Conjunctivo in der Vergangenheit stehen; ist aber Indicativo erforderlich, dann steht die Bedingung im Imperfeito do Conjunctivo, z. B. Elle lhe prometteu dinheiro, se se calava [Prometto-te dinheiro, se te calas]. Er versprach ihm Geld, wenn er schweigen würde [Ich verspreche dir Geld, wenn du schweigst]. Muito folgaria eu, se fosse certa esta noticia [Muito folgo eu, se for [fosse] certa]. Ich wäre sehr froh, wenn diese Nachricht wahr wäre [Ich bin sehr froh, wenn sie wahr wäre [sein könnte].

188. Außerdem ist der umschreibende Konditionalis (z. B. würde sehen, würde gesehen werden] teils als Ausdruck vergangener Zukunft, teils als zweifelhafte, eingebildete Wirkung mit einer der Formen des Imperfeito do Conjunctivo zu übersetzen.

a) in Sätzen, deren Inhalt ungewiß ist, z. B. Não pensava, que viesse. Ich glaubte nicht, daß er kommen würde.

b) in Sätzen, die vergangene Hoffnung, Freude u. dgl. als Wunsch ausdrücken, z. B. Folgava, que seu pai viessè. Er freute sich, daß sein Vater kommen würde.

c) in Sätzen, die von einem Konditionalis abhängen, z. B. Daria taes razões, que visses, que não estou enganado. Ich würde solche Gründe geben, daß du sehen würdest, daß ich mich nicht betrüge.

d) in Sätzen, die durch ein beziehendes Fürwort mit ihrem Vordersatz verknüpft sind und ungewisse Erwartung oder Möglichkeit ausdrücken, z. B. O oraculo te mandava. que sacrificasses o primeiro, que encontrasses. Der Götterspruch befahl dir das erste zu opfern, was dir begegnen würde.

189. Futuro Condicional wird gebraucht, um Ungewisses in der Vergangenheit auszudrücken, wo der Deutsche mochte braucht, z. B. Serião dez horas da noite. Es mochte (wird wohl) zehn Uhr (gewesen) sein.

190. Futuro Condicional wird endlich gebraucht, um ein Sollen, Wollen, Wünschen, eine Möglichkeit milde auszudrücken, z. B. Quereria. Ich möchte wohl. Deverias. Du solltest doch. Desejariamos. Wir wünschten.

Condicional. — Imperfeito do Conjunctivo em
— ára, — êra, — íra.

191. Das Imperfeito do Conjunctivo hat ähnlich wie im Deutschen zwei Formen: eu fizesse und eu fizéra [ich würde thun und ich thäte]. Man kann die zweite dieser Formen eu fizéra ebenfalls als eine andere Form des Futuro Condicional ansehen, also eu faria und eu fizéra [ich würde thun und ich thäte].

192. Mit dieser zwischen Imperfeito do Conjunctivo und Futuro Condicional stehenden Form wird der Bedingt=heit (statt -ria) und der Bedingung (statt -sse), dem Willen, der Folgerung, der Möglichkeit ein Anstrich größerer Ungewiß=heit oder Milde gegeben. Der Ausdruck wird dadurch leb=hafter und entspricht oft dem, den der Deutsche durch den Beisatz wohl, doch, wahrlich dem Satze giebt, z. B. Bem o fizéra. Ich möchte es wohl thun. Quizéra Deos, que

assim fosse. Möchte doch Gott, daß dem so wäre. Fallára mais bem criado, se fôra vm^{cê}. Ich würde wahrlich mit mehr Lebensart sprechen, wenn ich Sie wäre.

Futuro Condicional Perfeito. Preterito mais que perfeito do Conjunctivo.

193. Diese beiden Zeiten [teria amado und tivesse amado] haben eine dritte Form gemeinschaftlich als zweite Form [tivêra amado], z. B. Se o tivesse oder se o tivêra sabido . . . Wenn ich es gewußt hätte. — Eu teria feito und eu tivêra feito, ich hätte gethan.

194. Das Preterito mais que perfeito do Conjunctivo (tivesse oder tivêra—do) kommt vor

1) um den vergangenen Grund einer vergangenen Gemüts- bewegung zu bezeichnen, z. B. Admirava-me de que ti- vesse vindo. Es wunderte mich, daß er gekommen war.

2) um den vergangenen Grund einer gegenwärtigen Gemüts- bewegung, die durch Condicional ausgedrückt wird, zu bezeichnen, z. B. Folgára, se vm^{cê}. tivesse ouvido. Es wäre mir lieb [ich wollte], wenn Sie gehört hätten.

3) um die Bedingung eines in der Vergangenheit gedachten bedingten Satzes auszudrücken, z. B. Que teria sido de nós, se tal tivesse acontecido? Was wäre aus uns geworden, wenn solches geschehen wäre?

195. Das Futuro Condicional Perfeito ist die ver- gangene Form von Futuro Condicional und wird in den- selben Fällen wie diese angewendet, nur mit veränderter Zeit- bestimmung, z. B. Eu estimaria fulano, se elle fôra mo- desto und Eu teria amado fulano, se elle tivêra sido [tivesse sido] modesto. Ich würde ihn schätzen, wenn er bescheiden wäre, — und — ich würde ihn geschätzt haben, wenn er bescheiden gewesen wäre.

196. Die Form tivêra — do mildert beide andern; te- ria — do drückt die Zukunft am gewissesten aus, tivesse — do schon etwas ungewisser, tivêra — do bezeichnet sie am zufälligsten, z. B. Teria vindo certamente, se . . . Er wäre gewiß ge- kommen, wenn . . . Sei, que tivesse vindo, se . . . Ich weiß,

er wäre gekommen, wenn ... Quem sabe, se tivêra vindo!
Wer weiß, ob er gekommen wäre!

197. Das Futuro Condicional steht häufig statt Futuro
Condicional Perfeito und statt Preterito mais que
perfeito do Conjunctivo, um die Gedehntheit zusammen=
gesetzter Formen zu vermeiden, z. B. Fôra (statt teria sido)
o peior dos ingratos, se não tivêra sido o melhor dos leaes.
Ich würde der Schlechteste unter den Undankbaren gewesen
sein, wenn ich nicht der Beste unter den Treuen gewesen
wäre. Se não fôra [tivesse sido] por mim, não o teria
sabido. Wenn [nicht durch mich] ich nicht gewesen wäre,
hätte er es nicht erfahren.

Gebrauch des Imperativs. — Uso do Imperativo.

198. Der Imperativo verbindet sich im Portugiesischen nie
mit der Verneinung; hinter solcher tritt Conjunctivo an seine
Stelle, z. B. Ama, amai. Não ames, não ameis.

199. Der Imperativo hat nur zweite Person der Einheit
und der Mehrheit. Die dritte Person in der Anrede wird dem
Conjunctivo als Ausdruck des Wunsches entlehnt, z. B.
[Quero que] Tenha a bondade. Seien Sie so gut. — Was
manchmal als erste Person der Mehrheit des Imperativo
gilt, ist die entsprechende Person des Conjunctivo und ent=
hält eine Aufforderung zum gemeinschaftlichen Handeln, z. B.
Comamos! Vamos! Laßt uns essen! Laßt uns gehen!
Auf ähnliche Weise wird auch die erste Person der Einheit des
Conjunctivo gebraucht, z. B. Porem saiba eu primeiro o
teu nome! Aber laß mich erst deinen Namen wissen!

Hilfszeitwörter. — Verbos auxiliares.

1. Werden.

200. Es giebt im Portugiesischen kein dem deutschen werden
entsprechendes Wort. Als selbständiges Zeitwort ist werden
mit fazer-se, tornar-se, ficar u. s. w. zu übersetzen.
Faz-se velho. Er wird alt. Tornou-se amarello. Er wurde
gelb. Assim fica bem. So wirds gut.

201. Dem werden im deutschen Futurum entspricht das
verkürzte haver (-ei, -ás u. s. w.), bei Bildung des Passivs

ser. Wenn das Passiv kein bestimmtes Subjekt hat, wird es nicht durch ser, sondern rückzielend oder aktiv ausgedrückt, z. B. Dizem. Diz-se. Es wird gesagt. Não se paga aqui mais nada. Hier wird nichts mehr bezahlt.

2. Sein.

202. Ist sein nicht bloßes Hilfswort, so bezeichnet es 1) ein Vorhandensein und wird haver übersetzt, z. B. Ha alguem? Ist jemand da? 2) einen bleibenden Zustand und wird ser übersetzt, z. B. É boracho. Er ist ein Trunkenbold; 3) einen vorübergehenden Zustand und wird estar übersetzt, z. B. Está boracho. Er ist betrunken. Da sein (örtlich) heißt auch estar, z. B. Cá está elle. Da ist er.

203. Ser dient nie als Hilfszeitwort, um die vergangenen Zeiten zu bilden. Dagegen dient estar, um einen aus vergangenem Passiv hervorgegangenen Zustand zu bezeichnen, z. B. Foi reduzido. Er wurde dahin gebracht. Está reduzido. Er ist dahin gebracht.

204. Sein wird mit ficar übersetzt, wo es einen Zustand bezeichnet, der die Folge einer durchgreifenden Wirkung ist, z. B. Fiquei admirado. Ich war ganz erstaunt. Ficou satisfeito. Er war völlig zufrieden.

205. Statt está braucht man zuweilen vai, um den Ausdruck zu verstärken bei Gesagtem und Verstandenem, z. B. Vai declarado. Es wird erklärt. Vai entendido. Es ist vernommen und verstanden. — Da, wo die Wirkung mehr thätiges als leidendes Verhalten ist, steht andar statt estar und ficar, z. B. Anda estudando. Er studiert [ist und war studierend und wird es sein].

3. Haben.

206. Wenn haben ein Aktivum ist, heißt es ter, z. B. Tenho dinheiro. Ich habe Geld. — Heißt es an-, in sich haben, so kann es estar com übersetzt werden, z. B. Estas peras estão com bichos. Diese Birnen haben Würmer. Der Besitz von geistigen Eigenschaften wird oft mit ser de ausgedrückt, z. B. É de fecunda memoria. Er hat ein treffliches Gedächtnis.

207. Haver steht mit dem Accusativ nur als unpersön-

liches Zeitwort oder mit mister, z. B. Ha um peixe. Es giebt einen Fisch. Hei mister. Ich habe notwendig.

208. Zur Bildung der Vergangenheitsformen dient ter; manchmal, aber nur zur Abwechslung, haver. Gewöhnlich hat ter den Vorzug.

209. Ich habe eben heißt acabo de, z. B. Acabo de beber. Ich habe eben getrunken.

Die deutschen Hilfszeitwörter wollen, mögen, sollen, müssen, lassen, dürfen werden mehr oder weniger durch Formen des Zeitworts ausgedrückt.

4. Wollen.

210. Wenn wollen bedeutet vorhaben und mit einer Zeitbestimmung verbunden ist, wird es einfach durch Futuro ausgedrückt, z. B. Willst du heute Abend Klavier spielen? Tocarás piano esta noite?

211. Bedeutet wollen im Begriff sein zu, so wird es durch ir ausgedrückt, z. B. Vou fazê-lo. Ich will, bin im Begriff es zu thun.

212. In der ersten Person kann will, wollen bald Zukunft, bald Aufforderung ausdrücken. Im ersten Fall ist Futuro anzuwenden, im zweiten Conjunctivo, z. B. Pois, veremos! Nun, wir wollen sehen! Vejamos o que é. Wir wollen sehen was es ist.

5. Mögen.

213. Wo mögen nicht Hilfszeitwort ist, bedeutet es wollen oder können, z. B. Não quero. Ich mag nicht. Póde ser. Es mag sein. — Das Hilfszeitwort mögen ist durch Conjunctivo auszudrücken, z. B. Escreve-lhe que venha. Schreibe ihm er möge kommen.

6. Sollen.

214. Heißt sollen: müssen, so wird es durch dever oder haver de übersetzt, z. B. Que hei de fazer? Was soll ich thun? Deves escrever. Du sollst schreiben.

215. Sollen gleichbedeutend mit es heißt daß, wird ausgedrückt durch dizem oder diz-se. Dizem que tem chegado. Er soll gekommen sein.

216. Wird mit Sollen gefragt, was der Angeredete will, so wird die Frage nach dem Willen im Portugiesischen förmlich ausgedrückt, z. B. Queres que o chame? Soll ich ihn rufen?

217. Sollen, als Hilfszeitwort, wird durch Conjunctivo ausgedrückt, z. B. Escreve-lhe, que venha. Schreibe ihm, er soll kommen. Sollte? als Ausdruck der Ungewißheit wird durch Futuro; sollte (wohl)? durch Futuro Condicional; wie sollte? durch Como poderia ausgedrückt, z. B. Haverá um homem, que não saiba isto? Sollte es einen Menschen geben, der das nicht weiß? Serião já dez horas? Sollte es schon zehn Uhr sein? Como poderia aborrecer-me aqui? Wie sollte ich mich hier langweilen?

218. Hinter nicht wissen, was ..., — wohin ... u. dgl. wird sollen nicht ausgedrückt, wenn das Subjekt dasselbe ist. z. B. Não sei que fazer. Ich weiß nicht, was ich thun soll. — Heißt sollen: werden, so wird es durch Futuro übersetzt, z. B. Que será de mim? Was soll aus mir werden?

7. Müssen.

219. Ist müssen gleichbedeutend mit schuldig sein, sich gebühren, so heißt es dever, haver de; bedeutet es notwendig sein, so wird es durch ser preciso, ser necessario, ser mister etc. ausgedrückt, z. B. Devo fazê-lo. Hei de fazê-lo. Ich muß muß es thun. — É preciso, mister etc. comprar pão. Man muß (es ist dringendes Bedürfnis) Brot [zu] kaufen.

8. Lassen.

220. Ist lassen gleichbedeutend mit veranlassen, so heißt es fazer, bedeutet es verfügen, so übersetzt man es mit mandar, heißt es erlauben, so drückt man es durch deixar aus, z. B. Faço saber. Ich lasse wissen. Mando fazer. Ich lasse machen. Deixo fallar o pateta. Ich lasse den Dummkopf reden. — Es läßt sich heißt se póde, z. B. Isto póde fazer-se. Das läßt sich machen.

9. Dürfen.

221. Heißt dürfen: die Erlaubnis haben, so wird es übersetzt ser permittido, z. B. É permittido entrar no jar-

-dim? Ist es erlaubt in den Garten zu gehen? — Heißt es: durch nichts verhindert sein zu ... so wird es übersetzt nada se oppõe a que, z. B. Nada se oppõe a que o saibas. Du darfst es wissen. — Verneinend oder in Fragen heißt dürfen haver de, dever, poder, z. B. Posso, devo fazê-lo? Darf ichs thun? Não deves fazê-lo. Du darfst es nicht thun. — Heißt es in der Frage: Erlauben Sie mir? so wird es durch Futuro ausgedrückt, z. B. Lhe servirei deste vinho? Darf ich Ihnen von diesem Wein anbieten?

Gebrauch des Infinitivs. — Uso do Infinitivo.

222. Der Infinitiv, als Subjekt des Satzes oder als Objekt, wird mit dem männlichen Artikel konstruiert. Für ein nachfolgendes Fürwort gilt er als sächlich, z. B. O comer demasiado é perigoso. Das allzuviele Essen ist ungesund.

223. Selten hört der Infinitiv auf Zeitwort zu sein; er übt seine aktive Kraft fort, selbst wenn er wie ein Hauptwort gebraucht wird, z. B. Ao cruzar a posta da Cruz, experimentei o mesmo prazer que sentira ao descer o outeiro. Als ich an der Post von Kreuz vorbeikam, empfand ich dasselbe Vergnügen, das ich empfunden hatte, als ich den Hügel herabfuhr. O parecer del rei. Die Ansicht des Königs. Ao parecer el rei. Beim Erscheinen des Königs.

224. Der Infinitiv wird oft mit Verhältniswörtern gebraucht statt des Indikatios mit entsprechenden Bindewörtern, um eine Nebensache in den Schatten zu stellen, z. B. Perguntarei até sabê-lo. Ich werde fragen, bis ich es weiß. Até que o saiba ... so lang bis ichs endlich erfahre. A não estar [se não estivéra] morto, elle rebusnára. Wäre er nicht tot gewesen, so hätte er bejaht.

225. Der Infinitiv wird zuweilen als Subjekt oder Objekt gebraucht, wo im Deutschen ein Satz mit daß, (wie) wenn, ob u. dgl. gebildet werden muß. Er kann dabei selbst ein Subjekt haben und dieses steht hinter ihm, z. B. Não saber o homem o que aconteceu antes que nascesse, é ser sempre menino. Wenn der Mensch nicht weiß, was vor seiner Geburt geschehen ist, so ist das soviel, als ob er ein Kind wäre.

226. Der abhängige Infinitiv wird meistens wie ein Hauptwort behandelt; zu heißt dann de, z. B. A arte de agradar

a todos. Die Kunst allen zu gefallen. — Zu wird durch para aus=
gedrückt, wenn es heißt um zu, z. B. Não tenho tempo para jo=
gar. Ich habe keine Zeit (um) zu spielen. — Ist zu von einem
andern Zeitwort als haben abhängig, so ist es nicht zu übersetzen,
denn es ist entweder Subjekt oder Objekt, z. B. É honroso morrer
no campo da honra. Es (Was?) ist ehrenvoll auf dem Schlacht=
feld zu sterben. Desejo vê-lo. Ich wünsche (was?) ihn zu sehen.

227. Die portugiesische Sprache räumt dem Infinitiv zur
Bezeichnung der persönlichen Beziehungen eine ganz verbale Ab=
wandlung ein [amar, amares, amar, amarmos, amardes,
amarem], womit er jedoch, wie die vorgefügten Präpositionen
bezeugen, keineswegs in eine wirkliche Zeitform übergeht. Es
geschieht jedoch nur da, wo er sich in einen bestimmten Modus
umsetzen läßt, wo er also aus seiner Abhängigkeit von dem re=
gierenden Zeitwort heraustreten kann. Dabei ist es gleichgiltig,
ob er sein eigenes Subjekt hat oder nicht, z. B. Tempo é de
pártires (é tempo que tu partas). Es ist Zeit, daß du gehest.
Todos estam alegres por terem paz (porque tem paz). Alle
sind zufrieden, weil sie Frieden haben.

228. Dieser Infinitiv verbindet sich auch mit dem persön=
lichen Fürwort als Subjekt oder Objekt, z. B. Não é necessario pedires me tu isso. Es ist nicht notwendig, daß du mich
um dieses bittest. Vimos as ursas banharem-se. Wir haben
gesehen, wie sich die Bärinnen badeten.

229. Ist aber der Infinitiv von Hilfszeitwörtern des Modus
abhängig, so bleibt er unveränderlich, z. B. Pudeste ouvir. Du
hast hören können. Sabes dar. Du verstehst es zu geben.
Ebenso: Parecem vencer. Sie scheinen zu singen.

230. Ist der Sinn ohne die Endung deutlich genug, so
wird diese oft bei Seite gelassen; z. B. Deves buscar outro
modo para vós mais descansar [anstatt descansardes]. Du
mußt eine andere Art suchen, damit ihr besser ausruhen könnt.
Oft wird sie auch willkürlich beigefügt, z. B. De morrermos
desejando [statt desejando morrer]. Den Tod wünschend.

Gebrauch der Mittelwörter. — Uso dos Participios.

231. Das Participio drückt wesentlich dasselbe aus, was
ein entsprechendes Hauptwort mit einem Verhältnißwort im

Deutschen aussagt, z. B. Ensinando aprendemos. Durch Lehren lernen wir. Tendo recebido a extrema uncção, expirou. Nach Empfang der letzten Ölung verschied er. — Es kann auch, wie man sieht, ein Objekt haben.

232. Es kann auch ein Subjekt haben, z. B. Sendo devoto um homem, nada altera a sua equanimidade. Wenn ein Mensch fromm ist, stört nichts seinen Gleichmut. — Manchmal steht es für ein Mittelwort auf -end, z. B. Acharão-no dormindo. Sie fanden ihn schlafend. Es ist aber nie Beiwort, wie z. B. ein schlafender Mann.

233. In allen Fällen, wo das Participio Presente nicht von estar abhängt, entspricht es dem deutschen Zeitwort mit indem, wenn, da, welcher, obgleich, und ... Participio Perfeito Composto mit nachdem, z. B. O exercito perdeu a victoria, tendo perdido o seu rei. Nachdem das Heer seinen König verloren hatte, verlor es den Sieg. Vendem gado tomando em cambio trigo. Sie verkaufen Vieh und nehmen Getreide dafür.

Anmerkungen.

1. Participio Presente drückt das Thun deutlicher aus als Infinitivo, z. B. Eu o vi pintar. Ich sah, wie er gemalt wurde. Eu o vi pintando. Ich sah, wie er malte.

2. Das Participio Presente steht in zweideutigen Fällen so nahe als möglich bei dem Worte, zu dem es gehört, z. B. Olhando eu pela janella, vi a mulher. Als ich durchs Fenster sah, bemerkte ich die Frau. Vi a mulher olhando pela janella. Ich bemerkte die Frau, welche durchs Fenster sah.

3. Steht em vor dem Participio Presente, so wird damit ein engerer Zusammenhang ausgedrückt, etwa wie mit sobald als, sowie, so oft u. s. w. z. B. Chegou outro, deu-lhe facadas e em as dando fugiu. Ein anderer kam, gab ihm Messerstiche, und, sowie er sie gegeben hatte, floh er.

4. Mit estar verbunden drückt das Participio Presente die Dauer eines Thuns oder Seins aus, mit ir eine augenfällige Fortbewegung, z. B. Que estás tu fazendo? Estou escrevendo uma carta. Was machst du da? Ich bin beschäftigt einen Brief zu schreiben. Ia camin-

hando á aldeia. Er wanderte eben dem Dorfe zu. — In dieſer Konſtruktion bedeutet ir auch die Stetigkeit oder Zunahme. O fogo ia crescendo. Das Feuer wurde immer größer.

234. Das Participio Perfeito ſteht oft in abſoluter Stellung und vertritt alsdann das Participio Perfeito Composto, z. B. Descoberta a conjuração, el rei o comprou do seu amo. Nachdem die Verſchwörung entdeckt war, kaufte ihn der König ſeinem Herrn ab.

235. Statt des Infinitivo passivo nimmt despois de ein bloßes Participio Perfeito zu ſich oder auch ſelbſt ein Beiwort, z. B. A sorva se suavisa depois de cortada da arvore e se torna comestivel depois de madura entre palha. Der Spierling wird mild, nachdem er vom Baum gebrochen worden, und wird eßbar, nachdem er zwiſchen Stroh reif geworden iſt.

236. Das Participio morto heißt geſtorben (tot) und getötet. Este homem está morto; foi morto. Dieſer Mann iſt tot; er iſt getötet worden.

237. Das Participio Perfeito der verbos reflexivos nimmt nie se an, z. B. Encostar-se ſich legen, encostado gelegt und liegend.

238. Viele Participios Perfeitos haben die Bedeutung eines Beiworts neben der eines Mittelworts, z. B. atrevido gewagt und unerſchrocken, parecido geſchienen und ähnlich u. ſ. w.

Siehe die Participios Perfeitos mit doppelter Form, Beilage III.

Verbindung der perſönlichen Fürwörter mit dem Zeitwort. — União dos pronomes pessoaes com o verbo.

239. Das perſönliche Fürwort als Subjekt des Satzes bleibt oft weg, wenn es nachdrucklos iſt, oder wird in einem Satze geſetzt, im andern weggelaſſen. Notwendig iſt es nur bei Gegenſätzen. Vgl. 115, z. B. Já sabes, que eu sou franco. Du weißt, ich bin offen.

240. Se dient zur Bildung der verbos reflexivos. Es wird außerdem noch gebraucht

a) zur Bezeichnung einer Abſonderung, z. B. Ir-se weggehen. Ficar-se für ſich bleiben.

b) zur Bezeichnung des Genuſſes, den das Subjekt einer Handlung von dieſer hat, z. B. rir lachen — rir-se ſpöttiſch lachen, achar finden — achar-se beſitzen, haben.

c) für das deutſche hin—, um—, fort—, ein—, z. B. Fugir fliehen — fugir-se fortfliehen. Morrer ſterben — morrer-se hinſterben.

241. Der Dativ und Accuſativ der perſönlichen Fürwörter werden dem Zeitwort angehängt, wenn daſſelbe im Infinitivo, im Imperativo oder im Participio Presente ſteht, z. B. Guardar-se ſich hüten. Guarda-te. Guardando-se.

242. In einfachen Zeiten kann das perſönliche Fürwort vor oder nach das Zeitwort treten, z. B. Conheço-o. Ich kenne ihn. Tu o conheces. Du kennſt ihn. Disserão-no. Sie ſagten es.

243. In zuſammengeſetzten Zeiten kann das Fürwort vor das Hilfszeitwort, zwiſchen das Hilfszeitwort und das Mittelwort, nie aber hinter das Mittelwort zu ſtehen kommen, z. B. Tinhão-me dito. Elles me tinhão dito [aber nie tinhão dito me].

244. In allen bedingten Sätzen ſteht das Fürwort vor dem Zeitwort, z. B. Se eu te obrigo a ti, obrigar-me-has a mim tambem. Wenn ich dir einen Gefallen thue, mußt du mir auch einen thun.

245. Iſt die vorvorletzte Silbe eines Zeitworts betont, ſo ſteht das Fürwort voran, z. B. Quer que nós nos lembrassemos disto. Er will, daß wir uns deſſen erinnern.

246. Bei Fragen werden eu, tu, elle u. ſ. w. oft ausgedrückt, wo ſie in der direkten Rede ausfallen würden, z. B. Que queres tu? Was willſt du? Que diz elle? Was ſagt er?

Zehnter Abschnitt.

Das Umstandswort. — O adverbio.

247. Die Adverbia sind Bestimmwörter des Prädikats, welche eine Weise oder einen Nebenumstand des Thuns, Zustandes oder der Eigenschaft, ein Wie? Wo? Wann? ausdrücken. Sie werden daher mit Beiwörtern, Zeitwörtern oder auch mit Wörtern ihrer eigenen Art verbunden, z. B. Talvez nunca acharás um homem enteiramente feliz. Vielleicht nie wirst du einen ganz glücklichen Menschen finden.

248. In Rücksicht der Bedeutung sind zu unterscheiden

1) Adverbia der Qualität und der Weise, welche das Wie? einer Thätigkeit oder Eigenschaft bestimmen und zwar a) konkret, wenn die Beschaffenheit ihrem Inhalt nach vollständig ausgedrückt wird, z. B. Escreve bem, falla correctamente. Er schreibt schön, spricht richtig, b) abstrakt, wenn das Wie? bloß angedeutet wird, z. B. Falla assim. Er spricht so.

2) Adverbia der Intensität oder des Grades drücken Verhältnisse der inneren Stärke oder Größenbestimmungen der Eigenschaft aus, auf die Fragen: Wie sehr? In welchem Grade? z. B. muito sehr, apenas kaum, quasi fast, sequer wenigstens, tanto — quanto je — je, quanto — tanto je — desto u. s. w.

3) Adverbia der Quantität a) des Maßes oder Umfanges auf die Fragen: Wie viel? Wie stark? als: muito viel, pouco wenig, mais mehr, bastante genug, b) der Zahl, welche teils bestimmt, teils unbestimmt oder allgemein entweder Teilung ausdrücken (partitivos), z. B. de meias halb, em parte teils u. s. w. oder Ordnung (ordinaes), primeiramente erstens, segundamente zweitens, então darauf, em fim zuletzt, finalmente endlich u. s. w.

4) Adverbia des Raumes a) ruhiges Verweilen im Raume oder an einem Orte (Wo?), z. B. ahi dort, alli dort, acolá dort, aqui hier, cá hier, arriba oben, abaixo unten, longe

weit u. ſ. w., b) **Bewegung oder Richtung im Raum,**
z. B. embora fort, aonde wohin, donde von wo, fóra
draußen, aonde quer überallhin, daqui von hier, dalli von
dort u. ſ. w.

5) **Adverbia der Zeit.** Sie bezeichnen a) einen Zeitpunkt
oder Zeitraum auf die Fragen wann? ſeit wann? bis
wann? z. B. jamais je, nunca nie; agora jetzt, hoje heute,
hontem geſtern, amanhã morgen u. ſ. w., b) **eine Zeitdauer,** z. B. sempre ſtets, quando zu welcher Zeit, até-
gora bis jetzt u. ſ. w., c) **eine Wiederholung in der
Zeit,** z. B. ordinariamente gewöhnlich, ainda nochmals,
frequentemente oft, logo — logo bald — bald u. ſ. w.

6) **Adverbia der Modalität** zur Beſtimmung der Denk- und
Redeweiſe oder des Modus der Ausſage ſind a) **bejahende,
behauptende:** sim ja, doch, com effeito wirklich, certamente
gewiß, b) **verneinende:** não nein, nada nichts, nunca
nie, c) **fragende:** porque warum, como wie, como assim
wie ſo, pois wohl, d) **Vermutung oder Zweifel aus-
drückende:** talvez, porventura vielleicht, alias ſonſt, pro-
vavelmente wahrſcheinlich, e) **wünſchende, fordernde:** ab-
solutamente durchaus, expressamente ausdrücklich, encare-
cidamente inſtändig.

7) **Die Adverbia,** welche ein logiſches Verhältnis ausdrücken (Urſache, Grund, Mittel, Zweck u. ſ. w.), z. B.
por conseguinte daher, por isso darum u. ſ. w. Dieſe
ſpielen ſchon in die Bindewörter hinüber.

249. Ihrer Bildung nach zerfallen die Adverbia 1) in einfache Stammwörter, z. B. tão, assim ſo, aqui hier, então
dann, 2) in Ableitungen von Beiwörtern, z. B. certamente gewiß und 3) in Zuſammenſetzungen mit Verhältniswörtern, z. B. de veras gewiß. Jede Verbindung
eines Hauptwortes mit einem Verhältniswort kommt einem
Adverbium gleich, z. B. deste modo ſo, neste logar hier,
naquelle tempo damals.

250. In betreff der Adverbia muito, tão, não, já, aqui
u. ſ. w. und des deutſchen gerade iſt folgendes zu bemerken:
  a) Wo eine Steigerung oder Gleichſtellung im Begriff des
     Zeitworts auszudrücken iſt, muß muito ſtehen (nicht
     mui) und tanto (nicht tão), z. B. Eu o amo muito,

Ich liebe ihn sehr. Elle se diverte muito. Er unter=
hält sich sehr. Estimo tanto este que aquelle. Ich
schätze diesen so hoch wie jenen.

Die Verbindung des Participio Perfeito mit ter
gilt als reines Zeitwort; wo aber das Participio
Perfeito als Beiwort gebraucht wird oder in Verbin=
dung mit andern Hilfszeitwörtern Geschlechts= und Zahl=
formen annimmt, kann nur mui und tão oder não
menos angewendet werden, z. B. Elle é tão estimado
como ella. Er ist ebenso hoch geschätzt, wie sie. [Eu
o tenho estimado tanto como ella.] Elle é mui amado.
Er wird herzlich geliebt. [Eu o tenho amado muito.]
Mui prezado amigo! Vielgeliebter!

b) Não entspricht sowohl dem deutschen nicht als nein,
z. B. digo que não. Ich sage nein. — Zwei Vernein=
ungen heben sich nicht auf [wie im Deutschen], sondern
verstärken sich, z. B. Não digo nada. Ich sage nichts.
— Auf não folgt gewöhnlich eine zweite Verneinung, z. B.
Não o tenho visto nunca. Ich habe ihn nie gesehen. —
Läßt man die eine überflüssige Verneinung weg, so muß
die andere vor das Zeitwort gesetzt werden, z. B. nunca o vi.

c) Durch já wird der Abschluß der Vergangenheit im Anschluß
an die Zukunft ausgedrückt. In der gewöhnlichen Be=
deutung bezeichnet já den Eintritt der Zukunft [jetzt, nun],
z. B. Já vejo. Nun seh' ich. — Mit einer Verneinung oder
halben Verneinung [pouco, apenas] bezeichnet es den Ab=
schluß der Vergangenheit, sodaß já... não zu übersetzen
ist: jetzt nicht mehr, já apenas kaum noch, já muito
pouco jetzt nur noch wenig, z. B. Já não quero mais
amar. Ich will jetzt nicht mehr lieben. Achão-se já
muito poucos. Man findet nur noch wenige. Ouço já
apenas os gritos. Ich höre kaum noch das Geschrei.

d) Die Adverbia des Raumes entsprechen folgendermaßen
den hinweisenden Fürwörtern: Aqui, cá = neste logar;
alli, lá = naquelle logar; ahi, acola, lá = nesse
logar. — Beide letzteren Klassen werden oft verwechselt.

e) Eben oder gerade läßt sich durch é que oder é quem
ausdrücken, z. B. gerade davon sprechen wir. Disso é

de que fallamos. Gerade er ifts, den ich suche. É elle a quem procuro.

251. Die portugiesischen Adverbia werden durch die Silbe -mente gebildet, die man an die weibliche Endung des Beiworts anhängt, z. B. perfeito-perfeitamente, feliz-felizmente, provavel-provavelmente, prudentissimo-prudentissimamente. — Nur wenige lauten wie die männliche Form des Beiwortes, z. B. melhor besser, peior schlimmer, meio halb, muito viel, pouco wenig, tanto so bedeutend. — Andere stammen unmittelbar aus dem Lateinischen, z. B. bem gut, mal schlimm, mais mehr, menos weniger, mui viel.

252. Viele Adverbia haben doppelte Formen, eine dem Beiwort gleichlautende und eine mit -mente gebildete, z. B. 1) in gleicher Bedeutung bastante und bastantemente hinlänglich, certo certamente gewiß, só somente nur, u. f. w. — 2) in verschiedener Bedeutung, z. B. alto laut, hoch (örtlich), altamente herrlich, hoch (im hohen Maße), baixo leise, baixamente niederträchtig, primeiro erst, eher, zuvor, primeiramente erstlich.

Elfter Abschnitt.

Das Bindewort. — A conjuncção.

253. Die Konjunktionen dienen zur Verbindung von Wörtern und Sätzen. Diese Verbindung ist entweder die der Nebenordnung oder die der Unterordnung. Die Bindewörter stehen zwischen den nebengeordneten Teilen als Bindglieder; bei der Unterordnung bildet das Fügewort meist die Spitze eines Vordersatzes, seltener die eines Nachsatzes.

Anmerkungen.

1. Das deutsche „so" oder „dann" an der Spitze eines Obersatzes, wenn er Nachsatz ist, wird nicht ausgedrückt, z. B. Se vem, da-lho. Wenn er kommt, so gibs ihm.

2. Entao dann freilich, dann erst, gerade dann, assim so, ebenso, tanto um so viel, desto, apenas ...

quando kaum ... ſo, ſind die einzigen, welche Ueberord=
nung ausdrücken, z. B. Apenas acabavão de mata-lo,
quando se arrependerão. Kaum hatten ſie ihn getötet, ſo
reuete es ſie.

3. Tritt vor „ie" ein Verhältniswort, ſo muß dieſes vor
dem folgenden Steigerungswort überſetzt werden, und letzteres
kommt hinter das Zeitwort, z. B. A mentira é tanto mais
grave, quanto se commette com mais reflexão. Die Lüge
iſt um ſo tadelhafter, mit je mehr Überlegung ſie ausge=
ſprochen wird.

4. Wäre ein mit einem Verhältniswort und que zu=
ſammengeſetztes Fügewort zu wiederholen (z. B. porque, para
que, até que u. ſ. w.), ſo wird bloß que geſetzt, z. B.
Aconselhão a vingança ao principe ou porque assim a querem
tomar do seu inimigo com o poder do principe, ou que o
querem apartar do seu serviço. Sie raten dem Fürſten,
Rache zu nehmen, entweder weil ſie dieſelbe ſo mittelſt der
Macht des Fürſten an ihrem Feind zu nehmen wünſchen, oder
weil ſie ihn aus dem Dienſte deſſelben zu entfernen wünſchen.

254. Die Konjunktionen ſind

1) anfügende oder anreihende (copulativas), z. B. e
und, tambem auch, outro sim auch noch, bem assim eben
ſowohl, item ebenſo.

2) ſich gegenſeitig ausſchließende (disjunctivas),
z. B. ou oder, nem weder, já — já bald — bald, quer
— quer ſowohl — als auch, ora — ora bald, quanto —
tanto je — deſto.

3) bedingende (condicionaes), z. B. se wenn, senão
nur, com tanto que wenn nur, salvo se ausgenommen
wenn, sem que ohne daß, com quanto wenn nur.

4) begründende (causaes), z. B. porque weil, pois
darum, por onde woraus, por quanto inſoweit als, visto
que da u. ſ. w.

5) ſchließende (conclusivas), z. B. pois darum, logo folg=
lich, por tanto folglich, pelo que woraus, assim que ſodaß,
donde wodurch, por conseguinte darum, emfim ſchließlich,
por fim endlich, al fim zuletzt u. ſ. w.

6) vergleichende (comparativas), z. B. assim wie, assim como ebenso wie, bem como so wie.

7) entgegensetzende (adversativas), z. B. mas aber, porem allein, posto que obgleich, todavia jedoch, com quanto während, supposto que gesetzt daß, aindo assim jedoch, ainda que obwohl.

8) zweckliche (finaes), z. B. afim que damit, com que sodaß, para que auf daß, que daß, damit u. s. w.

255. Das „als" der Verschiedenheit wird vor Zahlen mit de übersetzt, z. B. Mais de tres. Mehr als drei. — Sonst wird das als entweder que, oder, wenn es satzverbindend ist, do que übersetzt, z. B. Carlos tem mais livros que Francisco. Karl hat mehr Bücher als Franz. Tem mais do que necessita. Er hat mehr als er braucht. — Als wenn, als daß, hinter mais vale, wird ebenfalls do que, übersetzt, z. B. Melhor fôra tu trabalhares, do que jogares. Es wäre besser du arbeitetest, als daß du spieltest.

256. Das „als" der Gleichstellung kann bedeuten 1) in der Weise von und heißt de, z. B. Vestido de soldado. Als Soldat gekleidet. — 2) glaubend daß: como, z. B. Matarão-no como inimigo da patria. Sie töteten ihn als Feind des Vaterlandes. — 3) weil . . . ist; como, z. B. Isto, como mais presente, tem mais força. Dies, als (weil) näher stehend, hat mehr Gewalt. — 4) da, während . . . ist, war: sendo, quando, z. B. Sendo censor, quando censor fez o caminho. Als Censor legte er den Weg an. — 5) mit der Bestimmung zu sein: por, z. B. Pôr por mediador. Als Vermittler aufstellen. — 6) wie wenn: que, como se, z. B. Parece, que choverá. Es scheint, als ob es regnen werde. Fallas, como se estivesses doudo. Du sprichst, als wärest du wahnsinnig.

257. „Da" ist bald gleichbedeutend mit dem zeitlichen als, während, bald mit dem ursächlichen weil. Beides wird como ausgedrückt, z. B. Como D. Quixote os viu, disse ao seu escudeiro. Als Don Quixote sie sah, sagte er zu seinem Knappen. Como a apurava seu esposo . . . Da (während) sie ihr Gemahl drängte . . . Como o tabellião não vem, vamos. Weil der Schreiber nicht kommt, laßt uns gehen.

258. „Damit" heißt gewöhnlich para que, z. B. Para que o mundo o saiba. Damit es die Welt wisse. Damit nicht heißt para que não, z. B. Para que não pareça assim. Damit es nicht so scheine. — Das dem „damit" entsprechende um zu ist bald para, bald afim de, bald por zu übersetzen, z. B. Que é preciso para ver? Was braucht man um zu sehen? — Trabalho afim de poder ser util á sociedade. Ich arbeite um der Gesellschaft nützlich sein zu können. Falla por fallar. Er spricht um zu sprechen.

259. Das deutsche „daß" wird mit que übersetzt vor Gedankenäußerungen mit Indicativo, vor Willensäußerungen mit Conjunctivo. — Das erläuternde „daß" hinter einem Verhältniswort mit da wird meistens durch den Infinitivo hinter dem Verhältniswort ausgedrückt, z. B. Com ser tão assiduo . . . Dadurch, daß er so fleißig ist. Por ser tão rico é pouco cavalleiro. Dafür, daß er so reich ist, zeigt er sich wenig freigebig.

260. Heißt „daß" soviel wie: damit, oder steht als daß hinter zu, so erfordern beide para, z. B. Derão-lhe dinheiro para elle se calar. Sie gaben ihm Geld, damit er schwiege. Isto é demais para eu poder atura-lo. Das ist zu viel, als daß ich es ertragen könnte.

261. „Daß nicht" wird hinter cuidado (Achtung!) und ähnlichen Ausdrücken durch Infinitivo ausgedrückt mit com não, z. B. Cuidado com não rompê-lo! Achtung, daß du es nicht brichst!

262. Que wird zur Verstärkung einer Behauptung oder Verneinung gebraucht, oder auch in elliptischen Antworten, in denen das Zeitwort fehlt, z. B. Digo que sim. Ich sage ja. Perguntei-lhe o que tinha, e elle disse que nada. Ich fragte ihn was er habe, und er antwortete: nichts.

263. Denn und weil heißen gleichmäßig por que. Das denn, ohne Nachdruck, heißt auch que [doch] und pois [ja], z. B. Não serei eu quem o negue, que alguns tenho levado. Ich werde es gewiß nicht leugnen, denn ich habe [habe ich doch] einige davon getragen. Deve pagar, pois o tem promettido. Er soll bezahlen, denn er hats versprochen.

264. „Oder" wird hinter Verneinung und Steigerung durch nem ausgedrückt. Ebenso „und" vor einer Verneinung und hinter sim. Und kein heißt nem, z. B. Mais vale um amigo que parente nem primo. Ein Freund ist besser als ein Verwandter oder ein Vetter. — Não tinha trato, nem communicação comtigo? Hatte er nicht Umgang oder Verkehr mit dir? Não tem fé, nem confiança. Er hat keinen Glauben und kein Vertrauen.

265. Das deutsche Wenn ist teils voraussetzend und begründend und heißt se, teils danebensetzend und erklärend und heißt quando, z. B. Se vem, eu lho direi. Wenn er kommt (Bestimmungsgrund), werde ichs ihm sagen. Quando vier (Zeitpunkt), eu lho direi. — Wenn die Bedeutungen von se und quando nahe aneinander streifen, so unterscheiden sie sich noch wie Ursache (Beweggrund) und Anlaß, z. B. Se-quando nos succede algum mal, procuramos evita-lo sem prudencia, augmentamo-lo. Wenn wir, falls uns ein Übel begegnet, es ohne Überlegung zu beseitigen suchen, dann vergrößern wir es. — Der Ersatz des „wenn" durch Frag- oder Wunschstellung ist im Portugiesischen nicht zulässig, z. B. Se fiz mal, prova-o. Habe ich unrecht gethan, so beweise es.

266. „Wie" kann, als Korrelativ zu tão, quão und como übersetzt werden, als Korrelativ zu assim nur como. Quão ist sehr veraltet, z. B. Os infieis não são lá tão máos, como os pintão. Die Ungläubigen sind nicht so schlimm, wie man sie beschreibt. Assim como o disse. So wie ichs gesagt habe.

267. Das fragende „wie" wird meistens umschrieben, z. B. Que altura? que comprimento? Wie hoch (welche Höhe)? wie lang (welche Länge)? Que idade? (welches Alter) Wie alt?

268. Für das zeitliche Wo? braucht der Portugiese in Zwischensätzen que, in Nachsätzen quando, z. B. Agora que te vejo, lembro-me de tal. Jetzt, wo ich dich sehe, erinnere ich mich daran. Neste tempo foi, quando viu el rei. In dieser Zeit war es, wo der König sah.

Zwölfter Abschnitt.

Das Verhältniswort. — A preposição.

269. Das Verhältniswort drückt ursprünglich Raum=
verhältnisse aus, die dann auf Zeitverhältnisse übertragen
wurden. Im allgemeinen bezeichnet es die Verhältnisse, in die
ein Gegenstand durch seinen Zustand oder sein Thun zu einem
andern Gegenstand tritt. Das Hauptwort mit einem Verhält=
niswort gibt 1) den Begriff eines Adverbiums, z. B. Com
presteza. Leicht (mit Leichtigkeit). — 2) den Begriff eines
Beiworts, z. B. sem vida. Leblos (ohne Leben).

270. Die Verhältniswörter zerfallen in eigentliche, ein=
fache und uneigentliche, d. h. Adverbia, Hauptwörter oder
Mittelwörter, die als Verhältniswörter gebraucht werden. Diese
uneigentlichen haben jedoch fast alle de hinter sich, einige a;
nur wenige Mittelwörter sind wie einfache Verhältniswörter
zu brauchen.

A. Echte Verhältniswörter sind: a zu (an, nach, bei u. s. w.),
ante vor, até bis, com mit, contra wider, de von, aus
(vor Infinitivo zu), desde von ... an, — seit, em in, entre
zwischen, para für, um, zu, nach), per durch, por für, durch,
wegen, aus, u. s. w., segundo gemäß, sem ohne, sob unter,
sobre über, traz hinter.

B. Adverbien mit de: acerca de wegen, in betreff,
alem de außer, jenseits, antes de vor, bevor, aopé de bei,
in der Nähe von, debaixo de unter, unterhalb, diante de
vor, dentro de innerhalb, depois de nach, detraz de hinter,
nach), fora de außerhalb, außer, aus ... hinaus.

C. Hauptwörter mit Verhältniswörtern: ao cabo
de nach Ablauf von, acima de über, conforme a gemäß,
ao encontro de entgegen, a excepção de außer, de fronte
de gegenüber, ao lado de neben, ao longo de längs, em
logar de anstatt, por meio de mittelst, apezar de trotz,
ao redor de um ... herum, a respeito de mit Bezug
auf, em vez de anstatt, em virtude de kraft.

D. **Mittelwörter:** durante während, excepto ausge=
nommen, mediante mittelst, não obstante ungeachtet, to-
cante a in betreff.

271. Da der Gebrauch der Verhältniswörter aus der Über=
tragung örtlicher Verhältnisse auf nicht örtliche entstanden ist
und diese Übertragung sich bei jedem Volke anders gestaltet
hat, so wird es von Nutzen sein, folgende Bemerkungen über
die hauptsächlichsten Verhältniswörter zu Rate zu ziehen.

272. **A** bezeichnet 1) **Bewegung nach, Richtung,** z. B.
Vou á cidade. Ich gehe nach der Stadt, 2) **den Dativ und
den Accusativ,** z. B. Dou a Pedro. Ich gebe dem Peter.
Amo o Deos. Ich liebe Gott, 3) **den Preis und das Maß,**
z. B. O alqueire de trigo vende-se a cruzado. Der Sester Weizen
kostet einen Thaler. O assucar vende-se a peso. Der Zucker
wird auf das Gewicht verkauft, 4) **eine Vergleichung,** z. B.
A qual mais louco. Einer verrückter als der andere, 5) **eine
Art und Weise,** z. B. A pé, a cavallo, á moda. Zu Fuß, zu
Pferd, nach der Mode. A fogo e a sangue. Mit Feuer und Schwert.

273. **Ante** bezeichnet örtlich und zeitlich das **Vorhersein,**
z. B. Ante mim. Vor mir. Ante hontem. Vorgestern. Ante
wird auch mit por verbunden, z. B. Passou por ante mim...
an mir vorbei.

274. **Apos und pos** bezeichnen örtlich und zeitlich das
Nachsein, z. B. Correr apos as honras. Hinter den Ehrenstellen
herlaufen. Apos a chuva o sol. Nach dem Regen die Sonne.

275. **Com** bezeichnet 1) **räumliches Zusammensein, Ge=
meinschaft,** 2) **Mittel, Werkzeug,** 3) **Art und Weise,**
4) **Ursache und Grund,** z. B. 1) Está com seu pai. Er ist
bei seinem Vater. 2) Matar com a espada. Mit dem Degen
töten. 3) Com cuidado. Sorgfältig. 4) Com medo. Aus Furcht.

NB. Sowohl für Gesellschaft wie für Gegensatz verbindet sich
com mit para. Was ist das Geschöpf im Vergleich zum Schöpfer?
Que vale a creatura para com o creador?

276. **Contra** bezeichnet örtlich das **Gegenüberstehen** und
figürlich **feindliches Gegenüberstehen,** z. B. Voltado contra o oriente. Nach Osten gekehrt. Contra mim. Mir
gegenüber oder gegen mich.

277. **De** bezeichnet 1) **Besitz,** z. B. O filho de Pedro.

Peters Sohn. 2) Stoff, z. B. vaso de ouro. Goldnes Ge=
fäß. 3) Trennung von, z. B. Venho de Roma. Ich komme
von Rom. 4) Ursache, Beweggrund z. B. Morrer de
febre. Am Fieber sterben. 5) Zwischenraum, z. B. Do
anno em diante. Vom Jahr an (Trennung) vorwärts. 6) De
wird gebraucht bei Ausrufungen, z. B. Desgraçado de mim!
Ich Unglücklicher! 7) bei Adverbien, z. B. De veras. Im
Ernst. 8) um wie, als zu übersetzen. Vgl. 255.

278. Em bezeichnet 1) die Zeit und den Raum, in welchem
sich etwas befindet, z. B. na Europa, no hinverno. In
Europa, im Winter. 2) bildlich äußere und innere Zu=
stände. Estar em si, bei sich, bei Sinnen sein. Estar em
paz, in Frieden sein. 3) den Grund der religiösen Gemüts=
bewegungen. Crêr em Deos. An Gott glauben. 4) figürlich
jede intime Vereinigung, z. B. Em que pensas? An was
denkst du? — Alle übrigen analogen figürlichen Bedeutungen
lassen sich auf diese ursprünglichen zurückführen, z. B. Em geral.
Im allgemeinen. Em vão. Vergebens. Em premio. Als Preis.
Em castigo. Zur Strafe. Em bezeichnet in diesen Beispielen
den Ruhepunkt der Handlung.

279. Entre bezeichnet 1) räumlichen und zeitlichen Zwischen=
raum, z. B. Entre o ceu e a terra. Zwischen Himmel und
Erde. Entre as dez e as onze. Zwischen elf und zwölf.
2) Beziehungen der Personen, der Sachen und Gedanken,
z. B. Entre os Gregos. Unter den Griechen. Entre o bem
e o mal. Zwischen dem Bösen und dem Guten. Entre bebado
e alegre. [Ein Zustand] zwischen der Trunkenheit und der
Fröhlichkeit.

NB. Entre verbindet sich auch mit de und por, z. B. Por
entre os perigos. Zwischen den Gefahren durch. D'entre as
garras. Aus den Klauen heraus.

280. Para bezeichnet 1) die Richtung örtlich und zeitlich,
z. B. Parto para Lisboa. Ich gehe nach Lissabon. Irei para
a primavera. Ich werde gegen Frühjahr (ungefähr in der Zeit,
bis zum ...) gehen. Para unterscheidet sich von a dadurch,
daß es das Ende der Handlung, ihren Ruhepunkt ausdrückt,
während a bloß die Richtung angiebt, z. B. Paulo em vida
foi a o céo e depois de morto foi para o céo. Paulus wurde

während seines Lebens in den Himmel entrückt (nicht um darin zu bleiben) und nach seinem Tode in den Himmel (um darin zu bleiben). 2) figürlich den Zweck, die Absicht, z. B. Vim para te ver. Ich kam, um dich zu sehen. 3) einen Vergleich zu ... mit ..., z. B. Fraco premio para o que merecia. Schwache Belohnung im Vergleich zu dem, was er verdiente. 4) im Begriff sein, wenn es mit estar verbunden ist, z. B. Estar para morrer, im Begriff sein zu sterben.

NB. Para verbindet sich mit com und hat dann die Bedeutung beider Verhältniswörter, z. B. É affavel para com os seus iguaes. Mit seinesgleichen [und gegen sie] ist er freundlich.

281. Por [früher per] bezeichnet örtlich und zeitlich, ebenso figürlich eine Bewegung durch, z. B. Andar por montes e valles. Über Berge und durch Thäler gehen. Pelos annos de 600 até 700. Zwischen dem siebenten und achten Jahrhundert. Passar pelos perigos. Durch die Gefahren gehen.

282. Por [früher verschieden von per] bezeichnet 1) eine persönliche oder unpersönliche Ursache, z. B. Por medo. Aus (Ursache) Furcht. Vencido por elle. Besiegt durch ihn. 2) die aus der Ursache entspringende Vermittlung, Gemäßheit und Weise, z. B. Por força. Mit Gewalt (notwendigerweise). Por ordem do rei. Auf Befehl des Königs. Por zombaria. Aus Scherz. 3) das Erstrecken durch einen Zeitraum, z. B. Saio por uma semana. Ich entferne mich auf die Dauer einer Woche. 4) den Wert (Ursache des Kaufs oder Verkaufs), z. B. Comprei o livro por mil reis. Ich kaufte das Buch für einen Thaler. 5) die Stellvertretung, z. B. Vender gato por lebre. Eine Katze statt eines Hasen verkaufen. 6) mit ir verbunden heißt es ausgehen, um zu holen, z. B. Ir por vinho. Ausgehen, um Wein zu holen.

NB. Früher wurde zwischen per und por unterschieden. Diese Gewohnheit ist nicht mehr allgemein. Einige schreiben z. B. immer noch Traspassado pola lança, andere nur pela lança. Mit der Lanze durchstochen.

283. Sem hebt den Begriff der örtlichen und logischen Gemeinschaft auf, z. B. Estou sem amigos. Ich habe keine Freunde. Sem duvida. Ohne Zweifel.

284. Sob bezeichnet örtliche, zeitliche und logische Unter=
ordnung, z. B. Sob o céo. Unter dem Himmel. Sob o governo de D. Pedro. Unter der Regierung Don Pedros. Sob
a tua protecção. Unter deinem Schutz.

285. Sobre bezeichnet örtliche, zeitliche und logische Über=
ordnung, z. B. Lisboa está sobre o Tejo. Lissabon liegt
am (über dem) Tejo. Sobre a tarde. Gegen (zeitlich über)
Abend. Sobre o modelo. Nach dem Muster (der Nachahmung
geistig überlegen).

Dreizehnter Abschnitt.

286. Die Interjektion oder der Empfindungslaut. — A Interjecção.

Die Interjektionen sind, wie es ihr Name anzeigt, un=
veränderliche Wörter und elliptische Redensarten, die man mitten
in die Rede hineinwirft, um heftige und plötzliche Empfin=
dungen auszudrücken. Die hauptsächlichsten Interjektionen sind die

1) der Bejahung: sim ja, mas sim ja freilich, pois sim
ja wohl, já se vê natürlich, está claro ja wohl.

2) der Versicherung: é verdade in Wahrheit, com effeito
in der That, certo gewiß.

3) der Verneinung: não nein, nada keineswegs, certo que
não gewiß nicht, de modo nenhum keineswegs, nada disto
durchaus nicht.

4) der Ungewißheit: pois não ist es nicht etwa so? por
acaso etwa? pois que was denn? talvez vielleicht?

5) der Billigung: bem! pois bem! gut! nun gut! ainda
bem desto besser! está bom! es ist gut! bravo recht so!
vai bem es geht gut!

6) des Wunsches: oxalá Gott gebe daß…! Deus quizer
Wollte Gott! queira Deos Gott möge! oh oh!

7) der Mißbilligung: ta da! ta ta da…! da…!

8) des Tadels, des Ekels: oh oh! irra puh!

9) des Ärgers: apre! ora! guarda! fóra! irra!

10) des Unwillens, der Drohung: ah! ai! ha! ha!

11) der Wegweisung: fóra hinaus! vai-te fort!

12) der Anknüpfung: com que ... also ... pois ... also ... pois bem ... nun weiter ... pois, que nun was denn! pois ... denn ... tudo vai bem ... schon recht ... a proposito de ... ah! was ...

13) der Aufmunterung: eia! sus! animo! vamos! wohlan!

14) des Anhaltens: quem vai lá wer da? he he da! alto! lá! alto lá! halt! hola holla! ta halt! pouco a pouco sachte! piano leise! psiu heda!

15) Warnung: cuidado vorgesehen! guarda! guar-te! retira-te! sentido! arreda! acautela-te! Achtung!

16) des Aufmerkens: he aqui heda! aqui está ... da ist er! aqui tem da hat man!

17) des Stillschweigens: caluda! chiton! ta! silencio! cala a boca! Still! Halts Maul!

18) der Freude: ah ah! viva hoch! graças a Deos gottlob!

19) des Schmerzes: ai ach! oh oh! hui o weh! — Bei Ausdrücken des Bedauerns mit einem Beiwort folgt de auf das Beiwort, z. B. Pobre de mim! Ich Armer!

20) der Überraschung: ha ha! Jesus Jesus! valha-me Deos Gott steh mir bei! corpo de Deos Herr Gott! paf! puf! zaz! chis!

21) der Verwunderung: homem was zum Henker! que was? ta, ta ei, ei! toma, safa hm! que diabo zum Teufel! como diabo wie zum Teufel! pois então denn so!

22) der Bewunderung: o quão ... o que ... tão ... o welch! o que was! quantos welche Menge!

23) Gleichgültigkeit: está bom meinetwegen! pois bem mag sein!

24) des Spottes: ai ei! pois sim, pois não ja wohl!

Erſte Beilage.

Konjugation der Zeitwörter.

Haver.	Ter.	Sér.	Estar.

Indicativo.

Presente.

Haver	Ter	Sér	Estar
Hei.	Tenho.	Sou.	Estou.
Has.	Tens.	És.	Estás.
Ha.	Tem.	É.	Está.
Havemos.	Temos.	Somos.	Estámos.
Haveis.	Tendes.	Sois.	Estais.
Hão.	Tem.	São.	Estão.

Imperfeito.

Haver	Ter	Sér	Estar
Havia.	Tinha.	Era.	Estava.
Havias.	Tinhas.	Eras.	Estavas.
Havia.	Tinha.	Era.	Estava.
Haviamos.	Tinhamos.	Eramos.	Estavamos.
Havieis.	Tinheis.	Ereis.	Estaveis.
Havião.	Tinhão.	Erão.	Estavão.

Preterito Perfeito.

Haver	Ter	Sér	Estar
Houve.	Tive.	Fui.	Estive.
Houveste.	Tiveste.	Foste.	Estiveste.
Houve.	Teve.	Foi.	Esteve.
Houvemos.	Tivemos.	Fomos.	Estivemos.
Houvestes.	Tivestes.	Fostes.	Estivestes.
Houverão.	Tiverão.	Forão.	Estiverão.

Futuro.

Haver	Ter	Sér	Estar
Haverei.	Terei.	Serei.	Estarei.
Haverás.	Terás.	Serás.	Estarás.
Haverá.	Terá.	Será.	Estará.
Haveremos.	Teremós.	Seremos.	Estaremos.
Havereis.	Tereis.	Sereis.	Estareis.
Haverão.	Terão.	Serão.	Estarão.

Futuro **Conditional.**

Haver	Ter	Sér	Estar
Haveria.	Teria.	Seria.	Estaria.
Haverias.	Terias.	Serias.	Estarias.
Haveria.	Teria.	Seria.	Estaria.
Haveriamos.	Teriamos.	Seriamos.	Estariamos.
Haverieis.	Terieis.	Serieis.	Estarieis.
Haverião.	Terião.	Serião.	Estarião.

Conjunctivo.

Presente.

Haja.	Tenha.	Seja.	Esteja.
Hajas.	Tenhas.	Sejas.	Estejas.
Haja.	Tenha.	Seja.	Esteja.
Hajamos.	Tenhamos.	Sejamos.	Estejamos.
Hajais.	Tenhais.	Sejais.	Estejais.
Hajão.	Tenhão.	Sejão.	Estejão.

Imperfeito Condicional. — Mais que perfeito do Indicativo.

Houvêra.	Tivêra.	Fôra.	Estivêra.
Houvêras.	Tivêras.	Fôras.	Estivêras.
Houvêra.	Tivêra.	Fôra.	Estivêra.
Houvêramos.	Tivêramos.	Fôramos.	Estivêramos.
Houvêreis.	Tivêreis.	Fôreis.	Estivêreis.
Houvêrão.	Tivêrão.	Fôrão.	Estivêrão.

Imperfeito.

Houvesse.	Tivesse.	Fosse.	Estivesse.
Houvesses.	Tivesses.	Fosses.	Estivesses.
Houvesse.	Tivesse.	Fosse.	Estivesse.
Houvessemos.	Tivessemos.	Fossemos.	Estivessemos.
Houvesseis.	Tivesseis.	Fosseis.	Estivesseis.
Houvessem.	Tivessem.	Fossem.	Estivessem.

Futuro.

Houver.	Tiver.	For.	Estiver.
Houveres.	Tiveres.	Fores.	Estiveres.
Houver.	Tiver.	For.	Estiver.
Houvermos.	Tivermos.	Formos.	Estivermos.
Houverdes.	Tiverdes.	Fordes.	Estiverdes.
Houverem.	Tiverem.	Forem.	Estiverem.

Indicativo.

Preterito Perfeito composto.

Tenho havido.	Tenho tido.	Tenho sido.	Tenho estado.
Tens „	Tens „	Tens „	Tens „
Tem „	Tem „	Tem „	Tem „
Temos „	Temos „	Temos „	Temos „
Tendes „	Tendes „	Tendes „	Tendes „
Tem „	Tem „	Tem „	Tem „

Mais que perfeito.

Tinha havido.	Tinha tido.	Tinha sido.	Tinha estado.
Tinhas „	Tinhas „	Tinhas „	Tinhas „
Tinha „	Tinha „	Tinha „	Tinha „
Tinhamos „	Tinhamos „	Tinhamos „	Tinhamos „
Tinheis „	Tinheis „	Tinheis „	Tinheis „
Tinhão „	Tinhão „	Tinhão „	Tinhão „

Preterito anterior.

Tive havido.	Tive tido.	Tive sido.	Tive estado.
Tiveste „	Tiveste „	Tiveste „	Tiveste „
Teve „	Teve „	Teve „	Teve „
Tivemos „	Tivemos „	Tivemos „	Tivemos „
Tivestes „	Tivestes „	Tivestes „	Tivestes „
Tiverão „	Tiverão „	Tiverão „	Tiverão „

Futuro Perfeito.

Terei havido.	Terei tido.	Terei sido.	Terei estado.
Terás „	Terás „	Terás „	Terás „
Terá „	Terá „	Terá „	Terá „
Teremos „	Teremos „	Teremos „	Teremos „
Tereis „	Tereis „	Tereis „	Tereis „
Terão „	Terão „	Terão „	Terão „

Futuro **Condicional** Perfeito.

Teria havido.	Teria tido.	Teria sido.	Teria estado.
Terias „	Terias „	Terias „	Terias „
Teria „	Teria „	Teria „	Teria „
Teriamos „	Teriamos „	Teriamos „	Teriamos „
Terieis „	Terieis „	Terieis „	Terieis „
Terião „	Terião „	Terião „	Terião „

Imperativo.

Ha. Não hajas.	Tem. Não tenhas.	Sê. Não sejas.	Está. Não estejas.
Hajamos. Não hajamos.	Tenhamos. Não tenhamos.	Sejamos. Não sejamos.	Estejamos. Não estejamos.
Havei. Não hajais.	Tende. Não tenhais.	Sêde. Não sejais.	Estai. Não estejais.

Infinitivo.

Pres. Haver. Havermos.	Ter. Termos.	Ser. Sermos.	Estar. Estarmos.
Haveres. Haverdes.	Teres. Terdes.	Seres. Serdes.	Estares. Estardes.
Haver. Haverem.	Ter. Terem.	Ser. Serem.	Estar. Estarem.
Perf. comp. Ter havido.	Ter tido.	Ter sido.	Ter estado.

Subjunctivo.

Preterito Perfeito composto.

Tenha havido.	Tenha tido.	Tenha sido.	Tenha estado.
Tenhas „	Tenhas „	Tenhas „	Tenhas „
Tenha „	Tenha „	Tenha „	Tenha „
Tenhamos „	Tenhamos „	Tenhamos „	Tenhamos „
Tenhais „	Tenhais „	Tenhais „	Tenhais „
Tenhão „	Tenhão „	Tenhão „	Tenhão „

Preterito mais que perfeito do **Indicativo** *e do* **Conjunctivo.** *Futuro* **Condicional** *Perfeito.*

Tivéra havido.	Tivéra tido.	Tivéra sido..	Tivéra estado.
Tivéras „	Tivéras „	Tivéras „	Tivéras „
Tivéra „	Tivéra „	Tivéra „	Tivéra „
Tivéramos „	Tivéramos „	Tivéramos „	Tivéramos „
Tivéreis „	Tivéreis „	Tivéreis „	Tivéreis „
Tivérão „	Tivérão „	Tivérão „	Tivérão „

Preterito mais que perfeito.

Tivesse havido.	Tivesse tido.	Tivesse sido.	Tivesse estado.
Tivesses „	Tivesses „	Tivesses „	Tivesses „
Tivesse „	Tivesse „	Tivesse „	Tivesse „
Tivessemos „	Tivessemos „	Tivessemos „	Tivessemos „
Tivesseis „	Tivesseis „	Tivesseis „	Tivesseis „
Tivessem „	Tivessem „	Tivessem „	Tivessem „

Futuro Perfeito.

Tiver havido.	Tiver tido.	Tiver sido.	Tiver estado.
Tiveres „	Tiveres „	Tiveres „	Tiveres „
Tiver „	Tiver „	Tiver „	Tiver „
Tivermos „	Tivermos „	Tivermos „	Tivermos „
Tiverdes „	Tiverdes „	Tiverdes „	Tiverdes „
Tiverem „	Tiverem „	Tiverem „	Tiverem „

Participios.

Presente.

Havendo.	Tendo.	Sendo.	Estando.

Perfeito.

Havido.	Tido.	Sido.	Estado.

Perfeito composto.

Tendo havido.	Tendo tido.	Tendo sido.	Tendo estado.

———

Zweite

Thätiges Zeitwort. — Verbo activo.

Erste Art.   Zweite Art.   Dritte Art.

Indicativo.

Presente.

Amo.	Devo.	Applaudo.
Amas.	Deves.	Applaudes.
Ama.	Deve.	Applaude.
Amamos.	Devemos.	Applaudimos.
Amais.	Deveis.	Applaudis.
Amão.	Devem.	Applaudem.

Imperfeito.

Amava.	Devia.	Applaudia.
Amavas.	Devias.	Applaudias.
Amava.	Devia.	Applaudia.
Amavamos.	Deviamos.	Applaudiamos.
Amaveis.	Devieis.	Applaudieis.
Amavão.	Devião.	Applaudião.

Preterito perfeito.

Amei.	Devi.	Applaudi.
Amaste.	Deveste.	Applaudiste.
Amou.	Deveu.	Applaudiu.
Amamos.	Devemos.	Applaudimos.
Amastes.	Devestes.	Applaudistes.
Amarão.	Deverão.	Applaudirão.

Futuro.

Amarei.	Deverei.	Applaudirei.
Amarás.	Deverás.	Applaudirás.
Amará.	Deverá.	Applaudirá.
Amaremos.	Deveremos.	Applaudiremos.
Amareis.	Devereis.	Applaudireis.
Amarão.	Deverão.	Applaudirão.

Futuro Condicional.

I.   II.

Amaria.	Amariamos.	Deveria.
Amarias.	Amarieis.	Deverias.
Amaria.	Amarião.	Deveria.

Beilage.

Thätiges Zeitwort. — Verbo activo.

Erste Art.   Zweite Art.   Dritte Art.

Subjunctivo.

Presente.

Ame.	Deva.	Applauda.
Ames.	Devas.	Applaudas.
Ame.	Deva.	Applauda.
Amemos.	Devamos.	Applaudamos.
Ameis.	Devais.	Applaudais.
Amem.	Devão.	Applaudão.

Imperfeito **Condicional.** — *Mais que perfeito do* **Indicativo.**

Amára.	Devêra.	Applaudíra.
Amáras.	Devêras.	Applaudíras.
Amára.	Devêra.	Applaudíra.
Amáramos.	Devêramos.	Applaudíramos.
Amáreis.	Devêreis.	Applaudíreis.
Amárão.	Devêrão.	Applaudírão.

Imperfeito.

Amasse.	Devesse.	Applaudisse.
Amasses.	Devesses.	Applaudisses.
Amasse.	Devesse.	Applaudisse.
Amassemos.	Devessemos.	Applaudissemos.
Amasseis.	Devesseis.	Applaudisseis.
Amassem.	Devessem.	Applaudissem.

Futuro.

Amar.	Dever.	Applaudir.
Amares.	Deveres.	Applaudires.
Amar.	Dever.	Applaudir.
Amarmos.	Devermos.	Applaudirmos.
Amardes.	Deverdes.	Applaudirdes.
Amarem.	Deverem.	Applaudirem.

Futuro **Condicional.**

II.   III.

Deveriamos.	Applaudiria.	Applaudiriamos.
Deverieis.	Applaudirias.	Applaudirieis.
Deverião.	Applaudiria.	Applaudirião.

Thätiges Zeitwort. — Verbo activo.
Indicativo.

Erste Art.	Zweite Art.	Dritte Art.

Preterito Perfeito composto.

Erste Art.	Zweite Art.	Dritte Art.
Tenho amado.	Tenho devido.	Tenho applaudido.
Tens „	Tens „	Tens „
Tem „	Tem „	Tem „
Temos „	Temos „	Temos „
Tendes „	Tendes „	Tendes „
Tem „	Tem „	Tem „

Mais que perfeito.

Erste Art.	Zweite Art.	Dritte Art.
Tinha amado.	Tinha devido.	Tinha applaudido.
Tinhas „	Tinhas „	Tinhas „
Tinha „	Tinha „	Tinha „
Tinhamos „	Tinhamos „	Tinhamos „
Tinheis „	Tinheis „	Tinheis „
Tinhão „	Tinhão „	Tinhão „

Preterito anterior.

Erste Art.	Zweite Art.	Dritte Art.
Tive amado.	Tive devido.	Tive applaudido.
Tiveste „	Tiveste „	Tiveste „
Teve „	Teve „	Teve „
Tivemos „	Tivemos „	Tivemos „
Tivestes „	Tivestes „	Tivestes „
Tiverão „	Tiverão „	Tiverão „

Futuro perfeito.

Erste Art.	Zweite Art.	Dritte Art.
Terei amado.	Terei devido.	Terei applaudido.
Terás „	Terás „	Terás „
Terá „	Terá „	Terá „
Teremos „	Teremos „	Teremos „
Tereis „	Tereis „	Tereis „
Terão „	Terão „	Terão „

Futuro **Condicional** *Perfeito.*

Erste Art.	Zweite Art.	Dritte Art.
Teria amado.	Teria devido.	Teria applaudido.
Terias „	Terias „	Terias „
Teria „	Teria „	Teria „
Teriamos „	Teriamos „	Teriamos „
Terieis „	Terieis „	Terieis „
Terião „	Terião „	Terião „

Imperativo.

Erste Art.	Zweite Art.	Dritte Art.
Ama. Não ames.	Deve. Não devas.	Applaude. Não applaudas.
Amemos. Não amemos.	Devamos. Não deva-mos.	Applaudamos. Não applau-damos.
Amai. Não ameis.	Devei. Não devais.	Applaudi. Não applaudais.

Infinitivo.

	Erste Art.	Zweite Art.	Dritte Art.
Pres.	Amar. Amarmos.	Dever. Devermos.	Applaudir. Applaudirmos.
	Amares. Amardes.	Deveres. Deverdes.	Applaudires. Applaudirdes.
	Amar. Amarem.	Dever. Deverem.	Applaudir. Applaudirem.
Perf. comp.	Ter amado.	Ter devido.	Ter applaudido.

Thätiges Zeitwort. — Verbo activo.

Subjunctivo.

Erste Art.	Zweite Art.	Dritte Art.

Preterito Perfeito composto.

Tenha amado.	Tenha devido.	Tenha applaudido.
Tenhas „	Tenhas „	Tenhas „
Tenha „	Tenha „	Tenha „
Tenhamos „	Tenhamos „	Tenhamos „
Tenhais „	Tenhais „	Tenhais „
Tenhão „	Tenhão „	Tenhão „

Preterito mais que Perfeito do **Indicativo** e do **Conjunctivo.**
Futuro **Condicional** Perfeito.

Tivêra amado.	Tivêra devido.	Tivêra applaudido.
Tivêras „	Tivêras „	Tivêras „
Tivêra „	Tivêra „	Tivêra „
Tivêramos „	Tivêramos „	Tivêramos „
Tivêreis „	Tivêreis „	Tivêreis „
Tivêrão „	Tivêrão „	Tivêrão „

Preterito mais que perfeito.

Tivesse amado.	Tivesse devido.	Tivesse applaudido.
Tivesses „	Tivesses „	Tivesses „
Tivesse „	Tivesse „	Tivesse „
Tivessemos „	Tivessemos „	Tivessemos „
Tivesseis „	Tivesseis „	Tivesseis „
Tivessem „	Tivessem „	Tivessem „

Futuro Perfeito.

Tiver amado.	Tiver devido.	Tiver applaudido.
Tiveres „	Tiveres „	Tiveres „
Tiver „	Tiver „	Tiver „
Tivermos „	Tivermos „	Tivermos „
Tiverdes „	Tiverdes „	Tiverdes „
Tiverem „	Tiverem „	Tiverem „

Participios.

Presente.

Amando.	Devendo.	Applaudindo.

Perfeito.

Amado.	Devido.	Applaudido.

Perfeito composto.

Tenho amado.	Tenho devido.	Tendo applaudido.

Leidendes Zeitwort. — Verbo passivo.

Erste Art.   **Zweite Art.**   **Dritte Art.**

Indicativo.

Presente.

Sou amado, -a etc.	Sou batido, -a etc.	Sou applaudido, -a etc.
Somos amados, -as etc.	Somos batidos, -as etc.	Somos applaudidos, -as etc.

Imperfeito.

Era amado, -a etc.	Era batido, -a etc.	Era applaudido, -as etc.
Eramos amados, -as etc.	Eramos batidos, -as etc.	Eramos applaudidos, -as etc.

Preterito Perfeito.

Fui amado, -a etc.	Fui batido, -a etc.	Fui applaudido, -a etc.
Fomos amados, -as etc.	Fomos batidos, -as etc.	Fomos applaudidos, -as etc.

Futuro.

Serei amado, -a etc.	Serei batido, -a etc.	Serei applaudido, -a etc.
Seremos amados, -as etc.	Seremos batidos, -as etc.	Seremos applaudidos, -as etc.

Futuro Condicional.

Seria amado, -a etc.	Seria batido, -a etc.	Seria applaudido, -a etc.
Seriamos amados, -as etc.	Seriamos batidos, -as etc.	Seriamos applaudidos, -as etc.

Preterito perfeito composto.

Tenho sido amado, -a etc.	Tenho sido batido, -a etc.	Tenho sido applaudido, -a etc.
Temos sido amados, -as etc.	Temos sido batidos, -as etc.	Temos sido applaudidos, -as etc.

Mais que perfeito.

Tinha sido amado, -a etc.	Tinha sido batido, -a etc.	Tinha sido applaudido, -a etc.
Tinhamos sido amados, -as etc.	Tinhamos sido batidos, -as etc.	Tinhamos sido applaudidos, -as etc.

Preterito anterior.

Tive sido amado, -a etc.	Tive sido batido, -a etc.	Tive sido applaudido, -a etc.
Tivemos sido amados, -as etc.	Tivemos sido batidos, -as etc.	Tivemos sido applaudidos, -as etc.

Futuro Perfeito.

Terei sido amado, -a etc.	Terei sido batido, -a etc.	Terei sido applaudido, -a etc.
Teremos sido amados, -as etc.	Teremos sido batidos, -as etc.	Teremos sido applaudidos, -as etc.

Erſte Art.	Zweite Art.	Dritte Art.

Futuro **Condicional** *Perfeito.*

Teria sido amado, -a etc.	Teria sido batido, -a etc.	Teria sido applaudido -a etc.
Teriamos sido amados, -as etc.	Teriamos sido batidos, -as etc.	Teriamos sido applaudidos, -as etc.

Imperativo.

Sê amado, -a. Não sejas amado, -a.	Sê batido, -a. Não sejas batido, -a.	Sê applaudido, -a. Não sejas applaudido, -a.
Sejamos amados, -as. Não sejamos amados, -as.	Sejamos batidos, -as. Não sejamos batidos, -as.	Sejamos applaudidos, -as. Não sejamos applaudidos, -as.
Sêde amados, -as. Não sejais amados, -as.	Sêde batidos, -as. Não sejais batidos, -as.	Sêde applaudidos, -as. Não sejais applaudidos, -as.

Conjunctivo.

Presente.

Seja amado, -a etc.	Seja batido, -a etc.	Seja applaudido, -a etc.
Sejamos amados, -as etc.	Sejamos batidos, -as etc.	Sejamos applaudidos, -as etc.

Imperfeito **Condicional.** — *Mais que perfeito do* **Indicativo.**

Fôra amado, -a etc.	Fôra batido, -a etc.	Fôra applaudido, -a etc.
Fôramos amados, -as etc.	Fôramos batidos, -as etc.	Fôramos applaudidos, -as etc.

Imperfeito.

Fosse amado, -a etc.	Fosse batido, -a etc.	Fosse applaudido, -a etc.
Fossemos amados, -as etc.	Fossemos batidos, -as etc.	Fossemos applaudidos, -as etc.

Futuro.

For amado, -a etc.	For batido, -a etc.	For applaudido, -a etc.
Formos amados, -as etc.	Formos batidos, -as etc.	Formos applaudidos, -as etc.

Preterito Perfeito Composto.

Tenha sido amado, -a etc.	Tenha sido batido, -a etc.	Tenha sido applaudido, -a etc.
Tenhamos sido amados, -as etc.	Tenhamos sido batidos, -as etc.	Tenhamos sido applaudidos, -as etc.

Erste Art.　　　　　　Zweite Art.　　　　　Dritte Art.

Preterito mais que perfeito do **Conjunctivo** *e do* **Indicativo.** *Futuro* **Condicional** *Perfeito.*

Tivêra sido amado, -a etc.	Tivêra sido batido, -a etc.	Tivêra sido applaudido, -a etc.
Tivêramos sido amados, -as etc.	Tivêramos sido batidos, -as etc.	Tivêramos sido applaudidos, -as etc.

Preterito mais que perfeito.

Tivesse sido amado, -a etc.	Tivesse sido batido, -a etc.	Tivesse sido applaudido, -a etc.
Tivessemos sido amados, -as etc.	Tivessemos sido batidos, -as etc.	Tivessemos sido applaudidos, -as etc.

Futuro Perfeito.

Tiver sido amado, -a etc.	Tiver sido batido, -a etc.	Tiver sido applaudido, -a etc.
Tivermos sido amados, -as etc.	Tivermos sido batidos, -as etc.	Tivermos sido applaudidos, -as etc.

Infinitivo.

Presente. Ser amado, -a etc.	Ser batido, -a etc.	Ser applaudido, -a etc.
Sermos amados, -as etc.	Sermos batidos, -as etc.	Sermos applaudidos, -as etc.
Perf. comp. Ter sido amado, -a.	Ter sido batido, -a.	Ter sido applaudido, -a.

Participios.

Presente.

Sendo amado, -a, -os, -as.	Sendo batido, -a, -os, -as.	Sendo applaudido, -a, -os, -as.

Perfeito.

Amado, -a, -os, -as.	Batido, -a, -os, -as.	Applaudido, -a, -os, -as.

Perfeito composto.

Tendo sido amado, -a, -os, -as.	Tendo sido batido, -a, -os, -as.	Tendo sido applaudido, -a, -os, -as.

Rückzielendes Zeitwort. — Verbo reflexivo.

Indicativo.

Presente. Me lembro, te lembras, se lembra, nos lembramos, vos lembrais, se lembrão.

Imperfeito. Me lembrava, te lembravas, se lembrava, nos lembravamos etc.

Pret. Perf. Me lembrei etc. nos lembramos etc.

Futuro. Me lembrarei etc. oder lembrar-me-hei.

Futuro **Condicional.** Me lembraria etc. oder lembrar-me-ia.

Perf. Comp. Me tenho lembrado etc.

Mais que perf. Me tinha lembrado oder me lembrára etc.

Pret. ant. Me tive lembrado etc.

Futuro Perfeito. Me terei lembrado etc.

Futuro **Cond.** *Perf.* Me teria lembrado.

Imperativo. Lembra-te. Não te lembres.

Infinitivo *Presente.* Lembrar-se.

Perf. comp. Ter-se lembrado.

Particípio *Presente.* Lembrando-se.

Perf. comp. Tendo-se lembrado.

Conjunctivo.

Presente. Me lembre, te lembres, se lembre, nos lembremos, vos lembreis, se lembrem.

Imperf. **Cond.** Me lembrára, te lembráras, se lembrára etc.

Imperfeito. Me lembrasse etc., nos lembrassemos etc.

Futuro. Me lembrar etc.

Fut. **Cond.** Nos lembrariamos etc. oder lembrar-nos-iamos.

Perf. Comp. Me tenha lembrado etc.

Mais que perf. Me tivêra lembrado ob. me tivesse lembrado.

Futuro Perf. Me tiver lembrado.

Fut. **Cond.** *Perf.* Nos teriamos lembrado.

Lembrai-vos. Não vos lembreis.

Dritte Beilage.

Unregelmäßige Zeitwörter. — Verbos irregulares.

Erste Abwandlung.

1. In dieser Abwandlung sind nur zwei unregelmäßige Zeit=
wörter: Dar geben und estar sein. Letzteres wurde schon
mit den Hilfszeitwörtern abgewandelt, und darnach wird auch
das zusammengesetzte sobreestar konjugirt. Dar hat einige
regelmäßige Zeiten, als: Imperfeito, Futuro, Condicional, die es dava, darei, daria bildet. Unregelmäßig
sind: Indicativo Pres. Dou, dás, dá, damos, dais,
dão. Pret. Perf. Dei, déste, deu, demos, déstes, derão. Mais que perf. Déra, déras, déra, déramos,
déreis, dérão. Imperat. Dá, dai. Conj. Dê, dês, dê,
dêmos, dêis, dêm. Imp. do Conjunct. Désse, désses,
désse, dessemos, desseis, dessem. Fut. do Conj. Der,
deres, der, dermos, derdes, derem.

2. Die Zeitwörter auf -car verwandeln c in qu vor e,
z. B. buscar, tocar, busquei, busquemos, toquei,
toquemos. Die Zeitwörter auf -gar lassen auf g ein u
folgen vor e, z. B. folgar, afagar, folgue, afague. Vgl.
Allgemeine Regeln über die Unregelmäßigkeit der Zeitwörter,
weiter unten.

3. Die erste Konjugation pflegt in den Zeitwörtern auf ear
dem gedehnten e, nach welchem ein Konsonant ausgefallen, im
Präsens ein i beizufügen; so bildet semear hören, semeio,
semeias, semeia, semeamos, semeais, semeião. Conj. semeie
etc. Zuweilen werden auch Zeitwörter auf iar so behandelt:
mediar, vermitteln, medeio, medeias, medeia, mediamos, me-
diais, medeião. Conj. medeie, medeies, medeie, mediemos,
medieis, medeiem. Vgl. Allg. Regeln über die Unregelmäßig=
keit der Zeitwörter, S. 635, 636 u. 637.

Zweite Abwandlung.

3. Caber. Crer. Dizer. Fazer.

Indicativo.
Presente.

Caibo.	Crêio.	Digo.	Faço.
Cabes.	Crês.	Dizes.	Fazes.
Cabe.	Crê.	Diz.	Faz.
Cabemos.	Crêmos.	Dizemos.	Fazemos.
Cabeis.	Crêis.	Dizeis.	Fazeis.
Cabem.	Crêm ou Crêem.	Dizem.	Fazem.

Imperfeito regular.

Cabia.	Cria.	Dizia.	Fazia.

Preterito Perfeito.

Coube.	Cri.	Disse.	Fiz.
Coubéste.	Crêste.	Disséste.	Fizéste.
Coube.	Crêu.	Disse.	Fez.
Coubemos.	Crêmos.	Dissémos.	Fizémos.
Coubéstes.	Crêstes.	Disséstes.	Fizéstes.
Coubérão.	Crêrão.	Dissérão.	Fizérão.

Mais que perfeito.

Coubéra.	Crêra.	Disséra.	Fizéra.

Die übrigen Personen werden regelmäßig auf -as, -a, -amos, -eis, -ão gebildet.

Futuro.

Caberei.	Crerei.	Direi.	Farei.

Die übrigen Personen werden regelmäßig auf -ás, -á, -emos, -eis, -áo gebildet.

Futuro Condicional.

Cabería.	Crería.	Diría.	Faría.

Die übrigen Personen werden regelmäßig auf -ias, -ia, -iamos, -ieis, -ião gebildet.

Imperativo.

Cabe.	Crê.	Diz.	Faze.
Cabei.	Crêde.	Dizei.	Fazei.

Conjunctivo.
Presente.

Caiba.	Creia.	Diga.	Faça.
Caibas.	Creias.	Digas.	Faças.
Caiba.	Creia.	Diga.	Faça.
Caibamos.	Creiamos.	Digamos.	Façamos.
Caibais.	Creiais.	Digais.	Façais.
Caibão.	Creião.	Digão.	Fação.

Imperfeito.

Coubesse.	Crêsse.	Dissesse.	Fizesse.

Die übrigen Personen werden regelmäßig auf -sses, -sse, -ssemos, -sseis, -ssem gebildet.

Futuro.

Couber.	Crer.	Disser.	Fizer.

Die übrigen Personen werden regelmäßig auf -eres, -er, -ermos, -erdes, -erem gebildet.

Participios.
Presente.

Cabendo.	Crendo.	Dizendo.	Fazendo.

Perfeito.

Cabido.	Crido.	Dito.	Feito.

4. Ler.   Poder.   Querer.   Requerer.

Indicativo.
Presente.

Lêio.	Posso.	Quero.	Requeiro.
Lês.	Pódes.	Queres.	Requeres.
Lê.	Póde.	Quer.	Requer.

Die Mehrheit ist regelmäßig auf -emos, -eis, -em.

Imperfeito regular.

Lia.	Podia.	Queria.	Requeria.

Preterito Perfeito.

Li.	Púde.	Quiz.	Requeri.
Lêste.	Pudeste, ou Podeste.	Quizeste.	Requereste.
Lêu.	Pôde, ou Poude.	Quiz.	Requereu.;
Lêmos.	Podemos.	Quizemos.	Requeremos.
Lêstes.	Podestes.	Quizestes.	Requerestes.
Lêrão.	Poderão.	Quizerão.	Requererão.

Mais que perfeito.

Léra.	Podéra.	Quizéra.	Requeréra.

Die übrigen Perſonen werden regelmäßig auf -as, -a, -amos, -eis, -ăo gebildet.

Futuro e Condicional regulares.

Lerei.	Poderei.	Quererei.	Requererei.
Leria.	Poderia.	Quereria.	Requereria.

Imperativo.

Lê.	Póde.	Quere.	Requere.
Lêde.	Podei.	Querei.	Requerei.

Conjunctivo.
Presente.

Leia.	Possa.	Queira.	Requeira.

Die übrigen Perſonen werden regelmäßig auf -as, -a, -amos, -ais, -ăo gebildet.

Imperfeito.

Lesse.	Podesse.	Quizesse.	Requeresse.

Die übrigen Perſonen werden regelmäßig auf -sses, -sse, -ssemos, -sseis, -ssem gebildet.

Futuro.

Ler.	Poder.	Quizer.	Requerer.

Die übrigen Perſonen regelmäßig auf -eres, -er, -ermos, -erdes, -erem.

Participios.
Presente.

Lendo.	Podendo.	Querendo.	Requerendo.

Perfeito.

Lido.	Podido.	Querido.	Requerido.

5. Saber.   Trazer.   Valer.   Ver.

Indicativo.
Presente.

Sei.	Trago.	Valho.	Vêjo.
Sabes.	Trazes.	Vales.	Vês.
Sabe.	Traz.	Vale, ou Val.	Vê.

Die Mehrheit ist regelmäßig auf -emos, -eis, -em.

Imperfeito regular.

Sabia.	Trazia.	Valia.	Via.

Preterito Perfeito.

Soube.	Trouxe.	Vali.	Vi.
Soubéste.	Trouxéste.	Valéste.	Viste.
Soube.	Trouxe.	Valêu.	Viu.
Soubémos.	Trouxémos.	Valêmos.	Vimos.
Soubéstes.	Trouxéstes.	Valêstes.	Vistes.
Soubérão.	Trouxérão.	Valêrão.	Virão.

Mais que perfeito.

Soubéra.	Trouxéra.	Valêra.	Víra.

Die übrigen Personen werden regelmäßig auf -as, -a, -amos, -eis, -ão gebildet.

Futuro e Condicional regulares.

Saberei.	Trarei.	Valerei.	Verei.
Sabería.	Traría.	Valería.	Vería.

Imperativo.

Sabe.	Traze.	Vale.	Vê.
Sabei.	Trazei.	Valei.	Vêde.

Conjunctivo.
Presente.

Saiba.	Traga.	Valha.	Veja.

Die übrigen Personen werden regelmäßig auf -as, -a, -amos, -ais, -ão gebildet.

Imperfeito.

Soubesse. Trouxesse. Valesse. Visse.

Die übrigen Personen werden regelmäßig auf -sses, -sse, -csemos, -sseis, -ssem gebildet.

Futuro.

Souber.	Trouxer.	Valer.	Vir.
Souberes.	Trouxeres.	Valeres.	Vires.
Souber.	Trouxer.	Valer.	Vir.
Soubermos.	Trouxermos.	Valermos.	Virmos.
Souberdes.	Trouxerdes.	Valerdes.	Virdes.
Souberem.	Trouxerem.	Valerem.	Virem.

Participios.
Presente.

Sabendo. Trazendo. Valendo. Vendo.

Perfeito.

Sabido. Trazido. Valido. Visto.

Nach ver wird das zusammengesetzte prover abgewandelt. Eleger und Reger verwandeln g in j vor a und o, z. B. eleja, reja u. s. w. Jazer machte früher eine Ausnahme, denn man sagte: jouve und jouvêra für jaz und jazêra. Sonst geht es wie fazer; nur sagt man: jazo, jazerá u. s. w.

6. Prazer, impessoal.

Indicativo.		Conjunetivo.
Presente.	Perfeito.	Presente.
Praz.	Prouve.	Praza.

Von Prouve werden gebildet: Prouvéra, Prouvésse, Prouver.

Die Zeitwörter Haver und Ter sind mit den Hilfszeitwörtern abgewandelt worden.

Dritte Abwandlung.

7. Conduzir. Ir. Pedir. Rir.

Indicativo.

Presente.

Conduzo.	Vou.	Peço.	Rio.
Conduzes.	Vais.	Pedes.	Ris.
Coduz.	Vai.	Pede.	Ri.
Conduzimos.	Vamos, ou Imos.	Pedimos.	Rimos.
Conduzis.˙	Ides.	Pedis.	Rides.
Conduzem.	Vão.	Pedem.	Riem, ou Rim.

Imperfeito regular.

Conduzia.	Ia.	Pedia.	Ria.

Preterito Perfeito.

Conduzi.	Fui.	Pedi.	Ri.
Conduziste.	Foste.	Pediste.	Riste.
Conduziu.	Foi.	Pediu.	Riu.
Conduzimos.	Fomos.	Pedimos.	Rimos.
Conduzistes.	Fostes.	Pedistes.	Ristes.
Conduzirão.	Forão.	Pedirão.	Rirão.

Mais que perfeito.

Conduzira.	Fôra.	Pedira.	Rira.

Die übrigen Personen werden regelmäßig auf -as, -a, -amos, -eis, -ão gebildet.

Futuro e Condicional regulares.

Conduzirei.	Irei.	Pedirei.	Rirei.
Conduziria.	Iiria.	Pediria.	Riria.

Imperativo.

Conduz.	Vai.	Pede.	Ri.
Conduzi.	Ide.	Pedi.	Ride.

Conjunctivo.

Presente.

Conduza.	Va.	Peça.	Ria.
Conduzas.	Vas.	Peças.	Rias.
Conduza.	Va.	Peça.	Ria.
Conduzamos.	Vamos.	Peçamos.	Riamos.
Conduzais.	Vades.	Peçais.	Riais.
Conduzão.	Vão.	Peção.	Rião.

Imperfeito.

Conduzisse.	Fosse.	Pedisse.	Risse.

Die übrigen Perſonen werden regelmäßig auf -sses, -sse, -ssemos, -sseis, -ssem gebildet.

Futuro.

Conduzir.	For.	Pedir.	Rir.

Die übrigen Perſonen werden regelmäßig auf -res, -r, -rmos, -rdes, -rem gebildet.

Participios.
Presente.

Conduzindo.	Indo.	Pedindo.	Rindo.

Perfeito.

Conduzido.	Ido.	Pedido.	Rido.

8. Sahir.   Servir.   Subir.   Vir.

Indicativo.
Presente.

Saio.	Sirvo.	Subo.	Venho.
Sais, Saes, ou Sahes.	Serves.	Sobes.	Vens.
Sai, Sae, ou Sahe.	Serve.	Sobe.	Vem.
Saimos, ou Sahimos.	Servimos.	Subimos.	Vimos.
Saes, ou Sahis.	Servis.	Subis.	Vindes.
Saem, ou Sahem.	Servem.	Sobem.	Vem.

Imperfeito regular.

Saia, ou Sahia.	Servia.	Subia.	Vinha.

Preterito perfeito.

Sai, ou Sahi.	Servi.	Subi.	Vim.
Saiste, ou Sahiste.	Serviste.	Subiste.	Vieste.
Saiu, ou Sahiu.	Serviu.	Subiu.	Veiu.
Saimos, ou Sahimos.	Servimos.	Subimos.	Viemos.
Saistes, ou Sahistes.	Servistes.	Subistes.	Viestes.
Sairão, ou Sahirão.	Servirão.	Subirão.	Vierão.

Mais que perfeito.

Saíra, ou Sahíra.	Servíra.	Subíra.	Viéra.

Die übrigen Personen werden regelmäßig auf -as, -a, -amos, -eis, -ão gebildet.

Futuro e Condicional regulares.

Sairei, ou Sahirei.	Servirei.	Subirei.	Virei.
Sairia, ou Sahiria.	Serviria.	Subiria.	Viria.

Imperativo.

Sai, Sae, ou Sahe.	Serve.	Sobe.	Vem.
Saí, ou Sahi.	Servi.	Sobi.	Vinde.

Conjunctivo.
Presente regular.

Saia.	Sirva.	Suba.	Venha.

Imperfeito.

Saisse, ou Sahisse.	Servisse.	Subisse.	Viesse.

Die übrigen Personen werden regelmäßig auf -sses, -sse, -ssemos, -sses, -ssem gebildet.

Futuro.

Sair, ou Sahir.	Servir.	Subir.	Vir.

Die übrigen Personen werden regelmäßig auf -res, -r, -rmos, -rdes, -rem gebildet.

Participios.
Presente.

Saindo, ou Sahindo.	Servindo.	Subindo.	Vindo.

Perfeito.

Saido, ou Sahido.	Servido.	Subido.	Vindo.

Vestir verwandelt das e des Stammes in i in der ersten Person der Einheit des Presente do Indicativo und in allen Personen des Presente do Conjunctivo: Visto und Vista, vistas, vista, vistamos, vistais, vistão.

Allgemeine Regeln

über die Unregelmäßigkeit der Zeitwörter der drei Abwandlungen.

Außer den vorhergehenden unregelmäßigen Zeitwörtern giebt es in den drei Abwandlungen viele andere, die, obgleich regelmäßig in der Endung, doch in den Figurativen, oder in dem vorletzten Vokale, oder in beiden zugleich unregelmäßig sind. Man kann sie auf folgende Regeln zurückführen.

9. 1) Wenn die Endung des Zeitworts mit e beginnt, so verändern a) die Zeitwörter auf -car die Figurative c in qu; b) die Zeitwörter auf -gar die Figurative g in gu; c) die Zeitwörter auf -çar die Figurative ç in c; d) die meisten Zeitwörter auf -ir den vorletzten Vokal u in o.

Beispiele.

a) Peccar, peque, peques, pequemos, pequeis, pequem.
a) Tocar, toque, toques, toquemos, toqueis, toquem.
b) Pagar, pague, pagues, paguemos, pagueis, paguem.
c) Içar, ice, ices, icemos, iceis, icem.
d) Subir, sóbe, sóbes.

(Die nach Subir gehen, werden weiter unten angegeben).

10. 2) Wenn jedoch die Endung des Zeitworts mit a oder o beginnt, so gehen folgende Veränderungen vor: a) die Zeitwörter auf -ger und -gir verwandeln die Figurative g in j; b) die auf -guir verlieren das u; c) die auf -cer verwandeln die Figurative c in ç; d) einige auf -ir verwandeln den vorletzten Vokal e in i; e) Pedir und Medir verwandeln das d in ç. Valer verwandelt das l in lh. Dormir verwandelt das o in u. Ouvir verwandelt v in ç. Perder verwandelt d in c.

Beispiele.

a) Ranger, ranjo, ranja, ranjas, -âmos.
a) Tingir, tinjo, tinja, tinjas, -âmos.

b) Distinguir, distingo, distinga, distingas, -âmos.
b) Seguir, sigo, siga, sigas, -âmos.
c) Torcer, torço, torça, torças, -âmos.
d) Sentir, sinto, sinta, sintas, -âmos.
e) Pedir, peço, peça, peças, -âmos.
e) Valer, valho, valha, valhas, -âmos.
e) Medir, meço, meça, meças, -âmos.
e) Dormir, durmo, durma, durmas, -âmos.
e) Ouvir, ouço, ouça, ouças, -amos.
e) Perder, perco, perca, percas, -âmos.

11. 3) Wenn der Ton auf dem vorletzten Vokal liegt, so gehen folgende Veränderungen vor: a) die Zeitwörter auf -ear verwandeln e in ê oder besser in ei (früher ey); b) die auf -oar schreiben das o ô; c) die auf -oer schreiben ihr o auch ô, wenn die Endung mit o oder a beginnt.

Beispiele.

a) Cear, cêio, ceias, -a, -ão, -e, -es, -em.
b) Voar, vôo, vôas, -a, -ão, -e, -es, -em.
c) Doer, dôo, dôas, -a, -ão, -e, -es, -em.

12. 4) Die Zeitwörter, die ein u vor den Figurativen b, d, g, l, m, p, s und ss haben, verwandeln meistens das u in o in der zweiten und dritten Person der Einheit und in der dritten Person der Mehrheit des Presente do Indicativo und auch in der zweiten Person des Singulars des Imperativo. Es sind:

Acudir, acódes, acóde, acódem, acóde-tu.
Bulir, bóles, bole, bolem, bole-tu.
Cuspir, cóspes, cospe, cospem, cospe-tu.
Consumo, consomes, consome, consomem, consome-tu.
Engulir, engôles, engôle, engôlem, engôle-tu.
Fugir, fôges, fôge, fôgem, fôge-tu.
Sacudir, sacôdes, sacôde, sacôdem, sacôde-tu.
Subir, sôbes, sôbe, sôbem, sôbe-tu.
Sumir, sômes, sôme, sômem, some-tu.
Tussir, tôsses, tôsse, tôssem, tosse-tu.

Construir und Destruir sind unbestimmt; einige sagen construe, destroe u. s. w.; die älteren Schriftsteller Camões und Vieira sagten noch construe, destrue u. s. w.

Früher sagte man acude, fuge, sube, sacude, doch jetzt sind diese Formen veraltet.

13. 5) Den Zeitwörtern Abolir, Banir, Brandir, Carpir, Colorir, Compellir, Demolir, Discernir, Exinanir, Expellir, Feder, Munir, Precaver, Repellir, Submergir fehlen die Personen, deren Endung mit a oder o beginnt.

14. 6) Das Zeitwort Pôr, früher Poer oder Pôer gehört zu keiner der drei Abwandlungen.

Ind. Pres.	Ponho, pões, põe, pomos, pondes, poem.
Imperfeito.	Punha, punhas, punha, punhamos, punheis, punhão.
Pret. Perf.	Puz, puzeste und pozeste, poz, pozemos und puze-mos, pozestes und puzestes, pozerão und puzerão.
Mais que perf.	Puzéra, -as, -a, -amos, -eis, -ão oder Pozéra u. s. w.
Conj. Pres.	Ponha, ponhas, ponha, ponhamos, ponhais, ponhão.
Imperfeito.	Puzesse oder Pozesse, -sses, -sse, -ssemos, -sseis, -ssem.
Futuro.	Puzer, -res, -r, -rmos, -rdes, -rem.
Imperat.	Põe. Ponde.
Participios. Pres. Pondo. *Perf.* Posto.	

Ebenso gehen: Antepôr, compôr, depôr u. s. w.

15. 7) Die Zeitwörter haben entweder ein einziges regelmäßiges Participio auf -ado, -ido oder daneben noch ein oder zwei unregelmäßige, wie aus nachfolgender Tafel zu ersehen ist.

Tafel

der unregelmäßigen Zeitwörter mit Angabe derjenigen, nach welchen sie abgewandelt werden.

(Die Nummern weisen auf die vorhergehenden Paragraphen zurück.)

Zeitwörter.	Regelmäßige Mittelwörter.	Unregelmäßige Mittelwörter.	Werden abgewandelt nach
Abolir,	abolido.		Applaudir 3 u.13.
Abrir,	abrido,	aberto.	Applaudir III.
Absolver,	absolvido,	absoluto, -solto.	Dever II.
Absorver,	absorvido,	absorto.	Dever II.
Abstrahir,	abstrahido,	abstracto.	Sahir 8.
Accender,	accendido,	acceso.	Dever II.
Acudir,	acudido.		Subir 8.
Advertir,	advertido.		Sentir 10.
Afazer,		afeito.	Fazer 3.
Aferir,	aferido.		Sentir 10.
Affligir,	affligido,	afflicto.	Tingir 10.
Antepôr,		anteposto.	Pôr 14.
Antever,		antevisto.	Ver 5.
Appôr,		apposto.	Pôr 14.
Aprazer,	aprazido.		Prazer 6.
Assentir,	assentido.		Sentir 10.
Assumir,	assumido,	assumpto.	Applaudir III.
Ater-se,	atido.		Ter.
Avir,		avindo.	Vir 8.
Banir,	banido.		13.
Brandir,	brandido.		13.
Bullir,	bullido.		Subir 8.
Caber,	cabido.		3.
Cahir,	cahido.		Cahir 8.
Captivar,	captivado,	captivo.	Amar I.
Carpir,	carpido.		13.
Cobrir,	cobrido,	coberto.	Dormir 10.
Comer,	comido,	comesto.	Dever II.
Compellir,	compellido,	compulso.	13.
Competir,	competido.		Sentir 10.
Compôr,		compôsto.	Pôr 14.

Zeitwörter.	Regelmäßige Mittelwörter.	Unregelmäßige Mittelwörter.	Werden abgewandelt nach
Comprazer,	comprazido.		Prazer 6.
Concluir,	concluido,	concluso.	Applaudir II.
Condizer.			Dizer 3.
Conduzir,	conduzido.		7.
Conferir,	conferido.		Sentir 10.
Construir,	construido.		Subir 8.
Consumir,	consumido.		Subir 8.
Conter,	contido,	conteúdo.	Ter.
Contradizer,		condradito.	Dizer 3.
Contrahir,	contrahido,	contracto.	Sahir 8.
Convencer,	convencido,	convicto.	Trazer 5.
Convir.			Vir 8.
Corromper,	corrompido,	corrupto.	Dever II.
Crer,	crido.		3.
Cuspir,	cuspido.		Subir 8.
Dar,	dado.		1.
Decahir,	decahido.		Sahir 8.
Decompôr,		decomposto.	Pôr 14.
Deduzir,	deduzido.		Conduzir 7.
Defender,	defendido,	defeso.	Dever II.
Deferir,	deferido.		Sentir 10.
Demolir,	demolido.		13.
Depôr,		deposto.	Pôr 14.
Desavir,		desavindo.	Vir 8.
Descahir,	descahido.		Sahir 8.
Descobrir,	descobrido,	descoberto.	Dormir 10.
Descompôr,		descomposto.	Pôr 14.
Desconsentir,	desconsentido.		Sentir 10.
Descrer,	descrido.		Crer 3.
Descrever,	descrevido,	descripto.	Dever II.
Desdizer,		desdito.	Dizer 3.
Desfazer,		desfeito.	Fazer 3.
Despedir 1),	despedido.		Pedir 7.
Despir,	despido.		Sentir 10.
Desprazer.			Prazer 7.
Destruir,	destruido.		Subir 8.
Deter,	destido.		Ter.
Detrahir,	destrahido.		Sahir 8.

1) Man sagt despeço, despeça. Früher sagte man despido, despida.

Zeitwörter.	Regelmäßige Mittelwörter.	Unregelmäßige Mittelwörter.	Werden abgewandelt nach
Differir,	differido.		Sentir 10.
Diffundir,	diffundido,	diffuso.	Applaudir III.
Digerir,	digerido,	digesto.	Sentir 10.
Dirigir,	dirigido,	directo.	Tingir 10.
Discernir.			13.
Dispôr,		disposto.	Pôr 14.
Distrahir,	distrahido.		Sahir 8.
Dividir,	dividido,	diviso.	Applaudir III.
Dizer,		dito.	3.
Dormir,	dormido.		10.
Eleger,	elegido,	eleito.	Ranger 10.
Encobrir,	encobrido,	encoberto.	Dormir 10.
Engulir,	engulido.		12 und 13.
Entregar,	entregado,	entregue.	Pagar 9.
Envolver,	envolvido,	envolto.	Dever II.
Enxugar,	enxugado,	enxuto.	Amar I.
Erigir,	erigido,	erecto.	Applaudir III.
Escrever,	escrevido,	escripto.	Applaudir III.
Estar,	estado.		1.
Exceptuar,	exceptuado,	excepto.	Amar I.
Excluir,	excluido,	excluso.	Applaudir III.
Exhaurir,	exhaurido,	exhausto.	Applaudir III.
Eximir,	eximido,	exempto.	Applaudir III.
Exinanir,	exinanido.		13.
Expellir,	expellido,	expulso.	13.
Expôr,		exposto.	Pôr 14.
Exprimir,	exprimido,	expresso.	Applaudir III.
Expulsar,	expulsado,	expulso.	Amar I.
Extinguir,	extinguido,	extincto.	Distinguir 10.
Extrahir,	extrahido.		Sahir 8.
Fartar,	fartado,	farto.	Amar I.
Fazer,		feito.	3.
Feder,	fedido.		13.
Ferir,	ferido.		Sentir 10.
Frigir,	frigido,	frito.	Tingir 10.
Fugir,	fugido.		12.
Gastar,	gastado,	gasto.	Amar I.
Haver,	havido.		Haver.

Zeitwörter.	Regelmäßige Mittelwörter.	Unregelmäßige Mittelwörter.	Werden abgewan- delt nach
Impedir 1),	impedido.		Pedir 7.
Impôr,		imposto.	Pôr 14.
Imprimir,	imprimido,	impresso.	Applaudir III.
Incluir,	incluido,	incluso.	Applaudir III.
Incorrer,	incorrido,	incurso.	Dever II.
Induzir,	induzido.		Conduzir 7.
Infundir,	infundido,	infuso.	Applaudir III.
Instruir,	instruido,	instructo.	Applaudir III.
Interpôr,		interposto.	Pôr 14.
Interromper,	interrompido,	interrupto.	Dever II.
Ir,	ido.		7.
Juntar,	juntado,	junto.	Amar I.
Ler,	lido.		4.
Luzir,	luzido.		Conduzir 7.
Manter,	mantido,	manteúdo.	Ter.
Matar,	matado,	môrto.	Amar I.
Medir,	medido.		10.
Mentir,	mentido.		Sentir 10.
Morrer,	morrido,	môrto.	Dever II.
Munir,	munido.		13.
Nascer,	nascido,	nato.	Torcer 10.
Oppôr,		opposto.	Pôr 14.
Opprimir,	opprimido,	oppresso.	Applaudir III.
Ouvir,	ouvido.		10.
Pagar,	pagado,	pago.	9.
Pedir,	pedido.		10.
Perder,	perdido.		10.
Perfazer,		perfeito.	Fazer 3.
Perseguir,	perseguido.		Tingir 10.
Poder,	podido.		Poder 5.
Pôr,		posto.	14.
Pospôr,		posposto.	Pôr 14.
Prazer.			6.

---

1) Man sagt impeço, impeça. Früher sagte man impido, impida.

Zeitwörter.	Regelmäßige Mittelwörter.	Unregelmäßige Mittelwörter.	Werden abgewandelt nach.
Precaver,	precavido.		13.
Predizer,		predito.	Dizer 3.
Prender,	prendido,	preso.	Dever 2.
Prepôr,		preposto.	Pôr 14.
Presentir,	presentido.		Sentir 10.
Presuppôr,		presupposto.	Pôr 14.
Prever,		previsto.	Ver 5.
Produzir,	produzido.		Conduzir 7.
Propôr,		proposto.	Pôr 14.
Proseguir,	proseguido.		Seguir und Sentir 10.
Prover,	provido.		Ver 5.
Querer,	querido,	quisto.	4.
Recahir,	recahido.		Sahir 8.
Recompôr,		recomposto.	Pôr 14.
Reduzir,	reduzido.		Conduzir 7.
Refazer,		refeito.	Fazer 3.
Referir,	referido.		Sentir 10.
Reler,	relido.		Crer 3.
Reluzir,	reluzido.		Conduzir 7.
Repellir,	repellido,	repulso.	13.
Repetir,	repetido.		Sentir 10.
Reprimir,	reprimido,	represso.	Applaudir III.
Repôr,		reposto.	Pôr 14.
Requerer,	requerido.		4.
Resentir,	resentido.		Sentir 10.
Resolver,	resolvido,	resoluto.	Dever II.
Reter,	retido,	reteúdo.	Ter.
Retrahir,	retrahido.		Sahir 8.
Rever,		revisto.	Ver 5.
Riv,	rido.		7.
Romper,	rompido,	rôto.	Dever II.
Saber,	sabido.		5.
Sacudir,	saudido.		Subir 12.
Sahir,	sahido.		8.
Salvar,	salvado,	salvo.	Amar I.
Seccar,	seccado,	secco.	Peccar 9.
Seguir,	seguido.		10.
Sentir,	sentido.		10.

Zeitwörter.	Regelmäßige Mittelwörter.	Unregelmäßige Mittelwörter.	Werden abgewandelt nach
Ser,	sido.		Ser.
Servir,	servido.		Sentir 10.
Sobreestar,	sobreestado.		Estar 1.
Sobrepôr,		sobreposto.	Pôr 14.
Sobresahir,	sobresahido.		Sahir 8.
Soltar,	soltado,	solto.	Amar I.
Sotopôr,		sotoposto.	Pôr 14.
Subir,	subido.		12.
Submergir,	submergido,	submerso.	13.
Sujeitar,	sujeitado,	sujeito.	Amar I.
Sumir,	sumido.		Subir 12.
Suppôr,		supposto.	Pôr 14.
Supprimir,	supprimido,	suppresso.	Applaudir III.
Surgir,	surgido,	surto.	Applaudir III.
Suspender,	suspendido,	suspenso.	Dever II.
Ter,	tido,	teúdo.	Ter.
Tingir,	tingido,	tinto.	10.
Transluzir,	transluzido.		Conduzir 7.
Transpôr,		transposto.	Pôr 14.
Trazer,	trazido.		Crer 5.
Tresler,	treslido.		3.
Tussir,	tussido.		12.
Valer,	valido.		5.
Ver,		visto.	5.
Vestir,	vestido.		Sentir 10.
Vir,		vindo.	8.
Volver,	volvido,	volto.	Dever II.

Estado, morrido, sido sind unveränderlich.

Alphabetisches Inhaltsverzeichnis.

Inhalts-Verzeichnis.

COLLECTION DE GRAMMAIRES

publiées par

Charles Jügel, Editeur

Moritz Abendroth

à FRANCFORT s. M. (Allemagne).

Cours de littérature française par A. Caumont. Mk. 4, 60 Pf.

A l'usage des Allemands.

Dänische Grammatik von Heckscher. 4. Auflage Mk. 4. — Pfg.		
Schlüssel dazu	„ 1. 20	„
Englische Grammatik von Gands. 21. Auflage	„ 4. —	„
Schlüssel dazu	„ 2. —	„
Englisches Lesebuch von Dr. Fr. Rausch.	„ 3. —	„
Franz. Elementar-Grammatik von G. Traut. 2. Aufl.	„ 1. 80	„
Französische Grammatik v. P. Gands 27. Auflage	„ 3. —	„
Schlüssel dazu	„ 1. —	„
Derselben Grammatik **II. Cursus** von Wersaint.		
5. Auflage.	„ 3. —	„
Schlüssel zu diesem II. Cursus	„ 1. 20	„
Holländische Grammatik v. Gambs. 5. Auflage	„ 4. —	„
Schlüssel dazu	„ 1. 20	„
Italienische Grammatik von Frühauf. II. Auflage	„ 4. 50	„
Schlüssel dazu	„ 1. 50	„
Italienisches Lesebuch von Dr. Rausch. 3. Auflage	„ 3. 30	„
Lateinische Grammatik von Traut. 2. Auflage	„ 6. —	„
Schlüssel dazu	„ 2. —	„
Polnische Grammatik von Joel. 4. Auflage	„ 4. —	„
Schlüssel dazu	„ 1. 20	„
Portugiesische Grammatik von Anstett. 3. Aufl.	„ 5. —	„
Schlüssel dazu	„ 1. 20	„
Russische Grammatik v. Joel u. Fuchs. 6. Aufl.	„ 5. 70	„
Schlüssel dazu	„ 2. 10	„
Russisches Lesebuch von A. Wassiljewitsch	„ 3. 60	„
Russisches Wörter- und Gesprächbuch v. Fuchs	„ 3. 60	„
Schwedische Grammatik von Schmitt. 4. Auflage	„ 4. —	„
Schlüssel dazu	„ 1. 50	„
Spanische Grammatik von Fauck. 8. Auflage	„ 6. —	„
Schlüssel dazu	„ 2. 10	„
Spanisches Lesebuch von Fauck. 2. Auflage	„ 4. —	„
Taschenbuch der spanischen Umgangssprache von		
Fauck und Kordgien. 2. Auflage	„ 2. —	